中国社会科学院文库
文学语言研究系列
The Selected Works of CASS
Literature and Linguistics

 中国社会科学院创新工程学术出版资助项目

中国社会科学院文库 · **文学语言研究系列**
The Selected Works of CASS · **Literature and Linguistics**

布尔迪厄的文艺社会学

BOURDIEU'S SOCIOLOGY OF LITERATURE AND ARTS

刘 晖 著

中国社会科学出版社

图书在版编目（CIP）数据

布尔迪厄的文艺社会学／刘晖著 . —北京：中国社会科学出版社，2023.2
（中国社会科学院文库）
ISBN 978 - 7 - 5227 - 1328 - 1

Ⅰ.①布…　Ⅱ.①刘…　Ⅲ.①布尔迪厄（Bourdieu, Pierre 1930 - 2002）—
文艺社会学—研究　Ⅳ.①B565.59②I0 - 05

中国国家版本馆 CIP 数据核字（2023）第 021409 号

出 版 人	赵剑英
责任编辑	张　林
特约编辑	肖春华
责任校对	王佳玉
责任印制	戴　宽

出　　版	中国社会科学出版社
社　　址	北京鼓楼西大街甲 158 号
邮　　编	100720
网　　址	http://www.csspw.cn
发 行 部	010 - 84083685
门 市 部	010 - 84029450
经　　销	新华书店及其他书店

印　　刷	北京君升印刷有限公司
装　　订	廊坊市广阳区广增装订厂
版　　次	2023 年 2 月第 1 版
印　　次	2023 年 2 月第 1 次印刷

开　　本	710×1000　1/16
印　　张	29.25
字　　数	453 千字
定　　价	158.00 元

凡购买中国社会科学出版社图书，如有质量问题请与本社营销中心联系调换
电话:010 - 84083683

《中国社会科学院文库》出版说明

《中国社会科学院文库》（全称为《中国社会科学院重点研究课题成果文库》）是中国社会科学院组织出版的系列学术丛书。组织出版《中国社会科学院文库》，是我院进一步加强课题成果管理和学术成果出版的规范化、制度化建设的重要举措。

建院以来，我院广大科研人员坚持以马克思主义为指导，在中国特色社会主义理论和实践的双重探索中做出了重要贡献，在推进马克思主义理论创新、为建设中国特色社会主义提供智力支持和各学科基础建设方面，推出了大量的研究成果，其中每年完成的专著类成果就有三四百种之多。从现在起，我们经过一定的鉴定、结项、评审程序，逐年从中选出一批通过各类别课题研究工作而完成的具有较高学术水平和一定代表性的著作，编入《中国社会科学院文库》集中出版。我们希望这能够从一个侧面展示我院整体科研状况和学术成就，同时为优秀学术成果的面世创造更好的条件。

《中国社会科学院文库》分设马克思主义研究、文学语言研究、历史考古研究、哲学宗教研究、经济研究、法学社会学研究、国际问题研究七个系列，选收范围包括专著、研究报告集、学术资料、古籍整理、译著、工具书等。

中国社会科学院科研局

2006 年 11 月

生命便放心大胆
奔向那永恒的生命
靠内在的激情提炼
欲念变得纯净
星系也终将化为
金色的生命之酒
我们将汇入星系
成为闪亮的星斗

——诺瓦利斯《夜颂》

目　　录

引　子

"理性人"布尔迪厄

耶拿浪漫派诺瓦利斯和施莱格尔创立的思辨艺术理论,由黑格尔、叔本华、尼采、海德格尔的哲学发扬光大,同时从根本上影响了荷尔德林、里尔克、布朗肖的创作,哲学由此取得了对艺术理论和实践的统治权。[①] 法国存在主义、结构主义和后结构主义延续着思辨艺术理论的传统。萨特发动哲学写作"革命",以哲学 – 文学批评作品《波德莱尔》《马拉美》《圣热奈》《家庭的白痴》,贯彻其意识哲学并宣告绝对思想家的抱负。梅洛 – 庞蒂则寻找普遍存在的无概念表达,旨在建立一种模糊暧昧的诗性哲学。他在《知觉现象学》中引用普鲁斯特、瓦莱里、兰波、波德莱尔,把文学艺术当作哲学主题,在《塞尚的疑惑》《眼与心》中,思考绘画、视觉与身体的关系:"画家以深度、空间、颜色名义寻找的正是可见者的这种内在灵化,这种辐射。"[②] 列维 – 斯特劳斯意图破除萨特理性主体的权威,以结构分析代替哲学完成理解和解释物质世界和人类世界的使命,但他不满足于抽象的形式主义,把主观手段吸纳到结构方法中,重视嗅觉、美学感知以及某种形式的直觉。[③] 他把逻辑和数学符号变为隐喻手法,阐明关系和变换的复杂组合。他在《神话学:裸人》的每一章中都嵌入巴尔扎克、雨果小说的"奇异而又神秘"的题词,在人

[①] 参见舍费尔《现代艺术——18 世纪至今艺术的美学和哲学》,生安锋、宋丽丽译,商务印书馆 2012 年版,第 423—426 页。

[②] 梅洛 – 庞蒂:《眼与心》,杨大春译,商务印书馆 2007 年版,第 76 页。

[③] 德尼·贝多莱:《列维 – 斯特劳斯传》,于秀英译,中国人民大学出版社 2008 年版,第354 页。

类学游记《忧郁的热带》中袒露了一个游历世界者的灵魂，对卢梭、夏多布里昂的回忆，以及对人类命运的思考与分析："民族学在我看来就像艺术创造。这是一个人与一个社会之间的私下对谈。"① 他崇尚巴尔扎克的观察力和福楼拜的虚无主义，以及陀思妥耶夫斯基的"以美拯救世界"。其科学人的外表下蛰伏着文学人和审美人。福柯在《词与物》中分析画家委拉斯贵支的《宫娥》，在《这不是一只烟斗》中评述马格利特、克利和康定斯基的绘画，宣告现代绘画对古典绘画表象幻觉主义的终结。拉康则以妄想症般的超现实主义洞察力解读《宫娥》，分析目光的作用、被切断的主体视觉欲望的成因。德里达致力于以文学巩固哲学的地位，声称马拉美、阿尔托、巴塔耶、策兰或乔伊斯的作品比某些哲学作品更有哲学思想，更有解构力量。② 他在《绘画中的真实》中，评论当代画家，对海德格尔对梵高《农鞋》的批判进行再批判，考辨康德《判断力批判》中"附饰"（parergon）的词源并把批判唯美化。理论家们把艺术变成哲学主题、思想佐证或灵感工具，导致诠释话语对艺术的过度开发利用。

　　布尔迪厄遵循法国理性传统，以文学艺术为研究对象，提出了系统的文艺社会学理论。在借艺术反理性的康塔塔中，布尔迪厄奏出了一个不和谐音。他试图建立文学科学，摆脱艺术教，提倡对文艺作品的智性之爱。他不惮扮演文艺世界的闯入者角色，冒犯法国传统的文雅风范。托克维尔称法兰西民族是最有文学修养的民族，这是法国教育传统决定的。按照勒南的观点，法国南特敕令的撤销（1598）对法国精神生活产生了严重后果，不利于科学活动。耶稣会教育扩大了天主教国家与新教国家的知识分子精神气质的差异，新教偏重实验科学和文献考据，天主教偏重文学，法国大学的弊病在于过多模仿耶稣会的高谈阔论及其拉丁文诗句，轻视知识基础，只重视风格与天资。③ 托克维尔在《美国的民主》中也指出了国民教育的这种缺陷，强调现代教育必须是"科学的、

---

　　① 德尼·贝多莱：《列维-斯特劳斯传》，于秀英译，中国人民大学出版社 2008 年版，第323 页。

　　② 德里达：《书写与差异》，张宁译，生活·读书·新知三联书店 2001 年版，第 20 页。

　　③ 布尔迪厄、帕斯隆：《再生产》，邢克超译，商务印书馆 2002 年版，第 183 页。

商业的和工业的,而不是文学的",才有利于社会流动性。① 类似地,布尔迪厄指出,法国现代教育把最高价值赋予文学能力,尤其是把文学经验变成文学语言的能力,甚至把文学生活乃至科学生活变为巴黎生活的能力。这就是要求科学文化服从于文学文化(修养),文学文化(修养)服从于艺术文化(修养),而艺术文化(修养)无限地推动高雅游戏。② 法国制造的巴黎式文化是统治阶级的保留地。与一生大部分时间在巴黎度过、出身资产阶级的萨特不同,出身外省小资产阶级的布尔迪厄与文化的关系并不"自然"。他经历了艰难的文化习得过程,自然关注文学艺术的生产和接受条件问题,并致力于通过实证研究重新审视马克思的异化理论。他主张把文学艺术客观化,破除文学艺术创造和接受的超凡魅力神话,并不意味着崇尚反文化或无修养,而是通过学校教育培养文化习性,提高文化劣势阶层的艺术创造和审美能力。在研究方法上,他强调文学研究不是印象漫笔,必须脱离主观主义方法,"学者与外行的区别在于认识论决裂"。③ 由此,文学社会学不是贵族沙龙里的高谈阔论,也不是经院的无目的训练,而是一种"竞技运动"、理论与实践结合的科学理论。布尔迪厄意图以实践技艺或手艺(métier)打破学院再生产的陈规:"对我来说,知识生活更接近艺术家生活而不是一种学院存在的惯例。"④ 他通过类似画室的生产活动进行创作,他主编的《社会科学研究杂志》的运行方式让人想到一个老派画室,他的合作者——画室学徒——被师傅分派了各种任务,要么独立完成,要么分包,共同完成巨幅社会壁画。⑤

作为一个伟大的综合者,布尔迪厄兼并了涂尔干、韦伯和马克思的通常被视为抵牾的贡献,他坚持认为:"一种理论资本是由过去的研究者

① 雷蒙·阿隆、丹尼尔·贝尔主编:《托克维尔与民主精神》,陆象淦、金烨译,社会科学文献出版社2008年版,第170页。

② 参见布尔迪厄、帕斯隆《再生产》,第127、143页。

③ Pierre Bourdieu, *Sociologie générale. Cours au collège de France 1983 – 1986*, Paris: Raisons d'agir/Seuil, 2016, volume 2, p. 453.

④ Pierre Bourdieu, *Choses dites*, Paris: Minuit, 1987, p. 37.

⑤ 皮埃尔·格雷米庸:《神话布迪厄》,刘晖译,《人籁论辩月刊》2006年2月,第91页。

积累的，而且在我看来，当一个人处在兼并的视角时，科学劳动并不是要与其前辈区分开，而是要兼并他们在认识方面带来的所有东西，这不是以折中的方式，而是克服他们针对社会世界的观点的不相容性，并与此同时，努力采取他们针对彼此的观点。"① 他吸收马克思的唯物主义，舍弃其还原论；汲取韦伯合法性的象征维度，去除其唯理论；赞同涂尔干的社会物理学，接受作为其对立面的社会现象学。面对主体哲学与客体哲学的抉择，他站在列维－斯特劳斯的客观主义一边，反对萨特将主体意识投射给客体的唯意志论；他站在萨特的社会关怀一边，反对列维－斯特劳斯把主体视为结构支持者的消极。他通过生成结构主义，把历史与结构、主体与客体整合在一起。他尤其提出反思社会学，要求社会学兼有严格的实证与理论的想象，利用所有客观化工具（统计学调查、人种学考察、历史研究等），不仅对客体进行科学的客观化，还对实行客观化的主体进行客观化，清除科学主体与经验主体及其利益、冲动和前提的千丝万缕的联系，达到研究的最大客观性。他从社会总体实践出发，通过习性、资本和场构成的"三位一体"，研究文学艺术实践，对康德美学进行社会批判，考察趣味产生的社会条件及其分类功能，重新思考萨特的"什么是文学"，确立作品科学，以配置主义超越反映论与形式主义的对立，揭示文学艺术作品的生产和接受条件，使文艺社会学成为以科学认识论为前提的实践美学。对布尔迪厄而言，作家或艺术家的创作，既取决于文学艺术场中一个位置上的习性和积累的资本，又取决于创作时刻文学艺术场呈现给他的可能性，也就是集体活动积累的遗产。分析作家（或艺术家）和作品，就如同帕斯卡尔所说的那样，设想作者像一个点一样被包含在一个空间（场）中。认识这个点，就是理解和感受这个位置及其占据者的独特性，同时，理解场、作为场的基础的信仰、在场中起作用的语言（或视觉）游戏、在场中产生的物质或象征利益和赌注的社会生成。总之，这个理解和解释过程是重构"创造者"独特性的过程：为了理解独特性，必须先消除独特性，然后在空间的重建活动中

---

① Pierre Bourdieu, *Choses dites*, Paris: Minuit, 1987, p. 770.

找回独特性。[①] 由此，布尔迪厄把外部分析与内部分析、作家分析与作品分析、创作过程与完成的作品结合在一起，建立"对象征形式的唯物主义分析"，[②] 有力地揭示出艺术不是庸俗社会学的反射镜，也不是形式主义和结构主义的无目的游戏，艺术同时具有审美的、政治的和伦理的功用，体现创造者的艺术法则、道德律令和政治理念。布尔迪厄将文艺批评实践置于整个社会科学场中，显示了从文学场出发打造现代"文人共和国"的抱负。他的新实践美学通过习性，强调批评家的精湛技艺不仅是"重做"的技术能力，更是思考必然与自由的关系、寻求人类存在真理的认识论工具。他的社会学理论不断地在实证研究中发展和修正，呈现螺旋式上升的特点。笔者意图在布尔迪厄的思想运动中确定他在法国20世纪60—90年代社会科学场中的美学占位，不得不对其理论生成进行某种经院式的抽象化，有时难以传达其个案研究的灵活和微妙。

---

① 布尔迪厄：《艺术的法则》，刘晖译，中央编译出版社 2011 年版，第 4—5 页。

② Pierre Bourdieu, *Sociologie générale. Cours au collège de France 1983 – 1986*, *op. cit.*, p. 548.

第 一 章

学术人的轨迹

人最终会像他愿意的样子的。

——波德莱尔

布尔迪厄在《自我分析纲要》（2004）中，以社会学家的自我分析和反思的方式审视自己："我只想尝试着集中并透露几个用作自我分析的因素……通过采取分析者的视角，我被迫（并使自己有理由）保留从社会学观点来看直接相关的特征，也就是对社会学解释和理解所必要的特征，而且仅仅是这些特征。"① 在他的描述中，隐去了大部分个人生活和政治介入，仅仅留下对他成为学术人（homo academicus）有用的和必要的经验，他不是对自己盖棺论定，而是对自己实行客观化。他在《自我分析纲要》这本书的扉页上写道："这不是为自传而作。"他不吐露隐私，同样拒绝圣徒传记式的回想建构。他认为自传不是真正的反思社会学，不符合认识自我的目的。自传式的自我表达不代表客观真理，而是被建构的完美赝品，仅与一个主体相关的一系列独特的、自足的事件："'我'（moi）可以被还原为这种感性的狂想曲，这种没头没尾的系列印象。"② 尤其因为，"自传往往是给自己建一座陵墓的一种方式，而这座陵墓往往是一座纪念碑"③ 这就是说，传记是一种公共的，因而是官方的、官方化的表现，一种公共或私人生活的私人形象，作者提供的不是他的生活，

---

① 布尔迪厄：《自我分析纲要》，刘晖译，中国人民大学出版社 2012 年版，第 1—2 页。

② Pierre Bourdieu, *Sociologie générale. Cours au collège de France 1983 - 1986*, *op. cit.*, p. 838.

③ Pierre Bourdieu, *Interventions - Science sociale et action politique*, Paris: Agone, 2002, p. 194.

而是对其生活的表象、观念。① 自传是自我的神话。正如勒热讷所说：
"自传以其完全的真实性展示了一切个性的塑造工作、一切个人经历其历史并将其变为神话的方式。"② 布尔迪厄明确反对知识分子以夸张的、宏大的、过度的方式逃避社会分析，尤其以萨特为代表的受虐狂式的、充满意识审查的、负罪感的自我分析："某些表面上相当具有毁灭性的自我分析是自满的最高形式。"③ 这句话不免令人想到萨特的《词语》，一个相信能自由地筹划自我的浪漫英雄的神正论。布尔迪厄主张对自我进行既不自满也不自恋的分析。作为社会学家，他把个人历史视为其群体或阶级的集体历史的某种特殊化，主张以"轨迹"取代传记，"轨迹"是同一个行动者（或同一个行动者群体）在一个生成变化的社会空间中连续占据的一系列位置。轨迹是社会衰老的过程，若要理解轨迹，需要构建轨迹运行于其中的场的不同阶段，以及所考察主体与场中其他主体之间的全部客观关系。④ 其实，布尔迪厄也把浓厚的个人色彩带入了社会学研究中，但他把萨特描述的实际经验（vécu）当成了研究对象："布尔迪厄丰富了文化和象征、道德、心理和身体维度上的阶级关系，把个人和日常生活重新引入阶级分析中。所以他的大部分作品都包含个人特点。"⑤ 他个人的爱憎、隐衷和创伤，都进入了他的职业选择和社会介入："我的社会学话语通过我的社会学实践与我的个人经验分开，这种社会学实践本身在某种方式上是关于我的社会经验的社会学的产物。我不断地把自己当作对象，但不是在一种自恋的意义上，而是作为一个等级的代表。"⑥ 他的理论著述建立在对个人经验分析的基础上。他对摄影、博物馆、趣味、高等教育、学术体制、社会结构的思考，凝结为《一种中等艺术》

---

① Pierre Bourdieu, *Sociologie générale. Cours au collège de France 1983–1986, op. cit.*, p. 889.
② 勒热讷：《自传契约》，杨国政译，生活·读书·新知三联书店 2001 年版，第 82 页。
③ Pierre Bourdieu, *Sociologie générale. Cours au collège de France 1981–1983*, Paris：Raisons d'agir/Seuil, 2015, volume 1, pp. 457–458.
④ Pierre Bourdieu, *Raisons pratiques*, Paris：Editions du Seuil, 1994, pp. 88–89.
⑤ Louis Pinto, Gisèle Sapiro, Patrick Champagne (dir.), *Pierre Bourdieu, sociologue*, Paris：Fayard, 2004, p. 89.
⑥ Pierre Bourdieu avec Loïc Waquant, *Réponse... Pour une anthropologie réflexive*, Paris：Seuil, 1992, p. 175.

《艺术之爱》《继承人》《再生产》《区分》《国家贵族》《学术人》，他对"全世界受苦人"的关注，落实在《阿尔及利亚社会学》《阿尔及利亚60》《背井离乡》《世界的苦难》中。布尔迪厄承认，"在某种程度上，也许我从来做的只是关于我自己的社会学和人种学"。① 在《言说的事》《回答》《帕斯卡尔式的沉思》中，他不断对学术天职进行解释和说明。他在《科学的科学与反思性》中说："不同理论选择无疑最初否定性的比肯定性的多，可能这些选择的原则是为所谓个人的问题寻找解决办法。"② 正如瓦莱里敏锐地指出的那样："一切理论都是某个人自传中经过精心安排的一个片段。"③ 布尔迪厄的全部著作可以视为间接地实现自我和抵达自我的途径，如同罗伯－格里耶写小说一方面是为了被除他那些"无法克服的幽灵"，另一方面发现"迂回的虚构终究比所谓真诚的自白远远地更凸显个人"。④ 布尔迪厄借《马奈：象征革命》构建自己的精神自传："马奈一生都显示出既颠覆又顺从的习性，人们可以说他是一个习性分裂的人"，⑤ 他在《自我分析纲要》中正是这样谈论自己的。对社会世界的研究引起他的世界观的变化："这些变化是由生活经验逐渐强加给我的，或者以我本人的全面改造为代价实现的，而这种改造与我对社会世界的研究密不可分。"⑥ 也许布尔迪厄受到尼采的启发："思想家要么以他个人特有的方式对待他的问题，这样他就会在问题中找到自己的命运、痛苦和至幸；要么以'非个人特有的'方式对待，即用冷漠而好奇的思想触角去接触和理解问题。"⑦ 尼采断定后一种情形不会产生什么结果。可以说，社会学家布尔迪厄通过将皮埃尔·布尔迪厄客观化并改造他。一个

① Jean－Pierre Martin（dir.），*Bourdieu et la littérature*，Paris：Cécile Defaut，2010，p. 230.

② Pierre Bourdieu，*Science de la science et réflexivité*，Paris：Raisons d'agir，2001，p. 217.

③ 瓦莱里：《文艺杂谈》，段映虹译，百花文艺出版社2002年版，第282页。

④ Alain Robbe－Grillet，*Le Miroir qui revient*，Paris：Minuit，1984，pp. 16－17.

⑤ Pierre Bourdieu，*Manet. Une révolution symbolique*，Paris：Raisons d'agir/ Seuil，2013，p. 84.

⑥ 布尔迪厄：《自我分析纲要》，第70页。

⑦ 尼采：《快乐的科学》，黄明嘉译，漓江出版社2000年版，第270页。布尔迪厄很少明确引用尼采，实际上，他深受尼采的影响。与福柯一样，他从尼采那里继承了打破禁忌、僭越规则的违抗精神。他在《自我分析纲要》（第123页）中说："我怎能不在尼采身上认出自己呢？他在《瞧！这个人》中差不多说，他只责备他彻底了解的东西，他亲身经历的东西，在某种程度上，他自己曾经是的那个人。"

外省青年来到巴黎，努力脱离自己的小资产阶级习性，以良好的文化意愿学习文学、艺术，不是为了像巴尔扎克的典型人物拉斯蒂涅那样加入名利场，而是要揭露象征统治机制。作为反学院的学院贵族，他保留着外省人的质朴，反感一切时髦风尚，对高等社会敬而远之，以自己的思想特权为普遍性服务："我意识到，我生活中尤其是学术生活中的很多事情，都让我付出了很大代价，其原因在于这种与特权相关的尽义务之感。"① 是贵族就要行为高尚。布尔迪厄自然履行崇高的知识分子责任。

布尔迪厄先后提出两个社会生成结构公式，即 ［（习性）（资本）］ ＋ 场＝实践，（配置 ＋ 资本）× 场＝实践，两者大同小异，都表明具备习性（配置）并拥有一定资本的行动者与场的互动构成了实践。② 笔者据此描绘布尔迪厄的学术轨迹。

第一节　习性与可能性空间

任何轨迹都有一个起点。习性是布尔迪厄的主要概念之一：作为被身体内化的社会性，习性构成了人的思想和行为方式。个人是社会影响的生物学载体，社会影响是在社会化过程中产生的，从儿童阶段开始，持续一生。玛丽－安娜·莱斯库雷的《布尔迪厄传》（2008）提供了社会学家的诸多个人生活细节，构建了布尔迪厄的"总体人"。布尔迪厄 1930 年出生于法国西南部比利牛斯－大西洋省的小城当甘，但实际上他的童年是在小镇拉瑟博（Lasseube）度过的。拉瑟博小镇面对比利牛斯山，山坡上是葡萄园。《自我分析纲要》中隐约透露了布尔迪厄的成长经历、早期教育和家庭影响，不摹写当地风物，亦无失乐园的忧伤。他说："我的

---

① Yvette Delsaut, Marie – Christine Rivière, *Bibliographie des travaux de Pierre Bourdieu*, Pantin: Le Temps des Cerises, 2002, p. 232.

② 笔者将在下几章阐述这两个公式及其差异。布尔迪厄从唯物主义出发，强调社会结构（场）相对于个人（习性）的认识论和陈述顺序的优先性。笔者从布尔迪厄的学术轨迹出发，依然遵循习性形成的时间顺序。

村庄和学校让我羞愧（我被迫纠正口音，等等）。"① 他的祖父是佃农，父亲是乡村邮递员，每天分发信件，闲暇时修整花园、锯木头，性情耿直，不平则鸣，常常帮助穷人。他继承了父亲的倔强秉性和批判倾向以及对底层人的关注。他考入波城中学，成绩优异，狂热地阅读文学作品，课余投入橄榄球运动中。在巴黎高师预备班路易大帝中学读书时，他怀着文学青年的梦想，对社会世界充满巴尔扎克式的研究兴趣，巴尔扎克、左拉、福楼拜、波德莱尔、马拉美、普鲁斯特、伍尔夫、福克纳、卡夫卡等成为他日后社会学分析的对象。他大学时爱上古典音乐和绘画，学过对位与和声，一度专攻作曲、指挥和艺术批评，但最终放弃了作曲家和指挥家的梦想，选择社会学为志业。他喜欢摄影，经常参观博物馆，出入画室和爵士乐音乐厅。2007 年 2 月 28 日，胜利女神音乐颁奖礼上，布尔迪厄的名字与法国作曲家杜迪耶（Dutilleux）的名字出现在一首歌中。② 布尔迪厄的文学艺术修养铭刻着学校教育的印记，萨特则是文学艺术的"继承人"。父亲早逝，萨特自幼与母亲生活在外祖父家中，外祖父夏尔·施维泽是索邦大学文学博士，语言直接教育法的创始人。萨特是家中的宠儿，教育家直接负责他的文学启蒙："在当时，一个高雅的家庭应该至少有一个弱不禁风的孩子，我正好是一个合适的人选。"③ 伴着母亲的琴声在外祖父书房里游荡是他的典型的童年场景："我把书房看作是一个神殿……我的住所是在巴黎的一栋楼房的第七层上……宇宙在我脚下一层层地排列着，一切事物都在唯唯诺诺地乞求一个名称，赋予它们一个名称，这既是创造它们，又是获取它们。若没有这个重要的妄想，我是决不会写作的。"④ 他回忆自己的中学时代时说："我们觉得文学在文明社会生长与树木在花园里生长是同样自然的事情。"⑤ 萨特的作家天职

---

① 转引自 Marie – Anne Lescourret, *Pierre Bourdieu. Vers une économie du bonheur*, Paris: Flammarion, 2008, p. 35。

② 德莱姆（Vincent Delerm）的《留声机女孩》："她边读布尔迪厄，边听杜迪耶。"社会学家应该乐于看到自己与作曲家并列。参见 Marie – Anne Lescourret, *Pierre Bourdieu. Vers une économie du bonheur*, op. cit., p. 459。

③ 萨特：《词语》，潘培庆译，生活·读书·新知三联书店 1992 年版，第 62 页。

④ 萨特：《词语》，第 40—41 页。

⑤ 萨特：《萨特文学论文集》，施康强等译，安徽文艺出版社 1998 年版，第 189 页。

徒有自我选择的外表。在家庭熏陶下，萨特能弹"门德尔松、贝多芬、舒曼、巴赫和莫扎特"，在巴黎高师读书时教过钢琴，写过一部德彪西风格的奏鸣曲。在萨特的日程表中，每天除了工作，还包括弹四小时钢琴，听古典音乐和爵士乐。童年和教育经历造成了布尔迪厄和萨特哲学之路的分歧。

1948 年，布尔迪厄考入巴黎高等师范学校哲学班，适逢哲学取代文学成为"桂冠学科"。巴黎高等师范学校坐落在圣热纳维耶芙山上，由古老的修道院改建而成，白色的石墙，深灰的房顶，明亮的教室，宽大的楼梯，树荫庇护的庭院，俨然一座柏拉图学园。学生可以不去上课，只需与教授交谈，在这里如鱼得水的萨特回忆说："这一切都在一种高贵的闲暇气氛中进行。"① 布尔迪厄则感到不自在，他少年时代的朋友都是小商人、手艺人、农民之子，资产阶级子弟的爱好、衣着、谈话方式、行为举止仿佛属于另一个世界。他对高师充满了矛盾心绪：他是驯服的优秀生，但嘲弄神圣的教育体系；他对出身低微深感自卑，却因学业成功而无比高傲。正如他在法兰西学院的讲坛上说的："一方面是倔强的秉性，尤其是面对学校教育系统这位具有截然对立的两面性的乳母，这无疑是因为这位乳母曾受到修习者的过度眷恋，现在则由于债务和失望遭到剧烈的和不懈的反抗。另一方面是'出类拔萃者'的高傲，自信，甚至傲慢，他倾向于把自己看作自身努力的神奇成果，能够回击所有挑战。"②

布尔迪厄进入知识场之初，通过与其他思想家的互动也就是交流、碰撞或对抗，确立自己的位置。布尔迪厄像一般高师学生那样被梅洛－庞蒂、胡塞尔、海德格尔和青年马克思的思想吸引。他读了梅洛－庞蒂的《行为的结构》，马克思的《费尔巴哈论》，海德格尔的《存在与时间》中关于公共时间、历史的篇章，胡塞尔的《理念Ⅱ》和《逻辑研究》。马克思教他关注异化问题，现象学引起他对日常生活经验的兴趣。

---

① 转引自 Marie - Anne Lescourret, *Pierre Bourdieu. Vers une économie du bonheur*, op. cit., p. 41。

② Pierre Bourdieu, *Science de la science et réflexivité*, op. cit., pp. 214 –215.

存在主义哲学主宰着20世纪50年代的知识场，驱散了高师拉丁文和希腊文训练的封闭陈腐气息。萨特是布尔迪厄眼中熠熠发光的第一座灯塔，他的《存在与虚无》是高师学生的必读书。这本书论题广泛，日常生活，爱情，死亡，欲望，情感，认识，想象，记忆，历史，无所不包。萨特主张，虚无不是不存在，而是意识本身。意识的虚无性，指的是意识具有把一切存在予以虚无化的潜能。存在的真正本质由意识自由活动的虚无化过程显示出来。萨特的思想核心便是意识的自由创造精神。布尔迪厄大开眼界，赞同萨特对实际经验的关注，不同意萨特赋予哲学的创世地位：为社会科学和历史科学提供哲学依据，解决政治体制或人类未来的终极真理问题。正是"哲学王"思想导致萨特的万能知识分子观念："我最不喜欢萨特的，是使他不仅成为'万能知识分子'而且成为理想知识分子即知识分子的典型形象的一切，尤其是他对自由知识分子神话的前所未有的贡献。"[1] 布尔迪厄说"自由知识分子神话"是制造出来的，因为萨特对本体论自由与社会性自由联系不够，他的存在主义充满贵族气和书生气，毫不关心实证科学。布尔迪厄厌恶这种肤浅的人道主义和政治伦理主义姿态："我不喜欢自己身上的知识分子成分。"[2] 为了去除这种经院式哲学的弊病，他要以科学社会学撼动哲学的霸权地位，把社会学确立为关于象征权力的科学。[3]

这个高师哲学毕业生从高贵的哲学转向"卑贱"的社会学，其习性的必然与自由使然。

毫无疑问，我投身社会学与我的社会轨迹并非没有联系。我少年时期的大部分时光是在法国西南部的一个偏僻的小村庄度过的。我只有在放弃我的许多经验和先天的品质而不仅仅是某种口音，才能满足学校教育制度的要求……在法国，来自一个遥远的外省尤其当这个地方在卢瓦尔河以南这个事实赋予某些特征，这些特征与处

---

① 布尔迪厄：《自我分析纲要》，第27页。

② 布尔迪厄：《帕斯卡尔式的沉思》，刘晖译，生活·读书·新知三联书店2009年版，第9页。

③ Pierre Bourdieu, *Leçon sur la leçon*, Paris：Minuit, 1982, p. 56.

于殖民地的状况没什么不同。由此而来的客观的和主观的外在性关系类型有利于与法国社会的中心制度尤其是与知识世界的一种非常特定的关系。存在着一些无法不唤起某种洞察力的或多或少的种族主义的微妙形式;不断被人提醒外来身份让一个人看到别人可能看不到或感觉不到的东西。这就是说,我的确是背叛高等师范学校的一个产物。①

在与社会世界的互动关系中,布尔迪厄形成了分裂的习性。作为对立面调和的产物,他的习性同样致力于调和对立面,这一点体现在他的研究风格、研究对象的类型、研究对象的方式上。在巴黎高等师范学校哲学系,教授们不断灌输高贵意识,期望未来的"哲学家"志存"高远",避开低级学科和研究对象。后来雷蒙·阿隆指导布尔迪厄写博士论文时,不赞同他把关于阿尔及利亚经济的经验研究和统计学分析写入论文。布尔迪厄学习方法论教科书上不教的技艺,不鄙弃卑微的事物,不追求激进的决裂和耀眼的光环。他将抽象思考融入对社会上低等、政治上微末、知识上受歧视的对象的高度经验分析。比如,他在《阿尔及利亚的劳动和劳动者》(*Travail et Travailleurs en Algérie*,1964)中把时间意识的结构跟赤贫无产者与时间的关系联系在一起,在《区分——判断力的社会批判》(*La Distinction. Critique social du jugement*,1979)中把康德美学的主要问题与摄影联系在一起。另外,这种调和也表现在将重要的理论阐述与低等的呈现方式结合。比如,他将成熟理论的雏形,即以习性概念超越主观与客观、经验与思辨、结构与行动、主观主义与客观主义等之间的二元对立,放在《一种中等艺术·论摄影的社会用途》(*Un art moyen. Essai sur les usages sociaux de la photographie*,1965)中,将习性概念的阐述及其对结构主义的批判意义放在他翻译的潘诺夫斯基《哥特式建筑与经院哲学》的后记中,把福柯批判放在《被禁止的再生产》一文的尾注中,把德里达哲学风格的批判放在《区分》的"附言"中。

① Pierre Bourdieu avec Loïc Wacquant, *Réponse... Pour une anthropologie réflexive*, op. cit., pp. 176 – 177.

　　布尔迪厄从纯思辨的哲学世界转向鲜活的日常生活，在某种程度上回归苏格拉底的哲学，践行帕斯卡尔的名言："真正的哲学嘲弄哲学。"他的"陌异性"深化了他对社会世界和学术世界的生产机制的认识。我们若把布尔迪厄与福柯进行对比，就会看到，转向人种学研究的布尔迪厄与从事知识史研究的福柯都与哲学决裂，因其习性不同，他们的决裂方式也不同。两个人都出自康吉莱姆门下，但布尔迪厄出身于小资产阶级家庭，与康吉莱姆的习性更接近，后者也出身平民，来自外省。福柯出身于大资产阶级家庭，与萨特和阿隆的气质接近。两人在学术空间中占据相似的位置。他们都有反体制的立场。福柯僭越了法定的对象等级以及哲学与历史学之间的界限，努力扩大哲学的传统定义，以实证方式把残酷的、不正常的现实世界和被排斥的对象如疯狂、监禁等纳入哲学。布尔迪厄则突破医院、军队、监狱、收容所的特定范围，揭露国家通过教育对象征暴力的合法垄断，学校通过灌输法定的认识和评价模式主导人们的感觉、判断、思想和实践，实现社会再生产功能。他从事低等的社会学研究，甚至对艺术实践和知识世界进行社会分析，最终与哲学世界的要求决裂。福柯尽管处在大学制度的边缘位置，有时远在美国，却一直保持哲学家的身份，符合巴黎知识界的期待。布尔迪厄确立了团队合作的工作方式，而福柯从事独立的个人研究。他们两个人的颠覆行动具有不同的意义，布尔迪厄的行为可能被视为粗俗的冒犯，福柯的行为则体现为优雅的违抗。福柯对高贵的哲学始终难以割舍，布尔迪厄则不怕在社会学厨房里弄脏自己的手，力图以社会学取代哲学。

　　知识场的科学哲学潮流也支持了布尔迪厄的转向。1945 年以来的法国社会学和哲学见证了从"总体化的"涂尔干主义到萨特和阿隆的主体哲学以及复归列维－斯特劳斯和结构人类学的"无主体哲学"的钟摆运动：20 世纪 20 年代占主导地位的理性主义和历史传统，被 20 世纪四五十年代重视经验的存在主义哲学贬低，随后又复活。[①] 对存在主义不满的布尔迪厄，找到了新理性哲学。他开始阅读科学哲学、科学史，并向康吉莱姆提交了一个关于"情感生活的时间结构"的论文题目，打算参考

---

① 参见布尔迪厄《自我分析刚要》，第 17—18 页。

胡塞尔的现象学以及生物学和生理学的研究成果完成论文。最吸引他的是数理逻辑先驱莱布尼茨。1953 年他在帕斯卡尔、卢梭和孔德专家昂利·古耶指导下做的毕业论文是对莱布尼茨的"认识"（Animadver-siones）的翻译和评论——《莱布尼茨对笛卡尔原则的总体部分的认识》。他把莱布尼茨用作萨特的笛卡尔主义的解毒剂。萨特对时间性的看法是非连续的、典型笛卡尔式的。莱布尼茨则考虑惰性、意图（conatus）。在布尔迪厄看来，"我思故我在"将主体完全与意识等同，但人们"只有简单的实践而无理论，我们在我们四分之三的行动中是只靠经验的"。① 这种"无理论的实践"为布尔迪厄的"习性"概念埋下了伏笔。另外，两部与科学史密切相关的哲学史著作——马夏尔·盖鲁的《莱布尼茨的动力学和形而上学》和朱尔·维耶曼的《康德的物理学和形而上学》，以及巴什拉、康吉莱姆和科伊雷的认识论和科学史著作对布尔迪厄建立科学的认识论很有启发。他将法兰西学院讲义《科学的科学与反思性》（2001）题献给维耶曼，在他对哲学产生怀疑的时代，维耶曼以其伟大的科学哲学信念激励他坚守一种严格的哲学。② 尤其康吉扬是布尔迪厄的"另一座灯塔"，他与自由哲学家萨特截然不同，一丝不苟地完成哲学教师的职能，不参与纯粹的哲学思辨活动，也不介入对赫尔德林和海德格尔思想的文学神话崇拜。他从生物学研究出发，发扬巴什拉的认识论，对科学概念的形成和出现的历史障碍的分析做出了决定性贡献。③ 他在布尔迪厄心中代表了法国理性主义传统的精华，这种理性主义根植于政治传统，即真正具有普遍性的公民传统。以他为榜样，布尔迪厄认识到可以有别样的知识生活。阿尔都塞敏锐地看到康吉莱姆的认识论创新："新的认识论专家很像'脚踏实地'的人种学家：他们近距离地观察科学，拒绝谈论自己所不知道的东西，拒绝谈论仅仅通过二手、三手或从外面远距离所了解的东西。"④ 这种务实的人种学家吸引了布尔迪厄，其中最杰出的人物便是布尔迪厄的第三座灯塔——列维–斯特劳斯，他为布尔

---

① 布尔迪厄：《帕斯卡尔式的沉思》，第 191 页。

② Pierre Bourdieu, *Science de la science et réflexiuité*, *op. cit.*, p. 9.

③ 参见布尔迪厄《自我分析纲要》，第 31 页。

④ 转引自康吉莱姆《正常与病态》，李春译，西北大学出版社 2015 年版，第 282 页。

迪厄指明了研究方向。

列维－斯特劳斯反对萨特的主体观念，称他成了"我思"的俘虏。为了对抗萨特的自由和有意识的创造者，他主张对自我进行客观化，寻找超越个别人类经验的"常项"："人文科学的最终目的不是去构成人，而是去分解人。"① 在他看来，通过结构分析，人类学拥有与自然科学一样有效的调查和解释的手段，因为"结构分析是在一个连续系统中展开的，其中既有对自然界最细微的特点的经验性观察，也有对于思维机制的内在形式特征的思考，二者密不可分"。② 通过在巴西原住民部落的人类学调查，他搜集了丰富的材料，在研究中使用索绪尔语言学的术语和方法，努力在零散混乱的现象下面寻找类似于语言系统的结构。结构分析中最重要的关系就是二项对立。这就是说，不把文化中任何一项看成独立自足的实体，而在各项的相互关系中确定其价值。列维－斯特劳斯把亲属关系、婚姻习俗、饮食方法、图腾象征、神话等人类学资料都放到二项对立中考察，寻求其基本结构。在神话研究中，他把各民族的神话或同一神话的各种变体加以比较，找出功能上类似的关系。在他看来，这些神话都属于一个神话系统，也就是一个自足的符号系统，每个神话不仅通过历时性展开叙述，而且通过共时性与其他变体或其他叙述相联系，每个神话的意义，都在与其他神话的关系中得到确立。他确信，世界各地的神话之所以大同小异，不是各民族任意创造神话，而是神话系统决定着各个民族神话的创造。由此，他推断，在神话故事的有意识的意义背后，必定存在着一种无意识。最终他从把握无意识的结构转向了主张无主体的无意识："我们打算指出的，不是人们在神话中如何思维，而是神话在人们那里如何思维，而且不被人们所察觉。或许（……）应该走得更远一些，不考虑一切主体，只考察神话之间如何以某种方式思维。"③ 他抛弃了笛卡尔的"我思"，却认为存在着宇宙内在的理性和包含在其中的客观思维，它们可以独立地、理性地起作用。由此，列维－

---

① 列维－斯特劳斯：《野性的思维》，李幼蒸译，中国人民大学出版社 2006 年版，第 226 页。

② 贝多莱：《列维－斯特劳斯传》，第 447 页。

③ 贝多莱：《列维－斯特劳斯传》，第 337 页。

斯特劳斯强调了"关系"与"系统"相对于"主体"的优先地位，否定了"理性"和"意识"至上的传统主体哲学原则，甚至不承认无意识是由主体产生出来的，宣告了主体的消亡。

由于反对哲学的纯粹思辨和哲学家向真实世界投射抽象的概念模式，布尔迪厄自然成了列维－斯特劳斯的追随者。他非常赞同结构主义的实证精神和客观性："人们应该称作结构主义革命的主要贡献在于将一种关系思想方式用于社会世界，这种思想方式是现代数学和物理的思想方式并将现实并非等同于本质而是等同于关系。"① 在他看来，列维－斯特劳斯的可贵在于以这种神话思想方式为对象，而不是像本地神话学家那样利用这种思想方式，以神话的方式解决神话问题。② 也就是说，结构主义通过分离研究对象，对研究对象实行了客观化。布尔迪厄借鉴了列维－斯特劳斯的系统、关系、差别，也就是关系思想方式："社会学在其客观主义时刻，是一种社会拓扑学，一种位置分析，一种对相对位置和这些位置之间的客观关系的分析。"③ 但他对列维－斯特劳斯的理论理性持保留态度。在阿尔及利亚的卡比利亚婚姻调查中，他发现，列维－斯特劳斯的"婚姻规则"、模式和"亲属关系的基本结构"不符合他观察到的实践逻辑，他对其有效性提出质疑。在他看来，这是因为结构分析对实践采取了纯粹理论的视角，"把对实践的理论看法当作与实践的实践关系，更确切地说，把人们为解释实践而构建的模型当作实践的根源"，④ 从而把实践简化为规则的执行，把行动者简化为执行者，忽略了实践模式与事后的理论图解之间的时间差距。布尔迪厄强调实践服从于客观要求和急迫性，大部分时间不受客观规则和主观意图的制约，而受实践意识（sens pratique）支配，实践意识在很大程度是无意识的，也是积极的，即兴的，有创造力的，与列维－斯特劳斯的无意识结构不同。列维－斯特劳斯忽视了实践活动的不确定性和模糊性，将未经客观化的理论关系投射于实践中，肯定了客观观察者的认识特权。他的理论构建缺乏严格的

① Pierre Bourdieu, *Choses dites*, *op. cit.*, p. 150.
② Pierre Bourdieu, *Le sens pratique*, Paris：Minuit, 1980, p. 13.
③ Pierre Bourdieu, *Choses dites*, *op. cit.*, p. 150.
④ Pierre Bourdieu, *Le sens pratique*, *op. cit.*, p. 139.

科学性，自然科学成为他的灵感来源和分类工具，以及否定社会性的合法手段，比如在《遥远的目光》中，他赞扬德国和瓦格纳，称颂现实主义绘画，维护威权的教育。[①] 我们会看到，对列维－斯特劳斯这种无主体的、非历史的、唯理论的人类学的批判，成为布尔迪厄理论建构的起点。

在 20 世纪 60 年代，社会学是在哲学的夹缝当中生存的，无论是从社会定义还是研究者来看，社会学都处于被统治地位，面貌模糊，四分五裂。首先，在老一代中，乔治·居尔维奇（Georges Gurvitch）把持巴黎大学，主张社会学学科细分，让·施特策尔（Jean Stoetzel）在巴黎大学教授社会心理学并主持社会学研究中心，刚就任的雷蒙·阿隆则试图摆脱居尔维奇的理论社会学与施特策尔的唯科学主义的和美国化的社会学。其次，40 岁左右的年轻一代，如阿兰·图海纳、弗朗索瓦－安德烈·伊桑贝尔（François－André Isambert）、昂利·芒德拉（Henri Mandras）等，专治劳动社会学、教育社会学、宗教社会学、农村社会学、城市社会学等。社会学领域的主要刊物包括《法国社会学杂志》《国际社会学手册》《欧洲社会学档案》《劳动社会学和农村研究》等。[②] 总之，社会学主要致力于经验研究，服从于美国唯科学主义的统治模式，与传统学科如历史、文学或哲学对立，与法国大学重视文学和纯思辨哲学的传统格格不入。同时，经验与理论严重割裂：经验研究毫无理论想象，理论研究则完全脱离经验现实。悖论的情形出现了：在知识分子介入政治的黄金时代，社会学远离真正的社会世界。这就是布尔迪厄进入社会科学场时的可能性空间状况。

第二节 社会学转向

1954 年，布尔迪厄获得哲学教师学衔之后，被任命为穆兰中学的哲学教师，他开设了关于胡塞尔的哲学课程。1955 年，他到阿尔及利亚服兵役，学术兴趣转向人种学。他最初一边从事人种学调查，一边写关于

---

① 参见布尔迪厄《自我分析刚要》，第 54 页。

② Pierre Bourdieu, *Science de la science et réflexivité, op. cit.*, pp. 189－191.

胡塞尔的时间经验结构的著作。在服兵役的最后几个月中，他开始关注阿尔及利亚社会，写出了"我知道什么"丛书中的《阿尔及利亚社会学》（*Sociologie de l'Algérie*，1958），为了消除巴黎知识分子对阿尔及利亚现实的误解，"也许同样为了消除对一场残酷的战争无能为力的证人的负疚之感"。① 他在阿尔及利亚曾与普通士兵朝夕相处，替他们站岗，甚至替他们写情书。他们对等级制度俯首帖耳的态度令他震惊，"我身上残存的民众主义受到了严峻的考验，这种民众主义是由加入资产阶级少年的享有特权的闲暇的沉重负罪感形成的，这种负罪感使我刚刚获得学衔就离开了高等师范学校，为的是教书和有点儿用处"。② 比受苦更可怕的是对受苦的默认。如他后来分析的，习性导致了不知不觉受奴役。服完兵役，布尔迪厄担任了阿尔及尔文学院的助教，继续从事阿尔及利亚人种学和社会学研究。炙手可热的社会问题压迫着他。他进行了系统调查，搜集关于服装的资料（与传统服装和欧洲服装进行对比），拍了大量照片，在公共场所进行谈话录音，搞问卷调查，访谈，查阅档案，参加社团讨论。他在调查过程中数次历险，受到法国军队盘查，与阿尔及利亚解放阵线的士兵遭遇。他对这个国家和这场战争的亲身体验，"既是内在的又是遥远的、亲切的，也可以说是深情的、热烈的但并不是天真的或无知的"。③ 在战争中从事社会学调查必须万无一失，尤其要妥善处理调查者与被调查者之间的关系。在极端紧急的状况下，他调动了全部的知识和技术潜能："我在后来的研究工作中投入的批判警觉，无疑可在这些早期的研究实验中找到根源。"④ 阿尔及利亚的现实让他更加清醒地认识到哲学的非现实成分，他决心与经院式哲学决裂，把实践变成理论基石，投身社会科学并以自己的方式从事社会科学。由此，他从情感生活的现象学转向既保持距离又关注现实的科学实践。

我们看到，布尔迪厄的志业转变来自对当时学科的实践意识。他的学术策略具有深刻的社会意义。社会学当时在法国被视为关于民众事物

---

① 布尔迪厄：《男性统治》，刘晖译，中国人民大学出版社 2012 年版，第 47—48 页。

② Pierre Bourdieu, *Science de la science et réflexivité*, *op. cit.*, p. 56.

③ 布尔迪厄：《自我分析纲要》，第 69—70 页。

④ 布尔迪厄：《自我分析纲要》，第 61 页。

的平民的、庸俗唯物主义的科学，尤其是对人类生活的最凡俗、最常见、最共同方面的粗浅分析。布尔迪厄把介于哲学和社会学之间的人种学当作缓冲地带，确保转变的合法性。他的学术定位在学科等级中逐渐下降：从哲学到人种学和社会学，再到农村社会学，为他未来的学术飞跃预备了势能。两个地理和风俗迥异的区域——他的故乡贝亚恩和他的第二故乡卡比利亚成了他的"田野工作"（fieldwork in philosophy）的优选地。关于阿尔及利亚，布尔迪厄写了四本社会学著作：《阿尔及利亚的社会学》（1958）、《阿尔及利亚的劳动和劳动者》（*Travail et travailleurs en Algerie*，1963）、《背井离乡》（*Le Déracinement*，1966）、《阿尔及利亚 60》（*Algérie 60*，1977），两本人类学著作：《实践理论纲要》（*Esquisse d'une théorie de la pratique*，1970）、《实践意识》（*Le Sens pratique*，1980 ）。在《阿尔及利亚的劳动和劳动者》中，布尔迪厄对阿尔及利亚各个层次的赤贫无产者进行了访谈。《背井离乡》的核心内容是阿尔及利亚解放战争期间法国军队强制进行的农村人口迁移如何对社会结构和被迁移者的世界观产生影响。通过对这些原始材料的分析，布尔迪厄指出，暴动和革命的差别是以对现时的把握为基础的。他把精神气质（ethos）、时间意识（conscience temporelle）当成习性的同义词使用。他认识到涂尔干功能主义的局限性，试图以行动者的集体表现的归并（即习性）来解决主观主义与客观主义的二元论问题。在《阿尔及利亚 60》中，他用习性分析作为经济实践根源的经济结构与时间结构的关系："作为客观状况的内在化，阶级习性是全部配置的统一结构，这些配置意味着对客观的未来的实践参照，无论涉及对眼前秩序的服从或反抗还是让经济行为服从预见和计算的禀赋，都是如此。"① 他在《实践理论纲要》中提出，象征暴力和不同社会资本之间的斗争都以获得统治的合法性为目的，行动者的习性使他们倾向于参与统治关系的社会再生产。配置、习性、象征暴力等概念在《实践意识》中得到强化，为他构建社会学人类学提供了有效工具。

　　1960 年，布尔迪厄回到法国，先后在巴黎大学和里尔大学当助教，

----

① Pierre Bourdieu, *Algérie* 60, Paris：Minuit, 1977, p. 115.

担任阿隆在巴黎大学的助手和阿隆在高等社会科学研究院创立的欧洲历史社会学中心的秘书长。1964 年，他成为高等社会科学研究院的研究员。当时，社会科学领域中一切具有革新色彩的事物都发端于布罗代尔主持的高等社会科学研究院，这种氛围无疑有助于他在社会学领域进行创新。他要提高社会学这个低等学科的地位，以哲学和人种学充实社会学，在社会学中引入他在阿尔及利亚大量使用的摄影方法、人种学观察和访谈方法，尤其是促进方法论多元化的问题和思想方法："这是一种转向社会学而且是一种被重新定义和变得高贵的社会学的方式。"① 他通过阿尔及利亚的田野调查与哲学人类学划清了界限，扎根到法国当代的现实中，投身于摄影、参观博物馆、学校教育遴选机制的调查。1965 年，布尔迪厄在《一种中等艺术——论摄影的社会用途》中，强调社会学中没有微不足道的对象，只要它们能够有助于更好地掌握人类行为的逻辑，社会学实际上是未明言的人类学："社会学作为一种政治哲学和社会行动的继承人，难道应该将人类学计划让给其他学科，它既然以研究经验和行动的最普遍和最抽象的条件为专门目标，怎能把未提供其历史重要性的直接明证的人类行为列入无意义的范畴？"② 同年，布尔迪厄在与帕斯隆合作的《继承人》（Les Héritiers）中，指出社会出身造成了大学生学习成绩的差别。1966 年，布尔迪厄在与达尔贝（Alain Darbel）合作的《分红》（Le Partage des Bénéfices）中，表现出对经济发展中的社会不平等的关注。1968 年，布尔迪厄担任欧洲社会学中心主任，开始研究教育和文化如何造成社会阶级差别以及这种差别如何再生产的问题。1969 年，布尔迪厄在与达尔贝合作的《艺术之爱——欧洲艺术博物馆及其公众》中，提出了艺术趣味的社会条件问题。1970 年，布尔迪厄在与帕斯隆合作的《再生产》（La Reproduction）中，阐明法国教育体系再生产社会文化差别，指出教育活动的"象征暴力"与国家对"实体暴力"的合法运用之间存在着一致性。1979 年，布尔迪厄在《区分》中，以资本、场、习性等概

---

① Pierre Bourdieu, *Science de science et réflexivité*, *op. cit.*, p. 196.

② Pierre Bourdieu, Luc Boltanski, Robert Castel et Jean - Claude Chambordon, *Un art moyen. Essai sur les usages sociaux de la photographie*, Paris: Minuit, 1965, p. 17.

念构建的生成结构理论解释其社会学调查结果，对康德的判断力批判进行社会批判，提出趣味的区分功能是阶级划分的基础，分类斗争就是阶级斗争，对传统的阶级理论进行了补充和完善。

　　布尔迪厄意欲解释和理解所有社会文化现象，不断扩展自己的研究领域和研究对象，把整个社会科学场都纳入了视野，正如他本人承认的："我出现在整个社会科学场中。"① 他无疑受到了法国社会学之父孔德和涂尔干的影响。在孔德看来，社会学乃桂冠学科，在思考社会事物的总体性方面能够与哲学媲美。涂尔干在他创办的杂志《社会学年鉴》（*L'Année sociologique*）中没有区分社会学、人种学、历史学或地理学，主张这些学科全部为人文科学服务。布尔迪厄继承了这种总体社会学观念。首先，他反对社会学的学院式划分，如农村社会学、城市社会学、工业社会学、家庭社会学、宗教社会学，等等。其次，他反对学科的人为划分，主张按照构建对象的科学逻辑实行划分。1975 年，布尔迪厄创办了《社会科学研究杂志》，把他关于总体社会学的学术抱负付诸实践。他提出社会科学场的概念，重申了几个原则：取消研究对象的社会等级，拒绝表述研究成果的学术惯例，促进社会科学各个学科之间的合作。他在自己主编的"共识"丛书中，收入了社会史和社会学、哲学史和艺术史、人种学、历史学和语言学的著作。应该说，他赋予总体社会学的地位不亚于萨特赋予哲学的地位："我不是不知道我的事业可能表现为一种追求全能知识分子的过度野心的方式，但这是另一种更严格也更冒险的方式：事实上我冒着在两方面失败的风险，在纯粹的经验论者看来过于理论化，而在纯粹的理论家看来过于经验主义。"② 他力图使社会学通过综合理论与实践，达到哲学的认识论高度。作为社会学家、人种学家和哲学家，他差不多同时出版关于卡比尔人的文化和阿尔及利亚的《实践意识》与关于文化实践的《区分》，这两个研究领域互相呼应，互相补充。人种学家布尔迪厄曾绘制卡比尔人的房屋构图，社会学家布尔迪厄也曾描述他的故乡贝亚恩的房屋布局。他不断穿行于卡比利亚与贝亚恩、异国文化与故

① Pierre Bourdieu, *Science de science et réflexivité*, *op. cit.*, p. 197.
② 布尔迪厄：《自我分析纲要》，第 82 页。

乡文化、遥远的和熟悉的，努力创立一种新实践哲学。

布尔迪厄眼里的新社会学该当如何？

一方面，他尽力复兴涂尔干学派，借涂尔干模式反抗在社会学界占统治地位的美国模式。当时法国社会学界对美国社会学持两种态度：要么完全服从美国社会学对科学的定义，要么断然拒绝与美国实证主义相关的统计学方法。在他看来，以帕森斯、莫顿和拉扎斯菲尔德为代表的美国模式将"理论"和"方法论"割裂开来，简化和歪曲了社会科学，应该回到涂尔干及其追随者（莫斯等）和马克斯·韦伯的研究成果上。同时，他也到德国寻找盟友（法兰克福学派、哈贝马斯和卢曼），但他发现自己无法归顺经院式理论家与服从美国正统论的经验主义者的任何一方。他必须开辟新路：

> 这意味着建立一条现实主义的第三条道路，这条道路能导向一种从事社会科学的新方法，拿对手的武器（尤其是统计武器；但是我们法国也有一种伟大的传统，这就是我颇从中受益的国家统计和经济研究所）对他反戈一击，重新恢复被美国转译误解和歪曲的欧洲传统（在"共识"丛书中大量再版涂尔干和涂尔干学派的著作，通过一种积极的重新阅读或更确切地通过一种自由的重新阐释解放韦伯，这种重新阐释使他既脱离帕森斯又脱离阿隆、舒茨和社会世界的现象学）；因而最终避免撕掉标签的方法和概念的简单引进者与固执地拒绝韦伯和经验社会学的马克思主义者或其同类之间的对立所呈现的取舍。①

另一方面，他主张社会学争取自主性和独特性，反对哲学的霸权主义，既反对制度哲学家，他们一心维护学衔和过时的教学大纲；也反对所谓反制度的哲学家，他们表面上与"主体哲学"决裂，想方设法与社会科学保持距离，却模仿社会科学特有的科学性修辞方式，尤其通过某某学（－logie），比如文字学、考古学等的作用，暗中占有社会科学的问

---

① Pierre Bourdieu, *Science de science et réflexivité*, *op. cit.*, pp. 200 – 201.

题和成果。① 布尔迪厄坦陈："我对这些完成一半的转变从无很多好感，因为它们以最低的代价兼得科学性的利益和从属于哲学家身份的利益。"② 他秉持对社会科学价值的信仰，以哲学家的身份及其权威为赌注，实现真正的科学转变。

最终，布尔迪厄通过反对结构主义、互动论、主观主义，建立了生成结构主义理论。

> 如果用两个词概括我的研究，我会说是"建构主义的结构主义"或"结构主义的建构主义"，这要在与索绪尔或列维-斯特劳斯传统赋予结构主义这个词的意义极其不同的一种意义上理解它。通过结构主义或结构主义的，我想说，在社会世界中，而不只是在象征系统如语言、神话等之中，存在着一些客观结构，这些客观结构独立于行动者的意识和意志，但能够左右或限制其实践或表象。通过建构主义，我想说，存在着一种社会生成，一方面是认识、思想和行动的模式的，另一方面是社会结构的。③

依据生成结论主义理论，社会世界是结构的和动态的，行动者同时是受限制的和自由的。布尔迪厄对社会世界的研究过程也是认识自我的过程，他的社会学最终发展为一种反思社会学，一种社会学的社会学，不是社会学的一个分支，而是为社会学服务的实践论，"社会学的社会学应该不断地伴随着社会学的实践"。④ 1997 年，布尔迪厄在《帕斯卡尔式的沉思》（*Méditations pascaliennes*）中，通过对经院式哲学的反思，指出了哲学生产的社会条件：闲暇（skholè）使哲学家摆脱日常生活的必需，造成经院式封闭并远离社会世界。2001 年，布尔迪厄在《科学的科学与反思性》（*Science de la science et réflexivité*）中，提出了科学产生的社会条件问题，"我觉得很有必要对科学进行一种历史的和社会学的分析，这种

① 参见布尔迪厄《帕斯卡尔式的沉思》，第 22—23 页。
② Pierre Bourdieu, *Choses dites*, op. cit., p. 16.
③ Pierre Bourdieu, *Choses dites*, op. cit., p. 147.
④ Pierre Bourdieu, *Science de science et réflexivité*, op. cit., p. 220.

分析毫不主张将科学认识归结为并还原为其历史条件，进而归结为并还原为地点和时间确定的情境，从而把它相对化，而是恰恰相反，试图让那些从事科学的人理解支配科学实践的社会机制，并因此不仅成为笛卡尔从前奢望的'自然'的'主人和拥有者'，而且成为社会世界的'主人和拥有者'"。① 由此，反思社会学意欲作为科学的科学取代哲学的统治地位。

第三节　科学与政治

依据社会学研究的自主性和科学客观性的要求，布尔迪厄提醒社会学家避免预言家的姿态，不要自诩拥有解决社会问题的良方，否则就会为社会主体提供虚假的科学保证。而且，社会学家不要接受外部力量强加的研究对象、问题体系、概念框架，否则就可能被直接的或间接的统治策略收买。布尔迪厄意图以科学方式促使人们重新思考政治行动、政治意义和社会学的政治功用。也就是说，他不想把智识生活政治化，而是把政治生活智识化。对他而言，社会学客观上就是一门政治科学。社会学不是单纯记录社会现实，也不是建立明确的政治纲领。他指出社会学介入政治的形式和目标："社会科学的政治任务是既要反对不负责任的唯意志论，也要反对宿命论的唯科学主义，努力确定一种理性乌托邦主义，运用对或然性的认识实现可能性。"② 不可否认，他的社会学著作具有强烈的政治功能：揭露统治策略。马尔库塞说："在社会理论中，对事实的认识就是对事实的批判。"③ 布尔迪厄对社会关系的分析不是单纯的科学报告，而是被统治者的解放手段。但他反对专业知识分子直接涉足政治领域，无法容忍"知识分子准许自己以社会认可的能力，远在其技术能力的范围之外，尤其在政治领域，作为权威讲话"。④ 也就是说，不

① *Ibid.*, quatrième de couverture.
② Pierre Bourdieu avec Loïc Wacquant, *Réponse... Pour une anthropologie réflexive*, *op. cit.*, p. 169.
③ 马尔库塞：《单向度的人》，刘继译，上海世纪出版集团 2008 年版，第 95 页。
④ Pierre Bourdieu, *Questions de sociologie*, Paris: Minuit, 1980, p. 73.

能像萨特一样仅以哲学思辨的武器出现在所有战线上，而应该像福柯一样以自己的知识服务于某项事业："与萨特不同，他满足于特定的公共讨论中有限的和专门化的干预，如监狱改革，而萨特则被认为能在所有时事领域进行干预。"① 他赞赏福柯把相对于社会世界特别是相对于政治的自主，与以科学为装备对社会世界的干预结合在一起。② 作为批判知识分子，福柯实现了学术研究与承担责任的完美结合，树立了"专业知识分子"的典型。

1981 年，布尔迪厄担任法兰西学院的社会学教授，20 世纪 80 年代末期他已成为在美国被引用最多的学者。1993 年，法国国家科学研究中心为布尔迪厄颁发了金质奖章，表彰他"革新了法国社会学，永远把实验的严格与基于哲学、人类学和社会学的深厚修养的理论结合在一起"。他的声望和威信日益增大。萨特、阿隆、福柯之死让批判话语空间沉寂下来，他必须接替他们，把知识分子的批判传统延续下去。布尔迪厄强调，知识分子是把真理当作价值的人，他"行使相对于权力的自由，批判习见，取消简单化的取舍，还原问题的复杂性"。③ 社会科学能够直接加入政治斗争，政治介入与科学并不对立，社会分析越是科学，在政治上就越有效。从 20 世纪 80 年代后期开始，布尔迪厄走上了街头，与马克思主义的"同路人"萨特和解了。他承认，萨特的社会影响大到"一个人可能不知不觉地受到他的引导"。④ 布尔迪厄一生都以萨特的作品和行动为参照，并不存在着"学术布尔迪厄"与"政治布尔迪厄"的分野，后者简单地把前者的科学权威带到政治领域。布尔迪厄不是从某个阶段开始介入政治，他一直思考政治介入的社会可能性条件，他有特定的政治干预方式，社会科学与动员属于分析、解读、批判与改造社会现实的同一

---

① Louis Pinto, Gisèle Sapiro, Patrick Champagne (dir.), *Pierre Bourdieu, sociologue, op. cit.*, p. 400.

② 布尔迪厄：《自我分析纲要》，第96页。

③ Pierre Bourdieu, *Contre - feu, propos pour servir à la résistance contre l'invasion néo - libérale*, Paris：Editions Raisons d'agir, 1998, p. 106.

④ Louis Pinto, Gisèle Sapiro, Patrick Champagne (dir.), *Pierre Bourdieu, sociologue, op. cit.*, p. 89.

过程的两个方面。① 按照赛义德的说法，"通过将事物科学化使之政治化"
与"不从政治上思考政治"的意愿，表现在布尔迪厄关于阿尔及利亚的
早期著作中，他的全部社会学都"保留着这种最初的学习痕迹"。② 无论
他是否进入公共空间，他都像福柯那样作为专业知识分子行动。1951 年，
布尔迪厄与比扬科（Lucien Bianco）、德里达等同学对斯大林政治明确表
态，在高师成立了法共之外的一个捍卫自由委员会，③ 这是他第一次重大
"介入"。布尔迪厄的研究起点与政治介入密不可分：《阿尔及利亚的社会
学》是他对阿尔及利亚战争发表的"我控诉"的社会学证词。1968 年，
他组织拟定并发布教师和研究者签名的"教学与研究三级会议呼吁书"，
在他的推动下，欧洲社会学中心集体起草了一系列关于教育改革计划要
点的主题文件。1985 年，应密特朗总统要求，法兰西学院由他主要执笔
撰写了"未来教育的提议"报告。1989 年，他与戈洛共同领导一个由教
育部部长若斯潘主管的委员会，致力于思考并改进教育内容。1992 年，
他创立了高等教育和研究思考协会。保尔唐斯基（Luc Boltanski）声称需
要把布尔迪厄重要的、有待商榷的著作与其追随者们支持的晚期宣传
（agit - prop）之作分开。④ 这无疑是强行切割。没有两个布尔迪厄，布尔
迪厄的社会批判意识从始至终贯穿着他的理论与实践。布尔迪厄深知：
"在公共空间实施干预，就是在自己的领域内冒着让一些人失望甚或震惊
的危险，这些人选择了退隐在象牙塔里的道德便利，在承担义务中看到
缺乏著名的'价值中立'，将'价值中立'错误地等同于科学客观性。"⑤
1998 年，他在瑞士《时代》报上称自己曾是中立的伦理主义、科学的非
介入的受害者，老年的自信和威望使他在一种真正政治急迫性的压力下
进行政治干预，"人们可以说，一个社会学家越是以为他没有涉入政治，

① P. Bourdieu, *Interventions 1961 - 2001：science sociale et action politique*, Marseille：Agone, 2002, p. 7.

② P. Bourdieu, *Interventions 1961 -2001：science sociale et action politique*, *op. cit.*, p. 11.

③ Pierre Bourdieu, *Choses dites*, *op. cit.*, p. 13.

④ Luc Boltanski, *Le Monde*, 25 janvier 2002.

⑤ Pierre Bourdieu, *Interventions, 1961 - 2001：science sociale et action politique*, *op. cit.*, p. 473.

他涉入政治越深"。① 他与政治空间保持距离的时代结束了，他不做阿隆那样的介入的旁观者，后者认为："哲学家在思考世界的时候不改造世界，哲学家在诉诸行动的时候才改造世界。"② 布尔迪厄则坚持哲学的政治本体论："我总是倾向于把哲学问题变成科学政治的实践问题；而且我因此承认马克思在《共产党宣言》中确立的总是从政治上思考的法国思想家与提出'关于人类天性实现'的普遍的和抽象的问题的德国思想家之间的对立。"③

布尔迪厄把学者的立场与战士的姿态结合起来，用科学城邦的知识，为试图理解和改变世界的行动提供坚实的理论基础："社会学就是要让现实尽可能服从科学认识的一般要求。"④ 揭示社会世界的机制是改变世界的前提，社会学技术是新世界的助产术。他拒绝在服从商业法则和商业统治的全球化与维护国家文化（文化民族主义或地方主义）之间做出选择，努力推动普遍主义的进步。他提议将欧洲社会运动作为国际主义的第一步，他捍卫这种理想，忠于自己的批判知识分子角色。他参加了各种政治活动，参与公共讨论，推动社会运动，自称"左的左派"，也就是拒绝社会党妥协的左派。1980 年他支持喜剧演员柯吕什竞选总统。1989年他通过出版《国家贵族》，有力地回应了法国大革命二百周年纪念：国家贵族代替了血统贵族，人类平等远未实现。同年信托局委托布尔迪厄开展关于贫困的调查。当时社会党已经执政四五年并面临下一次选举。布尔迪厄领导其研究团队进行了 50 多次访谈，并于 1993 年出版了《世界的苦难》（*La Misère du Monde*）。该书对社会党执政进行总结，通过社会学构建的事实说话："'事实'总是通过并为了规定社会世界的意义和价值的斗争而产生的"，⑤ 揭露了当代法国的各种苦难：不仅包括"状

---

① P. Bourdieu, *Le Temps*, samedi 28 mars 1998.

② 雷蒙·阿隆：《想象的马克思主义：从一个神圣家族到另一个神圣家族》，姜志辉译，上海译文出版社 2012 年版，第 202 页。

③ Pierre Bourdieu, *Choses dites*, op. cit., p. 46.

④ Pierre Bourdieu, *Interventions 1961 – 2001: science sociale et action politique*, op. cit., p. 10.

⑤ Pierre Bourdieu, La science et l'actualité, in *Actes de la recherche en sciences sociales*, 61, mars 1986, p. 2.

况"的苦难，还包括"地位"的苦难，不仅包括社会痛苦，还包括个人痛苦。他抨击 20 世纪 80 年代中期社会党推动法国政治转向新自由主义，"把经济自由变成政治自由的必要条件和充分条件，把国家干预视为'集权主义'"，① 把反对不平等的斗争和公共服务视为损害自由。布尔迪厄在《致读者》中引用斯宾诺莎的格言："不要悲伤，不要欢笑，不要憎恨，但要理解。"② 社会分析拒斥感情泛滥或意识形态渲染，突出事实描述所提出的问题，解读经济形势，揭露极端自由主义这种"新达尔文主义"以智力和能力的名义淘汰弱者，以进步、理性、科学的名义推进市场经济——唯一的进步信条。布尔迪厄把访谈结果公之于众，希望社会能予以干预，由此创立"介入政治的另一种方式"。不难理解，为何《世界的苦难》成为畅销书。1989 年布尔迪厄创立《世界报》国际增刊 Liber 杂志，与德国、意大利、英国、西班牙的知名报纸建立了合作关系，并在大部分欧洲国家设立通讯员，加强各国文化交流，把讨论空间共时化。这就是要建立报纸与知识分子的联系，发布负责任的信息，发挥集体知识分子（l'intellectuel collectif）的作用："集体知识分子能够并应该完成否定的、批判的功能，努力生产并传播对抗象征统治的工具，象征统治今天往往以科学装备自己。联合的集体知识分子因其能力和权威，能够让统治话语服从一种逻辑的和社会学的批判，这种批判能够有效抵抗专家尤其是经济专家的自诩科学的权威。"③ 布尔迪厄呼吁打破知识分子孤身作战的神话，主张通过学者、艺术家、工会分子等的联盟，采取有效手段进行干预。他还对 1986 年中学生暴动、郊区骚乱、"伊斯兰"头巾、政府的教育政策发言，在各种异见组织中出现，不加入任何党派的智囊团。他捍卫受压迫阶层，支持工人罢工和无家可归者。1996 年他在《新观察家》的"234 呼吁书"上签名，要求承认同性恋伴侣的合法性，在民族广场的同性恋游行集会上露面，揭露象征暴力的压迫。同年他创立了"Liber/行动理由"出版社，出版"行动理由"丛书，讨论炙手可热

---

① Pierre Bourdieu（dir.），*La misère du monde*，Paris：Editions du Seuil，1993，p. 340.

② Pierre Bourdieu（dir.），*La misère du monde*，*op. cit.*，p. 10.

③ Marie‐Anne Lescouret，*Bourdieu*，*op. cit.*，p. 435.

的现实问题的小册子，说明动员的理由并指出理性行动的可能性。在这套丛书中，《论电视》揭露了对电视的隐形审查以及电视上的图像和话语的生产程序，分析了媒体场的运行方式。《隔离火：为反抗新自由主义入侵服务》（*Contre-feu：pour servir à la résistance contre l'invasion néo-libérale*，1998）力图为反抗新自由主义提供战斗武器。1998 年，以"行动理由"为中心的一个研究者小组更名为"1901 法律"协会，为反抗统治话语，尤其为大众媒体日常传播的经济话语的研究、思考、分析，提供更多的社会和政治支持。布尔迪厄努力在公共空间中，在政治场中，创立批评的和理性的位置，以知识分子批判反对自由主义智囊团、市场经济学家和无处不在的传媒知识分子。他抨击媒体对市场唯命是从，没有尽到民众教育的基本责任，把话语权交给饶舌的和无能的随笔作者，导致记者垄断信息生产和大规模传播的工具，阻断普通公民和其他文化生产者如学者、艺术家、作家进入"公共空间"的途径。① 1999 年，在《向世界的真正主人提问》节目中，他质询大传媒集团的负责人："这种象征权力在大部分社会中曾经与政治或经济权力分开，今天却集中在相同的人手中，他们掌控着大传媒集团，也就是一整套文化产品生产和传播工具。"② 他亲身投入新闻场中进行干预。他在密特朗总统建立的委员会中扮演了重要角色，提出把电视在文化上的负面作用转为正面作用的方案，促成电视 7 台的创立，这个电视台后来成为 Arte 德法电视台，在布尔迪厄及其法兰西学院同事的推动下，保持着独立自主。他不无乐观地提出："是时候超越乌托邦主义与社会学主义的陈旧取舍，提出基于社会学基础上的乌托邦。"③ 他甚至提出创立"幸福的经济"，与新自由思想的幻想决裂："通过政治化、通过以一种幸福的经济取代新自由主义的自然化经济，'取消命定性'，这种幸福的经济建立在人类的创举和意愿基础上，把痛苦的成本和自我实现的利润计算在内，这是对生产率和利润

---

① Pierre Bourdieu, *Sur la télévision*, op. cit. , p. 52.

② 转引自 Thomas Ferenczi, Pierre Bourdieu, le sociologue de tous les combats, *Le monde*, vendredi 25 janvier 2002。

③ Pierre Bourdieu, *Propos sur le champ politique*, Lyon：Presses Universitaires de Lyon, p. 103.

率的严格经济主义的崇拜忽略的。"① 这是一种伟大的乌托邦。

2002 年 1 月 24 日，布尔迪厄在巴黎圣安托万医院因癌症病逝。在当年的法国《社会科学》杂志的布尔迪厄纪念特刊上，有一幅堂吉诃德的画像——形销骨立的骑士站在瘦骨嶙峋的马上，手持长矛大声呼喊。布尔迪厄在著作中多次以堂吉诃德为例证。他以堂吉诃德大战风车比喻阐述习性的滞后性。堂吉诃德的悲怆理想主义感染了他。他像这位伟大的骑士一样，存在过、战斗过，以著作和行动揭露这个世界的统治机制和苦难现实："科学工作，不是怀着好感来干的，是怀着激情来干的。为了工作，应该愤怒。也应该为了压制愤怒而工作。"② 他的批判社会学为推进普遍主义的现实主义政治做出了贡献。他的老朋友德里达在 1 月 25 日的《世界报》上的悼文中说，布尔迪厄是法国当代社会学的伟大创新者，他以创立一种"社会学的社会学"为己任，试图解释所有社会行动场，他的方法的核心是围绕客观化的高度批判的建构。他们曾经为了改善移民的处境而并肩战斗。他承认："我感到至少与激发他的东西相当接近，尽管我们行为不同，我们接触事物的方式并不相似。但我失去了一个见证人和一个不可替代的朋友。"哈贝马斯钦佩布尔迪厄的智识和担当精神，说他"像福柯那样，属于这些拥有巨大的学术抱负的思想者，他们使得任何人都不可能在政治介入和智识介入之间设置障碍"。③ 布尔迪厄逝去了，谁能填补批判知识分子阵营中的空缺呢？2006 年 10 月 6 日的《世界报》上这样写道："萨特和布尔迪厄死了，也许法国式介入思想家就此消失。"布尔迪厄的儿子们创立了欧洲社会科学空间（ESSE）基金会，按照社会学家及其亲密合作者的意愿管理他的智识遗产，提倡跨学科研究并在 LIBER 网络中联合欧洲以及全世界的科学家、知识分子和艺术家。LIBER：书（Livre）与自由（Liberté）。

---

① Marie – Anne Lescouret, *Bourdieu*, *op. cit.*, pp. 430 – 431.

② *Vacarme*, revue consultable, décembre 2000, entretien avec Philippe Mangeot, p. 16.

③ 转引自 Marie – Anne Lescourret, *Pierre Bourdieu. Vers une économie du bonheur*, *op. cit.*, p. 431。

第 二 章

综合者的工具箱

在已经圆满的事物周围，总是有尚未完成的事物在出现、成长。

——里尔克

德国社会学家沃尔夫·勒佩尼斯（Wolf Lepenies）说："布尔迪厄没有从习性、场、文化资本概念出发展示一种宏大的理论，但他用它们填充了一个工具箱，这个工具箱把他变成了现代社会科学的一个天才的修补者。"[①] 勒佩尼斯所言有一定道理。布尔迪厄拒斥宏大理论，从来不相信所谓的理论创新，他更喜欢关于创新的矛盾修辞法：断裂中的连续，连续中的断裂。他谈到对马克思、涂尔干、韦伯的方法论和概念的吸收利用："我与这些作者有着非常实用的关系：我求助他们就像求助于手工业传统意义上的'出师留用学徒'，在困难的情况下我可以请他们助一臂之力。"[②]但场、习性、资本不只是为打补丁用的，它们经过布尔迪厄的不断修正和完善，构成其理论大厦的基石，使其社会学思想本身成为一个螺旋式上升的永久运动。他的概念阐释与实证研究不可分割，很少以"理论手册"的抽象形式出现。[③] 布尔迪厄拒斥所谓原理论："我从未要求自己生产一

[①] Wolf Lepenies, *Ernst und Elend des sozialen Lebens, Theorie aus Verantwortung, zum Tode von Pierre Bourdieu*, *Süddeustsche Zeitung*, 25 / 01 / 02, traduit par *Le monde* 25 / 01 / 02.

[②] Pierre Bourdieu, *Choses dites*, *op. cit.*, pp. 39 – 40.

[③] 比如格林伍德出版社的《教育社会学与理论手册》中的"资本的形式"条目，参见《文化资本与社会炼金术——布尔迪厄访谈录》，包亚明译，上海人民出版社 1997 年版，第189—211 页。

种有关社会世界的一般性话语，更不用说生产一种以关于这个世界的知识为分析对象的普遍性元话语。"① 布尔迪厄的《关于国家·法兰西学院课程（1989—1992）》（2012）、《马奈：象征革命·法兰西学院课程（1998—2000）》（2013）、《普通社会学·法兰西学院课程（1981—1983）》第一卷（2015）、《普通社会学·法兰西学院课程（1983—1986）》第二卷（2016）、《经济人类学·法兰西学院课程（1992—1993）》（2017）陆续出版，以正在进行时揭示了布尔迪厄理论的"生产方式"，表明布尔迪厄的三大概念——场、习性、资本并不是先验地设定的，而是他在实证研究和理论思考过程中逐步地、严格地确定和抽象出来的。按照瓦康的说法，"布尔迪厄20世纪60年代致力于确立习性的概念，20世纪70年代打造场的概念，然后20世纪80年代依照受卡西尔启发的一种分类学（神话、宗教、语言、科学、政治、法律和艺术）捕捉象征权力的模式"。② 同时，这三大概念是密不可分、互相关联、互相支撑的："我将在未来几年中连续探讨某些关键概念，同时涉及概念运行与概念在研究中的技术功能：首先是场的概念，一方面使这个概念参照物理场的概念，另一方面，考察物理场和被定义为斗争场的场之间的关系。接下来，我将考察场的概念和习性概念之间的关系，这将导致我考察实践的动力或决定问题；更确切地，我将尝试说出在我看来什么是行动的逻辑——它来自场概念与习性概念之间的关联。最后，我将指出不同种类的场与不同种类的资本之间的关系。"③ 通过对三大概念的不断完善及其相互关系的精微界定，布尔迪厄将其社会实践总公式由《区分——判断力的社会批判》中的 [（习性）（资本）] ＋场＝实践，修正为《马奈——象征革命》中的（配置＋资本）×场＝实践，加固了其科学社会学的理论构架。场、习性、资本

---

① 布尔迪厄、华康德：《实践与反思》，李猛、李康译，中央编译出版社1998年版，第211页。

② Pierre Bourdieu et Loïc Wacquant, *Invitation à la sociologie réflexive*, Edition établie par Etienne Ollion, Collection Liber, Paris：Seuil, 2014, pp. 13 – 14.《反思社会学导引》最早是英文版（*An invitation to Reflexive Sociology*, Chicago：University of Chicago Press & Polity Press, 1992），2014年修订为法文版，笔者的引文来自法文版。

③ Pierre Bourdieu, *Sociologie générale. Cours au collège de France 1981 – 1983*, *op. cit.*, pp. 11 – 12.

共同构成布尔迪厄社会学理论的"三位一体"。为了便于论述，笔者将三个概念分开，侧重点不同。

第一节　场——作为存在与表象的世界

布尔迪厄的卓越理论贡献之一在于"场"概念。这个概念如今已经成为社会学家的常用概念。正如布尔迪厄所担心的，"场"常常被当作类似"领域"或"范围""背景""环境"的高贵替代词，"场"的用法软弱无力且含混不清（"写作场""理论场"等），他强调"场的概念从根本上是一种构建对象的方法"。①

"场"概念的第一个严格表述受到韦伯宗教社会学的启发。1966 年，布尔迪厄在《现代》杂志上发表了第一篇系统阐述文学的文章《知识场与创造计划》。他借助韦伯的"僧侣"与"预言家"对立的现实型，分析知识场中不同主体之间的现实关系。他构建的知识场表现为互动模式，尚不具备后来的生成和结构特征。他把场的概念明确地等同于互动空间的概念。1971 年，布尔迪厄在《欧洲社会学档案》上发表《对马克斯·韦伯宗教理论的一种阐释》②，对韦伯提出的宗教行动者之间关系的互动论观点进行了批判，提出宗教场也是客观关系的结构。1982 年他在法兰西学院授课时，清算了 1966 年文章的互动论错误：当时由于不赞同传统文学史在作品本身或由作品构建的传记中寻找作品的解释原则，他到文学生产者（即作家）之间关系的空间中寻找文学生产或意图的解释原则。通过对韦伯宗教理论的重新诠释，他认识到场不是作为主体的作家之间的具体互动，不是实体主义的人际关系网络。由此他确立了互动论与结构论的对立，并参照韦伯在宗教场与经济场之间的类比构建场的概念。③但互动论是布尔迪厄"否定之否定"的必要环节，突出了场的相对自主性："这个概念只有否定价值：它旨在说出，最终依赖经济的社会机体有

① Pierre Bourdieu, *Sociologie générale. Cours au collège de France 1981 – 1983*, op. cit., p. 536.

② Pierre Bourdieu, Une interprétation de la théorie de la religion selon Marx Weber, *Archives européens de sociologie*, XII, 1, 1971, pp. 3 – 21.

③ Pierre Bourdieu, *Sociologie générale. Cours au collège de France 1983 – 1986*, op. cit., p. 538.

一种自身的逻辑。"① 下一个环节是："一种超越互动的结构，互动作为其表现的结构。"② 布尔迪厄试图以结构论补充互动论。但这种结构不是列维－斯特劳斯的纯粹理论的、超时间的逻辑模式，而一方面是结构主义的"关系思想方式"："按照场的术语思考，就是从关系上思考"，③ 另一方面是马克思的社会历史结构。布尔迪厄仿照黑格尔的"存在的就是合理的"，把马克思的客观关系视为"场"的基础："实在的就是关系的：在社会世界中存在的是关系——不是互动或行动者之间的主体间联系，而是'独立于个人意识和意志而存在的客观关系'，如马克思所说的。"④ 因此，"场"的革命性还体现在强调客观关系的潜在性，反对自发的实体主义的明证性："构建场的概念是为了反对现实主义思想的诱惑、反对把社会世界中一目了然的东西——生物个体，社会制造的客体，通过话语、物品的交流而显示的生物个体之间的有形互动等——当真的诱惑。构建场的概念是为了反对自发的现实主义，反对自发的实体主义，自发的实体主义只承认能由普通的认识方式看到、非要被指明的东西的现实。"⑤

　　布尔迪厄坚持唯物主义，但认为马克思的经济基础与上层建筑的划分过于简单，限于"宗教是人民的鸦片"的基本论断，而韦伯的宗教社会学非常有意识地将历史唯物主义放在了历史唯物主义非常薄弱的象征领域，进行了宗教、神职、圣事理论的全部构建，"这就是将一种象征形式的唯物主义理论推向极端"。⑥ 布尔迪厄仿照韦伯把经济学概念（竞争、垄断、供给、需求等）用于宗教，将经济概念移植到象征生产领域——"我开始重新思考象征生产场并通过把经济生产场看成场重新思考经济生产场。"⑦ 由此社会空间成为象征生产场，马克思的经济基础成为经济场，即象征生产场的一个次空间："经济场作为一个相对自主的空间，遵循自

---

① Pierre Bourdieu, *Sociologie générale. Cours au collège de France 1983 – 1986*, op. cit., p. 540.

② Pierre Bourdieu, *Sociologie générale. Cours au collège de France 1983 – 1986*, op. cit., p. 541.

③ Pierre Bourdieu et Loïc Wacquant, *Invitationà la sociologie réflexive*, op. cit., p. 141.

④ Pierre Bourdieu et Loïc Wacquant, *Invitationà la sociologie réflexive*, op. cit., p. 142.

⑤ Pierre Bourdieu, *Sociologie générale. Cours au collège de France 1981 – 1983*, op. cit., pp. 484 – 485.

⑥ Pierre Bourdieu, *Sociologie générale. Cours au collège de France 1981 – 1983*, op. cit., p. 771.

⑦ Pierre Bourdieu, *Sociologie générale. Cours au collège de France 1981 – 1983*, op. cit., p. 545.

身的法则，具备特定的、与一种独特的历史相关的公理体系，产生一种特定形式的利益，这是利益可能形式空间的一个特例。"① 由此，他把严格意义上的经济扩展到象征财产，提出一种普遍的实践经济。每个场都意味着"特定的"资本和利益。利益并不是与一个普遍行动者相关的一个普遍属性，不可约简为经济利益。利益与场出现的历史过程密切相关，经济场的出现导致出现狭义的经济利益，利益概念的一种特定状况，"只有经济场的游戏才是如是的利益"。② 这就是说，除了经济利益，还存在着科学利益、文学利益、政治利益、慈善利益等"无关利害"之利益，这种利益有可能最终转化为经济利益，但它关乎一个人的终极存在价值，不只是经济利益的最大化。利益还包含另一层含义："利益是这种非常普遍的配置，可被定义为进行合理的区别的能力和倾向。"③ 在这种意义上，人们做有利可图之事。不具备观念和区分原则的人则看不到利益所在。但是，"利益总是相对于一个场确定自身：利益是一个特定场的幻象（illusio）"。④ 场是无明确规则的游戏，幻象不是虚幻的，而源于欲望、冲动，意味着受制于游戏，投入游戏，"幻象并非属于人们提出和捍卫的明确原则、论点的范畴，而是属于行动、陈规、人们做的事情的范畴，人们之所以做这些事情，是因为事情应该做，而且人们总是这么做"。⑤ 利益也是信念（doxa），所有投身于某个场的人都赞同相同的信念，也就是一整套认识和评价前提。信念使他们互相竞争并规定竞争的界限。比如艺术场的信念是为艺术而艺术，而不是经济场的唯利是图，经院场要求为游戏而游戏并搁置日常生活目标。信念也是信仰，场也是信仰空间。在这个意义上，布尔迪厄认为"莫斯是场的观念的唯一先行者"，莫斯的《论魔法》确立了场是信仰空间的观念：在魔法空间中，魔法师为了真正的魔法权力而互相斗争，这种权力来自着魔的群体对魔法师的信仰，魔

① Pierre Bourdieu, *Choses dites*, op. cit., pp. 125 – 126.
② Pierre Bourdieu, *Sociologie générale. Cours au collège de France 1983 – 1986*, op. cit., p. 157.
③ Pierre Bourdieu, *Sociologie générale. Cours au collège de France 1983 – 1986*, op. cit., p. 163.
④ Pierre Bourdieu, *Sociologie générale. Cours au collège de France 1981 – 1983*, op. cit., p. 334.
⑤ 布尔迪厄：《帕斯卡尔式的沉思》，第 114 页。

法行为是一种"合法欺骗"。① 对布尔迪厄而言，利益（幻象、信念、信仰）是"既在经济意义上又在精神分析意义上投入的倾向"，② 属于习性范畴。这不是把场神秘化。场不是一个磁场，一个看不见的力量的场，而是类似牛顿物理学的"环境"：

> 我说场是一个近乎物理的空间，行动者在其中服从施加给他们并左右他们行动的力量，但这些行动者具有社会构造的配置即我所说的习性，他们通过习性认识这个力量场，不像铁屑那样被力量场操纵。他们"思想"；他们在实践上相对于这个空间定位，要么以实践意识的名义，要么更罕见地，以表象的方式。他们与此同时构建这个空间。他们作用于这个空间，与此同时受到它的作用：他们作用于这个空间按照一种在很大程度上由这个空间强加的逻辑。③

场同时是结构的和生成的，一个场中的斗争、策略、行动每时每刻都依赖力量关系状况，"场作为力量场或可能位置空间的定义在认识论上是优先的"，④ 场的理论依旧以唯物主义为前提。

布尔迪厄从1966年到2000年单独或与同事合作发表了一系列论文和著作，开展了对知识场、艺术场、文化生产场、宗教场、科学场、政治场、司法场、权力场、官僚场、经院场等的实证研究，⑤ 致力于构建"场"的一般理论，阐明对不同的场都有价值的普遍特性。可以说，"场"体现了布尔迪厄综合历史经验和抽象理论的抱负："借助场的思想的一个

---

① Pierre Bourdieu, *Sociologie générale. Cours au collège de France 1983 - 1986*, op. cit., pp. 865 - 866.

② Pierre Bourdieu, *Sociologie générale. Cours au collège de France 1983 - 1986*, op. cit., p. 558.

③ Pierre Bourdieu, *Sociologie générale. Cours au collège de France 1981 - 1983*, op. cit., pp. 572 - 573.

④ Pierre Bourdieu, *Sociologie générale. Cours au collège de France 1981 - 1983*, op. cit., p. 570.

⑤ Pierre Bourdieu et Loïc Wacquant, *Invitation à la sociologie réflexive*, op. cit., p. 139. 布尔迪厄在研究中不断对场的概念进行扩展和精细化。权力场在《区分——判断力的社会批判》（1979）中只用过一次，在《普通社会学课程》（1981—1983）中开始使用，在《国家贵族》（1989）中变成中心概念。

属性恰恰是促使我们构建有其历史独特性的现实，与此同时从中发现不变量并抽出超历史运行的法则。"① 1992 年，布尔迪厄在《反思社会学导引》中，给出了场的完整定义：

> 按照分析术语，场可被定义为位置之间客观关系的一个网络或一个轮廓。这些位置的存在以及它们为其占据者即行动者或制度规定的决定性，客观上由它们在不同种类的权力（或资本）分布结构中现在的和潜在的状况来确定，与此同时，由它们与其他位置的客观关系（统治、服从、同源性等）确定，拥有不同种类的权力（或资本）支配着在既定空间中起作用的特定利益的获得。在高度分化的社会里，社会宇宙由这些等级化的、相对自主的小社会宇宙组成，这些小宇宙即客观关系空间，是一种特定逻辑和一种特定必然的地点，这种逻辑和必然不可还原为支配其他场的逻辑和必然。②

场是社会劳动分工产生的社会空间中若干自主的小空间。但场没有绝对的开端，不是在某个时刻通过契约、通过法令开始的，而是在不知不觉的历史过程中形成的。③ 每个场是由行动者构成的一个特定空间，行动者在场中占据的特定位置依赖其资本总量和结构以及两者的历史变化，每个位置都被与其他位置的客观关系决定且与之相关联。场有相对的自主性，场只要遵循它固有的法则，就可完成外部社会功能，尤其是使社会秩序合法化的功能。任何统治位置都是暂时的，可能受到被统治位置和场中新来者的质疑或颠覆。场中的斗争遵循内部逻辑，场中同时存在着自主的一极与非自主的一极，非自主的维护者在与自主的维护者斗争时，可能会到场外寻求另一种形式的资本用以兑换场内的资本，场可能会完全丧失自主性。布尔迪厄提出警示："在任何场中，统治者都倾向于

① Pierre Bourdieu, *Sociologie générale. Cours au collège de France 1981 – 1983*, op. cit., pp. 473 – 474.

② Bourdieu et Loïc Wacquant, *Invitationà la sociologie réflexive*, op. cit., p. 142.

③ Pierre Bourdieu, *Sociologie générale. Cours au collège de France 1983 – 1986*, op. cit., pp. 113 – 114.

关闭场，也就是把它变成系统。"① 因为场是开放的，系统则由一系列确定的关系组成，最根本的特点是封闭性。因此，对"场"概念而言，"相对自主性、界限与场的作用的观念是绝对不可分离的"。② 场与场之间并不是截然分开、界限分明的，"我经常使用云的界限或逐渐稀疏的森林边缘界限这种形象；场往往是这个样子的"。③ 一个场的界限在场的作用减弱之处。场与场之间是同源关系，"从场到场的类比思想是相当牢靠的，因为这指的是从结构到结构进行思想，是寻找同源性"。④ 次场（sous-champ）（及其再划分）不是场的简单组成部分，从场到次场发生了质变。次场也是一个相对自主的空间，场与次场之间是统治关系。行动者在场中的位置依赖他在社会空间中的位置，这是社会结构与场之间的同源性造成的："社会空间作为空间的空间，场的场，比每个场更不封闭。"⑤ 1996 年，在《帕斯卡尔式的沉思》中，布尔迪厄对"场"进行了"认识论"总结，赋予场存在与认识、理解与解释的双重性质："社会世界分化的过程导致自主的场存在，这个过程既涉及存在，又涉及认识：通过分化，社会世界产生了关于世界的认识模式的分化；与每个场对应的是一个关于世界的基本观点，这个观点创造了自己的对象并在自己身上找到了适合这个对象的理解和解释原则。"⑥

阿兰·盖耶在《社会科学的辉煌与不幸》中，批评布尔迪厄通过场把社会生活简化为一个功利主义的逻辑，把社会生活变成了个人或群体之间互相竞争的领域。理由是布尔迪厄遵循利益公式，把经济利益视为主体的最高目标，比如经济资本是其他资本的基础，象征资本从长远来看也是实现利益的最大化，这样就忽视了社会生活中其他类型的重要关系，比如交换礼物时主体之间的合作关系，以及爱情、友谊、同情等不

---

① Pierre Bourdieu, *Sociologie générale. Cours au collège de France 1983 – 1986*, op. cit., p. 27.

② Pierre Bourdieu, *Sociologie générale. Cours au collège de France 1983 – 1986*, op. cit., p. 28.

③ Pierre Bourdieu, *Sociologie générale. Cours au collège de France 1981 – 1983*, op. cit., p. 487.

④ Pierre Bourdieu, *Sociologie générale. Cours au collège de France 1983 – 1986*, op. cit., p. 134.

⑤ Pierre Bourdieu, *Sociologie générale. Cours au collège de France 1983 – 1986*, op. cit., p. 29.

⑥ 布尔迪厄：《帕斯卡尔式的沉思》，第 110 页。

同经验的存在。① 应该说，这种观点无法构成对场的质疑，也没有弄清楚布尔迪厄的利益观念。贝尔纳·拉伊尔对场的自主性和场解释各种社会实践的能力提出了质疑。在他看来，场的自主化和区分化可能让人产生各种活动截然分开的幻想，但实际上，在某些层次上，区分并不是那么明显。比如在当代社会，经济场无法与其他场分开，其他场（文化场、政治场、体育场）无法逃开经济逻辑，而政治场和司法场则浸透了社会生活的方方面面。此外，场的理论并不适于解释所有活动，它对于职业活动有效，将不具备职业活动的人如家庭妇女等排斥在外。进入场的方式也因人而异。比如在教会或体育俱乐部中，专职人员（教士、运动员）从事其职业活动，其他人则在这里花费有限的时间和精力。也就是说，有些人很可能进入一个空间，却没有进入竞争，也没有采取获得这个空间的特定资本的策略。另外，场的概念无法解释家庭。尽管家庭是一个拥有自身运行逻辑的相对自主的空间，体现了成员之间互相依赖的关系，但不能被视为场。不是所有个人、实践、制度、互动都与一个场相配。所以，场的概念可能妨碍对社会世界的认识，因为它忽视了不同行动者在不同空间中的角色转换。场的理论无法成为一种普遍的和一般的理论，只能代表关于社会世界的一种片面理论。② 拉伊尔对场概念的批评，犯了实证主义和"自发的实体主义"错误。对布尔迪厄而言，社会世界并非总是作为场运行，社会空间包括三种状态：个人互动状态、个人集合状态和场的状态。③ 如上所述，场是社会劳动分工的产物，以冲突、竞争和共同信念为内容的社会劳动空间，必然就不包括家庭关系。对布尔迪厄而言，家庭以性别劳动分工的方式参与社会劳动分工，协助场揭示社会权力空间的运行机制。

---

① Cf. Patrice Bonnewitz, *Pierre Bourdieu. Vie*, *œuvres*, *concepts*, Paris：Ellipses, 2002, p. 66.

② Cf. Bernard Lahire（dir.）, *Le travail sociologique de Pierre Bourdieu. Dette et critiques*, Paris：La Découverte, 1999, pp. 23 –57.

③ Cf. Pierre Bourdieu, *Sociologiegénérale. Cours au collège de France 1981 – 1983*, *op. cit.*, pp. 534 –535.

第二节　习性——社会物理学与社会现象学的中介

场与习性互相依存。场同时是社会物理学和社会动力学空间，场中的行动者通过习性与场互动："这个位置空间是一个可能性空间，我们无法通过一种简单的机械反应或通过一种移印从位置过渡到占位：一个重要的中介是占据这些不同位置的行动者的习性。"[1] 场作为决定性空间包含着一部分不确定性，无论行动者受到其位置的必然限制多么大，他总是拥有一种自由的客观余地，尤其在危机时刻，他能够利用操作的余地采取策略，颠覆所有机会和收益的法定分配。布尔迪厄强调，可能性系统的这个结构空白，并不存在于行动者的主观经验中，也无法被系统本身的自足倾向的神奇作用填补，只有"习性"才能解决必然与自由的这种关系。习性具有打破场的限制的潜能："当习性与场契合，能量产生了，有了动力，也就是说，不一定是表象，而是信仰，相信值得努力，与此同时，有了实践中的投入和介入。"[2]

应该说，"习性"概念凝聚了布尔迪厄的认识论思考成果，帮助他"与结构主义的范例决裂，而又不落入主体或意识的陈旧哲学、古典经济的陈旧哲学及其今天以'方法论个人主义'的名称回来的'经济人'的陈旧哲学中"[3]。在他看来，意识哲学把有意识的意向当作所有行动的根源，经济主义只考虑理性算计的经济和经济利益的经济。他的哲学思想是以批判萨特的笛卡尔式"我思"及其时间－物和身体－物为起点的。萨特反对弗洛伊德以无意识解释行动，认为人通过自欺来保持意识对自身的透明性及其自由。萨特的身体是惰性的、异化的、物质的，是"为了别人的身体"，与自由的意识截然对立。布尔迪厄以胡塞尔的前摄（protension）和马克思唯物主义为装备，将实践预感与理性谋划区分开来，并借鉴梅洛－庞蒂对身体精神的思考，反对萨特的身心二元论和目

① Pierre Bourdieu, *Sociologie générale. Cours au collège de France 1981－1983*, op. cit., p. 678.
② Pierre Bourdieu, *Sociologie générale. Cours au collège de France 1983－1986*, op. cit., p. 981.
③ 布尔迪厄:《艺术的法则》，第 221 页。

的论:"习性的概念,就是身体化的社会与物化的社会之间的关系。"① 必须同时考虑社会事实的物质性和象征性。所以布尔迪厄反对涂尔干仅仅把社会事实看作物(chose),而主张把关于对象(objet)的表象[韦伯的精神气质(ethos)]重新引入对象的完整定义中,超越社会物理学与社会现象学的对立。

"习性"概念第一次出现在布尔迪厄 1962 年发表的《单身与农民状况》一文中,描述了他对在舞会上被冷落的贝亚恩单身农民体态的认知。"习性"概念无疑受莫斯分析的身体素养(hexis)和"身体技术"(techniques du corp)的启发。在莫斯看来,"习性"一词来自亚里士多德 - 圣托马斯传统,间或被黑格尔、胡塞尔、韦伯和涂尔干使用,比"习惯"更好地表达后天的获得,还带有随不同社会而变化的集体习惯的含义。他认为社会表象、行为举止和实践法则是通过教育尤其是身体训练而被内化和归并的。② 潘诺夫斯基的《哥特式建筑与经院哲学》对"习性"的构建至关重要。潘诺夫斯基看到习惯的构成力量,指出 1130—1140 年到 1270 年这个时期哥特艺术与经院哲学之间的联系,但这种联系与简单的平行论对立,因为它是一种真正的因果关系;它也与个人影响对立,因为这种因果关系是通过散播而不是直接接触建立的。也就是说,这种联系通过一种精神习惯的传播建立起来。这种精神习惯在整个文明中都起作用。③ 对布尔迪厄而言,有意义的是,潘诺夫斯基努力从哥特式教堂或神学大全这些具体的和特定的话语中抽出一种"内在形式",也就是作法(modus operandi),它既能产生神学家的思想,也能产生建筑家的图式,因而创造了 13 世纪文明的统一性。此外,为了说明学校灌输的文化,潘诺夫斯基使用了"习性"这个经院概念,表明文化不仅是一种共同的符号,也不仅是回答共同问题的答案库,或一些特殊的和特定的思想纲要,而是一整套事先被吸收的基本思想模式。在潘诺夫斯基那里,

---

① Pierre Bourdieu, *Sociologie générale. Cours au collège de France 1983 – 1986*, *op. cit.*, p. 943.

② Marcel Mauss, Les techniques du corps, in *Sociologie et Anthropologie*, Paris: PUF, 1950, p. 368.

③ Cf. Ervin Panofsky, *Architecture gothique et pensée scholastique*, traduction et postface de Pierre Bourdieu, deuxième édition revue et corrigée, Paris: Minuit, 1967, p. 83.

"习性"是以"本地"概念的形式使用的，以解释经院哲学思想对建筑领域的作用。布尔迪厄承认"有点勉强地利用了潘诺夫斯基从习性概念得出的在其作品中独一无二的用法"，[①] 他尝试把习性普遍化："我想说明习性和行动者的（而习惯这个词又没有说的）活跃的、创造性的、'创造的'能力。"[②] 通过借鉴乔姆斯基的生成语法，布尔迪厄将习性确定为内在化模式的系统，"这些模式允许产生一种文化特有的全部思想、认识和行动，而且仅仅是这些思想、认识和行动"。[③] 说话者通过生成语法可以无限地即兴创造，从几条语法规则出发组成无数的句子，行动者也可以通过习性在特定社会历史情境中自由地产生认识和行动。但他不赞同潘诺夫斯基的"象征形式"设定的纯粹认识主体或乔姆斯基认为的天生能力或普遍理性的能力，因为"认识结构不是一个普遍主体的、而是一个历史主体的认识结构，而且是社会世界的产物"。[④] 布尔迪厄强调习性产生和运用的社会历史条件。在《实践意识》中，布尔迪厄给出习性的定义：

> 与一个特定的生存条件的阶级相关的影响产生了习性，即持久的和可移植的配置系统，即准备作为建构的结构也就是作为实践和表象的生成和组织原则发挥作用的被建构的结构，这些实践和表象能够从客观上符合它们的目标，但不意味着有意识的目的企图和对于为达到目标必要的活动的有意支配；这些实践和表象在客观上是"有规律的"和"有规则的"，但丝毫不是遵守规则的产物，而且，与此同时，是集体上协调一致的，但不是一个乐队指挥的组织行动的产物。[⑤]

---

① 布尔迪厄：《艺术的法则》，第 221 页。

② 布尔迪厄：《艺术的法则》，第 221 页。

③ Pierre Bourdieu, Postface, in Erwin Panofsky, *Architecture gothique et pensée scholastique*, *op. cit.* , p. 152.

④ Pierre Bourdieu, *Sociologie générale. Cours au collège de France 1983 – 1986*, *op. cit.* , p. 782.

⑤ Pierre Bourdieu, *Le sens pratique*, pp. 88 – 89.

这就是说，习性是一个由受到客观条件作用的个人内在化了的配置系统，这个系统作为无意识的行动、认识和思考原则（模式）发挥作用，产生个人或群体的实践和对实践的意识。

在《男性统治》（1998）中，布尔迪厄将卡比利亚考察到的仪式与现代地中海社会的人种学研究进行对比，得出男性中心宇宙论从卡比尔社会一直延续到现代人的认识结构和社会结构中。性别划分既以客观化的状态存于事物中，又以被归并的状态存在于身体中，存在于习性中。这就是说，文明社会中有教养的人的思想模式，与人种学家从"野蛮"社会的神话或仪式中抽出的无意识模式，与涂尔干、莫斯所说的"原始分类形式"，具有相同的功能。通过习性，所谓原始主义和野性思维被否定了。

从生成上看，习性是个人的位置和社会轨迹的产物。习性是一种所得，也是一种拥有，在某种情况下，能够作为一种资本起作用："作为被归并的资本，习性是一种存留于现在并充满未来的过去，它意味着一种未来：说我们有习性，就是说我们能够生成；习性完全不是某种被动的东西——这就是我为什么用这个词而不是习惯。"① 习性可能产生许多事物，但这是在某种限度内。习性要比习惯复杂得多，且具有辩证的特点。法国学者埃兰在考察"习性"在哲学史上的变迁时，提出了几个关键节点：亚里士多德的物理学和人类学强调物质对行动的阻碍，从习性到行动需要力量的保证。圣托马斯认为力量与行动之间不契合，需要习性作为中介，他强调人的有限性，只有上帝才能无须中介通过力量完成行动。胡塞尔提出现象学的任务是审视客观化的所有程度，从简单的个人感知一直发展到具有普遍价值的科学判断的形成，由此个人习性倾向于变成一种无名习性，可传承的知识宝库，也就是布尔迪厄的智识资本。② 埃兰的解读阐明了习性概念包含的非理性与理性的关系以及理性行动的可能性条件。

① Pierre Bourdieu, *Sociologie générale. Cours au collège de France 1983 – 1986*, *op. cit.*, p. 206.

② François Héran, La seconde nature de l'habitus: Tradition philosophique et sens commun dans le langage sociologique, *Revue française de sociologie*, Vol. 28, No. 3（Jul. – Sep., 1987）, p. 400, p. 407.

　　布尔迪厄指出，最初的习性由最早获得的最持久配置构成，是童年时代在家庭中形成的，与父母在社会空间中的位置相关的属性被子女内在化了。行动者按照最初的习性认识新经验。后来的习性叠加在最初的习性之上，其中最重要的是学校教育习性。习性不仅意味着行动者的位置，还意味着导致他们占据这个位置的轨迹。习性不会一劳永逸地固定，而会根据新的和意外的情形不断地调整和重构："习性作为普遍的和可移植的配置，实现了一种系统的和普遍的应用，这种应用被延伸到直接获得的东西的界限之外，即学习条件固有的必然的界限之外。"[1] 习性本身具有稳定性、倾向性和恒定性的力量，以及保留与其生产条件一致的结构的自发倾向，"当习性的建构的结构与场的被构造的结构之间完全契合时，事情就自然而然了，世界就是一目了然的，一个人就如鱼得水了"。[2]但习性的产生条件可能与其运用条件不符，行动者不再适应新的条件，可能做出不合时宜的举动，这就是说，他的实践符合他在从前位置空间中的地位，却不符合他在新空间中的地位。由此习性可能是分裂的、与自身发生冲突并分离，产生惯性或滞后作用，最终变成障碍。堂吉诃德的习性有滞后作用："这就是堂吉诃德效应：堂吉诃德将作为一个已消失世界的产物的认识结构用于这个世界。"[3] 行动者需要依据他的社会轨迹也就是他上升、停滞或下降的生活经验重构习性。这就是习性的历史性：习性不仅面对过去和现在，也面向未来。习性包含着预见世界进展的意识，直接面对世界和世界之将来，毫无客观化的距离。习性的首要功能就是强调，行动的原则是实践意识而不是理性算计："实践意识是允许恰当地行动，既不提出也不实行一种'必须'即一种行为法则的东西。"[4]换句话说："实践意识是一种语言外的、理论外的、问题体系外的认识形式。"[5] 习性不把我们的思想世界与我们的生活世界分隔，无关列维－斯特劳斯的遥远目光或萨特的异化目光，"习性不是把世界视为对象或表

①　布尔迪厄：《区分——判断力的社会批判》，第 268 页。
②　Pierre Bourdieu, *Sociologie générale. Cours au collège de France 1981 – 1983*, op. cit., p. 568.
③　Pierre Bourdieu, *Sociologie générale. Cours au collège de France 1983 – 1986*, op. cit., p. 467.
④　布尔迪厄：《帕斯卡尔式的沉思》，第 162 页。
⑤　Pierre Bourdieu, *Sociologie générale. Cours au collège de France 1983 – 1986*, op. cit., p. 563.

演。行动者不是一个观看者，他在社会世界中，他居住社会世界，他在社会世界中移动，如同在一个家宅中那样。① 行动者在实践中不是简单地执行明确的规则。任何法则都不能明确规定所有执行条件而不留任何阐释余地，这种余地就是留给实践意识的。钢琴家的即兴演奏或体操运动员的自选动作包含着某种实践思考：关于状况和行动的思考。布尔迪厄反对意识与无意识的二分法，以实践意识超越意识与无意识的对立："我所说的习性——人们也可以说'实践意识'——是对社会世界的规律的这种认识和这种实践掌握，它们无须把这些规律变成正题形式的规律，就能够使行动符合这些规律，并且使行动被归因于这些规律，好像行动曾经是参照这些规律而产生的。"②

　　布尔迪厄通过习性构建整体论的社会学。帕斯卡尔说："通过空间，宇宙把我像一个点那样包容和吞噬；通过思想，我包容（或理解，comprendre）了它。"③ 布尔迪厄以社会空间涵盖帕斯卡尔的宇宙空间，超越客观主义与主观主义、社会与个人的对立：我既被社会空间确定和吞没，又能理解这个空间并对它产生作用。社会结构以习性的形式被归并，我获得了对这个空间的实践认识和支配。这就是说，习性是"外在性的内在化与内在性的外在化"："正是习性概念的功能重新赋予行动者一种生成的和统一的、构建的和分类的能力，同时强调这种构建社会现实的能力本身也是由社会构建的，这种能力不是一个先验主体的能力，而是一个社会化的身体的能力。"④ 处在一个特定社会空间里的个人，可以将社会空间纳入身体和头脑中。由此习性既赋予个人实践也赋予群体实践以一致性和统一性，超越个人与群体的对立："相同的建构结构（作法），通过转换产生了被建构的产物（作品），这种转换是由不同场特有的逻辑强加的，作为被建构的产物，同一个行动者的所有实践和作品在客观上彼此之间协调，根本无须有意地寻求逻辑联系，而且在客观上与同一阶

　　① Pierre Bourdieu, *Sociologie générale. Cours au collège de France 1981 – 1983*, op. cit., p. 312.

　　② Pierre Bourdieu, *Sociologie générale. Cours au collège de France 1981 – 1983*, op. cit., p. 293.

　　③ 帕斯卡尔：《思想录》，何兆武译，商务印书馆1997年版，第158页。

　　④ Pierre Bourdieu, Pierre Bourdieu, Luc Boltanski, Robert Castel et Jean – Claude Chambordon, *Un art moyen. Essai sur les usages sociaux de la photographie*, op. cit., p. 23.

层的所有成员的所有实践和作品配合，根本无须有意识地商讨。"① 这就是说：一方面，习性具有个人的和系统的可移植性，不同的习性可能通过简单的转移用于千差万别的领域。② 布尔迪厄将习性比喻成一个人的特定"笔法"，一个人的笔迹总是相同的，无论书写材料和书写工具是什么，无论字体在大小、内容和颜色方面有何差别，但总是以风格或手法的方式，表现出一种可直接识别的相似性。另一方面，拥有相同习性的人，自发地以相同的方式行事，按照个人趣味，在选择职业、配偶或家具方面达成一致，他们很容易达成默契并互相认可，但这不是有意识的约定，而是实践上的相互理解，这就构成了特定群体的存在方式。比如上升的小资产阶级的习性，表现为审美的苦行主义，道德的刻板，语言的过分矫正，政治的保守主义，学校教育的巨大投入，经济和文化的积累。总之，习性概念有助于避开两种幻想："个人目的论的幻想，主观幻想，这是经济学和功利主义哲学的中心，以及集体目的论的幻想，这是黑格尔－马克思主义传统的中心。习性概念是这种'物'，它命名这种思想的、知觉的、行动的、话语的发生原则，等等，它好似遵守外部要求，因而好似由追求符合目的而引起，然而它在很大程度上都是自发地符合的。"③ 这样，"习性概念使得有可能解释无目的的合目的性"。④ 由此，布尔迪厄总结出位置与配置的辩证法："在大部分情况下，试图分辨在实践中什么取决于位置的作用和什么是配置的产物是徒劳的，行动者将配置带到位置中，配置支配着行动者与世界的一切关系，尤其是他们对位置的认识和评价，进而他们保持位置的方式，接下来还有这个位置的'现实'本身。"⑤ 不过，按照唯物主义原理，位置优先于配置。

在《帕斯卡尔式的沉思》中，布尔迪厄通过学术史批判提出了习性的认识论意义。习性作为他的思考成果，打上了他特有的制造标识：

---

① 布尔迪厄：《区分——判断力的社会批判》，第 271 页。

② 布尔迪厄：《区分——判断力的社会批判》，第 269 页。

③ Pierre Bourdieu, *Sociologie générale. Cours au collège de France 1981–1983*, op. cit., p. 290.

④ Pierre Bourdieu, *Sociologie générale. Cours au collège de France 1981–1983*, op. cit., p. 289.

⑤ 布尔迪厄：《帕斯卡尔式的沉思》，第 183 页。

习性不是注定要成为笛卡尔的连续时刻的不连续性的这种瞬间存在，而是按照莱布尼茨的说法，一种固有的力量（vis insita），这种固有的力量也是固有的法律（lex insita），一种包含一个法则因而以［经常被忠于自身的明确原则即自身的稳定性（constantia sibi）当作荣誉的绝对必要所强化的］倾向性和恒定性为特征的力量。同样，习性丝毫不是功利主义传统和经济学主义者（以及继他们之后的"方法论个人主义者"）的孤立、自私和算计的主体。习性是稳定的一致、难以抑制的忠实的处所，即身体精神（其中家庭精神是一个特殊状况）的一致和忠实的处所，这种一致、忠实以被归并的法则和联系法则为依据，而身体精神是一个社会化身体对这个社会机体的发自内心的赞同，社会机体造就了社会化身体，社会化身体与社会机体结成一体。因此，习性是所有成为相似条件和束缚的产物的行动者之间的一种暗中串通（collusio）的基础，也是对群体及其生存和行为方式之超越性的一种实践经验的基础，每个人都在所有同类的行为中寻找对他自己行为的认可和承认（"这行得通"），反过来，这种认可和承认也认可并在必要时矫正别人的行为。判断和行为方式之间的直接一致，不意味着意识之间的交流，更不意味着一种契约式的决定，这种一致即串通建立了一种实践的相互理解，这种相互理解的范式可能是建立在同一团队的伙伴之间的互相理解，但也可能是参加一场比赛的全体游戏者之间的互相理解，尽管他们互相对抗。①

需要强调的是，布尔迪厄承认，习性概念并不能涵盖所有实践，习性概念只涉及社会生活中最多的、最典型的实践，这些实践既非机械地受到外因限制，也非深思熟虑的，或精心算计的。② 布尔迪厄没有彻底排除有意识的深思熟虑，"在社会世界中有一部分乐谱，有一部分符合规

① 布尔迪厄：《帕斯卡尔式的沉思》，第 169—170 页。

② Stéphane Chevallier et Christiane Chauviré, *Dictionnaire Bourdieu*, Paris: Ellipses, 2010, p. 74.

则、法律的东西——按照韦伯的说法，负责保证可计算性、预见性，这是理性法律的主要功能之一……而有一部分则留给习性的自发配合"。①当习性的实践逻辑与游戏的客观逻辑之间差距过大的时候，"在危机、巨变的状况下，反思的回顾或觉悟，可能导致以有意识的策略代替无意识的策略，社会行动者显然不受制于习性"。②

为了给行动、行动者和实践恢复名誉，布尔迪厄引入策略概念，但他强调策略建立在对可能性的实践意识基础上，策略只有在习性、场、实践意识和资本的理论框架内才有意义，策略不是理性主体的有意识计算。为了与结构主义的客观观点和无行动者的行动决裂，策略强调行动者与结构限制之间主动的和创造的关系。策略概念其实与习性差别不大，它强调主体的创造性，而习性则强调主体所受的限制。策略不是布尔迪厄的基础概念，而是一个操作性的概念，用来应对经验领域的复杂多变。由于行动者的策略与他们在场中的位置和拥有的资本密切相关，他们能够采取和设想的策略范围是有限的。由此，布尔迪厄在创造自由与结构限制两极之间不断滑移，显示其思想的模糊暧昧。这就是习性的悖论："习性的悖论在于它是一种认识配置，它构建但同时不是主体。"③ 应该说布尔迪厄看重的是习性的调和性："既脱离意识哲学，又不消除作为实践操作者的行动者。他借习性解构理性神话，赞同帕斯卡尔对决定论与自由的论述："两种过度：排斥理性和只承认理性。"④ 有批评者否定"习性"概念的创新性，说他不过回收利用以往的"习性"遗产。布尔迪厄反驳说，把追根溯源当作最好的阐释手段，不是为了理解一份贡献的含义，而是为了减小或摧毁其独创性。这些人从不曾关注习性概念或胡塞尔如何使用这个概念，不过本着论战的意图在权威思想中寻找颠覆对手的依据。⑤ 布尔迪厄引用帕斯卡尔为笛卡尔的"我思"概念的辩护词：笛

---

① Pierre Bourdieu, Luc Boltanski, Robert Castel et Jean - Claude Chambordon, *Un art moyen, essai sur les usages sociaux de la photographie*, op. cit. , p. 278.

② Pierre Bourdieu, *Sociologie générale. Cours au collège de France 1983 - 1986*, op. cit. , p. 911.

③ Pierre Bourdieu, *Sociologie générale. Cours au collège de France 1983 - 1986*, op. cit. , p. 950.

④ 帕斯卡尔：《思想录》，第 122 页。

⑤ 布尔迪厄：《艺术的法则》，第 179 页。

卡尔可能是通过圣奥古斯丁学到这个词，但他对这个词进行了长久而广泛的思考，"在这个词中看到证明物质实体与精神实体的区分的一系列令人惊叹的结果并将它变成整个物质世界的一条坚定而持久的原则"，① 这个词与其他著作中偶然出现的词的区别类似于活人与死人的区别。也有批评者认为习性无法解释社会变化和革新，习性的惰性和滞后性作用妨碍它成为解释最近几十年社会变化的有效工具。亦有社会学家反对把行动当成习性的产物。主体的自由限度仍旧是当今社会学家的争论主题。社会学家布东（Raymond Boudon）提出理性行动理论，强调个人选择的深思熟虑。常人方法学的代表加芬克尔认为社会现实不是一个稳定的结构，社会主体作为一个实用的和自由的存在，能够建立一种不断被确立、重新确立和合法化的社会现实。伯格（Peter L. Berger）和卢克曼（Thomas Luckmann）则主张现实是由人们在对一个复杂的社会世界的理解和编码活动中进行的互动建构的，社会性限制人，也被人产生。保尔唐斯基和泰弗诺（Laurent Thévenot）提出了源自方法论个人主义的"协定主义"，把协商视为个人行动的核心，认为个人行动方式建立在协议、妥协和协定的基础上，强调决定个人及其行动方式的集体因素。主张"复数主体"的社会学家②则遵循布尔迪厄的思路，承认习性配置在主体社会化的过程中被内在化，但对配置的统一性，配置在生活过程中的持久性，配置在日常生活的所有情形中被激活的可能性提出了疑问。"复数主体"提出了一个关于习得配置的更复杂的和更开放的概念，为行动逻辑和互动留出了更大空间。

第三节　资本——统治原则

与习性一样，资本与场密不可分。布尔迪厄将场描述为：1. 一个位置空间，其结构符合特定资本的分布；2. 一个为了改变这个空间的斗争场。这两种描述理应共存，由于方法的需要和理论原因被分开，以强调

① 布尔迪厄：《帕斯卡尔式的沉思》，第63页。
② Cf. Bernard Lahire, *L'homme pluriel. Les ressorts de l'action*, Paris: Nathan, 1998, p. 94.

客观位置对实践的唯物主义优先性：人们要做的事的解释原则居于位置
空间中。① 在不同场中起作用的是不同种类的资本，"场的理论不可避免
地导向一种资本的理论，或更确切地说，资本种类的理论"。② 反之，资
本只有在场中才能发挥作用："资本是一种社会关系，也就是一种社会能
量，这种能量只在它得以生产和再生产的场中存在和产生其作用，每个
与阶级有关的属性都从每个场的特定法则中获得其价值和有效性。"③ 每
种资本在不同的场中并非同等有效，每个场的特定逻辑决定了场中通行
的特定资本，只有这种资本是合理的，并作为实践的解释因素发挥作用，
这就是说，有多少种资本，就有多少种场，"一个场的定义与在场中发挥
作用的资本的定义之间存在着互相依存的关系"。④

　　布尔迪厄以资本概念描述场的结构和历史。他像马克思那样，将统
治概念与资本概念相联系，但强调资本作为与特定场相关的特定能量，
"促使考虑关系——比如统治关系，还有统治关系在空间中的变化和移
动"。⑤ 这就是说，不仅存在着由经济资本的多少确定的经济统治关系。
而马克思的资本类型主要是经济的。布尔迪厄和统计学家一起处理阿尔
及利亚的人种学调查和法国的文化调查结果时，发现无法用经济数据和
经济概念解释人口变化、消费选择和文化实践。无论是前资本主义社会
还是发达资本主义社会的惰性倾向都被低估，都不是简单的经济再生产
或物质制约的结果，文化因素和象征因素限制了社会的流动性和灵活性。
布尔迪厄把资本分为四类：经济资本、文化资本、社会资本和象征资本。
经济资本由不同生产因素（土地、工厂、劳动）和经济财产组成，包括
收入、财产、物质财富等。文化资本与学校传授和家庭传承的智力资质
相关，以三种状态存在：被归并状态，表现为身体的持久配置（比如口
才）；客观状态，表现为文化财产（比如古董、书籍）；制度化状态（比
如学历）。文化资本比经济资本更为稀缺，首先由于"它不同于经济资

---

① Pierre Bourdieu, *Sociologie générale. Cours au collège de France 1981 – 1983*, *op. cit.*, p. 678.
② Pierre Bourdieu, *Sociologie générale. Cours au collège de France 1981 – 1983*, *op. cit.*, p. 520.
③ 布尔迪厄：《区分——判断力的社会批判》，第 188 页。
④ Pierre Bourdieu, *Sociologie générale. Cours au collège de France 1981 – 1983*, *op. cit.*, p. 521.
⑤ Pierre Bourdieu, *Sociologie générale. Cours au collège de France 1981 – 1983*, *op. cit.*, p. 517.

本，不容易立刻被征用并传承。它是无法继承的，因为它随其拥有者一起消失"。① 文化资本的躯体化可能带来负面作用，"文化资本（像语言资本那样）是被归并的，与其拥有者结为一体。由于这种资本在某种程度上与其拥有者不可分离，它在为了获得资本的最大收益的斗争中时时刻刻都会成为一个活生生的障碍"。② 其次由于"获得它的被保障形式是受限制的，这在很大程度上通过学校教育系统依赖于国家"。③ 布尔迪厄也把文化资本称作信息资本（capital informationnel）。

> 我说"信息资本"而非"文化资本"，以指明构成一种习性的配置，配置一方面是经由对社会世界的经验而被赋形并构成的，另一方面是可以赋形的；因此人们可以称它为被构造的结构和建构的结构。这种被构造的和建构的信息资本，在某种程度上，一方面储存在头脑中，是记忆或更普遍的身体配置，另一方面储存在客观性中，表现为物或制度。这些被储存并被构造的信息的特性是构建一切新得到的信息，与此同时，信息资本作为一种"符号"发挥作用，这种"符号"可以被归并或被客观化，这个词可以在法律的意义上或语言学的意义上理解。④

布尔迪厄通过信息资本得出特定场（文学场、知识场、政治场、科学场等）的普遍属性，在这些场中，具有特定能力的专家为了垄断合法能力的定义而斗争。⑤ 社会资本主要是由一个人或一个群体拥有的社会关系构成的，持有这种资本意味着建立和维护社会关系的活动，比如宴会、娱乐等。社会资本不可简化为其他资本，尤其是经济资本和文化资本，尽管能够提高它们的收益，但也不能独立于经济资本和文化资本。行动

---

① Pierre Bourdieu, *Sociologie générale. Cours au collège de France 1983 – 1986*, op. cit. , p. 1041.
② Pierre Bourdieu, *Sociologie générale. Cours au collège de France 1983 – 1986*, op. cit. , p. 683.
③ Pierre Bourdieu, *Sociologie générale. Cours au collège de France 1983 – 1986*, op. cit. , p. 1046.
④ Pierre Bourdieu, *Sociologie générale. Cours au collège de France 1983 – 1986*, op. cit. , p. 367.
⑤ Pierre Bourdieu, *Sociologie générale. Cours au collège de France 1983 – 1986*, op. cit. , pp. 425 – 426.

者以个人身份持有的资本总量会因为间接持有的资本的增值而扩大，间接资本取决于他所在群体中每个成员的资本总量，以及他与群体的一体化程度。象征资本是布尔迪厄社会学的重要概念之一。这种资本指的是与名誉和认可相连的一系列仪式或惯例："象征资本，作为被认识和被认可的事实，意味着一种支配认识、规定认识并规定一种被认可的认识的能力。"① 象征资本不局限于特定的场中，在整个社会空间都有效，可以说它代表了关乎人的存在理由的终极价值。"象征"一词有三个含义：主体建构活动、表象、区分方式。象征资本的积累由利益决定，意味着象征成本、投资和剩余价值。布尔迪厄提出不同种类的资本可以互相转化。象征资本不是特定的资本类型，哪种资本需要得到承认时，它就转化为哪种资本。象征资本可转化为经济资本和文化资本。反之，经济资本也可转化为象征资本，象征利益的满足要求物质牺牲。同样，"文化资本特别倾向于作为象征资本——比如超凡魅力、赠礼——发挥作用，条件是它预先被认识并被默认"。② 行动者在一个特定场中被分配的社会地位和特定权力取决于他们拥有的特定资本，由于资本在场中是不平等分配的，就存在着资本雄厚的统治者与资本贫乏的被统治者之间的对立，他们为了占有合法资本或确定合法资本的定义而斗争："场的概念意味着，神正论要按照统治原则变化，因为这涉及的是将不同的资本种类合法化：其统治依靠文化资本的人会有一种文化业绩（méritocratie）、才能的观念；其资本是土地与世系的人将如贵族那样有一种土地和血缘的神正论。"③ 更确切地说，他们为了规定场中的统治原则而斗争："我在一个场中斗争，不仅是为了统治，在已经更微妙的程度上，也是为了宣告人们据以进行合法统治的东西。"④ 资本成为权力工具

① Pierre Bourdieu, *Sociologie générale. Cours au collège de France 1983 – 1986*, op. cit., p. 607.

② Pierre Bourdieu, *Sociologie générale. Cours au collège de France 1983 – 1986*, op. cit., p. 817.

③ Pierre Bourdieu, *Sociologie générale. Cours au collège de France 1981 –1983*, op. cit., p. 519.

④ Pierre Bourdieu, *Sociologie générale. Cours au collège de France 1983 – 1986*, op. cit., pp. 479 –480.

和权力斗争的赌注。在由不同的场组成的社会空间（或权力场）中，统治阶级的各个阶层都在为获得对自身有利的资本转换比率而斗争，"不同种类的资本的转换比率是不同阶层之间斗争的基本赌注之一，尤其是为了占统治地位的统治原则（经济资本、文化资本或社会资本，最后一种资本通过声望和关系网的范围和质量与在阶级中的资历密切相连）的斗争的基本赌注之一"。①

我们知道，对马克思而言，无论哪种资本，都属于经济范畴，社会关系建立在财富的占有与剥夺基础上。布尔迪厄为马克思的经济资本补充了文化资本、社会资本、象征资本，强调经济资本和文化资本只有转化为象征资本才能产生权力。他不满足于马克思的生产关系的资本观，强调资本发挥的象征统治作用，把严格意义上的经济逻辑扩展到象征财产，把经济实践变成实践经济，试图建立一种象征财产经济乃至一种普遍的实践经济，构建了自己的"资本论"。在勒巴隆看来，布尔迪厄与经济的关系可分为两个阶段，首先他为了将社会现实，尤其是将抵制客观化的文学场或知识场中的社会事实客观化，求助于经济；然后他与经济学家的经院观点及其（马克思主义的、凯恩斯主义的、自由主义的）政治介入决裂，提倡一种幸福的经济（l'économie du bonheur）。资本的概念对他而言成为一个"非经济主义"的经济范畴，他把资本概念移植到其他场中，以突出其利益、财富、积累和收益的多重特征。布尔迪厄的社会空间是多维度的，但"经济场"依然占据统治地位。② 所以，布尔迪厄的"资本论"不仅强调资本是生产关系，还强调资本是社会关系。资本不仅是赤裸裸的暴力统治工具，而且是温和暴力的统治工具，是权力关系的化身。

作为布尔迪厄的三大支柱概念，场、习性和资本不仅撑起了布尔迪厄的理论殿堂，而且进入了知识共同体之中。恩尼克的说法是公允的：布尔迪厄的社会等级分层理论，非物质决定论（文化资本，象征性），归

---

① 布尔迪厄：《区分——判断力的社会批判》，第202页。

② Frederic Lebaron, Les modèles économiques face à l'économisme, in Louis Pinto, Gisèle Sapiro et Patrick Champagne（dir.）, *Pierre Bourdieu, sociologue, op. cit.*, pp. 130 – 131.

并论（习性），互文论（场），构成了当代社会学家使用的基本概念，没有这些概念，今天任何社会学家都无法工作，也许这些概念不是他们的首要工具，但"正是这种背景概念的地位标志着一种思想模式、一种知识'范式的力量'，尤其因为它几乎不是有意识的"。①

---

① Natalie Heinich, *Pourquoi Bourdieu*, Paris: Gallimard, 2007, p. 51.

第三章

趣味分析与阶级构建

——对康德与马克思的反思

> 我们充满了将我们抛到外界的东西。我们的本能使我们感到应
> 该到我们身外寻找我们的幸福。我们的激情将我们推向外界，然而
> 物不是为了挑动这些激情而出现的。外物诱惑我们并召唤我们，即
> 使我们没有想到它们。因此哲学家这么说是徒劳的："回到你们自
> 身，你们将会在自身找到你们的善"；人们不相信这些哲学家，相信
> 他们的人都是最空虚最愚蠢的人。
>
> ——帕斯卡尔

异化是资本主义社会的根本问题，西方思想家无法回避的哲学、政
治、美学命题。如伊格尔顿所说："把美学描绘为非美学也许更准确。"[1]
康德的三大批判试图建立真、善、美统一的形而上学体系，以反思判断
力弥合自然领域与自由领域的分裂，确立主体意识（思维、意志与情感）
的能动性原则，开启了主体能动性与客观世界的对立论题。[2] 席勒试图以
"审美人"重建被物化消灭的、打碎的、孤立的人并超越主体与客体的对
立，提出了完美的人的理想，主张通过审美教育，让艺术战胜自然（或

---

① 伊格尔顿：《美学意识形态》，王杰、付德根、麦永雄译，中央编译出版社 2013 年版，
第 177 页。

② 杨祖陶、邓晓芒：《康德三大批判精粹》，人民出版社 2001 年版，第 27 页。

本性），在尽可能的和谐之中培养人的感性和精神的整体："尽管需求迫使人置身于社会，理性在人的心中培植起合群的原则，但只有美才能赋予人合群的性格，只有审美趣味才能把和谐带入社会，因为它在个体身上建立起和谐。一切其他形式的意向都会分裂人，因为它们不是完全建立在人本质中的感性部分之上，就是完全建立在人本质中的精神部分之上，惟独美的意象使人成为整体，因为两种天性为此必须和谐一致。"①与席勒不同，黑格尔把"文化"概念从审美意义转到日常或人类学意义上，试图以家庭、阶级的调和促使个体与社会的融合，"社会的一致不可能用抽象的、无功利的审美的主体间性来加以维护；它必须存在于文化实践之中，存在于相当人为的社会生活结构中"。② 这就是说，只有在实践领域而非审美判断中，主体与客体才能达成一致。马克思也像黑格尔那样强调实践与审美是不可分割的，但他认为黑格尔的解决之道停留在抽象的思辨上，应该看到感性与精神、欲望与理性之间的异化根源在于阶级社会的本质——劳动分工和私有财产，只有通过社会革命消灭私有财产，解放人的感觉，才能实现席勒的全面的人的理想："当物按人的方式同人发生关系时，我才能在实践上按人的方式同物发生关系"。③ 秉承马克思的异化理论，卢卡奇以物化概念对资本主义社会展开批判。他强调，物化不同于对象化，他的物化是在异化意义上的："只有当人的本性由于社会存在受到压抑、扭曲和残害的时候，我们才能谈到一种异化的客观社会关系，并且作为其必然的结果，谈到内在异化的所有主观表现。"④ 随着劳动力成为商品、劳动过程的机械化和合理化，人变成了无个性、无创造性的，孤立化、原子化的客体，人与人的关系表现为劳动产品之间的社会关系，物与物的虚幻关系。物化结构"在人的整个意识上留下它的印记：他的特性与能力不再同人的有机统一相联系，而是表现为人'占有'和'出卖'的一些'物'，像外部世界的各种不同对象

---

① 席勒：《审美教育书简》，冯至、范大灿译，上海人民出版社 2003 年版，第 236—237 页。

② 伊格尔顿：《美学意识形态》，第 128 页。

③ 马克思：《1844 年经济学哲学手稿》，中央编译局译，人民出版社 2014 年版，第 82 页。

④ 卢卡奇：《历史与阶级意识》，杜章智等译，商务印书馆 1992 年版，第 20 页。

一样"。① 也就是说,人制造的物变成了一种与人分离的、异己的力量。卢卡奇也把主体与客体的分裂归咎于资本主义社会制度,坚信只有无产阶级能够从生活基础出发,"在自己身上找到同一的主体 – 客体,行为的主体,创世的'我们'"。② 海德格尔也尝试超越主体 – 客体二元论,他从身体对事物的体验出发,关注日常生活世界,把审美变成了与世界的联系方式。如伊格尔顿所说,海德格尔以先锋性的戏仿消除了艺术与存在的界限,把世界当成了艺术制品,一种纯粹的自我生成游戏:"艺术能使事物回归本真,故而艺术能够与存在的运动判为同一。"③ 于是存在被审美化了,无关政治与伦理。不干预事物存在的清静无为自然不会导向人的选择、行动和思辨。萨特断然反对这种宿命论,他在胡塞尔的"意向性"的启发下,强调一切意识都是对某物的意识。主体就是主体所朝向的事物,是在事物中的投入或投射。物是坚硬的,不透明的,粗暴的,贪婪的,敌意的,冷酷的,富于进攻性的,主体是珍贵的,脆弱的,易受伤害的。但主体不应屈从于物的无限和强大,不能被物化。所以萨特强调人的价值,让意识高于一切,让主体成为话语的源泉:"作为出发点来说,更没有什么真理能比得上我思故我在了,因为它是意识本身找到的绝对真理。"④ 胡塞尔的"主体间性"使萨特在我思中发现了自己,也发现了别人,并发现他们是自己存在的条件。由此他主张通过政治革命和文学介入把人从物的惰性存在中解放出来,使之成为主体间性的存在。随着萨特从存在主义转向马克思主义,他越来越看到物质的活跃的、异化的力量,缩减自由意志的范围,但他一直坚持把人当作有意识、有目的的行动者的观点。

　　综上所述,无论审美被视为功利的,还是无关利害的,都与社会生活息息相关,美学与哲学、政治、伦理都密不可分,不存在无社会生成的纯粹美学和审美人(homo aestheticus)。萨特认为物以其相异性控制人与人的关系,与布尔迪厄的"区分"理论直接相关。萨特敏锐地看

---

① 卢卡奇:《历史与阶级意识》,杜章智等译,商务印书馆 1992 年版,第 164 页。
② 卢卡奇:《历史与阶级意识》,第 228 页。
③ 伊格尔顿:《美学意识形态》,第 298 页。
④ 萨特:《萨特哲学论文集》,第 125 页。

到了人的存在既是物质的，也是被感知的，并在与他者的关系中被客观化和异化。如波斯特指出的，萨特不像黑格尔那样认为异化仅仅是自我在世界中的放逐，不像马克思那样认为异化仅仅体现在生产关系中，还认为异化在于"匮乏、加工物对人类关系的深刻渗透"，异化通过物质的中介折磨人——"由物质匮乏所构成的实践领域将人分解成孤立的存在，在其中他们在他性的不同程度上互相呈现。"① 这就是说，物质生活条件和人们对这种条件的表象把人们区分开来，控制人与人的关系，但布尔迪厄与萨特对表象的理解不同。受涂尔干的宗教社会学启发，布尔迪厄认为，如同宗教一样，人们关于社会世界的表象不是臆想的，不是虚假的，与社会现实密不可分。但他不赞同涂尔干把社会事实看作物，把体验客观限制的主观方式，当成偏见、观念、虚假意识，从分析中剔除，而主张把表象纳入社会分析中。同时，他不同意萨特把表象当成主体之间抽象的、普遍的客观化，一般的异化，因为只有统治者拥有规定表象的社会权力，被统治者则默认统治者强加的表象，不知不觉地参与了对自身的统治。布尔迪厄以习性反对萨特的主体绝对自由观念。他把萨特的主体视为笛卡尔的上帝。上帝以其自由意志，每时每刻从零开始创造一个世界，同样，萨特无视客观可能性和客观意义，力主集体的或个人的历史行动者发挥首创作用，促使整个社会或阶级摆脱实践惰性。萨特主张存在先于本质，却将自在的阶级还原为物体，即凝结在本质之中的惰性存在，与作为实践群体的行动阶级对立。他的自为（意识）与自在（意识的客体）的划分仍遵循意识哲学的二元论。在布尔迪厄看来，行动者的社会实践无法只靠萨特的自为主体完成，人类的政治解放和尊严无法靠理智化的"觉悟"自动实现。自在的客体无法在自为的主体的意识推动下获得自由："社会行动者因而永远无法还原为其即时性：他们是其被归并的历史。"② 但他们也是活生生的客体，对自身的行为有某种意识，赋予他们的行为以意义，自以为掌握他们行为的真理。这种

---

① 波斯特：《战后法国的存在主义马克思主义：从萨特到阿尔都塞》，张金鹏、陈硕译，南京大学出版社 2015 年版，第 260—261 页。

② Pierre Bourdieu, *Sociologie générale. Cours au collège de France 1983 - 1986*, *op. cit.*, p. 901.

意识是真实的还是虚假的？在布尔迪厄看来，这种意识就是习性的实践认识。习性将客观结构归并到认识结构中，充当客观与主观的中介："作为一种被构造的而非结构的实践的原则，习性是外在性的内在化，包含了对主观性的一切客观化的理由。"① 从摄影美学的社会分析到欧洲艺术博物馆公众的审美配置的考察，最终到趣味研究，布尔迪厄在马克思的总体理论框架内，对康德的判断力进行社会批判，提出社会（艺术）实践和（审美）表象产生的社会条件和阶级构建原则，显示出通过社会学将哲学、艺术、伦理、政治一体化的抱负。他的社会历史研究扎根于理性主义的公民政治传统，属于既思考世界又改造世界的马克思－萨特的批判谱系。

布尔迪厄在《一种中等艺术——论摄影的社会用途》（1965）中，通过对摄影实践和摄影表象的社会调查，考察摄影的技艺性质，对摄影的社会用途进行社会学分析，指出摄影美学的原则、规则是与一个阶级相关的精神气质（习性）的表现，摄影被赋予的意义和功能直接与阶级结构、阶级在社会结构中的地位以及阶级之间的关系相关。在《艺术之爱——欧洲艺术博物馆及其公众》（1969）中，他发起了"平静的圣像破坏运动，凭借统计学和数学模式，正面地（并冷静地）反对艺术作品的学院崇拜"，② 打破艺术之爱的命定表象，对艺术作品的接受条件也就是有教养的配置（习性）的产生条件进行了社会分析，强调"个人或集体趣味的历史足以消除这种信念，即像高雅文化作品这么复杂的、按照在一段相对自主的历史中确立的构建法则而生产出来的东西，能够通过自身的品质引起天然的爱好"。③ 在《区分——判断力的社会批判》（1979）中，布尔迪厄把社会学分析从艺术趣味扩展到生活趣味，对20世纪70年代的法国趣味进行了总体研究。他区分了资产阶级趣味、中小资产阶级和民众阶级趣味，指出个人文化实践有其社会逻辑，趣味并不是纯粹的，

---

① Pierre Bourdieu, Luc Boltanski, Robert Castel et Jean－Claude Chambordon, *Un art moyen. Essai sur les usages sociaux de la photographie*, *op. cit.*, p. 23.

② 布尔迪厄：《自我分析纲要》，第19页。

③ Pierre Bourdieu et Alain Darbel, *L'amour de l'art. Les musées d'art européens et leur public*, Paris：Minuit, p. 161.

也不仅是审美的。他以"区分"理论补充了马克思的阶级构建原则,指出日常生活判断中时时刻刻都在上演"阶级斗争"。Distinction 一词含义丰富,除"区分"之外,还有"高雅""卓越""优异"等。不过,这种区分不是有意的,而是源自一种社会无意识,也就是习性。他以场、习性、资本概念构建实践的发生公式,分析趣味的社会生成和结构,把康德所说的"纯粹趣味"与"野蛮趣味"的对立合并到他建立的"自由趣味"与"必然趣味"的对立范畴中,对康德的判断力批判进行了社会批判,提出趣味的区分功能是阶级划分的基础,分类斗争就是阶级斗争。《区分——判断力的社会批判》自出版之日起,便成为争论焦点。在社会科学领域之外,这本书得到深信"趣味与颜色无法讨论"的法国普通读者的关注,表明它确实触动了人们的存在和"被感知的存在"的最深层。1998 年,国际社会学学会评出 20 世纪对社会学研究影响最大的 10 本书,《区分——判断力的社会批判》名列第六,成为世界上被引用最多的社会学著作。按照恩尼克的说法,"这种区分社会学开始时是悖论式的和反传统的,今天已经成功地变成一种共识性的参照"。[1] 布尔迪厄强调,科学工作者只有深入研究一种特定的历史时间和地点的经验现实,才能把握社会世界的最深刻的逻辑:"我依靠法国 20 世纪 70 年代的状况提出的一种社会空间分析,属于适用于现在的比较史或致力于一个特定文化领域研究的比较人类学,目的是把握所考察的变种中的恒量、结构"。[2] 那么这本非常"法国"的书在多大程度上可成为普遍之书? 2014 年,《〈区分〉问世 30 年》在法国出版,2015 年《区分——判断力的社会批判》中译本出版,30 多年的时间差距也许有助于检验作者基于实证研究的理论有没有过时,其阐释模式是否经得起趣味变化的考验。

第一节 绪论——摄影与博物馆

布尔迪厄不仅是摄影的实践者,也是摄影理论家。20 世纪 50 年代末

---

① Nathalie Heinich, *La sociologie de l'art*, op. cit., p. 50.

② Pierre Bourdieu, *Raisons pratiques. Sur la théorie de l'action*, Paris: Editions du Seuil, 1994, pp. 16 – 17.

期，布尔迪厄在阿尔及利亚目睹法国的殖民暴行，深切感受到阿尔及利亚社会动荡，民生凋敝，他放弃了哲学王的高贵身份，通过人种学转向社会学。摄影见证了这段创始意义的旅行和他的深刻转变。1958—1961年，他拍摄了约 2000 张照片。2003 年 1 月 23 日，布尔迪厄去世一周年之际，法国阿拉伯世界学院向社会学家致敬，举办了布尔迪厄摄影展，共展出 150 张照片，分为"阿尔及利亚的战争与社会动荡""习性与住所""男人—女人""背井离乡的农民""贫困经济"五个主题。作为研究者和证人，布尔迪厄努力传达阿尔及利亚解放战争中人们异常而又普遍的经验，探究人口外流的逻辑和超历史作用，促进人们对阿尔及利亚殖民社会的了解，对阿尔及利亚解放战争的原因和目的的理解。他被无休止的狂热的求知欲鼓舞着，"这种求知欲植根于对涉及这个国家及其人民、风景的一切的一种激情，同时也植根于面对如此多的痛苦和不公的沉重而持久的负罪感和抗拒感"。[①] 作为人种学和社会学研究的辅助工具，摄影也是《阿尔及利亚的劳动和劳动者》《背井离乡》《阿尔及利亚 60》《实践意识》《男性统治》《经济的社会结构》的认识论支持。2001 年 6月 26 日，布尔迪厄去世半年前，他在法兰西学院接受了瑞士社会学家弗朗茨·舒尔特海斯（Franz Schultheis）的访谈，表达了他对摄影的热爱和感激。他当时用的是在德国买的 Zeiss Ikoflex 相机。阿尔及利亚强烈的白光、拍摄人物的种种禁忌对摄影都很不利，尤其在战争的极端状态下。有时记录是被动的。他的双镜头单反相机取较低的视角，放在胸口位置，拍摄最棘手的场景而不被人察觉：在布利达的十字路口拍的 20 多张照片，都以相同的视角，表现闯入他镜头的行人。[②] 摄影对他而言有两个功能：一是文献功能，备忘录，供日后描写、分析之用；二是观看方式："至少对我而言，这是强化我的目光的一种方式，我看得更清楚，而且往往，这是贴近物质。"[③] 尤其是，"闲下来再看的照片，如同重听的录音（不必说录像了），使得有可能发现第一眼没看到且在调查中出于谨慎无

---

① 布尔迪厄：《自我分析纲要》，第 55—56 页。
② Cf. Pierre Bourdieu, *Images d'Algerie*, *op. cit.*, pp. 211–212.
③ Pierre Bourdieu, *Images d'Algérie. Une affinité élective*, Arles：Actes Sud, 2003, p. 23.

法仔细看的细节"。① 摄影以视觉信息补偿文本的缺失，构成了他的社会学研究工具，造就了他的人种学家目光。他的目光不是萨特在《存在与虚无》中美杜莎的异化目光：在他者的目光中，个体感受到自己是一个"为他的存在"，被剥夺了自由。他的目光也不是列维－斯特劳斯的遥远的目光："人类学家自己是人类的一分子，可是他想从一个非常高远的观点去研究和评断人类，那个观点必须高远到使他可以忽视个别社会、个别文明的特殊情境的程度。"② 布尔迪厄的目光则既是客观的又是感性的，既是遥远的又是亲近的，体现了摄影家的目光与人种学家的目光的交融："我非常震惊，对所有这些人的痛苦非常同情，同时还有一种观察者的距离，这种距离体现在摄影上。"③ 在荒芜的村庄，他以"一种经院式的无负责心"，一边记录灾难，一边收集人种学资料，建立文化档案。在收容中心的消费调查中，他看到社会生活在战乱中照常运行。由于战争，古老的农业世界与新生经济世界的分隔加剧了。他拍照，为了稍稍逃离时间，为了客观化，为了愉悦。婚礼油灯，石磨，罐子，肉店，家具，房屋，贫民窟，广告牌，小摊贩，游商，抱着几乎等于身高的长棍面包的小女孩，闲谈的阿拉伯男子，卖春药的药剂师……都进入了他的视野。作为结构主义的见习生，他脑子里充满空间的结构，不断地寻找房屋的结构、墓园的结构、市场的结构之间的一致性。但他不赞同以"结构"消解人，人始终是他关注的中心。他通过一系列照片呈现了收容中心整齐划一的建筑布局和完善的几何线条，揭露了法国军队通过规训空间来规训人的殖民观念。他聚焦于在收容中心聚居或到城市讨生活的农民，在大都市的贫民窟艰难度日的家庭，失业者，背井离乡的人……他大大突破了列维－斯特劳斯《忧郁的热带》中的人类学摄影范围，摒弃把阿尔及利亚本地人视作他者的异国情调，关注阿尔及利亚解放战争中人们异常而又普遍的经验，揭露世界的苦难和不平等。一组照片反映农民在田间犁地、收割、编织、小憩、聚会等前资本主义的劳动场景。与之形

---

① Pierre Bourdieu, *Images d'Algérie. Une affinité élective*, Arles: Actes Sud, 2003, p. 44.

② 列维－斯特劳斯：《忧郁的热带》，王志明译，生活·读书·新知三联书店 2000 年版，第 55 页。

③ Pierre Bourdieu, *Images d'Algérie. Une affinité élective*, *op. cit.*, p. 29.

成强烈反差的是一张触目惊心的照片：农业工人在大殖民农庄中被锁链连在一起喷洒农药，殖民地经济的异化昭然若揭。他敏锐地看到，"战争和镇压完成了殖民政治和货币贸易的普遍化开启的东西"。① 农民非农民化了，对他们而言，"毫无常规的时间表。在时间与空间中亦是同样的非连续性。找工作是这种随偶然而摇摆的存在的唯一恒常；还有日日落空的挫败"。② 他深爱并尊敬着他们，他的介入和他的感情倾注于摄影中。他努力抑制自己的文学感觉和哲学思索，唯恐被当作自恋、自负，"但今天我常常后悔没有留下这种经验的有用痕迹"。③ 通过摄影，他看，让人看，他理解，让人理解。通过摄影，借助人种学和社会学，他对无名的人、被污名化的人实现了本体论提升。阿尔及利亚经验对他起到了重要的精神治疗作用："阿尔及利亚使得我接受了我自己。"④ 通过摄影，他与自己和解了，也理解了他的故乡贝亚恩。

　　我对阿尔及利亚采用的理解性的人种学家目光，我可以用在自己身上，用在家乡的人身上，用在我的亲戚身上，用在我的父亲、我的母亲的口音上，而且我可以无负担地接受这一切，这是所有被连根拔起的知识分子的重大问题之一，他们被禁锢在民众主义或反之与阶级种族主义相连的自卑的取舍中。我通过为人种学学科定义的必要的理解目光，看待那些人，他们很像卡比尔人，我跟他们一起度过童年。摄影，首先在阿尔及利亚，然后在贝亚恩，无疑伴随着并促进这种目光的质变——我觉得这个词并不过分，一种真正的质变。摄影其实是观察者距离的一种体现，观察者记录且没有忘记自己在记录（这经常是不容易的，特别是在熟悉的情形中，比如舞会），但摄影也意味着全部的亲近，即对不易觉察的细节的熟悉、关注和同情——亲密感允许并敦促观察者立即领会并阐释这些细节（人们不是说某个非常友善的人"可亲"吗？），也对这细致入微的实

① Pierre Bourdieu, *Le déracinement*, Paris：Minuit, 1964, p. 23.

② Pierre Bourdieu, *Travail et travailleurs en Algérie*, Paris：Minuit, 1963, p. 353.

③ Pierre Bourdieu, *Images d'Algérie. Une affinité élective*, *op. cit.*, p. 42.

④ Pierre Bourdieu, *Images d'Algérie. Une affinité élective*, *op. cit.*, p. 42.

践的熟悉、关注和同情——这种实践往往逃过了最专注的人种学家。摄影使我不断地与我跟对象保持的关系相连，我没有忘记我的对象是人，我看他们的目光是深情的，常常是温柔的，要是我这么说不怕被人笑话。①

摄影成为"理解性的人种学家目光"的隐喻，推动着习性理论的构建。卡比利亚和贝亚恩成为布尔迪厄"田野工作"（fieldwork）的优选地，在他的学术轨迹中交叉出现，见证着他的研究进展。两个地方有结构的同源性。贝亚恩在地理和风俗上与卡比利亚迥异，远离巴黎，处在落后而边缘的位置，在布尔迪厄眼中是法国内部的殖民地。贝亚恩农村社会盛行的长子继承制是统治农民的习惯法。如马克思所说："封建的土地占有已经包含土地作为某种异己力量对人们的统治……长子继承权享有者即长子，也属于土地。土地继承了他。"② 马克思通过对土地异化的分析强调地产的人格化，布尔迪厄用习性表达土地与长子的互相占有关系，也就是土地制度作为经济社会力量已经内化为农民的习性，使他们的举止、服装和身体落后于现代城市生活的风尚，在婚姻市场上处于劣势，再生产受到限制。布尔迪厄的镜头对准贝亚恩的乡村社交生活场景，农业促进会舞会上被冷落的单身农民："我曾经观察和描写的小舞会，成为象征财产市场的一种具体可感的体现。"③ 在作为表象的资本主义世界中，农民沦为物阶级，他为的阶级，被迫按照自为阶级的观点评判自己，成为自己的陌生人，异化的牺牲品。④ 唯有统治者能够规定对其自身的特定认知。⑤ 这就是经济统治的象征维度。贝亚恩系列研究结集为《单身者舞会》出版（2002），书名与巴尔扎克写贵族与资产阶级联姻的小说《苏镇舞会》有奇妙的互文关系。布尔迪厄通过习性反思自身，从智力和情

---

① Pierre Bourdieu, *Images d'Algérie. Une affinité élective*, op. cit. , pp. 42 – 44.
② 马克思：《1844年经济学哲学手稿》，《马克思恩格斯全集》，中共中央编译局1979年版，第42卷，第99页。
③ Pierre Bourdieu, *Le Bal des célibataires*, Paris：Seuil, 2002, p. 12.
④ Pierre Bourdieu, *Le Bal des célibataires*, op. cit. , p. 255.
⑤ Pierre Bourdieu, *Sociologie générale. Cours au collège de France 1981 – 1983*, op. cit. , p. 55.

感上扬弃了身上最隐秘最古老的部分,"也许在这项研究的历史中看到一种智力成长小说既非荒谬不经,也非不合时宜,这项以与两性关系相关的痛苦和悲剧为对象的研究,是一种真正蜕变的机会。蜕变一词用来指既是智识的又是情感的变化并不过分,这种变化使我从(也许同样来自必须巧妙地否认的情感和创痛的)情感生活的现象学转向既是更疏远也是更现实的一种关于社会世界和实践的观点"。[①] 他的寻根伴随着被压抑的东西的理性回归,摒弃了列维-斯特劳斯哲学旅行的灵魂自白和客观观察者的上帝视角,"对我来说,就是逆着写一本《忧郁的热带》"。[②] 通过对两地的人种学研究,布尔迪厄的两个故乡——卡比利亚和贝亚恩如大教堂的两个圆拱交汇于习性概念的穹顶。

布尔迪厄在阿尔及利亚和贝亚恩拍摄的照片没有出版,只有为数不多的一些用于相关著作的封面或插图。他的摄影文献无疑具有社会的、政治的和文化的意义。文献与纪实摄影在传统上与左翼社会进程有联系,根源于19世纪社会改良运动,揭露剥削、压迫和暴行,呼吁人们采取行动。[③] 布尔迪厄的阿尔及利亚摄影属于介入的人道主义摄影。在摄影主题上,阿尔及利亚农民的遭遇让人想起20世纪30年代美国无地农民沦为钢铁工人或农业工人的悲惨境遇。2003年秋天,布尔迪厄的摄影作品在奥地利格拉茨美术馆再次展出,确立了他在当代艺术中的位置。[④] 在某种程度上,布尔迪厄被艺术场认可离不开其艺术社会学理论建树。他在《一种中等艺术》(1965)中对现代摄影的人种志研究,远远早于20世纪90年代开始的英美视觉文化的"人种志转向"。[⑤] 他在《区分——判断力的社会批判》中,从摄影社会学出发,通过习性审视康德的"纯粹趣味",提出了同时是审美的、伦理的和政治的普遍美学理论。

---

① Pierre Bourdieu, *Le Bal des célibataires*, op. cit., pp. 9 – 10.

② Pierre Bourdieu, *Le Bal des célibataires*, op. cit., p. 11.

③ 参见露西·苏特《为什么是艺术摄影》,毛卫东译,人民邮电出版社2020年版,第61页。

④ Cf. Pierre Bourdieu, *Images d'Algérie*, op. cit., pp. 212 – 213.

⑤ 布尔迪厄的《中等艺术》1990年才被翻译成英文在美国出版,它无疑通过这种转向被重新发现。参见乔弗里·巴钦《更多疯狂的念头——历史、摄影、书写》,毛卫东译,中国民族摄影艺术出版社2017年版,第234—236、250—251页。

一 伦理—审美习性

布尔迪厄从阿尔及利亚回到法国后，便与柯达公司签订了协议，与合作者一起进行摄影调查。他关注摄影，努力为摄影恢复名誉，因为摄影是人人都可以从事的艺术实践："唯一能被普遍地消费的文化财产也是摄影。由此，通过这个角度，我要构建一种普遍的美学理论。"① 这种美学理论推重伦理态度在审美领域的表达。

摄影初生之时，波德莱尔反对摄影进入艺术行列，对摄影怀有精英主义的忧虑，一方面担心整个社会"像那喀索斯一样，在金属板上欣赏自己那粗俗的形象"②；另一方面，诗人谴责摄影的错误运用，担心摄影引起民众对历史和绘画的兴趣，侵犯艺术的神圣性和高贵的人的想象力和感受力，主张把摄影限制纯粹的技术范围内，满足于其记录、保存等备忘录功能："闯入艺术的工业成了艺术的死敌，功能的混淆使任何一种功能都不能很好地实现。如果允许摄影在艺术的某些功能中代替艺术，那么，它将凭借它在群众的愚蠢中找到的天然的盟友而立刻彻底地排挤或腐蚀艺术。所以，它应该回到它的真正的责任中去，即成为科学和艺术的婢女。"③ 本雅明看到了摄影与大众的亲和性，他意识到大众在现代生活中的地位日益提高，因此对摄影的民主性持乐观态度，肯定机械复制的积极意义：首先，大众可以将事物在空间里更人性地"拉近"自己；其次，借由事物的复制品来掌握事物的独一性。摄影革新了人们的感受方式，破坏事物的"灵光"，将它转化为商品形式，通过有目的地挪用、改造艺术图像，使图像的意义变化或增殖，达到反抗资本主义秩序的目的，为艺术介入政治带来了新的可能性。④ 艺术品更多地为复制而创造，"从其祭典功能的寄生角色中得到了解放"。⑤ 对本雅明而言，"摄影既不

---

① Pierre Bourdieu, *Le Bal des célibataires*, *op. cit.*, p. 38.

② 波德莱尔：《美学珍玩》，郭宏安译，上海译文出版社 2009 年版，第 280 页。

③ 波德莱尔：《美学珍玩》，第 281 页。

④ 本雅明：《迎向灵光消逝的年代》，许绮玲、林志明译，广西师范大学出版社 2008 年版，第 63 页。

⑤ 本雅明：《迎向灵光消逝的年代》，第 65 页。

是艺术，也不是非艺术（纯技术）：它是改造艺术整个性质的一种新的生产方式。"① 他搁置了关于创造天才和美的传统争论。可以说，从珍贵稀有的达盖尔银版图像到 20 世纪 60 年代唾手可得的快照，从不被当成艺术到成为"中等艺术"，摄影一直无法洗脱与大众关系的"原罪"，这无疑是由于摄影的科学功用与艺术功用、摄影装置与执行者意图之间的关系模糊不清。桑塔格指出，摄影技术的工业化，通过把一切经验转化为影像，使一切经验民主化，同时也使摄影取得艺术地位，工业化为摄影提供了社会用途，对这些用途的反应也加强了摄影作为艺术的自觉性。② 根本的问题在于：是否可以撇开摄影的社会用途定义摄影艺术？摄影师如何实现其拍摄意图？布尔迪厄为首的社会学家试图通过实证研究为摄影美学定义，通过摄影调查，从摄影的社会用途出发，说明摄影的"真实"效果是制造出来的，图像的生产和阅读通过兼为技艺与鉴赏力的习性实现。

摄影（photographie）一词是希腊语元素 phos（光）和 graphie（写、绘制和考虑）的合成词，它把光（太阳、上帝、自然）和写（历史、人类、文化）置于一个矛盾的结合中，成为靠语言技巧固定的不可能存在的二元对立：写既是主动的，又是被动的，既是名词又是动词，在产生的同时被产生。③ 因此摄影是主观和客观融合的实践，摄影的艺术特性在于以主体的视角即时地捕捉客体的特征。如卡蒂埃 - 布列松所说："相机是记录直觉和本能的工具，掌控视觉瞬间表达带来的询问和决定。按照自我感觉去截取、选择，去'告知'世界。"④ 这就是将自身变成感光板的一部分。布尔迪厄将摄影视为截取现实的时空几何学："作为可见世界的瞬时切割，摄影提供了手段，把日常感知的坚固而密集的现实消散为无限的短暂断面，也就是梦想的图像，凝固事物的逆情境的绝对独特的时刻，并如本雅明所说，抓住被感知世界的因瞬时而不易觉察的特征，

---

① 米歇尔：《图像学》，陈永国译，北京大学出版社 2020 年版，第 224 页。

② 参见苏珊·桑塔格《论摄影》，黄灿然译，上海译文出版社 2012 年版，第 6 页。

③ 参见乔弗里·巴钦《热切的渴望——摄影概念的诞生》，第 129—130 页。

④ 卡蒂埃 - 布列松：《思想的眼睛》，赵欣译，中国摄影出版社 2014 年版，第 35 页。

让人的动作留驻在一种盐柱现实的荒诞中。"① 如果照片是偶然的瞬时的拍摄产物，只提供世界的片段，其真实性意味着什么？

　　布尔迪厄的摄影调查显示，照片的真实随着摄影的社会用途（家庭摄影、工业摄影、广告摄影、新闻摄影、艺术摄影等）而变化。从摄影修辞学来看，摄影是一种"无符码无句法的语言"，一种"自然语言"。人们拿摄影打比喻是"为了证明一种无主体的，因而无感情、无偏见、无歪曲的观念"。② 然而，摄影之所以被当成对可见世界的完全现实主义的和客观主义的记录，是因为一开始就被赋予了"现实主义的"和"客观主义的"社会用途。摄影的"正常视角"是刻意选择的视角，世界的表面比人们想象的丰富得多。③ 呈现给我们的是经过切分、过滤、剪辑、诠释的世界实体和现实特征。摄影表象在逻辑上完全符合从 15 世纪意大利文艺复兴时期以来在欧洲确立的世界表象方式——透视法，古典艺术的写实标准主宰着摄影师的实践意识和人们看照片的方式以及人们的真实观念，导致有意识的和无意识的拍摄观念（习性的实践意识）与解读观念（习性的评价模式）的契合。大众摄影遵循可见世界的传统秩序，照片显得像是对自然的模仿，对世界的单纯记录。大众摄影努力重建把人的永恒置于中心的另一种时间，消除摄影的时间化带来的不适感和不稳定性，记录庄重的时刻、静止的人物，通过画面传达类似古典绘画的非历史化的存在、本质、永恒，体现了摄影的"去时间化的时间性"悖论。新闻摄影则通过偶然性保证了真实性。好照片不只是仿真，还要传达冗余，即摄影者的个人意图和取景条件。模糊的影像，取景的笨拙，画面的粗颗粒，显示了取景时刻的困难痕迹和摄影师的纯粹意图，突出了事件本身和操作的确切时刻："通过抓住惊人的场景或意外的情形中的物与人，人们想要显示既非摆拍亦非合成的照片曾经是无准备地意外地

　　① Pierre Bourdieu, Luc Boltanski, Robert Castel et Jean – Claude Chambordon, *Un art moyen. Essai sur les usages sociaux de la photographie*, op. cit., p. 111.

　　② Pierre Bourdieu, Luc Boltanski, Robert Castel et Jean – Claude Chambordon, *Un art moyen. Essai sur les usages sociaux de la photographie*, op. cit., p. 329.

　　③ Pierre Bourdieu, Luc Boltanski, Robert Castel et Jean – Claude Chambordon, *Un art moyen. Essai sur les usages sociaux de la photographie*, op. cit., p. 109.

拍到的。"① 新闻摄影借此制造真实效果。因此，摄影的真实观念是文化与技术的共同产物。比利时艺术家大卫·克拉尔布特把摄影遵守传统的图像再现模式归因于文化保守力量，对熟悉影像的一种无意识渴望，以及技术辅助下意识形态灌输给人们的一切。② 与摄影技术的发展相比，摄影者的世界观是滞后的。当今数字摄影技术飞速发展，但大众并没有利用拍摄潜在的可能性，依旧保留着传统摄影的透视空间和其他视觉惯例。如果摄影者的制作违背了客观主义逼真观念，幻术就被揭穿了，照片似乎成了不自然的赝品。合成照片显得虚假，原因就在于照片制作条件被掩盖了，照片变成了表演而非即时的真实。广告摄影也是不真实的，它是拍摄物的表演，充分体现了旨在说服的寓意功能，唤起观者的梦想和购买欲望。与新闻摄影、广告摄影等功能明确的摄影不同，艺术摄影有意识地相对于其他摄影或其他艺术为自身定义，专注于为艺术而艺术和无关利害的静观。正如苏特所言："定义艺术摄影的主要特征，是创作者的意图、它与其他艺术形式的相似性以及它被呈现的语境。"③ 但摄影者很难将自己的操作视为纯粹的艺术活动，他们怀疑自身创造的独特性。除了受摄影社会用途的牵连，摄影者自身的不合法意识源于两个方面：一是技术方面，复制除去了作品独有的"灵光"，作品的相似遮蔽了原作风格的创新，摹本与原型很难区分；二是与大众的关系方面，大众无法分辨相似照片的细微差别，往往将摄影视为平庸的、重复的，把风格的独特性归于拍摄"窍门"。摄影家像画家那样把摄影世界变成叔本华的"作为意志与表象的世界"不无风险。社会学家在调查中发现，为了使摄影合法化，为了突出自身的高贵意图，摄影者或借鉴其他艺术特有的手法，模仿素描、版画，追求画意效果，消除了摄影的特性；或在自然界中寻找学院艺术的高贵主题，诸如肖像、人体、风景和静物，希望摄影唤起人们对既有艺术作品的联想；或结交艺术家和作家，通过获得合法的观看群体的认可，为摄影争取合法性。无疑，绘画的幽灵通过创造意

---

① Pierre Bourdieu, Luc Boltanski, Robert Castel et Jean – Claude Chambordon, *Un art moyen. Essai sur les usages sociaux de la photographie*, op. cit. , p. 185.

② 参见露西·苏特《为什么是艺术摄影》，第 116 页。

③ 参见露西·苏特《为什么是艺术摄影》，第 10 页。

图纠缠着摄影。社会学家明确了绘画与摄影的意图区别：绘画过程似乎是在完整地、逐步地执行画家的意图，摄影过程则连续执行有区别的、中断的动作，将中断引入了创造过程。因此，很难打破摄影的刻板印象——机器的奴仆和外部世界的摹写者："偶然或天真并不被当成合法创造的手段，这是因为装置介入了并总有可能截断创造意图，也是因为人们可能在艺术作品中看到一种巧合的结果，装置与偶然之游戏的产物。"[1]由于偶然性，"摄影似乎突出的，与其说是一种彻底的客观性概念，不如说是一种更大的本真性，因为摄影行为固定了其他手段有时以同样的精确性复制的同一真实场景。摄影与各种图画方法的主要差别在于图画以人为中介，而感光片似乎固定住了真实'本身'。化学中介导致跳过复制过程中的一个阶段，这恰恰是意图阶段。摄影意图处在事先（在某个角度拍这张照片等）和事后（照片冲印，照片使用，照片在某种背景下展示等）"。[2] 也就是说，感光片代替了拍摄者的部分意图。图像的真实体现在它保留了瞬间固定的物质痕迹，但它从在场中获得的不只是客观表象，还有拍摄者自身的存在："摄影者通过使自然世界之物服从于一种有选择的秩序，建立一种文化秩序。"[3] 一方面，拍摄者以文化秩序规训自然秩序，但受制于装置和偶然，无法完全控制画面。另一方面，拍摄者不仅是功能执行者。现代摄影理论家沿用了布尔迪厄的观点。弗卢赛尔认为："每张照片同时是装置与摄影者之间合作与冲突的产物。"[4] 巴钦强调，摄影既反映又构成其对象，既参与自然领域，又参与文化领域，"与其说是科学的，不如说是哲学的和观念的"。[5] 由此，布尔迪厄确立了摄影美学

---

[1] Pierre Bourdieu, Luc Boltanski, Robert Castel et Jean – Claude Chambordon, *Un art moyen. Essai sur les usages sociaux de la photographie*, op. cit., p. 231.

[2] Pierre Bourdieu, Luc Boltanski, Robert Castel et Jean – Claude Chambordon, *Un art moyen. Essai sur les usages sociaux de la photographie*, op. cit., p. 300.

[3] Pierre Bourdieu, Luc Boltanski, Robert Castel et Jean – Claude Chambordon, *Un art moyen. Essai sur les usages sociaux de la photographie*, op. cit., p. 226.

[4] 威廉·弗卢塞尔：《摄影哲学的思考》，毛卫东、丁君君译，中国民族摄影艺术出版社2017年版，第41页。

[5] 乔弗里·巴钦：《热切的渴望——摄影概念的诞生》，毛卫东译，中国民族摄影艺术出版社2016年版，第94页。

的理论基础，无论摄影有无社会用途，有无明确审美意图，都不是单纯复制，都属于制作技艺，完全有理由作为艺术存在。照片作为人工制品，同时是生产/制作和使用/接受的美学客体。

社会学家对摄影的社会功能的描述，揭示了摄影者如何在实践中通过透视法、偶然性、编排、导演等制造逼真，向观看者灌输他们的生产意图。拍摄者与观看者之间存在着一种暗中的契约，如果图像编码不符合阅读解码，照片就不再被视为真实的表象。但这种契约是不成文的，多半无意识的。摄影社会学强调，照片的生产和阅读大部分时间并非经由理性意识的。除非有标题，照片也会产生歧义，附加的、出乎意料的意义，违背摄影者为作品规定的意义。社会学家承认，摄影者以可见的为对象，拍不可见的："摄影，乃真实的不在场，现实的熟悉的和本真的在场表现为不在场。"① 或者说："拍摄物的本性于是使它立刻能包含无意识的神秘渴望。"② 但这种无意识不是精神分析的神秘冲动，而是社会无意识："在某个拍摄者正常的、平常的活动中，当他决定什么值得摆脱遗忘的无意义和乌有时，他从内心'无意识地'认可了群体当作其深刻价值的东西，因而把这些价值呈现给一种既是可理解的又是客观的阅读。但这不是神秘的无意识，这是社会学理论尚未阐明的一种意义的无意识"。③ 要理解一张照片，无论拍摄者是科西嘉的农民、博洛尼亚的小资产者，还是巴黎的职员，都要通过其明确意图，辨认照片的多余意义，因为照片是一个时代、一个阶级或一个艺术群体的象征："它带有拍摄者的印记，通过揭示他断定最值得从时光流逝中夺取的东西，显露他的价值。"④ 也就是说，这种无意识既是个人的，又是集体的。

如同布尔迪厄，巴特反对萨特的"图像意识"，他在《明室》

① Pierre Bourdieu, Luc Boltanski, Robert Castel et Jean – Claude Chambordon, *Un art moyen. Essai sur les usages sociaux de la photographie*, op. cit. , p. 301.

② Pierre Bourdieu, Luc Boltanski, Robert Castel et Jean – Claude Chambordon, *Un art moyen. Essai sur les usages sociaux de la photographie*, op. cit. , p. 304.

③ Pierre Bourdieu, Luc Boltanski, Robert Castel et Jean – Claude Chambordon, *Un art moyen. Essai sur les usages sociaux de la photographie*, op. cit. , p. 331.

④ Pierre Bourdieu, Luc Boltanski, Robert Castel et Jean – Claude Chambordon, *Un art moyen. Essai sur les usages sociaux de la photographie*, op. cit. , p. 329.

（1979）中与摄影社会学进行了某种对话。他选了十几张喜欢的照片，进行情感现象学解读，强调照片观看者与照片的交流。照片是从永恒中窃取的瞬间，散发出惊人的能量，留下了人物存在的痕迹，那一刻凝固的光线打动了观看者："那个被拍摄的物体确实以它自身的光线来触及我，而不是用后加上去的光线来触及我。"[①] 他同意摄影社会学的观点，认为摄影的实质在于确认拍摄物的真实性与偶然性。他反对社会学对照片的意义辨读，也反对萨特对图像的意向性解读。他认为摄影是难以归类的，摄影技术（专业/业余）、拍摄内容（风景/静物/肖像/裸体）、修辞（写实主义与如画主义）等的分类都是表面的，与摄影本质无关。他将照片分为一元的和二元的。一元照片（如新闻照片和淫秽照片）只包含知面（studium），即一种中性情感，一般性的精神投入，它体现照片传达信息、再现场景、强调意义、令人震惊和向往的功能，以及摄影师的拍摄意图。巴特认为知面的寓意过于明显，"因为结构的'单一'是庸俗修辞学（尤其是书本上学来的修辞学）的第一条戒律"。[②] 一元照片没有任何二元的、间接的东西，没有干扰，也就是照片上无意识的、偶然的东西，它带来箭一样尖锐的刺痛感，他称之为刺点（punctum）。[③] 刺点无法分析，刺点是被感知的："刺点无论如何直接，如何尖锐，却能和某种潜在的东西对上号（但永远不能和细加推敲的东西对上号）。"[④] 巴特心中理想的图像是静寂的声音，只有消去"技术""真实""报道""艺术"的噪声，细节（刺点）才会回到富有情感的意识中。[⑤] 细节是形式上的刺点——此外还有强度上的刺点——"这就是时间，是真谛（'这个存在过'）的令人心碎的夸张表现，即真谛的纯粹显现。"[⑥] 因此照片对他而言不是重现已消失之物，而是证明眼前之物存在过，昭示生与死的关系："知道了昔日的东西通过其直接辐射（它的亮度）确实触及了那个尔后我的目光也来

① 巴尔特：《明室》，赵克非译，中国人民大学出版社2011年版，第109页。
② 巴尔特：《明室》，第55页。
③ 巴尔特：《明室》，第34—37页。
④ 巴尔特：《明室》，第70页。
⑤ 巴尔特：《明室》，第22页。
⑥ 巴尔特：《明室》，第126页。

触及的物体表面，我高兴（忧伤）。"① 最终照片证明的不是物，而是时间："从现象学的观点来看，摄影的证明力胜过其表现力。"② 他认为摄影师见证的是他的主观性，即他作为主体面对对象时采用的方式。③ 他尤其将摄影与死亡相联系。他在《明室》中沉浸在哀悼母亲的悲伤中，母亲的照片是他与母亲相遇的磁场，光线是亡灵与活人之间的灵媒，"照片就是拍摄对象身上散发出来的放射物"。④ 在马尔蒂看来，巴特将摄影图像从"曾在"（l'avoir - été - là）变成了"此在"（ça - a - été）。⑤ ça 是精神分析的本我，是刺点。巴特认为刺点无法分析，刺点被感知。其实这个刺点类似于本雅明所说的图像中"极微小的火花，意外的，属于此时此地的；因为有了这火光，'真实'就像彻头彻尾灼透了相中人——观者渴望去寻觅那看不见的地方，那地方，在那长久以来已成'过去'分秒的表象之下，如今仍栖荫着'未来'，如此动人，我们稍一回顾，就能发现"。⑥ 我们看到，巴特与本雅明提出的摄影的"时间性"与"本真性"都离不开现象学的此在。"刺点"与"火花"都是图像阅读中被感知的。观看照片是无意识的交流。然而德里达在《巴特之死》中指出这张照片中知面与刺点的融合："幽灵：同一之中的他者的概念，知面中的刺点，活在我当中的死去的他者。"⑦ 尽管巴特试图采取中性立场，建立客体的新科学，但他没有摆脱意识与无意识的非此即彼，将摄影的客观真实与主观真谛要么截然分开，要么完全混同，他对意义的悬置导致神秘主义："那（照片）是一种有魅力的和叫人悲伤的神秘性。"⑧ 布尔迪厄承认，"其实我是在'本我'说话的巨大噪音的背景下说话的"。⑨ 但社会学家

---

① 巴尔特：《明室》，第 109 页。

② 巴尔特：《明室》，第 118 页。

③ 巴尔特：《谈摄影》，《声音的种子》，怀宇译，中国人民大学出版社 2019 年版，第 384 页。

④ 巴尔特：《明室》，第 108 页。

⑤ 马尔蒂：《文学形式主义与哲学》，刘晖译，《中国文学批评》2016 年第 3 期。

⑥ 本雅明：《迎向灵光消逝的年代》，第 12 页。

⑦ 转引自乔弗里·巴钦《热切的渴望——摄影概念的诞生》，第 243 页。

⑧ 巴尔特：《谈摄影》，第 384 页。

⑨ Pierre Bourdieu, *Sociologie générale. Cours au collège de France 1981 - 1983*, *op. cit.*, p. 295.

不能沉溺于无意识，而是要将无意识客观化，理解并解释它。"社会学家致力于辨认一向无非是常识的东西，谈论图像而又不变成幻想者。"① 布尔迪厄以摄影的社会学分析对抗现象学描述，似乎提前站在了巴特的对立面："绝对不要受到直觉主义的诱惑，这种直觉主义，唤醒了虚假的亲近的盲目明证，在特定的情形下，不过将关于时间、色情和死亡的常见陈词滥调变成了虚假的本质分析。"② 桑塔格同样指出，认为影像来自无意识，假设影像的内容是永久和普遍的，这是误解了"最惊心动魄地动人、非理性、牢不可破、神秘的东西——时间本身"，照片具有无可辩驳的感染力，因为它是来自过去的信息，它包含着对社会地位做出种种提示的具体性。③ 生命不是照片，不是被闪光照亮的、永远凝固下来的耐人寻味的细节，分析家不应满足于捡拾生活的杂碎并供奉于时间的祭坛，不应耽于无意识的不可知论，而应通过还原习性的生产和使用的社会条件对照片进行综合解读。很有意味的是，1980 年巴特在法兰西学院讲授"普鲁斯特与摄影"，他对普鲁斯特的影集的解读表明知面与刺点是不可分割的。一方面，他为了照片上的面容、目光、侧影、衣装、爱情，为了怀旧感（他们生存然后死去）深深陶醉；另一方面，他破译了社会性，比如人物面相的高贵与低俗，服装体现的社会区分，姿态的微妙等，少年普鲁斯特"秀美与高雅（尽管布尔迪厄使用过此词，我还是要再次使用它！）"。④ ［高雅即 Distinction，巴特没有忘记布尔迪厄的《区分——判断力的社会批判》（*La Distinction*）。］

二 阶级习性

依据 20 世纪 60 年代欧洲摄影的社会学调查结果，布尔迪厄团队通过研究摄影群体的构成及其对摄影作品的功能和意义的看法，对摄影美学

---

① Pierre Bourdieu, Luc Boltanski, Robert Castel et Jean–Claude Chambordon, *Un art moyen. Essai sur les usages sociaux de la photographie*, op. cit. , p. 28.

② Pierre Bourdieu, Luc Boltanski, Robert Castel et Jean–Claude Chambordon, *Un art moyen. Essai sur les usages sociaux de la photographie*, op. cit. , p. 28.

③ 参见苏珊·桑塔格《论摄影》，第 53 页。

④ 巴尔特：《小说的准备》，李幼蒸译，中国人民大学出版社 2010 年版，第 455—458 页。

进行社会分析。与绘画、演奏乐器、参观博物馆和听音乐会不同，摄影是适合大众的文化活动，因为它无传统、无固定美学标准，无须学校传授的知识，也无须高贵的文化消费和实践要求的训练和技艺："摄影提供了一个得天独厚的机会，可以观察阶级价值如何能够在无教育的情况下传递。"[1] 桑塔格也认为，摄影作为媒介的民主体现在削弱了专业生产者或作者的角色，模糊或取消了真品与赝品、好趣味与坏趣味之间的区别。[2] 摄影为社会学家考察习性如何成为摄影实践和表象的生成模式提供了便利条件。

　　社会学家首先对摄影实践进行阶级分析，既反对摄影是个人兴趣的偶然产物的自发理论，也反对摄影是由收入高低（是否购买照相机和照相机的档次）决定的经济还原论。可拍摄物表面上是无限的，实际上每个群体的主题、题材和构图都是有限的。取景牵涉审美和伦理价值，拍摄对象的选择与一个阶级内在的价值系统密不可分。布尔迪厄看到，民众阶级和中等阶级表现在摄影实践和摄影判断中的美学是阶级精神气质（ethos de classe），整个群体共有的认识、思想和评价模式（习性）："这些模式客观上决定了一个群体赋予摄影行为的意义，摄影行为是对一个对象的本体论提升，这个对象被当成值得拍摄的，也就是值得固定、保存、传达、展示和赞赏的。"[3]个体参照其他阶级成员与摄影的关系，以及阶级之间关系的整个结构，确定自身与摄影的关系。摄影被赋予的意义和功能与群体的结构、群体的差别及其在社会结构中的位置直接相关。对民众阶级而言，家庭影集"具有一座忠实祭奠的墓碑那样几乎完美的清晰"，[4] 摄影不是对流年的个人追忆，而是记录、保存对物、人或重要社会实践的集体回忆，固定社会生活场景的庄严时刻（全家福、蜜月照、

---

① Pierre Bourdieu, Luc Boltanski, Robert Castel et Jean – Claude Chambordon, *Un art moyen. Essai sur les usages sociaux de la photographie*, op. cit., p. 69.

② 参见苏珊·桑塔格《论摄影》，第146页。

③ Pierre Bourdieu, Luc Boltanski, Robert Castel et Jean – Claude Chambordon, *Un art moyen. Essai sur les usages sociaux de la photographie*, op. cit., p. 24.

④ Pierre Bourdieu, Luc Boltanski, Robert Castel et Jean – Claude Chambordon, *Un art moyen. Essai sur les usages sociaux de la photographie*, op. cit., p. 54.

领圣体等），群体借机加强凝聚力。巴特则以他母亲的照片为例，强调现代社会通过把本身会消亡的照片当成存在者的普遍和自然的证物，就是放弃了纪念碑。① 作为存在和纪念的痕迹，照片体现了物质的脆弱性，显示了否定死亡的照片终将死亡的悖论。巴特将个人情感与群体信仰割裂开来，强调个人的原子化。布尔迪厄除了强调摄影的"社会团结"，还看到摄影的阶级划分。与民众阶级看重摄影的永久化功能不同，中等阶级通过消除摄影的家庭功能标新立异，他们不断地参照高等艺术确定摄影的地位，对摄影的态度模棱两可。摄影比绘画（尤其现代绘画）能更好地满足现实主义和可读性的要求，中等阶级无法真正占有高雅艺术，只好寻求其替代物以满足其审美追求。他们比民众阶级更喜欢发表空洞的审美判断或声明，但在具体的摄影实践上，无论是拍摄对象还是拍摄方式，他们与民众阶级都非常相似。高等阶级往往通过放弃摄影与其他阶级区分开来，摄影实践在艺术实践等级中地位非常低，很难实现高等阶级的审美意图，因此他们有精良设备，也不会狂热地投入拍摄，他们在旅游中更多地静观风景而不是拍照，他们对普通实践的拒绝尤其表达了按照阶级精神气质区分的要求，他们对旅游和摄影的表象与他们的素养和文化态度遵循相同的超凡魅力原则。② 由此，摄影表象体现了每个阶级的精神气质和阶级之间的客观关系。小资产阶级赋予摄影的意义，一方面，显示了他们与合法文化的关系，也就是与把持高等文化实践的高等阶级的关系，他们表现出良好的文化意愿，努力向后者看齐。另一方面，显示了他们与民众阶级的关系，他们想要不惜一切代价与之区分开来。此外，摄影表象还体现了城市与乡村的关系，在封闭的农村社会，农民把摄影视为专属资产阶级和城市人、与城市生活方式相关的活动，视为对农民生活方式的质疑，对纯粹农民的整体价值的威胁，因而必须与摄影划清界限。布尔迪厄强调阶级之间的互相参照不是有意为之，而是通过"阶级习性"（habitus de classe）实现的。他在《区分——判断力的社

---

① 参见巴尔特《明室》，第 124 页。

② Pierre Bourdieu, Luc Boltanski, Robert Castel et Jean－Claude Chambordon, *Un art moyen. Essai sur les usages sociaux de la photographie*, *op. cit.*, pp. 101－102.

会批判》中通过消费调查对习性的阶级分类作用进行了深入考察。

　　然后是对摄影表象的社会学分析。如桑塔格所说："照片是一种观看的语法，更重要的是，是一种观看的伦理学。"① 分析主体赋予摄影的意义，能够在主体最真实的想法中看到不同群体或阶级特有的美学和伦理学，尤其是民众"美学"。社会学家看到，主体的审美判断的纯粹程度与其所属阶级密切相关。与审美家不同，大众总是从照片的社会功能（也就是照片的种类和用途）出发进行判断："人们期待摄影包含一整套叙述象征主义，并且，以一个符号的方式，或更确切地，以一种寓意的方式，不含糊地表达一种超越的意义并增加一些标记，这些标记能够无歧义地构成摄影被认为负载的潜在话语。"② 大众要求照片无歧义地表达明确意义。他们照康德在《判断力批判》中描述的"野蛮趣味"，以感性的、信息的或道德的兴趣为鉴赏原则，拒绝无意义的图像和图像的无意义，也就是拒绝"无目的的合目的性"的照片："图像本身的可读性与其意图（或其功能）的可读性有关，而且能指与所指的表达契合度越彻底，图像引起的审美判断就有利。"③ 比如工人喜欢生动的彩色风景照片胜过静默的黑白风景照片。大众趣味离不开感官享乐，"如同食物的比喻证明的，审美静观是由一部作品提供的初级享乐，这部作品重建了本身令人愉悦的一种现实，并使人以直接的方式、不特意不费力地把握"。④ 他们的审美判断和行为不遵守自主美学的特定逻辑，但仍按照完全不同的系统性原则构成，对他们而言，美学是精神气质的一个维度。所以，摄影美学不是纯粹的，而是混杂的，野蛮的，美学与伦理密不可分。作为大众美学，摄影美学是节日和假日美学，与他人交往并与世界沟通的美学。拍摄对象越常见（婴儿、风景、宠物、名胜），对图像的美学品质的考虑就

---

　　① 苏珊·桑塔格：《论摄影》，第1页。

　　② Pierre Bourdieu, Luc Boltanski, Robert Castel et Jean - Claude Chambordon, *Un art moyen. Essai sur les usages sociaux de la photographie*, op. cit. , pp. 128 - 129.

　　③ Pierre Bourdieu, Luc Boltanski, Robert Castel et Jean - Claude Chambordon, *Un art moyen. Essai sur les usages sociaux de la photographie*, op. cit. , p. 131.

　　④ Pierre Bourdieu, Luc Boltanski, Robert Castel et Jean - Claude Chambordon, *Un art moyen. Essai sur les usages sociaux de la photographie*, op. cit. , p. 86.

越少，但并没有消失。家庭照片的拍摄和静观中止了一切审美判断，对象的神圣特点和摄影师与对象的神圣化关系足以证明照片的存在。摄影成为群体的祝圣仪式，圆满实现了大众美学的意图。布尔迪厄颂扬民众美学的活力，强调在审美家看来反美学的东西仍旧是美学，因为无论这种东西是如何表述的，都意味着生活经验，美感在生活经验中占有一席之地。哪怕这种美是康德所说的有目的的、实用的附庸美。布尔迪厄强调，作为正在合法化的审美对象，摄影足以证明："社会的大部分可被排除出合法文化的空间，但不被排除出美学空间。"① 他肯定大众美学的存在理由："人们无法不承认民众趣味企望的审美维度，哪怕这种企望至少部分地通过参照学院美学生出的。"② 布尔迪厄的大众美学部分地借鉴了西美尔的观点。西美尔强调社会交往的美学维度，即便不纯粹的、最基本的社会交往形式，也以互动的个人主观体验到的美学愉悦为基础，同艺术和游戏一样，仿效并揭示了生活的内在现实，符合康德所说的审美的无目的的合目的性，但他认为社会交往中个人的行为和本能随时被形式化或受到培养，好像自动实现的，无须任何外部力量和理性的道德律令的推动，所以没有美学教育的必要。③ 西美尔的美学共同体无疑是某种乌托邦。布尔迪厄承认社会交往的美学维度，但他强调美学的阶级性以及审美趣味的社会条件，康德的"纯粹趣味"属于一小部分有文化修养的人。

三　审美配置

如果说摄影的实践与表象体现了阶级习性，那么参观艺术博物馆更多要求参观者具有纯粹的审美能力。审美能力往往有天赋的外表。对艺术爱好者来说，面对一幅梵高的画感到愉悦足矣。研究梵高的生平和作

① Pierre Bourdieu, Luc Boltanski, Robert Castel et Jean – Claude Chambordon, *Un art moyen. Essai sur les usages sociaux de la photographie*, op. cit., p. 26.

② Pierre Bourdieu, Luc Boltanski, Robert Castel et Jean – Claude Chambordon, *Un art moyen. Essai sur les usages sociaux de la photographie*, op. cit., p. 122.

③ 尤卡·格罗瑙：《趣味社会学》，向建华译，南京大学出版社 2002 年版，第 166—187 页。

品的分期有何用？社会学家为何非要描述审美愉悦的条件，质疑其真实性和真诚性？在布尔迪厄看来，"这是因为，艺术之爱，如同任何爱情一样，不情愿承认其根源，总之，它更喜欢总是被解释为先定的独特偶然"。① 博物馆可以向任何一个可能的主体发出信息，但它只对一个能够辨认信息并享用信息的主体才有意义和价值："被看成象征财产的艺术作品只对把持着将它据为己有也就是辨认它的手段的人这样存在。"② 由此，"这种绘画是双重的，一方面，它是物，同时，它有另一半，即它要求的习性，它只有找到适合它的习性才能真正变成活生生的绘画"。③ 在参观频率和在展品上花费时间的差别，取决于参观者的艺术能力。艺术作品本身并不具备让人自然而然地喜爱的内在品质。需要解释"某些人在某些被认为是美的对象面前的不理解和无所谓之感"。④ 作品的接受首先依赖接受者的艺术能力，也就是他把握作品提供的信息、辨认信息、从中看到意义或有意义的形式的能力，这种能力是他在一个既定时刻对一系列艺术作品占有工具也就是阐释模式的掌握。无疑，每个人掌握信息的能力都是确定的和有限的，要是信息的丰富性和复杂性超过了观看者的理解力，他就无法把握绘画的意图，把眼前的画面理解为无理由的色块游戏。在一幅含义过于丰富的画面前，他感到自己被淹没了。不存在与艺术作品的一见钟情。

天真的目光是历练的升华，"天生趣味的神话无非是先于教育而存在的有教养天性的常见幻象的一种表达"。⑤ 一种持久的、不间断的文化配置是从童年开始培养的。有教养家庭的孩子跟随父母参观博物馆或展览，从父母那里借鉴并逐步获得自己的实践配置。通过反复观看依流派、时代和作者分类的作品，他就会在总体上无意识地熟悉作品的原则，也就

① Pierre Bourdieu, Luc Boltanski, Robert Castel et Jean – Claude Chambordon, *Un art moyen. Essai sur les usages sociaux de la photographie*, op. cit., p. 161.

② Pierre Bourdieu et Alain Darbel, *L'amour de l'art. Les musées d'art européens et leur public*, Paris: Minuit, 1969, p. 71.

③ Pierre Bourdieu, *Sociologie générale. Cours au collège de France 1981 – 1983*, op. cit., p. 256.

④ Pierre Bourdieu, *Raisons pratiques. Sur la théorie de l'action*, op. cit., p. 225.

⑤ Pierre Bourdieu et Alain Darbel, *L'amour de l'art. Les musées d'art européens et leur public*, op. cit., p. 162.

是说，他把作品的构建原则和规则内在化了，但这些原则和规则并未被明确意识和表述。学校教育进一步将他的实践配置明确化，因为"学校教育倾向于支持对无意识地掌握的思想、认识或表达模式的有意识强调，明确地形成创造性语法的原则，比如和声法、对位法或构图法，为命名首先以纯粹直觉的方式感受到的区别提供必不可少的言语和概念材料"。[1] 此外，文化机构规定了哪些作品（或地点）是值得崇拜（或朝拜）的，好像它们内在地或自然地值得鉴赏。所以，家庭或学校教育产生的修养（习性）不过是文化任意性的内在化，让人忘记了被灌输内容和灌输方式的任意性。在艺术生产方式发生断裂的时代，艺术生产工具的变化先于艺术认识工具的变化，必须通过一个漫长而困难的新内在化过程，才能以新艺术能力取代旧艺术能力。艺术能力（或习性）作为社会符码的内在化产物，根植于习惯和记忆的无意识层次，无法摆脱固有的惰性，无法在一段时间内，将从前的认识工具用于新型艺术生产工具制造的作品——作品正是通过反对从前的认识工具产生的。[2] 最有创新性的艺术形式首先被几个行家认可，因为他们有与所有符码且首先与日常生活符码决裂的禀赋，能够把艺术史体会为与既定符码的连续的决裂，那些没有从学校或家庭中获得熟习工具的人只能依靠从日常经验中借鉴的模式来认识艺术作品，满足于辨认被表现的对象，只能抓住和把握作品的可感特征。也就是说，有修养的人与无修养的人在审美能力上有差别：审美家把艺术作品看作以自身为目的的能指，这不是在情感上或智力上孤立地看待它，强调其独特性，而是把它与一系列同类作品相联系，找出其有区别的风格特征。民众阶级则执着于本能或所指，满足于感官享乐或道德趣味，期待作品实现某种功能。[3] 社会学家试图在逻辑上和实验上揭示：对文化作品尤其是对学院文化作品的正确把握，意味着在辨认行为

---

① Pierre Bourdieu et Alain Darbel, *L'amour de l'art. Les musées d'art européens et leur public*, op. cit., pp. 104 – 105.

② Pierre Bourdieu et Alain Darbel, *L'amour de l'art. Les musées d'art européens et leur public*, op. cit., p. 78.

③ Pierre Bourdieu et Alain Darbel, *L'amour de l'art. Les musées d'art européens et leur public*, op. cit., pp. 73 – 74.

中掌握了作品被编码的密码,只有人们对之形成概念的东西才能令人愉悦。① 通过长期的熟习或系统的训练,有教养的趣味超越了概念阶段,变成了被超越、被升华的本性,呈现出无学习痕迹的天赋表象。艺术社会学反对超凡魅力的观念,不把对艺术作品的体验当作灵感或直觉的直接理解,强调审美体验的社会可能性条件。

　　对社会条件的忽略是超凡魅力观念的可能性条件,这种忽略使得文化和变成天性的文化、有教养的天性成为可能。有教养的天性具备神赋和天才之全部外表,但依旧是获得的,因而是"应得的",超凡魅力观念使人们有可能允许文化尤其是"艺术之爱"在资产阶级"社会正义论"中占据中心地位。资产阶级特权的继承人无法援引(其阶级在历史上拒绝给予贵族的)血统权利,也无法援引自然权利——自然权利是从前攻击贵族的卓越武器,很可能对资产阶级的"卓越"反戈一击,亦无法援引苦行伦理——苦行伦理使得第一代企业家通过业绩证明其成功,他们求助于有教养的天性和变成天性的文化,求助于他们有时通过泄露天机的口误说出的"品味"(classe),求助于"教养"——这个词在教育产物的意义上,但似乎与教育毫无关系,求助于"区分",即成为业绩的恩赐和成为恩赐的业绩,即不劳而获的业绩,这种业绩为不该得到的成果也就是遗产进行辩护。为了使文化完成将继承的特权合法化的功能,应该且只需忘记或否认文化与教育之间或明或暗的联系。持一种出身的文化、自然分配给某些人的一种文化天赋这种反常观点,意味着并产生了对制度功能的盲目,制度保证了文化财产的利润并保证其传承,同时掩盖了它实现这种功能:学校其实是这样一种制度,它通过形式上无可指摘的定论,将社会决定的文化上的不平等变成成功的不平等,后一种不平等既被解释成天赋的不平等,也被解释成业绩的不平等。②

---

① Pierre Bourdieu et Alain Darbel, *L'amour de l'art. Les musées d'art européens et leur public*, op. cit. , p. 162.

② Pierre Bourdieu et Alain Darbel, *L'amour de l'art. Les musées d'art européens et leur public*, op. cit. , p. 164.

资产阶级通过有意无意地否认趣味获得的理性过程，制造了文化天生的表象，巩固了他们在文化再生产和社会再生产中的优势地位。从正在合法化的艺术到法定艺术，布尔迪厄不断地通过习性对康德所说的审美的普遍能力进行社会学反思。艺术世界不是一个超验的、无关利害的保留地，而是与生活世界和社会世界密切相关的相对自主的空间。在《区分——判断力的社会批判》中，布尔迪厄将研究范围从艺术延伸到生活艺术，最终把习性确立为文化生产和消费的社会分析基石。

第二节　趣味"考古学"

韦勒克将文艺复兴到 18 世纪中叶的欧洲批评史区分为三个显著阶段："权威的支配，理性的支配，最后是趣味的支配。"[①] 趣味（goût）一词 16 世纪开始在法语中出现，通行于 17 世纪。趣味是什么呢？从本义上看，这个词是用来辨认食物味道的感官，即味觉；从转义上看，是审美趣味（鉴赏力）。《利特雷法语辞典》中"趣味"的定义是："一种先于思考的完全自发的能力，所有人都有这种能力，但这种能力因人而异，它让人辨别思想著作和艺术作品中的美与不足，如同味觉使人分辨好的和坏的味道。"从词源上看，Goût 来自拉丁词 Gustus，意为品尝或味道，拉丁词可能源自希腊词，而希腊词源自梵语 Gush，意思是喜爱，合宜。布尔迪厄指出，17 世纪上半叶出现了"学者与社交家的对抗"，学者遵从意大利理论家及其祖述的亚里士多德诗学的理性规则，社交家拒绝受规则的拖累，以愉快为裁判并迷恋无数细微的差别，享受"不可言传"（je ne sais quoi）之美。[②] 学者向作家传授古代经验并推荐学习的典范和作品，上流社会人士要作家满足于纤巧风雅的趣味，避免过分博学或抽象的理想，[③] 如梅雷骑士（Antoine Gombaud, Chevalier de Méré, 1607 - 1684）在《论谈话》中确定正人君子风范，提出"趣味是规则中的规

---

① 雷纳·韦勒克：《近代文学批评史》，第一卷，杨岂深、杨自伍译，上海译文出版社 1997 年版，第 7 页。

② 参见布尔迪厄《区分——判断力的社会批判》，第 115—116 页。

③ 罗杰·法约尔：《法国文学评论史》，怀宇译，四川文艺出版社 1992 年版，第 19 页。

则"。冉森教派反对上流社会趣味，也反对学究们制定的笨拙而笼统的规则，其代言人帕斯卡尔在《劝说的艺术》（1657）中，主张以真正的雄辩启发想象，打动心灵，他相信理性判断，将"几何精神"（更有逻辑性）和"敏感精神"（更有直觉性）视为理性活动的两种不同形式。① 批评家是贵族沙龙的座上客，他们不得不在屈从或纠正上流社会趣味之间艰难取舍并寻求平衡。因此，第二个和第三个阶段不是韦勒克说的从理性到趣味的线性发展过程。古典主义并非在整个 17 世纪都占据统治地位，而是要等到"路易十四世纪"（1660—1715）。将 17 世纪前 60 年视为"伟大世纪"的准备，在政治史或制度史上是成问题的，对文学史而言则是忽略了前面的巴洛克时代（1589—1661）。② 古典主义正是参照巴洛克确定自身，其批评原则在启蒙时代仍占据主导地位，因此不能说理性支配先于趣味支配，应该说是批评方面矫饰趣味与理性趣味的此消彼长。韦勒克对"趣味"没有明确界定，有时指审美趣味，有时指古典主义趣味或法国趣味。古典主义批评大师布瓦洛（Nicolas Boileau – Despréaux，1636—1711）以学者温和节制的理智趣味，反对上流社会的矫饰趣味和大众的粗俗趣味，主张诗人像贺拉斯教导的寓教于乐，"处处能把善和真与趣味融成一片"，③ 也就是韵律与理性互相配合，避免雕凿、浮夸、戏谑，做到明晰与正确，慢慢推敲，讲求章法，接受批评："提高你的格调吧，要从工巧求朴质。"④ 1681 年，马比庸神父（Mabillon，1632—1707）出版《文书论》，布洛克将这一年确立为人类精神史上的一个伟大年份，称赞他开创了档案文献的批评方法，将"批评"从趣味变成对真实性的考察。⑤

如韦勒克所言，古典主义批评主张内容与形式的二元论。一方面，它接受注重外在形式而无实在意义的形式主义，把艺术作品割裂为各种

---

① 罗杰·法约尔：《法国文学评论史》，第 39 页。

② Cf. Jean – Yves Tadié (dir.), *La littérature française*, I, Paris: Gallimard, 2007, p. 459.

③ 布瓦洛：《诗的艺术》，任典译，人民文学出版社 2009 年版，第 62 页。

④ 布瓦洛：《诗的艺术》，第 9 页。

⑤ 参见马克·布洛克《历史学家的技艺》，黄艳红译，中国人民大学出版社 2011 年版，第 87 页。

范畴，孤立地看待情节、人物、言辞、思想、韵律，导致将形式视为装饰的看法逐渐压倒了亚里士多德的有机概念。另一方面，体裁规则成为刻板的教条。[①] 古典主义批评的统治地位持续到 18 世纪末。百科全书派受洛克的经验主义影响，承认趣味的非理性、历史性和相对性。在这个时代，趣味有两个特点：第一，趣味指主观的、天生或可完善的判断能力；第二，趣味指赞同一个集团或一个时代的审美偏好的集体现象。作为"判断能力"的现代趣味概念始于 18 世纪。马蒙泰尔在《百科全书》中将趣味定义为"那种精神感觉，那种先天或后天的识别美和倾心于美的能力，一种对准则做出判断而本身又没有准则的本能"。[②] 伏尔泰、卢梭和狄德罗都提倡"趣味的培养"。伏尔泰在《哲学辞典》中说："趣味，分辨我们的食物的这种感觉，这种天赋，在所有熟知的语言中，产生了隐喻，这种隐喻通过趣味这个词，表达了所有艺术中的美和不足；这是一种灵敏的分辨，如同舌头和味觉的分辨，并如它们一样抢在思考前面，通常也像它们一样是不确定的和分散的。"[③] 他在《趣味的殿堂》（1731—1733）中提出趣味批评，即无理论的批评方法，主张恢复审美快感，反对以僵硬规则进行审美判断。他承认民族趣味的差别，但把建立在抽象人类天性原则之上的古典主义趣味规定为普遍趣味，将法兰西趣味视为欧洲趣味的核心。[④] 狄德罗承认审美的相对性，教育、教养、知识、认识、才能、偏见、时代、国家、个人的感官变化等都造成审美判断的分歧，艺术鉴赏力"就是通过掌握真或善（以及使真或善成为美的情景）的反复实践而取得的，能立即为美的事物所深深感动的那种气质"。[⑤] 他又把鉴赏力与古典主义陈规和宫廷趣味相联系，所以认为鉴赏力低于天才："天才是纯粹的天赋，它产生的作品是片刻之间完成的；而

---

① 雷纳·韦勒克：《近代文学批评史》，第 25 页。

② 转引自蒂博代《六说文学批评》，赵坚译，生活·读书·新知三联书店 2002 年版，第 122 页。

③ Jean – Bertrand Barrère, *L'idée de goût*, Paris: Klincksieck, 1972, p. 18.

④ 雷纳·韦勒克：《近代文学批评史》，第 56—57 页。

⑤ 狄德罗：《狄德罗美学论文选》，张冠尧、桂裕芳等译，人民文学出版社 2008 年版，第 393 页。

鉴赏力则是学习和时间的产物,它立足于对大量确定或假定的法则的认识,它导致产生一种常规的美。"① 他认为美的根源在于"关系",美的本质是"对关系的感觉",打破了莱布尼茨－沃尔夫派的古典主义美学传统(和谐说),但他把对关系的感觉与纯主观的审美快感(美感)区分开来,表明了根本的理性主义立场。② 他和伏尔泰都承认莎士比亚是旷世天才,但厌恶其自然、粗俗、无趣味,仍奉拉辛、维吉尔的典雅风格为至尊。休谟强调人类感觉的纯粹经验性,认为很难找到统一的趣味标准,原因有两种:"一种是每个人不同的气质,另一种是时代和国家的风俗和观念。"③ 他认为趣味需要培养,判断力在训练中得到提高。康德试图综合英国经验主义与大陆理性,强调趣味基于美感共通性,鉴赏判断是不借助概念而在愉悦方面的普遍同意:"鉴赏判断必定具有一条主观原则,这条原则是通过情感而不通过概念,却可能普遍有效地规定什么事令人喜欢的、什么是令人讨厌的。"④ 这就是说,鉴赏判断是主观的,但具有普遍价值。他承认鉴赏力可驯化并引导天才,但天才可自由地摆脱艺术规则的束缚并创造新的规则。⑤ 按照舍费尔的观点,康德的趣味判断观点,经历过三个阶段。最早康德认为自然美胜过人工美,自然美由于不让人想到任何最终意图而引起纯粹的审美经验,人工产品则受制于某种具体目的,所以艺术领域中无法进行纯粹审美判断。接下来康德又以天才理论废除了自然美与人工美的区别,取消了艺术产品的意图性,将天才的作品归入自然美的范畴。由此,趣味负责纯粹美学的接受,而天才负责纯粹美学的生产。最后,他又主张艺术作品是趣味与天才的结合:天才负责内容,被等同于想象力,智性趣味负责形式,与理解力相联系。由此,纯粹趣味判断在艺术中消失了。天才占据了纯粹趣味判断以往占据的位置,而趣味则被打发到意图性的领域。这种悖论源于康德在纯粹

---

① 狄德罗:《狄德罗美学论文选》,第508页。

② 邓晓芒:《西方美学史纲》,商务印书馆2018年版,第110—111页。

③ 休谟:《休谟论说文集·论道德与文学》(卷二),马万利等译,浙江大学出版社2011年版,第108页。

④ 康德:《判断力批判》,邓晓芒译,杨祖陶校,人民出版社2002年版,第74页。

⑤ 康德:《判断力批判》,第163—165页。

接受美学与带有意图结构的艺术理论（概念判断）之间建立的绝对对立。① 黑格尔则沿袭了康德的"智性趣味"观点，认为趣味的标准是肤浅的，"所谓'鉴赏力'要注意的事就是安排、处理、分寸、润色之类有关艺术作品外表的东西"，② 他把趣味等同于理性规则，但较康德有所进步，认定鉴赏力是依据范围狭小的作品和狭隘的教养制定的，无法了解艺术的内在的和真实的方面，"在这天才的威力面前，自惭形秽"。③ 受德国浪漫派美学影响的德·斯达尔夫人以天才反对法国人的社交趣味："文学上的趣味就像社交中的分寸得当：人们把它当作一种见证，说明财富、门第，或至少同这两者有关的习惯。而天才却不同，它也可以产生在一个与上流社会素无瓜葛的手工匠人的头脑里。在一切讲究虚荣的国家，都把趣味放在首要地位，因为它区分各个不同的阶级，它是头等阶级一切成员之间联络的标志。"④批评家圣伯夫试图综合趣味的先天的和经验的维度："趣味是一种天赋，像所有的天赋一样，尤其是艺术的天赋；这是被训练培育、被实践刺激的一种特殊感觉。"⑤ 他倾向于伏尔泰的趣味批评，但不同意伏尔泰以自己的作品为尺度，主张将伏尔泰的趣味殿堂扩建为世界文学宝库，容纳古印度、波斯的大诗人、约伯、孔子。⑥ 波德莱尔、马拉美和瓦雷里则赋予趣味新的含义：把握现代性和历史特点的能力。20 世纪以来，趣味不再囿于审美判断的范围，决定趣味的社会经济条件成为社会学家的研究对象。

　　我们看到，从启蒙时代到浪漫时代，作为判断力的趣味相对于作为创造力的天才被定义，浪漫主义弘扬天才而贬低智性的古典趣味。趣味无论是经验论的，先验论的，或综合的，基本上被局限在审美范畴，其社会性则少有论述，只有康德提到鉴赏力可用于非艺术品（如餐具、道

---

① 舍费尔：《现代艺术》，第 80—83 页。

② 黑格尔：《美学》，第一卷，朱光潜译，商务印书馆 1997 年版，第 20 页。

③ 黑格尔：《美学》，第 43 页。

④ 德·斯太尔夫人：《德国的文学与艺术》，丁世中译，人民文学出版社 2016 年版，第 84 页。

⑤ Charles – Augustin Sainte – Beuve, *Port – Royal*, tome I, Paris：Gallimard, 1952, p. 571.

⑥ 圣勃夫：《圣勃夫文学批评文选》，范希衡译，南京大学出版社 2016 年版，第 64—66 页。

德论文、布道），① 德·斯达尔夫人谈到趣味的阶级性，圣伯夫在《波尔－罗雅尔修道院》中谈到趣味与道德的关系。关于趣味的系统社会学研究始于布尔迪厄。布尔迪厄没有延续浪漫主义的"审美教育"讨论，他把艺术是善的当成一个默认前提，他只想说明什么人享有艺术，什么人被剥夺了，以及原因何在。这是他与艺术哲学家的差别。所以论述趣味和艺术的《区分——判断力的社会批判》几乎未涉及哲学的或文学的美学传统。在布尔迪厄看来，传统美学无视趣味产生的社会条件，而这正是社会学需要填补的空白。在《区分——判断力的社会批判》中，他采取人种学家的方法，以广义上的"文化"涵盖一般意义上的"文化"，考察整体的趣味：趣味既是以直接的和直觉的方式判断美学价值的能力，也是分辨食物特有的味道的能力。趣味的特性在于它作为接触的感官与远距离的视觉和听觉对立，而且与对象的接触比触觉更密切，因为对象被主体归了。② 由此，趣味必然具有高级的和低级的全部感官属性，布尔迪厄提出趣味的社会学定义："趣味，即一个确定的阶级对被分类的和能分类的客体和实践的（物质的和/或象征的）占有的倾向和配置。"③每个人身上都带着区分符号。趣味表现在衣着、发音、风度、步态、举止上，是"反感"或"好感"的基础。"一见钟情"源于趣味相似，爱情体现了这种原始直觉，通过习性的互相认可。表面上最直接的亲和力是对有表现力的特征的无意识识别。

趣味同时属于感觉的和心智的范畴，往往是微妙的、不可言喻的。尽管哲学家们也认为趣味不是天生的，但趣味的无概念性足以产生它的天赋假象。如布尔迪厄所说："趣味这个词的双重意义，通常用来证明自发生成的幻想的合法性，这种有教养的配置倾向于借天生配置的外表显现出来。"④ 为了分析趣味形成的机制，他把两个系列的因素结合起来。一方面是区分的逻辑，通过场的概念；另一方面是生活条件，通过

---

　　① 康德：《判断力批判》，第 157 页。

　　② Jean Molino, *Le singe musicien. Essai de sémiologie et d'anthropologie de la musique.* Actes SUD/INA, 2009, p. 368.

　　③ 布尔迪厄：《区分——判断力的社会批判》，第 272 页。

　　④ 布尔迪厄：《区分——判断力的社会批判》，第 165 页。

习性的概念。他用这两个概念与场组成一个公式：［（习性）（资本）］＋场＝实践。这就是说，习性和资本与场的互动的结果就是实践。习性既是生产力，也是判断力："习性既是客观上可分类的实践的生成原则，也是这些实践的分类系统（划分原则）。"[①]从艺术空间到生活风格空间，布尔迪厄创造性地把习性作为艺术实践和社会实践及其表象的发生器。一方面，他以习性统摄哲学家们讨论的天才与趣味，试图以无意识的实践和认识模式解决康德的想象力与理解力的意图困境；另一方面，他把习性确立为产生并区分不同的生活风格的机制，"习性是这个发生的和统一的原则，这个原则把一个位置的内在的和关系的特点迻译为统一的生活风格，也是个人、财产、实践的选择的统一体。习性如同它们成为其产物的位置一样，是有区别的；但它们也是能区别的"。[②]由此，作为习性的无意识区分，"趣味是将物变成区分的和特殊的符号、将持续的分布变成中断的对立的实践操纵装置（l'opérateur pratique）；趣味使被纳入身体的物质范畴内的区别进入有意义的区分的象征范畴内"。[③]这就是说，趣味把个人实践变成区分符号系统，以无意识的符号系统表达社会意识。

趣味包括鉴赏力，也包括口味。如同习性，趣味的生成方式包括家庭和学校教育两个方面。原始训练对趣味的生成至关重要。按照弗洛伊德的观点，"冲动的命运"从童年起，与感觉系统的选择密切相关，冲动通过感觉系统寻求满足。原始趣味，以及与文化产品的原型形式之间的原型关系，在出生世界中形成。这种"原型"是集体无意识的内容，既是先天存在的，也是后天形成的："虽然它（无意识）的结构是一次性铸成的，但它的形态却是在不停地变换着。"[④]在原型关系中，制造快乐与感受快乐和选择快乐的倾向密切相关。因此，口味构成了最"纯粹的"的快乐，它作为各种趣味的原型，带有最原始和最深刻的经验的印记，

① 布尔迪厄：《区分——判断力的社会批判》，第 268 页。
② Pierre Bourdieu, *Raisons pratiques. Sur la théorie de l'action*, op. cit. , p. 23.
③ 布尔迪厄：《区分——判断力的社会批判》，第 274 页。
④ 贝尔曼·诺埃尔：《文学文本的精神分析——弗洛伊德影响下的文学批评解析导论》，李书红译，天津人民出版社 2004 年版，第 5 页。

决定了对苦/甜、美味/无味、热/冷、粗俗/雅致、严肃/快乐的体验。所以，原始趣味受社会出身的影响最大，依赖与学校教育无关的早期训练，也就是家庭或原始生存条件的直接灌输作用。这种趣味主导着诸如家具、服装或菜肴的日常选择。狭义的文化趣味则是学校教育和社会出身两方面的产物，社会调查结果显示：所有文化实践（逛博物馆、听音乐会、看展览、阅读等）和文学、绘画和音乐爱好，与（按学历或学习期限衡量的）教育水平密切相关，其次与社会出身相关。家庭教育和学校教育（其有效性和时间与社会出身密切相关）的影响随文化实践被学校教育系统认可与传授程度而变化，如果其他情况都一样，社会出身在"自由文化"或先锋文化方面影响最大。消费者的社会等级与社会认可的艺术等级一致，在每种艺术内部，与社会认可的体裁、流派或时代的等级一致。由此布尔迪厄得出结论："这就使得趣味预先作为'等级'的特别标志起作用。"[1]这就是说，文化不是静止的、物化的、将"文明人"与"野蛮人"分开的自然属性，而是由统治阶级规定的合法文化。有教养的人经历了一个教化过程，达到了从自然向文化、从兽性到人性的飞跃："高雅，就是与这种初级决裂，这种决裂当然是智性的，但也是伦理的。"[2]高等阶级成员依靠积累的文化资本，以最无意识的和最不易觉察的方式获得合法文化，无须矫正自己，无须摆脱不适当的早期训练的作用。这种合法文化来自最稀有的获得条件，也就是由时间赋予的社会权力，贵族拥有"从前"，被积累、被储存、被凝结的物化历史，如贵族爵位和头衔、城堡或"历史住宅"、绘画和收藏、陈年老酒和古代家具。贵族在时间中，通过遗产、"资历"或者闲暇，占有这些物并通过这些物支配时间。资产阶级接替贵族的文化领导权，拥有了法定的出身资本，他们的文化以及他们与文化的关系"并非借助话语，而是通过很早进入一个有修养的人、实践和物的世界而形成"。[3]他们生来就接受合法文化的熏陶，学习餐桌礼仪或谈话艺术，培养音乐爱好或社交礼仪。从小演奏音乐的

---

① 布尔迪厄：《区分——判断力的社会批判》，第1—2页。

② Pierre Bourdieu, *Sociologie générale. Cours au collège de France 1983 – 1986*, op. cit., p. 259.

③ 布尔迪厄：《区分——判断力的社会批判》，第127页。

资产者，与音乐的关系是亲密的、熟习的，而通过音乐会和唱片接触音乐的小资产者，与音乐的关系是疏远的、静观的和空谈的。资产者可能常常把玩艺术品，艺术品很可能是世代积累的家庭财产，而小资产者很晚才在博物馆的教育气氛中发现艺术品，他们对艺术品近乎顶礼膜拜。在一个资产阶级家庭中，用下午茶的时刻，闲谈的内容并不重要，重要的是谈话方式。资产阶级在文化中如鱼得水："没人比实现其习性的人更自由，他感觉自己是完全自由的；只不过，他没有生出他的习性。"①资产阶级无须特意展示自己，拥有不必考虑自身是否卓越的特权，他们通过审慎、朴素和低调的炫耀显示自己的高雅。学校教育系统也将这种习性合法化，文凭越高，学校不教的东西越被认可，阶级习性越重要。高等文凭其实是文化贵族爵位，它认可继承的文化资本的合法性。小资产阶级的文化全都是通过学校或自学得来的，他们把文化视为知识，而不是与文化的关系和对文化的态度，他们对文化过分严肃，不会玩文化游戏，不敢表现疏远和随意。他们战战兢兢，如履薄冰，唯恐表现得无知或犯错误，他们的文明化伴随着羞愧、恐惧甚至怨恨，意味着"重新做人"，告别他们的过去，脱离他们的语言、身体、爱好、起源、出身、父亲、同辈，有时甚至是母语。他们通过"刺眼""卖弄"和"自负"的有意区分贬低身价，泄露了他们的不安全感，与自然的、随意的优雅和卓越无缘。由此，趣味是一种表象，一种区分意识，一种社会无意识。通过揭示趣味的生成条件，布尔迪厄把趣味与阶级关联，揭开对趣味的社会批判的序幕。

第三节　趣味的社会批判

按照邓晓芒的观点，康德的"判断力"指的是反思判断力，即为给定的特殊性寻找普遍性，它在审美和艺术活动中起作用。②"批判"是什么呢？按照海德格尔的观点，康德的"批判"是一种"设定意义上的确

---

① Pierre Bourdieu, *Sociologie générale. Cours au collège de France 1983 – 1986*, *op. cit.* , p. 960.

② 杨祖陶、邓晓芒：《康德三大批判精粹》，人民出版社 2001 年版，第 22 页。

定"，是"挑出来""分开"或"突出特别的东西"，"意味着确立标准、规范，意味着给予法则，而这同时就意味着在一般的东西中凸显特殊的东西"。①由此可知，"判断力批判"意味着设定判断力领域的界限，展现并建立判断力的基本原理的体系。照邓晓芒的总结，反思判断力的"自然合目的性"这个先天原理在分裂的自然领域和自由领域架起了桥梁。②康德主张，在审美活动中，鉴赏判断是不带概念地针对自然对象的自由活动，它产生愉快的、无关利害的人类共通感；在创造活动中，天才艺术家似乎无目的地、绝对自由地创造，其作品显得像是大自然的产品，同时体现了创造者的概念和理想并成为"道德的象征"。由此，审美和艺术创造都符合了无目的的"合目的性"，使自然界和道德界、必然和自由达到主观形式上的统一。最根本的是，如邓晓芒所说，判断力批判特别显示出受卢梭影响的康德对"人是什么"这个人类学问题的追问。③其实，康德本人亦给出了"人是什么"的答案："人是通过审美经验意识到自己的普遍性自由的存在。"④这就是说，判断力为"人是什么"定义，审美和艺术活动是人类解决必然与自由的对立的手段。用布尔迪厄的话说，"'纯粹'愉快则注定倾向于变成一种道德至善的象征和一种升华能力的标准，这种升华能力规定了真正有人性的人"。⑤最根本的问题在于，判断力是天生的、普遍的吗？每个人都能通过审美得到必然与自由的和谐统一吗？布尔迪厄在康德创立的必然与自由的关系中，对其判断力进行社会批判。他通过社会学实证分析，把判断力从审美领域扩展到社会生活中，揭示趣味产生的社会条件和区分功能："因为趣味是一个人的全部所有即人和物的原则，是一个人对别人而言的全部原则，是一个人借以给自己分类并被分类的东西的原则。"⑥趣味对人而言是一个生死问题，因为趣味关乎人的原始赞同和基本信仰，或更确切地说，涉及人的存在

①　海德格尔：《物的追问》，赵卫国译，上海译文出版社 2016 年版，第 109 页。

②　杨祖陶、邓晓芒：《康德三大批判精粹》，第 24 页。

③　杨祖陶、邓晓芒：《康德三大批判精粹》，第 27 页。

④　康德：《判断力批判》，第 396 页。

⑤　布尔迪厄：《区分——判断力的社会批判》，第 10 页。

⑥　布尔迪厄：《区分——判断力的社会批判》，第 92—93 页。

的终极价值，为人提供存在的理由。通过趣味分析，他揭示出康德的"人是什么"的社会条件，将审美批判扩展到政治批判的范围，揭示在审美经验上的（卢梭式）"人类不平等的起源和基础"。

在《区分——判断力的社会批判》出版前一年，德里达出版了《绘画的真实》（1978）。针对康德在《判断力批判》的注释中三个关于附饰的例子，雕像的衣服、建筑的饰柱和油画的画框，德里达在《绘画的真实》的第一篇论文"附饰"中，援引带有画框、衣服和饰柱的杂交艺术，强调附饰同时潜在地存在于两个地点，既内在于作品，又超越了作品。或者可以说，附饰既不内在于作品，又不外在于作品。总会有附加物被添至原初的结构中，所以任何结构关系都注定要无根无系。而且，"在西方思想中，所有修补任一结构（包括'原初结构'）的尝试，都被时间、地点、文本作者或赞助者所投注的功利心所制约"，[1] 由此德里达批判西方形而上学"非此即彼"的逻辑"对那种因自身僵化而崩坏的静态结构的依赖"。[2] 画框象征着主体观看世界的、框定世界的方式。德里达认为画框的运作似乎是无处不在的，它裹挟着主体，不断地从一个瞬间到另一个瞬间滑动，主体的身份因此建立在脆弱的结构上，何况主体因其功利性事先被限定了，无法如康德认为的那样通过理性对抗世界的混乱而得到自由，由此间接否定了康德的"纯粹"愉快。但这不是德里达关注的中心，他以愉快为由，加入愉快的解构哲学游戏，享受游戏快感："愉快的游戏，第三《批判》就是为它而写的，应该为它而读……我听任愉快的引导，我认识到而且同时颠倒了一条禁令。我遵守它：愉快之谜让整本书处在运动中。我诱惑它：将第三《批判》当成一件艺术品或一个漂亮的物品，即它不单注定要成为的东西，我所做的，就好像书的存在对我来说是无关紧要的（康德对我们解释说，这是通过全部审美经验获得的）而且可能以一种不可动摇的超脱被看待。"[3] 布尔迪厄承认德里达通过解构操作，揭示了康德的鉴赏判断哲学的暗含前提，但德里达没有

---

① 马尔科姆·理查兹：《德里达眼中的艺术》，陈思译，重庆大学出版社 2016 年版，第33—34 页。

② 马尔科姆·理查兹：《德里达眼中的艺术》，第44 页。

③ Jacques Derrida, Le parergon, *La Vérité en peinture*, Paris：Flammarion, 1978, p. 51.

将它们与康德在生产范围内建立的"自由艺术"（发挥自由意志）与"商业艺术"（以劳动价值换取工资）之间的对立联系在一起阐述。他没有考虑哲学话语的社会生产条件，无视原作的特定存在，通过一种激进批判赋予它无条件的、脱离社会决定性的客体的地位。按布尔迪厄的解读，康德通过（艺术的）肤浅与（哲学的）严肃之间的对立，将哲学和哲学家置于艺术和艺术家之上，德里达将《批判》当成一件漂亮的物品，无疑违反了康德的原意。由此，德里达对康德的阅读仍旧服从纯粹阅读和纯粹内部阅读的规则，他以哲学方式说出了哲学作品的真理和哲学作品的哲学阅读的真理，他对传统哲学的冒犯只是礼节性的，没有真正揭示康德的艺术哲学真理。他不过把被认可的哲学著作当成自己话语的出发点和寄居所，让自己的话语获得相同的权威。布尔迪厄反对脱离社会现实的哲学智力游戏和绝对的阐释自由，"解构主义方法的一个危险，其实就是它有意达到一种虚无主义：他们乐于解构，是为了解构之乐，而且通常，他们半途而废"。① 如马尔蒂所说，德里达一直都试图找回哲学的至尊角色："他对作为反哲学话语的结构主义可能对哲学产生的损害怀着一种行会主义的忧虑：好像即使缺家具也要保住哲学这栋房子。"② 德里达作为学院异端，始终无法摆脱对哲学传统的眷恋，他在摧毁逻各斯的时候不忘记强调："超越哲学，并不是翻过哲学这一页（这往往意味着哲学思辨一团糟）而是继续以某种方式阅读哲学家。"③ 对他而言，解构阅读是有效的象征策略。布尔迪厄批评解构的虚妄，就好像哲学家一次也不能踏进同一条河流：

> 哲学家不断处于运动之中，令人吃惊却难以理解，漂泊不定，无根无系，照尼采关于舞蹈的比喻，他想要逃避一切确定地点，逃避静止观察者的一切固定视点和一切客观主义视角，自认为面对服从"解构"的文本，能够采取无论作者还是批评家都无法理解的无

① Pierre Bourdieu, *Sociologie générale. Cours au collège de France 1983 – 1986*, op. cit. , p. 835.
② 马尔蒂：《文学形式主义与哲学：巨大的误会》，《中国文学批评》2016 年第 3 期。
③ Jacques Derrida, *L'Ecriture et la différence*, Paris：Seuil, 1967, pp. 421 – 422.

数观点；作为总是突然出现且出其不意的难以攻克的捕捉者，他只是在表面上放弃了超越的梦想，作为捉人之人反被捉之游戏大师，尤其在社会科学方面，他吸收了这些社会科学，为了更好地藐视它们，"超越"它们和否定它们，他总是很有把握地对最根本的质疑进行质疑，而且如果在哲学上还有什么事可做，那就是证明没人能够比哲学家本人更好地解构哲学了。[①]

布尔迪厄始终坚持哲学的社会基础和科学定位，不赞同德里达利用社会科学反社会科学的消极游戏，把德里达的哲学行为视为先锋派艺术家表面激进的表演，哲学家借助神奇的辩证法逆转，将嘲讽的和非神圣化的行为变成艺术行为，化为艺术和艺术家的荣耀。总之，布尔迪厄反对德里达通过自由违犯的仪式拯救哲学，"当一种彻底重建的希望本身消失时，对哲学的哲学'解构'正是对哲学毁灭的惟一哲学回答"。[②]与德里达对"批判"的解构不同，布尔迪厄意图对"批判"进行社会分析。他对审美判断力的批判亦受涂尔干的启发。涂尔干自称康德主义者，但以一种同时是经验的、实证的和可验证的方式，研究关于社会世界的思想范畴的生成；也就是说，为了摆脱先验主义与后天主义的取舍，他对先验的范畴进行后天的科学研究，"从事一种象征形式的社会学"。[③]布尔迪厄从涂尔干那里汲取象征形式的社会学方法论，把对康德的批判之批判建立在社会学调查、统计学分析和社会历史研究的基础上。

在《判断力批判》中，康德把人们通常称为趣味的感性判断分为经验性的和纯粹的："前者是陈述快意和不快意的感性判断，后者是陈述一个对象或它的表象方式上的美的感性［审美］判断；前者是感官判断（质料的感性判断），唯有后者（作为形式的感性判断）是真正的鉴赏判断。"[④]审美判断即鉴赏："鉴赏是通过不带任何利害的愉悦或不悦而对一

---

① 布尔迪厄：《帕斯卡尔式的沉思》，第121—122页。
② 布尔迪厄：《区分——判断力的社会批判》，第788页。
③ Pierre Bourdieu, *Sociologie générale. Cours au collège de France 1983 – 1986*, *op. cit.*, p. 778.
④ 康德：《判断力批判》，第59页。

个对象或一个表象方式作评判的能力。一个这样的愉悦的对象就叫美。"①
一个纯粹鉴赏判断"是一个不受刺激和激动的任何影响（不管它们与美
的愉悦是否能结合），因而只以形式的合目的性作为规定根据的鉴赏判
断"，而"当它为了愉悦而需要混有刺激和激动时，甚至将这作为自己赞
赏的尺度时，它就永远还是野蛮的"。② 在布尔迪厄看来，康德的纯粹鉴
赏判断抛弃被表现对象的性质和功能，驱除一切"天真的"反应，也就
是纯粹伦理的态度——在可厌的东西面前表现厌恶，在渴求的东西面前
表现渴望，在神圣的东西面前表现虔敬："康德巧妙地将'令人愉快的'
与'给人满足的'区分开来，以及更普遍地，将'无关利害'即静观美
学的特有品质的惟一保证与决定'快适'的'感官趣味'，与决定'善'
的'理性趣味'区别开来，而民众阶级成员则期待一切形象完成一种功
能，哪怕是符号的功能，在他们的所有判断中表现出对道德或快适的规
则的常常明确的参照。"③ 也就是说，康德的美只涉及形式，快适和善的
介入都会妨害美的纯粹性。布尔迪厄承认鉴赏判断（纯粹趣味）的无概
念性，但他质疑鉴赏判断是普遍有效的，试图确定审美判断和审美人产
生的社会条件。通过摄影调查，他看到：与康德的形式至上不同，民众
阶级更重视内容（而不是形式）与被表象的世界的关系。文化资本最富
有的人（有教养的人）认为一切对象都能拍出漂亮的照片来，照片的美
不在于拍摄内容，而在于拍摄方式。而文化资本缺乏的人（大众）则把
公认为美的对象如落日、民间舞蹈或名画等当作"好看""漂亮""可
爱"（而不是"美"）。他们无视方法或风格，大多认为美在美丽事物的
形象中，甚至在美丽事物的美丽形象中。他们往往根据照片传达的信息，
根据其可读性也就是意图或功能来衡量其价值。所以，纯粹的形式探索
比如先锋派戏剧、非具象绘画和古典音乐，让民众阶级感到困惑，他们
不理解这些符号的意味，因为他们无法与美的人或物直接交流，他们不
懂得文学上的无意识借用或图画上的参照，他们的判断带有明显的伦理

---

① 康德：《判断力批判》，第 45 页。
② 康德：《判断力批判》，第 58—59 页。
③ 布尔迪厄：《区分——判断力的社会批判》，第 67 页。

色彩，属于康德的"野蛮趣味"，因为他们坚信"只有当被表现物值得被表现，表现的功能服从一种更高的功能，即通过固定一种值得被永存的现实来赞颂这种现实时，作品才能表现得理由充足，无论它完成它的表现功能之完善程度如何"。① 由此，布尔迪厄把康德的"纯粹趣味"与"野蛮趣味"的对立还原为有教养的人的美学与大众美学、形式与功能之间的对立，引出审美人与普通人修养差别的社会根源。康德的纯粹鉴赏判断（趣味）是有教养的习性，是被规定为合法的艺术认识方式，即审美配置："审美配置作为一种能力，它不仅从作品本身并且为作品本身，从作品的形式而非功能来考察被指定要如此领会的艺术作品，也就是合法的艺术作品，而且考察世界上的所有事物，无论是尚未被承认的文化作品……抑或自然物。"② 审美人通过合法文化能力使对象获得本体论提升。这种把日常用品或丑物视为美的点石成金的能力，足以颠覆将美学与伦理学相连的民众美学，没什么比运用"纯粹"美学原则的禀赋，更能分类，更特殊，更优雅。

　　布尔迪厄通过对艺术场和教育制度的分析揭示纯粹趣味的社会基础。在艺术作品面前，"纯粹"目光首先是知性的。艺术作品只对掌握其编码方式的人产生意义和旨趣。审美配置离不开一定的习得条件——闲暇和训练："作为遏制日常急需且搁置实践目的的普遍化能力，作为无实践功能的一种持久的实践倾向和才能，审美配置只有在一种脱离迫切需要的关于世界的体验中且在本身就有其目的的活动，如学校训练或对艺术作品的静观中才能形成。"③ 由此，审美配置意味着与世界和他人的疏远关系，即脱离经济必然的自由："纯粹目光的超脱无法脱离一种'无动机的''无关利害的'普遍配置，即一种否定的经济条件的悖论产物。"④审美配置意味着无目的地和自由地追求知识。在欣赏艺术作品的所有方式中，审美家的疏离表现为唯一合法的方式，无闲暇无能力因而无法对艺术作品投以纯粹目光的人则被排除了。艺术修养之所以被视为个人素

① 布尔迪厄：《区分——判断力的社会批判》，第70页。
② 布尔迪厄：《区分——判断力的社会批判》，第4—5页。
③ 布尔迪厄：《区分——判断力的社会批判》，第89页。
④ 布尔迪厄：《区分——判断力的社会批判》，第91页。

质的最可靠证明，是因为艺术能力（比如绘画或音乐修养）的获得意味着漫长的时间投入甚至苦行："当我说'修身'，我既是那个学文化的人也是那个在文化获得行为中被培养的人，这种自我修养行为意味着一个人亲身投入，因为恰恰是应该投入时间（应该从别的可能投入中抽出时间）和一种社会构成的力比多即求知力比多（libido sciendi）。文化与苦行之间的这种联系强化了人格主义，即文化的道德主义观念：没文化的人不仅是野蛮的，从否定方面被定义的，还是不诚实的，不纯粹的，肮脏的，卑污的。"① 如霍克海默和阿多诺所说，资产阶级的纯粹艺术作为与物质世界对立的自由世界，"从一开始就排除了底层人民，以及存在于这些阶层之中的真实的普遍性，艺术从虚假普遍性的目标中得到了自由"。② 由此，一个自由的和有能力的个人的判断不是天生的，它依赖过去和现在的物质生活条件和文化资本的积累，物质生活条件既是审美配置的形成条件也是它的使用条件。有高度艺术修养的人（比如《追忆似水年华》中的斯万）在社交中虚掷时光，不考虑直接收益，投身于越无用就越有威望的活动。如凡勃伦所说，"有闲"指的并不是懒惰或无为，而是非生产性地消耗时间，表明一个人的金钱力量可以使他安闲度日，坐食无忧，有利于产生非物质性的无利可图的成就，如准学术性的或准艺术性的成果，还有上流社会的风度、礼仪、教养等。③ 布尔迪厄补充道，艺术家要想有空闲时间并放弃这段时间可能带来的经济价值，除了继承而来的资本，还需要这种资本导致的高度贵族化的放弃配置（习性）。大众无法获得这样的习性或审美配置，他们只好以感性的、信息的或道德的兴趣为鉴赏原则，倾向于实用的和功能主义的"审美"，拒绝形式练习和为艺术而艺术。他们的自在美学是精神气质的一个维度，不遵守自为美学的特定逻辑。格林伯格也看到趣味产生和培养的社会条件，指出康德的"超验心理学"原则没能说明如何调动共

---

① Pierre Bourdieu, *Sociologie générale. Cours au collège de France 1983 – 1986*, op. cit., p. 259.

② 霍克海默、阿道尔诺：《启蒙辩证法》，渠敬东、曹卫东译，上海人民出版社 2003 年版，第 151 页。

③ 凡勃伦：《有闲阶级论》，蔡受百译，商务印书馆 1964 年版，第 36—37 页。

通感平息趣味纷争。① 最佳趣味和优雅趣味不是普通穷人或没有最起码闲暇的人可以有的。② 但他基本局限于美学变化的分析，崇尚对纯粹艺术的纯粹趣味，反对把艺术当作文献或记录，当成历史的、心理的、道德的、哲学的、社会学的或政治的证据，人们心态、民族精神、文化或文明情绪的线索。③ 由此，他摒弃了艺术的伦理、政治和社会功能。

按照布尔迪厄的考察，康德对鉴赏判断的分析其实基于某些伦理原则，即是特定社会条件下形成的审美配置的普遍化。这就是说，审美判断的社会范畴以高度升华的范畴的形式在康德本人及其读者身上起作用，美与魅力、愉快与享乐或文化与文明的对立这类范畴委婉地通过符合一个特定场的表达规则的形式，表现并领会社会对立。④ 习性在艺术场中发挥作用。从历史角度来看，关于艺术作品的"纯粹"认识的理念始于艺术作品摆脱巫术和宗教功能之时，是一个漫长的净化过程的结果。比如博物馆收藏的艺术品，脱离了它们的原始使用功能，在一个专门的艺术中立地点进行展览，唤起了人们对于形式的纯粹兴趣和人们的纯粹目光，所以，康德的纯粹审美配置，为艺术而艺术的认识，"是一种既是生产的又是接受的提纯活动的产物"。⑤ 艺术品和所有其他被客观化的文化资本，即以书籍、文章、文献、工具等形式积累的历史产物，构成了一个自主的世界，也就是一个艺术场。审美话语成为审美人普遍经验的普遍表达，审美主体的社会利益和冲动被场实施的形式化遮蔽了。由此，审美的卓越掩盖了被忽略但被认可的社会差别。所以，康德的纯粹鉴赏判断属于与康德类似的有教养的"少数幸福的人"，表达了他们的特定审美经验。审美配置由此成为社会空间中特权位置的一种区分表现："如同任何一种趣味，审美配置起聚集和分隔作用：作为与生活条件的一个特定等级相关的影响的产物，它将所有成为类似条件产物的人聚集在一起，但将他

---

① 克莱门特·格林伯格：《自制美学——关于艺术与趣味的考察》，陈毅平译，重庆大学出版社 2017 年版，第 26—27 页。

② 克莱门特·格林伯格：《自制美学——关于艺术与趣味的考察》，第 32 页。

③ 克莱门特·格林伯格：《自制美学——关于艺术与趣味的考察》，第 118 页。

④ 布尔迪厄：《区分——判断力的社会批判》，第 783 页。

⑤ Pierre Bourdieu, *Sociologie générale. Cours au collège de France 1983 – 1986*, *op. cit.*, p. 785.

们按照他们拥有的最根本的东西与其他所有人分隔。"① 最有分类能力的权威表现为本质上最合法的权威。归根结底，这是以自然"区分"、个人"修养"的形式占有区分符号和权力标志。布尔迪厄判断力批判的革命性在于揭露统治阶级的审美配置以统治阶级暗中垄断的社会条件为前提。审美配置象征地显示阶级之间的差别并把这些差别合法化，掩盖这些差别的非象征（物质）基础。对文化贫困的阶级而言，谈不上审美配置或纯粹鉴赏趣味，他们的趣味更多体现在日常生活中的必然选择上，只能归入感官趣味或理智趣味。

在日常生活空间中，文化趣味划分不同的阶级。通过文化消费调查，布尔迪厄区分了三个与学校教育水平和社会阶级大致相符的文化趣味：一是合法趣味，随着学校教育水平增加，在统治阶级学校教育资本最丰厚的阶层中达到最高比率；二是"中等"趣味，在中产阶级身上比在民众阶级或统治阶级的"知识"阶层身上更常见；三是"大众"趣味，在大众阶级中出现比率最高且与学校教育资本成反比。统计学分析显示：文化实践与（由文凭衡量的）学校教育资本，其次与（通过父亲的职业考察的）社会出身的关系非常紧密；在学校教育资本相等的情况下，离最合法的领域越远，社会出身的解释作用越大。在资产阶级内部，不同阶层依据他们掌握的经济资本和文化资本，选择不同的文化产品和实践，不同的艺术家、作家、批评家、时装店经营者、珠宝商或室内装饰家为他们提供区分的标志。"个性"、个人素质体现在将一件有品质的物品据为己有的经济和文化能力中。如果说毁灭财富、炫耀性消费、浪费和奢侈是资产阶级表现自己权力的低级方式，购买艺术品则不仅显示其主人的财富，还证明了其高雅趣味和存在方式，所以，艺术品既是纯粹审美的对象和静观对象，又是物质的或象征的专门占有的对象，它们作为（被客观化的或被归并的）文化资本起作用，资本越稀缺，带来的区分利益越大："文化作品提供一种区分的利益和一种合法性的利益，区分的利益是与文化作品的占有所必需的工具的稀缺性成比例的，而合法性的利益乃卓越的利益，包含在自感有理由存在（如同人们存在那样）、像应该

① 布尔迪厄：《区分——判断力的社会批判》，第92—93页。

（存在）那样存在这个事实中。"① 对艺术品的物质消费和象征消费意味着时间或金钱的无偿付出，它是所有"纯粹"美学的根源。这就是非功利活动的利益所在，文化的无用之用。资产阶级相信艺术能使低级的冲动和本能得到净化、精致、升华，他们以审美的态度对待日常生活，把生活"风格化"，重形式甚于功能，甚至否认功能，试图把无关利害与利益、艺术与金钱、精神与物质对立的虚假区分统一于存在中，以奢侈品和艺术作品充当生活的布景。② 民众阶级只能满足最基本的物质生活需要，很难积累文化资本，只能屈从于必然趣味："趣味是命定之爱，命运的选择，但也是一种被迫的选择。"③ 统治者的美学和被统治者的美学都可能有某种苦行色彩，但两者有根本差别，前者是在自如（或富裕）中的苦行，后者则是被迫的苦行；前者是可选择的——简省，克制，保留，后者别无选择，经济和社会必然迫使"简单的"和"朴素的"人喜欢"简单的"和"朴素的"东西。有产者表现了无视财产的自由，受制于必然的人甚至被他们没有或尚未拥有的财产（在精神上）占有。由此，有产者的慷慨大度与觊觎者患得患失的焦虑对立。L'aisance 有双重含义，风度上的自如（洒脱）和经济上的自如（富有）。L'aisance 受到赞美，因为它是脱离普通人限制的明证，资本或权威的最不容置辩的证明，存在和被感知的存在的完美结合。④ L'aisance 是真正的无目的的合目的性，有产

---

① 布尔迪厄：《区分——判断力的社会批判》，第 353—354 页。

② 布尔迪厄：《区分——判断力的社会批判》，第 459 页。

③ 布尔迪厄：《区分——判断力的社会批判》，第 280 页。

④ 佩雷克写于 1965 年的"社会学"小说《物》描写了一对小资产阶级夫妇的心态："或许最严重的是，他们还特别缺少悠闲，这不是指物质上的、客观的富裕，而是一种闲散的、无拘无束的心境。他们总是易于激动和紧张，充满欲望，又常常心怀妒忌……世上万物本该都属于他们，让他们在上面打下所有者的印记。可是他们却不得不陷入追逐的过程，从头开始：也许他们会越来越富有，可是却无法装作生而富贵。他们渴望生活在富足和美中。然而他们赞叹，他们崇尚，这便是他们并没有过上这种生活的最有力的证明。传统——也许这里用得上这个词最鄙俗的涵义——正是他们所缺乏的；自足而形于外的幸福、真正的和内在的欢乐、伴随着身体幸福的欢乐对他们来说遥不可及，因为他们的快乐只是头脑里的。面对那些被称为'奢侈品'的东西，他们常常只是热爱背后的金钱。他们拜倒在财富的符号面前，在学会热爱生活之前，他们首先爱上的是财富。"（参见佩雷克《物》，龚觅译，新星出版社 2010 年版，第 13—14 页。）他们的焦虑与资产阶级的 l'aisance 形成了鲜明对比，资产阶级与民众阶级都是萨特所说的自在的存在，不会产生这样分裂的矛盾心态。

者的专利:"典型的例子是这些人,他们在某种程度上在一个空间中获得了成功,因为他们完全是被这个空间制造的:这就是继承人,他从出生起就在他一生都在其中呼吸的空间中呼吸,他无需算计便取得行动的成功,这为他除了提供成功的利益,还提供了无关利害的额外利益。"①

与文化趣味一样,食物趣味也可划分不同的社会阶级。关于食物消费的调查显示,必然趣味与自由(或奢侈)趣味之间的对立表现为数量与质量、暴食与小馔、实质与形式之间的对立。民众阶级把食物视作强壮身体的营养物质,喜欢不好消化的重口味菜肴,而资产阶级则看重身体外形,喜欢脂肪少的清淡菜肴。两者对食物的态度表达了两种世界观的对立:实在的、有营养的真材实料,与外表、优雅的动作对立;小酒馆与高级饭馆对立;生活与表象对立;自然、简单与礼貌、客气对立;直接、坦率、随意,与注重形式对立。资产阶级把吃饭视为社会仪式,视为伦理举止和美学雅致的标志。形式即节奏,意味着等待、拖延、节制,克制急迫的食欲,规范食物的消费,建立温和的、间接的、看不见的审查。这就是要抛弃动物本性、原始需要,否定消费的原始意义和功能,否认民众的物质主义粗俗。由此,布尔迪厄强调,不能把必然趣味视为经济必然的直接产物(工人吃菜豆是因为他们买不起别的),也不能把必然趣味视为自由趣味(工人吃菜豆是因为他们喜欢菜豆)。前者没有看到行动者喜爱他们别无选择的东西。后者忘记了必然趣味产生的条件,把这种趣味心理化或自然化,即对必需品的一种病态偏好,一种粗鄙和下流的天性。趣味已经把经济和社会必然内在化了,让人乐于做迫不得已的事。占统治地位的生活艺术与被统治的生活艺术的对立,就是富人的奢侈或有意的苦行与普通人的迫切生活需要的对立。

"什么是文化"对趣味分析至关重要。我们看到,布尔迪厄采用人种学家的方法,以广义的"文化"涵盖狭义的"文化",对文化提出了自己的阐释。雷蒙·威廉斯区分了文化的三个层面:一是某个特定时代和地方的活文化;二是某个时期被记录下来的包括艺术和日常事务的文化;三是选择性传统的文化,它是联结前两者的因子,因为它在第一个层面

---

① Pierre Bourdieu, *Sociologie générale. Cours au collège de France 1981 – 1983*, *op. cit.*, p. 290.

上创造了普遍的人类文化，在第二个层面上留下了某个特定社会的历史记录。① 但威廉斯强调："在一个特定的社会，选择会受到包括阶级利益在内的许多特殊利益的制约。"② 应该说，布尔迪厄的"文化"定义包含了威廉斯的三个层面。威廉斯的"选择性传统的文化"是布尔迪厄所说的合法文化。马克思说："统治阶级的思想在每一时代都是占统治地位的思想。"③ 那么，占统治地位的文化是统治阶级的文化吗？布尔迪厄有保留地承认这一点。④ 布尔迪厄反对文化的本质主义观念，以文化资本取代实体性的文化，文化资本的价值随着行动者的资本持有量及其活动场所而变化。他强调，发挥物质和象征作用的文化资本在文化生产场和社会阶级场中，通过斗争存在和存续，行动者在斗争中投入他们的力量，获得其文化资本带来的利益。⑤ 这就是说，文化不是静态的知识库，而是人们在一个既定时刻为了占统治地位的文化定义而斗争的赌注和成果。不同行动者努力争夺对自己最有利的文化资本定义，文化资本处在增值或贬值的过程中。通过文化资本，布尔迪厄把文化与习性关联起来。文化资本与学校传授和家庭传承的智力资质相关，包括有教养的习性、文化财产、学历等。他强调，学校教育要求一定程度的理性化，只有将学校教育文化化为己有，才能获得无学究气的自由文化。但学校把自由文化视作终极价值，将最有学校教育特点的价值贬为卖弄学问、死读书，而看重自然、轻松的态度，欣赏令人愉悦的谈话艺术和高雅举止。这种文化不是知识，而是对文化的态度，与文化的关系。萨特在《家庭的白痴》中贬低"罐头思想""石化的思想"，声称"文字死，精神活"。⑥ 在布尔迪厄看来，萨特的观点代表了知识分子对一般异化的典型认识。首先，

① 雷蒙德·威廉斯：《漫长的革命》，倪伟译，上海人民出版社 2013 年版，第 58 页。
② 雷蒙德·威廉斯：《漫长的革命》，第 60 页。
③ 马克思、恩格斯：《马克思恩格斯选集》，第 1 卷，中共中央编译局编译，人民出版社 1995 年版，第 98 页。
④ 布尔迪厄、夏蒂埃：《社会学家与历史学家——布尔迪厄与夏蒂埃对话录》，马胜利译，北京大学出版社 2012 年版，第 39 页。
⑤ 布尔迪厄：《区分——判断力的社会批判》，第 353 页。
⑥ Jean - Paul Sartre, *L'idiot de la famille. Gustave Flaubert de 1821à 1857*, t. Ⅲ, Paris: Gallimard, 1972, p. 47, p. 49.

萨特把现代交流手段制造出来的思想视作大众传媒制造的罐头产品，但他只不过提出了存在于任何客观化过程的一般异化，没有考虑一般异化与一定历史和社会条件下的区分性异化密不可分，而区分性异化取决于被归并的文化资本。其次，萨特贬低被客观化的文化资本的作用。布尔迪厄强调，没有必要的保存技术，就没有通过文化积累而成的思想宝库："文字之于思想，相对于现代冷冻之于消费品。"① 文字是理性的基础："保存的思想或罐头思想是逻辑的开端，因为人们可以让这无法言喻的话语服从于第三者还有说话者本人的控制。"② 正是由于看重无法言喻的精神气质而轻视理性，学校教育再生产了社会区分。因此学校教育文化不是一种中立文化，而是一种阶级文化。布尔迪厄的知识观念与福柯的权力 - 知识理论有某种契合：知识可充当权力意志的工具，知识的传授遵循统治策略，加强对人和世界的统治。但布尔迪厄反对文化相对论，反对把文化当作纯粹的阶级统治工具，反对因为文化属于特权阶级就抛弃文化。马尔库塞则恰如其分地看到了文化特权的"否定性"："文化的各种特权一方面表示不公正的自由、表示意识形态同现实的矛盾以及精神生产同物质生产的分离；另一方面也提供了一个受到保护的王国，被禁忌的真理或许能够以抽象的形式（远离压抑它们的社会）幸存于这个王国中。"③ 但布尔迪厄反感法兰克福学派的贵族气："他们表现得好像存在着一种构成伦理—科学姿态的批判立场。"④ 这就是说，法兰克福学派缺乏对自身理论立场的社会学反思。受涂尔干教育理论的影响，布尔迪厄认为教育系统具有相对的独立性，能够保存从过去继承下来的一种文化。不过，在他看来，涂尔干没有意识到这种文化的接受条件被统治阶级垄断："知识，方法，系统，思想方式，数学公式，礼节，总之人们置于文化中的一切，以客观化状态存在于书（等）中，而且只能被那些拥有占有工具的人占有。"⑤ 但这种文化常常被简化为与文化的关系，教育保守

---

① Pierre Bourdieu, *Sociologie générale. Cours au collège de France 1983 – 1986*, *op. cit.*, p. 325.

② Pierre Bourdieu, *Sociologie générale. Cours au collège de France 1983 – 1986*, *op. cit.*, p. 326.

③ 马尔库塞：《单向度的人》，第 53 页。

④ Pierre Bourdieu, *Sociologie générale. Cours au collège de France 1983 – 1986*, *op. cit.*, p. 506.

⑤ Pierre Bourdieu, *Sociologie générale. Cours au collège de France 1983 – 1986*, *op. cit.*, p. 337.

主义是这种关系的极端体现："教育工作，总具有保持秩序，即再生产各集团或阶级之间权力关系结构的功能。因为不管通过灌输还是排除，它都有助于把对占统治地位的文化的合法性的承认强加给被统治集团或阶级的成员，并使他们在不同程度上内化约束和检查。只有当这些约束和检查具有自我约束和自我检查的形式时，它们才如此出色地为统治集团或阶级的物质或象征利益服务。"① 教育行动培养了被统治阶级的服从习性，使他们默认了合法文化的标准。教育行动符合统治阶级的客观利益，有助于阶级之间文化资本分配结构的再生产和社会结构的再生产。为了合法文化定义的象征斗争只在资产阶级内部进行。布尔迪厄明确指出，"大众文化"的说法是非驴非马的东西，"文化，就是把统治阶级的人与被统治阶级的人分开的东西。文化因而是通过反对天性、反对没文化的人建立的，没文化的人是那些在社会秩序内部处于自然状态的人"。② 谈"大众文化"的人无非出于恢复名誉的企图，想要从中找到在他们看来构成占统治地位的文化的东西。③ 然而这种参照正好表明了他们对占统治地位文化的合法性的认可。应该说，布尔迪厄提出的文化习性（趣味）为文化批判提供了更大的解释力量，从而揭示出"纯粹"趣味与"野蛮"趣味之间的对立根源在于人们与世界、与世界的物质束缚之间的客观和主观距离，被统治阶级无法克服必然与自由的分裂并消除异化。

第四节　分类与阶级

　　如果康德的纯粹鉴赏趣味不是所有人共享的，那么它不是将必然与自由统一的普遍有效手段。如马克思一样，布尔迪厄也主张到阶级社会的本质中寻找异化的根源——私有财产和劳动分工。但是布尔迪厄没有重拾马克思的两大阶级，而是通过社会空间理论［（习性）（资本）］＋场＝实践，对阶级进行了重构。在社会空间中，私有财产和劳动分工获

---

① 布尔迪厄、帕斯隆：《再生产》，第50—51页。

② Pierre Bourdieu, *Sociologie générale. Cours au collège de France 1981 – 1983*, *op. cit.*, p. 357.

③ Pierre Bourdieu, *Sociologie générale. Cours au collège de France 1981 – 1983*, *op. cit.*, p. 358.

得了不同于马克思的意义和功能，前者可形成各种（经济、文化、象征
和社会）资本，后者形成了各种场。除了马克思的物质生产关系，布尔
迪厄通过对趣味的实证研究实行阶级划分，把重心放在文化生产和消费
维度上。这两个维度与习性（趣味）密不可分。趣味的功能就是分类：
"趣味实行分类，为实行分类的人分类：社会主体通过他们在美与丑、优
雅与粗俗之间进行的区分彼此区分开来，他们在客观分类中的位置表达
或体现在这些区分之中。"① 趣味把自身与他人区分开来，把对象（人和
物）区分开来，为对象划分等级。作为客观条件的主观化，趣味"持续
地把必然变成策略，把限制变成偏好，并撤开一切机械论的决定性，产
生一整套'选择'，这些选择构成被分类的和能分类的生活风格，从它们
在一个对立的和关联的系统中的位置获得其意义也就是其价值"。② 由于
趣味在客观关系系统中获得其区分价值，人们在大部分情况下不是有意
区分，不是明确地追求差别。比如小资产阶级喜欢严谨、整洁、简朴和
仔细，不是有意识地与民众保持距离，却暗含着对词或物上的肮脏、对
暴食或对短视的厌恶；资产阶级对自如或低调、对超脱或非功利的要求，
本身就包含了对"狭隘的"或"奴颜婢膝的"、"没文化的"或"学究气
的"小资产阶级的暗中否认，"没有什么分类的词不包含一种价值判断
的"。③ 资产阶级的存在即是应在，他们的高雅风度是自然而然的："他们
只要表现出本来的样子就可以是他们应当成为的样子，也就是说自然地
与那些无法省去有意区分的人区分开来。"④ 趣味是等级差别的实践证明。
每个阶级无论有无区分意图都通过差别获得自身的价值，差别是构成阶
级的结构的和生成的差距。布尔迪厄承认有意识的区分意图，但它"不
过通过有意识的强化，为稀有与普通、新鲜与过时的辩证法的自动的和
无意识的作用提供了一种充分的有效性"。⑤ 通过习性的区分功能，布尔
迪厄强调，阶级既由马克思的存在决定，也由贝克莱的被感知的存在

---

① 布尔迪厄：《区分——判断力的社会批判》，第 9 页。
② 布尔迪厄：《区分——判断力的社会批判》，第 274—275 页。
③ Pierre Bourdieu, *Sociologie générale. Cours au collège de France 1983 – 1986*, op. cit., p. 95.
④ Pierre Bourdieu, *Choses dites*, op. cit., pp. 21 – 22.
⑤ 布尔迪厄：《区分——判断力的社会批判》，第 386 页。

决定。

　　布尔迪厄的阶级理论无法不参照马克思。他承认，只有在马克思之后，在马克思提出创立政党，按照阶级斗争理论灌输无产阶级世界观之后，才能谈论阶级和阶级斗争。[1] 早在《1848 年到 1850 年的法兰西阶级斗争》（1850）中，马克思从阶级斗争的角度，区分了金融资产阶级、工业资产阶级、商业资产阶级、小资产阶级、农民阶级、无产阶级、流氓无产阶级等。后来在《资本论》（1867）手稿中，马克思依据收入来源把人分成了三个阶级："单纯劳动力的所有者、资本的所有者和土地的所有者——他们各自的收入源泉是工资、利润和地租——也就是说，雇佣工人、资本家和土地所有者，形成建立在资本主义生产方式基础上的现代社会的三大阶级。"[2] 马克思指出，资本积累创造了资产阶级的财富和生产力，以及资产阶级对无产阶级的统治。在《共产党宣言》（1848）的 1872 年德文版序言中，马克思重申了资本主义社会的矛盾是充当劳动力的无产阶级与榨取剩余价值的资产阶级的矛盾，无产者必须联合起来推翻资产阶级的统治。马克思的阶级划分，在经济结构基础上，又加上了团结一致的行动意识。马克思阶级论的逻辑关系非常清楚：阶级关系是对抗性的，对抗性来源于剥削，而剥削是基于生产关系的。所以，马克思的阶级定义既是客观论的，取决于生产者在生产关系中的地位，又是主观论的，取决于斗争中产生的阶级意识。在布尔迪厄看来，马克思简单地将客观论和主观论并置而非有机地融合："他没把一种关于社会阶级的科学主义理论和一种分类斗争的理论一体化，前者力图描述社会世界的客观属性，后者能够改变或修正这种客观结构。"[3] 在客观世界方面，马克思的阶级观点偏重经济主义思想，仅参照经济生产关系中的位置来解释社会位置，把社会世界当成由两大群体组成的一维世界，把社会世界的对立简化为拥有生产资料的人（资本家）与出卖劳动力的人（无产者）的对立，把社会关系简化为生产关系，忽略了行动者在不同场与次

① Pierre Bourdieu, *Ce que parler veut dire. L'économie des échanges symboliques*, Paris: Fayard, 1982, pp. 157–161.

② 马克思：《资本论》，中共中央编译局译，人民出版社 1975 年版，第 3 卷，第 1000 页。

③ Pierre Bourdieu, *Sociologie générale. Cours au collège de France 1981–1983*, *op. cit.*, p. 100.

场中占据的位置，特别是在文化生产关系中占据的位置。在主观思维方面，为了将理论付诸实践，进行阶级动员，马克思把阶级分为基于客观条件的"自在的阶级"与基于主观因素的"自为的阶级"，并把从"自在的阶级"向"自为的阶级"的转变当成真正的质变，实现了"从存在到理论，或按照马克思的话来说，'从逻辑的事物到事物的逻辑'的'致命一跃'"。① 布尔迪厄指出，马克思的阶级转换逻辑要么是决定论的，把过渡视为逻辑的必然，也就是不可避免的时间作用和客观条件的成熟；要么是唯意志论的，把过渡视为由政党领导实现的理论"觉悟"。这种过分简化的跳跃造成理论与实践的脱节。这是因为马克思把通过研究确立的理论阶级、纸上的阶级当成了实在的阶级、真实的阶级。阿尔都塞谈到马克思的"经济生产时代"概念时说："这个概念像一切概念一样，从来没有直接'存在'过，在其可见的现实中从来不能阅读出来。这个概念同一切概念一样，必须被生产出来，被建立起来。"② 同样，马克思的"阶级"概念也是生产出来的，是作为学者和行动者的马克思抽象出来的。布尔迪厄承认阶级构建的人为性质，但学者认识只是第一步，还要考虑实践认识。为了把纸上的阶级变成行动的阶级，为了建立一个捍卫其利益的阶级，必须经过理论和实践密不可分的构建活动，同时考虑行动者的位置和配置："从条件、影响、进而配置的同源性中得出作为阶级的统一化群体的存在，而这种同源性源于在社会空间中的位置的一致性。"③ 只有在社会空间中最接近的人才能有可能被集中、统一并构成群体，进而形成理论上的阶级："阶级从来不是现成的事物；它也是表象和意志，但它只有使客观上接近的人接近，并使客观上疏远的人疏远，才有可能体现在事物中。"④ 阶级既是物质条件的产物，又是配置（习性）的产物，阶级的构建既要在表象斗争中也要在现实斗争中实现，客观分类是主观分类的基础："在表象中的斗争，分类斗争，越是建立在客观分

---

① Pierre Bourdieu, *Raisons pratiques*, op. cit., p. 27.

② 阿尔都塞、巴里巴尔：《读〈资本论〉》，李其庆、冯文光译，中央编译出版社 2001 年版，第 113 页。

③ Pierre Bourdieu, *Raisons pratiques*, op. cit., p. 27.

④ Pierre Bourdieu, *Choses dites*, op. cit., p. 93.

类基础上，越有可能成功。"① 仅仅通过政治动员来构建阶级是不够的，明确的政治斗争无法代替暗中的分类斗争。布尔迪厄认为"觉悟"是与位置保持距离的一种方式，在马克思主义传统中所占比例过大，应该以习性代替"觉悟"，因为在日常经验中，客观位置与占位之间的关系，不是通过意识行为而是通过习性实现的，"但这里没有通过意识的明确转换"。②

　　为了补充和完善马克思的阶级理论，布尔迪厄主张实施一系列决裂：与重视实体不顾关系的理论决裂，实体指的是真实群体，有人企图确定这些群体的数量、界限、成员等；与唯智主义幻想决裂，这种幻想把学者构建的理论阶级视为一个实际上被动员的群体；与经济主义决裂，经济主义导致把社会场即多维空间约简为唯一的经济场，约简为因此变成社会位置的坐标的经济生产关系；最后与客观主义决裂，客观主义与唯智主义相伴而生，它导致忽视象征斗争，象征斗争以不同的场为地点，以关于社会世界的表象尤其是每个场内部和不同场之间的等级为赌注。③

　　这四项决裂多半是针对马克思的，第一项是与我们后面谈到的经验论阶级分类有关。

　　先破后立。为了打破马克思的一维世界观，布尔迪厄参照结构主义的关系思想，构建了一个多维的社会空间："事实上，社会空间是一个多维空间，即诸多相对自主的场构成的开放总体，相对自主就是说在运行和变化上或多或少、或直接或间接地服从经济生产场：在每个次空间内部，统治地位的占据者和被统治地位的占据者不断地投入到不同形式的

① Pierre Bourdieu, *Sociologie générale. Cours au collège de France 1981–1983*, op. cit., p. 129.
② Pierre Bourdieu, *Sociologie générale. Cours au collège de France 1981–1983*, op. cit., p. 109.
③ Pierre Bourdieu, Espace social et genèse des "classes", *Actes de la recherche en sciences sociales*, 52–53, juin 1984, p. 3.

斗争中（但不一定因此就构成互相对抗的群体）。"① 社会空间由若干相对自主的场构成，每个场都有通行的规则，经济场在社会空间中占主导地位。但阶级不单单由经济决定，而是多元决定的："一个阶级或一个阶层不只由它在生产关系中的位置确定，也由某种性别－比例，即一种在（社会方面从不中立的）地理空间中被决定的分布确定，并由一整套附属特征确定，这些附属特征通过心照不宣的要求，能够作为真正的选择或排斥原则起作用，却从未被明确提出（种族或性别的归属就是这种情况）。"② 所以，社会空间也是差别空间，按照阶级属性分布的结构空间："社会空间被构成它的位置之间的相互排斥或区分确定为社会位置的并列结构（人们将会看到，这些社会位置本身被确定为不同种类资本的分布结构中的位置）。社会行动者，还有被他们占有进而构成财产的物，都处于社会空间的一个地点，一个明确的、特殊的地点，这个地点的特征可以被它相对于其他地点占据的相对位置（上、下、之间等）和将它与它们分开的距离描绘出来。"③ 这就是说，社会空间是位置之间的关系系统，行动者或阶级及其财产处于互相联系、互相对立的关系网中，它们的属性是相对的，而非固有的。但社会空间中的阶级分布对布尔迪厄而言并不呈现阶梯金字塔的结构。④ 可以看出，这种社会空间理论是反实质主义的、反个人主义的和反主体主义的。布尔迪厄从关系性而不是单纯对抗性的角度看待阶级。他的构建活动建立在经验调查和统计学分析基础上。早在阿尔及利亚从事人种学研究时，他就把统计学当成客观分析的有效工具。在他看来，社会学家可以借助统计学，对抗直接明证性的前提，对抗把个人特性推及整个阶级的自发归纳法，撕破日常经验中自动形成的关系网，发现新的关系网，通过引入中介，将简单的事实关系变成有

① Pierre Bourdieu, Espace social et genèse des "classes", Actes de la recherche en sciences sociales, 52–53, juin 1984, pp. 9–10.

② 布尔迪厄：《区分——判断力的社会批判》，第170—171页。

③ 布尔迪厄：《帕斯卡尔式的沉思》，第156—157页。

④ 布尔迪厄反对以金字塔形式表现社会空间，他越来越把社会世界看作类似于美国雕塑家卡尔德（Alexander Calder）制作的一个几何形状的活动艺术装置，各个小空间在一个多维度的空间中彼此联动。Cf. Pierre Bourdieu, Sociologie générale. Cours au collège de France 1983–1986, op. cit., p. 31.

意义的关系。① 由此，社会学家能以恰当的标准在社会空间中构成尽可能同质的阶级："阶级在这个空间中在某种程度上以潜在的状态分散地存在，不是作为一个已知条件，而是作为某种需要构造的东西存在。"② 社会空间的三个基本维度，由资本总量和资本结构及其历史变化来确定，资本总量区分各个阶级，在阶级内部，财产结构（经济或文化资本的不同比例）区分各个阶层。不同的阶级（和阶层）按照从经济资本和文化资本的富有到匮乏分布。具体而言，在法国 20 世纪六七十年代，从资本总量看，在阶级之间，大企业主、自由职业者和大学教授（资产阶级）与工人（民众阶级）对立，中小资产阶级处在中间位置；从资本结构看，在资产阶级内部，文化资本多于经济资本的大学教授与经济资本多于文化资本的大企业主对立，自由职业者处于中间位置。但这个空间绝不是一个静态的资本地形图。阶级构建不只取决于行动者的资本总量和资本结构，还取决于两者在时间中的变化，社会轨迹"通过时间意向，支配对在社会世界中占据的位置的认识以及与这个位置的着魔的或幻灭的关系"。③ 也就是说，社会轨迹使行动者产生了对客观位置的态度，决定了他们趋向于未来、新事物、运动、革新、进步，还是倾向于过去、社会怨恨和保守主义。总之，"他们对社会世界的表象一方面依赖他们在这个世界中的位置，另一方面依赖与他们对这个世界的先前经验有关的认识和评价模式，这种经验构成了他们的习性"。④ 习性左右着行动者看待社会世界的方式。对布尔迪厄而言，世界与表象的关系是这样的：世界是我的表象，但我的表象来自这个把我作为社会主体产生的世界。我认识世界，我建构世界，但这是从世界为我灌输并放在我头脑里的认识模式出发的。我对自己在社会空间中的位置的意识是我对社会空间的结构的实践把握。这种意识不同于马克思的阶级意识，因为它是不明确的、不由自主的，正是由于这种阶级无意识，行动者习惯于把社会世界看成是

① Pierre Bourdieu, Alain Darbel, J. – P. Rivet et C. Seibel, *Travail et Travailleurs en Algérie*, Paris – La – Haye：Mouton，1963，p. 11.

② Pierre Bourdieu, *Raisons pratiques*, *op. cit.*，p. 28.

③ 布尔迪厄：《区分——判断力的社会批判》，第 720 页。

④ Pierre Bourdieu, *Sociologie générale. Cours au collège de France 1983 – 1986*, *op. cit.*，p. 814.

自然而然的，默认自己的位置，而不是反抗它。正是阶级无意识导致了马克思所说的虚假意识（fausse conscience）：无产阶级接受了资产阶级提出的关于世界的虚假表象，参与了对自己的统治。所以，统治并不像马克思所说的那样仅仅通过经济剥削和暴力压迫实现，而且通过温和地施加表象方式和概念模式也就是象征暴力实现。① 悖论的是，马克思主义理论变成了现实，让人看到并相信社会世界如同它宣告的样子，却因其极端的科学主义和机械论，没为表象构造现实这个事实留有余地。② 也就是说，主体没有脱离自动木偶的地位。总之，布尔迪厄的阶级构建以习性的分类为出发点：单纯的物质生活条件（也就是位置）并不能形成阶级："社会阶级不只是由生产关系中的一个地位确定的，也是由阶级习性确定的。"③ 条件与习性的结合成了分类和阶级的基础："条件与习性之间的辩证法是一种炼金术的基础，这种炼金术将资本分配即一种力量关系的平衡变成被觉察的差别、区分的属性的系统，也就是变成象征资本即合法资本的分配。"④

通过时间机制，布尔迪厄引入了社会动力学分析。理论上，阶级差别被纳入继承顺序中，竞争的群体被时间造成的差别分开，先来者与后继者之间的差别变成了绝对的、不可克服的。但社会再生产不是简单再生产，"降级和重新分类的辩证法预先也倾向于作为一种观念机制发挥作用"。⑤ 但只要被统治者承认统治者的合法性，他们只需分散地也就是说通过作用和反作用进入斗争，社会结构的再生产就能够在竞争的斗争中实现。因为社会空间是力量场，行动者之间的客观关系也是力量关系，这些力量施加给每个进入场的人，但无法表现为行动者个人的意愿或行动者之间的直接互动，也就是马克思所说的两大阶级的直接对抗，

---

① 按照博尔坦斯基的说法，在法国1968年5月风暴之后，"资本主义新精神"吸收社会批判的成果，顺应自主化、自我管理、发挥个人创造性的要求，制造资本主义合法性的新话语，发展出更有效、更隐蔽的新剥削形式（就业零工化、去工会化、消除社会职业分类等）。参见博尔坦斯基、希亚佩洛《资本主义的新精神》，高铦译，译林出版社2012年版。

② Pierre Bourdieu, *Sociologie générale. Cours au collège de France 1983 – 1986*, *op. cit.*, p. 107.

③ 布尔迪厄：《区分——判断力的社会批判》，第592页。

④ 布尔迪厄：《区分——判断力的社会批判》，第271页。

⑤ 布尔迪厄：《区分——判断力的社会批判》，第261页。

而是再生产的斗争，导致分布结构的简单平移。由此，社会冲突和斗争不一定威胁法定秩序的永存：变化保证永存，合法需求即使得不到满足，也不一定自动导致系统的崩溃。不存在阶级之间的直接对抗，是否意味着被统治者毫无行动能力呢？布尔迪厄没有抛弃马克思的遗产，但他关心的是如何使他们变成真正的行动者。唯习性作为实践意识能够使行动者摆脱世界的结构束缚，建构新秩序。习性有（朝某个方向）行动的倾向。布尔迪厄通过对"权威话语"和述行话语的研究成果，得出科学和政治话语具备一种有限的但不容忽视的能力：创造对一个"阶级"存在的集体信仰。[1] 他明确指出："一个构建得很好的社会阶级，有可能在现实中作为阶级存在，这不是说——进行这种跳跃是一个很大的错误——它在一种阶级意识中存在。"[2] 这就是说，阐明世界观的专家（知识分子、理论家等）和垄断对社会世界的话语权的人，能够凭借科学话语的述行力量，作用于社会世界的结构——维持或改变社会世界；同时，作用于人们的精神结构，改造行动者的习性，使他们突破头脑的禁忌和局限性，将他们聚集、发动起来，使他们变成真正的行动者。

为了超越马克思的生产方式观点，布尔迪厄汲取了韦伯的阶级理论。相比之下，韦伯的阶级理论比马克思的阶级理论更有开放性。在韦伯看来，马克思的"阶级概念指的是这样一些群体：他们具有相同的获得物质供应的典型机会、外部生活条件和个人生活经历，而这种机会是由支配财富或技能以在既定经济秩序中获得收益的权力决定的。……在这个意义上，'阶级状况'归根结底就是'市场状况'"。[3] 韦伯承认市场是生活机会不平等的主要根源，阶级分类可以把个人在资本主义市场中的位置与其生活机会分布的不平等联系起来。但是，他认为马克思的经济决定论没有包括群体形成的全部条件，忽略了观念对群体的影响："同这种

---

① Pierre Bourdieu, *Sociologie générale. Cours au collège de France 1981 – 1983*, op. cit., pp. 698 – 699.

② Pierre Bourdieu, *Sociologie générale. Cours au collège de France 1983 – 1986*, op. cit., p. 1131.

③ 转引自本迪克斯《马克斯·韦伯思想肖像》，刘北成译，上海人民出版社 2007 年版，第 89 页。

经济决定的'阶级状况'相反，我们想用地位状况来表示人们的生活命运的所有典型因素，即由一种专门的、肯定的或否定的社会荣誉估价所决定的因素……就内涵而言，身份荣誉通常表现为，所有该群体的成员均会有如所期待的一种特定生活方式。地位的分层与对思想和物质财富或机会的垄断相辅相成。某种身份荣誉总是凭借着保持距离和排他来维持。"① 这里，韦伯想要强调的是，地位身份以荣誉而非财富为合法基础。观念是群体凝聚的保证，区分群体的手段，垄断经济机会的条件。美国当代马克思主义研究者赖特将马克思与韦伯的阶级观点截然对立："马克思和韦伯在他们根据生产性资产的实际所有权定义阶级时都采用了以生产为基础的定义。他们之间的不同之处在于，韦伯优先从这些资产相互交易的市场的角度来看待生产，而马克思则优先从它们产生的剥削的角度来看待生产，这一点反过来体现了文化主义社会理论和唯物主义社会理论之间的根本差别。"② 布尔迪厄则认为韦伯没有抛弃马克思的唯物论——"韦伯远不像人们通常认为的那样用一种唯灵论的历史理论来反对马克思，而是把唯物论思想方式应用于实际上被马克思主义唯物论丢弃给唯灵论的领域"，③ 从而创立了象征唯物论。他借鉴了韦伯的"广义唯物论"，把韦伯的"身份荣誉"纳入阶级划分标准，把 20 世纪 60 年代法国社会分为以不同的实践和行为举止为基础的三种生活风格。但三种风格之间并非界限分明，布尔迪厄通过构建活动分离出相对一致的群体。他把产生这三种风格的趣味（韦伯意义上的观念或精神气质）依次归结为统治阶级的区分意识，中产阶级和小资产阶级的"良好文化意愿"和民众阶级的"必然选择"，揭示了文化在当代社会的分化过程和不平等中扮演的角色。文化是象征斗争的赌注。不同的社会阶级与文化价值中心的距离不同，与文化的关系也不同。小资产阶级有良好的文化意愿，对资产阶级亦步亦趋，民众阶级只以被动的身份加入象征斗争，他们感到在文化上无能："他们在审美系统中无疑只有陪衬物、否定的参照观点的

---

① 转引自本迪克斯《马克斯·韦伯思想肖像》，第 89—90 页。
② 埃里克·欧林·赖特：《阶级》，刘磊、吕梁山译，高等教育出版社 2006 年版，第109 页。
③ Pierre Bourdieu, *Le sens pratique*, *op. cit.*, p. 34.

功能。"① 阶级（阶层）之间的象征斗争采取竞争的形式，达到再生产差距的结果。埃利亚斯谈到法国贵族阶级与资产阶级之间紧张的互动关系，宫廷贵族在生活方式和行为举止上推陈出新，导致"贵人迷"不断地追随和模仿，这不仅是以创造时髦为乐，也是社会地位规定的生死攸关的要求。② 类似地，区分的辩证法导致现代社会中"高雅的"把持者与"怀有非分之想的"觊觎者的斗争："觊觎持续地支持象征财产市场的紧张程度，迫使受到泄漏和普及威胁的高雅人士无限度地在新属性中寻找其稀缺性的证明。"③ 布尔迪厄强调，象征斗争的目的是推行合法的生活风格，垄断"等级"标志即奢侈品、合法的文化产品或占有这些产品的合法方式："象征斗争是为了占有这些区分符号，即被划分等级的和能够划分等级的产品或实践，或为了维护或颠覆这些区分属性的分类原则。"④

　　但布尔迪厄反对韦伯的继承者（像戈德索普⑤那样通过经验分类）从事描述的或解释的调查，仅以个体的特定属性确定阶级或阶层，把阶级还原为分成等级的简单阶层。也就是说，他反对经验研究者与阶级斗争理论家以静止的观点看待阶级，把阶级属性看作固有的，因为阶级属性不可避免地受到时间的影响。作为阶级之间斗争的武器和赌注，阶级关系不仅是使属性具有区分价值的对立关系，而且是作为阶级分布根源的权力关系和夺取权力的斗争关系。在这场斗争中，行动者时刻都在动用作为武器和作为投资的资本，这种资本可能包含着对斗争本身及对别人持有的资本的权力。甚至合法的斗争工具和赌注的定义也成了斗争的赌

---

① 布尔迪厄：《区分——判断力的社会批判》，第95—96 页。

② 埃利亚斯：《文明的进程：文明的社会起源和心理起源的研究》，第二卷，《社会变迁 文明论纲》，袁志英译，生活·读书·新知三联书店 1999 年版，第330 页。

③ 埃利亚斯：《文明的进程：文明的社会起源和心理起源的研究》，第二卷，第393 页。

④ 布尔迪厄：《区分——判断力的社会批判》，第390 页。

⑤ 戈德索普把职业作为划分阶级的基础，探讨劳动力市场和生产单位的雇佣关系所决定的位置，个人和家庭在这些位置中的分布和再分布状况以及它们与生活机会之间的联系，他不把阶级群体的行动视为社会变迁的动力，不把阶级之间的关系视为剥削性的，不认为阶级成员会自动产生阶级意识并介入集体行动（参见赖特主编《阶级分析方法》，马磊等译，复旦大学出版社 2011 年版，第48 页）。

注。布尔迪厄强调，建立在调查基础上的阶级构建总是在某种程度上处于事后（或事先）的状况，特定属性的分布是斗争的产物，它既是统计学意义上的，也是政治经济学意义上的，是从前斗争的成果和以后斗争的资本在一个固定时刻的总结，表现了阶级之间的力量关系状况。理论的人为性和抽象性使然："我们为了解释实践的某些特征被迫构造的'资本总量'概念，不过是一个理论赝品，而且可能产生非常危险的作用，倘若我们忘记了为构造这个概念应该进行的一切抽象活动，而且首先忘记了这个事实，即一种资本转化为另一种资本的比率时时刻刻都是斗争的一个赌注因而有可能不断产生变化。"① 布尔迪厄在研究中通过一种共时切割来设定阶级斗争场的一种或多或少稳定的状态，得出阶级关系的结构：个人投入到斗争中的不同类型的资本在被考察时刻的分布，决定了场的结构和阶级分布。

为了与经济主义决裂，布尔迪厄为马克思的阶级划分补充了文化生产的维度。在布尔迪厄看来，社会空间是包括经济生产的多维空间，所以要考虑行动者在不同场与次场中占据的位置，特别是在文化生产关系中占据的位置。文化生产场的逻辑不同于经济生产场的逻辑。在文化生产场中，文化产品通过提供区分的利益得到生产、再生产和流通，这是由文化产品的稀有性和对它们价值的信仰决定的。不同的文化生产企业，如不同的剧院、出版商、报纸、高档女时装店、画廊等，按照它们在场中的位置，提供客观上有差别的产品，这些产品的意义和价值符合权力场中同源位置的占据者（消费者）的期待。在这个场中，布尔迪厄确立了两极之间的对立：一边是纯粹生产，是为其同行也就是为场本身或为这个场的最自主部分生产的作家（或艺术家），他们在世俗上处于被统治地位，象征上居统治地位；另一边是大生产，是为公众和为权力场的统治区域进行生产的人。纯粹生产从长远来看，只承认自身的需求，以象征资本的积累为目标，象征资本经历了从不被承认到被承认并合法化的过程，变成了真正的"经济"资本，最终能够提供"经济"利益。"纯粹"生产者谴责大生产者的"商业"行为和利益，但他们自己也不可避

① 布尔迪厄：《区分——判断力的社会批判》，第385页。

免地从其象征资本中取得物质利益。象征资本由此构成普遍的实践经济也就是物质和非物质财产经济的运行条件。由此，布尔迪厄得出文化生产场的规则："对无关利害的崇拜是一个奇妙的颠倒的原则，这个原则把穷困变成被拒绝的财富，因而变成精神财富。"① 也就是说，物质财富的（暂时）匮乏可能通过象征资本的积累导向真正的经济财富。这是放弃物质利益和否定经济利益的文学或宗教事业的状况。由此，布尔迪厄移用韦伯的超凡魅力经济，既为强调文化生产的特定逻辑，又为文化生产去魅。显然，由场组成的社会世界无法简化为两大对抗阶级，并非所有文化生产者都负责生产资产阶级意识形态，参与到剥削和压迫中。在布尔迪厄看来，自主的作家和艺术家是资产阶级的穷亲戚，统治阶级中的被统治阶层。由于位置的同源性，他们能够用他们的表述能力为民众服务，介入政治斗争，如萨特所说的："我们是在压迫者的内部向我们是其中一员的那个被压迫的集体表现他们的愤怒和希望。"② 如同马克思的物质生产，文化生产也有其革命的逻辑和批判的逻辑。作为布尔迪厄文化批判的启发者和同路人，法兰克福学派揭露发达工业社会成为新型的集权主义社会，压制批判和抗议逻辑，把人变成无法进行否定性思维的单向度的人。他们强调，生产机制及其商品和服务将这个社会制度"出售"或强加给人们，对他们进行思想灌输和操纵，尤其文化大工业提供单一的、重复的、预制的娱乐产品，遏制了大众（工人、雇员、农民和地位低下的中产阶级）的想象力和创造力，使他们在身体和灵魂上都受到资本主义生产的限制，只能固守奴役他们的意识形态。③ 被物化和异化的人难以打破受压迫的恶性循环，他们的解放前景非常黯淡："因为被管理的个人已经把他们受到的残害内化到他们自己的需要和满足中，因而又在一个扩大了的范围内再生产着它。"④ 法兰克福学派与布尔迪厄的差别在于着重从文化产品的供应角度进行批判，没有考虑大众的趣味与大工业产品的无意识配合。布尔迪厄则认为，作为社会条件的内化，必然趣味导致

① 布尔迪厄：《艺术的法则》，第35页。
② 萨特：《萨特文学论文集》，第233页。
③ 参见霍克海默、阿道尔诺《启蒙辩证法》，第149页。
④ 马尔库塞：《单向度的人》，第198页。

大众选择的宿命性："分类系统使一个人拥有他热爱的因为他热爱他拥有的，也就是说热爱他在分配中实际上被给予的和在分类中被合法地规定的属性。"① 霍克海默也用了"内化"一词，但他期待意识哲学的"谋划"能够实现否定的自由并抓住"替代性选择的机会"。② 布尔迪厄反对法兰克福学派以阴谋、宣传的目的论逻辑批判权力，因为权力并非仅通过一种有意识的活动来强加它自己的表象，③ 造成合法化循环的是凝滞的习性，单靠意识的谋划无法打破循环。

既然从生活风格而非生产角度构建阶级，布尔迪厄阶级划分上更多地基于消费，而非生产。马克思在《1857—1858 年经济学手稿》的《导言》中，强调一个社会不能停止消费，也不能停止生产，但他坚持生产相对于消费的主导地位："无论我们把生产和消费看作一个主体的活动或者许多个人的活动，它们总是表现为一个过程的两个要素，在这个过程中，生产是实际的起点，因而也是起支配作用的要素。消费，作为必需，作为需要，本身就是生产活动的一个内在要素。但是生产活动是实现的起点，因而也是实现的起支配作用的要素，是整个过程借以重新进行的行为。"④ 这就是说，资本家不是为了消费而生产的，而是为了生产而消费的。作为消费品的劳动产品一旦作为商品来生产，就带上了拜物教的性质："商品形式在人们面前把人们本身劳动的社会性质反映成劳动产品本身的物的性质，反映成这些物的天然的社会属性，从而把生产者同总劳动的社会关系反映成存在于生产者之外的物与物之间的社会关系。由于这种转换，劳动产品成了商品，成了可感觉而又超感觉的物或社会的物。"⑤ 这就是说，商品拜物教以物与物之间的关系掩盖了人与人之间的剥削关系，即反映着经济关系的意志关系或法权关系。我们看到，马克思所说的"物"是具有使用价值和交换价值的一般的、抽象的商品，是

① 布尔迪厄：《区分——判断力的社会批判》，第 275 页。

② 马尔库塞：《单向度的人》，第 173—175 页。

③ Pierre Bourdieu, *Sociologie générale. Cours au collège de France 1983 – 1986*, *op. cit.*, pp. 817 –818.

④ 马克思、恩格斯：《马克思恩格斯选集》，第 2 卷，第 12 页。

⑤ 马克思：《资本论》，第 1 卷，第 88—89 页。

为了满足人们的生活需要的，因此限制在物质和经济生产的范围内。因为"每个商品都是一个符号，因为它作为价值只是耗费在它上面的人类劳动的物质外壳"。① 但在巴里巴尔看来，（再）生产"不再生产商品，因为它生产的物在后来从它所处的经济关系体系获得某种社会性质，因为它生产的产品在后来同其他物和人'发生了关系'。生产仅仅生产了（总是已经）获得某种性质的物，它仅仅生产了关系的指示器"。② 这就是说，产品不仅获得了社会性质，还成了社会关系的符号。产品不仅有物质属性，还有了布尔迪厄阐明的象征价值和区分价值："财产一旦从关系上被认识，就变成了区分符号，这些符号可能是高雅符号，但也可能是庸俗符号。"③ 布尔迪厄的阶级构建从物质转向文化，消费是必不可少的文化维度："一个阶级既由它的被感知的存在也由它的存在确定，既由它的消费——这种消费不需要成为炫耀性的就可成为象征性的——也由它在生产关系中的位置确定（即便后者的确支配前者）。"④ 布尔迪厄没有否认生产的重要性，但他强调，资本主义新经济既依赖产品本身的生产，也依赖需求的生产和消费者的生产。它以建立在信用、消费基础上的享乐主义道德，取代了建立在节制、节约、算计基础上的苦行主义道德。消费者不仅消费不同的产品，还推动他在消费过程中发现和看中的产品的生产。功能的和结构的同源性原则使得消费者的逻辑与生产场的逻辑在客观上是协调的，为了生产这些有区别的和特殊的"等级"符号，生产场在区分逻辑的支配下，通过自身的运行产生象征系统，象征系统的每个因素都完成区分功能；消费者通过选择符合自己趣味的产品，将自己和他人区分看来。民众阶级必须考虑"必需"的产品和功能，要求整洁和舒适，而已经脱离急需的中等阶级，则希望有精心布置的室内环境或时髦的和别致的衣服。统治阶级则寻求更高的等级标志，他们购买奢侈品和无价艺术品，不仅为了炫富，还为了向所有服从生活的第一需要的人挑战，证明自己的卓越："具备最大的区分能力的物品是那些最能

---

① 马克思：《资本论》，第 1 卷，第 109 页。
② 阿尔都塞、巴里巴尔：《读〈资本论〉》，第 334—335 页。
③ 布尔迪厄：《区分——判断力的社会批判》，第 764—765 页。
④ 布尔迪厄：《区分——判断力的社会批判》，第 765 页。

证明占有的品质进而最能证明物主的素质的物品。"① 正如马克思所说："人一下子就成了私有者，也就是说成了绝对拥有者，这个绝对拥有者显示他的个性，与他人区分开来并通过这种绝对的拥有与他人相关：私有财产是他个人的、有区别的存在方式，因而是他的基本生活。"② 所以，"自然区分"的幻想从根本上依靠统治者掌握的对"卓越"的定义权，他们将自身的存在方式定为卓越的，既是有区别的，又是必然的、自然的："统治者的本性就是能够让人承认他们的特定存在方式是普遍的存在方式。"③ 类似地，萨特在巴雷斯的作品中敏锐地看到，资产者与其财产的诗意关系遮蔽了其赤裸裸的统治权："资产者与他的财富融为一体；如果他住在外省自己的庄园里，地貌的微微起伏，白杨树银色的颤动，土壤神秘的、缓慢的孕育过程，天空迅速的、变幻莫测的躁动，某种来自所有这一切的东西进入他的体内；他在把世界据为己有的同时，也占有了世界的深度；他的灵魂从此也有下层土、矿藏、金矿、矿脉和地下贮油层。"④ 或如伯格所说，私人占有土地是对自然的哲学静观的前提，所谓未被腐蚀未遭破坏的自然不包括同为造物的他者，自然有着严格的所有权限制。⑤ 由此，统治阶级提供了关于自身存在的社会正义论，以自由、无关利害、灵魂、来世的拯救对抗被统治阶级的必然、利益、物欲、尘世的拯救。

列斐伏尔在《日常生活批判》中批评《区分——判断力的社会批判》以实证方法认可社会层次结构的区分，强调分离，削平了社会现实，排除了历史，将艺术作品的价值归因于区分行为，就是消除艺术作品本身的价值，尤其布尔迪厄作为划分阶级的社会学家没有解释社会群体与自己所属的知识分子群体的联系，通过中产阶级思想观念将社会还原为阶

---

① 布尔迪厄：《区分——判断力的社会批判》，第 440 页。
② Karl Marx, Manuscrits parisiens, 1844, in Œuvres, t. Ⅱ, Economie, Paris：NRF, 1965, p. 24.
③ 布尔迪厄：《男性统治》，第 90 页。
④ 萨特：《萨特文学论文集》，第 193—194 页。
⑤ 参见约翰·伯格《观看之道》，戴行钺译，广西师范大学出版社 2015 年版，第 155 页。

级利益，从而摧毁社会。① 列斐伏尔以差异和差别权理论对抗布尔迪厄的"区分"："差异理论试图建立一个思想观念分支，建立一个隶属国家权力和既成生产方式的实践活动。"② 为了完善人权，也为了改造人权，他主张把平等概念从旧的抽象的平均主义中解放出来，将差别权加入人权中，使差异中的平等具体化。这就是说，不再用法律和道德原则或仅仅通过话语表达权利，而是要用实践原则和改变日常生活的能力表达权利，在政治斗争中获得权利。总之，差异理论是一个民主计划，旨在通过与国家机器的斗争调动工人阶级潜在的可能性。应该说，列斐伏尔对《区分——判断力的社会批判》的批判乏善可陈。布尔迪厄从来都承认艺术作品的价值，但也认为艺术作品可划分为等级。差异虽然强调实践活动，但工人阶级由于习性的惰性很难独立地产生自己的观点，差异作为民主计划是乌托邦的蓝图。列斐伏尔肯定 20 世纪中产阶级提供了日常生活和日常生活模式形成的场所，同时提供了抵制和争论的场所，他们的文化革命以浪漫方式制造了通过吸收各种工人而最终消除阶级的幻想。③ 布尔迪厄致力于各个阶级和阶层的实证构建和精细区分，没有把中产阶级视为所谓文化统治阶级，而把批判知识分子视为统治阶级的被统治阶层。列斐伏尔则认为"实证知识里不包含批判性思维的内容"，④ 为了避免实证主义，需要采纳作为"抽象理性主义"对立面的辩证理性，将非理性与理性结合而挽救理性，非理性——活动与实践、生活与思想的多重矛盾，成了具体理性的内容、场所。⑤ 他批评布尔迪厄的实证主义，而没有看到他的科学话语的述行力量，更未料到《区分——判断力的社会批判》的实践效用。很能说明问题的是，国家统计学院受《区分——判断力的社会批判》中分类的启发，1982 年修正了大部分社会职业等级。⑥ 列斐

---

① 列斐伏尔：《从现代性到现代主义》，《日常生活批判》（第 3 卷），叶齐茂、倪晓晖译，社会科学文献出版社 2018 年版，第 636—638 页。

② 列斐伏尔：《从现代性到现代主义》，第 638 页。

③ 列斐伏尔：《从现代性到现代主义》，第 671 页。

④ 列斐伏尔：《从现代性到现代主义》，第 546 页。

⑤ 波斯特：《战后法国的存在主义马克思主义：从萨特到阿尔都塞》，第 110 页。

⑥ Pierre Bourdieu, *Sociologie générale. Cours au collège de France 1983 – 1986*, *op. cit.* , p. 505.

伏尔从马克思的异化概念出发，指出人们遭受着二级异化，异化中的异化，日常生活的异化。日常生活是新异化最暴虐和最明显的地点，比生产场更重要，能够成为革命发生的场所，因为人在那里被发现和创造。因此有必要进行日常生活革命，创造新的社会时间和社会空间、不同的社会关系存在方式和体制，摆脱现存秩序的再生产模式。日常生活批判不是为了揭示日常生活被掩盖的部分，不是为了超越日常生活，而是意味着通过实践活动，完成日常生活的质变。由此，他提出反体系的元哲学："元哲学揭示历史活动由实践、诗、模仿和剩余组成"，旨在重建理论与实践的必要联系，作为"改造世界"计划的一部分，为马克思的实践概念增添大量人的经验。① 为此，他求助于尼采对权力意志的批判，"在权力意志消失的地方，在权力意志过时了的地方，思想、爱和诗就开始了"。② 他也借鉴黑格尔的辩证法，"从元哲学的角度看，日常生活都是否定的。日常生活的基本三重关系是：日常生活 – 游戏 – 悲剧"。③ 对悲剧的认识转变日常生活，使日常生活发挥反悲剧的否定功能，为人们提供避难所，这样，在悲剧和日常生活之间就形成了辩证的发展。在列斐伏尔看来，资产阶级崛起时代历史地产生的主体和自我意识陷入了危机，因此必须通过日常生活实践重新构造主体，主体要勇敢地承担死亡、冲突和斗争，与时间斗争，同时考虑他人，"不是先验的、形而上学的或本体论的他人，而是具体的和实际的他人"。④ 主体一旦对日常生活的利害达到明确认识，就能把握日常生活。由此，列斐伏尔的日常生活批判不是为了解或认识日常生活，而是通过日常生活的否定性创造日常生活，依旧属于存在主义—马克思主义的理路。但列斐伏尔常常提出大量概念和范畴却不予以阐明，停留在现象学的漫述。

布尔迪厄则坚持对日常生活艺术（美学）的实证研究和理性批判。他的研究成果揭示出：趣味将不同阶级持有的资本总量和结构内在化，代表了他们关于社会世界的观点。由此，阶级斗争不再表现为早期工业

① 参见波斯特《战后法国的存在主义马克思主义：从萨特到阿尔都塞》，第 220—221 页。
② 列斐伏尔：《从现代性到现代主义》，第 642 页。
③ 列斐伏尔：《从现代性到现代主义》，第 676 页。
④ 列斐伏尔：《从现代性到现代主义》，第 677 页。

社会中的激烈对抗，① 而是温和的社会分类斗争。"分类"和"阶级"只通过为垄断区分符号而进行的斗争存在："分类帮助产生阶级，尽管分类是阶级之间斗争的产物而且分类依靠阶级之间建立的力量关系。"② 这种斗争就是象征斗争。象征斗争是为了争夺象征权力，社会世界中属于信仰、认识、评价和认可之范畴内的一切，如名声、威信、荣誉、功绩、权威，也就是人的终极存在价值，一种高度升华的利益形式。布尔迪厄承认经济资本的首要地位，但他强调，经济资本若要延续、永存并再生产，通过简单的原始积累是不够的，还需转化为更隐蔽的资本，转化为象征资本，才能发挥真正的统治效力。如韦伯所说："并非所有的支配皆使用经济手段，更少是以经济利益为标的。"③ 统治阶级为了维护或扩大特定资本而采取的再生产策略，包含着将自身统治基础合法化的象征策略，比如封建贵族强调土地和血缘及其与暴发户的差别，新兴资产阶级精英则以才能与业绩对抗贵族的出身与爵位。他们为了在统治阶级内部确立占统治地位的统治原则或争夺最有利的资本转换率而斗争。布尔迪厄以象征资本补充了马克思的"资本论"，与韦伯的合法化理论相结合，发展出自己的统治社会学理论。他强调，任何真实的权力都作为象征权力起作用，但象征权力的根源在于否认，也就是让人认识不到它的存在理由："象征权力是一种让人认可的权力，条件是它让人认识不到它是权力。"④ 象征权力只要被认可，被视为合法权力，并掩盖其暴力基础，那么它就将象征暴力添加到基础暴力中。

通过趣味的社会学分析，布尔迪厄把马克思的阶级斗争以分类斗争的形式扩展到象征斗争的领域："个人的或集体的分类斗争，力求改变关于社会世界的认识和评价范畴，并由此改变社会世界"。⑤ 在社会结构与

---

① 马尔库塞认为，发达工业社会将统治转化为管理，强化管理和指导的新技术生产组织削弱了工人阶级的否定地位。参见《单向度的人》，第 27 页。

② 布尔迪厄：《区分——判断力的社会批判》，第 761 页。

③ 马克斯·韦伯：《经济与历史·支配的类型》，康乐等编译，广西师范大学出版社 2004 年版，第 298 页。

④ Pierre Bourdieu, *Sociologie générale. Cours au collège de France 1983 – 1986*, *op. cit.*, p. 818.

⑤ 布尔迪厄：《区分——判断力的社会批判》，第 765 页。

心智结构、社会世界的客观划分与行动者划分社会世界的观念和区分原则之间存在着对应关系。行动者把认识结构用于具备如此结构的社会世界，从自己的观点和利益出发来建构社会现实，进行着以推行自己的观点为目的的斗争和妥协，但他们的观点和利益是由他们在这个他们企图改变或维护的世界中所处的位置决定的。由此，布尔迪厄的社会学有重要的认识论功能和政治功能："社会学的目的在于揭示构成社会空间的不同社会群体的最深层结构，以及倾向于确保社会空间的再生产或者变革的'机制'。"① 他对社会关系的科学分析揭露了统治策略，表明了阶级动员的主张："象征斗争不是'象征'意义上的：这种斗争有真正的赌注，因为人们通过改变观念，理论，观念原则，可以稍稍改变结构。"② 而"改变观念，就是通过改变聚合方式、改变联合而改变群体的一种方法"。③ 作为现实主义的乌托邦主义者，他坚守马克思改变世界的理想，为思考并反抗异化做出了自己的理论贡献。

第五节　物与人

涂尔干在《社会学方法的准则》（1895）中强调：应该把社会事实看作物，但社会事实不是物质之物，而是与物质之物具有同等地位但表现形式不同的物。社会事实非常自然和直接地具有物的属性。比如法律制定在各种法典中，日常生活的变迁体现在统计数字和历史文物中，时尚表现在服饰上，魅力蕴含在艺术品中。物支配人的意识并独立于人的意识。涂尔干强调物与观念的对立："凡是智力不能自然理解的一切认识对象；凡是我们不能以简单的精神分析方法形成一个确切概念的东西；凡是精神只有在摆脱自我，通过观察和实验，逐渐由最表面的、最容易看到的标志转向不易感知的、最深层的标志的条件下才能最终理解的东西，都是物。"④ 他认为，人们倾向于以观念代替实在，以思想分析代替实在

---

① 布尔迪厄：《国家精英》，杨亚平译，商务印书馆 2004 年版，第 1 页，有改动。
② Pierre Bourdieu, *Sociologie générale. Cours au collège de France 1983 – 1986*, *op. cit.*, p. 599.
③ Pierre Bourdieu, *Sociologie générale. Cours au collège de France 1983 – 1986*, *op. cit.*, p. 600.
④ 涂尔干：《社会学方法的准则》，狄玉明译，商务印书馆 1999 年版，第 7 页。

的科学分析，把观念当作思考、推理的材料。人们不去观察、描述和比较事物，而是解释、分析和综合自己的观点。事实的介入只起到次要的作用，事实是作为证明观念的例子或证据，而不是作为科学的对象被使用。所以，社会学家应该牢记，"把社会现象作为物研究，就是把社会现象作为构成社会学研究出发点的实物论据来研究"。① 涂尔干指出，孔德和斯宾塞虽然承认社会事实是自然事实，但没有把社会事实作为物来研究，而经验学派也承认心理现象的自然性，但以纯观念论的方法研究心理现象。社会学家要像物理学家观察物理现象那样研究社会事实，不能用纯心理因素也就是个人意识解释社会生活，避免掺杂个人从自身举止得出的"先天观念"和"表象"，以及他们赋予自己行动的意义。这种实证主义方法要求客观世界与主观世界分离，致力于分析外部观察者看到的事实。

塔尔德通过社会心理学与涂尔干的社会物理学竞争。他在《模仿的法则》（1890）中通过个人心理倾向考察社会行为，以模仿和创造这两个概念解释社会运动："普遍的模仿性是社会生活的重要事实。"② 他从莱布尼兹的单子出发，把个人视为一系列互相反射，每个人在别人中发现自己，在社会中通过与同类之间的影响关系找到自己的位置，社会活动的中心就是这种镜像活动。信仰导致模仿，欲望导致创造。信仰和欲望通过模仿由内到外，由思想到行动，由精英到大众，由社会顶层到社会底层："社会无法存在……若无一个包含惯例、笨拙的模仿和盲从的深奥宝库。"③ 创造和模仿占有信仰和欲望并对它们加以组织和运用，构成了真正的社会品质。社会联系由模仿、对立和适应构成，模仿是社会联系的基础，与抵抗和适应组成了一个永恒的循环。由此社会是由互相模仿的个人组成的群体，模仿是最根本的社会关系，社会规则是支配模仿的法则，社会互动是个人之间的心理联系。

在布尔迪厄看来，涂尔干通过"把社会事实看作物"，将社会学从塔

---

① 涂尔干：《社会学方法的准则》，第 47 页。

② Gabriel de Tarde, *Les lois de l'imitation*, Paris：Alcan, 1895, p. 181.

③ Gabriel de Tarde, *Les lois de l'imitation*, *op. cit.*, p. 82.

尔德的唯灵论和心理学的唯心观念中解救出来，但没有看到社会事实是处在社会存在的客观性中的认识对象。应该把关于对象（物）的最初表象重新引入到对象（物）的完整定义中："个人或群体在客观上被定义不仅由于他们是什么，而且由于他们被认为是什么，由于一种被感知的存在，即使这种被感知的存在紧密依靠他们的存在，也无法彻底地还原为他们的存在。"[①] 所以，社会学应该考虑客观上相关的两种属性：一是物质属性，首先是身体属性，它们可以像物理世界的物一样被计数和度量；二是象征属性，它们在互相关系中也就是作为区分属性被认识和评价时，同样是物质属性。也就是说，布尔迪厄既考虑社会事实的物质性，也考虑社会事实的象征性。由此，他通过建构的结构主义将社会物理学与社会现象学一体化。一方面，社会物理学作为一种客观主义经济主义，可分析物质属性分配之间的统计学关系，即以量化方式表现各种资本在为获得资本而竞争（或斗争）的个人之间的分布；另一方面，社会现象学可以记录和辨识行动者对物质属性的差别感知到的意义：物质属性变成了区分符号，于是行动者（为别人和自己）分类的（被分类的和能分类的）判断之总和，以及人们彼此形成的表象之总和构成了集体分类，也就是社会秩序。布尔迪厄将涂尔干的纯粹的"物"与塔尔德的"模仿"综合为"区分辩证法"。这种区分是具有物质基础的、被表象强化的无意识习性。

　　海德格尔指出，在康德对物的追问中，"物是什么"的问题就是"人是谁"的问题。[②] 法国年鉴学派历史学家布罗代尔认为，一种极其复杂的秩序制约着物质生活，物质生活不单属于物的范围，而是属于"词与物"的范围，应该把它"纳入广义的经济范围，无疑也应该纳入社会范围"。[③] 这种广义的经济与布尔迪厄主张的"普通经济学"有暗合之处。布罗代尔考察了15—18世纪的日常生活结构，包括食物、餐桌礼仪、饮料、住宅、服装与时尚，试图找出奢侈消费与普通消费之间的界限："如果说崇

---

① Pierre Bourdieu, *Le sens pratique, op. cit.*, p. 233.

② 海德格尔：《物的追问》，第 216 页。

③ 布罗代尔：《15 至 18 世纪的物质文明、经济和资本主义》，顾良、施康强译，生活·读书·新知三联书店 1992 年版，第 1 卷，第 394 页。

尚奢侈不是支撑或推动某一经济的好方法，它可以是控制、慑服某一社会的方法。"① 应该说，历史学家在总体史范畴内看到了消费的象征维度乃至象征暴力。布尔迪厄反对年鉴学派的建筑分层比喻，将年鉴史学取得的社会成功归功于涂尔干的遗产。在他看来，象征形式是涂尔干的"原始分类形式"，涂尔干在《原始分类》中从先验的普遍形式转向社会形式，在《宗教生活的基本形式》中更进一步，说精神结构是变成精神结构的社会结构，也就是说，原始分类形式不仅是历史形式，而且是历史生成的。② 这就是说，单单承认文化系统的相对自主性是不够的，应该提出文化系统与它在其中产生的社会世界的关系问题。因此他在与达恩顿的对话中，主张"对被看作系统的象征性进行一种唯物主义分析。这就意味着既要与反映论——也就是在象征系统中看到经济或社会现实的变相表达——决裂，也要与泛符号学决裂"。③

波德里亚关注消费的符号性。按照他的观点，20世纪的工业体系把大众社会化，使之成为生产力，继而成为消费力。他把马克思的生产社会置换为消费社会，沿用了马克思的商品逻辑。按照马克思的理论，需要、感情、文化、知识都通过生产变为商品，并被物化为生产力，以供出售，同样地，波德里亚认为，今天的欲望、要求、激情和关系，都通过抽象化和物质化变为商品，以便人们购买和消费。"消费生产力"催生了新的意识形态和社会一体化："消费、信息、通讯、文化和丰盛，所有这一切今天都由体制本身安排、发现并组织成新的生产力，已达成最大的荣耀。不过，它也从一种暴力结构向另一种非暴力结构转化（相对而言）：它以丰盛和消费代替剥削和战争。"④ 消费的地点是日常生活场景，物与人的关系在其中上演，所以"我们分析的对象不是只以功能决定的物品，也不是为分析之便而进行分类之物，而是人类究竟通过何种程序

---

① 布罗代尔：《15至18世纪的物质文明、经济和资本主义》，第394页。

② Pierre Bourdieu, *Sociologie générale. Cours au collège de France 1983–1986*, *op. cit.*, p. 780.

③ Pierre Bourdieu, Roger Chartier, Robert Darnton, Dialogue à propos de l'histoire culturelle, in *Actes de la recherche en sciences sociales*, 59, 1985, p. 92.

④ 波德里亚：《消费社会》，刘成富、全志钢译，南京大学出版社2000年版，第43页。

和物发生关联，以及由此而来的人的行为及人际关系系统"。① 消费品被人吸收，成为人与人之间关系的中介，也是它的代替符号："被消费的东西，永远不是物品，而是关系本身……关系不再为人所真实体验：它在一个记号—物中抽象而出，而且自我消解，在它之中自我消费。"② 从根本上讲，消费是符号的交换和消费过程，物品的象征价值超过了使用价值。人的个性由其消费品味和风格确定，也就是由其消费产品的等级和价值被区分。在当今资本主义社会，血统、出身和爵位已经失去了区分价值，用来表达卓越的是物质符号：家具、装饰、珠宝、艺术品等。物是否独一无二的证据，并非在真实世界中获得。它的特定品质，来自社会文化领域，更确切地讲，来自物主："它的绝对独特性，相反地，则来自于被我存有——可以使我在它身上认识到，我是一个独一无二的存有"。③ 无论是古物，还是现代技术产品，都是自我的投射："物体是以一种拟人的方式存在。"④ 物的颜色、外形、风格直斥个人，比如优雅的色彩黑、白、灰是尊严、压抑和道德地位的象征，意味着通过压制外表来突出内在，鲜艳、粗俗的色彩与初等需要、功能器物相连。应该说，波德里亚像布尔迪厄一样看到了物的社会区分功能，但他对社会区分的解释与布尔迪厄完全不同。波德里亚承认物品的社会向度体现在文化和收入上，但强调为了满足消费的要求，物品才被个性化。现代消费社会把商品变成了客观话语系统，是为了让商品表达社会统治阶级的欲望和信念，强迫被统治阶级接受，他们的被压迫成了"自由"选择的结果。他认为消费者与社会世界的关系不是利益、投资、责任的关系，而是好奇心的关系。⑤ 存在着供人选择的等级化物品，群体在物的组合中寻找自己的身份认同，因而消费是"一种完全唯心的、系统性的作为，它大大地溢出（人）与物品的关系和个人间的关系，延展到历史、传播和文化的

---

① 布希亚：《物体系》，林志明译，上海人民出版社 2001 年版，第 2 页。布希亚（Jean Baudrillard）通译为波德里亚。

② 布希亚：《物体系》，第 224 页。

③ 布希亚：《物体系》，第 105 页。

④ 布希亚：《物体系》，第 26 页。

⑤ 波德里亚：《消费社会》，第 13 页。

所有层面"。① 消费成为文化系统的无限循环的自我生成、自我消解的碎片化的纯粹符号行为："消费的过程不再是劳动和超越的过程，而是吸收符号及被符号吸收的过程……只有符号的发送和接受，而个体的存在在符号的这种组合和计算之中被取消了。"② 最终，主体变成符号的中介，"消费的主体，是符号的秩序"。③ 由此，"生命计划本身，切成片片段段、不被满足、（只）被指涉，便在接连而来的物品中，一再重新开始又再消解"。④ 波德里亚把符号的能指作用绝对化，消除了消费行为及其主体的社会历史性。他满足于随笔主义，经验主义描述，没有进行严格的社会分析，无视象征斗争和阶级斗争。在布尔迪厄看来，符号学的新修辞学对社会技术的分析过于天真，往往忽视交往关系本身的社会维度。⑤他将波德里亚的《物体系》视为"装扮成现象学－逻辑学－符号学的分析的一种投射式检验的记录"。⑥ 他强调，社会关系体现在物中，也体现在人身上，不知不觉地被人归并，由此进入个人与世界和他人的持久关系中，也就是内化为他的习性。他在《实践意识》中指出，卡比利亚人的住宅是一个物化的分类系统，它通过物、人和实践的分类和等级，不断灌输和强化文化任意性的区分原则。这个世界是身体以运动和移动的方式阅读的，运动和移动造就物的空间，也被物的空间造就："这个产生于物的世界的'主体'不像一种主观性那样直面一种客观性：客观世界由若干物组成，这些物是客观化活动的产物，客观化活动就是按照习性用于世界的结构实现的。习性是物世界的一种隐喻，这种隐喻本身不过是互相应和的隐喻的一个无限循环。"⑦ 波德莱尔把世界看成象形文字词典，诗人要辨读世界的意义。布尔迪厄把世界比喻为一本书，书中的东西以隐喻的方式互相交谈，孩子以身体阅读这本书，书的内容印在了他

① 布希亚：《物体系》，第 226 页。
② 波德里亚：《消费社会》，第 225 页。
③ 波德里亚：《消费社会》，第 226 页。
④ 布希亚：《物体系》，第 227 页。
⑤ Pierre Bourdieu, *Sociologie générale. Cours au collège de France 1983 – 1986*, op. cit. , p. 64.
⑥ 布尔迪厄：《区分——判断力的社会批判》，第 131 页。
⑦ Pierre Bourdieu, *Le sens pratique*, op. cit. , p. 130.

的身体上，变成了他的习性。通过象征唯物主义分析，布尔迪厄得出，生活风格空间，即被感知和被表象的社会空间，依照由资本总量和结构决定的社会空间的基本结构形成。在文化消费方面，按照资本总量可分为两类消费，前一类消费属于经济资本和文化资本都最富有的阶层，因稀缺而成为高雅的，后一类消费属于在经济和文化方面最贫困的阶层，被当成普通的，而中间阶层的期待与其客观可能性不符，在消费上勉为其难。布尔迪厄看到，经济资本不能完全解释高雅体育运动（高尔夫球、滑雪、快艇、马术和网球等）在阶级之间的分布。比如民众阶级和处于上升阶段的中等阶级或高等阶级的成员，由于缺乏家庭传统和早期训练、仪表和社交技巧，不大从事通常属于传统资产阶级的高雅运动。由此，经济理论解释力量不足，它只看到单个消费者和单个产品，把消费者等同于其购买力（即收入），把产品简化为意义单一的技术物品，忽略了趣味的作用。不同趣味的消费者对产品的不同体验也进入了产品的定义中。反之，人们的趣味也按其消费品的等级和价值互相区分："趣味是让物与人相配和近似的东西，物与人彼此融洽，互相适应。"① 文化产品通过提供区分的利益得到生产、再生产和流通，这是由文化产品的稀有性和对它们价值的信仰决定的。所以，布尔迪厄强调不能停留在表面的供求关系上，而要考虑产品生产的逻辑与趣味生产的逻辑之间的先设和谐关系。不是波德里亚所说的物的神力或人的欲望而是人的趣味（即习性）决定了他的选择，是必然的趣味或奢侈的趣味，而不是低收入或高收入，支配客观上符合收入的消费。民众阶级的习性导致他们进行现实主义和功能主义选择，放弃象征利益，将实践或物品还原为它们的技术功能。消费过程中呈现的，与其是消费差别，不如说是生活特权、政治特权和文化特权。凡勃伦则认为，荣誉准则而非审美禀赋的天生差别，为某个阶级的消费者指定了产品或艺术品消费，使他的消费不能损害身份，荣誉准则是严格地由阶级的经济生活水平决定的。② 这样，凡勃伦虽然承认荣誉准则的解释力，但终究落入了彻底的经济决定论。

---

① 布尔迪厄：《区分——判断力的社会批判》，第 377 页。
② 凡勃伦：《有闲阶级论》，第 97 页。

按照波德里亚的观点，人们喜欢古物是出于对起源的怀念和对本真性的执迷。在老家具、真迹、古风的"物品"、乡村特产、手工艺品、土著陶器、民俗物品中呈现的，不是时间，而是时间的记号，时间的文化标志。古物的时间是完美的实现，它们现在的存在如同它们往昔的完美，构成自身存在的基础——本真的存在。如同建筑师把一座老农庄改造成现代住宅，保留了旧屋的三根梁和两块石头："就像一座教堂没有藏有几根骨头或圣人遗物，就不是真正的神圣，同样地，建筑师也不会有'在家里'的感觉，如果他不能在这些新造的墙壁之内，感觉到一块可以见证过去世代的石头，它虽然微弱却又崇高的存在。"[1] 若无往昔的石头和梁柱，屋主对住宅功能的体验则缺乏历史的本真性，不能得到满足。不过，波德里亚强调，这种历史本真性既不是共时性的，也不是历时性的，而是时代错乱。古物是日常生活中的逃避，逃避只有在时间中最彻底："古物像是前面置有标示贵族身份的姓氏介词，它们祖传的高贵性补偿了现代物品的提早过时。"[2] 不难看到，波德里亚的社会学描述带有海德格尔的存在与时间的印迹。布尔迪厄强调本真性体验的社会历史条件，古物是文化资本，"文化资本只能通过大量的时间消耗传递，而且文化等级的一种暗中标准就是获取时间的长度"。[3] 回归自然的"本真"生活方式是资产阶级对旧贵族的"古老法国"生活风格的模仿，体现了他们在生活艺术上的区分意图。占有一座城堡、一幢乡村别墅、一所住宅只关乎钱。贵族或农人的生活风格、他们的古意盎然和对时间的漠然，则很难获得。贵族的属性无不与无法追回的时间相关。金钱不足以培养贵族习性，要诗意地栖居在大地上，要有闲暇，要在无关利害的文化修养上虚掷时光和金钱。这种意义上，布尔迪厄反对海德格尔对本真性和日常生活的"天真"颂歌及其隐含的政治保守主义，坚持介入世界的政治立场。

---

[1] 布希亚：《物体系》，第 89 页。

[2] 布希亚：《物体系》，第 94 页。

[3] Pierre Bourdieu, *Sociologie générale. Cours au collège de France 1983 – 1986*, op. cit., p. 255.

第六节　巴尔扎克的名利场

巴尔扎克（1799—1850）处在大革命到第二帝国之前的历史时代。作为建制的历史、文学和社会学都是大革命的产物。19 世纪现实主义小说与历史和社会学有天然的亲缘关系，对浪漫派而言，长篇小说这种体裁代表了诗学和哲学的完美结合。弗里德里希·施莱格尔说："长篇小说就是我们整个时代苏格拉底式的对话，为躲避枯燥的书本知识，活生生的智慧逃进这个自由的形式里来了。"[1] 长篇小说呼唤的巨灵巴尔扎克出现了，"一个天才要是胸中装有大多数人，装有人类的完整的体系，在他内心里有长大成熟的天地万物，如人们所说的单子中有宇宙的萌芽，他才可能随心所欲地时而置身于这个、时而置身于那个领域，就像进入另一个世界一样，而且不仅仅是凭着智性和想象，而且是以整个的灵魂来做"。[2]巴尔扎克就是这样的天才，他的独一无二的创造——《人间喜剧》是囊括冷静观察、诗意梦幻、哲理批判、社会改良计划的百科全书式小说。在大革命后一切坚固的都烟消云散的巨大迷乱中，浪漫派怀着百科全书派的雄心提出关于现代性的新理论。随着历史意识的觉醒，他们要求摆脱古典主义的静观和永恒，意欲文学同时成为诗学的、历史的和社会的，甚至是乌托邦的。巴尔扎克表达了文学的绝对梦想："在任何时代，文学运动都没有这样朝气蓬勃，而且从原因与结果来说，也从来没有这样规模宏大。开创这个时代而又由于自己是这部庞大机器的枢轴或齿轮反而无法看到这部机器的美妙景象的人们，绝大部分不了解这个时代的意义。严肃认真的哲学家和历史家，大胆的伦理学说，以及每日花费大量心血和才能使我们不能不敬佩的报界本身，他们希望的公正时代一定会到来。"[3] 郎西埃认为巴尔扎克同时创造了法国文学、文化、文明，

---

[1]　菲利普·拉库 – 拉巴特、让 – 吕克·南希《文学的绝对》，张小鲁、李伯杰等译，译林出版社 2012 年版，第 46 页。

[2]　菲利普·拉库 – 拉巴特、让 – 吕克·南希《文学的绝对》，第 76 页。

[3]　巴尔扎克：《〈人间喜剧〉序言》，丁世中译，《巴尔扎克全集》，人民文学出版社 1999 年版，第 1 卷，第 489 页。

提供了关于世界之真实的雄辩证词："文学，只有作为'社会的表达'，才能成为无诗性标准时文学潜力的表现。"① 也就是说，个性的文学表达与社会的文学表达是同一种感知方式。《人间喜剧》几乎包含了巴赫金所说的梅尼普讽刺体的所有特征。梅尼普讽刺体具有百科全书特征，充满对照和矛盾，将惊险故事和贫民窟自然主义、虚构与幻想、哲理与观察融为一体，掺杂病态心理描写、闹剧和插科打诨、粗话和渎神言论与乌托邦成分，置入各种文体如故事、书信、演说、谈话，带有现实政论性，等等。② 巴尔扎克打破了体裁等级与界限，拒绝叙述、诗歌与思想的人为划分，将狂欢文学、流浪汉小说与惊险情节、尖锐的社会题材、深入的哲学思考与有力的性格塑造凝聚在一起，反对一切绝对化、凝固化。无疑，巴尔扎克的"大全"叙事提供了历史学解读和社会学解读的便利。恩格斯关于巴尔扎克有一段著名的论断，肯定巴尔扎克描述了法国的全部历史，政治的、经济的、文化的历史。

> 巴尔扎克……在《人间喜剧》里给我们提供了一部法国"社会"特别是巴黎"上流社会"的卓越的现实主义历史，他用编年史的方式几乎逐年地把上升的资产阶级在 1816 年至 1848 年这一时期对贵族社会日甚一日的冲击描写出来，这一贵族社会是在 1815 年以后又重整旗鼓的，并尽力重新恢复旧日法国生活方式的标准。他描写了这个在他看来是模范社会的最后残余怎样在庸俗的、满身铜臭的暴发户的逼攻之下逐渐屈服，或者被这一暴发户所肢解；他描写了贵妇人怎样让位给为了金钱或衣着而给自己丈夫戴绿帽子的资产阶级妇女。围绕着这幅中心图画，他汇集了法国社会的全部历史，我从这里，甚至在经济细节方面（诸如革命以后动产和不动产的重新分配）所学到的东西，也要比从当时所有职业的历史学家、经济学家和统计学家那里学到的全部东西还要多。不错，巴尔扎克在政治上是一

① 朗西埃：《沉默的言语——论文学的矛盾》，臧小佳译，华东师范大学出版社 2016 年版，第 48 页。

② 参见巴赫金《陀思妥耶夫斯基诗学问题》，白春仁、顾亚铃译，生活·读书·新知三联书店 1988 年版，第 165—171 页。

个正统派；他的伟大的作品是对上流社会无可阻挡崩溃的一曲无尽的挽歌；他对注定要灭亡的那个阶级寄予了全部同情。①

　　巴尔扎克本人亦声称以小说家的身份代理历史学家的职责，意图借鉴司各特的历史小说手法描绘法国的风俗史："法国社会将成为历史家，我只应该充当他的秘书。编制恶习与美德的清单，搜集激情的主要表现，刻画性格，选取社会上的重要事件，就若干同质的性格特征博采约取，从中糅合出一些典型，做到了这些，笔者或许就能够写出一部许多历史学家忽略了的那种历史，也就是风俗史。"② 这就是说，巴尔扎克自认为写的不是简单的编年史，而是风俗史。风俗史与历史是什么关系？社会学家巴贝里斯将历史分为三种：第一种是全部大写的历史（HISTOIRE），指的是客观上可以认识的历史现实和过程；第二种是大写的历史（Histoire），官方正史，指的是对第一种历史提出命令的和说教的阐释的历史，即上层建筑和政治事件；第三种是小写的历史（histoire），复数的历史，故事，叙事，对第一种历史与写作主体和公众之间的关系进行另一种阐释，常常违背当代大写的历史话语（第二种历史），阻止历史事实和过程固化和物化，年鉴史学、文学文本都属于小写的历史。③ 法国历史编纂学直到 19 世纪基本上聚焦于王朝更迭与兴衰的事件史（政治史、外交史、军事史），可归入大写历史。19 世纪二三十年代，司各特的历史小说在法国文化生产场中引发了历史革命，促使法国浪漫派历史和文学摆脱传统编年史的观念。勃兰兑斯指出"民族性格和历史"是司各特历史小说的基础。司各特第一个发现并运用了文学创作中的地方色彩化手法，再现某些历史时代和国家的特征，塑造了所有社会阶层的典型代表。他的小

---

① 恩格斯：《致玛·哈克奈斯》，《马克思恩格斯选集》，中央编译局编译，人民出版社 1995 年版，第 4 卷，第 683—684 页。

② 巴尔扎克：《〈人间喜剧〉序言》，第 8 页。

③ Daniel Bergez（dir.），*Courants critiques et analyse littéraire*，Paris：Armand Collin，2005，2016，pp. 172 – 173.

说表现出生动的写实主义（细节描写）和讲故事的卓越才能（戏剧化）。① 在司各特影响下，法国历史的想象学派梯也里和基佐将典型叙述和哲学理念结合起来，为公民教育服务；米什莱将档案搜求与历史叙事融为一体，通过《法国史》和《革命史》宣扬解放的哲学："人是自己的普罗米修斯。"巴尔扎克看到风俗史在历史中的缺席，主张历史将想象力与风俗画结合，"再不要将历史当作一个停尸房，一桩故事，民族的户籍簿，一具编年的骨架"。② 他称赞司各特将小说提高到了历史哲学的水平，将戏剧情节、对话、肖像、风景和描写熔为一炉，兼具史诗的神奇与真实，让高雅的诗意和粗俗的俚语相映生辉。但司各特的缺陷在于没有构建一套体系，没有将全部作品合成一部包罗万象的历史，没有赋予作品主人公以自己时代的特色。③ 巴尔扎克把司各特的历史哲学用于当代历史，借助当代人物和环境构成历史事件和动力，对日常生活史和私人史与载入史册的伟大战役一视同仁："我对每日可见的、或明或暗的事实，对个人生活的行为，对这类行为的原因和准则，都是十分重视的，甚至不亚于历史家们迄今对各民族公共生活事件的重视。"④ 他比司各特更有系统性，明确划分社会阶级和地理区域，通过《人间喜剧》构建法国当代的整体历史，"私人生活场景""外省生活场景""巴黎生活场景""政治生活场景""军旅生活场景""乡村生活场景"构成这部社会通史的风俗研究。具体而言，通过描写婚姻家庭和青年入世之初的人生选择，外省贵族和资产阶级的激情、算计、利欲和野心，巴黎各阶层的癖好、风习和奢华，他呈现了法国共和和复辟时期的物质史和精神史："我这套作品有它的地理，也有它的谱系与家族、地点与道具、人物与事实；还有它的爵徽、贵族与市民、工匠与农户、政界人物与花花公子，还有它的千军万马，总之，是一个完整的社会！"⑤ 无疑，他试图创立新历史哲

---

① 勃兰兑斯：《十九世纪文学主流》，第四分册，徐式谷等译，人民文学出版社 1997 年版，第 140—141 页。

② 巴尔扎克：《〈人间喜剧〉附录》，袁树仁译，《巴尔扎克全集》，第 24 卷，第 181 页。

③ 巴尔扎克：《〈人间喜剧〉序言》，第 7 页。

④ 巴尔扎克：《〈人间喜剧〉序言》，第 17 页。

⑤ 巴尔扎克：《〈人间喜剧〉序言》，第 19 页。

学，以小写的历史对官方正史提出质疑，对历史学家的法定地位发起挑战。他对进步史学并不完全赞同："关于人类社会，我不同意笼统地说它一直在进步；我相信人类在自我完善之中得到改进。"① 巴尔扎克意欲与户籍竞争，直接地或以象征形式，指涉历史的、社会的、政治的现实。他的第一部小说《舒昂党人》（1829）是长期历史研究的产物，取材于督政府时期的舒昂党人叛乱这个重大历史事件。巴尔扎克通过历史风景的人种学"深描"，呈现了布列塔尼的心灵。

> 就全法国而言，高卢风俗印记最深的地方首推布列塔尼。在那里，封建习惯仍然得到尊重。在那里，古玩鉴赏家还能找到巍然挺立的德洛伊教石碑，在那里连现代文明的守护神也不敢超越那原始大林莽。难以置信的凶残，野兽般的冥顽，然而又信守诺言，文明社会的法律、风俗、服装、货币、语言在这里看不见丝毫的踪迹，但是古道热肠与英武气概相结合，使得这一带乡村的居民比莫西干和北美的红种人更拙于心计，当然论勇武、乖觉和坚韧，彼此却难分轩轾。布列塔尼占据了欧洲的中心位置，研究它比研究加拿大有意思。这块土地却被阳光包围着，可是恩德无量的阳光却未能温暖它，它好比一块冰冷的炭，任炉火烧得通红，依旧黑乎乎暗淡无光。曾经有贤德之士想为法兰西的这块美丽富饶、许多宝藏尚不为世人所知的地方争取文明生活和繁荣昌盛，然而一切努力，包括政府的尝试，在老百姓据守万年陈规的凝滞状态面前化为乌有。②

接下来，他描绘舒昂党人的奇装异服和精神风貌的细节，邀请读者以想象力观看这出历史戏剧，同时解释舒昂党人叛乱的真相："不过这一带农村作乱没有任何高尚的动机，可以有把握地说，旺代省是把打家劫舍化为战争，而布列塔尼省则是把战争化为打家劫舍。王公贵族被驱逐，

---

① 巴尔扎克：《〈人间喜剧〉序言》，第 15 页。
② 巴尔扎克：《舒昂党人》，罗芃译，《巴尔扎克全集》，第 17 卷，第 17—18 页。

宗教被毁灭，这在舒昂党人不过是杀人越货的口实。"① 他以历史思考的严肃性与共和派小说家大仲马的通俗历史演义拉开了距离，摒弃了娱乐性。与米什莱把战争归因于贵族和教士的阴谋不同，巴尔扎克认为根源是贫困农民与获得国家财产的共和军队之间的冲突，他的社会想象人类学启发了 20 世纪关于旺代和布列塔尼的"新史学"。② 他提出了当地文明落后的原因在于民众固守陈规陋俗，与布尔迪厄提出的习性的滞后作用直接相关。巴尔扎克从历史小说转向风俗小说，从传奇转向纪实，体现出历史学家的天才直觉。巴尔扎克的笔墨经济更多针对大历史之外的个人生活和社会生活的各个阶段、本能、情感与激情的历史，他觉察到了为活动的模特画像的悖论，通过空间质疑时间："在这个世界上，没有任何东西是整整一块的，一切都是镶嵌起来的。你只能按照时间的顺序讲述过去的历史，而这个体系无法用于正在进行中的现在时。"③ 对巴尔扎克如同对陀思妥耶夫斯基："研究世界就是意味着把世界的所有内容作为同时存在的事物加以思考，探索出它们在某一时刻的横剖面上的相互关系。"④ 布托尔强调，由于巴尔扎克的主要人物经历的事件是以不同的时序来安排的，《人间喜剧》超越了一部简单的编年史。⑤ 奥尔巴赫则指出：巴尔扎克的"环境历史主义和环境写实主义密不可分"，⑥ 他的环境包括社会历史时代的精神环境和生活空间的氛围环境。巴尔扎克以非凡的才能兼顾事件史和分类描述，制造时间—空间。历史学家们好像为了回应巴尔扎克的挑战，开始在历史学方面与巴尔扎克展开竞争。年鉴学派认为传统的历史编纂学过分关注"条约—战争史"，忽略了"非重大事件"的广阔区域，主张从政治史转向经济、社会、文明的总体历史，以代际更替和文明进程作为历史分期，代际更替与经验变迁相关，文明进程指

---

① 巴尔扎克：《舒昂党人》，第 19 页。

② Daniel Bergez（dir.），*Courants critiques et analyse littéraire*, op. cit.，pp. 172 – 173.

③ 巴尔扎克：《〈人间喜剧〉序言》，第 480 页。

④ 巴赫金：《陀思妥耶夫斯基诗学问题》，第 59—60 页。

⑤ 布托尔：《巴尔扎克和现实》，黄晋凯译，柳鸣久编选：《新小说派研究》，中国社会科学出版社 1986 年版，第 100 页。

⑥ 埃里希·奥尔巴赫：《摹仿论》，吴麟绶、周新建、高艳婷译，商务印书馆 2014 年版，第 561 页。

一个社会中总体的物质、精神和结构要素的缓慢变化。年鉴学派通过时间和空间考虑社会结构和变化模式的独特性和多样性，提出阶级、阶级斗争、地理、集体精神、亲属模式、技术和政治事件在整体历史中发挥同等作用，推动历史与其他学科融合为"人的科学"。其中"新史学"代表之一韦纳则强调镶嵌画似的碎片历史："事件没有绝对的尺寸，[1]历史就是并置的王国。"[2]历史是主体建构出来的，"历史事件不是一些事物，一些确定的客体，一些物质，它们是我们在现实中自由操作所得的剪切画，一种进程的集合体，在其中活动着也静止着的相互作用的物质，人和事物"。[3]由此历史是人与物互相联系、互相作用的事件场，历史的和相对的人无法从整体的和绝对的视角把握（相对）运动的历史事物，大写的历史是一种无法接近的极限、超验观念、教条主义幻觉。

《人间喜剧》中的名利场是一个动态的结构系统，"典型环境中的典型人物"不断再现的场所。巴尔扎克通过或巨或细的事件同时构造恩格斯所说的编年史和圣伊莱尔的自然史，这是旧制度屈从于大革命的历史，资产阶级逐步攫取贵族的经济、文化和政治权力的历史。《苏镇舞会》（1830）描述家道中落的德·封塔纳伯爵通过子女与资产阶级联姻摆脱生活困境。《欧也妮·葛朗台》（1833）叙述吝啬鬼葛朗台的发家史，表现大革命后贵族财产如何转移到资产者手中，以及暴发户如何成为地方显贵的过程，巴黎的时髦风尚与索莫的因循守旧、巴黎的情欲与外省的纯粹爱情形成鲜明对照。在《行会头子费居拉斯》（1833）中，暴发户银行家不过对贵族赤裸裸地炫耀金钱，"当时银行家们还不曾预见到，有朝一日银行界要侵入卢森堡宫，并坐上皇帝的宝座"。[4]到了《夏娃的女儿》（1838）和《阿尔西的议员》（1848）中，银行家已经操纵议会选举并占据了贵族的统治地位。《老姑娘》（1836）以1816年路易十八统治下的外省阿朗松为背景，描绘了在向资产阶级老姑娘柯尔蒙小姐求婚的竞争中，优雅的破落贵族瓦卢瓦骑士败给粗鄙的资产者杜·布斯基耶，前者懒散

---

① 保罗·韦纳：《人如何书写历史》，韩一宇译，华东师范大学出版社2018年版，第30页。
② 保罗·韦纳：《人如何书写历史》，第31页。
③ 保罗·韦纳：《人如何书写历史》，第60页。
④ 巴尔扎克：《行会头子费居拉斯》，袁树仁译，《巴尔扎克全集》，第10卷，第35页。

而潦倒，后者能推动全省的工业化，制造繁荣。贵族的失败乃大势所趋，资产阶级作为野蛮的新生力量生机勃勃。《古物陈列室》（1837）的背景设在六年后的阿朗松，贵族浪荡子维克蒂尼安因在巴黎追求贵妇人伪造票据而身陷囹圄。公证人谢内尔牺牲自己的财产拯救了他，他最后竟与一心置他于死地的自由派人士的外甥女联姻。谢内尔感叹："身为贵族而贫困，这是违反天性的事。"① 他被塑造为集资产者朴素的使命道德与贵族的崇高思想于一身的完美形象。《贝阿特丽克丝》（1838—1844）以19世纪40年代化石般的盖朗德和迷幻的巴黎为背景，通过一个贵族青年与两个贵妇人的情变，表明保障社会团结的君主制遭到破坏，新旧世界的调和要么靠脱离尘世，要么靠过平庸的资产阶级生活，但出身低微的交际花匋兹夫人以其文化修养、公益精神和对艺术的爱定义了真正的贵族精神。

历史学家莫娜·奥祖夫把19世纪文学视为考察旧制度与大革命之间历史的观象台，通过巴尔扎克的小说鉴证历史，指出文学与贵族趣味息息相关，提出文学现代性的标准："新生的文学应该兼具贵族的内涵与大革命的遗产。"② 她强调形式胜过内容，认为作家们在旧世界与世界关系的启发下产生的明晰思想，没有他们传达这种思想的生动方式重要。③ 小说与历史的文类差别是无法抹杀的。巴尔扎克也意识到"风俗史"与历史的区别："历史与小说不同，它的信条并不在于走向理想的美。历史是或者应该是当时的实录；而'小说则应该是那个更为美好的世界'。"④ 小说和历史的叙事不同，小说叙事是虚构的、个性的和非理性的，可以包含造假、撒谎、杜撰，历史叙述则是有理性特质的叙事，是对文献材料的形式加工。如韦纳强调的，历史学家通过材料综述（阅读文献、考证和追溯）填补理解的空白："历史学家是各种事件的博物学家。"⑤ 除

---

① 巴尔扎克：《古物陈列室》，郑永惠译，《巴尔扎克全集》，第8卷，第509页。

② 莫娜·奥祖夫：《小说鉴史——旧制度与大革命的百年战争》，周立红、焦静妹译，商务印书馆2017年版，第16页。

③ 莫娜·奥祖夫：《小说鉴史——旧制度与大革命的百年战争》，第19页。

④ 巴尔扎克：《〈人间喜剧〉序言》，第14页。

⑤ 保罗·韦纳：《人如何书写历史》，第96页。

去重大历史事件，历史与社会学在某种程度上是重合的："'社会学'经常是社会史或者非重大历史事件历史的同义词。"①

巴尔扎克同样具有明确的社会学意识。他在孔德的启发下，将小说建立在人的社会本性基础上。孔德在《论实证精神》（1844）中提出实证主义的观察法、实验法、比较法和历史法，旨在描述社会变迁的连续阶段，揭示社会发展进化的规律，研究个人生活、家庭生活和社会生活的结构及其关系。雷蒙·阿隆指出：孔德的社会学原则是整体优先于局部，综合优先于分析，以历史为依据，历史包括过去和现在，还包括决定论意义上的"应在"，也就是与人类和社会秩序的实现相一致的东西。教权主义者孔德宣扬与世俗等级对立的"人类统一宗教"、美好的基本人性，对革命暴力或改良行动持保留态度，同时认为人类有必要凭借理性的进步争取更好的未来。② 孔德意欲成为社会改革家、综合各门科学的方法和成果的哲学家和人类宗教祭司。巴尔扎克同样认为不朽的作品"必须真实，有良知，有哲理，与历代社会永恒的原则相谐"。③ 他的神权观念吸收了孔德的"理性宗教"成分："我是在两种永恒的真理，即宗教和王权的照耀之下从事写作的；当今发生的种种事件，都表明了这两者的重要性，一切有理性的作家，都应该努力把法国引导到这两者所体现的必然方向。"④他反对激进革命，但希望通过改良消除人类社会的等级制度。同样，他把整个社会世界作为观察和研究的对象，致力于寻找社会动力和社会法则并对社会现实和阶级结构进行分析。《人间喜剧》原名《社会研究》，设立"风俗研究""哲理研究""分析研究"三个系列，意在依次表现结果（现象）、原因和法则，包含了社会历史、社会分析和社会批判，以及对社会原则的探讨。他描绘并收集各种生活成分，通过现象分析达到综合，提出命题并加以论证。他思考物质与精神的关系、人与上帝的关系、人与自然的关系、自然科学与宗教信仰的关系、利己主义、

---

① 保罗·韦纳：《人如何书写历史》，第 111 页。

② 雷蒙·阿隆：《社会学主要思潮》，葛智强等译，华夏出版社 2000 年版，第 50—51、75 页。

③ 巴尔扎克：《〈人间喜剧〉附录》，第 540 页。

④ 巴尔扎克《〈人间喜剧〉序言》，第 11 页。

恶的本源等。

《人间喜剧》与社会学是什么关系？在历史学家夏蒂埃看来，在社会学话语尚未形成时，文学或其他象征生产占据主导地位。文学在某种程度上也是社会学。文学场与社会科学场的分化导致文学与社会学的区分。话语的改变不是由于自身的变化，而是由于场的变化。① 勒佩尼斯不同意把现实主义小说当成处于摸索阶段的前社会学，而当成一种干预社会事实的方式。小说与社会学争夺话语权，表达了将社会世界客观化的坚定立场："这就意味着每个小说家都有了一种方法论，即使这种方法论处于经验的和不成文的阶段。"② 《人间喜剧》属于社会学小说，它与社会学在揭示社会现实和阶级结构方面互相竞争。巴尔扎克努力实践库赞把研究事实（观察）的科学与研究自我（直觉）的科学相结合的折中论。他在《路易·朗贝尔》中陈述自己的哲学思想——"思想的物质性"。他在《贝姨》中宣称："满足于当一名社会病理学家，一个专治某些不治之症的医生。"③ 他在《绝对之探求》中关注炼金术和自然科学，力求找到经济和社会发展的内在规律。他在《幻灭》中揭露了出版业和新闻业的运行机制。他在《农民》中提出了基于农民阶层研究的社会正义论。"分析研究"中的《婚姻生理学》和《社会生活病理学》等"论著"除掉某些虚构成分，几乎称得上是社会学研究。但从总体来看，与孔德的实证主义相比，巴尔扎克的社会分析缺乏科学话语的系统形式和严格性保证。按照杜布瓦的观点，这是因为小说家的社会思想来自虚构，小说家的价值体现在他们是社会的实验剧本作家而不是社会的评论家，"他们一旦在判断中确定了意义，就失去了效果，只不过重新抛出了定见。相反，如果他们让社会性通过情节或场景的意愿说话，真相昭然若揭"。④ 巴尔扎克诉诸直觉、感性、幻想，尤其是想象力："想象力丰富的人定会责备我

① 布尔迪厄、夏蒂埃：《社会学家与历史学家——布尔迪厄与夏蒂埃对话录》，马胜利译，北京大学出版社 2012 年版，第 110—111 页。

② Eveline Pinto（dir.）, *Penser l'art et la culture avec les sciences sociales. En l'honneur de Pierre Bourdieu*, Paris: Publications de la Sorbonne, 2002, p. 92.

③ 巴尔扎克：《贝姨》，傅雷译，《巴尔扎克全集》，第 13 卷，第 6 页。

④ Jacques Dubois, *Les romanciers du réel. De Balzac à Simenon*, Paris: Seuil, 2000, pp. 64 - 65.

没有给他们留下任何推测的余地。"①他以隐喻、投射的方式表现社会宇宙:"作家应该熟悉各种现象,各种天性。他不得不在身上藏着一面无以名之的集中一切事物的镜子,整个宇宙就按照他的想象反映在镜中。"②巴尔扎克化身评论家夏斯勒宣告小说家的绝对抱负:"故事家得是全才。他应该是历史学家;他应该是戏剧家;他应该有深刻的辩证法使他的人物活起来;他还应该有画家的调色板和观察家的放大镜。"③ 巴尔扎克是制造逼真的"人间喜剧"总导演。批评家圣伯夫在 1850 年 9 月 2 日的《立宪报》上撰文指出巴尔扎克借助想象把丰富而奇特的事件组合为逼真的现实,在某种程度上堪称心理学家,精神的解剖学家,但不那么严格或精确。他追求科学的精确性,但凭借心理学家的直觉。他将想象与观察并举,在事实不足之处,他代之以想象。波德莱尔认为与其说巴尔扎克是观察者,不如说是充满激情的洞观者,"在巴尔扎克的作品中,所有的灵魂都充满了意志的武器,这正是巴尔扎克本人。他对细节的异乎寻常的兴趣与一种无节制的野心有关,这野心就是什么东西都看见,也把什么东西都让别人看见,就是什么东西都猜出,也把什么东西都让别人猜出"。④ 巴尔扎克将心灵之光投射到人物身上,通过繁复的细节刻画他们的表情,让他的"批判主人公"在社会的矛盾和悖论中不断地探索真理,而非一劳永逸地确定真理,以个人方式体验一个危机中的世界并带来变革的可能。如莫利诺所说,无论小说家对历史和社会采取什么观点,他都通过行动和个人命运描绘历史和社会,突出个人对世界和社会的体验,而历史学家和社会学家只对群体感兴趣,远离个人角色。⑤ 巴尔扎克的《人间喜剧》是布满形形色色的个人典型肖像的画廊。

　　布尔迪厄认为最称得上社会学家的小说家不是巴尔扎克,而是福楼

---

①　巴尔扎克:《〈驴皮记〉初版序言》,袁树仁译,《巴尔扎克全集》,第 24 卷,第 181 页。

②　巴尔扎克:《〈驴皮记〉初版序言》,第 213 页。

③　菲拉莱特·夏斯勒:《〈哲理小说故事集〉导言》,袁树仁译,《巴尔扎克全集》,第 24 卷,第 222 页。

④　波德莱尔:《浪漫派的艺术》,郭宏安译,上海译文出版社 2009 年版,第 124 页。

⑤　Jean Molino, *Ce que nous appelons littérature. . . Pour une théorie de l'œuvre de langage*, Textes réunis par N. Ramagnino et A. Guillemin, Paris: L'Harmattan, 2018, p. 336.

拜，后者通过小说形式探索，将他对社会世界的体验和当时的统治阶级客观化，进行社会分析研究。① 显然由于福楼拜的"客观主义"而非巴尔扎克的"唯意志论"符合布尔迪厄的反思社会学方法论。如奥尔巴赫所说，福楼拜冷静地研究人的情欲与困境，不像巴尔扎克那样对社会事件进行妖魔化，克服了浪漫派在处理当代题材时表现出的激烈和不稳定，他笔下的生活不是喧哗与骚动，而是缓慢迟钝的延展，他通过语言揭露庸人的蠢行，"环境本身包含着对环境的解释"。② 他认为福楼拜代表了现实主义的新发展方向，"严肃地处理日常生活的现实，一方面让生活在社会底层的广大民众凸显为表现生存问题的对象，另一方面将任意一个普通的人和事置于时代总进程这一历史发展的大背景下"。③ 这种"朴素"现实主义反对宏大叙事，符合布尔迪厄以社会学叙述提升低微对象的理念。有法国学者将现实主义分为质量现实主义和数量现实主义，前者通过想象加工和美化现实材料达到一种更高的真实，与浪漫主义的唯心主义和主体性相关，包括巴尔扎克和福楼拜的现实主义，后者致力于堆积现实，包括左拉的科学的和唯物的现实主义，小说家的目光在作品与世界之间建立了一种自由交流、一种对等关系。④ 然而现实不是某种外物，仅仅由语言反映的事物的固定秩序。现实的表征活动是虚构即制作，现实主义者是构建词语客体即"真实"的加工者（bricoleur）。逼真是语言的制造物（artefact），旨在代替现实本身的关于现实的双重修辞。⑤ 类似地，巴特强调，现实主义不是对事物的复制，而是对语言的认识，最"现实主义"的作品并非"描绘"现实，而是以世界为内容，尽可能深刻地探索语言的非真实的现实。⑥ 巴尔扎克和福楼拜小说创造的丰富性都来自对世界的认识和阐释的互相渗透。现代批评家往往责备巴尔扎克小说

① 布尔迪厄、夏蒂埃：《社会学家与历史学家——布尔迪厄与夏蒂埃对话录》，第108—109页。

② 埃里希·奥尔巴赫：《摹仿论》，第582页。

③ 埃里希·奥尔巴赫：《摹仿论》，第583页。

④ Jean – Yves Tadié (dir.), *La littérature française*, II, Paris: Gallimard, 2007, pp. 478 – 484.

⑤ Jean – Yves Tadié (dir.), *La littérature française*, op. cit., p. 488, p. 500.

⑥ Cf. Roland Barthes, *Essais critiques*, in *Livres*, *textes*, *entretiens* (*1962 – 1967*), *Œuvres complètes*, tome II, Paris: Seuil, 2002, pp. 419 – 420.

制造了关于真实的最天真、最狡猾的幻想，他们膜拜的福楼拜却说："艺术的首要品质和目的是幻想。"① 福楼拜努力摈弃自我的介入，但他的自我同样泛化在小说材料的安排中："小说家企图将自己隐藏起来，这种做法无非是为了使自己能够处处出现。"② 在写作手法上，巴尔扎克自称兼具"法兰西式的疯狂"创造力和抄写员的谦卑，进行事件的拼凑和文学的布局，像拼凑一幅现代镶嵌画一样。③ 与巴尔扎克一样，福楼拜不断重申布局和风格旨在超越现实手段将小说提升到永恒的真实，他在给屠格涅夫的信中说："不仅仅是要看，还要安排并熔铸看到的东西。在我看来，现实只应该是手段。"④ 他在小说中不发表对事物或人的看法，很少通过事件推进情节发展，但他选择事件并付诸语言炼金术，"它完全可以比任何补充意见或评论更好、更全面地阐释自己和涉身其中的人物"。⑤ 与巴尔扎克不同，福楼拜抛弃了巴尔扎克人物和环境描写中的浪漫主义成分："我总是努力走进事物的灵魂并止步于最大的普遍性，我有意脱离偶然性和戏剧性。没有怪物，没有英雄!"⑥ 但他也再现了平庸的典型人物（反英雄），爱玛，夏尔，赫麦，布瓦尔与白居谢。他在给莫泊桑的信中明确说出了某种结构的关系思想："您相信过事物的存在吗? 并非一切都是幻想? 只有'关系'是真实的，也就是说我们看待物体的方式。"⑦ 无论透视的还是平面的真实效果，都如布尔迪厄所说的，是文学虚构通过对现实的否定而生产的特定信仰形式。若布尔迪厄将福楼拜视为不自觉的社会学家，他却以系统的社会学研究继承并发扬了"自觉的社会学家"巴尔扎克的总体抱负。布尔迪厄提出了社会实践总公式：行动者（阶级）在权力场中的地位由资本总量、资本结构和这两个属性随时间的

---

① Jean – Yves Tadié（dir.），*La littérature française*, *op. cit.*, p. 501.

② 米歇尔·莱蒙：《法国现代小说史》，徐知免、杨剑译，上海译文出版社 1995 年版，第 121 页。

③ 参见巴尔扎克《人间喜剧〈附录〉》，第 233 页。

④ Jean – Yves Tadié（dir.），*La littérature française*, *op. cit.*, p. 483.

⑤ 埃里希·奥尔巴赫：《摹仿论》，第 577 页。

⑥ Gustave Flaubert, Lettre à G. Sand, décembre 1875, *Correspondance*, Paris：Conard, 1926 – 1933, t. Ⅶ, p. 281.

⑦ Jacques Dubois, *Les romanciers du réel. De Balzac à Simenon*, *op. cit.*, p. 217.

变化来确定。可以说《人间喜剧》提供了布尔迪厄"区分理论"的文学鉴证。《人间喜剧》中的名利场中上演着权力场中的斗争：掌握经济资本的上升的资产阶级通过将衰落的贵族阶级的文化资本、社会资本和象征资本据为己有，逐渐取代贵族阶级，占据统治地位。资产阶级与贵族阶级的斗争既为了经济利益，也为了文化统治权。

　　经济生产场在权力场中占统治地位。按照巴尔贝里斯的观点，《人间喜剧》中的经济活动是相当分散的和模糊的，财富的产生和企业的建立似乎源于个人的野心和偶然，还没有像在《卢贡·马卡尔家族》中那样成为坚实的、稳固的资本活动。巴尔扎克呈现了资本主义从店铺经济向银行经济的发展过程，但他的资本主义基本上是一种家庭的、谨慎的、有节制的资本主义，他的资产阶级则是野心勃勃的、诡计多端的、很难确定范围的群体，多半是中小资产阶级，商人或代理人，而不是工业家。资产阶级通过商业交易活动进行资本积累，改变了古老农业社会的生活习惯，使封闭的旧世界与新的社会现实产生了联系。工业革命之前只有手工业作坊，老板把产品卖给批发商，零售商负责出售商品。最重要的不是生产，而是交换，中间人比生产商更多。不存在生产杏仁和榛子的资产阶级，存在的是销售它们的资产阶级。① 直到那时，资本主义社会的文学表象不是工场，而是集市，资产者通常都是商人，比如《赛查·皮罗多盛衰记》中垄断榛子油的玛杜夫人。《幻灭》中纸商大卫·赛夏的工场是手工业作坊，他对发明专利和科学研究而非通过生产盈利更感兴趣。大城市资产阶级是商业资产阶级。在《猫打球商店》中，大纺织厂尚未出现，但批发商和零售商垄断了布匹交易。《人间喜剧》中真正有地位的是《赛查·皮罗多盛衰记》中的香粉商赛查·皮罗多和他的女婿波比诺（先是制造商，后当上商业部部长）。皮罗多从发迹到破产的故事堪称巴黎商业的发展史：从个体小贩到小店主直至批发商的发展壮大，以及商业银行、股份公司、证券投机的出现。在《纽沁根银行》中，资本积累的过程不是通过消费品的生产和销售实现的，而是通过投机实现。纽沁根比吝啬鬼葛朗台和放高利贷的高布赛克更有雄才大略和冒险精神。他

① Pierre Barbéris, *Le Monde de Balzac. Post – face 2000*, Paris：Kimé, 1999, pp. 221 – 262.

通过三次假破产和假清理，成了法国的金融巨头，被封为男爵，当上了贵族院议员。由此，资产阶级的投资经历了从土地、城市地产到股票交易所的过程，也就是从不动产到动产、从谨慎到大胆、从积蓄到创造的过程。巴尔扎克出身于呢绒商之家，学习过法律，最熟悉的是店铺、高利贷和诉讼的世界。对他而言，描写这个行当中的骗子比一个制造商更有传奇性，何况制造业当时是分散和零星的。商业的发展，批发商和银行家王朝的产生，惊人的财富聚敛，是巴尔扎克笔力最雄健之处。可见，无论经济活动采取什么方式，经济生产场都处在统治地位。贵族阶级的经济劣势与文化高雅并存。其实 18 世纪的法国文明（上流社会文化）已经显示出暧昧的特点，一方面是高雅、精致、崇高、华丽，另一方面是追逐金钱。贵族阶级将天生的举止、财富带来的自在、对优雅舒适的爱好和对文化的尊重融合在一起，令资产阶级着迷，他们赞同贵族的历史和神话观念尤其是门第、血统和荣誉观念，荣誉观念是将贵族与其他阶级区分开来的一整套举止风度、时尚和语言规范。①

如同博物学家区分物种一样，巴尔扎克按照经济资本和文化资本的比例区分资产阶级和贵族阶级并考察两者的对立和融合关系。巴尔扎克时代的资产阶级首要的标志是拥有经济资本。资本是流动的财富，可无限使用。葛朗台的金子是一种原始的、粗野的资本："钱像人一样是活的，会动的，它会来，会去，会流汗，会生产。"② 这种家庭资本招来了嫉恨和闲话，代表了资本主义的首要特征。《猫打球商店》中呢绒商努力增加资本："对于浪费的人，钱固然是圆的；可是对于节俭的人，钱是扁平的，是可以一块一块地摞起来的。"③ 《老姑娘》中的资产者杜·布斯基耶在婚姻市场上最终以经济资本击败了徒有文化资本的瓦鲁瓦骑士。《古物陈列室》中的维克蒂尼安作为贵族虽有外表资本（俊美）、出身资本但无经济资本，被迫与资产阶级联姻，公证人谢内尔清醒地认识到："贵族阶级现在已经不存在了，只剩下来贵族阶级的一点残余。拿破仑的

① 参见杜比主编《法国史》，中卷，吕一民等译，商务印书馆 2010 年版，第 752—753 页。
② 巴尔扎克：《欧也妮·葛朗台》，傅雷译，《巴尔扎克全集》，第 6 卷，第 155 页。
③ 巴尔扎克：《猫打球商店》，郑永惠译，《巴尔扎克全集》，第 1 卷，第 43 页。

民法已经消灭了贵族的称号，正如大炮摧毁了封建社会一样。只要他们有钱，他们就比贵族更贵族。"①这点残余便是贵族的生活艺术和荣誉观念，资产阶级迷恋的东西。资产阶级凭经济资本融入贵族，同时努力占有贵族的文化资本。1830 年"七月革命"后，大资产阶级银行家将投机获得的财富投入奢侈的享乐中，模仿贵族的举止、仪态、时尚和语言，与民众区分开来。《苏镇舞会》中德·封塔纳伯爵的小女儿爱米莉固守贵族观念，没有嫁给商业资产者马克西米利安。马克西米利安从事洋纱、棉布和印花布批发生意，参加银行投资。他英俊高贵，擅长打猎、下棋、掷骰子，精通骑术与剑术，关于葡萄产地的知识渊博，数学、绘画、唱歌和跳舞一流，堪称十全十美的贵族："她在马克西米利安身上没有发现任何动作、任何言语可以证明他的出身或职业的低下的；相反，他的谈吐却显示出他是个掌管国家最高利益的人。"② 他的财产配得上他的学识和才能，当上了贵族院议员。贵族阶级则以文化资本、社会资本和象征资本攫取经济资本，屈尊吸收资产阶级加入。《幻灭》中某公爵对吕西安说："在法国用姓氏和头衔做资本，比才干更可靠。有了这两样，一切都不成问题：才智，门第，美貌，要什么有什么。"③

　　经济资本和文化资本占总资本的比例体现了阶级习性，阶级斗争目的是争夺占统治地位的资本（经济资本或文化资本）及其定义。贵族与资产阶级和小资产阶级的对立，体现在习性上。《古物陈列室》中的德·埃斯格里尼翁家族以荣誉为圭臬："荣誉是君主政体的伟大原则，这个词儿像灯塔一样树立在这个家庭所有成员心中，照亮了他们最细小的行为，激发着他们最细微的思想。"④《禁治产》中，德·埃斯巴侯爵有天生贵胄的傲气，贵族的德性与魄力，也承担贵族的责任。他祖上侵吞了新教徒的田产，他找到其后人，偿还了他们，完美体现了"是贵族就要行为高尚"的荣誉观念。巴尔扎克同代的托克维尔指出大革命剪除贵族的严重后果：

---

① 巴尔扎克：《古物陈列室》，郑永惠译，《巴尔扎克全集》，第 8 卷，第 631—632 页。

② 巴尔扎克：《苏镇舞会》，郑永惠译，《巴尔扎克全集》，第 1 卷，第 126 页。

③ 巴尔扎克：《幻灭》，傅雷译，《巴尔扎克全集》，第 9 卷，第 406 页。

④ 巴尔扎克：《古物陈列室》，第 489 页。

永远值得惋惜的是，人们不是将贵族纳入法律的约束下，而是将贵族打翻在地彻底根除。这样一来，便从国民机体中割去了那必需的部分，给自由留下一道永不愈合的伤口。多少世纪中一直走在最前列的阶级，长期以来发挥着它那无可争议的伟大品德，从而养成了某种心灵上的骄傲，对自身力量天生的自信，惯于被人特殊看待，使它成为社会躯体上最有抵抗力的部位。它不仅气质雄壮，还以身作则来增强其他阶级的雄壮气质。将贵族根除使它的敌人也萎靡不振。世上没有什么东西可以完全取代它；它本身再也不会复生；它可以重获头衔和财产，但再也无法恢复前辈的心灵。①

失势的贵族空余风度的华美。在《莫代斯特·米尼翁》中，叙述者慨叹："在这一代人身上，往日的伟大品格已经烟消云散，只剩下了那套举止。表面的形式，这就是贵族保留下来的唯一遗产。"② 风度的高贵在于无一定之规："真正的风度是富有弹性的。它能适应各种不同的境况，能与各个不同社会阶层达成一片，懂得什么时候该穿上粗布长袍上街，单是这种穿法就够出类拔萃的了，根本不是像某些布尔乔亚女子那样，在大街上拖着羽毛和大红大绿的花衣裳大肆卖弄。"③ 说不清那个贵妇"一举手一投足具有怎样优美和谐的风韵，她的举止显得怎样的超凡脱俗，每一细部与整体之间配合如何恰当，着意打扮之中又如何显得自然，这赋予一个女人神圣和伟大的一切。"④《幻灭》中的贵族青年言辞从容，衣着得体："身上没有一点儿耀眼的东西，可是样样引人注目。"⑤《浪荡王孙》中的贵族拉帕菲林伯爵破落到无以为生，依旧风度翩翩，彬彬有礼，卓然不群。

《猫打球商店》中的资产阶级女子奥古斯婷无知、粗俗、狭隘、严肃、节俭、忠实，表现出良好的文化意愿——读书，学习，求知，但无

---

① 托克维尔：《旧制度与大革命》，第148页。
② 巴尔扎克：《莫代斯特·米尼翁》，袁树仁译，《巴尔扎克全集》，第1卷，第397页。
③ 巴尔扎克：《莫代斯特·米尼翁》，第397页。
④ 巴尔扎克：《莫代斯特·米尼翁》，第520页。
⑤ 巴尔扎克：《幻灭》，第184页。

法将所学的知识化为修养；他的丈夫，贵族画家德·索迈尔维生来潇洒风流，放荡不羁，趣味高雅，挥金如土。《赛查·皮罗多盛衰记》中的商人则表现了可笑的观念和举止，做买卖的精明和超出本行时的无知和愚蠢。《高老头》中的贵族府第与伏盖公寓属于两个不同的世界："一方面是最高雅的社会的新鲜可爱的面目，个个人年轻，活泼，有诗意，有热情，四周又是美妙的艺术品和阔绰的排场；另一方面是溅满污泥的阴惨的画面，人物的脸上只有被情欲扫荡过的遗迹。"①《行会头子费居拉斯》中，于勒·德马雷是经纪人手下的办事员，他凭清教徒般的苦干精神攀升社会阶梯。在一个青年军官的挑拨下，他追查妻子的秘密，最后弄清与她过从甚密的那个男人是她的父亲——无所不能的行会头子费居拉斯，妻子在精神的重压下死去。巴尔扎克以小说形式揭示了布尔迪厄所说的上升的（小）资产阶级与贵族对立的物质与表象根源：由于对财产和女人的占有欲产生极度的不安全感，资产阶级对女人进行嫉妒的专制统治；贵族通过炫耀、消费和慷慨再生产社会资本，与生俱来的财产培养了贵族的自信、优雅和大度，使他们不嫉妒，享有无视不安全感的特权。②

巴尔扎克通过生活风格构建阶级。巴特敏锐地看到："需等到巴尔扎克才知道小说不再只是纯粹人类关系的空间，而且也是物质及其用法的空间，后二者也应该在人类情感史中产生作用。"③贵族府第室外景色与室内陈设配合协调，毫无市侩气："在这里，凌乱也称为一种美，豪华的气象好像对金钱表示轻蔑。"④也许房间家具不多，但布置得体，屋子色调朴素，统一，雅致，清洁，显示出人与物之间的和谐。⑤暴发户银行家则大肆炫耀："而此时宅中音乐回响，千百支蜡烛放射出光芒，这是银行家的舞会，是咄咄逼人、引人注目的晚会。通过这种晚会，未经琢磨的黄金社会企图嘲弄金粉客厅，嘲弄在金粉客厅中高声谈笑的圣日耳曼上

---

① 巴尔扎克：《高老头》，傅雷译，《巴尔扎克全集》，第 5 卷，第 83 页。

② 布尔迪厄：《区分——判断力的社会批判》，第 523 页。

③ 巴特：《写作的零度》，第 78 页。

④ 巴尔扎克：《猫打球商店》，第 61 页。

⑤ 巴尔扎克：《禁治产》，傅雷译，《巴尔扎克全集》，第 5 卷，第 441 页。

流社会。"① 尼龙商家中堆满金银装饰品，俗气而值钱的家具："在整个公馆里，每一件零碎东西都体现出节俭和浪费的斗争，好像纪尧姆先生连购买一只烛台也要存一笔钱进去似的。"②在暴发户克勒韦尔的公寓里，"堆满了凡是金钱所能买到的、恶俗的漂亮东西"。③这是因为，"有钱的人从来不肯错过一个表现俗气的机会。15年来，克勒韦尔之流为了硬纸板的墙壁、金漆的石膏、冒充的雕刻等所花的代价，可以把美化巴黎的工事全部完成"。④小资产阶级表现出总体的贫困和庸俗趣味，但家居上有细微差别。巴黎公务员家以赝品冒充真货："这对夫妇的公寓，是多数巴黎人家的典型，室内是一派冒充奢华的排场。客厅里：家具上包的是棉料的假丝绒；石膏的小人像充作佛罗伦萨的铜雕；粗制滥造的吊烛台，烛盘是假水晶的；地毯里夹着大量的棉纱，连肉眼都能看见，说明它为什么价钱便宜；呢料的窗帘，没有三年的光鲜好维持；样样东西都显得寒酸，好似站在教堂门口的衣衫褴褛的穷人。"⑤贝姨家则表现出实用的整洁："家具就像一些小康的工人家里的：几张草垫的胡桃木椅子，一张小小的胡桃木饭桌，一张工作台，几幅彩色版画，装在颜色变黑了的木框内，窗上挂着纱窗帘，一口胡桃木大柜子，地板擦得雪亮，干净得发光。一切都纤尘不染，可是到处冷冰冰的情调，活像一幅泰尔比尔的画，画上所有的，这里都有，连那灰灰的色调都不缺，那就是从蓝色变为苎麻色的糊壁纸。每件东西都留着庸俗的标记。"⑥

巴尔扎克阐明了社会结构。在《金眼女郎》中，他区分了巴黎社会的各个阶层。在金钱和享乐主导的巴黎，最底层是吃苦受累、及时行乐的工人、无产者，再上一层是追逐利益、身体和精神高度紧张的小资产者，他们拼命将子女提高到大资产阶级的地位，然后是聚敛钱财、思想平庸、期望与贵族联姻的大资产者，最后是往返于工作与享乐、欠债与

---

① 巴尔扎克：《行会头子费居拉斯》，袁树仁译，《巴尔扎克全集》，第10卷，第35页。
② 巴尔扎克：《猫打球商店》，第55页。
③ 巴尔扎克：《贝姨》，傅雷译，《巴尔扎克全集》，第13卷，第134页。
④ 巴尔扎克：《贝姨》，第133页。
⑤ 巴尔扎克：《贝姨》，第68—71页。
⑥ 巴尔扎克：《贝姨》，第110页。

还债之间的艺术家。确如作者宣称，《风雅生活论》"建立在对社会结构严肃的研究之上"。① 他区分了三个阶级：劳动者，思想者，有闲者。劳动者是过着劳碌生活的工具人，大致包括民众和中小资产者，他们不懂风雅生活。风雅生活是大资产阶级和贵族、艺术家的生活，意味着："知道怎样夸耀自己的财富"，"移植到事物中的贵族品质"。② 与人直接相关的语言、行动、风度，与人间接相关的家具、室内装饰、车马、听差，都是风雅必备。他强调风雅与本能和习惯以及教育密切相关，但风雅是一种意识："享受生活的艺术、高雅的风范、作为完整教育成果的那种'说不上来是什么'的东西，变成了有闲人与劳碌人之间唯一的分界。"③ 他以拉布吕耶尔式的箴言表述风雅"法则"："财产可以聚敛，风雅却系天成。""风雅的基本效果是将手段秘而不宣。""风雅的构成原则是协调统一。""一切暴露俭省的东西都是不风雅的。""悠游自在得之于外在生活与财产的协调。""奢华不如风雅费钱。""做出来的风雅不同于真正的风雅，就像假发不同于真发。""服饰是社会的表象。"④他强调："过风雅生活还必须擅长在极高的思想水平上使用时间。"⑤ 所以风雅虽有无数法则，艺术家是例外："他不遵守法律，他制定法律。无论他是无所事事，或是构想一部杰作，看上去都像是悠闲自得……无论他是身无分文，还是挥金如土，他永远表现一种崇高的思想，影响全社会。"⑥唯独艺术家能够创造新生活方式。可以说，巴尔扎克的风雅生活是布尔迪厄描绘的经济资本与文化资本都丰厚的统治阶级的生活艺术。风雅是统治阶级的习性，艺术家作为统治阶级的被统治阶层，为艺术和生活艺术立法。

巴尔扎克指明了阶级与阶层划分的根本原因：

庄严雄伟的贵族宅邸及高楼大厦，内部处处富丽堂皇，陈设精

---

① 巴尔扎克：《风雅生活论》，罗芃译，《巴尔扎克全集》，第24卷，第25页。
② 巴尔扎克：《风雅生活论》，第12—13页。
③ 巴尔扎克：《风雅生活论》，第23页。
④ 巴尔扎克：《风雅生活论》，第25—58页。
⑤ 巴尔扎克：《风雅生活论》，第11页。
⑥ 巴尔扎克：《风雅生活论》，第11页。

美华丽，构成了一个"场地"。还未出生便已富有的幸运主人，自由自在地活动其中，从不受到任何冒犯；惯于从来无需降低身分去计算日常生活细小开支，时间可以自由支配，可以早早地接受高等教育。总之，贵族的传统习惯所赋予他的社会力量，他的对手即使通过学习，再加上坚韧的毅力和志向也很难与之抗衡。一个从童年起即拥有这等特权的人，一切都应该使他的心灵变得高尚，给他深深打上高度自尊的烙印，最起码的功效也应该是具有与其高贵姓氏相称的高尚心灵。①

　　无疑，富裕，闲暇，高等教育，支配时间的社会权力，恰恰是布尔迪厄所说的贵族习性的社会条件："自相矛盾的是，早熟是资历的一种作用：贵族是早熟的典型形式，因为贵族就是古老家族的后代生来就有的资历（至少在资历和贵族——这两个大致相同的概念——作为价值得到承认的空间里如此）。"②正是由于时间的不可逆转，贵族才独占最稀罕、最不易觉察和最不可见的获得方式。《古物陈列室》显示了贵族在时间上的无比优越。德·埃斯格里尼翁家族生活在 19 世纪，却甘愿留在 15 世纪的古物陈列室："对他们来说，重要的是保持家族的古老的血统的纯洁，完全像一个考古学者，对一枚古币的重量并不放在心上，却极端重视古币上面文字和头像的清晰，以及年代的古旧。"③

　　在《人间喜剧》中，阶级对立与外省与巴黎的对立部分地重合。巴黎是财富和权力的中心，外省青年角逐的名利场。法国大革命推翻了王权，削弱了等级制度。拿破仑时代兴起的自由竞争为个人发展提供了可能，但这是以他拥有的资本总量为前提的。巴尔扎克描写外省中产阶级青年在巴黎的沉浮。《幻灭》中颇有才华的青年诗人吕西安，在巴黎加入了文学雇佣军，在文坛斗争和党派倾轧中自杀身亡。《高老头》中家境贫寒的外省青年拉斯蒂涅到巴黎学习法律，在贵族府第完成了他的阶级教

---

①　巴尔扎克：《朗热公爵夫人》，袁树仁译，《巴尔扎克全集》，第 10 卷，第 191 页。

②　布尔迪厄：《区分——判断力的社会批判》，第 120 页。

③　巴尔扎克：《古物陈列室》，第 469 页。

育："一样一样的入门以后，他就脱了壳，扩大眼界，终于体会到社会的各阶层是怎样层叠起来的。"①还有他的情感教育："在德·雷斯托太太的蓝客厅和德·鲍赛昂太太的粉红客厅之间，他读完了三年的巴黎法。这部法典虽则没有人提过，却构成一部高等社会判例，一朝学成而善于运用的话，无论什么目的都可以达到。"②拉斯蒂涅慢慢习得了巴黎的风俗，完全消除了外省人观念。他得了文学士和法学士学位，竟有了这样的野心："拉斯蒂涅决意分两路进攻去猎取财富：依靠学问，同时依靠爱情，成为一个有学问的博士，同时做一个时髦人士。可笑他还幼稚得很，不知道这两条路线是永远连不到一起的。"③这是布尔迪厄所说的学者与社交家的对立，代表了两种对立的文化获得方式。学者推崇理性教育，"力图将熟习（familiarité）的实践模式简化为标准化的规则"。④ 社交家强调天赋观念，漠视规则。从法国 17 世纪下半叶以来，随着宫廷权力扩张，上流社会的人变得更有修养，学者与社交家之间的差距减小，一种新型文人出现了，他们结交艺术家和上流社会的人，推动上流社会要求和学校要求的综合。布尔迪厄指出，学者对社交家的态度也充满了矛盾心绪："由于他倾向于与民众对立并与社交家站在一边接受趣味天生的观念——社交家完全有理由接受这种观念，因为他们脱离不了自己的出身——这种观念构成了他的选择的唯一绝对的保证，但他不得不证明他的成果的价值，以及获取活动、康德所说的'内心培养的长久努力'本身的价值，以反对社交家，这种长久的努力，在社交家眼中是瑕疵，在他自己眼中则构成了他的全部价值。"⑤康德以中产阶级的道德和文化观念反对宫廷贵族的礼仪规范。实际上伊拉斯谟早已表达了人文主义知识分子的自我意识：通过思想、写作和知识获得自身的合法地位，与统治阶级观点保持距离。他在《男孩的礼貌教育》中教导一位王子说："通过对自由艺术的研究使其心灵才智得到发展的人都应该被视作高尚的人。尽管可以让

---

① 巴尔扎克：《高老头》，第 31 页。
② 巴尔扎克：《高老头》，第 72 页。
③ 巴尔扎克：《高老头》，第 84 页。
④ 布尔迪厄：《区分——判断力的社会批判》，第 125 页。
⑤ 布尔迪厄：《区分——判断力的社会批判》，第 125 页。

别人在自己的盾牌上画上狮子、雄鹰和其他动物作为纹章，而真正占有雄鹰的，应该是那些能够把他们自己在艺术和科学领域里的造诣画进盾牌纹章里的人。"① 这正是巴尔扎克和布尔迪厄通过写作赋予自己的天职。知识分子通过对世界的客观化活动达到对客观和主观世界的认识，让自己和别人摆脱一切权力的奴役。

巴尔扎克描写过一个学者对巴黎穷人的观察和体验："只有一种嗜好能使得暂时放弃我好学的习惯；我喜欢观察我所住的那一区的各种风俗习惯，当地的居民和他们的性格。当我观察一个人的时候，我能够使自己处于他的地位，过着他的生活，就如同《一千零一夜》里下神的一样，可以附在别人的身上，借别人的口说出话来。"而且，"我会好玩地尾随着他们，从白菜桥大街一直跟到博马舍大道"。② 布尔迪厄直接受到巴尔扎克的启示：

> 无疑由于福楼拜所说的"经历所有生活"的爱好，以及抓住一切机会历险即每次发现新环境（或只是开始一项新研究的刺激）的爱好，连同对社会学的科学主义定义的拒绝，导致我对各种各样的社会世界感兴趣。我想，漫长的暑假阅读促使我产生进入陌生的社会环境的欲望，也许一些人则不大有这种欲望，因为他们的存在将他们局限在一个或多或少完全同质的社会世界里。巴黎把文学回忆变成现实，作为一个对巴黎无比着迷的高师文科预备班青年学生，我天真地把自己等同于巴尔扎克（我与他的雕像的第一次奇遇，在瓦万街的十字路口！），乃至我多次在星期天外出时跟随陌生人，以便发现我努力猜测的他们的街区、他们的房屋、他们周围的人。③

我们可以发现巴尔扎克和布尔迪厄精神气质之亲和性的无数痕迹。他们都上过寄宿学校，在被关禁闭时拼命读书，吸收广博的知识，形成

---

① 埃利亚斯：《文明的进程：文明的社会起源和心理起源的研究》，第一卷，《西方国家世俗上层行为的变化》，王佩莉译，生活·读书·新知三联书店 1998 年版，第 148 页。

② 巴尔扎克：《法西诺·卡纳》，沈怀洁译，《巴尔扎克全集》，第 11 卷，第 499 页。

③ 布尔迪厄：《自我分析刚要》，第 79 页。

了早熟而独特的思想。巴尔扎克很早就思考世界的统一性问题："我觉得自己有某种思想要表达，有某种体系要建立，有某种学说要阐释。"[1] 他培养自己任何非凡的天才都不可或缺的哲学造诣。柏拉图、培尔、第欧根尼、亚里士多德、拉伯雷、拉马克、霍布斯、斯宾诺莎、笛卡尔强壮了他的心灵。他受斯威登堡的神秘主义影响，认为物质与精神是同一实体的两个方面，信服库赞的折中论。布尔迪厄也建立了《人间喜剧》那般庞大的社会学体系。[2] 他主编的《世界的苦难》成了畅销书，这个通过访谈故事、方法论和理论分析构造的复调小文本集合，复兴了巴尔扎克小说的"社会学形式"。布尔迪厄不赞同折中论，但他同样认为理论与经验、主观主义与客观主义、结构主义与现象学之间的对立，"是虚假的和危险的，因为它们导致残缺"。[3] 社会学家应该吸收其对手的观点克服自己观点的局限性。[4] 他努力以生成结构理论调和主体哲学与客体哲学的对立。

莫里哀笔下的"贵人迷"资产者汝尔丹先生拼命学习音乐、舞蹈、击剑和哲学："只觉得和大贵人来往才对心思：荣誉和风雅，只有他们才有。"[5] 来自外省资产阶级家庭的巴尔扎克也是"贵人迷"。他父亲出身农民，靠自学当上了诉讼代理人、行政法院秘书，终生对贵族艳羡不已，在大革命前将自己的姓巴尔萨改成了德·巴尔扎克。他母亲是富裕的呢绒商之女。他们慷慨地支持巴尔扎克写作。为了谋生，巴尔扎克当过记者，还冒险投身实业，以破产欠债告终，这一切原封不动或改头换面地出现在他的小说中。他靠文学声誉打开巴黎上流社会的大门，在贵族妇女那里完成了他的情感教育，在沙龙里结识了浪漫派精英，最终与波兰贵妇韩斯卡夫人结婚。他盘算过文学创作能给他带来多少收益。为了快乐地工作，他住在有漂亮家具、铜器、精装书和高级地毯的房间里，享

---

[1] 莫洛亚：《巴尔扎克传》，艾珉、俞芷倩译，浙江文艺出版社1998年版，第22页。

[2] 布尔迪厄给阿隆做助手时，受到后者的责备："您像萨特一样，您建立概念体系太早。"参见布尔迪厄《自我分析纲要》，第39页。

[3] Pierre Bourdieu, *Choses dites*, *op. cit.*, p. 47.

[4] Pierre Bourdieu, *Choses dites*, *op. cit.*, p. 49.

[5] 莫里哀：《喜剧六种》，李健吾译，上海译文出版社1978年版，第373页。

用国王的美餐。但写作的激情制服了他的庸俗、病痛与逆境。他每天晚上六点钟睡下，半夜十二点被叫醒，喝下无数杯浓咖啡，一口气写作十二到十五小时，作品完成后，反复进行大量修改和增删。他的一切都是为了文学存在，生命对他不过是一种手段。布尔迪厄出身于小资产阶级，父母无条件地支持他完成了学业。他努力克服强烈的文化自卑，也算"贵人迷"。他像巴尔扎克一样以自己的才能征服了巴黎，从社会底层登上了法兰西学院的讲坛。但他不像巴尔扎克那样觊觎上流社会，有意"与法国式知识分子及其上流社会的请愿、高雅的游行或为艺术家商品目录写的前言保持距离"，① 始终保持批判知识分子的清醒意识，最终投身于政治斗争。他拼命地工作，直至肺癌突然夺去他的生命。他的葬礼在拉雪兹神父公墓举行，他的朋友皮埃尔·维达尔－纳凯（Pierre Vidal－Naquet）回忆：皮埃尔·韦尔南致诔词之后，读了布尔迪厄《自我分析纲要》手稿中寄宿生活的几段回忆。这个贝亚恩青年战胜了自己的拉斯蒂涅可能性，作为介入的学术人，与巴尔扎克一起安息在拉斯蒂涅向整个巴黎发出挑战的山丘上。雨果曾在这里颂扬拉斯蒂涅的缔造者留下《人间喜剧》的丰碑："它在对大量的真实、夸张、平庸、粗俗、物质的描写中，会突然让人觉察到最忧郁最带悲剧色彩的理想。"② 如果把"描写"换为"分析"，这对布尔迪厄完全适用："社会学促使理解世界，解释世界……这并不意味着世界应该依原样被爱或被保留。"③ 同样地，《世界的苦难》（La misère du monde）也是对《悲惨世界》（Les misérables，1862）的遥远致意。④

---

① 布尔迪厄：《自我分析纲要》，第128—129页。

② 莫洛亚：《巴尔扎克传》，第680页。

③ Pierre Bourdieu avec Loïc Waquant, Réponse... Pour une anthropologie réflexive, op. cit. , p. 171.

④ 在布尔迪厄看来，"对浸透在每种见证的特定必然中来说必要的持久的、殷切的目光，人们通常留给伟大文学或哲学文本的目光，人们也可通过诠释态度的一种民主化，将它赋予对日常冒险的日常叙述"。[Pierre Bourdieu（dir.），La Misère du monde, op. cit. , p. 1421.]《世界的苦难》以小故事和对话的方式记录日常生活中大大小小的苦难，但布尔迪厄强调，这种叙述并非照搬未经反思的自发话语，而是以谈话中摘出的句子为标题和小标题，使读者关注叙述的社会学特征，即苦难的社会根源。社会学要"让人充分认识各种形式的苦难，包括最内在和最秘密形式的苦难的被集体掩盖的社会根源"。（Ibid. , pp. 1453－1454.）

第七节　普鲁斯特的社会学

　　作为塔尔德和涂尔干的同代人，普鲁斯特不满足于对社会世界的直觉的洞观。他在《追忆似水年华》中，通过一个主体的印象和回忆，揭示小说人物的内在性，折射复杂的、晦暗的社会现实，传达了他的社会学思想。巴尔扎克上演"人间喜剧"（la comédie humaine），书写法国社会的风俗史、资产阶级的上升史和贵族阶级的衰亡史。普鲁斯特上演"上流社会喜剧"（la comédie mondaine），书写法国社会的风雅史，以更微妙的方式描绘了两个阶级的盛衰。《追忆似水年华》的两条主线"斯万家那边"和"盖尔芒特家那边"，一边是资产阶级，另一边是贵族阶级，两个阶级表面上互相对立，但最终通过联姻会合在一起："从前，一整套贵族的偏见和冒充高雅的浅薄之见自然而然地把盖尔芒特这个姓氏和与之不相协调的一切分隔天壤，现在，它们已不再发挥作用。拒绝入境的机械因为弹簧或松或断已不再运行，许许多多陌生的躯体在往里挤，褪尽它清一色的同质性、它的风采和色调。圣日耳曼区像一名痴愚的老寡妇，对闯进她的沙龙，啜饮她的橘汁还向她介绍自己的情妇的粗俗无礼的仆佣们，她只会报之以胆怯的微笑。"① 普鲁斯特没有像巴尔扎克那样直接描述经济生活，而将两个阶级的斗争与纠葛，通过他们的生活方式和交往方式呈现出来。按照昂利（Anne Henry）的观点，塔尔德是普鲁斯特诗学的社会学依据，他为普鲁斯特提供了一个系统，可以解释人类群居的倾向性并承认创造者的特殊力量，即模仿与创造。他宣称所有人都模仿，只有几个人创造，为普鲁斯特的等级提供了社会学理由：艺术家的社会自我与深层自我对立，大部分人可还原为社会自我。② 普鲁斯特跟塔尔德学会了推理，在小说中移译塔尔德的"个人解释社会"的原则：

---

　　① 普鲁斯特：《重现的时光》，徐和瑾、周国强译，《追忆似水年华》，第七卷，译林出版社 1990 年版，第 261 页。

　　② 安娜·昂利：《社会学时间：万花筒》，刘晖译，涂卫群编选：《普鲁斯特研究文集》，译林出版社 2019 年版，第 145—146 页。

"对世界的解释只能在个人空间中找到，普遍性通过个别性达到。"① 普鲁斯特和塔尔德都不是理性主义者，都认为生活是"将逻辑与非逻辑、理性与非理性联系在一起"。② 普鲁斯特还站在塔尔德一边反对涂尔干，在影射两者的对立："笨人以为社会现象的重大维度是深入人类灵魂的良机；相反他们应该理解，只有下降到一个个性的深处他们才有机会理解这些现象。"③ 由此，她得出结论，普鲁斯特废除了阶级描绘，消灭了阶级的传统解释，仅保留了围绕一个共同信念构成的小圈子，即上演塔尔德的模仿、反模仿、自我模仿的区分的地点。④ 总之，昂利认为普鲁斯特将塔尔德的理论照搬到小说中，《追忆似水年华》是塔尔德社会学的文学文本。

普鲁斯特对社交圈的描绘不是简单地执行塔尔德的模仿论。一方面，他不知不觉抛弃了塔尔德的非历史化和心理主义。在《追忆似水年华》这部成长小说中，叙述者与世界一起成长，反映着世界的历史成长，从个人历史进入"大历史"。两种历史交叉出现在小说形形色色的社交场所——巴赫金的时空体（或时空）中。按照巴赫金的定义，时空体是"文学中已经艺术地把握了的时间关系和空间关系相互间的重要联系"。⑤ 这就是说，空间和时间标志融合在一个被认识了的具体整体中。时间浓缩、凝聚成艺术上可见的东西；空间则趋向紧张，被卷入时间、情节、历史的运动之中。时间的标志要展现在空间里，空间则要通过时间来理解和衡量。⑥ 怀特认为"时空体"对于研究 19 世纪欧洲文学得天独厚，它处在环境与黑格尔的"时代精神"之间，既不属于自然，也不属于文化，而是两种存在范畴在独立的历史地点和时间段的协调形式，它一方

① 安娜·昂利：《社会学时间：万花筒》，第 151 页。
② 安娜·昂利：《社会学时间：万花筒》，第 162 页。
③ 安娜·昂利：《社会学时间：万花筒》，第 151 页。
④ 安娜·昂利：《社会学时间：万花筒》，第 155 页。
⑤ 巴赫金：《长篇小说的时间形式和时空体形式——历史诗学概述》，载《巴赫金全集》，第三卷，白春仁译，河北教育出版社 2009 年版，第 269 页。
⑥ 巴赫金：《长篇小说的时间形式和时空体形式——历史诗学概述》，第 269—270 页。

面是人类劳动、统治、压迫和升华的产物，另一方面是意识的真实存
在。[①] 概言之，"时空体"概念有助于分析作品生产的可能性条件并重构
其作者在作品中描绘的观念地图。不妨说"时空体"是社会生产条件与
表象的综合。巴赫金指出，巴尔扎克具有在空间中"看见"时间的罕见
才能，他对沙龙、公寓、街道、城市、乡村的描绘，体现出时间系列与
空间系列的交叉，时间流动的痕迹在空间中的凝聚。沙龙是完成小说事
件的全新地点。作为时空体，沙龙容纳了对小说具有特殊意义的对话，
揭示人物的性格、思想和欲念。在"这里"，历史内容、社会公共内容与
个人内容甚至色情内容相互交融，历史时间与传记时间、日常生活时间
紧密交织，汇合成时代的统一标志。相形之下，福楼拜《包法利夫人》
中的时空体是小镇，时间是没有事件的时间，循环的时间，明显表现为
物质的东西。[②] 普鲁斯特也对比过巴尔扎克与福楼拜的时间观念：巴尔扎
克使时间变化具有主动性或资料性，而"福楼拜第一个使时间变化摆脱
轶事的寄生现象和故事的无用之物。他第一个把时间的变化谱成音乐"。[③]
我们可以说，普鲁斯特在《追忆似水年华》中汇聚并综合了巴尔扎克和
福楼拜的时空体，将事件的戏剧性置换为事件的零度，将社会世界从剧
场变成了音乐厅，构建了沙龙、贡布雷小镇、巴尔贝克海滩等时空体。
对普鲁斯特而言，时间 – 空间既是真理的障碍也是达到真理的手段，他
通过不断变换视角来接近真理，寻找/研究（la recherche）失去的时间：
"甚至沙龙都不能通过到目前为止适用于一种性格研究的静止不动来描
绘，因为沙龙本身也应该被卷入到一种几乎历史性的运动中。"[④] 按照昂
利的观点，普鲁斯特假装让时间停滞，实际上在美学层面模仿科学目光
的悬置——"万花筒"，通过历时性和共时性两种外延，万花筒机器保证
了一种社会永久性，这种永久性与直接驱动它的个人本质的永久性相

---

① 海登·怀特：《"19世纪"时空体》，载《叙事的虚构性：有关历史、文学和理论的论文（1957—2007）》，马丽莉、马云、孙晶姝译，南京大学出版社 2019 年版，第 304 页。

② 巴赫金：《长篇小说的时间形式和时空体形式——历史诗学概述》，第 440—442 页。

③ 普鲁斯特：《一天上午的回忆》，第 222 页。

④ 转引自安娜·昂利《社会学时间：万花筒》，第 154 页。

关。① 她引用普鲁斯特的这段话：

> 与不断转动的万花筒一样，社会以不同方式连续地放置人们曾以为不动的因素并组成另一幅图形。我还没领第一次圣体，那些思想正统的贵妇就吃惊地在访客中看到一个优雅的犹太女人。万花筒的这些新构型是由哲学家会称作一种标准变化的东西产生的。德雷福斯案件在一个稍晚于我开始去斯万夫人家的时代，带来了一种新标准，而万花筒再一次翻转了它的彩色菱形小图案。一切属于犹太人的都到了下面，哪怕是优雅的犹太女人，而无名的民族主义者上位了……尽管如此，每当社会暂时不动时，那些生活在其中的人都以为任何变化都不再发生。②

然而这段话说明了社会变化（静止是变化的特殊情形）的永久性造成了个人变化的永久性。个人的内在性绝非柏格森的纯粹的和精神的绵延，涌现的自由，无法预料的生成，而是社会结构的产物——习性，个人性被社会性归并的结果。习性的惰性、滞后性造成人们对缓慢的变化习焉不察。在布尔迪厄看来，"普鲁斯特把习性概念心理化了。在我看来他更像社会学家而非心理学家，他最好的理论是社会学的，而非心理学的；这与人们通常以一种柏格森的陈规、以玛德莱娜小蛋糕的名义说他的完全相反"。③普鲁斯特深受其时代的心理主义影响，西美尔也不例外，他像塔尔德一样持社会互动论，把社会历史视为自然论生存与目的论生存的斗争、妥协与调和。在他看来，模仿是心理遗传，群体生命向个体生命的过渡，思想与无思想之间的产物，时尚是模仿的典型。时尚既提供了把个人行为变成样板的普遍规则，又满足了对变化性和差异性的需求。时尚不断变化，区分高等阶层与低等阶层，当低等阶层开始模仿高等阶层的时尚时，高等阶层开始抛弃原先的时尚，创造另外的时尚。④ 卓

---

① 安娜·昂利：《社会学时间：万花筒》，第 162 页。
② 普鲁斯特：《在少女们身旁》，第 76—77 页，译文有改动。
③ Pierre Bourdieu, *Sociologie générale. Cours au collège de France 1983 – 1986*, *op. cit.*, p. 905.
④ 西美尔：《时尚的哲学》，费勇、吴蓉译，文化艺术出版社 2001 年版，第 70—71 页。

越的人以时尚为面具，通过表面上服从时代、阶级和小圈子标准的束缚，保证内在的自由。时尚使某个圈子与其他圈子分离，同时使这个圈子团结得更加紧密，这是互为因果的关系。圈内成员需要互相模仿，减轻个人美学上和伦理上的责任感。① 也就是说，西美尔与塔尔德都致力于从社会现象中抽取超历史的本质，从生命的个别现象中推导整体的意义，通过个人的内在性超越社会外在性。然而流行风尚不是主体之间镜子反射般的观相主义，而是作为习性的审美配置的互动。特别是，时尚的区分辩证法依赖统治趣味的产物与被统治趣味的产物之间的时间距离："采用一种审美配置的能力由所考察的个人或群体审美地构造的东西与艺术合法性的把持者在生产场的一个确定状况下审美地构造的东西之间的差距（这种差距在一个其发展法则是区分的辩证法的生产场中，也是一种时间间隔，一种延迟）来衡量。"② 不是个人的创造和小圈子乃至大众的模仿构造了社会，而是社会必然决定了精英的创造和常人的模仿。《追忆似水年华》成功地超越了作者的模仿理念，提供了阶级的和分类的社会决定论表述。

在巴尔贝克的豪华旅馆里：

电源使餐厅光芒四射，餐厅似乎变成了偌大的美妙的养鱼缸。巴尔贝克的工人、渔民以及小市民的家庭，躲在暗处。你看不见他们，他们却在这养鱼缸的玻璃四壁面前拥挤着，想要远远地看看这些人在金光摇曳中的奢侈生活。对贫穷的人来说，这些人的生活确与奇异的鱼类和软体动物的生活一样不可思议（玻璃壁是否永远能够保护住绝妙动物的盛筵，夜间贪婪凝望的默默无闻的人是否就不会到养鱼缸里来把这珍奇动物掠走并且将其吃掉，这是一个很重大的社会问题）。在这驻足凝视、黑夜里看不清楚的人群里，说不定有个什么作家，什么人类鱼类学爱好者，他们注视着雌性老魔鬼张开颌骨咬住一块食物又闭上的情景，便按照品种、生性以及后天获得

---

① 西美尔：《时尚的哲学》，第84—93页。
② 布尔迪厄：《区分——判断力的社会批判》，第63页。

的特性来对这些老魔鬼加以分类自娱呢！①

这是阶级分类和阶级斗争的绝妙呈现。普鲁斯特就是这个作家，人类鱼类学爱好者，社会分析家。

按照布尔迪厄的观点，沙龙可视为不同场的代表相遇的地点，沙龙女主人非常明白自己与聚集在一个小空间的不同阶层的精英打交道，她通过巧妙的策略管理错综复杂的关系。在《追忆似水年华》中，普鲁斯特几乎以结构思想方式思考沙龙空间中的沙龙：某夫人的沙龙，在某个确定时刻接待构成贵族（等）阶级的人，出入沙龙的人被他们出入的沙龙定位，同时他们也为这个沙龙定位。为了在结构上思考某夫人的沙龙，应该理解统治阶级的结构。为了理解沙龙在沙龙空间中的位置，为了理解谁在谁不在，甚至为了理解某夫人同时接待 X 和 Y 时沙龙里发生了什么，也应该理解性别之间的劳动分工。布尔迪厄指出：19 世纪非常重要的一个社会事实就是统治阶层的妇女充当统治阶层与被统治阶层、福楼拜所说的资产阶级与艺术家的中介。②

巴黎和外省的贵族和资产阶级的生活围绕几个沙龙展开。沙龙的威信依靠被排斥者和被接待者的状况："一个沙龙好坏，往往根据女主人不接待什么样的人，而不是根据她接待什么样的人"，③ 被接待者也由接待他们的沙龙的质量衡量。盖尔芒特沙龙是圣日耳曼贵族区的翘楚，出入盖尔芒特沙龙的知名人士基本上都是自愿地（至少自以为是自愿地）抛弃了一切与盖尔芒特精神、盖尔芒特礼节不符的东西。帕尔马公主被这个沙龙里关于文艺作品的奇谈怪论惊得目瞪口呆，她"不能识别什么是真正的盖尔芒特精神，什么是这一精神的初步习得形式"。④ 大资产者维尔迪兰夫人的沙龙与盖尔芒特沙龙处于竞争地位，凡不属于这个小圈子

---

① 普鲁斯特：《在少女们身旁》，袁树仁、桂裕芳译，《追忆似水年华》，第二卷，第227 页。

② Pierre Bourdieu, *Sociologie générale. Cours au collège de France 1981 – 1983*, op. cit. , p. 515.

③ 普鲁斯特：《盖尔芒特家那边》，潘丽珍、许渊冲译，《追忆似水年华》，第三卷，第178 页。

④ 普鲁斯特：《盖尔芒特家那边》，第14 页。

的人都被她贬低，她的风雅体现在对艺术的真诚的爱："自从观众的兴趣离开了某位贝戈特鼓吹的法兰西型的理性艺术，迷上了充满异国情调的音乐以后，维尔迪兰夫人成为一名外国艺术家常派巴黎的特约通讯员。"①外省贵族德·康布尔梅夫人的沙龙代表了典型的外省精神，土气，闭塞，狭隘。在布尔迪厄眼里，社交界是一个象征交易游戏场所，个人价值和集体价值并不像普鲁斯特所说的仅仅依靠交际策略。统治社交界的夏吕斯、贝戈特或盖尔芒特公爵夫人的象征资本不只是社会互动论主张的整个交叉评价游戏，喻示他们相互的轻蔑、拒绝、感激、敬重。它也是普鲁斯特以社会物理学形式记录的客观现实比如城堡、土地、产权、爵位的形式，着魔的、神秘化的和同谋性的认识改变了这些客观现实，决定了风雅的含义。

在普鲁斯特描述的沙龙和风雅世界中，贵族和资产阶级进行着趣味斗争，个人和群体力图按照自己的利益维持或改变趣味的总体秩序，这种秩序依赖在象征价值市场上互相冲突并持续积累的一系列判断。这些判断就是对（生活）艺术的认识和评价，基于习性的区分。在《追忆似水年华》的空间里，一切都被区分并有区分的能力，比如用来炫耀的地点，高雅的饭馆，展览会，剧院，游览的名胜，威尼斯，佛罗伦萨，拜罗伊特音乐节，俄国芭蕾演出。只有对风雅的完全掌握才可能获得社交投入的最大收益，风雅的仲裁令寻常的区分过时，把它们降格。盖尔芒特公爵夫人擅长玩区分游戏，乐此不疲，出其不意，攻其不备，在别人不指望她参加的晚会上露面，在需要团聚的节日乘游艇出海，以朴素对抗奢华，她相信德雷福斯是无辜的，却反对重审德雷福斯案。社交界人士认为她是无从模仿的，"但从她的行动中感受到从康德的著作中可以感受到的轻松：康德在最有力地论证了决定论后，向人们揭示，必然世界之上存在着自由世界"。② 高雅的生活艺术是奇妙的创造行为。在上流社会中的价值高低取决于习性的细微差别。普鲁斯特描述的千变万化的

---

①　普鲁斯特：《女囚》，周克希、张小鲁、张寅德译，《追忆似水年华》，第五卷，第229页。

②　普鲁斯特：《盖尔芒特家那边》，第469页。

"区分"艺术之所以体现在使用象征系统如珠宝和汽车、服装和家具、语言与姿态的方式上，尤其是与艺术的微妙关系上，是因为这一切都需要早期教育无意识习得的风度，这种风度抹掉了获取的痕迹。[①]

《追忆似水年华》中的趣味按照先锋艺术家、大资产阶级、衰落的贵族阶级、中小资产阶级和民众阶级的顺序排列，仿佛《区分——判断力的社会批判》的形象图解。画家埃尔斯蒂尔代表了最高级的艺术家趣味。然后是布尔迪厄在《区分——判断力的社会批判》中引用的普鲁斯特《仿作与杂集》中外祖母代表的大资产阶级的朴素趣味：

> 在那些法则和原则已经由她母亲教给她的事情上，在做某些菜、弹贝多芬的奏鸣曲和亲切待客的方式上，她肯定对完美和分辨别人是不是或多或少接近完美有了一种正确的看法。不过，在三件事上，完美几乎是一样的：这是一种手法上的简单、朴素和魅力。她讨厌菜里放不必要的香料，讨厌矫揉造作或过分用力的演奏，讨厌待客时脱离一种完全自然的风度和夸张地谈论自己。从第一口菜，从最初的音符，从一张简单的便条，她自诩知道是不是与一个出色的厨娘、一位真正的音乐家、一个很有教养的妇女打交道。"她可能比我的指法高明，但她演奏这首如此简单的行板时过分夸张，缺乏趣味。""这可能是一位非常杰出而且素质很高的妇女，但在这种场合下她谈论自己缺乏分寸。""这或许是一位非常有造诣的厨娘，可她不会做炸土豆牛排。"炸土豆牛排！理想的考试材料，正是它的简单制造了困难，某种烹饪的"悲怆奏鸣曲"，社会生活中一位贵妇人如何造访的美食学对应物，这位贵妇人来向您打探一个仆人的情况，她能在一种如此简单的行为中，具备或缺乏分寸和教养到了这样一种程度。[②]

---

① Pierre Bourdieu (dir.), *L'amour de l'art. Les musées d'art européens et leur public*, *op. cit.*, pp. 103 – 104.

② 布尔迪厄：《区分——判断力的社会批判》，第163—164页。

在《追忆似水年华》中，叙述者的外祖母总是在生活和艺术上追求与众不同的方式，"尤其看重能教我们在物质享受和虚荣满足之外寻求愉快的优美的作品"。① 她送人的椅子一定要古色古香，并不讲究实用，只为了木器上残存的昔日风采，一点美的想象。她送给外孙的几本乔治·桑的田园小说，充满了只有乡下人才说的过时短语，让人"从中看到一种在我们现代语言中已经被习惯磨损得影迹莫辨的隐喻"。② 她不喜欢摄影的写实方式，若一定要挂几幅照片，宁愿要油画照片，也不要实景照片。如果是流传很广的艺术作品，她宁愿选版画复制品。这样，艺术档次就高了一级。若不能在被选物的内容上显示她的出众，那就在材质上表现她的脱俗。她喜欢自然景物和天才的作品，觉得贡布雷的钟楼没有一丝一毫庸俗、浮夸和鄙吝之气，她看重钟楼自然而不凡的气派。出身大资产阶级的斯万也属于这种趣味。他艺术修养很高，风神俊雅，在上流社会享有殊荣，他曾向贵妇人学习容止并化为己有，"她们已经再也没有什么可以教他的那一天起，他就把圣日耳曼区授给他的那些归化证书（差不多也就是贵族证书）仅仅看作本身已经没有什么价值的流通证券或者信用证"。③ 有的大资产者趣味却是粗俗的、炫耀性的。比如，在同样富有并衣冠楚楚的金融家或大工业家与贵族之间有明显差别，前者"讲话口气傲慢，不容置辩，并以为这是他的潇洒风度"，后者"却笑容可掬，和蔼可亲，露出谦逊而耐心的神态"。④ 接下来是贵族趣味的不同变种。旧贵族的魅力是自如。外祖母欣赏圣卢"这个富有的年轻人那股毫不在乎、自由自在的劲，生活在奢华之中却没有'铜钱臭'，不摆阔架子"。⑤ 相比之下，圣卢在军队中的同僚，德·鲍罗季诺亲王，拿破仑的后代，带有装腔作势的新贵族特点，表现了出身大资产阶级的军官用钱买来的风雅，有意识地追求完美。圣卢的母亲德·马桑特夫人表面朴实无华："这是一场代价昂贵的赌注，因为只有在别人知道你可以不朴实，

---

① 普鲁斯特：《在斯万家那边》，李恒基译，《追忆似水年华》，第一卷，第 42 页。
② 普鲁斯特：《在斯万家那边》，第 43 页。
③ 普鲁斯特：《在斯万家那边》，第 191 页。
④ 普鲁斯特：《盖尔芒特家那边》，第 29 页。
⑤ 普鲁斯特：《在少女们身旁》，第 285 页。

也就是知道你非常有钱的情况下，你假装的朴实才能使人拜倒。"① 布尔迪厄称之为上等人的极简主义："卓越显然就是以炫耀般含蓄的方式做要做的事。"② 圣卢的舅舅夏吕斯男爵不断地引领风雅潮流，制造最细微的差别，他没有继承用滥了的亲王头衔，而选择古老的男爵头衔，以示脱俗。他的衣服朴素，长裤料子中的绿丝与长袜的条纹非常和谐，"那种精细透露出一律着深色这种审美观的强大力量"。③ 他一眼看出了阿尔贝蒂娜的灰色裙装的价值，那种灰色是巴尔扎克描写的卡迪央王妃的服色，他还相当熟悉小说中王妃散步的花园。文学教授布里肖"没有料到人家会对一件裙子和一个花园感兴趣，就像欣赏一部艺术作品一样，没有料到德·夏吕斯先生象是在巴尔扎克的作品里重新看到了德·卡迪央夫人脚下的花园小径"。④ 巴尔扎克说得不错，"人文学教授与风雅无缘"。学者在社交家眼里，总是学究气的，不风趣的："男人一旦被宣布为学者，他在众人眼里，要么像一本词典，只会卖弄学问，要么相反，像一个推销员，才智平庸。"⑤这就是布尔迪厄所说的学者与社交家的差别。所以，圣卢的姑祖母德·维尔巴里西斯夫人"总是避免使自己的谈吐像个女学究"。⑥ 她祖先的文艺复兴风格的城堡，不亚于博物馆，接待过无数著名的艺术家，她"似乎将绘画、音乐、文学和哲学均视为在著名的列入文物保护清单的古建筑中长大、受最最贵族式教育熏陶的一位少女的特权了。对她来说，除了她继承下来的画之外，就没有别的画"。⑦ 可见，贵族阶级很早就进入高雅文化的空间，与文学艺术形成一种亲密的熟习关系，不仅在象征上而且在物质上占有艺术品。圣卢的舅妈盖尔芒特公爵夫人"虽然现在也浅薄、轻浮，但她年轻时的生活环境为她铺垫了一层比较坚固的、隐蔽而富有营养的基石……至少当她开口讲话时，她的深

---

① 普鲁斯特：《盖尔芒特家那边》，第 247 页。

② Pierre Bourdieu, *Sociologie générale. Cours au collège de France 1983 – 1986*, *op. cit.*, p. 554.

③ 普鲁斯特：《在少女们身旁》，第 305 页。

④ 普鲁斯特：《索多姆和戈摩尔》，许钧、杨松河译，《追忆似水年华》，第四卷，第 446 页。

⑤ 普鲁斯特：《盖尔芒特家那边》，第 444 页。

⑥ 普鲁斯特：《盖尔芒特家那边》，第 187 页。

⑦ 普鲁斯特：《在少女们身旁》，第 256—257 页。

奥而神秘的言谈会散发出中世纪挂毯和哥特式彩绘大玻璃窗的奇异色彩"。① 这就是说，贵族的文化习性是早期家庭教育形成的。待人温文有礼是贵族的属性，即使有些人没把这一点放在心上，"但他们的词汇和手势会无意识地带上它的痕迹"。② 这是习性的无意识特征。由此，普鲁斯特确立了意识与无意识的辩证法："正如德·维尔巴里西斯夫人需要严肃的态度才能使她的谈话和回忆录给人一种轻薄而有才华的印象那样，圣卢为使自己的身躯具有高度的贵族气派，从不考虑怎样显示，而是寻求更高的目标，从而贵族气派作为无意识的和高雅的线条溶于他的身体中。"③ 前者必须有意避免流露出她的学者和艺术家的无意识（习性），后者不造作，其贵族风度仿佛天然。所以，盖尔芒特公爵夫人"越是不努力，就越会比公爵更带有旧法国的特征……她丈夫的方式就像衣服的襟饰，陈旧而过时，而她用的是和农民相近的发音，散发出苦涩而美妙的泥土味儿"。④贵族与资产阶级的区别在于拥有对时间的社会权力："贵族领主几乎是唯一能像农民那样向我们提供知识的人；他们的谈话总点缀着土地、依然如故的城堡和古老的习俗，而对这一切，银行家是一无所知的。"⑤ 贵族的诗意表象来自其经济资本和象征资本决定的社会存在。法芬海姆—蒙斯特堡—魏尼根亲王的名字表面上让人联想到落日余晖下的古老山林水泽，他的地产收入实则化作豪华汽车，巴黎和伦敦的房产，歌剧院和法兰西剧院的包厢。同样地，名字带有紫罗兰花香的帕尔马公主世系久远，拥有意大利小城最美丽的宫殿，苏伊士运河的几乎全部股份和荷兰王国石油公司，她待人亲切，一心行善，如她母亲教导的那样：不炫耀特权和出身，乐于帮助穷人，但不让他们参加晚会，以免有失身份。贵族虽有恒久的天然优势，但要提高自己的身价，"就必须往姓氏中添加原来所没有的东西：政治影响、文学或艺术声誉、万贯家财"。⑥ 也

① 普鲁斯特：《盖尔芒特家那边》，第 201 页。
② 普鲁斯特：《盖尔芒特家那边》，第 422 页。
③ 普鲁斯特：《盖尔芒特家那边》，第 407 页。
④ 普鲁斯特：《盖尔芒特家那边》，第 476 页。
⑤ 普鲁斯特：《盖尔芒特家那边》，第 542 页。
⑥ 普鲁斯特：《在少女们身旁》，第 4 页。

就是说，贵族要与资产阶级、学者和艺术家联盟，才能保住其统治地位。由此，盖尔芒特公爵夫人"秉承家庭传统，认为无论如何也要在她的沙龙里给博学多才的名流留出空位子"。① 但是，贵族身份（象征资本）可以转化为文化资本："如果说渴望受到德·盖尔芒特夫人接见的人地位越高，所需的智力和魅力系数就越低，倘若是国王或女王，系数可能会接近零，那么相反，地位越是在这条王族水平线以下，所需要的系数就越高。"② 贵族倾向于以内婚制的方式实现再生产："盖尔芒特家的小姐们鼓吹才智高于一切，认为人类平等不容怀疑，可最后却嫁给了拥有巨万家产的公爵，即使信奉相反的准则，也不过如此。"③ 贵人迷资产阶级的文化修养带有人工的学习痕迹。比如，外祖母对全家人视为精英的工程师勒格朗丹（专业技术精湛，文艺修养很高），挑出了一点不足，"就是他说起话来过于讲究，有点像书面语言，不像他戴的大花领结那样飘逸而自然，也不像他身上那件学生装式上衣总那样洒脱随意"。④ 他的姐姐德·康布尔梅夫人嫁给了外省贵族，为了装潢门面，钻研哲学和音乐，然而，"研究杰作忍受精神治疗，却始终抵挡不住天生病态的附庸风雅的心潮"。⑤ 当过交际花的斯万夫人，过着珠光宝气的生活，属于经济资本多于文化资本的中间阶层："这个阶层的特点在于它已脱离富人社会，却是财富的象征，而这种财富变得柔软，服从于一种艺术目的，艺术思想，好比是具有可塑性的、刻着诗意图案的、会微笑的金币。"⑥ 她为了把自己塑造成理想美的典型而驯化自己的身体："年复一年，她的理发师，她的裁缝，她自己，在她坐卧的姿势，怎么谈话，怎么微笑，手怎么放，眼神怎么传递，怎么思考上，都得遵从这个造物的大致轮廓。"⑦ 他们和小资产阶级都有良好的文化意愿。小资产者勉为其难地办家庭舞会："眼

---

① 普鲁斯特：《盖尔芒特家那边》，第 200 页。
② 普鲁斯特：《盖尔芒特家那边》，第 444 页。
③ 普鲁斯特：《盖尔芒特家那边》，第 443 页。
④ 普鲁斯特：《在斯万家那边》，第 70 页。
⑤ 普鲁斯特：《索多姆和戈摩尔》，第 285 页。
⑥ 普鲁斯特：《在少女们身旁》，第 4 页。
⑦ 普鲁斯特：《在少女们身旁》，第 419 页。

看洗脸盆上盖满了毛巾，床铺改为衣帽间，堆满了大衣和帽子，斯万就难免产生透不过气来的感觉，就跟用了半辈子电灯的人们闻见冒烟的油灯或者流油的蜡烛味儿时的心情一样。"①最后是民众阶级的必然趣味。厨娘弗朗索瓦丝干脆把财富等同于道德——她"很少把财富和道德分开，久而久之，最终把它们混为一谈，以为道德会使人舒适，认为财富会给人启发教育"。②

普鲁斯特通过《追忆似水年华》完成了对法国美好年代趣味的社会批判，堪称自觉的社会学家。他推进了巴尔扎克在《人间喜剧》中的风雅生活研究，制造出文化社会学小说的范本。在这两部百科全书式巨著中，如孔帕农所说："在小说与批评之间，在文学与哲学之间，整部作品以及作品中的全部内容混合、杂交、过渡。"③布尔迪厄则通过《区分——判断力的社会批判》完成了对法国 20 世纪 60 年代趣味的社会学分析。在作家埃尔诺（Annie Ernaux）眼里，《区分——判断力的社会批判》不只是社会学巨著，也不只是哲学大全，而是非个人化的隐形稿本，写满了对各种统治形式的反抗和痛苦体验，所以《区分——判断力的社会批判》"也是文学作品，如同《社会契约论》或《论法的精神》逐渐变成文学作品一样；通过一种不断被作者的感受力穿透的特定写作手法，对世界和观看世界的不同目光的分析的描写展现在读者面前"。④

在《仿作与杂集》中，普鲁斯特谈到罗斯金在鲁昂大教堂书业（Libraires）正门上看到一个几厘米的小雕像，淹没在几百个小雕像中。与别的精美雕像相比，它过于粗陋，但显示了往昔艺术的高贵活力。罗斯金在这座雕像面前沉思："我们为了谋生要从事某种劳动，应该热情地去做；别的劳动是为了我们的快乐而做的，应该用心去做，哪一项都不要半途而废或应付了事，而要全心全意；不值得这样费力的就根本别去

---

①　普鲁斯特：《斯万之恋》，第 269 页。

②　普鲁斯特：《盖尔芒特家那边》，第 14 页。

③　孔帕农：《两个世纪之间的普鲁斯特导论》，孙婷婷译，涂卫群编选《普鲁斯特研究文集》，第 181 页。

④　Edouard Louis（dir.），*Pierre Bourdieu. L'insoumission en héritage*，Paris：Presses Universitaires de France，2013，p. 42，p. 46.

做……在人生中有相当多的空想、粗野和耽于声色，但无法从根本上改变几个闪光的时刻。"① 罗斯金认为工业艺术象征了死亡，手工劳动则代表了自由、快乐和人性。野蛮、笨拙的中世纪石雕是迷人的、健康的，凝固了工作着的生命的迹象，像诗歌一样。他痛惜艺术随信仰的式微而衰退。罗斯金去世时，普鲁斯特重读了这段话，产生了到鲁昂看看这尊小雕像的强烈欲望，仿佛执行作者给读者的遗嘱。他终于找到了它。

> 它不到十厘米。它风化了，但它的目光没变，石头保留着突出瞳孔的洞，让我认出它的表情。死去数世纪的艺术家在无数尊雕像中留下了这个小人儿，它每天都死去一点点，而且它死去很久了，永远地消失在这群别的雕像中。但他把它放在那儿了。一天，一个自身没有死亡、没有物质的无限、没有遗忘的人，一个为了达到目标而将这压迫我们的虚无远远抛开的人来了，在每个翻卷的泡沫似乎都彼此相似的石头波浪中，他的声音像大天使的号角一样响起："活过的将要活下去，物质微不足道。"小雕像复活了，它的目光重新充满了活力。他在一座教堂的万尊雕像中的一尊面前度过了许多日子。他把它画下来。这尊无害的、奇怪的小雕像将出乎意料地从这种比别的雕像更彻底的死亡中复活，这种死亡是消失在数目的无限和相似性的平淡无奇中，但天才也很快使我们脱离了这种死亡……我在这里找到它并深受感动：活过的根本不会死去，无论是雕刻家的思想，还是罗斯金的思想。因为来自一种思想的东西有一天也会吸引另一种思想，这另一种思想也会让我们着迷。②

艺术是对时间的超越。无意义的世界屈从于毁灭性的时间并消失在物质中，但艺术能通过创造一个想象的世界实现救赎。小雕像也许会化为齑粉，但无限传递的非物质的思想不死，从雕刻家、罗斯金到普鲁斯特……布尔迪厄。几乎所有伟大的艺术都是宗教的。仿佛由于一种神秘

---

① Marcel Proust, Pastiches et Mélanges, in Contre Sainte – Beuve, op. cit., pp. 124 – 125.

② Marcel Proust, Pastiches et Mélanges, in Contre Sainte – Beuve, op. cit., pp. 125 – 127.

的应和，布尔迪厄在《自我分析纲要》中写道："我把自己看得有点像这个中世纪的石匠，他在拉苏泰莱纳（La Souterraine）教堂里，雕刻一个表现连结并高高在上的柱头，柱头淹没在穹顶的黑暗里，注定让人完全看不到。"①

---

① 布尔迪厄：《自我分析纲要》，第84页。

第 四 章

文学与存在

——与萨特的对话

说"我思"的是"我思"。

——本韦尼斯特

　　什么是文学？文学与非文学的界限何在？是否存在着包含价值判断或客观要求的文学属性？文学如何介入政治？这是布尔迪厄文艺社会学的焦点。萨特是布尔迪厄最重要的理论参照。萨特早期颇具现象学的形式主义直觉，认为文学的存在就是它的技术，第二次世界大战后他抛弃了形式革新，抛弃了哲学（《存在与虚无》）、小说（《恶心》）、批评（《境况 I》）的先锋姿态。第二次世界大战颠覆了日常生活的确定性，打破了笛卡尔"我思"的非历史性。知识分子加入抵抗运动的经历，使他们拒绝保守自由派的知识谱系和政治立场及其唯我论个人主义。在第二次世界大战后法国知识界，黑格尔辩证法的发现是"决定性的哲学事件"，科耶夫和伊波利特的《精神现象学》研究，构成了马克思主义复兴、萨特的存在主义乃至 20 世纪 60 年代结构主义的知识资源。[①] 1933—1939 年，科耶夫在巴黎高等实验研究院开设了《精神现象学》讲座，通过黑格尔的主奴辩证法，确立了马克思的阶级斗争观念和人的自我转变

---

　　① 波斯特：《战后法国的存在主义马克思主义：从萨特到阿尔都塞》，张金鹏、陈硕译，南京大学出版社 2015 年版，第 4—5 页。

的辩证过程。20 世纪 30—50 年代，伊波利特致力于阐述黑格尔的辩证法从实体到主体运动的法则，强调人通过自我意识的异化（自我分裂），作为他者投入外部世界，经过不断迂回和否定回归自身，实现个人与共同体的共在。科耶夫和伊波利特同时研究马克思主义和存在主义，他们将海德格尔和萨特的存在主义融入黑格尔阐释，由此构建了黑格尔、马克思和存在主义的"三位一体"。① 在这种互动的思想运动中，左派知识分子将马克思的早期著作《1844 年巴黎手稿》"读作"黑格尔哲学的存在主义版本，以马克思的异化劳动反对斯大林正统马克思主义的经济决定论。萨特试图建立存在主义的马克思主义，超越主体与客体、历史与本体论、理性与非理性、知识与行动的对立。1945 年 10 月 28 日，萨特发表了"存在主义是一种人道主义"的演讲，强调存在主义不是绝望、孤独、无助的哲学，而是一种人道主义，可以成为基督教和马克思主义的有力补充，帮助人们理解人类状况，为人类的选择和行动提供思想基础。1947 年，萨特发表了《什么是文学》，这是一部关于文学功能和作家天职的重要文献。萨特通过对 1947 年作家境遇的分析，回答何为写作、为何写作以及为谁写作这些问题，奠定了介入文学的理论和实践基础。他主张作家投身到改造社会的活动中去，对各种政治事件和社会问题表态，文学作品要干预社会现实，表现真实，作品形式不能超过思想或内容。1954 年，萨特成为法国共产党的同路人，对马克思主义热情更高了。在作家传记《波德莱尔》（1947）、《马拉美》（1952）、《圣热奈——喜剧演员与殉道者》（1952）、《家庭的白痴——从 1821 到 1857 年的居斯塔夫·福楼拜》（1971—1972）中，他努力调和精神分析与马克思主义，为独特的人类活动寻找历史意义。在《辩证理性批判》（1960）中，萨特更加坚定地转向马克思主义，确立了社会、经济、历史因素的决定性，弱化了《存在与虚无》（1943）中的自由意志，从抽象的自由过渡到更实在化的异化自由。他维护存在主义的独立性，认为存在主义只是暂时嵌入马克思主义哲学，直至马克思主义恢复"人的维度"。

　　20 世纪 60 年代，主观主义、人道主义、历史主义、主体、意识、境

---

① 波斯特：《战后法国的存在主义马克思主义：从萨特到阿尔都塞》，第 22—23、31 页。

况、筹划、自由等成为新人文科学的眼中钉。按照马尔蒂的观点，萨特是存在主义的薄弱环节。20世纪50—60年代文学形式主义和结构主义都是从反萨特及其"介入文学"的非形式（informe）开始的。"介入文学"是文学形式上的倒退，其缺陷在于坚持其现象学的二元论，无法在语言层面上思考文学。① 自索绪尔开创现代语言学以来，语言的主权（语言人）试图代替主体的主权（理性人）。文学研究的语言学转向是革命性的，不谈语言学，就无法谈论文学。文学形式主义者和结构主义者对"什么是文学"的思考或多或少是经由海德格尔的现象学和布朗肖转向语言学和符号学的。布朗肖受海德格尔影响，把写作从信息表达转到文学体验上来，将写作视为承受孤独、投身于时间不在场的冒险和言语活动。② 与海德格尔的"向死而生"不同，他突出死亡给人带来的被动体验：死亡将人暴露在无名的、非个人的力量面前，迫使他看到他者的在场的死亡和人类共同体的存在。为了表达不同于常人的独特存在——某种不可言喻的东西，作家必须以文学语言（而非日常语言）为中介。悖论的是，作家无法通过理智掌控在他之外和他出生之前就存在的语言，所以语言无法表达作者的意图，而是让作者的声音消失在语言的无名性中，作者死在其作品中，将意义赋予世界的强大主体不复存在，一个被动的人在倾听他者的无名之声。布朗肖局限于海德格尔的现象学语言观及其赘言、意译，无法将对象充分形式化。结构语言学的能指与所指直击萨特的文以载道。但语言帝国主义拘泥于文学的内在主义信念，忘记了文本不是由语言模式构成的，文本表达的主体认识策略不是语言性质的，如本韦尼斯特所说："思想的可能性与言语能力相关，因为语言是一种被赋予了意义的结构，而思想就是操纵语言符号。"③ 巴特和福柯借助结构语言学和符号学，对萨特的"什么是文学"作出了回应，间接肯定了话语生产者的存在，但他们都没有考察文学生产的社会条件。马克思主义理论和社会学则强调文学定义的社会历史性，偏重文学的认识功能，

---

① 马尔蒂：《文学形式主义与哲学：巨大的误会》，刘晖译，《中国文学批评》2016年第2期。

② 布朗肖：《文学空间》，第17页。

③ E. Benveniste, *Problèmes de linguistique générale*, I, Paris: Gallimard, 1966, p.74.

忽视文学的特定形式。文学人类学试图从世界历史角度提供文学定义大全。布尔迪厄将文学纳入象征唯物主义范畴，从结构与历史的角度探索"什么是文学"。他既反对"结构主义"完全自足的文本观念，也反对"反映论"的还原论，将结构主义与社会历史研究整合为一种社会历史诗学——文学场理论，对萨特的传记批评对象，文学三巨头——福楼拜、波德莱尔、马拉美进行生成结构分析，解析萨特的自由主体，把文学作品的审美功能与政治伦理功能、文学作品的生产和接受一体化。在1950—1990 年的社会科学场中，围绕萨特的"介入文学"观念展开了内容丰富的对话，萨特的对话者没有简单抛弃他的理论，而是努力地予以补充和完善。

第一节　"介入文学"

《什么是文学》是萨特与社会主义现实主义文学的对话。萨特的文学观念铭刻着黑格尔和胡塞尔哲学的印迹，他认为文学介入不是通过语言而是通过思想，万事万物实际上表现为思想的凝固，思想的幻化、幻影或异化。因此思想不取决于事物，相反，存在离不开思想。[①] 换句话说，一部文学作品的意义是一次决定的，与作者写作时思想里出现的或期望的"精神客体"完全一致。[②] 也就是说，语言是赋予主体经验以意义的手段。基于语言的工具论，萨特从诗歌与散文的区分、作家与读者的关系、作家创造主体的历史生成、处境文学的理想形态以及政治行动的必要性等方面阐述其介入文学和诗学政治观。

一　诗歌与散文

从介入艺术的种类来看，萨特排除了绘画和音乐，因为绘画和音乐表现不出意义，唯有文学能够介入。在文学中，萨特借鉴了布朗肖的诗

[①]　雅克·敦德：《黑格尔和黑格尔主义》，栾栋译，商务印书馆1995 年版，第95 页。

[②]　特里·伊格尔顿：《当代西方文学理论》，王逢振译，中国社会科学出版社1988 年版，第103 页。

歌语言与日常语言的区别，区分了纯诗与纯散文。诗人把词看作物，而不是符号，看作捕捉飘忽的现实的陷阱，全部语言对诗人而言是世界的镜子。词的意义是词的属性，也是物。词最后变成物，"变成物的黑色核心"。① 诗人创造客体，散文家使用词语。诗人把感情浇铸在诗中，使之具有物的不透光性。散文家阐明感情，"当词像玻璃透过阳光一样透过我们的目光时，便有了散文"。② 萨特认为，在起源上，诗歌创造人的神话，而散文家描绘人的肖像。19 世纪前诗人与散文家一样信任语言，但资产阶级社会形成之后，诗人与散文家都宣称在这个社会无法存在。尤其自 1848 年革命以后，文学与否定性联系在一起。对诗人来说，失败让他变成神话，世界作为失败的借口存在。诗歌以输为赢。诗人在这个意义上介入：诗人是承诺赌输的人，他声称遭受厄运和诅咒并归咎于外力，实际上这是他的最深层选择，是他的诗歌的源泉而不是结果。他确信人的事业完全失败，并安排自己生活失败，用他的个人失败为人类的普遍失败作证。萨特承认，任何诗歌里有某种形式的散文，最枯燥的散文里也有少许诗意。散文因其明澈，适合充当表达工具，揭示世界的真相并改变世界："说话就是行动。"③ 散文同样需要风格："人们不是因为选择说出某些事情，而是因为选择用某种方式说出这些事情才成为作家的。"④ 他坚持认为，写作题材不决定风格，艺术不会因介入而受损，艺术形式需要革新："社会和形而上学日新月异的要求促使艺术家寻找新的语言和新的技巧。"⑤ 文学艺术的审美维度和道德维度不可分割："虽然文学是一回事，道德是另一回事，我们还是能在审美命令的深处察觉到道德命令"。⑥ 散文不说教，散文与娱乐和政治事业服务保持同等距离："如果写作艺术注定要变成纯粹宣传或纯粹娱乐，社会就会再次坠入直接性的泥潭，即膜翅目与腹足纲动物的没有记忆的生活之中。当然，这一切并不

---

① 萨特：《什么是文学》，第 74—77 页。
② 萨特：《什么是文学》，第 81 页。
③ 萨特：《什么是文学》，第 81 页。
④ 萨特：《什么是文学》，第 83 页。
⑤ 萨特：《什么是文学》，第 84 页。
⑥ 萨特：《什么是文学》，第 113—114 页。

重要：没有文学，世界照样存在。但是，没有了人世界可以存在得更好"。① 萨特虽然坚持散文的中立，但很难将介入文学与宣传文学区分开来。他坚持，"在散文里，审美喜悦只有当它是附加上去的时候才是纯粹的"。② 可见，他继承了古典修辞学的机械组合论，假设世界与散文之间的透明性，期待散文表现的物与现实中的物一一对应。然而这种透明性是不可能实现的，文字符号的多义性，使得作家无法彻底控制其文本的意义。萨特则把词的多义性与非知联系在一起，"我们不再处于协力沟通思想的层面上，而是位于顿悟与偶然性的层面上"。③ 总之，对萨特而言，不是符号提供对客体的直觉，而是词语的"意义"提供了对内在性的即刻直觉，"意义"属于内在性的超验性。

托多洛夫指出，萨特赋予散文超历史的社会功能，一种浪漫主义的绝对价值。④ 但萨特对散文与诗歌的区分不符合浪漫派的总体化抱负。19世纪是诗歌观念质变的时代。浪漫主义诗歌既与古典主义传统决裂，也与 18 世纪哲学传统决裂，不让诗歌直接为思想服务，摒弃说教的、上流社会的和轶事的诗歌。诗歌从韵文作品变成体裁独立的韵文诗或散文诗。浪漫派将诗歌视为革命策源地，迫切地想要建立与大革命之后的时代相称的体裁和语言，将言说正在形成的事物的新秩序——现代性——的大任赋予了诗歌。诗歌获得了一种新概念，即狭义的理念（idée）与广义的诗歌（或"文学"），文学不再被视为表现手段，而是最切近自我和语言的经验，最切近通过语言把握的自我的普遍经验。⑤ 浪漫主义的悖论在于将诗歌的话语能力限制在抒情性（"我"表现在诗中）上，同时把诗当成一种主要的、无所不包的文学体裁，诗歌觊觎形而上学的话语——哲学，

---

① 萨特：《什么是文学》，第 278 页。

② 萨特：《什么是文学》，第 83 页。

③ 萨特：《什么是文学》，第 93—94 页。

④ 托多洛夫：《批评的批评》，王东亮、王晨阳译，生活·读书·新知三联书店 1998 年版，第 43—44 页。

⑤ Jean - Pierre Bertrand et Pascal Durand, *La modernité romantique. De Lamartine à Nerval*, Paris - Bruxelle : Les impressions nouvelles, 2006, p. 10.

意欲成为事物的存在和隐秘的统一的实践表达。① 耶拿浪漫派将"浪漫诗"定义为大写的"作品"（Œuvre）："文学的生成性本身被当作一部前所未有的，永远前所未有的大写的作品来把握和生产，这就是文学的绝对……诗艺就是生产。"② 由此，浪漫主义诗歌处在一个体裁综合的过程中，永远都在生成变化，永远不会完结。

> 浪漫诗是渐进的总汇诗。它的使命不仅是要把诗的所有被割裂开的体裁重新统一起来，使诗同哲学和修辞学产生接触。它想要，并且也应当把诗和散文、天赋和批评、艺术诗和自然诗时而混合在一起，时而融合起来，使诗变得生气盎然、热爱交际，赋予生活和社会以诗意，把机智变成诗，用一切种类的纯正的教育材料来充实和满足艺术的形式，通过幽默的震荡来赋予艺术的形式以活力……浪漫诗体裁是唯一大于体裁的文学样式，可以说就是诗本身：因为在某种意义上，一切诗都是，或都应是浪漫的。③

大写的诗歌（Poésie）同样觊觎宗教的信仰地位。贝尼舒指出，对浪漫派而言，诗歌的本质是一种特定的语言方式，一个世界的法则通过语言思考自身："诗于是成为诗之诗，这种诗/人类的表现。"④ 18 世纪反启蒙哲学的天启论异端把创世神学变成地上事物与天上事物之间类比或应和的系统理论，为浪漫主义寻求诗歌的形而上学 - 宗教升华提供了思想资源。贝尼舒将 19 世纪浪漫派分为两代。第一代浪漫派诗人承认"上帝 - 自然 - 诗人"的三位一体，通过自然神论在普遍的创造及其创造者之间建立不可言喻的交流，他们自视为思想者，唯灵论哲学家，人类宗

---

① Jean - Pierre Bertrand et Pascal Durand, *La modernité romantique. De Lamartine à Nerval*, *op. cit.*, p. 20.

② 菲利普·拉库 - 拉巴特、让 - 吕克·南希：《文学的绝对》，张小鲁、李伯杰等译，译林出版社 2012 年版，第 13—14 页。

③ 菲利普·拉库 - 拉巴特、让 - 吕克·南希：《文学的绝对》，第 74 页。

④ Jacques Rancière, La rime et le conflit, in B. Marchal et J. - L. Steinmetz, *Mallarmé ou l'obscurité lumineuse*, Paris：Hermann, 2014, p. 120.

教的信徒。他们的浪漫主义表现为大写的诗歌领导下的启蒙哲学和泛宗教的唯灵论的综合："浪漫主义的抒情'我'离不开一种思想运动，其原则是对诗歌与人类的共同命运的一种新信仰。"① 福楼拜、波德莱尔为首的第二代浪漫派及其继承者帕纳斯派、马拉美和魏尔兰放弃了前期浪漫主义思想的、行动的、交流的功能。他们不再相信人类的进步和诗人在人类实现理想的进程中得天独厚的角色。但他们并没有放弃前辈大写的理念宗教和大写的诗人的精神授权，怨恨人类和上帝违背了这个约定，哀悼失去的乐园。他们接受类比和应和的理论，援引象征的和神奇的自然，迎合符号的形而上学，屈从非理性的和超自然主义的诱惑，凸显诗歌语言与日常语言的差别。他们的诗歌更多以其说话方式而非思想和感情态度表达绝对的孤独。波德莱尔是公共诗人，孤独没有影响他的语言，奈瓦尔、马拉美和兰波的诗歌则专心词语魔术，与美术和音乐联姻，贝尼舒诘问：这是解放、强化还是贫乏、封闭、丧权?② 无疑，贝尼舒看到诗歌的言说内容与言说方式之间的平衡被后者的超载所打破，但他没有摆脱萨特的唯智主义诗学观念。如何解释第二代浪漫派的诗歌"介入"以及萨特的"介入文学"？结构语言学和符号学可以充当批判的武器，同时还要进行武器的批判，考察文学如何具备语言实践与意识形态的同一性。

巴特强调任何整个文学都是语言，应该探索语言活动的无限丰富性，不能囿于诗歌专注词语、小说专治"真实"的定见。③ 按照朗西埃的观点，对现代诗而言，诗歌－政治关系并非基于陈述的"真理"对被表征之物"品质"的依赖，而基于呈现方式，陈述使自身在场的方式，即意义在感性中的直接可见性。④ 由此，朗西埃设想了一种现代的元政治乌托

---

① Paul Bénichou, *L'école du désenchantement. Sainte - Beuve, Nodier, Musset, Nerval, Gautier*, Paris: Gallimard, 1992, p. 579.

② Paul Bénichou, *L'école du désenchantement. Sainte - Beuve, Nodier, Musset, Nerval, Gautier*, *op. cit.*, pp. 582 - 600.

③ Cf. Roland Barthes, *Essais critiques*, in *Livres, textes, entretiens* (1962 - 1967), *Œuvres complètes*, *op. cit.*, p. 420.

④ 雅克·朗西埃：《词语的肉身：书写的政治》，朱康等译，西北大学出版社 2015 年版，第 22 页。

邦：在现代美学与现代乌托邦的同一中，共同体被赋予一种独特能力，可以不借助概念就能被欣赏和热爱，并将其主人能指（自然、自由、共同体）等同于某种诗歌的场所和行为，这种诗歌是想象的自由游戏。[1] 但朗西埃没有说明共同体如何获得美学—政治能力，所以他的"诗歌介入"止于空想。如果诗歌不是意识的反映，那么如何分析诗歌语言实践？马尔蒂求助于雅各布森的结构语言学的诗学观，即把诗歌行为定义为纵聚合轴在横组合轴上的投射，诗歌行为通过纵聚合的切分中断流淌的话语：节奏切分，即格律或韵脚、头韵或叠韵、并置和平列的音节范式；语义切分，即隐喻、换喻、象征、拟人法和寓意。所有垂直形式都阻挡语言向非言说的言语中的日常流散，并把这种流散变成了结构。由此，海德格尔的现象学表述"言语是言说的"才成立。[2] 在托多罗夫看来，雅各布森一直同还原论者、把言语说成一种表达系统的人进行斗争，其卓越之处在于不承认规范（语言学）与例外（诗歌）之间的对立。[3] 卡勒指出，雅各布森强调语法成分及其潜在功能对诗歌研究的用处，认定语言学为客观地描述诗学文本提供了一套数学演算式的规则系统，这套规则系统自动形成诗学结构的发现程序，但他没有认识到诗学结构产生于多种多样的语言潜在结构，所以他的诗歌分析实践并不成功。[4] 尽管雅各布森诗学具有唯智主义倾向，但他为反对专制意识形态的唯一所指而提出的诗学（文学手段研究）奠定了解释文学现象的技术基础。莫利诺则对萨特的想象观念提出质疑，强调想象与语言密不可分，具有共同结构，都发挥象征功能。在诗歌中，模仿的表征（客观真实）与创造的想象（主观虚构）之间的区分是人为的。我们通过所有象征系统——图像、语言、艺术创造、科学模式，构建我们的世界和我们对世界的表象，象征系统无法脱离本体论，我们通过感官与世界相连。诗歌同时是感情表达与词语游戏，将诗人（波德莱尔、兰波）视作通灵者又否认其洞观能力是荒

---

① 雅克·朗西埃：《词语的肉身：书写的政治》，第28—29页。

② 马尔蒂：《文学形式主义与哲学》，《中国文学批评》2016年第2期。

③ 托多罗夫：《象征理论》，第385—386页。

④ 乔纳森·卡勒：《结构主义诗学》，盛宁译，中国人民大学出版社2018年版，第65、86页。

谬的，诗人同时看到真实的存在和虚构的存在。① 这就是说，诗人借助语言资源与世界和世界上的生物发生联系。作为表征的替代，语言符号让事物消失并在场。诗人与读者通过符号交流他们的此在，追求词与物的契合是诗歌的永久诱惑，但这是罕见的、几乎不可能的理想境界。② 总之，诗人通过形式思虑存在，诗歌与社会世界的关联不亚于散文。在瓦莱里看来，浪漫主义的散文和诗使用同样的词语、句法、形式、声音或音色，但这些因素之间的协调方式不同，受到的刺激不同。③ 散文倾向于达到实用目的，而诗的价值存在于思想和声音不可分割的联系中，他反对抹杀散文与诗的文类差别，把诗人视为声音魔术师。诗歌以极端的音调为手段，以词的律动为自己施加内容，而不是以主题上的谋划制造意义。④ 诗人同样通过操作语言符号发挥语言的音乐—革命效应，摧毁现实世界，以语言创生，从而介入社会世界。其实萨特将诗歌排斥出介入文学是临时的，他最终将福楼拜、波德莱尔和马拉美的作品都作为"大写的诗歌"归入了介入文学。然而他晚年谈到自传《词语》又说："不见得每本书都要介入"，"里面的句子是我写过的最精雕细琢的文字"，"充满技巧、手段、写作的艺术甚至是文字游戏"。⑤ 可见他又将"介入文学"等同于政治宣传文学。萨特的翻云覆雨源自无法从文学符号学的观点出发思考词与物的关系，他渴望建立"词＝物"的理想国，用语言建造事物的存在，"作为一个修辞学家，我只喜欢词语，我将在词语天国那蔚蓝色的眼睛的注视下建造起话语的大教堂。我将为千秋万代而建造。"⑥ 他把词语理解为物质实体，建筑的石头，而非符号，造成了他的诗学悖论。

---

① Jean Molino, *Ce que nous appelons littérature. . . Pour une théorie de l'œuvre de langage*, op. cit., pp. 288 – 296.

② Jean - Pierre Bertrand et Pascal Durand, *La modernité romantique. De Lamartine à Nerval*, op. cit., pp. 302 – 303.

③ 瓦莱里：《文艺杂谈》，第 294—296、333 页。

④ 胡戈·弗里德里希：《现代诗歌的结构：19 世纪中期至 20 世纪中期的抒情诗》，李双志译，译林出版社 2010 年版，第 13、37—39 页。

⑤ 波伏瓦：《与让 – 保罗·萨特的谈话》，《告别的仪式》，第 263、265 页。

⑥ 萨特：《词语》，第 131 页。

二　创造与阅读

依据萨特的主体间性，"什么是文学"即"什么是批评"。一方面，萨特责备作家通过创造新的废话形式，让文学成为巨大的同语反复。他把自己的语言观派给"纯"文学作家："纯文体学家的严重错误在于他们认为语言是一阵微风飘过事物的表面，它轻轻地触拂事物但不改变它们。"① 他甚至责备已逝作家被动地腐朽，作品沦为无用的装饰，变成信息，"所谓信息是一个变成客体的灵魂"。② 他把"纯"文学视为消极的。另一方面，萨特责备职业批评家脱离现实，把图书馆当成最惬意的公墓，"碍事的人都消失了，只剩下沿着贴墙的搁板，像骨灰存放处的骨灰盒一样码放得整整齐齐的小棺材"，③ 他们作为公墓看守人，通过被动的阅读与死者交往。萨特把写作当成积极选择和生存抗争的整体事业，对人类整体处境的自由超越。作家通过写作介入，读者通过阅读介入。精神产品是在两者的共同努力下产生的，作品的意义取决于读者，作家通过读者意识成为创造主体："只有为了别人，才有艺术；只有通过别人，才有艺术。"④ 由此，他提出一种创造的读者理论："读者意识到自己既在揭示又在创造，在创造过程中揭示，在揭示过程中创造。"⑤ 他的阅读理论后来由尧斯的读者接受理论发扬光大。对萨特而言，阅读不是机械的行动，读者通过词句获得一个综合形式：主题、题材或意义，但意义不是词句的总和，而是词句的有机整体。文学客体通过语言实现，但不是在语言内部被给予的，它是沉默和对语言的争议。作者的沉默是主观的、先于语言的、无字句的空白，只可意会的灵感的混沌，然后才由语言特殊化。相应地，读者的沉默是作者未言明的东西，他读出的作者意图。作者引导读者，读者凭自己能力阅读和创造："一方面，文学客体确实在读者的主观之外没有别的客体"；"另一方面，字句好比是设下的圈套，它们激

① 萨特：《词语》，第81页。
② 萨特：《词语》，第89页。
③ 萨特：《什么是文学》，第85页。
④ 萨特：《什么是文学》，第85页。
⑤ 萨特：《什么是文学》，第98页。

起我们的感情然后再把我们的感情向我们反射过来"。① 萨特把作为绝对生产的阅读比作康德称呼神之理性的"唯理直觉",但他不同意康德把艺术品视作"无目的的合目的性",重申艺术品以人的目光为存在条件,"它首先是纯粹的呼唤,是纯粹的存在要求"。② 写作以自由为根源和目的,既揭示世界又把世界当作任务提供给读者,使他意识并承认作家对整个存在的主要性。③ 这就是说,写作和阅读是同一历史事实的两个方面,作家通过写作唤起读者的自由意识,提供解放手段,"每本书从一个特殊的异化出发建议一种具体的解放途径……所有精神产品本身都包含着他们选中的读者的形象"。④ 因此介入作家不是为了少数理想读者写作,"不是为了一个没有确定年代的读者写作有关所有时代的抽象的人的内容,而是为了他的同时代人写作有关他的时代的整个人的内容"。⑤ 人类的普遍性体现在读者群组成的具体历史集团中。鉴于读者能力良莠不齐,萨特看重散文艺术的通俗易懂,希望它服务于民主制度。他提倡一种处境文学,通过写作为人的自由与社会主义革命而斗争,让被压迫者通过阅读获得政治觉悟,摆脱异化。这就是首先使读者的善良意志历史化,通过作品的形式安排促使读者在任何情况下都把人看作绝对目的,并通过作品的题材引导读者同情这个世界上的被压迫者。然后,把读者形式上的善良意志变成通过确定的手段来改变世界的具体物质意志。总之,"处境文学"旨在调和形式自由与物质自由,调和文学的批判功能与建设功能,把介入文学当成实现乌托邦的手段。由此,萨特强调作家"介入"不是无意识地被卷入社会世界中,而是有意识地干预:"当一个作家努力以最清醒、最完整的方式意识到自己卷进去了,也就是说当他为自己、也为其他人把介入从自发、直接的阶段推向反思阶段时,他便是介入作家。"但他又说作品不能被还原为观念,作品是浸透了自由的存在物,即不能被完全纳入思考范围的东西的生成或再生产,自由决定了思想的价

---

① 萨特:《什么是文学》,第 100 页。
② 萨特:《什么是文学》,第 102 页。
③ 萨特:《什么是文学》,第 112 页。
④ 萨特:《什么是文学》,第 119 页。
⑤ 萨特:《什么是文学》,第 123 页。

值和命运。① 可见萨特把阅读视为作者与读者缔结的自由契约，文学"介入"依据意识交流而非语言的象征功能。自由意识如何是非思的？萨特无法自圆其说。列维通过语言的观念力修正萨特的介入文学概念，完善萨特的"说话就是行动"："介入的概念不是强调作家的社会责任的政治概念，而是哲学上的概念，说明语言具有形而上学的能力。所谓介入，不是要征调文人从军，而是要提醒他们每个人都知道，或者都应当知道的东西：每一个用文字意指事物的行为都会融入客观精神；而且在意指的同时，作家会使文字和事物都具有一种'新的维度'，作家说的每句话都会有助于'披露'世界，而披露世界总是而且已经意味着'改变世界'。"②

三　创造主体与人民主体

萨特描述了作家形成的历史过程。在欧洲中世纪，阅读和写作是保存基督教思想的手段，作家专事静观永恒，作家以其他作家为唯一读者群。17 世纪，上帝的存在和君权神授是人们的坚定信仰，作家由国王和贵族供养，其作品供精英分子阅读。寄生的作家是寄生阶级的代言人，阅读是他们互相致意的辨认仪式，作家与读者配合默契。18 世纪，出身资产阶级的作家不再由统治阶级的年金单独供养，资产阶级是他的新主顾。作家是一面内部的镜子，整个资产阶级通过这面镜子意识到自身以及自己的要求——"一个阶级只有当它同时从内部和从外部看到自己，换言之，只有当它得到外部帮助时，才能获得阶级意识。"③ 作为"纯粹的思想和目光"，作家从外部用资产者的眼光审视贵族，用贵族的眼光审视资产者，又与两者同谋，在内部理解他们。作家随意依靠两个真实读者群。从此文学不再满足于以往的保存和净化作用，在作家身上并通过作家意识到自身的独立性。作家对自身的历史处境进行批判的反思，从普遍人性的高度对读者讲话，鼓动资产阶级革命，呼吁贵族阶级放弃特

---

① 萨特：《什么是文学》，第 151 页。
② 列维：《萨特的世纪》，第 98—99 页。
③ 萨特：《什么是文学》，第 141—142 页。

权。作家以抽象的自由对抗具体的压迫，以理性对抗历史，顺应了历史
发展的方向。作家一开始就与其出身的阶层和接纳他的阶层决裂，因此
文学作品不是任何阶级的具体表现，文学代表了否定性即怀疑、拒绝、
批判、争议。作家利用文学作为政治民主的手段，帮助资产阶级夺取了
政权。然而资产阶级创造了新的压迫形式——功利主义，不把文学作品
看成无偿、无私的创造，而看作换取报酬的劳动。19 世纪的浪漫派作家
企图恢复两个读者群，借助贵族与资产阶级对抗。在 1830—1848 年，他
们发现了潜在的读者群——"人民"，但他们保卫无产阶级的决心是抽象
的。自 1850 年以来，资产阶级意识形态与文学本身的要求之间的矛盾激
化了。文学只剩下纯粹否定性的抽象面貌，自诩独立于任何意识形态，
努力表明自身的自主性，"它还不明白它自己就是意识形态"。① 由此文学
进入反思阶段，探索自身的规律，锻造新的技术。由于作家拒绝使文学
服从于某个读者群和某个特定题材，他们保卫的形式自由与无产阶级改
善物质生活的要求无涉。他们看不到资产阶级是压迫阶级，生活在矛盾
与自欺中。纯粹的作家拒绝为资产阶级服务，即反映其内心经验——唯
心主义、心理主义、决定论、功利主义、严肃精神。他们备受诅咒，他
们的读者仅有专家，他们通过炫耀寄生生活，主张为艺术而艺术，把否
定世俗权力的精神权力推向极致，象征性地脱离所属的阶级。

　　萨特依旧从主体间性出发，指出资产阶级与作家的互相依存和互相
利用的关系。一方面，资产阶级要求作家提供其合法表象："统治阶级的
精英分子已从物质烦恼中解脱出来，他们得到充分的自由，渴望对自身
进行反思；他们想恢复自我，就委托艺术家向他们展示自身的形象。"②
另一方面，资产阶级是作家的物质和精神存在的必要条件，资产阶级把
否定力量约束在一种虚妄的唯美主义里，一种无结果的反抗行动里，免
得它们为被压迫阶级服务："作家需要它才能使他的反对派美学和他的怨
恨言之成理；作家从它那里取得他消费的财富；他希望维持现存社会秩
序以便感到自己与之总是格格不入；简而言之，作家是反抗者，不是革

① 萨特：《什么是文学》，第 156 页。
② 萨特：《什么是文学》，第 127 页。

命者。"① 到了 19 世纪末,文学采取与资产阶级意识形态相反的立场,把美等同于不生产,拒绝进入整体之中,不希望有读者,但它在反抗的同时以其最深层结构甚至以其风格反映着统治阶级。总之,萨特责备 19 世纪的作家没有在被压迫阶级中找到读者,没有在群众中产生一种思想运动,即一种开放的、矛盾的、辩证的意识形态。一个特定时代的文学如果没有意识到自身的自主性,屈服于世俗权力或某一意识形态,就是被异化的。只有在一个无阶级、无独裁、无稳定性的社会里,文学才完成其自身意识的过程,形式与内容、读者与题材才是一致的,说的形式自由与做的物质自由互为补充,文学最深刻地表达了集体要求同时最好地体现了主体性,反之亦然。② 总之,"文学就其本质而言是一个处于不断革命中的社会的主体性",③ "书面作品可以是行动的一个主要条件,即意识反思自身的瞬间"。④ 萨特又一次求助于笛卡尔连续性中的非连续性,或某种觉悟,将作品视为反思意识的瞬间的客观化,一举实现文学的认识和行动功能,实现并捍卫人的自由的统治。他自视为资产阶级的叛徒,身上有普世的人和独特的人的双重体验,"他既是他自己,又是所有的他者"。⑤ 萨特采取了一个上帝般的绝对视角,要求自己实现创世的举动。1947 年的世界历史为萨特提供了明确描绘他的文学理想国蓝图的契机。

四 处境文学与乌托邦

1947 年,法国工人罢工此起彼伏,拉马蒂埃政府勉强维持局面。美国实施马歇尔计划,苏联加强了对东欧国家的控制,要求法国和意大利共产党必须强硬。战争风云骤起。萨特在法国电台的《现代论坛》节目中宣告"对国际舆论的两个呼吁":第一个揭露战争煽动者,重谈一个社会主义欧洲的观点;第二个明确指出,社会主义制度将不是法国的所谓

① 萨特:《什么是文学》,第 166 页。
② 萨特:《什么是文学》,第 180 页。
③ 萨特:《什么是文学》,第 182 页。
④ 萨特:《什么是文学》,第 182 页。
⑤ 德尼斯·贝尔多勒:《萨特传》,第 390 页。

民主制度。波伏瓦指出，萨特希望实现"存在主义和社会主义之间可能的衔接"。① 在这种急迫的历史形势下，萨特呼吁一种极限处境文学，主张作家成为形而上学家。在他看来，形而上学不是关于不可证实的抽象概念的无结果争论，而是为了从内部完整地拥抱人的状况作出的努力，"我们的任务是创造一种能使形而上学的绝对与历史事实的相对性交汇、和解的文学"，即"重大关头文学"。② 这种处境文学在历史运动中实现绝对哲学，通过小说形式探索实现政治理念。按萨特的描述，这种文学在形式上是先锋的：无内在叙述者，也无全知证人，而充满半清醒半模糊的意识，每个人都不凌驾于其他意识之上，都由别人包括他自己的交叉评价构成，书中包含怀疑的、未完成的段落，留待读者作出各种假设。这种文学同时是主体间性的完美体现：读者意识与人物意识、读者世界与作者世界完全重合，读者感受到人物的思想活动包含着全人类，历史必然地趋于向恶下降或向善上升。这是自由的和解放的文学："我们确信任何一种艺术都不能真正成为我们的艺术，如果它不能表现实践的粗暴的新鲜感、它的模棱两可性和不可逆料性，如果它不能表现时间的流程，世界咄咄逼人的、瑰丽的不透明性和人的长期耐心。"③ 萨特希望"我们的书以物、植物和事件的方式，而不是以人的产品的方式存在；我们想把上帝从我们的作品中赶走，犹如我们已经把上帝从世界上赶走。我以为我们将不再用形式，甚至也不用内容，而是用存在的密度来固定美"。④ 总之，政治作家不再通过逃避时代而超越时代，而是为了改变时代而承担时代，他"为了所有人，与所有人一起写作，因为他企图用他个人的手段解决的问题也是所有人的问题"。⑤ 我们看到，萨特将作品等同于非异化的人的一种宇宙泛神论的本真存在，作家代替创世的上帝，充当大写的作品的创造者。"介入文学"由此实现存在主义是一种人道主义的理念。

---

① 萨特：《什么是文学》，第 288 页。
② 萨特：《什么是文学》，第 228 页。
③ 萨特：《什么是文学》，第 230 页。
④ 萨特：《什么是文学》，第 232 页。
⑤ 萨特：《什么是文学》，第 233 页。

　　萨特的处境文学是存在主义－马克思主义的乌托邦，体现在：第一，处境文学是"绝对文学"，"艺术品是自由的，因为它是绝对目的，也因为它是作为一项绝对命令向观众提出的"。① 由此，艺术品不属于物质生产范畴，而是生产生活中的自由意识，它用自由的词语把生产反映给劳动者。文学的功能体现在作为否定性对异化劳动提出异议，作为创造和超越把人表现为创造主体，超越自身的异化、趋向更好的处境。萨特把有、做和存在当成人的实在的基本范畴，与消费文学致力于存在与有的关系不同，处境文学致力于存在与做的关系，人的存在就是他所做的事和他对自己所做的。第二，处境文学是整体文学：只有在社会主义集体中，文学才意识到自己的本质，完成了实践与存在、否定性与建设性以及做、有、存在三者的综合。② 作家是资产者，体会到资产者的焦虑和灵魂撕裂的痛苦，不应满足于通过作品向集体成员发出民主召唤，他还应做资产阶级的掘墓人，无惧与他们一起埋葬。斯大林的共产主义政治与文学职业不相容，因为"文学在本质上是异端邪说"。③ 他申明己志：艺术作品在本质上与资产阶级功利主义对立，也不迁就共产党的功利主义。作家作为共产党的同路人逆潮流写作，没有读者群。处境文学如何实践？萨特提出，作家摒弃资产阶级艺术与宣传艺术，选择直接为电影和广播写作，通过大众传媒将潜在的读者（比如某些小资产阶级和民众）纳入实在的读者群，使他们通过阅读把人性变成绝对目的。

　　萨特将启蒙思想家的批判精神投入文学和政治实践中，试图在冷战背景下两种意识形态的斗争中采取第三条道路，修正斯大林主义对共产主义的扭曲和社会主义现实主义的保守，他以近乎悲怆的努力，竭力调和革命与自由、文学形式与政治内容。萨特强调作家的任务首先是恢复语言的尊严，不可言传的东西是一切暴力的根源，"说到底我们是用词语来思想的……应该根据思想使用语言的方式去评判思想"。④ 其次"我们

---

① 萨特：《什么是文学》，第 235 页。
② 萨特：《什么是文学》，第 236—239 页。
③ 萨特：《什么是文学》，第 252 页。
④ 萨特：《什么是文学》，第 270 页。

作为作家的任务是表现世界并提供关于这个世界的证词"。① 由于萨特把文学简化为作家意识的客观化，甚至认为语言"就是实践惰性，也就是说一个完全由某种意识形态或者某种意识形态系统，某种类型的历史构成的物质场"，② 没有看到作家通过写作构建象征体系，他对文学介入的形式与内容的论述往往自相矛盾。

五 文学与政治

1963 年，萨特完成了《词语》，这是 10 岁的他的自传，对他如何选择成为作家并通过自欺把选择变成命运进行了精神分析式描述，他因而获 1964 年诺贝尔文学奖，但他声称不愿被资产阶级机构收买，拒绝领奖。他悖论般地以"纯文学"的《词语》告别文学："我想在其中指出，一个人是如何能够从被认为是神圣的文学转入行动的，尽管这依然是一个知识分子的行动。"③ 他要求作家在职业生涯中履行政治义务。作家作为公民，有责任参加政治斗争，发挥自己的影响，在各条战线上进行干预，直接鼓动和宣传，揭露并革除非正义。这类干预文学如请愿书、论战小册子、报刊文章等，有专门的风格，专门的文体，专门的发表场所。这是第二种介入文学，即第一种介入文学反对的宣传文学。1968 年，萨特保护法国"五月风暴"中反叛的学生免于诉讼。因苏联等华约成员国军队入侵捷克斯洛伐克，萨特与苏联决裂。从此萨特把主要精力投入了政治运动，提出"用行动而不是言语来承担义务"的口号，出席集会、发表演讲、签署宣言、出庭作证、递请愿书、会见记者、上街游行、散发传单，成为典型的介入知识分子。

萨特自称很晚才介入政治，第二次世界大战前他是极端自由的，直至 1937—1938 年，他都赋予"孤独的人"极大的重要性。④ 1940 年对他而言是一个转折点。他的个人主义无法维持下去了："只有等到我通过应征令遇到对我自身的自由的否定，我才意识到世界的重量以及我与所有

---

① 萨特：《什么是文学》，第 272 页。

② 德尼斯·贝尔多勒：《萨特传》，第 458 页。

③ 萨特：《词语》，潘培庆译，生活·读书·新知三联书店 1992 年版，第 309 页。

④ 萨特：《什么是文学》，第 429 页。

别的人和所有别的人与我的联系的重量。"① 萨特在高师已经获得群体生活的经验，他在德国特里尔的斯塔拉格战俘营被关了 7 个月。圣诞节时他导演了反德国人的剧本《巴利奥纳》，数百个战俘聚精会神地观看，他领悟到戏剧应成为一个伟大的集体和宗教现象。由此，他获得了一种"群体价值观"。他没有觉得失去自由，反而感受到了兄弟情谊。高师和战俘营经历使他看到了"一种名副其实的集体主观性"② 的历史可能性："个人自由的理想是他为之奋斗的自由的社会。"③ 他幻想在集体社会中，共同空间与个人空间完美重合，每个人都是别人的镜像，享有一种透明存在的幸福。他感到自由与处境紧密相连，开始思考社会主义与自由的关系。从《辩证理性批判》开始，萨特明显转向带有政治说教性质的自我批判和救赎。波斯特认为个人主义的萨特与集体主义的萨特无法截然分开，《存在与虚无》已经体现出萨特调和存在主义与政治、思想与生活、理性与历史的努力。萨特早期的自由不能简化为小资产阶级私人化的个人主义、放荡不羁知识分子的唯美主义或浪漫主义的绝望厌世，而应该定性为典型新左派的、缓慢发展的激进主义自由。20 世纪 60 年代以萨特为首的知识分子高举激进自由的旗帜，拒绝浪漫的个人主义和共产党激进分子的方式和方法，寻找一种适用于使发达技术社会更为人性化的自我理论和政治理论。④ 确如波斯特所言，萨特的存在主义是自由与民主密不可分的连续体。两个萨特互相渗透并互相矛盾。在个人主义的第一个萨特中，有集体主义的瞬间，在集体主义的第二个萨特中，有极端个人主义的意识闪光。萨特在《七十岁自画像》中重申风格的复调所传达的自由意识，"风格首先是用一句话说出三个或四个意思的方法"，"如果人们不能使语言表达这种多义性，那么大可不必去写作"。⑤ 但他没有放弃介入立场，继续鼓动群众加入社会革命行动。笔与剑，一个都不能少。照列维的话说："在生活的赌博中，他同时赌了两局（文学和世界，

---

① 萨特：《萨特文学论文集》，第 383 页。

② 德尼斯·贝尔多勒：《萨特传》，第 293 页。

③ 西蒙娜·德·波伏瓦：《与让 - 保罗·萨特的谈话》，《告别的仪式》，第 442 页。

④ 波斯特：《战后法国的存在主义马克思主义：从萨特到阿尔都塞》，第 72—73 页。

⑤ 萨特：《萨特文学论文集》，第 345 页。

作品和行动，'规范'的逻辑和'世纪'的逻辑），生来既喜欢文字又喜欢行动，不愿把两种生活和两个自我分别开来。"①

第二节　结构主义与符号学的"文学"定义

对于萨特提出的"什么是文学"，巴特以"什么是写作"应答。萨特在《词语》中提到语言与写作的关系："由于我是从语言中发现世界的，我便长期认为语言就是世界。所谓存在，就是在无限的词语一览表中的某个角落里有限地占有某些名称，而所谓写作，就是在上面镌刻上新的存在物，或者——这是我最固执的幻想——用词句来捕捉那些活生生的事物。"② 萨特一直坚持着物化的语言观。巴特早在《写作的零度》（1953）中就从语言学出发，通过"零度的写作"回复萨特的"介入文学"，反对萨特的意识哲学。他承认写作与社会之间的关系，但认为作家无从选择他写作的对象集团，也就是萨特的目标读者，他永远为同一个社会写作。因为写作从根本上是作家与语言的关系，作家选择的是形式伦理。写作不体现萨特认定的语言意图（知识语言、价值语言），而呈现出实践含混，萨特在《现代》上发表的文章是战斗式写作、思想式写作，语言不占主导地位，几乎成为道义承担的记号。这种写作让形式服务于内容，因而是工具性的，异化的，不过是过时的传统写作的政治变体，属于"类文学"。③ 同样地，法国社会主义现实主义对一切意图性的艺术符号进行机械安排，也属于资产阶级现实主义写作。④ 巴特强调语言是文学的存在而非工具："文学语言不再是某种先于它存在的一种社会的、激情的或诗学的'现实'的便利工具或华丽布景，它也不再可能以次要的方式，在遵守一些风格的法则的条件下，负责表达这个'现实'：不，语言就是文学的存在，文学的世界，整个文学被包含在写作行为中，而非

---

① 列维：《萨特的世纪》，第 47 页。
② 萨特：《词语》，第 130—131 页。
③ 巴尔特：《写作的零度》，第 18—19 页。
④ 巴尔特：《写作的零度》，第 44—45 页。

'思考''描绘''讲述''感觉'行为中。"① 文学更多地实现自身而非传递自身。由此，他以语言学和符号学为武器对萨特"介入文学"概念进行了批判和清算，将"介入文学"归入保守文学阵营。

巴特没有完全否定萨特，他也认为，写作从 1850 年起变成否定形式，被剥夺了革命战斗的作家把全部激情投入形式生产中。但他强调作家通过文学语言的分裂表现资产阶级意识的分裂，通过纯文学暗中颠覆以社会性言语为基础的语言。② 由此，巴特提出了新的写作可能性，以加缪、布朗肖或格诺的中性的、空白的、零度的写作对抗单义性的、独断论的马克思主义式写作，追求无风格或口头风格，写作的零度或口语度（degré parlé），但他承认零度写作是以绝对同一的社会状况为前提的，普遍的语言依赖公民社会中具体的、非神秘的或名义的普遍性，这个社会便是萨特的无阶级社会。他认为写作既承载历史异化又代表历史梦想：作为大写的必然，文学写作证明了与阶级分裂密不可分的语言分裂；作为大写的自由，文学写作是对这种分裂的意识和超越这种分裂的努力。③ 与萨特的文学乌托邦要求融合集体要求与主体性不同，巴特希望"文学变成语言的乌托邦"，写作消除语言的社会性和神话性，让形式处于中性的和惰性的状态，通过非异化的清新语言表现一个美丽新世界。④ 巴特后来在《法兰西学院就职演讲》（1977）中重拾"什么是文学"问题和文学乌托邦，重申作家通过语言革命消除异化。依据文学符号学，他提出文学有三种力量。一是间接传播知识的力量，但文学不是百科全书，它通过语言上演关于人的知识，调节粗野科学与优雅生活的间距。二是再现现实的力量，尤其是乌托邦功能。文学话语抵抗并超越科学、哲学、心理学等话语，通过写作达到对权力的偏离。三是符号学力量。符号学产生于语言操作，承认语言学的杂质，话语的错综复杂成分，但不承认道德性质的自欺和良心的混合，它分析被权力操控的语言——政治。文

① Roland Barthes, De la science à la littérature, in Œuvres complètes, Paris: Seuil, 2002, tome Ⅱ, p. 1264.

② 巴尔特：《写作的零度》，第 46—47 页。

③ 巴尔特：《写作的零度》，第 54—55 页。

④ 巴尔特：《写作的零度》，第 55 页。

学符号学通过研究差异避免普遍性话语和群体言语的神话。① 在巴特那里，文学、写作和文本是同义词。他偏爱文本，即构成作品的能指之织体。文学不被理解为作品集合或系列，也不是交流或讲授的领域，而是写作实践的踪迹的复杂字形记录。② 文学中的自由力量不依赖平民个体，也不依赖作家的政治介入及其作品的思想内容，而依赖他对语言的变革，在这个意义上，塞利纳与雨果、夏多布里昂与左拉无分轩轾。奴役与权力不可避免地交织于语言机制。真正的作家用语言作弊，在语言上作弊，但这是拯救的作弊，有益的躲闪，辉煌的欺骗，让人在语言的永久革命中听到权力之外的语言，这就是巴特定义的文学。③ 由此，巴特通过文学符号学摒弃介入文学与为艺术而艺术的非此即彼，达到非此非彼——第三项，即中性："中性并不指涉什么晦暗的，'中和性'的，冷漠的'印象'……可以指涉一些密集的、强有力的、闻所未闻的状态。"④ 中性不意味着不选择，而是"'从旁选择'的话语的伦理学"。⑤ 中性依旧是冲突性，受制于敌对力量的斗争。巴特坦言："我无法暂时'搁置'我在世界上的存在。"⑥ 他的形式伦理不意味着伦理无涉，而是另一种干预。他承认深受萨特影响，但从来不是斗士，不喜欢战斗的言语活动，写作对他不是为了永垂青史，"它是一种斗争，是一种控制死亡感觉和整体消亡感觉的方式"。⑦

巴特的符号学是对萨特的现象学形式主义的扬弃。萨特在《境况Ⅰ》中论及莫里亚克："小说呈现的不是物而是其符号。"⑧ 萨特缺乏与语言学相关的符号思想，采取了纯粹的存在视角，他构建的二项对立不是物/符号，而是物/意识："只有物存在：它们只有外表。意识不存在：它们构

---

① 巴尔特：《写作的零度》，第185—194页。
② 巴尔特：《写作的零度》，第184页。
③ 巴尔特：《写作的零度》，第184—185页。
④ 巴尔特：《中性》，张祖建译，中国人民大学出版社2010年版，第12页。
⑤ 巴尔特：《中性》，第13页。
⑥ 巴尔特：《中性》，第327页。
⑦ 巴尔特：《欲望之危机》，《声音的种子》，第394页。
⑧ Jean – Paul Sartre, *Situations I*, Paris：Gallimard, Coll. Idées, ［1947］, 1975, p. 43.

成。"① 如马尔蒂所说，萨特无法真正深化并很快抛弃符号概念，通过意识立场的不断主题化，将读者的主体性投射到人物的主体性中。巴特则通过语言、形式、结构的框架，揭示出意识形态的生产和再生产机制是完全受语言结构事实支配的一个特定符号学系统，意识形态来自语言的质料和形式，一种形式的制度和配置。由此巴特把萨特的形式分析整合到他的符号理论中，通过反萨特完善了第一个萨特，通过形式主义在自我与斯大林意识形态之间建立了一道诠释屏障。②

巴特根据写作者对语言的态度划分作家与写家。作家是"不及物的人"，他精心加工语言，彻底将世界的为何纳入如何之中，将自身结构和世界结构交付语言结构，不解释世界，让人体会世界的含混性。写家是"及物的人"，在任何情况下直接说出他之所想，传达不可逆的阐释和确实的信息。存在于两者之间的是作家 – 写家。③ 应该说，巴特为了文学技艺的革新而进行的这种区分是相当人为的，因为所有写作者都是作家 – 写家，如托多洛夫所说："在话语中就不存在没有所指间关系的能指间的关系"，④ 反之亦然。无可否认，文学在表象与象征之间摇摆，前者试图规定语言的透明和所指的优先，后者则体现语言的晦涩和能指游戏，但两者都无法彻底实现自身。新小说派显然想成为"作家"，他们对语言革命的要求比巴特更加激进，要求原样呈现事物，彻底摒弃意识形态和神话，无论是萨特的"人类中心主义"和理性秩序强加给人的法定意义，还是加缪"荒诞"的悲剧意识，拒绝类比、情节和逼真。罗伯 – 格里耶认为，只有"为艺术而艺术"，才能在政治斗争中找到位置，而社会主义现实主义反对艺术技巧革新，满足于最"资产阶级的"表达。萨特的"介入文学"寄希望于读者的自由摆脱宣传精神纯属乌托邦，因为作家的介入不是政治性的，他只有意识到并努力解决自身的语言问题，才能更

---

① Jean – Paul Sartre, *Situations I*, *op. cit.*, p. 58.
② 马尔蒂：《文学形式主义与哲学》，《中国文学批评》2016 年第 2 期。
③ 巴尔特：《文艺批评文集》，怀宇译，中国人民大学出版社 2010 年版，第 171—180 页。
④ 茨维坦·托多罗夫：《象征理论》，王国卿译，商务印书馆 2004 年版，第 337 页。

好地服务于革命。① 如西蒙所说："每当写作稍微改变人通过语言与世界保持的关系时，同时也以其微小的作用改变世界。"② 相应地，他们要求读者通过批评的、创造的阅读介入，不再全盘接受一个完美的、完全的、封闭的世界，而是参与创造作品和世界，创造自己的生活。③ 所以他们并非拒斥人性，而是将小说视为人道主义的、不断发展的体裁实践，表达了通过"新小说"创造"新人"的理想："人看着世界，世界并不回敬他的目光。人看到了万物，他现在发现，他可以摆脱其他人以前给他签订的形而上学的契约，他可以同时摆脱奴役与恐惧。"④ 其实他们的理想无异于萨特通过处境文学的先锋形式提出的救世理想。他们的小说艺术同样是以绝对的主体性为前提的，他们描绘的精神世界类似于造物主的世界。在罗歇看来，巴特将新小说的技艺等同于他作为批评家的"作法"，通过"注视"为作家规定"视觉的单一性"和叙事手段的简洁，专断地提出反思性作为新小说的标准，目的是确立批评家对作家的绝对权威。⑤ 但应该说反思性是小说家和批评家对新写作的某种共识，与其说作家被动地服从批评家的标准，不如说他们的同谋多半是无意识的，如布尔迪厄所说，新小说写作意味着对其作品的合法阅读的一种潜在定义。⑥

　　福柯是巴特的盟友，他对介入文学的异议是巴特的"什么是写作"的丰富变奏。1964 年福柯在布鲁塞尔的圣路易高等学院作了两次《文学与语言》讲座。他认为文学存在于"什么是文学？"中，像巴特一样把文学视为语言的存在："严格的和严肃意义上的文学一词，正是这种明亮

① 罗伯－格里耶：《快照集·为了一种新小说》，余中先译，湖南美术出版社 2001 年版，第 104—108 页。

② 西蒙：《受奖演说》，《弗兰德公路·农事诗》，林秀清译，漓江出版社 1992 年版，第 601 页。

③ 罗伯－格里耶：《快照集·为了一种新小说》，第 226 页。

④ 巴尔特：《中性》，第 125 页。

⑤ 参见菲利普·罗歇《罗兰·巴尔特传·一个传奇》，张祖建译，中国人民大学出版社 2013 年版，第 279—281 页。

⑥ Pierre Bourdieu, *Sociologie générale. Cours au collège de France 1981 – 1983*, *op. cit.*, p. 254.

的、静止的和破裂的语言。"① 但他区分了语言（langage）、作品和文学。语言是一个透明系统，作品则使符号和词语谜一般地不透明，文学不是语言作品的一般形式，也不是语言作品所处的普遍地点，"它在某种程度上是第三项，三角形的顶点，语言与作品、作品与语言的关系经过的地点"。② 由此，文学勾勒出一个未被占用的空间，一种基本的空白，"什么是文学"诞生于其中，"什么是文学"就是这种空白。"什么是文学"不是为文学附加批评意识，它就是业已破裂的文学本身的存在。福柯基于索绪尔的语言/言语划分，提出文学的定义：首先，文学并非不可言喻，可以被一种作为不在场、谋杀、分裂、假象的语言言说；其次，文学是在语言内部凿出的距离，这种距离不断被度量，但从未被跨越；第三，文学是不断摇摆的语言本身。③ 福柯像巴特一样看到1850年以来的文学断裂，认为19世纪文学的历史性通过对文学本身的拒绝体现，每个（波德莱尔、马拉美、超现实主义等的）新文学行动，都代表了四种否定，四种谋杀：首先拒绝别人的文学；其次拒绝别人搞文学的权利，质疑别人的作品是文学；第三自我拒绝，拒绝自己搞文学的权利；第四除了系统地完成文学谋杀之外拒绝用文学语言做或说别的事。④ 每个写在白纸上的词语，既是对文学纯粹的、空白的、空虚的、神圣的本质的僭越，也是打破日常语言规则的符号："一切文学行为都呈现为并意识到自身是一种僭越，对文学应该成为的这种纯粹的无法达到的本质的僭越。"⑤ 但与巴特不同的是，福柯看到了19世纪的文学继承关系，尽管这种关系意味着文学完结和谋杀文学。他指出萨德和夏多布里昂同时出现并非偶然，他们的生活和作品表现了文学现代经验——僭越与死亡，并根植于他们所属的系统。夏多布里昂的作品意欲成为一部书，进入尘封的永恒，绝对的图书馆，代表了文学的连续性，他只在自己已死的意义上写作（"墓

① Michel Foucault, *La grande étrangère. A propos de la littérature*, Paris: Editions de l'Ecole des hautes études en sciences sociales, 2013, p. 144.

② Michel Foucault, *La grande étrangère. A propos de la littérature*, *op. cit.*, p. 77.

③ Michel Foucault, *La grande étrangère. A propos de la littérature*, *op. cit.*, pp. 79 – 81.

④ Michel Foucault, *La grande étrangère. A propos de la littérature*, *op. cit.*, pp. 83 – 84.

⑤ Michel Foucault, *La grande étrangère. A propos de la littérature*, *op. cit.*, p. 84.

中回忆录")。萨德的作品代表了绝对的僭越，他一生都在为自由付出代价。福柯借鉴巴塔耶和布朗肖，将19世纪以来的文学（语言形式）归纳为两个主题，俄狄浦斯的僭越和俄耳甫斯的死亡；两个半遮半掩的形象，被亵渎的伊俄卡斯特和失而复得的尤丽狄茜："僭越和死亡这两个范畴也可以说禁忌范畴与图书馆范畴大致安排了人们所说的文学空间本身。"①

福柯肯定巴特提出的现代写作形式：

> 这种写作在某种程度上将作品变成了一个小小的表演，一个具体的文学模式。它具有文学的本质，但同时呈现了可见的、真实的文学形象。在这个意义上，人们可以说一切作品不仅说出它说的，它讲述的，它的故事，它的寓言，而且，另外说出了什么是文学。但它不是分两次说出，一次是内容，一次是修辞；而是统一说出。这种统一正是由这个事实明确显示出来，即18世纪末修辞消失了。②

福柯认为古典作品通过修辞格游戏把语言的稠密、模糊、隐晦转化为符号的透明和光亮，当修辞格空间被书卷代替时，文学开始了。③ 如同巴特的作家—写家区分，福柯的古典作品与现代作品区分也过分强调断裂。古典作品再现了现成的语言，古典作品的本质在戏剧表演的世界中，相反，严格意义上的文学本质在书中。但书不是文学的地点，而是语言穿过的物质契机。文学假装是书，书只能通过攻击其他书完成，因此文学是僭越。在空白的、覆盖符号的书上，汇集的是文学本身的存在，语言的遗存："文学是一种僭越的语言，一种致死的、重复的、重影化的语言，书本身的语言。"④ 福柯充实了巴特的文学符号学。他指出，在古老的印欧社会中，文学是基本的社会和宗教符号，而在当代西方社会中，文学更多与消费和经济符号相关。文学以符号层的方式存在，文学构造自身需要穿越四个符号层（文化符号层、语言符号层、巴特的书写符号

---

① Michel Foucault, *La grande étrangère. A propos de la littérature*, op. cit. , p. 89.

② Michel Foucault, *La grande étrangère. A propos de la littérature*, op. cit. , p. 90.

③ Michel Foucault, *La grande étrangère. A propos de la littérature*, op. cit. , pp. 101 – 102.

④ Michel Foucault, *La grande étrangère. A propos de la littérature*, op. cit. , p. 104.

层、自我指的符号层），文学是以纵向形式对社会文化中分层地提供的符号的重构。① 萨特曾借糖块的逐渐融化批评莫里亚克以上帝般的永恒视角剥夺了人物的自由意识，② 强调时间意识的创造作用。萨特认为，时间对文学作品是根本性的，读者有自己的时间，作者把时间放在一个为读者创造并在读者身上发生的时限，通过阅读，时间变成读者制造的客体。③ 与巴特主张建立非欧几里得的形式空间反对萨特将时间粘在人类意识中的时段不同，④ 福柯认为文学以空间化形式存在，语言的功能是时间，语言的存在是空间，语言的所有要素在一个共时网络中才有意义。⑤文学是语言与空间之间正在形成的某种若隐若现的关系。⑥ 由此，我们看到，福柯正是基于结构语言学的关系思想，将文学空间确立为由违犯禁忌与图书馆构成的结构空间，这个空间是冲突的、活跃的。为了与萨特的主体哲学对抗，福柯对这个空间的主体保持缄默。萨特一方面将图书馆看成墓地即死寂的物质空间，另一方面希望跻身绝对的图书馆——"我将赋予我的作品这种耀眼的强烈闪烁，将来人类灭亡了，而我的作品仍将在惨败的图书馆里继续存在下去。"⑦ 1966 年，福柯在《词与物：人文科学考古学》中再次指出：19 世纪浪漫派文学把语言从语法带向强大的言语，文学与观念话语分开，将自身封闭在彻底的不及物性中，文学话语的内容只能是说出其特有的形式，文学变为纯粹的写作活动，体现为词在白纸上的排列，"词既不能拥有声音，也不能有对话者，在那里，词所要讲述的只是自身，词所要做的只是在自己的存在中闪烁"。⑧ 这就是说，福柯把文学视为词的野蛮和专断的存在，不是萨特的意识光芒。然而福柯1968 年接受克洛德·波纳富瓦的访谈，直面作家与语言的关系，以萨特式的存在论调式，重申作家作为语言的绝对存在。他说，语言有

---

① Michel Foucault, *La grande étrangère. A propos de la littérature*, op. cit. , pp. 123 – 125.

② 萨特：《萨特文学论文集》，第 16 页。

③ 波伏瓦：《与让－保罗·萨特的谈话》，《告别的仪式》，第 251 页。

④ 巴尔特：《文学批评文集》，第 26 页。

⑤ Michel Foucault, *La grande étrangère. A propos de la littérature*, op. cit. , p. 131.

⑥ Michel Foucault, *La grande étrangère. A propos de la littérature*, op. cit. , p. 142.

⑦ 萨特：《词语》，第 131 页。

⑧ 福柯：《词与物》，莫伟民译，上海三联书店 2001 年版，第 392—393 页。

一种厚度，一种稠密，不像人们呼吸的空气一样绝对透明，有自身的法则、走廊、便道、线路、坡度、正反面、凹凸；语言有一种地貌并构成一种漫步的风景，人们围绕词句发现前所未有的视角，语言是一个人最隐秘的存在。① 但他强调写作是非个人的自白，写作的角色主要是一个保持距离和距离尺度的角色，写作就是处于将我们与死亡分开并与死亡之物分开的这种距离。写作就是运用语言与他者（物）保持距离，写作就是丧失自己的面孔，自己的存在。他以往写作时试图消隐在书的中性而客观的话语中，现在他不惮被人斥为精神分裂症，承认自己第一次以第一人称拒绝了这种中性话语，"当我写这些死物时，我是不死的"。② 但是，他像巴特一样，追求写作的"此在"而非"物化"："我写作不是为了赋予自己的存在一种纪念碑的坚固。毋宁说我试图将我的存在吸收在使它与死亡分开、也许是由此将它导向死亡的距离之中"。③ 他像巴特一样，最终意图通过写作战胜死亡，以"我写故我在"拒斥萨特的大写存在和大写作品。他寻找"特定的话语实践的运行条件"，以话语性（discursivité）的创造者代替了作者。④ 可以说他没有彻底摆脱萨特大写作者的魔咒。巴特强调语言不是主动服务于理性或心灵的工具，好像在思考着他的朋友的思考，他在《写作：不及物动词?》（1970）一文中，谈到文学与语言学，似乎对福柯的文学"不及物性"作出回应，他在本维尼斯特启发下指出，在印欧语系中，主动态不是与被动态对立，而是与中间语态对立，若祭司替我且为我祭献牺牲（sacrifier la victime），那么（仪式）献祭是主动的，如果我从祭司手中拿过刀为自己献祭，那么献祭就是中间语态。在主动语态中，动作在主体之外完成，因为自己未受影响，而在中间语态中，主体在动作之内并使自己受到影响，即使动作包

---

① Michel Foucault, *Le beau danger. Entretien avec Claude Bonnefoy*, Paris：Editions de l'Ecole des hautes études en sciences sociales, 2011, pp. 30 – 31.

② Michel Foucault, *Le beau danger. Entretien avec Claude Bonnefoy*, op. cit., p. 63.

③ Michel Foucault, *Le beau danger. Entretien avec Claude Bonnefoy*, op. cit., pp. 63 – 64.

④ Michel Foucault, *Dits et écrits* (*1954 – 1988*), Paris：Gallimard, 1994, pp. 791 – 820.

含客体，因此"中间语态不排除及物性"。① 由此，巴特引申出，中间语态符合现代写作，"今天，写作就是成为言语动作的中心，就是通过影响自己进行写作，就是让行动与影响并存，就是让书写者（scripteur）处在写作中心，不是以心理学主体（印欧祭司为其委托人献祭时可能充斥了主体性）的名义，而是以行动者（agent）的名义"。② 在这种情况下，写作不是传统的主动语态，而变成了一个中间态动词，表达写的过去时不应该说我写过（j'ai écrit）而应该说我被写（je suis écrit）。③ 通过将写作与中间语态相联系，巴特重申写作是主动和被动不可分的行动，文学对自身提出了语言问题，因而不是人心的科学，而是言的科学。1975 年，巴特发表《巴特自述》，在某种程度上回归主体："写作如何做到没有自我（ego）？是我的手，而不是别人的手在写。可以说我离开了古典主体，我不想要他了，他不可能存在了，但我还要将他保留一个瞬间，一句话的瞬间。"④ 主体不再是禁忌的词语，摆脱了污名化。无疑，主体的重建带着语言学和精神分析学的枷锁与自由。但"主体"不企求永恒的存在，满足于"此在"，通过写作建造神圣的大教堂的信念几近崩塌。

第三节　人类学、社会学的"文学"定义

莫利诺（Jean Molino）吸收人类学的研究成果，提出了文学的人类学定义，在世界文学范围内将文学分为：1. 与日常语言区别的雕饰语言（印度、阿拉伯或原始部落的诗歌或散文）；2. 建立在语言构造基础上的音步－节奏构造诗歌；3. 叙事（史诗、口头文学）；4. 仪式、节日、典礼和戏剧；5. 教谕话语；6. 游戏文字（儿歌、谜语、滑稽故事、风趣话）。由此，他将文学定义为建立在人类学基础上的象征艺术形式，作为文学材料的语言从起源处与节奏和音乐相连。文学是千变万化的因素构

---

① Roland Barthes, Ecrire, verbe intransitif?, in Œuvres complètes, tome Ⅲ, nouvelle édition revue, corrigée et présentée par E. Marty, Paris: Seuil, 2002, pp. 623 – 624.

② Roland Barthes, Ecrire, verbe intransitif?, in Œuvres complètes, tome Ⅲ, op. cit., p. 624.

③ Roland Barthes, Ecrire, verbe intransitif?, op. cit., p. 624.

④ Roland Barthes, D'eux à nous, in Œuvres complètes, tome V, op. cit., p. 455.

成的混合物，"文学不是纯粹的语言：它同时是发音和声音快感、节奏和音乐、行动和游戏"。① 社会价值与美学价值之间不存在冲突。诗歌文本也不例外。人类行为的产物，无论言语、文本、图画、歌曲、仪式还是制度，都不能被视为孤立的客体（物），而应属于一个象征生产与交换的过程。文学艺术作品属于象征范畴的实在，具有三个互补特征：作为一系列制作策略的产物，它包含一个制造维度；由于被听众、读者和批评家积极地感知，它包含一个审美维度；因与前两种成分分离，它包含一个物质的或中性的维度，表现为物质痕迹、声音波动或纸上的墨迹。这三个维度在方法上是独立的：创造者构建了一个客体，读者阐释它，但一个确定信息只是规则的特例，文学生产更接近语言学交换而不是有意地传达意图。② 文本以两种形式出现：一种形式是人类活动的印迹——裸文（texte nu），另一种形式是作者和读者身上的"精神客体"（objets mentaux），表象、概念和形象等。③ 莫利诺通过对西方"文学"概念的考察，指出"文学"（littérature）在 16 世纪或 17 世纪指的是所有知识和书写作品，包括人文知识如语法、历史、诗歌和修辞，也包括经院意义上的科学如逻辑、物理、形而上学甚至数学。那时人们不是没有意识到想象作品与说理论证之间的差别，而是事实上存在着各种混合形式，尤其是哲学地位不明确，现代意义上的科学与道德思考并存，蒙田、笛卡尔和帕斯卡尔的作品显示出书写世界的宽泛和开放的观念，科学与文学并非截然对立。18 世纪末，作为通识的文学逐渐收缩，科学和纯文学（Belles Lettres）明确分开。随着技术、政治、社会和文化的发展，从口头到书写的飞跃催生了"文学"概念："一方面是抄写员、文人的世界的出现，他们划定了一个单独的'书写文学'场；另一方面是学校教育制

---

① Jean Molino, *Ce que nous appelons littérature . . . Pour une théorie de l'œuvre de langage*, op. cit. , p. 90.

② Jean Molino, *Ce que nous appelons littérature . . . Pour une théorie de l'œuvre de langage*, op. cit. , pp. 259 – 260.

③ Jean Molino, *Ce que nous appelons littérature . . . Pour une théorie de l'œuvre de langage*, op. cit. , p. 321.

度的出现，它促使确立了处于新文学核心的古典作品的标准。"① 莫利诺
的文学定义打破了西方人种中心主义尤其是结构主义和形式主义的片面
文学观念，提出了包含人类学价值和社会历史内涵的"整体"文学。

　　法国大革命中断了维护古典精神、雄辩术、修辞学的大学和神学教
育，大大推动文学现代性进程。1800—1820 年，"文学"概念取代了纯文
学。"思考"与"观察"进入"文学理论"范畴。② 斯达尔夫人在《从文
学与社会制度的关系论文学》（1800）中指出文学具有表达和预言社会状
况的政治功能，否认永恒的修辞和写作艺术的存在，认为文学随社会和
自由的进步而变化。她强调只有对改变文学精神的政治和道德原因，对
文学写作的构成、目的、动机和结果进行社会历史分析，才能建立真正
的社会批评，但她反对让文学肩负政治使命的还原论。③ 夏多布里昂在
《基督教真谛》（1802）中将基督教理论化为现代性元素。波纳尔（Louis
de Bonald）在《法兰西信使报》（1806）上发表"文学是社会的表现"
的论断。他们的出发点不同，但都提出文学的社会历史性。否定历史的
唯心主义话语所塑造的永恒的人（homme éternel）隐退，受新经验洗礼
的、思考自身与社会历史关系的大写的人（Homme）进场。文学的社会
历史视角不再是学院批评练习，而是一种新意识的动力。④ 浪漫派的决裂
与古典时代末期开始的两个进程密切相关：一是在启蒙运动和资产阶级
理性主义推动下的社会的世俗化与去基督教化；二是主体的个性化，从
此个人意图成为理性行动和人与世界关系的决策者，代替拥有一切权力
和合法性的宗教、君主，直接面对他的利益、欲望或不满。浪漫派既是
对世界重施魔法的英雄，也是个人主义的传令兵。⑤ 浪漫主义文学表现为

　　① Jean Molino, *Ce que nous appelons littérature . . . Pour une théorie de l'œuvre de langage*, op. cit. , p. 94.

　　② Cf. Michel Jarrety, *La critique littéraire en France. Histoire et méthodes*（1800 – 2000）, Paris：Armand Colin, 2016, pp. 3 – 4.

　　③ Cf. D. Bergez et P. Barbéris（dir.）, *Introduction aux méthodes critiques pour l'analyse littéraire*, Paris：Bordas, 1990, pp. 129 – 131.

　　④ Daniel Bergez（dir.）, *Courants critiques et analyse littéraire*, op. cit. , p. 159.

　　⑤ Jean – Pierre Bertrand et Pascal Durand, *La modernité romantique. De Lamartine à Nerval*, op. cit. , pp. 14 – 15.

悖论：文学一方面思考自己的本质、定义、可能性条件、力量，要求相对于权力的自主；另一方面试图介入世界和历史。照萨特的说法，启蒙哲学家仰仗"说出一切"也就是"分析一切"的能力（pouvoir），理解他们相对于权力（Pouvoir）的自主性，而浪漫派则是向"说出一切的能力"要求"说出整体的能力"，"说出整体，是主人的要求。一种综合的目光打量世界，概括世界，将世界全体化，致力于抓住世界的重大结构并标明其意义，也就是结构之间的联系以及与整体的联系"。① 因此浪漫派强调文学革命是政治革命的产物，但不是政治革命的"表达"。在政治革命的美学反应（浪漫主义）与政治上归附这场革命的人的美学（自由派的古典主义）之间有某种交叉关系。文学革命的先锋不必然是政治革命的先锋。文学社会学如何解释文学的形式伦理？

埃斯卡尔皮（Robert Escarpit）指出：从 18 世纪后期，随着知识专门化的加强、印刷业、图书业的发展和文盲的减少，昔日作为文人贵族专利的文学变成了相对开放的资产阶级精英集团从事的文化活动，以及提高公众知识水平的手段。② 他同样认为，现代的文学观念在 18 世纪末形成，社会身份悬而未决的作家开始关注语言问题并通过写作进行历史反抗。文学因其语言特性是美与智的悖论综合：

> 语言，作为文学艺术的表达手段，与其他艺术的区别在于它拥有双重含义和双重有效性。首先，如同所有艺术，它直接诉述感官并通过一条情感的或至少是下意识的联想之链达到意识。另一方面，它通过一种任意的符码诉诸理解力，为了理解并接受一切真正属于信息的东西，应该知悉这种符码。美学有效性和智识有效性在文学行为中内在地互相掺杂、互相作用，但诗歌显然突出前者：它意欲首先是艺术。反之，受制于智识天职的文学，常常对意义要求与才智要求进行不可能的综合。文学创造行为在一切美学含义后面，拖

---

① Jean - Paul Sartre, *L'Idiot de la famille*, Paris：Gallimard, 1972/1988, Ⅲ, pp. 114 - 115.

② 参见罗贝尔·埃斯卡尔皮《文学社会学》，符锦勇译，上海译文出版社 1988 年版，第 5 页。

曳着倾向于使之笨重、使之系统化的一种巨大的智识含义。①

埃斯卡尔皮承认文学作品的符号性质，像萨特一样将文学视为交流行为，未摆脱唯智主义认识论，认为诗是"词的魔法""为艺术而艺术"，不属于社会学研究范围，他的研究针对非精英的、非形式主义的文学，专注于作品的文化交流功能。他的文学定义与主张文学内部研究的韦勒克和沃伦相似，后者从内含的、表现的文学语言中抽出本质，认为文学语言强调对符号本身的注意，德文 Wortkunst（词的艺术）或俄文的 slovesnost 适合命名"文学"。不过他们承认艺术与非艺术、文学与非文学的语言用法之间的区别是流动的，没有绝对界限，把美感占主导地位的作品视为文学，同意不以审美为目标的作品也有美学因素。② 可见文学的外部研究与内部研究都认同审美意图的观念。

威廉斯认为 19 世纪文学专业化遮蔽了创造的、艺术的或虚构的作品与社会现实的关联，这些作品自建保留地，与其他现实写作并存。所有作品都通过写作模式并与写作态度有关的深层表达手法，产生了意义和价值。既然一切写作形式都是创造性的，赋予某些写作形式以文学特权而贬低其他写作方式就是反动的和排他主义的。但他不赞同文学的相对主义定义，希望未来出现（除科学/诗歌分类之外）更精确的文类划分。③ 可以说，威廉斯看到了文学定义的任意性，但没有考虑文学的制度原因，以及作家与作品经典化和等级化的历史。

德里达试图从文学的社会历史建制与内在法则为文学定义。他反对结构主义的文学观念，认为文学性不是一种自然本质，不是文本的内在物，它不仅存在于纯理性行为的主观性中，还存在于意向客体的知性结构中："文本之'中'存在着召唤文学阅读并且复活文学传统、制度或历史的特征。"④ 因此他强调"文学是什么"的制度的、道德的和法律的含

---

① Robert Escarpit, *Le littéraire et le social. Eléments pour une sociologie de la littérature*, Paris: Flammarion, 1970, p. 270.

② 韦勒克、沃伦：《文学理论》，刘象愚等译，文化艺术出版社 2010 年版，第 12—14 页。

③ 威廉斯：《政治与文学》，樊柯等译，河南大学出版社 2010 年版，第 334—338 页。

④ 德里达：《文学行动》，赵兴国等译，中国社会科学出版社 1998 年版，第 11 页。

义，因为文学作为晚近历史建制来自并受制于某些法则，文本内在法则的建立离不开外在法则：一方面，文本需要卫士（作者、出版社、批评家、学会会员、档案员、图书馆管理员等）的保护；另一方面，文本在更大的法律体系尤其是使之合法化的一套法律与社会习俗的保证下，才能为自身立法，变成"文学"。而且文学在不单属于语言学的历史条件下，对颠覆的合法性开放，通过愚弄法，文学超越了文学。① 德里达同福柯一样借鉴巴塔耶的僭越，但福柯的僭越限制在文学内部结构中，德里达则阐明了文学的内在法则与外在法则之间的辩证关系，强调文学是自律与他律的产物。

　　布尔迪厄从社会语言学角度，重新思考词与物的关系，阐述了作家与语言的关系。语言不是如萨特的意识所规定的，直接地、透明地反射着物，也不是如结构主义设想的，在一个无主体的世界中神秘地自足地运行。布尔迪厄反对结构语言学的片面性和封闭性及其经院主义和唯智主义："对于索绪尔来说，语言本身存在着，产生自身的法则，自身的限度，而且语言超越个人意愿的法则既是运行法则，也是发展法则。与此同时，它被描述为一个外在于并超越社会行动者的空间，这个空间的物质和持存条件问题却没被提出。"② 布尔迪厄指出结构语言学在社会科学中的普遍化产生了特洛伊木马效应，因为它把社会世界视为一个符号交换的领域，把行动简化为以语言或文化方式破译符号的交流行为，不考虑语言运行的条件，然而在字典、语法、文学等中处于客观化状态的语言学资源，只有被具备语言学能力和资本的人占有，在文化生产场、日常象征交换地点的斗争中成为武器，才能在物质上和象征上成为主动的、有效的、活跃的资本存在并永存。③ 这就是说，语言行为离不开主体。由此他强调交流关系也是象征权力关系，在语言关系中铭刻着社会关系的烙印：语言产品在流通中产生的客观意义是以区分性价值为基础的。在语言市场上流动的不是"语言"本身，而是有风格特征的话语，生产者

---

①　德里达：《文学行动》，第 148、150 页。

②　Pierre Bourdieu, *Sociologie générale. Cours au collège de France 1983 – 1986*, *op. cit.*, p. 341.

③　Pierre Bourdieu, *Sociologie générale. Cours au collège de France 1983 – 1986*, *op. cit.*, p. 341.

把"语言"变成自己的特定话语，接受者基于个人或集体经验解读这种话语，产生自己的认识和评价。[①] 在生产者方面，作家之间关于合法写作艺术的斗争促进了合法语言的生产，以及对合法语言之合法性的信仰的生产，他们需要语法学家对其语言能力的认可和合法化。在接受者方面，语法学家拥有认可并确立合法的作家和作品的垄断权，他们需要权威作家的同盟确立合法的语言规范。文学语言不断地在犯规与规范之间循环。由此，必须考虑文人语言及其语法生产的社会条件，以及语言规范确立的社会条件，才能解释合法语言的属性和社会影响。[②] 显然不存在无差别的社会通用语言。社会空间由专业的场组成，专业话语在专业的场中生产出来，供场中的接受者释读。这种话语是表达旨趣与审查妥协的结果。审查不是指通过法定程序实行压制，而是指场的结构（话语生产的社会条件和生产者在场中的位置）控制表达手段的获得和表达方式。场的结构通过形式化，规定了作品形式与内容的不可分割，规定了接受形式，也就是对作品形式性质的尊重。[③] 表面中性的文学符号学分析采用唯智主义认识模式，无视语言生产和运用的社会条件。

布尔迪厄像巴特一样试图完善萨特。他赞同萨特的第一种介入文学，即"说话就是行动"，援引奥斯汀的述行（performatif）的语言逻辑，"这种逻辑总是有助于制造（或产生）它所说的东西，尤其通过认识与政治密不可分的分类的建构有效性"。[④] 无言的东西包含着冲动和暴力，理性主义者布尔迪厄不欣赏大音希声，看重词语的力量，"词语，如萨特所说的，能搞破坏……表象、揭露、生产，不是小事。在这个意义上，可以说是创造"。[⑤] 他同意萨特认为文学的审美价值和伦理价值密不可分的主张，作家的写作实践无法脱离社会实践，但这是在巴特的"中性"意义

---

① 布尔迪厄：《言语意味着什么》，褚思真、刘晖译，商务印书馆2005年版，第6—9页。

② 布尔迪厄：《言语意味着什么》，第39—41页。

③ 布尔迪厄：《言语意味着什么》，第139—141页。

④ 布尔迪厄：《帕斯卡尔式的沉思》，第134页。奥斯汀在《如何以言行事》（1962）中指出，说出话语就是在完成行为，这并不是我们通常认为的只是说出某种东西，参见 J. L. 奥斯汀《如何以言行事》，杨玉成、赵京超译，商务印书馆2013年版，第10页。

⑤ Pierre Bourdieu, *Choses dites*, op. cit., p. 177.

上的，同时他强调，作家的语言游戏只在文学场中生效，他以"文学场"概念阐释"什么是文学"，提出文学的生产和批评原则："寻找艺术作品具有的历史性和超历史性的存在原则，就是把这作品当成一个被某种其他事物困扰和控制的有意图的符号。这就是假设一种表达的冲动在这种逻辑中得到陈述，而场的社会必然所规定的形式化，趋向于使这种表达冲动难以辨认。"[1] 由此，他反对萨特的主体间性，强调艺术家的活动并非有意识地参照公众，把公众变成其目的、目标、终点。艺术家与公众是实践关系。作家通过象征形式曲折地传达他的世界观而非有意识的意图，作品通过多半无意识的认识范畴、思想模式、配置与受众发生关系，可能产生符合或违背艺术家意愿的意义。[2] 因此象征生产与交换中起作用的审美无意识也是社会无意识：作家在实践中投入特定利益，自认为无关利害，不知道自己为特定受众完成的社会功能，事实上却满足了某个阶层或阶级的期待。

第四节　文学场

在萨特阐述的文学自主化过程基础上，布尔迪厄划定了法国文学场自主化的三个历史阶段：始于第二帝国，完形于 19 世纪后 20 年，延续至当今。[3] 于尔特（Jurt）诘问：若真正的文学场是在 19 世纪末产生的，场的概念的普遍价值在何处？这是否属于一个短暂的阶段？法国学者维亚拉（Alain Viala）总结出法国古典主义时期自主化过程的最初因素，他采用布尔迪厄的方法，把自主和非自主的关系描述为一种冲突的而非静止的关系，但他划分的三个阶段与布尔迪厄不同：第一个阶段大致对应于中世纪，文学服从于教会的非自主原则；第二个阶段是古典主义时期，政治的非自主原则与最初的自主要求发生冲突；第三个阶段是 19 世纪，自主作为一种象征价值占据了统治地位。于尔特在这种划分中看到了文

---

[1]　布尔迪厄：《艺术的法则》，第 5 页。

[2]　Pierre Bourdieu, *Manet. Une révolution symbolique*, op. cit. , pp. 496 – 497.

[3]　布尔迪厄：《艺术的法则》，第 106 页。

学场理论方法的有效性。① 然而，为了强调文学场概念的适用性而突出文学发展的连续性，势必削弱这个概念所意味着的断裂。场的概念更多地强调自主性。布尔迪厄不同意维亚拉把职业作家出现的 17 世纪确立为文学场的形成时期，因为作家只有放弃自主才能获得认可及与其身份相关的利益（年金、职位、荣誉等），拉辛担任国王史官便是明证。② 正是文学场的自主化和生产者地位的提高导致对作家和艺术家个人的关注。但文化生产场与其他场的边界不清晰，能提供各种名目的职位，生产者有意无意地玩词与物的游戏，因此不存在作家的普遍定义，只存在着关于作家定义的斗争，"作家和艺术家概念的语义学含混既是力求规定作家或艺术家定义的斗争的产物又是这种斗争的条件"。③ 通过对 19 世纪中期文学场的实证研究，布尔迪厄揭示出，司空见惯的作家和艺术家概念是永久斗争的赌注和社会逻辑的产物，在分析过程中随斗争形势不断变化。狭义的作家定义是由文学场认可的纯粹写作活动产生的，对（暂时）占据统治地位的作家最有利，"最适于说明他有理由如他存在的那样存在"。④ 由此，布尔迪厄的文学场反对巴特对三类写作者的静态描述、列举、展示，像德里达一样否定无历史背景的文学本质定义，综合考察文学场的内部法则和外部法则，强调文本生产者之间力量关系对抗的动态过程与官方制度的作用，"文学（等）竞争的中心赌注之一是对文学合法性的垄断，也就是说，尤其是话语权力的垄断，即以权威的名义说出谁被允许自称'作家'（等），甚或说谁是作家和谁有权力说谁是作家；或者如果愿意，就是对生产者或产品的认可权力的垄断"。⑤

　　布尔迪厄认定自主的文学场始于第二帝国时期，根据是美学革命的先锋福楼拜、波德莱尔、马奈推动场产生了固有的规则——"为艺术而

---

① Joseph Jurt, L'apport de la théorie du champ aux études littéraires, in Louis Pinto, Gisèle Sapiro et Patrick Champagne (dir.)：*Pierre Bourdieu, sociologue, op. cit.*，p. 273.

② Pierre Bourdieu, *Sur l'Etat. Cours au collège de France 1989 – 1992*, Paris：Raisons d'agir/seuil, pp. 511 –512.

③ 布尔迪厄：《艺术的法则》，第 106 页。

④ 布尔迪厄：《艺术的法则》，第 199 页。

⑤ 布尔迪厄：《艺术的法则》，第 200 页。

艺术"。① 戈蒂耶最早在小说《莫班小姐》（1835）的《作者序》中将
"为艺术而艺术"理论化，确立了艺术家生活和工作的原则。他既反对古
典主义教条批评家的道德和宗教的虚伪说教，② 也反对受傅立叶空想社会
主义影响的进步批评家强加给文学的实用的和济世的功能，③ 他认为只有
无用的东西才是真正美的，有用的东西都是丑的；文明人最适合干的就
是无所事事，享乐是生活的真正目的。他借莫班小姐的情人德·阿尔贝
之口说："啊，美！我们被创造出来，只是为了爱你和崇拜你。""我觉得
人间和天国同样美好，认为改善造形就是积德。"④ 他认为社会进步观念
和代议制民主徒劳无益，⑤ 谴责报纸批评散布怀疑论，阻碍真正的学者和
艺术家诞生，造成人民的不幸，"以至诗歌和王国这两种世界上最伟大的
事物变得无法生存"。⑥ 戈蒂耶在浪漫主义鼎盛时期便提出了无神论的、
异教的、中立主义的和虚无主义的唯美主义观点。在布尔迪厄看来，"戈
蒂耶扮演了典型的预言者角色：他同时创立了艺术家个人以及作为艺术
家的话语，艺术家能为独立于一切外部要求的需求定义"。⑦ 幻灭的浪漫
主义者福楼拜明确指出："现代艺术家是全日制专业工人，注定以彻底的
和绝对的方式工作，不关心政治要求和道德律令，除了其艺术的特定标
准不承认其他任何裁判。"⑧ 但"为艺术而艺术"并不是艺术的形式主义。

　　马舍雷（Pierre Macherey）主张以"生产"（production）概念取代创

---

　　① 1831 年在沙龙展览的雕塑家让·杜塞诺尔（Jean Duseigneur）第一个使用为"艺术而艺术"的措辞，然后这个用法就在奈瓦尔、波莱尔（Borel）、戈蒂耶等组成的"小文社"流传。

　　② "每个专栏都成了布道台，每个记者都成了布道师，就差剃发和披道袍了。"戈蒂耶：《作者序》，《莫班小姐》，艾珉译，人民文学出版社 2008 年版，第 3 页。

　　③ "我们不能用换喻法制作一顶布帽，不能穿上对比来代替拖鞋，不能拿反衬法当雨伞，很可惜，也不能把若干华彩诗句贴在身上当背心。我深知在冬天用一首颂歌当衣冠是太单薄了，穿上古希腊悲剧的第一段、第二段和第三段合唱曲也好不到哪儿去"。戈蒂耶：《作者序》，《莫班小姐》，第 19 页。

　　④ 戈蒂耶：《作者序》，《莫班小姐》，第 121、123 页。

　　⑤ "摆布你的是一把刀，一把圣水刷子还是一把雨伞，这有什么区别？横竖是根棍子，我奇怪一些进步人士竟为挑选一根什么样的可敲打他们的棍子争论不休，何不干脆把棍子砸碎了扔给魔鬼，倒能进步得多也节省得多。"戈蒂耶：《作者序》，《莫班小姐》，第 25 页。

　　⑥ 戈蒂耶：《作者序》，《莫班小姐》，第 36 页。

　　⑦ Pierre Bourdieu, *Sociologie générale. Cours au collège de France 1983 – 1986*, op. cit., p. 715.

　　⑧ Jean – Pierre Martin（dir.），*Bourdieu et la littérature*, op. cit., p. 248.

造（création）概念，认为作品是一种劳动产品，作家是"文本的工人"，他不生产其劳动的原料，以此反对唯物主义生产理论，也反对萨特从零开始的浪漫主义文学观念，萨特认为作家通过生产自身的生产法则、尺度和标准，体现了高度的自由，他与手艺人不同，后者的劳动是非个人的传统规则的产物。① 布尔迪厄采用了生产概念，构造了包括文学场、艺术场、科学场、哲学场等在内的文化生产场，将作家、画家、哲学家、科学家等通称为文化生产者，消除天赋创造者的"超凡魅力"，他认为作家是有能力创造法则的手艺人，但这种法则不只是独特的和个人的，而属于某种集体无意识范畴，即实践的"作"法，同时是以场为前提的，福楼拜、波德莱尔、马奈等先锋派生产者是文学（艺术）场的真正立法者。文学（艺术）场在权力场中处于被统治位置，是一个颠倒的经济世界，其游戏规则是胜者为负，其内部时刻存在着非自主原则与自主原则的斗争。非自主原则有利于经济和政治方面的统治者，自主原则驱使异端忍受暂时的失败。斗争的力量对比取决于场的自主性，自主程度越高，场的两极之间差距越大：一方面是纯生产的一极，生产者的主顾是其同行；另一方面是大生产的一极，生产者的主顾是公众。纯生产只承认自身的要求，导致象征资本的积累，象征资本最早不被承认，后来逐步合法化，最终变成了真正的"经济"资本，而且从长远来看，能够提供"经济"利益。这个精神变物质的过程符合韦伯所说的超凡魅力经济的逻辑。因此，对作家而言，社会世界和它的利益法则并没有消失，艺术产品的生产作为象征生产，同样受到在物质生产场中起作用的全部因素的制约。

　　关系性和历史性是文学场的两大特征。文学场是相对封闭的客观关系系统。场中的每部作品都与其他作品组成关系网。新来者要在场中产生自己的区分性占位，必须占有场的历史成果。由此，福柯、德里达的图书馆和僭越都进入文学场中，作家依靠场中的集体遗产（图书馆）与传统决裂（僭越）并创立新法则。集体遗产作为一种事物的状态，存在于场的结构中，确定了可思考的和不可思考的范围，并打开了可能的问题和答案的空间。被统治的异端只有掌握一定的象征资本，才能对文学

---

　　① Gisèle Sapiro, *La sociologie de la littérature*, op. cit., pp. 21 – 22.

场中的统治者——正统观念的维护者发起挑战。在先锋派艺术家身上，资本累积作用非常明显，先锋派必须将以往所有超越化为己有实现自身的超越。如格林伯格所说，先锋派必须消化最新的期待、最新的惊奇，比同一传统内的早期艺术家更努力、更有意识地运用自己的趣味，而且是更具包容性的趣味。① 这就是艺术革命的悖论：伟大的异端——波德莱尔、福楼拜或马奈通过继承实现对场的革新，他们对特殊资本的掌握远胜同代人，表现出连续中的断裂或断裂中的连续。因此，场的结构是在一个特定历史时刻的从前斗争的产物和未来变化的动力。场中发生的事与场的特定历史相关，很难与所考察时刻的社会状况直接对应。政治只能对文学形式产生间接的影响。按朗西埃的说法，文学拒绝反映的诗学："'风格'与作品功能的统一，并不是唯美主义者的观点，而是形式与诗学材料变化的复杂进程的结果。"② 文学场越自主，反思性越强。从福楼拜的"乌有之书"到新小说和线性叙述的解体，小说朝着消灭传统小说的情节、行动、主角的方向发展，批评家和作家的界限变得模糊。作家通过写作本身对小说及其故事进行反思，揭示小说的虚构性质。"纯"小说要求以往专属诗歌的阅读，即建立在反复阅读基础上的辨认或再创造练习。只有在一个自主的场中，才能产生这样的作品和这样的阅读。文学如巴特所说的那样，从可读的变成可写的，文学的形式探索消除了文本的明晰和单义，语言的意识形态成为隐性的。好像真正的作家必须符合耶拿浪漫派的诗学标准，"作者必须是作者兼批评家、理论家或诗学家（波德莱尔、马拉美、瓦莱里），批评家本人必须是这样的作者（本雅明、巴特、热奈特），作品必须对自身进行自主—构拟（或解构）（马拉美、普鲁斯特、乔伊斯），因为这一切始终都是以这种批评同一性的名义进行的"。③ 这当然是文学场自主的极端状况。

　　布朗肖的"文学空间"与文学场概念貌合神离。在马尔丹看来，布朗肖的文学空间是一个观念的、空灵的写作空间，马拉美的唯一的书的

① 克莱门特·格林伯格：《自制美学——关于艺术与趣味的考察》，第41页。
② 朗西埃：《沉默的言语》，第19页。
③ 菲利普·拉库－拉巴特、让－吕克·南希：《文学的绝对》，第329页。

空间，一个绝对孤独的空间。布朗肖要为文学争夺利益和特权，重拾文学的浪漫主义神话，维护"纯粹文学"。布尔迪厄的文学场则是一个关系性的和区分性的小宇宙，每个作家都不由自主地占据了一个位置，由于对立和冲突的作用，孤独也表明了一种社会态度。① 确实，布尔迪厄的文学场表现出政治场和经济场乃至所有场的普遍运行特点——力量、资本、战略、利益关系，且与这些场有同源关系。与文学场竞争的还有贝克尔的"艺术世界"概念。按照贝克尔的定义，艺术世界"意指人们之间合作活动的关系网络。人们通过对于做事惯例的共识组织在一起，制作出艺术世界以之著称的那种艺术品"。② 艺术作品被理解为所有行动者的协调一致活动的结果，所有行动者如作品构思者（作曲家或剧作家）、演出者（音乐家或演员）、物质装备提供者（乐器制造商）和受众（观众、批评家等）互相配合，导致艺术作品的产生。在布尔迪厄看来，贝克尔的"艺术世界"是典型的互动空间，把文学或艺术场简化为一个群体，即通过简单的互动关系甚至合作关系连在一起的个体行动者的总和。贝克尔没有考虑客观关系，仅满足于纯粹的描写和列举，然而正是"客观关系构成场的结构并左右力求保留或改变这种结构的斗争"。③ 贝克尔反驳说，文学场是封闭性的，行动者像理论规定的那样行动，他们之间只有以竞争和冲突为基础的支配关系。而艺术世界不是封闭的空间，向多重可能性开放。合作者有意识地考虑别人的存在并调整自己的行动。④ 但贝克尔的反对缺乏依据，布尔迪厄恰恰强调，文学场与其他场之间是互相联结、互相渗透的。场是行动空间，不是理论空间。行动者依场提供的客观可能性，提出并解决实践问题，并非按预先的意图行动，布尔迪厄探讨现代艺术生产的机制时正是通过场的理论超越了群体的简单互动论（参见笔者下文对杜尚与卢梭的论述）。无疑，贝克尔和布尔迪厄都颠覆了天才论，贝克尔认为主体的有意识合作产生了作品，布尔迪厄不否

---

① Jean – Pierre Martin（dir.），*Bourdieu et la littérature*，*op. cit.*，p. 16.

② 贝克尔：《艺术界》，卢文超译，译林出版社 2014 年版，第 18 页。笔者倾向于把 world 理解为"世界"而非"界"。

③ 布尔迪厄：《艺术的法则》，第 176 页。

④ 参见贝克尔《艺术界》，第 340—341 页。

认有意识的合作成分，但他从认识论角度，以行动者代替主体，以习性取代理性，强调作品是在习性与场之间的复杂关系中产生的。鉴于习性和场是社会历史构造的产物，布尔迪厄提出，场不是地理单位、政治机构或社会团体，也不是时代精神、精神共同体或生活风格共同体。因此，巴塞尔、柏林、巴黎或维也纳不是场，特定聚会场所如文学咖啡馆、杂志社、文化社团、沙龙也不是场。场是对象划分和建构的基础，行动者必须处在同样的文化使命、共同参照的作品、必不可少的问题、重大事件等构成的一个共同问题体系中，"这个问题体系被理解成一个可能性的空间，不同占位的系统，每个人相对于这个系统来确定自己"。① 因此，场的最关键点在于，在场者共享一个问题体系并对这个体系表态。

拉伊尔（Bernard Lahire）意欲以文学游戏（jeu littéraire）概念取代布尔迪厄的文学场概念。在他看来，用场的理论思考文学空间有局限性。文学空间是一个职业化程度和报酬很低的空间，进入这个空间的大部分人都需要赖以谋生的第二职业。加入文学游戏的人过着双重生活，他们是经常脱离游戏的玩家，而非场中稳定的"行动者"。由此文学游戏只能是一个次场，即与劳动对立的非功利活动，"从事'第二职业'的作家构成了多种归属的典型案例，无法不让人对场的理论提出疑问"。② 他说"作家"一词让人想到经济社会条件相对一致的职业，而文学游戏则无论在美学上还是在经济上都是极不确定的，而且它是一个边界模糊的空间，包括各种出版社、出版方式、认可方式、公开展示方式等，而场概念倾向于对场中实践或生产进行还原论解释："一切都通过在场中的位置得到解释；在场中的一切实践的真理全都要在场的范围内寻找，并且社会主体由此被简化为其作为场的成员的存在"；习性概念只考虑作者在社会方面构建的配置，忽略了他的生活问题。③ 应该说，拉伊尔的"文学游戏"不过是基于对写作者的实证考察而提出的一个属于常识范畴的、未经科学构建的概念。如前所述，布尔迪厄认为，"场"没有穷尽社会空间的形

---

① 布尔迪厄：《艺术的法则》，第 171 页。

② Jean‐Pierre Martin（dir.），*Bourdieu et la littérature*, *op. cit.*, p. 147.

③ Jean Molino, *Ce que nous appelons littérature … Pour une théorie de l'œuvre de langage*, *op. cit.*, pp. 151–152.

态。对文学场而言，文学游戏的赌注是作家身份，没有公认的作家定义，文学场作为次场包含在文化生产场之中，推行"输者为赢"的统治原则，因而是争夺作家定义的斗争场所。拉伊尔没有看到资本和习性足以解释作家生产的社会条件，作家的全部（个人和社会）存在。

布尔迪厄通过文学场概念解决一种理论两难，超越内部解释与外部解释的取舍。通过文学场的理论，一方面，他引入结构主义的方法，把场视为包含一系列客观关系的系统，反对主观主义的阐释和唯心论关于创造者的超凡魅力观念；另一方面，他强调文学对象的特殊性，反对决定论者把一部作品或一种观念陈述与社会地位直接联系在一起的简单还原论，反对结构主义取消主体的客观主义。也就是说，文学场理论既不可简化为作品与个人传记或社会阶级的关系，也不可简化为内部分析与互文性，而是这一切都包括在内。但归根结底，对布尔迪厄而言，写作有各种特殊性，但仍然是社会现象，如风格、形式、版权、与出版社和其他作者的关系等，"一切都是社会性的……事实上，我们无法脱离社会学"。① 那么，文学场的自主如何体现？布尔迪厄承认，文学场表现出各种变量之间的协调。有时是社会性占上风，覆盖了心理的、形式的变量。有时则相反，社会性相对较弱，隐藏在其他变量后面。这些变量同时存在并分为各种层次，但它们只能通过社会性得到解释。② 由此，我们看到了布尔迪厄对文学场"为艺术而艺术"这种理想型的修正，以及不断完善理论构造的综合努力。

第五节　传记批评的生死与复活

1964 年 12 月，福柯在布鲁塞尔的"文学与语言"讲座上指出，"批评人"（Homo criticus）最早出现在 19 世纪拉·阿尔普与圣伯夫之间的年代，随着批评活动扩大，批评人逐渐消失，批评从批评文本进入了小说、诗歌、散文、哲学中，当代的批评不再指导阅读，不再仰仗批评家的趣

---

① Jean Molino, *Ce que nous appelons littérature . . . Pour une théorie de l'œuvre de langage*, op. cit. , p. 280.

② Jean Molino, *Ce que nous appelons littérature . . . Pour une théorie de l'œuvre de langage*, op. cit. , p. 281.

味，而力求成为分析方法，精神分析的、语言的、主题的、形式的方法，"批评正在实证性或科学范畴内提出自身的依据问题"。① 批评不再聚焦于作品创造的心理时刻，而关注作家写作本身的厚度（épaisseur），批评成为次于文学（第一写作）的第二写作（écriture seconde），与其他写作最终形成"批评和文学的整体，也就是当前的普遍写作的漂浮的象形文字"。② 福柯提出了批评的方法论与形式化问题，强调"新批评"的认识论断裂，将圣伯夫以降的批评简化为规则和趣味，无视"新批评"是依据断裂与延续的辩证法超越旧批评的结果，并呼唤着对自身的超越。

从法国 19 世纪 20 年代至 20 世纪 90 年代，从人文科学独立到相对自主的文学场形成和完善，批评与文学若即若离，显示出一种矛盾的张力：一方面与文学区分并寻求自身的方法论，另一方面要求对其形式的承认。浪漫派批评家圣伯夫首创传记批评方法，力图综合批评与创造、趣味与规则、文学与科学："我想在批评方面成就的，是在批评中引入一种魅力，同时引入前人从未实现的现实，一句话，诗和生理学并举。"③ 圣伯夫经受了新历史经验的洗礼，见证了 1830 年革命、1848 年革命和第二帝国的建立，浪漫主义的兴衰，文化生产场的建立，文学场的自主化，在人文科学的观念革命中锻造了批评家技艺。他将观念学派德屈特·德·特拉西（Descutt de Tracy，1754－1836）、卡巴尼斯（Cabanis，1757－1808）的感觉论实证主义确立为批评的方法论，④ 反对滥用理性的教条评

---

① Michel Foucault, *La grande étrangère. A propos de la littérature*, op. cit., 2013, p. 108.

② Jean Molino, *Ce que nous appelons littérature … Pour une théorie de l'œuvre de langage*, op. cit., p. 109.

③ Sainte‐Beuve, *Mes Poisons*, Paris：Plon, 1840, p. 120.

④ 以卡巴尼斯为代表的观念学派认为，孔蒂亚克的感觉论的简单因素，经过不断的综合，构成心理的和精神的思想的总和，并且最后构成社会、道德和政治思想的总和。观念学被他们设想为一个独立于历史条件的连贯的、总体的思想体系。他们以感觉论实证主义的原则反对教条评论，他们崇拜事实，否定先验的知识，试图将科学法则用于社会现象。由此，他们指责古典主义文学固守形式与规则。他们强调不能再以外部特征来判断作品，不能再根据是否与规则相符给作品分类，而是要考虑作品的心理效果，因为优美的作品能够打动理性、想象力或感受力。观念学派的理论革新具有两方面的影响：一是文学评论不再局限于作品的分类和判断，而是扩展到作家的心理探索；二是文学评论开始考察作家的生平和历史背景，以满足理解和解释的需要。Cf. R. Fayolle, *La critique*, Paris：Armand Collin, 1978, pp. 77–79.

论，主张通过想象力和感受力，用心理学和历史学的方法理解和阐释文学，重估古典批评，实现诗学制作与心理生成、天才与趣味的真正融合。他重视"诗艺"："布瓦洛是我做批评工作以来所最关注的一个人，是在思想上和我接触得最多的一个人。"[1] 他称赞布瓦洛引导法国诗达到帕斯卡尔的《外省人信札》在散文上达到的高度，[2] 教会拉辛为了整体效果剪除纤巧的枝蔓，成为古典悲剧的完美典范。[3] 但批评不是古典主义僵硬的判断规则，而是与人的性情相符的灵活而直观的方法："真正的批评家，我常常想，是为精神命名并恰当地得出他们性情的人。"[4] 批评是快乐的知识："对我来说，批评是认识精神的乐趣，而不是支配它们的乐趣：一个单柄眼镜而非一只戒尺。"[5] 在古典主义与浪漫主义的新"古今之争"中，圣伯夫站在扬弃的立场上："浪漫主义的定义指我们当中所有试图从理论上或实践上革新艺术并使它超越一定之规的人。"[6] 他试图建立科学的批评方法，去除印象批评的业余主义。他借昂贝尔（Ampère, 1800 – 1864）的"文学科学"和"同血缘家族"摆脱生平轶事批评的局限，在自然史家布封和居维叶启发下做精神的"博物学家"，但反对泰纳的实证主义决定论，把"自然的"或"生理的"批评看成是对趣味批评和历史批评的补充。他的论敌巴尔贝·多尔维利承认他"第一次作为文学范畴的解剖学家和心理学家，教会我们通过书理解人"。[7] 肖像与传记批评方法旨在通过社会历史研究和诗学制作理解和解释作家的创造机制。圣伯夫主张阅读作家的所有著作，包括作家未发表的文章、通信、日记等，收集作家所有种族的和家庭的、教育的和发展的传记资料，考察作家的遗传、体质、环境、所受教育或重要经历、竞争对手和敌手、欣赏者和

---

① 圣勃夫：《圣勃夫文学批评文选》，第 327 页。

② 圣勃夫：《圣勃夫文学批评文选》，第 332 页。

③ 圣勃夫：《圣勃夫文学批评文选》，第 357 页。

④ Sainte – Beuve, Lettre à Philarète Chasles, citée par Prassoloff et Diaz, *Sainte – Beuve. Pour la Critique*, Paris: Gallimard, 1992, p. 49.

⑤ Sainte – Beuve, *Mes Poisons*, *op. cit.*, p. 129.

⑥ Sainte – Beuve, *Causeries du Lundi*, 21 octobre 1850, Paris: Garnier, 1857, t. Ⅲ.

⑦ Pierre Moreau, *La critique selon Sainte – Beuve*, Paris: Societé d'édition d'enseignement supérieur, 1964, p. 18.

崇拜者等，理解和解释作家的天才、后天教育和机遇如何共同促进他第一部杰作的诞生："如果你理解了这个关键时刻，如果你解开了他所连系的绳结，如果你发现了这一半是铁、一半是宝石的神秘指环的秘密，而这个指环将他的黯淡的、压抑的和孤独的第一存在，与他的光辉的、夺目的和庄严的第二存在联系起来，他不止一次想要吞噬这第一存在的记忆，那么就可以说，你彻底地拥有并了解了你的诗人；你与他共同穿越了黑暗的地域，如同但丁和维吉尔；你有资格陪伴他毫不费力地、畅通无阻地漫游别的奇境。"① 这 "一半是铁、一半是宝石的神秘指环的秘密"是批评家努力寻找的作家的技艺，表明批评家的自我与作家的自我达到了契合。这就是通过作家天才的发展变化，寻找天才的表现形式："每种与众不同的天才、才能都有一种形式，一种内部的普遍方法，这种天才或才能将这种方法用于一切方面。材料、观点变化了，方法不变。这样达到一种普遍的精神形式是伦理学家和性情画家的理想目标。"② 这种 "普遍方法""普遍的精神形式"，不是理性规则，不是 "普遍观念"，而是基于多半无意识的素养（趣味）的实践模式。他称许 "狄德罗有最出色的半变半存的能力，这是批评的关键和特长，即把自己放在作者的位置上，放在被研究对象的观点上，用作品的精神来阅读作品"。③ "半变半存"强调批评家既化身为作家，又避免将自我投射于批评对象。在这个意义上，批评家要做无我的人："对我来说，批评家就是一个隐形人：我努力消失在我重建的人物中。我适应它，甚至借助风格借鉴和表现他的语调。"④ 批评家消除自己的个性不是将自己的主体意识投射到作家身上，而是通过社会历史研究与作家感同身受，这是一个通过客观化实现主观化的过程，如同他为高乃依描绘肖像："进入作家，置身于他，按照他的各种特征介绍他；令他栩栩如生，活动，说话，就像他该做的那样；尽可能深入他的内心和他的家庭风习；从各个方面把他同这个世界、这

---

① Sainte – Beuve, *Portraits littéraires*, *op. cit.*, t. I, p. 30.

② Sainte – Beuve, Taine, *Causeries du Lundi*, Paris: Garnier, 1870, t. XIII, p. 272.

③ Sainte – Beuve, Diderot, *Panorama de la littérature française*, Textes présentés, choisis et annotés par Michel Brix, Varese: Librairie générale française, 2004, p. 955.

④ Sainte – Beuve, *Mes Poisons*, *op. cit.*, p. 126.

种真实的生活、这些日常习惯联系起来，伟人跟我们一样依赖这些习惯，这是他们立足的真正根基，他们从这里出发，在一段时间内升高，又不断返回。"① 普鲁斯特在《驳圣伯夫》中提出，作家有两个自我，艺术创作中的内在自我和社会生活中的外在自我，圣伯夫不懂得"一本书是我们与在社会生活中的自我完全不同的另一个自我"。② 显然，普鲁斯特认为两个自我交替存在。对圣伯夫而言，两个自我须臾不可分，批评家分析的"人"是作家的整个自我，"判断作家容易，但判断人则非如此"。③ 而且，无论批评家（读者）还是作家的自我都不是"我思"，而是作家和读者的多重"自我"。圣伯夫以精神分析家的直觉，提出"自我"裂变的观点："在这以我为名字的运动的机体死去之前，有多少人已经在我身上死去了！读者，你以为我说的是自己；不妨想想吧，你会明白说的也是你。"④ 他的自我构造与解构不是翻云覆雨的游戏，而是自我反思，以社会历史为依据的客观构建和冷静创造，符合浪漫主义美学要旨："自我等于非我——一切科学和艺术的最高定律。"⑤ 他在《我的隐衷》中说："如果让我判断自己，我本着伪装起来的自尊，说：'圣伯夫制作的不是反映自己的肖像；他以描绘别人为借口，向我们展示的总有他自己的轮廓。'"⑥ 可以说，圣伯夫通过社会历史诗学重构作家的技艺，他的反思批评基于理解的无意识，一种社会的、历史的无意识。

在第三共和国的文学场，文学批评的钟摆偏向实证主义科学一边。朗松继承了圣伯夫的历史方法，以及泰纳的《论智力》（1870）中提出的意识决定论，⑦ 参照历史和社会学的科学观念确定文学史研究方法。他认

---

① Sainte‐Beuve, *Pierre Corneille*, *Œuvres de Sainte‐Beuve*, Paris：Gallimard, 1949, t. I, p. 677.

② 普鲁斯特：《驳圣伯夫》，王道乾译，百花文艺出版社1992年版，第71页。

③ Sainte‐Beuve, *Portraits littéraires*, in *Œuvres de Sainte‐Beuve*, Paris：Gallimard, 1949, tome I, p. 650.

④ Gisèle Corbière‐Gille（éd.），*Aperçu de l'œuvre critique de Charles Augustin Sainte‐Beuve*, *op. cit.*，p. 428.

⑤ 诺瓦利斯：《夜颂》，第182页。

⑥ Sainte‐Beuve, *Mes Poisons*, *op. cit.*，p. 121.

⑦ Cf. Antoine Compagnon, *La troisième république des lettres. De Flaubert à Proust*, Paris：Seuil, p. 185.

为："一切文学作品是社会现象。这是一种个人行为，但是一种个人的社会行为。"① 由此，他肯定圣伯夫通过个人将文学与社会相联系："他在生动的个人身上，找到真实的和必要的中介，通过这个中介，各种各样的社会影响到达、引起或改变了诗歌或散文作品。"② 但他责备圣伯夫不用传记解释作品，而用作品构成传记，将大小作家一视同仁，③ 究其实是对圣伯夫的社会学方法视为不见。朗松主张，为了摆脱主观批评并控制个人印象，文学史应该仿效历史，用归纳的社会学代替系统的哲学，同时独立于历史和社会学，理由有二。一是文学作品是生动的，不是僵死的、冰冷的历史档案材料，区分"认知"与"感受"是文学史的科学方法，不能将文学史局限于文学作品编订和未刊稿出版、文献目录和传记以及来源和影响研究，"印象主义是我们接触美的唯一方法"。④ 二是文学史的对象是个人，社会学的对象是集体，文学分析的目的是个人性（individualité）："这正是这种不确定的、无法解释的剩余物，即作品最大的创新。"⑤ 朗松从否定方面将天才和个人视为因果解释的冗余，没有找到个人与群体、文学与科学的中介。作为修辞学大师，朗松对考据表现出审慎态度，强调什么也不能破坏趣味，方法是更高级的和更深入的批评的前奏曲。⑥ 但朗松的文学史实际上基本局限于对作家创造的来源与影响研究。他的弟子们没学过修辞学，将文学史简化为实证主义考据。朗松学派在法国大学中的统治地位一直持续到 20 世纪 60 年代。

　　日内瓦学派的意识批评则致力于重估圣伯夫的"同情批评"遗产。布莱责备圣伯夫的批评是一种模棱两可的批评，其目的不是向他人的世

① Gustave Lanson, Avant – Propos, *Méthodes de l'histoire littéraire & Hommes et Livres*, Paris/Genève：Honoré Champion, 1895 – 1925, 1979, p. 170.

② Martine Jey, *L'antibiographisme de Lanson*, in Michel Brix（dir.）, *Archéologie du Contre Sainte – Beuve*, Paris：Garnier, 2015, p. 197.

③ Gustave Lanson, Avant – Propos, *Méthodes de l'histoire littéraire & Hommes et Livres*, op. cit., VIII.

④ Gustave Lanson, Etudes françaises, *Méthodes de l'histoire littéraire & Hommes et Livres*, op. cit., pp. 28 – 30.

⑤ Antoine Compagnon, *La troisième république des lettres. De Flaubert à Proust*, op. cit., p. 179.

⑥ Antoine Compagnon, *La troisième république des lettres. De Flaubert à Proust*, op. cit., pp. 162 – 163.

界慷慨地开放，而是攫取所有的好处。其终点也不是一种同情的运动，不是读者意识和作者意识的结合，而是一个意识取代另一个意识，两个意识之间毫无关联。圣伯夫的批评是虚假的和不真诚的，是因为没有"同情的热情，却表现为一种无动于衷的、冷静地加以完成的认同行为。它通过模拟风格和仿效感情及思想竭力模仿一个朋友的陌生人生活习惯"。① 在他看来，批评就是阅读，而阅读就是对作品的模仿，是一种再创作，就其本质来说，是批评家"在自我的内心深处重新开始一位作家或哲学家的我思"。所谓"我思"，乃是作家在作品中流露出来的意识。什么是"批评意识"？布莱指出，读者面对一部作品，作品显示的那种存在虽然不是他的存在，他却把这种存在体会为自己的存在，读者的自我变成了另一个人的自我。批评是一种主体间的行为，即"一个主体经过客体（作品）达到另一个主体"，一种认识自我和世界的方式和途径，也就是说，批评家借助别人写的诗、小说、戏剧来探索和表达自己对人生的感受和认识，他在"反映他人思想的同时，也反映了自己的思想，因为在他看来，诗人或艺术家的思想正是他思想的反映"。② 由此，批评是一种"文学的文学"，或曰"次生文学"，与"原生文学"（批评对象）是平等的。通过主体间性，布莱接近了萨特的批评立场。圣伯夫的"心理传记"（biographie psychologique）虽然用心灵解释和阐释大多数心灵，但绝非唯灵论意义上的意识交流，而是通过基于社会历史研究的风格戏仿，传达与作家共有的集体无意识。

　　20 世纪 50—60 年代，巴特以语言学和符号学为工具，除了以"什么是写作"反对萨特的介入文学，还以新批评反对朗松派的大学批评。他试图兼有诠释的灵感和科学的严格，责备传统的考据批评和传记批评专注于作品的外在决定原因，不说明材料与作品的关系，不关心创造的激情，大写的生活。他主张通过话语语言学，建立一种既是主观的又是客观的、既是存在主义的又是历史的、既是整体性的又是自由的批评。③ 福

---

① 布莱：《批评意识》，郭宏安译，百花洲文艺出版社 1993 年版，第 5 页。
② 布莱：《批评意识》，第 35 页。
③ 巴特：《批评与真实》，第 55 页。

柯依据结构主义的语言观念，以作品空间反对作品历史，认为圣伯夫的传记批评致力于重建最初的创造时刻也就是作品生成的时刻，力求找到作品产生的秘诀，是遵循语言的时间神话的批评，是既相信创世又相信沉默的创世说批评。[①] 传记批评在新批评的质疑之下，如何重获新生？基于心理学、历史学与制作分析的传记批评方法必须整合精神分析、语言学和马克思主义社会历史学的方法。传记批评的根基是承认创造者主体。被无意识和语言占据的主体已经丧失我思的稳定性。弗洛伊德认为主体外在于语言，由于个体不得不把自身纳入社会，而社会往往由批判性和惩罚性的父母代表，家庭成为压抑情感的元凶，文艺作品是作者被压抑欲望的替代性满足，无意识、异化甚至神经官能症的象征表达。弗洛伊德在《本能及其变化》中，谈到对抗本能的四种防御模式：压抑、升华、"本能的逆转"和"围绕主体自己"，在后两种模式中，爱会变成恨，主体（折磨欲望）变成客体（被折磨欲望），神经官能症的特征是主体围绕自己转，结果是"自我折磨"和自我惩罚，可以与希腊语的"自反性中间语态"相联系。[②] 拉康不像弗洛伊德那样把象征机制赋予部分低级的他者（疯子、野蛮人、儿童等），他认为主体在语言中构成，语言是大他者即象征秩序。人们通过语言实现象征化，然而总有某种无法由语言转化的剩余。主体只能通过连续的主体化过程（异化与分离）在瞬间闪现，悬置在"将要成为的主体"与大他者的领域之间。[③] 传记批评涉及作者生平与创作、创造主体与批评主体的关系，面临把作家当成投射对象（主体间性）或研究对象（客观化）的选择。

第六节　福楼拜

作为巴尔扎克与新小说派之间承前启后的人物，福楼拜的"现实主义"是批评家探讨文学与社会、"为艺术而艺术"与"介入文学"关系

[①]　Michel Foucault, *La grande étrangère. A propos de la littérature*, op. cit., p. 133.

[②]　海登·怀特：《中间语态的写作》，《叙事的虚构性》，第324—325页。

[③]　肖恩·霍默：《导读拉康》，李新雨译，重庆大学出版社2014年版，第60—111页。

的竞技场。萨特说："福楼拜作为现代小说创造者处在我们当前所有文学问题的十字路口上。"① 福楼拜其人其作传达出文学与美学、社会、政治的复杂关系。与巴尔扎克描写理想的真实不同，福楼拜写最平淡的真实。他把语言当成包含意义的声音材料，小说从世界的镜子变成了世界的音乐。巴特指出，福楼拜的写作就是思想，就是全部存在，他的风格更改不是修辞学上的偶然事件，而牵涉语言代码，作家将语言结构体验为激情。② 如福楼拜本人说的："心灵的流露，激情、描绘，我愿意把这一切都融入文笔里。融入任何别的地方都是作践艺术，作践感情本身。"③ 在福楼拜之后，真正的作家必须致力于语言实践或词语炼金术而非修辞矫饰。福楼拜写作堪称"艺匠惨淡经营中"，他创造的是形式现实（réalité formelle），吸引批评家的是其形式伦理。圣伯夫赞赏福楼拜的平面写作，洞察福楼拜的美学政治。李健吾出于对国家命运的忧思，选择研究福楼拜而非象征主义诗歌："我知道现实主义和他因缘最近，而我的苦难的国家，需要现实的认识远在梦境的制造以上"，④ 他称赞"作者严肃而认真，态度和造诣全可借重"。⑤ 萨特自视福楼拜的"对立面"，⑥ 他在投身如火如荼的社会斗争的时刻，没有听从毛主义朋友的劝告，为大众写一部长篇小说，而赶写福楼拜传记："从内容上看，我觉得自己在逃避；相反，从方法上看，我感觉自己还是与时俱进的。"⑦ 他认为最根本的事情是理解人类，研究福楼拜可以帮他实现这个目的。⑧ 正是内容与方法的悖论使萨特投入福楼拜的着魔研究。布尔迪厄没有把巴尔扎克而将福楼拜视为社会学家的代言人，看重他为法国文学场制定了"为艺术而艺术"的创始法则，通过小说进行不自觉的社会学分析。在《艺术的法则》中，他

---

① Jean – Paul Sartre, *L'Idiot de la famille*, Paris: Gallimard, 1971/1988, p. 8.

② 巴尔特：《写作的零度》，第 127 页。

③ 福楼拜：《福楼拜小说全集》（下），刘方等译，人民文学出版社 2002 年版，第 486 页。

④ 李健吾：《福楼拜小说集译序》，《李健吾文集》，第 10 卷，北岳文艺出版社 2016 年版，第 331 页。

⑤ 李健吾：《拉杂说福楼拜》，《李健吾文集》，第 10 卷，第 365 页。

⑥ 萨特：《词语》，潘培庆译，生活·读书·新知三联书店 1992 年版，第 330 页。

⑦ 波伏瓦：《告别的仪式》，孙凯译，上海译文出版社 2019 年版，第 5 页。

⑧ 波伏瓦：《告别的仪式》，第 5 页。

的福楼拜分析充当 19 世纪文学场的生成与结构研究的引子和固定乐思，实现了萨特研究 1850 年左右艺术史的计划①。李健吾的《福楼拜评传》写于 20 世纪 30 年代，萨特的《家庭的白痴》写于 20 世纪 70 年代，布尔迪厄的《艺术的法则》写于 20 世纪 90 年代，代表了传记批评的三个历史截面，彰显出文学、哲学和社会学的学科之争以及批评方法论的延续与断裂。三位批评家都以福楼拜的作品和《通信集》为材料，以圣伯夫的传记批评为出发点，或利用或改造了马克思主义理论。李健吾基本采用圣伯夫的心理批评和历史批评，稍加朗松式版本考证，直到 20 世纪 70 年代末才发生了马克思主义转向。萨特和布尔迪厄都致力于精神分析与马克思主义的融合。萨特从胡塞尔的现象学出发，从意识的立场考察无意识，以亲历（vécu）归并弗洛伊德的无意识，利用神经官能症并援引拉康的大他者，将存在的精神分析与马克思主义拼合，坚持主体的自由选择，不承认马克思主义的决定论。布尔迪厄则站在弗洛伊德的无意识立场上考察意识，以无意识的习性代替主体，但他没有排除意识："感觉能力的运用无不首先包含心智能力的运用。"② 他改造了马克思的资本论，将资本分类并与习性和场相结合，创立审美、伦理、政治一体化的社会学理论。三位批评家都关注文学与社会实践的关系，福楼拜的阶级问题，李健吾和萨特都曾通过戏剧活动直接介入社会现实，表达他们对战争、对人的反抗与自由等重大问题的立场，萨特和布尔迪厄为"全世界受苦的人"奔走呼告，但他们都选择福楼拜传记批评表达自己的文学"介入"观念。福楼拜批评是批评家诗学政治的表达，也是批评家技艺的演示（performance）。我们看到，围绕圣伯夫的福楼拜主题，李健吾、萨特和布尔迪厄的福楼拜批评呈现某种螺旋形的上升。

一 传记批评主题

1857 年，圣伯夫在《箴言报》上发表《包法利夫人》评论。他的评传以关系方法开始：福楼拜出生于诺曼底，不像贝尔纳丹·德·圣皮埃

---

① 萨特：《萨特文学论文集》，第 329 页。
② 布尔迪厄：《帕斯卡尔式的沉思》，第 87 页。

尔、乔治桑在小说中将故土变成失去的天堂，而呈现冷酷的现实："卑微，不幸，野心，愚蠢，守旧，乏味和烦闷"，"他只问一件事：这是真实的吗？"① 他看到福楼拜写实的平面风格有别于传统的现实主义："一种宝贵的品质使得居斯塔夫·福楼拜先生与其他或多或少精确的观察者区分开来，他们今天为诚实地描写现实而自鸣得意，而且有时竟成功了；而他有自己的风格。他甚至有点过了，他的笔墨挥洒在对古怪和琐细的不断描写中，有时损害了整体效果。在他身上，最适于观看的事物或形象有点被周围物体的过度凸起遮掩或拉平了。"② 可以说圣伯夫准确地把握了福楼拜的小说创造理念：不造金字塔。他为《包法利夫人》被诉有伤风化辩护，肯定福楼拜"为艺术而艺术"："作品从此以后只属于艺术"，唯有批评可以自由地谈论它。这种艺术逃避自我，"作品完全是非个人的。这是一种力量的明证"。③ 他将福楼拜的技艺总结为："科学，观察精神，成熟，力量，一点点冷酷。"④ 曾经的医学生圣伯夫第一个提出福楼拜的"解剖刀"手法并归因于医生家族："作为名医的儿子和兄弟，福楼拜先生拿笔就像别人拿解剖刀一样。"⑤ 作家的技艺代表其伦理态度："书中自有一种道德：作者没有寻求，而由读者得出，即便是可怕的。"但他又补充道："真理不全部且必然地在恶一边，在人类的愚蠢和邪恶一边。"⑥ 他的批评不只针对福楼拜的写作技艺，还针对他的写作伦理，看到书中极其缺乏善。圣伯夫像福楼拜一样反对资产阶级艺术，也反对社会艺术，理解但不赞同后者"为艺术而艺术"的道德零度。

作为同代好友，圣伯夫与福楼拜的趣味相当契合，都属于"幻灭的浪漫派"，都有诗人兼学者的素质，试图超越艺术和科学之间的传统对立，反对巴尔扎克的激情和透视法写实，崇尚古典主义的理智趣味和客观主义诗学。圣伯夫在《我的行述》中谈到1848年"二月革命"："我以

① Sainte-Beuve, Flaubert, *Panorama de la littérature française*, op. cit., p. 1431.
② Sainte-Beuve, Flaubert, *Panorama de la littérature française*, op. cit., pp. 1433-1434.
③ Sainte-Beuve, Flaubert, *Panorama de la littérature française*, op. cit., p. 1442.
④ Sainte-Beuve, Flaubert, *Panorama de la littérature française*, op. cit., p. 1444.
⑤ Sainte-Beuve, Flaubert, *Panorama de la littérature française*, op. cit., p. 1444.
⑥ Sainte-Beuve, Flaubert, *Panorama de la littérature française*, op. cit., p. 1443.

细心观察者的身份看着头六个月在巴黎发生的一切。"① 福楼拜对圣伯夫的小说《情欲》（1834）表达了明确的互文意愿："我写《情感教育》部分原因是为了圣伯夫，他一个字没读就死了。"② 小说主角弗雷德里克在起义者与国民自卫军的街垒战中，表现出观察者的漠然："弗雷德里克夹在稠密的两大群人中间，一动不动，被惊呆了，又觉得特别好玩……他觉得在看一出戏。"③圣伯夫去世后，福楼拜说："现在与谁谈论文学呢？"④ 然而福楼拜责备同代批评家简单地用圣伯夫式或泰纳式的历史批评代替拉阿尔普式的语法批评："那么在哪里才能找到一种强烈地关心作品本身的批评呢？人们细致地分析作品产生的环境和构成作品的原因；但无意识的诗学呢？它何以产生？它的构成，它的风格？作者的观点？从未有过！"⑤ 福楼拜写作以布瓦洛为圭臬，恪守其诗学制作程式，将他的"没有比真更美了"⑥ 移译为"艺术才是真实性本身"，⑦ 但他把泰纳和圣伯夫混为一谈，无视圣伯夫对无意识诗学的论述。圣伯夫指出作家的习癖（tic familier），把它与绘画对比，定义为"做"（faire）："没有这种令人吃惊的'做'，思想本身无法存在，这种特殊的和高级的执行是一切伟大艺术家的印章。"⑧ 这种习癖就是技艺，做，素养，规则，无意识诗学，作家的理念宗教、审美趣味和道德追求。作家－批评家圣伯夫通过"技艺"理解和解释作家，仿佛作品是他本人制造的。1853 年，圣伯夫撰文反对政府奖励以绝对道德为目的的作品，强调真正伟大的作品达到了艺术、本性与道德统一的最高境界。⑨ 他明确反对文艺的工具化，认为启蒙作家向人民灌输不适合法国风俗和国情的抽象原则，造成大革命

---

① 圣勃夫：《圣勃夫批评文选》，第 48 页。

② Gustave Flaubert, *Correspondance*, Lettre à Caroline Flaubert, 30 octobtre 1856, Paris: Gallimard, 1971, T. VI, p. 82.

③ 福楼拜：《情感教育》，王文融译，人民文学出版社 2003 年版，第 273 页。

④ Gustave Flaubert, Lettre à Maxime Du Camp, 13 octobre 1869, *Correspondance*, *op. cit.*, p. 77.

⑤ 参见布尔迪厄《艺术的法则》，第 44 页。

⑥ 布瓦洛：《诗的艺术》，第 101 页。

⑦ 福楼拜：《福楼拜小说全集》（下），第 478 页。

⑧ Sainte - Beuve, Flaubert, *Panorama de la littérature française*, *op. cit.*, pp. 18 – 19.

⑨ Sainte - Beuve, *Causeries du Lundi*, 14 fevrier 1853, Paris: Garnier, t. Ⅶ.

的灾难后果，但他一生都没洗脱圣西门的乐观主义。他的诗学观念包含某种悖论："两种截然不同的语调，良知和绝望，常常在圣伯夫身上混合；人们总是不知道哪个主导。"[1] 他归附第二帝国后，试图成为布瓦洛式的文艺立法者，捍卫大革命成果，清除文学民主化的弊端。他通过批评投身"战斗"，在参议院捍卫科学研究的自主以及勒南、米什莱和观念学派的哲学和历史研究自由。批评对他同时审美活动、伦理建设和政治"介入"。福楼拜则把文学视为自足的存在，神圣化的产物，他要将自己塑造为笔人："通过写作进行一种个人的和独立的活动，这种活动应该帮他看清生活的意义——而不是他的生活的意义——证明自己属于这种著名的'思想贵族'，这个可能摆脱日常的平庸和此时此地的琐屑的幸福的少数人群体。"[2] 然而福楼拜的文学存在与他的常人存在密不可分，他的《通信集》（1926—1933）包括 4000 多封信，揭示了他的"另一个我"，他的生活状况，他的社会面目，他对自己作品的评价，他的创造意图和文学计划，他的创作变化，他对自己的成就及其接受的态度，为传记批评提供了丰富的实证材料。圣伯夫自然没有机会看到《通信集》，但他勾勒出福楼拜传记批评的刚要，肯定了他的诗学创新。圣伯夫谦卑地吐露："我终身专心致志于批评家的行业，我曾努力使我逐渐变成一个好的——并且如果可能的话——巧手的工人。"[3] 他的社会历史诗学完成了批评从技艺（technique）向方法论（métier）转化的创举。可以说，圣伯夫的批评充当了意识批评、精神分析批评、社会学批评等的先导，为李健吾、萨特和布尔迪厄的传记批评奠定了基础。

二　理性的印象主义

李健吾从文字生涯伊始便"介入"政治。1931 年，他去法国留学，抵达巴黎不久，接连听到"九一八"事变和"一二·八"淞沪会战的消

---

[1]　Paul Bénichou, *L'école du désenchantement. Sainte - Beuve*, *Nodier*, *Musset*, *Nerval*, *Gautier*, *op. cit.*, p. 30.

[2]　Thierry Poyet, Théoriser le rejet de la critique biographique, in Michel Brix (dir.), *Archéologie du Contre Sainte - Beuve*, *op. cit.*, p. 149.

[3]　圣勃夫：《圣勃夫文学批评文选》，第 50 页。

息，在愤怒、屈辱的情绪下，以两个事件为背景写了剧本《火线之外》和《火线之内》，鼓舞国内的士气与民心。[①] 1933 年，他学成回国，在枯寂中笔耕，1935 年，出版《福楼拜评传》，在中国文学批评界脱颖而出。他求学于巴黎大学这个"大学批评"的中心，最钦佩圣伯夫，像圣伯夫一样在报纸上开始批评和创作生涯。他没有专门论述法国文学批评流派，我们可以从他发表的批评文章，追索到他遵循着圣伯夫传记批评的方法论。像圣伯夫一样，他关注无名作家胜过大作家，[②] 在作品中寻找人："一个批评者，穿过他所鉴别的材料，追寻其中人性的昭示。因为他是人，他最大的关心是人。"[③] 相应地，他也看到自我的变化不定，认为产生作品的是气质，而气质是遗传（先天）和环境（后天）的混合物，"有几个人是自己的？我们还不都是一个记忆的组合？……我们常人先是一堆打着过去的戳记的肉罢了"。[④]他赞同圣伯夫的感觉论实证主义和关系研究方法，强调批评意味着，"一个人性钻进另一个人性，不是挺身挡住另一个人性"。[⑤] 批评家同时是一个科学的分析者，他的任务在于理解和解释。

他永久在收集材料，永久在证明或者修正自己的解释。他要公正，同时一种富有人性的同情，时时润泽他的智慧，不致公正陷于过分的干枯。他不仅仅是印象的，因为他解释的根据，是用自我的存在印证别人一个更深更大的存在，所谓灵魂的冒险者是，他不仅仅在经验，而且要综合制剂所有的观察和体会，来坚定一部作品和作者隐秘的关系。也不应当尽用他自己来解释，因为自己不是最可靠的尺度；最可靠的尺度，在比照人类以往所有的杰作，用作者来

① 参见韩石山《李健吾传》，山西人民出版社 2006 年版，第 75—76 页。

② 李健吾：《序二：假如我是》，《李健吾文集》，第 7 卷，第 9 页。李健吾在文学批评文章中提及波德莱尔、泰纳、布吕纳介、古尔蒙等并常常以圣伯夫为圭臬。

③ 李健吾：《叶紫的小说》，《李健吾文集》，第 7 卷，第 159 页。

④ 李健吾：《读〈从滥用名词说起〉》，《李健吾文集》，第 7 卷，第 144 页。

⑤ 李健吾：《〈爱情三部曲〉——巴金先生作》，《李健吾文集》，第 7 卷，第 35 页。

解释他的出产。①

　　通过重构作家的技艺，"批评家可以看出别人看不出的东西，道破甚至于作家道不破的真谛"。② 李健吾强调自觉的批评家"要从各方面推敲，他才说出一个比较的道理"。③ 欧阳文辅将李健吾贬为印象主义的"宣教师"，同时夸他在批评方法上能用"比较"的说明和"综合"的认识不啻自相矛盾："以为一条印象主义的绳索可以缢死刘西渭先生，同时却又用'比较'而'综合'的剪子在前面把绳扣解开。"④ 李健吾不反对用唯物史观解释作品，但主张在作品的社会和时代色彩之外，对作者进行传记研究，"应该首先从作者身上着手：他的性情、他的环境，以及二者相成的创作的心境"。⑤ 因为"作品的枢纽依旧握在作者的手心"，"性情是一切艺术作品的个别的暗潮"。⑥ 决定作品气质的是作者气质，"我们的气质是遗传（先天）和环境（后天）的混合物"。⑦ 性情、气质与圣伯夫的性情无二。批评家与作家的先天条件、后天环境的不同必然导致判断差异，批评家的错误源于自身的特定经验，"他要是错，他整个的存在作为他的靠山……他是他自己"。⑧ 作为批评家人性的艺术体现，批评有理由成为一门独立的艺术："批评是独立的艺术，有它自己的宇宙，有它自己的身后的人性做根据。一个真正的批评家，犹如一个真正的艺术家，需要外在的提示，甚至于离不开实际的影响。但是最后决定一切的，却不是某部杰作或者某种利益，而是他自己的存在，一种完整无缺的精神作用，犹如任何创作者，由他更深的人性提炼他的精华，成为一件可以单独生存的艺术品。"⑨ 这不是说批评家可以取代创造者，而是说批评本身

---

① 李健吾：《〈边城〉——沈从文先生作》，《李健吾文集》，第 7 卷，第 57 页。
② 李健吾：《现代中国需要的文学批评家》，《李健吾文集》，第 7 卷，第 21 页。
③ 李健吾：《从〈双城记〉谈起》，《李健吾文集》，第 7 卷，第 17 页。
④ 李健吾：《〈咀华二集〉跋》，《李健吾文集》，第 7 卷，第 3 页。
⑤ 李健吾：《从〈双城记〉谈起》，第 16 页。
⑥ 李健吾：《从〈双城记〉谈起》，第 16—17 页。
⑦ 李健吾：《读〈从滥用名词说起〉》，《李健吾文集》，第 7 卷，第 143 页。
⑧ 李健吾：《〈爱情三部曲〉——巴金先生作》，《李健吾文集》，第 7 卷，第 35 页。
⑨ 李健吾：《答巴金先生的自白》，《李健吾文集》，第 7 卷，第 47 页。

可以成为福柯所说的"第二写作"。

　　李健吾将福楼拜的书信视为重构"福氏之为福氏"的最稳妥最可靠的资料："和他（福楼拜）的感情一样，他的思想，他艺术的理论，他都放在他的信笺上。"① 书信见证了福楼拜艺术观念的形成："他的《书简》证明他是一个最自觉的作家，一切有理论作为他实验的指南……处处显示他有一个渐将凝定的艺术观。"② 《福楼拜评传》以时间为经，以作品为纬，以书信为证，通过"文书互鉴"考察了福楼拜的生平与作品的关系，构成了对福楼拜的某种生成结构批评。作者怀着同情体味另一个把散文打造成诗的灵魂。李健吾通过福楼拜的理论与实践，砥砺词句的艰辛与风格经营的苦心，他的隐忍与高傲，寻找作家诗学的无意识制造机制。他首先分析童年经历如何铸就了福楼拜的世界观。他引用福楼拜外甥女的话说，父亲教给福楼拜实验主义的倾向，缜密的观察，探究细节和认识一切的学者素质，母亲带给他敏感和温柔的性情。他和妹妹在花园的葡萄架上观看父亲解剖尸体，染上了虚无主义，无惧死后填入黑暗的沟壑。由此，"这种种疾病死亡的印象，嵌上一个神经质的底子，渐渐侵蚀掉人生所有光明的根芽……他从患难的人生，认识而且解释一切的现实"。③ 李健吾参照杜冈的《文学回忆录》，指出最初反对福楼拜写作的父亲对他的文学志向让步，源自 1844 年 1 月他 23 岁时驱车经过主教桥时突发中风后起死回生。这是圣伯夫说的作家天才形成的关键时刻。福楼拜因病得到科学地自我观察的机会，自此越发以唯物主义的目光看待一切："我们不过靠着事物的外在生存，所以必须保重。至于我，我敢说物质（身体）比气质（道德）重要。再没有比掉一个牙让我感到幻灭了，而叽喳的门响比起谈话更加让我烦躁，也就是为了这个，只要一点声音不和谐，一点文法的错误，费了九牛二虎之力的句子也失去它的效果。"④ 他憎恶一切物质的活动，穿衣，吃饭，运动等，不得不以强大的意志力克服外力的压迫，投入到写作中。他坦陈："我否认个体的自由，因为我

① 李健吾：《〈福楼拜评传〉·原序》，《李健吾文集》，第 10 卷，第 7 页。
② 李健吾：《福楼拜的书简》，《李健吾文集》，第 10 卷，第 299 页。
③ 李健吾：《福楼拜评传》，《李健吾文集》，第 10 卷，第 16—17 页。
④ 李健吾：《福楼拜评传》，第 27 页。

不觉得自由；至于人类，你只要念念历史，就看得出来它不总朝企望的方面进行。"① 李健吾总结了福楼拜过理想艺术家生活的条件：父亲留下的产业足以使他安心写作，不必像大多数有野心的年轻人一样到巴黎谋生。他独居克鲁瓦塞，但没有与世隔绝：他与挚友布耶和杜冈当面切磋小说技艺，与乔治·桑、费多、高莱女士通过书信探讨创作经验，寻求他们的理解与肯定，他在巴黎热衷于出入玛蒂尔德王妃的沙龙，争取"艺术家在贵族社会的平等地位"。

我们差不多可以说李健吾把福楼拜放在文学场中，一方面从历史角度描绘福楼拜写作的发端、发展与成熟，从蓬勃的浪漫主义、明晰的科学主义到枯涩的虚无主义，另一方面用结构方法揭示福楼拜与其他作家暗中的关联和明显的差别。《情感教育》与中国小说都表现赤裸裸的真实："运用'未经选择的人生'，是中国的小说的特征，冗长、繁琐，然而真实，可怕地粗糙地真实。《情感教育》不是'未经选择'，然而仿佛一部艺术化了的中国小说，却分外和现代接近，而又和我们相离如此之遥。"② 福楼拜的现实主义胜过中国小说未经选择的现实主义，也比同时代尚弗勒里和杜朗蒂的粗鄙现实主义高明，源自福楼拜有独特的"写真"艺术，福楼拜的"逃避自我"："无我是一种力的征记。吸收对象（甚至于自己的存在）进来，周流在我们的全身，然后重新呈到外面，叫人一点看不破这种神异的化学作用。这是他的原则之一。自己不应当写自己。所有的幻象正好来自作品的无我格。艺术家在他的作品里面，应该和上帝在创造里面一样，看不见，然而万能；处处感到他的存在，然而看不见他。"③ 但这种客观主义不是被动的，福楼拜吞下整个宇宙并化为己有："化进去，却不是把自己整个放进去。"④ 作家依旧是自己作品的主宰："福氏所要观察、要综合、要叙述的宇宙的流动的现象，其实重现出来，已然变作他的观察，他的综合，他的叙述，非复宇宙本来的面目。他自

① 李健吾：《福楼拜评传》，第28页。
② 李健吾：《福楼拜评传》，第153页。
③ 李健吾：《福楼拜评传》，第259—260页。
④ 李健吾：《福楼拜评传》，第55页。

己说得好，性情是著作的底子。"① 李健吾又将福楼拜的主体性与其前辈作家斯丹达尔、巴尔扎克区分开来："司汤达充满了自我，巴尔扎克也喜欢插嘴，唯有福氏是一个自觉的艺术家。"② 他通过为《包法利夫人》中的资产者画像，呈现福楼拜笔下庸常的真实与巴尔扎克的传奇和典型人物的区别：

> 然而这一群"半"性的人，各有各自的模子，是同一社会的出品，却没有一个相同；是恰到好处的真实，一次兜进我们的眼帘，便永久活在我们的心上。一见之后，如果我们不能倾心相与，至少我们忘不掉他们的形象、姿态、语言、习癖。他们的真实，从字里行间进跃出来，擒住我们的争议，让我们想不起他们的传奇性质，同时逃出典型人物的拘束，与自然抗衡。我们觉得他们的线条，一根一根，非常清晰；我们起初以为这会失之于琐细；正相反，作者抓牢而且抓准了他们的轮廓，一下子甩在我们眼前，便活脱脱地立了起来。③

可以说，李健吾深得圣伯夫传记批评的要旨，将他的福楼拜短论演绎为《福楼拜评传》，提供了传记批评的一个中国样本。他的批评显出思想的精妙，直觉的领悟，理论的适度，被郭宏安称作"一种理性的印象主义批评"，"体现了'科学与诗'的结合，个人与世界互相渗透，风格的明晰与美的表达"。④ 李健吾提倡理论建设，反对教条批评和主观批评："理论是一种强有力的佐证，而不是唯一无二的标准；一个批评家应该从中衡的人性追求高深，却不应当凭空架高，把一个不相干的同类硬扯上去……在批评上，尤其甚于在财务上，他要明白人我之分。这就是为什么，稍不留意，一个批评者反而批评的是自己，指摘的是自己，暴露的

① 李健吾：《福楼拜的书简》，《李健吾文集》，第 10 卷，第 294 页。
② 李健吾：《福楼拜评传》，第 76 页。
③ 李健吾：《福楼拜评传》，第 57 页。
④ 郭宏安：《李健吾与法国文学研究》，《斑驳的碎片》，四川文艺出版社 2018 年版，第105、108 页。

是自己。"① 他认为文学与广义的政治相关,反对庸俗社会学的反映论,
害怕文学遭到"一肚子主义"的审定。② 1958 年,他在作为思想检查的
自传中说:"福楼拜的'为艺术而艺术'的主张对我起了很坏的作用。我
在文艺理论上变成一个客观主义者。"③ 足见福楼拜的诗学"政治"对他
影响之深。《福楼拜评传》完成 40 多年后,在 1978 年 11 月 19 日《光明
日报·文遗》第 199 期未刊稿《福楼拜的世界观和创作方法小议》中,
李健吾提出了福楼拜的世界观和创作方法进步还是落后的问题。他试图
通过马克思主义补充社会历史研究的不足,认为福楼拜"能有充分时间
推敲他的作品,显然是从土地剥削中得来的闲适换来的"。④ 他指出,福
楼拜自称"过着最资产而且最隐晦的生活",⑤ 丝毫没有反映他的资产阶
级观念,而表明他属于知识阶层,"像资产者一样生活、像半人半神一样
思想"的精神贵族,因为福楼拜对贵族阶级和资产阶级一视同仁,指责
两者缺乏阶级荣誉感。至于福楼拜的世界观,他仍觉得"就是客观主义
者和为艺术而艺术在最后取得一致的存在的超然的态度"。李健吾并未因
为借鉴马克思主义就推导出福楼拜的阶级意识,而从福楼拜生平作品中
挖掘出其纯粹艺术家的存在。令人费解的是,1980 年湖南人民出版社重
印《福楼拜评传》时,他补充一句:"福楼拜这样的资产阶级作家眼界狭
小,局限在阶级活动内,本身就是悲剧。"⑥ 他后来对巴尔扎克进行了类
似的阶级分析。李健吾称《福楼拜评传》的缺陷是没有论述福楼拜的时
代,自认为无能力分析那个时代的动荡形势,也是由于相关著作甚多,

---

① 李健吾:《〈边城〉——沈从文先生作》,第 58 页。

② 参见李健吾《福楼拜评传》,第 103—104 页。

③ 参见韩石山《李健吾传》,第 78—79 页。1958 年 5 月,李健吾的长篇论文《科学对十
九世纪法兰西现实主义小说艺术的影响》(1957 年 12 月 12 日《文学研究》季刊第 4 期)被社科
院文学所三个年轻人判定有超历史阶级的观点、资产阶级文艺观点以及脱离人民大众的文风
(参见第 300—301 页)。

④ 李健吾:《福楼拜的世界观和创作方法小议》,《李健吾文集》,第 10 卷,第 451 页。

⑤ 李健吾:《福楼拜评传》,第 35 页。

⑥ 参见韩石山《李健吾传》,第 141 页。

不写反倒可以藏拙。① 他还检讨自己"没有谈福楼拜在艺术实践上的得失"。② 这两个方面在萨特和布尔迪厄的福楼拜批评中则被浓墨重彩地书写。

三　存在的精神分析—马克思主义

《福楼拜评传》出版 30 多年后，萨特的《家庭的白痴》出版。早在《存在与虚无》中，萨特就论述过"福楼拜的心理"。他指出，福楼拜自童年时代起，就被写作的需要困扰。他对福楼拜通过写作摆脱神经官能症的原因进行存在的精神分析，试图确立作家原始的自由选择方式：

> 它是存在的选择，或许是直接地，或许是通过把世界化归己有或毋宁说是同时直接地并通过把世界化归己有进行选择。于是我的自由是选择成为上帝并且我的所有活动，我的所有谋划表现了这选择并以成千上万的方式反映了它，因为它是无数存在的方式及拥有的方式。存在的精神分析法旨在通过这些经验的和具体的谋划发现每个人用来选择他的存在的原始的方式。③

自由选择表现在个人的不同谋划方式中，分析家的任务是发现这些具体的和经验的谋划方式。由此，萨特反对弗洛伊德的无意识观点，认为他以生物决定论消解了意识的创造自由。如勒热讷所说，萨特对存在的精神分析，存在主义的成分大于真正精神分析的成分，没有对梦境或成年人行为的分析，没有任何进入无意识领域的东西，他把精神分析当成一种阐释体系，从中选出一切与自由经验相容的东西。④

---

① 参见李健吾《福楼拜评传》，第 1 页。李健吾的《科学对法兰西十九世纪现实主义小说艺术的影响》可以说是福楼拜时代环境的补充。尤其他看到了福楼拜小说的反思性："福楼拜的观察是连自己也包括在他所观察的对象里的。从本人出发，而又不拿本人代替此外一切，秘诀就在这里。"《李健吾文集》，第 10 卷，第 398 页。

② 李健吾：《福楼拜的世界观和创作方法小议》，第 454 页。

③ 萨特：《存在与虚无》，陈宣良等译，生活·读书·新知三联书店 2007 年版，第 725 页。

④ 勒热讷：《自传契约》，第 100—101 页。

　　1943 年，萨特重读福楼拜的书信集，想要跟资产者福楼拜算账。他在《什么是文学》中将福楼拜视为非介入资产阶级作家的典型，谴责他的纯粹风格和虚无主义："福楼拜写作是为了摆脱人和物。他的句子围住客体，抓住它，使它动弹不得，然后砸断它的脊梁，然后句子封闭合拢，在变成石头的同时把被关在里面的客体也变成石头。"① 随着阅读不断深入，萨特对福楼拜的反感变成了同情之理解。他承认作为现代小说创造者的福楼拜是当前所有文学问题的焦点。1956—1957 年，萨特开始写作关于福楼拜的书，一部不可能的未完成的书："福楼拜是萨特的癌症。它在扩散，在蔓延，在向各个方向转移：敏感、激情、理性。萨特通过福楼拜而活着。"② 萨特为了能继续探讨福楼拜写了《辩证理性批判》，也是为了继续他对辩证法的思考而研究福楼拜。在该书的《方法问题》中，萨特主张融合存在的精神分析与马克思主义，理由是马克思主义把人吸引到观念之中去了，存在主义要找到具体的个人，恢复人在马克思主义中的地位。另外，正统马克思主义仅以劳动中的阶级关系分析历史条件下的个人，精神分析可以弥补马克思主义的缺陷，因为人的思想行为全都来自童年的经历，通过追溯到童年，可以重构完整的人。他把精神分析理解为无理论的方法，用它揭示儿童在某种社会中体验家庭关系的方式，而家庭是某个阶级特有的家庭结构在某种情况下的独特化，以独特的方式表达了生产关系的总体演变。作为阶级和个人的中介，家庭是在历史的总体运动中并通过这种运动而构成的，在童年时代的深处和不透明性中被体验为一种绝对。③ 精神分析则通过家庭发挥中介作用："在一个辩证的整体化的内部，精神分析法一方面同客观结构和物质条件相联系，另一方面同我们不可超越的童年时代对我们成年生活的作用相联系。"④ 他采用列斐伏尔（Henri Lefebvre，1901 – 1991）的逆退 – 渐进方法和综合 – 分析方法，即通过描述（以经验的和总体理论的目光观察）、分析 – 逆向推论（分析现实并推定其确切日期）、历史 – 发生（再现被澄

① 萨特：《萨特文学论文集》，第 163 页。
② 德尼斯·贝尔多勒：《萨特传》，第 461 页。
③ 萨特：《辩证理性批判》，林骧华等译，安徽文艺出版社 1998 年版，第 54—55 页。
④ 萨特：《辩证理性批判》，第 56 页。

清、理解和解释的现在），从唯物辩证法的角度把社会学和历史学融为一体。① 认识是渐进的，理解是逆退的，理解性的认识"将在社会生活中重新找到人，并在他的实践中，或者说，在从一种确定的情势出发把他投向社会的可能性的计划中注视着他"。② 这就是从社会整体到个人和从个人到社会整体不断往返，也就是在"深入了解时代的同时逐渐确定（例如）个人经历，在深入了解个人经历的同时逐渐确定时代。它不急于把个人经历同时代融为一体，而是将它们维持在分离状况，直至相互包含自行产生"。③ 但逆退方法只能理解而不能认识人的行为和思想的因果关系，萨特的整体化方法仍以个人实践为基础，不承认马克思主义的社会决定论。萨特始终坚持个人第一性，社会第二性，社会的整体来自个人的整体，个人的心理、生理属性凌驾于社会属性之上。④

　　萨特曾打算分两个阶段研究《包法利夫人》，从作品研究人，然后从人来研究作品。在 1963 年或 1964 年的一次谈话中说，他一方面"通过人来揭示作品的特殊性，通过作品揭示人的普遍性"；另一方面，"在以马克思主义理论为基本出发点的顺序中综合我们今天所拥有的所有认识手段和方法来研究一个人"。他回答皮亚杰的"为什么选择福楼拜？"提问："因为他正好是我的反面，我们必须与自己的对立面打交道。"⑤《家庭的白痴》是《方法问题》的续篇，萨特的整体化方法在福楼拜身上的实施："一个人从来不只是一个个体；最好称他为一个独特的普遍性：他同时被其时代整体化和普遍化了，他通过时代将自身作为独特性再生产出来而将时代再整体化。"⑥ 萨特称《家庭的白痴》是"真实的小说"，写的是想象中的福楼拜，只要使用的方法是严谨的，就可还原福楼拜的真实面目："它既展现了一种方法，又展现了一个人。"⑦ 我们知道，福楼拜的一

---

① 参见萨特《辩证理性批判》，第 47 页。

② 萨特：《辩证理性批判》，第 143 页。

③ 萨特：《辩证理性批判》，第 109—110 页。

④ 杜小真：《萨特引论》，商务印书馆 2009 年版，第 179 页。

⑤ 萨特：《词语》，第 330 页。

⑥ Jean - Paul Sartre, *L'Idiot de la famille*, *op. cit.*, 1971/1988, p. 7.

⑦ 波伏瓦：《告别的仪式》，第 4 页。

生（1821—1880）与马克思的一生（1818—1883）几乎重合，他们是同一个历史时代的产物，用哲学家马克思的理论考察作家福楼拜是很有挑战的研究。萨特没有听从其毛主义朋友的劝告，为大众写一部长篇小说，1968—1970 年重拾《家庭的白痴》，"从内容上看，我觉得自己在逃避；相反，从方法上看，我感觉自己还是与时俱进的"。① 照波伏瓦的说法，萨特认为不论在哪个历史时刻，无论处于什么政治历史背景，最根本的事情是理解人类，而研究福楼拜可以帮他实现这个目的。② 由此，萨特试图建立个人主义与集体主义、主体与客体之间的辩证关系。

与《福楼拜评传》不同，萨特最终发表的《家庭的白痴》写的是《包法利夫人》之前的福楼拜。萨特宣称："为了理解一个人，就必定要采情感同化法。"③ 波伏瓦回忆说，萨特自称写的不是一部科学著作，"对福楼拜，萨特采取了一种'移情'的态度"。④ 萨特要弄清人与作品的关系，重建福楼拜生活中的危机时刻，揭示真实的福楼拜："他在书信里就像躺在精神分析医生的长沙发上那样把自己和盘托出。"⑤ 在《家庭的白痴》前言中，萨特引用福楼拜致德·尚特皮小姐的一封信中的话："由于工作我才消解了天生的忧郁。但旧心绪经常重现，没人了解的旧心绪，总是隐藏着的深深的伤口。"⑥ 他要追溯福楼拜的原始史，理解他童年时代的这道伤口，说明福楼拜如何在家庭与社会环境的作用下通过选择成为作家的。他像圣伯夫一样在作品中寻找人，但对圣伯夫的传记批评方法不以为然，批评圣伯夫之流要么对一个文本进行光谱分析（analyse spectrale），要么以作家的生平阐释作品或反过来以作家的作品解释生平。⑦ 相反，萨特认为作品是人的客观化，要比生活更全面、更完整。作品源于生活，阐明生活，揭示了福楼拜的自恋、手淫、理想主义、孤独、

---

① 波伏瓦：《告别的仪式》，第 5 页。
② 波伏瓦：《告别的仪式》，第 5 页。
③ 萨特：《萨特文学论文集》，第 325 页。
④ 波伏瓦：《告别的仪式》，第 4 页。
⑤ 萨特：《萨特文学论文集》，第 335 页。
⑥ Jean - Paul Sartre, *L'Idiot de la famille*, *op. cit.*, 1971/1988, pp. 8 – 9. 光谱分析法指的是利用光谱学的原理和实验方法确定物质的结构和化学成分的分析方法。
⑦ Jean - Paul Sartre, *L'Idiot de la famille*, *op. cit.*, 1971/1988, p. 658.

依赖性、女性特征和消极性，泄露他的社会结构（地产主福楼拜领取年金）和童年的唯一悲剧。作品揭示弄虚作假的书信不包含的传记性真实。作品揭示的不是传记的秘密，而是这些秘密的模式和导线。① 我们看到，萨特把作品当成作家人格的体现，他的传记批评不是为了解释人如何创造作品，而是为了说明作品如何创造人，人是自己作品的产物。由此，萨特从福楼拜作品出发，通过作家主动的被动或被动的主动，建立了主观神经官能症和客观神经官能症的先定和谐，福楼拜仿佛宿命般地将自己变成了作家，完全符合黑格尔的目的论。什么是神经官能症？在萨特看来，"神经官能症是个人对其整个过去、现在、未来的可见景象的全身心的有意识适应。我们也可以说，这是面对整个被经历的生活和被知觉的世界（通过一个特定的锚地），让自己被人忍受的方式：这将是歇斯底里的风格或生活的不可能性"。②

一方面，萨特描述主观的神经官能症，包括福楼拜从童年到 1844 年和在主教桥跌倒及随后患病的经历，以及他与家庭成员的关系。他通过福楼拜的早期作品研究进行逆退分析，推导出福楼拜家庭的客观结构，重构小资产阶级家庭的真正特征，家庭式资本主义的扭曲发展，地产主的回归，制度矛盾，无产阶级的萌芽。他把马克思的物质生产理论用于福楼拜的家庭：福楼拜一家处在马克思所说的社会生产总体运动中，奉行功利主义的清教，将家庭变成特定的工厂，劳动者通过血缘联系在一起，目的是通过业绩和富裕逐步进入鲁昂高等社会。家庭道德要求个人服从群体，从根本上认同上升劳动。家庭凝聚力来自一个"超人"父亲，科学君主，他在福楼拜面前同时表现为一个资产阶级精英成员和一个现代贵族。他出身农民，凭着"能力"头衔，跃居中等阶级的上层，身上保留着不协调的混合物：农民的神权君主传统和资产阶级意识形态。这就是福楼拜"阶级存在"的基本特征：这个半家庭的共同体和撕裂他的所有矛盾决定了他不断重新开始的命运。③ 通过追溯以往，萨特认为居斯

---

① 萨特：《辩证理性批判》，第 114—115 页。

② Jean – Paul Sartre, *L'Idiot de la famille*, *op. cit.*, 1971/1988, p. 175.

③ Jean – Paul Sartre, *L'Idiot de la famille*, *op. cit.*, 1971/1988, pp. 74 – 79.

塔夫从七岁起被他的家庭或者说被他的父亲流放、打击和折磨，与父亲的关系（他者的目光）主宰着他的全部存在，居斯塔夫完全意识到了这一点。因此萨特将大写的历史等同于大他者："每个人出生时都带着自己的历史，铭刻在身体上，如同不可治愈的伤口：他只需实现它，也就是说，他不幸而微末，他应该后天地将判决合法化，与此同时实现判决，无论他做什么，他要通过他的行动本身迎接更大的痛苦。因而他是有罪且受罚：但也是无辜的，不负责任的，因为他者使得他犯下了即将受到惩罚的大罪。"① 萨特不断重复，对福楼拜而言，家庭在任何时候都是本质，他自视为一个非本质的偶然："出生于那个时代、那个家庭并生为次子，就是落入一个死亡陷阱……这个成员，主体间性的产物，在他身上将实际经验领会为纯粹的罚入地狱，他通过生活制造了不可能生活的经验。"② 作为外科医生之子，居斯塔夫没成为科学家或实用知识技师。父亲以科学的名义贬低艺术，居斯塔夫反对功利主义并逃避现实，希望艺术以想象的封建形式即善良上帝的大写贵族的名义，谴责资产阶级和现实，他选择小说创作报复家庭给他造成的创伤，通过制造不可能的甚至有害（有伤风化）的艺术挣脱其父亲的束缚："他乐意扮演白痴或自然的力量，仅仅是以象征地摧毁他身上的、他周围的特定的人类事物为乐；暴风雨、冰雹令他狂喜：它们破坏人类劳动，自然完胜，确立了它对人类创造及其应用的绝对优势。"③ 因此绝对的恶是他的经验，"但他的恶不再是静观的和未来的，这是为了放置于语言中……居斯塔夫因为写作或反思而恶"。④ 福楼拜通过"为艺术为艺术"体验资产阶级的分析精神与宗教的综合神话的矛盾。

另一方面，萨特描述客观的神经官能症，即主观神经官能症在第二帝国社会中发展的合适环境，福楼拜的否定神学的制度担保。资产阶级通过分析理性的批判取消了封建贵族的特权和神话，同时将自身的阶级和工人阶级分为个性化的、孤立的原子。客观精神使 1835—1840 年的作

① Jean‑Paul Sartre, *L'Idiot de la famille, op. cit.* , 1971/1988, p. 209.

② Jean‑Paul Sartre, *L'Idiot de la famille, op. cit.* , 1971/1988, p. 330.

③ Jean‑Paul Sartre, *L'Idiot de la famille, op. cit.* , 1971/1988, p. 356.

④ Jean‑Paul Sartre, *L'Idiot de la famille, op. cit.* , 1971/1988, pp. 450 –451.

家采取后浪漫主义的神经官能症立场，即"为艺术而艺术"，[①] 不允许他们采取政治介入。福楼拜与同代作家或多或少患有艺术 - 神经官能症（Art - Névrose），[②] 他们是被动地反动的资产者，大部分人蔑视人民，为了存在，在想象中逃避自我和重建自我，有意无意选择一个等级权力维持的秩序。波德莱尔的浪荡子表现为死去贵族的替身，龚古尔兄弟自以为是真正的贵族，布耶和勒孔特·德·李勒以假装的共和热情掩盖了伪贵族的回忆。这些被"神经病"念头困扰的人惺惺相惜，他们通过交流和团结巩固了自身的非现实，也就是审美知觉。因此他们受到第二帝国资产阶级的支持，后者喜欢非政治的为艺术而艺术胜过介入艺术。[③] 这种无力感伴随着罪恶感，在福楼拜身上比在别人身上更深、更早。李健吾将福楼拜1844 年在主教桥的中风事件视作实证诗学观念形成的关键时刻，萨特则把这个事件当成作家志向的创立时刻，认为福楼拜通过神经官能症有意装死因而"幸存"，通过精神危机明确提出了对第二帝国社会的预言式要求，"主教桥战斗理应发生；它的最小的细节都被安排了"。[④] 这就是说福楼拜预先选择了某种支持纯粹艺术的理想社会环境。福楼拜的神经官能症犹如神谕：年轻的神经官能症患者只有在个人权力制度中，才能在全面的意义上体会这种无活力的永恒，这种永恒被他称为贵族身份，构成其纯粹美学态度的基础。[⑤] 由此，居斯塔夫预先成为第二帝国的臣民，错过了1848 年革命，比资产阶级所做的提前了四年：他将是贵人迷，像龚古尔兄弟、波德莱尔一样，从 1840 年开始，自主艺术的要求使得恢复文学艺术资助势在必行。自主艺术表达三重客观要求：人的失败，艺术家的失败，作品的失败，呼唤着客观的神经官能症。福楼拜的主观神经官能症的目的就是客观神经官能症的目的。客观神经官能症的要求将他身上的独特的和主观的东西予以普遍化和客观化：这意味着通过人（他所是的资产者）的失败拒绝真实的赤裸裸的资产阶级并创造一种坚定

---

① 萨特：《萨特文学论文集》，第 329 页。
② Jean - Paul Sartre, *L'Idiot de la famille*, *op. cit.* , 1972/1988, p. 656.
③ Jean - Paul Sartre, *L'Idiot de la famille*, *op. cit.* , 1971/1988, pp. 659 - 660.
④ Jean - Paul Sartre, *L'Idiot de la famille*, *op. cit.* , 1971/1988, p. 190.
⑤ Jean - Paul Sartre, *L'Idiot de la famille*, *op. cit.* , 1972/1988, p. 459.

的想象的人。只有这个人能实现为艺术而艺术并完成一部作为其自身目的的作品："这就意味着艺术是由一个自身变成想象的人对整个想象进行的一种加工：在艺术和艺术家之间存在着同源性。"① 因此，福楼拜对他的所有者－存在进行客观掩护，掩盖财产和利益即功利主义的基础，"实际上，为艺术而艺术客观上表现为一种阴郁的封建制度，这种制度的原则即美是隐藏的，但艺术家在想象中是这种封建制度的虚无骑士。福楼拜与（资产阶级真实）的关系是想象的摧毁。由此，我们理解了，为艺术而艺术即非真实的封建形式其实是作家和艺术家预先向危险地暴露的资产阶级开枪的掩体"。②萨特从黑格尔的承认理论出发，认为福楼拜虽被家庭从资产阶级世界驱逐到反常中，仍希望以名士身份回到（父亲和哥哥的）阶级精英中。由此他赋予福楼拜明确的资产阶级保守意识，在1945 年的《现代》杂志上写道："我认为福楼拜和龚古尔都应该对巴黎公社之后的镇压负责，因为他们没有写过任何一行文字来阻止它的发生。"③

　　萨特主张通过每本书特有的风格和意义辨认出作家特有的不可比拟的东西。他描述了福楼拜如何在黑格尔的辩证运动中通过读者反应成为《包法利夫人》等作品的作者。读者处于对《包法利夫人》的同情、同化或反感的运动中，相对于一个人也就是一种生活风格定位，这种生活风格无限地浓缩在一句话及其回响、段落的展开和遽然中断中。萨特认为作品是个人在某个时刻的客观化：居斯塔夫的矛盾和不和谐体现在小说中，他在想象中与他表现的非真实客体融合，同时，他作为创造手段在写作中与真实融合。读者通过长期熟悉或传记研究之后产生对这个人的体会，虽然尚未理解他，但猜出他是可以理解的。进而读者产生"这是《包法利夫人》的作者"的反应，促使作家接下来将外在总体化的社会结果（"侮辱性的荣耀"、诉讼等）重新内在化。作家尤其需要内在化的是这种必然：那个写了《包法利夫人》、在其劳动产品中被概括、被超越、

---

① Jean – Paul Sartre, *L'Idiot de la famille*, *op. cit.*, 1971/1988, p. 658.

② Jean – Paul Sartre, *L'Idiot de la famille*, *op. cit.*, 1971/1988, p. 658.

③ 德尼斯·贝尔多勒：《萨特传》，第 241 页。

被客观化的人，在发表该作之后，恢复了他的完整，但他将带着作为生产一个想象物的手段的分裂，通过个人化运动融合到另一部作品中。这显然是萨特的亲历（Vécu）："我的作为主体的独到之处除了为使我变成客体的那一刻而准备之外，它在我看来就没有别的用处。"① 那个为了解决其内部冲突的人将自己变成了作家。也就是说，居斯塔夫对其内在分裂的现成回答是"我将成为作家"。这就是他的介入，他的根本选择：掩饰他的不幸并通过写作将它客观化。② 这是萨特宣告的存在主义精神：人的自由选择是对过去和即将过去的现在的否定，人永远无法达到理想的自在。

　　萨特通过存在的精神分析将神经官能症人性化，将弗洛伊德的神经官能症患者改造成了自由主体，使福楼拜的个人创伤融入人类状况的普遍性中，于是"萨特的主体成为某种混杂的存在，半男半女，承载着欲望与反抗具体化的间歇形象"。③ 萨特认同拉康的"无意识是大他者的话语"，但他不认为语言是一个能指系统，"福楼拜早在失宠之前，语言就变成了大他者放置于他身上的一个不透明性的整体"。④ 也就是说，他在意向性和自欺的意义上看待这个观点，强调福楼拜自我构成，扮演了大他者期待的角色。萨特将主体一分为二："我（Moi）：他无意中呈现给别人的无数轮廓的统一。我（Je）：实践和一切宣告的主体。"⑤ 自我通过实践和词语摆脱为他的存在。对萨特而言，资本主义生产方式、自由资产阶级和鲁昂社会制造了福楼拜，但并非所有类似条件的人都成为福楼拜，他终究通过自我选择超越了社会历史条件。最终萨特在福楼拜的静观中

----

① 萨特：《词语》，第 142 页。
② Jean - Paul Sartre, *L'Idiot de la famille*, *op. cit.*, 1971/1988, pp. 658 – 659.
③ 卢迪内斯库：《风暴中的哲学家》，汤明洁译，华东师范大学出版社 2018 年版，第 118 页。萨特的童年由母亲的过度保护和父亲的缺失构成。他通过写作及其带来的诱惑完成其自我雄性的构建，将父亲的缺失变成自由的契机。参见德尼斯·贝尔多勒《萨特传》，第 326—327 页。萨特在《涅克拉索夫》中说："我的死亡与诞生，我从我身上提取这一切：我是我作品的孩子，我是我自己的弑父者。"《萨特传》，第 363 页。他庆幸父亲死得早，"我没有超我"，"我把自己失去父亲看作是我的一种美德"，参见萨特《词语》，第 10 页。
④ Jean - Paul Sartre, *L'Idiot de la famille*, *op. cit.*, 1971/1988, p. 398.
⑤ Jean - Paul Sartre, *L'Idiot de la famille*, *op. cit.*, 1971/1988, p. 673.

看到了他的另一种彻底介入，并在他身上寻找自己社会介入的依据："把
宇宙作为一个整体，其中有人，然后从虚无的观点解释它，这是一种深
层的介入，这不是简单的在'承诺写书'意义上的文学介入……这是圣
经意义上的真正激情"①，这种激情（Passion）是耶稣为拯救人类的受难。
这种介入就是作家的存在方式："作家应该在谈论整个世界的同时完整地
谈论他自己"。② 萨特的绝对思想家抱负从文学空间扩张至宇宙空间，他
把笛卡尔赋予上帝的至上地位分派给了人，人成为从虚无中创生的主体。
萨特以情感同化法，在福楼拜身上寻的正是他本人，他一生都在通过
写作和行动赎自己资产阶级出身之原罪。萨特将自己的神经官能症派给
了福楼拜："在很长一段时间内，写作对于我无非就是乞求死神与经过改
装过的宗教，把我的生命从偶然中拯救出来。我是一个教士。作为一名
战士，我要通过我的著作来拯救我；而作为一个神秘主义者，我又试图
通过词语发出的令人不快的声响来揭示存在的沉默。"③ 他借福楼拜说出
自己的心声："我自觉同时是一个偶然的人和我的作品的产物。"④ 他的养
女阿尔莱特·埃尔凯伊姆－萨特（Arlette Elkaïm－Sartre）说：1972 年，
萨特一边参加如火如荼的政治活动，一边写《包法利夫人》的研究笔记，
这就是他与文学的终极关系，梦想的、系统的关系，文学是他的绝对
存在。⑤

四　结构传记

布尔迪厄针对萨特的意识哲学，指出"谋划"概念的超验性。

　　萨特引入了这种观念的怪物即自我毁灭的"原始谋划"（projet
originel）观念，即自由的和有意识的自我创造行为，创造者通过这
个行为规定自己的生活计划。萨特利用这个对非创造的"创造者"

---

① 参见萨特《萨特文学论文集》，第 336 页。
② 参见萨特《萨特文学论文集》，第 354 页。
③ 萨特：《词语》，第 180 页。
④ Jean－Paul Sartre, *L'Idiot de la famille*, op. cit., 1971/1988, p. 59.
⑤ Jean－Paul Sartre, *L'Idiot de la famille*, op. cit., 1972/1988, p. 664.

（非创造的"创造者"相对于习性这个概念如同创世纪相对于进化论）的信仰的创立者神话，将一种自由的和有意识的自我决定行为，一个无根源的原初计划，当成每个人存在的根源，这个计划把后来的一切行为都限制在一种纯粹自由的最初选择中，最终通过一种超验的否认使得这些行为脱离科学的掌握。①

"原始谋划"坚持意识是作家存在和创造行为的起源，是偶然发生的，无法把握的。布尔迪厄有理由指出，"萨特其实继续暗中接受最天真的历史之为历史的哲学"。② 我们可以看到，萨特的谋划显示出黑格尔的总体论和目的论的深刻影响：生活被视为一个紧密相连的和方向明确的整体，这个整体被理解为一个主观和客观的意图，它显示在所有经验中，特别是在最原始的经验中："居斯塔夫在七岁和十三岁之间，学会把他的生命视为一个时间的整体。这就是说生命在每个屈辱的时刻都是完整的，生命像一段阴郁的曲调，朝着一个既定的尾声发展。他通过这种是他本人和他的家庭的全体性看宇宙：这就是说他只能通过他的家庭历险看它。这就是他以后的'悲观主义'，应该从中看到他的预言直觉的普遍化：地狱，在成为这个世界之前，就是他自己的生活。"③ 通过回想、天赋或宿命的观念，生活成了一段从起源到终点的被建构的历史，最后的事件成了最初的经验或行为的目的，命定的天才从一开始便被赋予先知般的洞察力。换句话说，作家不是培养而成的，而是成了作家才写作的。萨特对福楼拜的整个生活史进行了一种目的化。

在布尔迪厄看来，萨特虽然有把精神分析与马克思主义结合的意图，实际上站在了弗洛伊德和马克思的对立面，反对"创造者"的"人格"被还原为一般、种类、等级，反对心理学或社会学的发生论思想，反对孔德用低级解释高级的物质主义。④ 萨特之所以坚持笛卡尔的"我思"和胡塞尔的"意向性"，因为他担心弗洛伊德的无意识扼杀主体的自由。福

---

① 布尔迪厄：《艺术的法则》，第159—160页。

② Pierre Bourdieu, *Sociologie générale. Cours au collège de France 1983–1986*, op. cit. , p. 893.

③ Jean-Paul Sartre, *L'Idiot de la famille*, op. cit. , 1971/1988, p. 393.

④ 布尔迪厄：《艺术的法则》，第159页。

柯认为，不存在从"我思"到"我在"的明证性："'我思'一被表明深入到它在其中几乎是显现的、被它以半梦半醒的含混方式激活的深度中，就不可能使它让'我在'这个断言紧跟其后……现代我思必须以一种明显的形式贯穿、复制和重新激活思与非思的连接。"① 这就是说，思中包含着不可还原为思的非思，应该考虑思如何能存在于非思的形式中。应该指出，萨特没有全盘接受笛卡尔的意识理论，没有全然否定弗洛伊德的无意识概念。萨特考虑的是非思如何存在于思的形式中。按照精神分析学家卢迪内斯库的观点，萨特对无意识进行了某种歪曲，由于他将意识视为意向性的，同时人的存在先于本质，他能将建立在无意识广泛性基础上的心理功能系统替换为某种超验系统，将无意识转化为潜在的意识，这样就以意识回收了无意识。② 的确，萨特提出意识是多重的，包括想象与情感，多重意识与世界的互动创造出了自我。他赋予主体性两个特点，一个是非知（non‐savoir），另一个是要成为（avoir à être），非知是为了打破主体哲学赋予作为意识特征的反思的优先地位。反思的自我意识是间歇性的，在各反思阶段存在着无意识的意识。③ 福楼拜写作的时候不知道自己在做什么，反思时才知道自己做了什么。④ 1969 年，萨特以更模糊的"亲历"（vécu）代替意识‐无意识，认为福楼拜不认识自己，同时对自己非常了解。福楼拜的亲历是他顿悟前后所处的黑暗，顿悟是穿透黑暗的理解瞬间。而且福楼拜认为亲历是不可言传的，因为他相信人与人之间无法沟通。⑤ 总之，尽管萨特力图调和意识与无意识，仍坚持意识的首要地位。

　　布尔迪厄看到，萨特以社会决定论解释福楼拜的独特个性，抓住的是福楼拜通过家庭结构折射的社会阶级出身。波斯特亦指出："萨特过快地将结构还原为总体化个体的历史活动，而没有抓住结构统一体的内在

---

① 福柯：《词与物》，莫伟民译，上海三联书店 2001 年版，第 422 页。
② 参见卢迪内斯库《风暴中的哲学家》，第 91 页。
③ 参见萨特《什么是主体性?》，吴子枫译，上海人民出版社 2017 年版，第 7—8 页。
④ 参见萨特《什么是主体性?》，第 122—123 页。
⑤ 萨特：《萨特文学论文集》，第 337—338 页。

复杂性和错综复杂的运动。"① 萨特仍旧把对一个社会位置的明确意识视为存在的根源，以意识的顿悟回避生成的解释。布尔迪厄举出萨特在《现代》杂志（1966 年第 240 号）发表的《福楼拜的阶级意识》。萨特在这篇文章中抓住福楼拜生活中的一个关键时刻，1837—1840 年："自1837 年起，在 40 年代，居斯塔夫对他的生活方向和作品的意义有了一种基本体验：他在自己身上和身外将资产阶级视为他出身的阶级。"他为福楼拜确立了一个基于最初的意识行为的绝对开端："资产阶级的观念一出现在他身上，就进入了永久的分裂并且福楼拜的所有资产阶级变形都一起出现了……他二十四岁和四十五岁一样，都责怪资产者没有变成享有特权的等级。"由此，他推导出，福楼拜处在资产者的地位上，他必然有资产阶级观念，他的所有作品都是这种观念的不同反映，因为"整体化的要求表明个人完全在他的所有表现中再现自己"。② 由此，萨特分派给福楼拜一种资产阶级意识。布尔迪厄则认为，福楼拜没有资产阶级意识，作家声称："资产者，就是一切人，银行家，经纪人，公证人，批发商，店主和其他人，所有不属于小团体且过着枯燥乏味生活的人。"③ 福楼拜反对的与其说是资产阶级作为阶级的存在，不如说是资产阶级艺术，他认为，真正的艺术作品是无价的，没有商业价值，不符合资本主义的经济逻辑。他以作家（或艺术家）的高雅反对市侩的低俗："我们，只有我们，也就是说文人，才是人民，或更确切地说，是人类的传统。"④ 萨特则认为福楼拜把"所有思想卑下的人都叫作资产者"，其实是为资产阶级效劳，他驯服了可能转向无产阶级的资产阶级反抗者，让他们通过高尚的内心生活尤其是艺术活动安享其财产和特权并跃居到其阶级之上。⑤ 这就是说，福楼拜通过自己的艺术活动表达了从文化上提升整个资产阶级地位的意图。无疑，萨特看到了 19 世纪以来作家与资产阶级关系的暧昧

① 参见波斯特《战后法国的存在主义马克思主义：从萨特到阿尔都塞》，第 320 页。
② 萨特：《辩证理性批判》，第 112 页。
③ Théophile Gautier, *Histoire du romantisme*, cité par Paul Lidsky, *Les Ecrivains contre la Commune*, Paris: Maspero, 1970, p. 20.
④ 转引自布尔迪厄《艺术的法则》，第 36 页。
⑤ 萨特：《萨特文学论文集》，第 158—159 页。

性质："他既不能毫无保留地赞同资产阶级意识形态，也不能毫不留情地谴责他出身的阶级……诚然他不会为功利主义意识形态效力，他甚至将严厉地批判这一意识形态，但是他将在资产者灵魂的温馨的暖房里发现他为心安理得地发挥他的艺术而需要的全部无所为而为性和全部精神性：他将不让自己和同行们独享他在十九世纪取得的象征性的贵族身份，而是由整个资产阶级均沾其惠。"① 这就是说，作家要担负资产阶级的精神导师职能。

其实，萨特此前曾把福楼拜归入神圣的文人阶级：

> 福楼拜在纸上写下的每一个词，都好像是圣徒们同领圣体仪式的一个瞬间。通过他，维吉尔、拉伯雷、塞万提斯开始复活，借助他的笔尖继续写作；就这样，通过拥有这个奇怪的品质——它既是命定又是神职，既是本性又是神圣的功能——福楼拜被从资产阶级那里夺走，进入一个奉他为神圣的寄生阶级。他为自己掩盖了他的无所为而为性，他的选择的无从辩解的自由；他用一个精神团体取代倒台的贵族阶级，他保住了他作为神职人员的使命。②

萨特自然陪同福楼拜进入了这个阶级。布尔迪厄有理由指出，萨特把通常与作家地位有关的一种"理解的"表象投射到福楼拜身上，显示了某种自恋主义，并把这种自恋主义当作最高的"理解"形式。因为萨特没有考虑到作家身份的特性，也就是"作家在社会世界中，更确切地说，在权力场中，和作为信仰空间的知识场中的矛盾地位"。③ 作为知识分子（自为），资产阶级的穷亲戚，萨特只能相对于资产者（自在）确定自己，资产者是幸运地或不幸地有权不思考的人。他的"自在"与"自为"的调和，就是资产者与知识分子的调和，也就是无思想的权力与无权力的思想的调和。④

---

① 萨特：《萨特文学论文集》，第193—194页。
② 萨特：《波德莱尔》，施康强译，北京燕山出版社2006年版，第106—107页。
③ 布尔迪厄：《艺术的法则》，第229页。
④ Pierre Bourdieu, *L'ontologie politique de Martin Heidegger*, Paris：Minuit, 1988, p. 111.

　　布尔迪厄要以社会分析打破萨特的起源神话，圣徒传记式的预先构造和作家超凡魅力表象。他强调传记的社会被动性："一种社会存在，一种由社会构造的传记，一种履历，就是一系列被强加的、被迫的转折；在每个转折处，人们都在社会意义上变老，因为可能性在每个分叉处消亡，人们可以说，社会年龄，就是在可能性之树上枯死的枝条。"[1] 由此，他颠倒了通常的分析步骤：他不去说明某个作家注定成了作家，而是说明，鉴于他的社会出身和相应的社会属性，他如何能够占据或产生文学场的一种确定状态所提供的既定的或将要形成的位置，并形成对这些位置决定的占位（或立场）的一种或多或少完整的和一致的表达。具体而言，研究者需要把握两个方面：一方面，是文学场的生成和结构，"创造者"及其"创造计划"在这个场中构成；另一方面，是使他占据这个位置的既普遍又特殊的配置（习性）的生成。由此，布尔迪厄提出了传记的结构研究方法。传记的任务是重建社会轨迹，即连续性空间中的行动者连续占据的一系列位置。这就是说，作家在场中的位置受到传记事件的影响，不是固定不变的，他的生活也不能被理解为只与作为"主体"的他相关的独特的和自足的系列事件，因为传记事件的意义和社会价值时时刻刻都由场的结构状况确定，场的结构被行动者"内在化"了。场从不机械地发挥作用，位置与占位（指文学或艺术作品，政治行为或话语，宣言或论战）之间的关系总是由行动者的配置和可能性空间来调节。场中的位置在某种程度上决定配置（习性），但由于配置部分地是独立的、与场无关的条件之产物，所以配置具有自主的存在和作用，能够帮助产生位置。场是可能性空间，每个行动者都要考虑可能性的限度，包括要解决的问题，要开发的风格或主题，要超越的冲突，要实行的革命性决裂。也可以说，这个空间以某种可能性、可能的损益形式呈现给（物质的或象征的）投资意识。一个作家与可能性空间的关系，随时来自两个方面：一是这个空间法定地为他提供的可能性，也就是，客观上他被准许做什么，主观上他允许自己合理地做什么。由此，作家相对于其他人比如他的同行、批评家、读者、出版商，不断调整自己和"创作计

---

[1]　Pierre Bourdieu, *Sociologie générale. Cours au collège de France 1983 – 1986*, op. cit., p. 895.

划",失败导致转行或退出场,而认可则增强了最初的抱负。二是他最初在一个位置上形成的习性,这个位置带来的经济资本、文化资本、社会资本和象征资本都有助于增加他实现这些可能性的主观能力。

为了反对萨特关于福楼拜的作家宿命论,布尔迪厄基于福楼拜的习性与资本,说明他如何在文学场中占据一个社会中立的位置,并充分表达为艺术而艺术和艺术家身份固有的冲突,而不是萨特所说的资产阶级意识。布尔迪厄同样依据福楼拜的著作和书信集,对作家和作品进行整体阐释,也就是结构的和生成的分析。

在布尔迪厄看来,福楼拜在文学场中的创新性体现在他与整个文学领域建立了否定关系,应该考虑作家有意识的和无意识的选择,尤其是他的"无意识诗学",他的创作计划不过是他受场中引力与斥力影响的一小部分。福楼拜不得不考虑在巴尔扎克以后如何写小说。他的纯粹美学的创造基于双重拒绝的逻辑:拒绝尚弗勒里的现实主义,也拒绝帕纳斯派或戈蒂耶的形式主义。也就是说,他质疑文学上的共同观念和区分原则,即诗歌与散文、诗意与乏味、构思与写作、主题与手法对立的定见,努力调和不可能共存的对立面,实现体裁混合和等级融合。他以一个综合者的禀赋,从现实主义者、浪漫主义者或通俗喜剧作家那里借来了主题,从帕纳斯派或戈蒂耶的诗汲取了纯粹的风格,对波德莱尔所说的"乡村的、粗俗的、甚至粗野的、无礼的"[1] 现实主义进行改造,提出矛盾修辞法的写作策略:"好好写平庸。"归根结底,他以优美的语言表达小资产阶级的感伤,在最低级的文学体裁(小说)的最平庸形式(大众小说)中,达到最高贵的体裁(史诗或悲剧)才能表现的最高标准(崇高),最终创造了"现实主义的形式主义":"他对形式的所有要求的掌握,使他有可能几乎无限地证明属于他的能力,即把无论什么社会现实包括历史上作为现实主义选择对象的现实变成美学的。"[2] 也就是说,福楼拜没有简单地推翻官方美学,为低下的或平庸的现代主题恢复名誉,他坚持美学革命只通过美学(而非政治)完成,他服从艺术的强力,通

---

① 波德莱尔:《浪漫派的艺术》,第 66 页。
② 布尔迪厄:《艺术的法则》,第 51 页。

过写作特有的作用，把一切转化为艺术作品："没有高贵的和卑贱的主题，人们几乎可以奉为公理的是，站在纯艺术的观点上，丝毫没有这样的主题，风格本身就是一种看事物的纯粹方式。"① 对福楼拜而言，拒绝小说的俗套和定式与抛弃其感伤主义和道德主义是一回事，他把所有庸见连同说教风格一并抛弃，追求最大程度的不确定性。普鲁斯特论及福楼拜风格时指出，他通过句法规则（大量使用未完成过去时、间接引语、革新前置词、副词的用法）将情节变成印象，读者凭推理即可从印象中得出不明言的外部原因，他营造的视觉逼真和散文的音乐节奏，具有单调沉闷、无边无际的"自动人行道"的"语法优美"，"福楼拜以句法引起或表现视觉景象和描绘世界，是一场革命，与康德把认识的中心从世界转移到灵魂那场革命，一样伟大"。② 按照朗西埃的说法，福楼拜的风格是一种反自然，他的文学革命旨在取消表象的形而上学及其基础"自然"（physis，指表象技艺），包括因果和推断模式等，也就是整个意义系统。③ 福楼拜通过写作手法实现观点革命，革新了伦理学与美学的关系。他反对《包法利夫人》被贴上"现实主义"的标签："我正是出于对现实主义的憎恨才写这部小说的。"④ 他看透了浪漫主义的虚幻，现实主义的庸俗，他把自己的勇气、野心、梦想注入这个以通奸逃避平庸的包法利夫人身上，赋予她一种高尚的男子气概，他说"包法利夫人就是我"不是说女主角是他的镜子。按照路易·平托的说法，作家与其人物的关联体现在："通过作品，一种身份，或至少，自身的一种形象被要求，这种身份或形象使得受到社会影响的智力配置与象征生产的空间的一个区域一致。"⑤ 但是，这种一致却无法从作品的实质内容中看出来，因为这种内容是配置空间与作品空间之间的同源关系的相对偶然的和临时的结

① 布尔迪厄：《艺术的法则》，第62页。

② 普鲁斯特：《一天上午的回忆——驳圣伯夫》，沈志明译，北京燕山出版社2006年版，第209页。

③ 雅克·朗西埃：《词语的肉身：书写的政治》，第219页。

④ 转引自布尔迪厄《艺术的法则》，第35页。

⑤ Louis Pinto, *Pierre Bourdieu et la théorie du monde social*, Paris: Albin Michel S. A., 1998 et 2002, p. 93.

果。作家通过形式化控制着被压抑的东西的表象，掩盖了作品的意义。作家通过形式化将习性客观化："作家如同所有社会行动者，身上带有处于实践状态的结构，但无法真正支配它们，只有通过形式加工，才能实现对一切在空载语言的自动作用下通常以暗含的和无意识的状态被埋藏的事物的回想。"① 写作是形式与物质不可分的行动，作家把强化了的真实经验纳入最有召唤能力的词语中。文本通过可感的形式与真实呼应。读者通过形式获得栩栩如生的真实感，但他不能像萨特以为的那样，像穿越一个透明符号那样穿过感觉形式，直达意义。萨特设想："如果我把词语巧妙地连缀起来，那么对象也就陷入了符号的法网而为我所把握了。"② 他的意识通过写作化为物质的顽固惰性，并在阅读中分裂为碎片，"他人的意识承受了我，人们读着我，我在他们眼里一览无余"。③ 也就是说，萨特主张写作行为是意识客观化的过程，阅读是两个意识的遇合，文字是透明的无障碍物。显然这种意识是客观意识。他在福楼拜的作品中读出了资产阶级意识。在布尔迪厄看来，福楼拜作品中不存在资产阶级意识，而表现了一种纯粹的、超然的目光。福楼拜是一个激烈地反资产阶级的资产者，他对资产阶级和民众都不存幻想，但他还未丧失对作家职责的信念："对我来说，世界上只有美丽的诗，构词巧妙、和谐和歌唱的句子，壮丽的落日，月光，彩画，古代大理石和坚定有力的头像。此外，什么也没有。我更愿意成为塔尔马，而不是米拉波，因为塔尔马曾生活在一个更纯粹的美的氛围中。笼中鸟让我产生的怜悯之心并不亚于受奴役的人。就整个政治而言，我只了解一点，那就是暴动。像土耳其人一样，我是个宿命论者，我认为我们为人类进步竭尽全力或无所作

---

① 布尔迪厄：《艺术的法则》，第64—65页。
② 萨特：《词语》，第131页。
③ 萨特：《词语》，第139—140页。

为，都是一回事。"① 这种极端的唯美主义趋向道德的中立主义、伦理的虚无主义，以对抗虚假的人道主义。

福楼拜的文学成就是其习性与资本造就的。福楼拜出身外省名医之家，他的父亲本想让他学习法律，争取远大前程，但也对他的文学志向表示理解和支持，所以他并不是萨特所说的"家庭的白痴"，受到父亲的诅咒和长兄的压迫。② 继承的经济资本使他摆脱了日常生活的限制，不必靠写作谋生。所以，经济资本是获得闲暇和贵族配置的前提："但是空闲时间和通过放弃这段时间可能让人得到的东西来维护这段时间的配置，意味着足以使放弃成为可能的（也就是可忍受的）（继承而来的）资本，和这种高度贵族化的导致放弃的配置。"③ 富有和单身培养了他的贵族习性，比如反抗陈规的自由意识和严肃的工作精神。他隐居在克鲁瓦塞，终日琢磨词句。他在致费多的信中写道："艺术是一种奢侈，需要白净的手，平稳的心态。"④ 他坦陈自己"为艺术而艺术"：

　　成功、时间、金钱和出版被弃置在我思想深处模模糊糊和完全微不足道的地域。这一切在我看来十分简单，不值得（我再重复一遍，不值得）让人费脑筋。文人们急不可耐地要看到自己的作品发表、上演、出名、被吹捧，我觉得他们发了疯。所有人都能像我一

---

　　① 转引自布尔迪厄《艺术的法则》，第 26 页。福楼拜将米拉波伯爵（Comte de Mirabeau，1749—1791）与塔尔玛（François Joseph Talma，1763—1826）对比可以说是意味深长，他们都经历了大革命：前者是演说家和政治家，反对绝对君主专制，参与起草《人权与公民权宣言》（1789）；后者是法兰西喜剧院悲剧演员，因上演诗人谢尼埃（André Chénier，1762—1794）的戏剧《查理九世》（1789）被迫出走，成立共和剧院，上演莎士比亚的《奥赛罗》《麦克白》《哈姆雷特》，后来回到法兰西喜剧院，以无与伦比的崇高饰演高乃依戏剧的主角，获得拿破仑褒奖，为了表演自然和历史真实，他对戏剧台词和服装进行了深入改革，预告了浪漫时代的来临。谢尼埃曾为刺死马拉的青年女子（高乃依的外孙女）写下《献给玛丽-安娜-夏洛特·科黛的颂歌》，1794 年，他因发表政论文章，抨击革命恐怖，被革命法庭当成"人民公敌"推上断头台。应该说，塔尔玛虽然不是政治家，但仍然间接地通过戏剧演出介入政治。

　　② 萨特童年时写小说初露锋芒，上小学却犯了低级拼写错误，参见德尼斯·贝尔多勒《萨特传》，第 35 页。萨特承认"我是个不知拼写法为何物的天才儿童"，参见《词语》，第 54 页。然而他在《家庭的白痴》中把自己的这段经历想象成福楼拜的。

　　③ 布尔迪厄：《区分——判断力的社会批判》，第 462 页。

　　④ 福楼拜：《福楼拜文学书简》，丁世中译，北京燕山出版社 2012 年版，第 142 页。

样干。慢慢地更好地工作。只需要摆脱某些趣味和放弃一些奉承话。我一点也没有德行，但始终不渝。而且，尽管我的需要很多（我并没有说过），但我宁肯在中学里当学监，也不愿为钱写只言片语。①

他在致莫泊桑的信中，提出当艺术的殉道者："一切为了艺术做出牺牲。生命应该被认为是一种手段。"② 无疑，经济资本、文化资本和社会资本越丰厚，创作条件越有利，越能获得风险利益。③ 经济资本可为未来提供保障，文化资本可通过象征力量制造未来，社会资本可提供入场权和社交网络，这些资本大大促进了作品的生产、认可和传播。在《包法利夫人》被诉有伤风化时，福楼拜家族的强大社会关系帮他解围。丑闻伤害了他，但也给他带来了名声。他得到了最珍贵的同行赞许。他们给了他小说实验必不可少的支持和认可，使他有勇气走先锋道路。福楼拜在通信中与文学同道探讨小说艺术，他的挚友——诗人布耶是他的小说的第一个读者和评论者。波德莱尔指出《包法利夫人》之所以是真正的艺术品，就在于小说的现代性。他不认为小说有伤风化："作品的逻辑足以表达道德的要求，得出结论是读者的事。"④ 他敏锐地看到了福楼拜对现实主义的形式革新："他怀着一种讲究辞藻的作家的贞洁，竟肯在一些枕席间的故事上蒙上了一重光荣的纱幕；而只要没有诗的乳白色的灯光的爱抚，这些故事就总是丑恶的、粗俗的。"⑤ 他与福楼拜的客观主义文学观念息息相通，他欢迎科学进入文学领域："任何拒绝和科学及哲学亲密通行的文学都是杀人的自杀的文学。"⑥ 总之，福楼拜的资本和习性使他不惧风险，寻找、创立并坚守纯粹作家的位置，最终获得由此而来的象征利益和经济利益。

由此，通过对福楼拜的社会历史分析，布尔迪厄表明先验的主体是

①　转引自布尔迪厄《艺术的法则》，第41—42页。
②　福楼拜：《福楼拜文学书简》，第218页。
③　布尔迪厄：《区分——判断力的社会批判》，第568页。
④　波德莱尔：《浪漫派的艺术》，第92页。
⑤　波德莱尔：《浪漫派的艺术》，第95页。
⑥　波德莱尔：《浪漫派的艺术》，第48、58页。

在社会和历史中产生的。但他没有像结构主义者那样把主体视为纯粹的结构执行者，他以习性和策略的概念强调行动者的创造力。社会学分析并没有因为强调创作者受社会限制而消灭创作者。恰恰相反，社会学分析有助于理解作家的特定劳动：作家一方面与社会决定性对抗，另一方面得益于社会决定性，才成为创造者，也就是他自己的作品的主体。但是，布尔迪厄与福楼拜的关系并不简单，并不局限于社会学家与其研究对象的关系。社会学家和小说家对社会现实的体验是相似的，他们都怀着再现社会客体并抽出法则的强烈欲望，对社会现实进行了客观化。杜布瓦则认为，在布尔迪厄身上，"客观化的激情存在着，但不再严格地受到科学启发"，所以他提出"作为布尔迪厄分析者的福楼拜"命题，[1] 与布尔迪厄的"作为福楼拜分析者的福楼拜"命题互相对照，表明布尔迪厄与福楼拜的代理关系。但布尔迪厄的科学意图是无法否认的，他"采取作者的观点"不排除直觉反应，但更是社会分析活动，重构创造者本人可能没有意识到的诗学、艺术选择和特定实践的逻辑。他一再强调："社会学家尽力如福楼拜所说的那样'经历所有的生活'，但靠的不是现象学家所说的自我向他人的投射：他靠的是对客观条件的分析，靠的是观察，等等。他试图构建的，不是生活经验，而是存在的逻辑，与他迥异的人的经验的逻辑。"[2] 布尔迪厄主张参与的客观化（objectivation participante），即对实行客观化的主体、分析主体、对研究者自身的客观化："参与的客观化的目的不是为了探索认识主体的'亲历'，而是这种经验的、（以及更确切地）客观化行为的可能性条件（进而其作用和局限）。"[3] 对主体与客体关系的客观化不意味着相对主义的和反科学的主观主义，而构成一种科学客观性的条件。由此，布尔迪厄既反对虚幻地沉浸在陌生环境中的参与的观察（observation participante），也反对距离自身和对象同样遥远的观察者的客观主义。参与的客观化要求的反思性与后现代的自恋反思性和某些现象学的投射反思性完全不是一回事。它强

---

[1]　Jean – Pierre Martin（dir.），*Bourdieu et la littérature*, op. cit. , p. 90.

[2]　Pierre Bourdieu, *Sociologie générale. Cours au collège de France 1983 – 1986*, op. cit. , p. 274.

[3]　Pierre Bourdieu, L'objectivation participante, in *Actes de la recherche en sciences sociales*, 150, décembre 2003, p. 44.

调实践与反思的密切结合：分析主体不仅要反思自己的研究立场和研究的潜在利益，还要反思他在分析中投入的历史无意识，并且在反思时刻与行动时刻之间不断往复。通过这种双重运动，科学主体获得了把握不可见关系的"人类学目光"和脱离经院视角的对自身的实践掌控。最终，布尔迪厄通过这种面向创造和行动的共同实践（sympraxie），将福楼拜据为己有，借助福楼拜的反思来反思自身，同时也令他复活。他在《自我分析纲要》中强调，只有社会历史诗学才能重建不自恋的"自我"："尽管历史化与一个作者保持距离，这个作者被保存和囚禁在学院评论的裹尸布里，历史化也提供了手段，以接近作者并把他变成另一个真正的自我……我从不认为，当我如许多有灵感的批评家那样，在没把自己当成福楼拜或马奈的情况下，提出福楼拜或马奈是像我一样的人，就是做出了亵渎神圣的傲慢举动。"①

第七节　波德莱尔

波德莱尔，受诅咒的诗人，歌唱恶之美，开启了一场划时代的诗歌革命。他在《恶之花》的序言中说："著名的诗人很久以来就瓜分了诗歌领域中开满鲜花的王国，我觉得从恶中提取美是诱人的，任务越艰难，越令人愉快。"②《恶之花》浸透了痛苦、诅咒、绝望、厌倦的情绪，充塞着毒药、棺材、葬仪、尸衣、骸骨、刽子手、绞刑架、腐尸、坟墓、死亡、幽灵、吸血鬼、地狱、魔鬼、深渊的意象，散发着"一种萎靡忧郁的美"。浪荡子波德莱尔挥金如土，酗酒，吸大麻和鸦片。《恶之花》原名《地狱的边缘》，波德莱尔欲借此"表现现代青年的躁动和忧郁"，"勾勒现代青年精神躁动的历史"。③ 如魏尔兰所说，波德莱尔是"一个精神上现代的人"，"一种过度文明的过分精细造就的现代人，他的感官锐利而敏感，他的精神充满了尖锐的痛苦，他的头脑浸透了烟草，他的

---

① 布尔迪厄：《自我分析纲要》，第 136 页。

② Charles Baudelaire, *Les Fleurs du Mal*, Texte présenté, établi et annoté par Claude Pichois, Paris: Gallimard, 1972 et 1996, p. 243.

③ Charles Baudelaire, *Les Fleurs du Mal*, *op. cit.*, p. 14.

血液燃烧着酒精"。①

　　波德莱尔把艺术视为自然与艺术家之间的斗争，艺术家越是理解自然的意图，就越容易取得胜利。理解自然的意图，就是发现未知世界的新奇和万物的静默的语言。照雷蒙的说法："在他身上有某种东西暗暗地希望有朝一日从中发现、解读出一个完整的天地万物的图像。"② 波德莱尔在创作和批评中努力贯彻这个原则。他认为现代诗歌是一门综合艺术："现代诗歌兼有绘画、音乐、雕塑、装饰艺术、嘲世哲学和分析精神的特点；不管修饰得多么得体、多么巧妙，它总是明显地带有取之于各种不同的艺术的微妙之处。"③ 这种总体诗歌是浪漫派"大写的诗"。那么，自然地，"一切伟大的诗人本来注定了就是批评家"。④ 批评即哲学："由于艺术永远是通过每个人的感情、热情和梦想而得到表现的美，所以，批评时刻都涉及到形而上学。"⑤ 他的诗体现出深刻的反思意识（阴郁诚挚的观照中，/心变成自己的明镜！/真理之井，既黑且明，/有苍白的星辰颤动，/有地狱之灯在讥刺，/有火炬魔鬼般妖娆，/独特的慰藉和荣耀——这就是那恶的意识。——《不可救药》⑥）。戈蒂耶认为波德莱尔比一般诗人更有哲学性和反思性："所有情愫到他那里都成了供分析的基质。他不由自主地便产生了泾渭分明的两种个性，在缺乏其他分析材料的情况下，一种个性窥视着另一种个性。"⑦ 普鲁斯特称赞 19 世纪最伟大的作家："在工作时仿佛自己既是工人又是法官，他们从这种自我观照中抽出外在于作品而又高于作品的一种新的美。"⑧ 瓦莱里指出波德莱尔具有创造与批评密不可分的古典主义趣味："古典主义者是自身包含着一个

---

① Charles Baudelaire, *Les Fleurs du Mal*, *op. cit.* , p. 22.

② 雷蒙：《从波德莱尔到超现实主义》，邓丽丹译，河南大学出版社 2008 年版，第 13 页。

③ 波德莱尔：《浪漫派的艺术》，郭宏安译，上海译文出版社 2009 年版，第 181 页。

④ 波德莱尔：《美学珍玩》，第 468 页。

⑤ 波德莱尔：《美学珍玩》，第 80 页。

⑥ 波德莱尔的诗译文均来自波德莱尔《恶之花》，郭宏安译，商务印书馆 2018 年版。

⑦ 泰奥菲尔·戈蒂耶：《回忆波德莱尔》，陈圣生译，上海译文出版社 2011 年版，第 14 页。

⑧ 普鲁斯特：《女囚》，张小鲁译，《追忆似水年华》，译林出版社 1991 年版，第 155 页。

批评家，并将其与自己的创作紧密结合在一起的作家。"① 如同拉辛身上有一个布瓦洛，波德莱尔集诗人的自发能力与批评家的洞察力、怀疑主义、注意力和说理能力于一身。

如同福楼拜期待圣伯夫读他的《情感教育》，波德莱尔一再请求圣伯夫为他的《恶之花》写一篇评论文章。圣伯夫最早试笔于诗歌，他的批评成就遮盖了他的诗歌革新，现代批评家承认，他的诗歌对波德莱尔、魏尔伦、科佩（François Coppé）产生了重要影响。圣伯夫在诗集《约瑟夫·德洛尔姆的生活、诗歌和思想》（1829）中避开雨果的宇宙诗章，拉马丁的自然，专注于内省。他的诗有清新的韵律，感觉的交响，谦卑灵魂的自白，被普鲁斯特称作"《恶之花》的雏形"。圣伯夫看到世间万物不仅有物质含义，还有思想含义，符号是可感的世界与人类思想的关系，"我的内在感官指向这些神秘的符号，能够阐释或至少臆测它们，从这种或定居或流浪、在自然中到处呻吟的伟大言语中得出几个音节"。② 波德莱尔则把世界当成象形文字词典，诗人是词典的解读者和翻译者。在自然这座象征的森林中，芳香、颜色和声音互相应和，"有的芳香新鲜若儿童的肌肤，/柔和如双簧管，青翠如绿草场"（《应和》）。诗人能够洞悉这种神秘的感应，"无需借助鸦片，谁不曾经历过那种奇怪的时刻呢？那是大脑的真正的欢乐，感官的注意力更为集中，感觉更为强烈；蔚蓝的天空更加透明，仿佛深渊一样更加深远；其音响像音乐，色彩在说话，香气诉说着观念的世界"。③ 圣伯夫在第一部未完成小说《阿蒂尔》（1830）中描写了同名主人公对充满香气的女人房间和女人头发的敏感："她的头发的味道沁入我的灵魂。"《享乐》（1834）的主人公阿莫利更是通过颜色、气味和声音感受世界，他感到德古昂夫人就像一枝花一样散发着香气，连收藏情书的匣子也充满香气。波德莱尔借鉴了圣伯夫的芳香意象。比如，"哦，浓密的头发直滚到脖子上/哦，发卷，哦，充满慵懒的香气//喧闹的港口，在那里我的灵魂/大口地痛饮芳香、色彩和音

---

① 瓦莱里：《文艺杂谈》，段映虹译，百花文艺出版社 2002 年版，第 174 页。

② Paul Bénichou, *L'école du désenchantement. Sainte - Beuve*, *Nodier*, *Musset*, *Nerval*, *Gautier*, *op. cit.*, p. 29.

③ 波德莱尔：《美学珍玩》，第 255 页。

响"（《头发》），"她柔软的头发又厚又沉/活的香囊，深闺里的香炉"
（《芳香》），"呼吸着你滚烫的胸脯的芳香"（《异域的芳香》）。他奉圣伯
夫为导师，但后者反应平淡，他在1857年写给波德莱尔的一封信中说：
前人几乎占据了诗的所有领域，仿佛大地和天空的田野都被收割殆尽，
抒情诗的形式不断革新，波德莱尔的空间所剩无几，他只好选择了地狱，
把自己变成了魔鬼，他想从黑夜的魔鬼那里得到他们的秘密，他为无法
排遣的忧郁、噩梦和道德折磨所困扰，他的诗表现了患世纪病的一代人
的症候。[1] 圣伯夫对波德莱尔的评价大致是公允的，他不赞成波德莱尔描
写和赞颂罪恶并在罪恶中发掘美。普鲁斯特通过这封信看到，圣伯夫不
过理解波德莱尔的心理资质罢了，他无法忍受圣伯夫对波德莱尔诗才的
泛泛称赞和长者的教训语气，对波德莱尔摆出一副恩主的架势，竟然说：
"《恶之花》是一座建立在文学勘查加边远尽头的小庭院，我称之为波德
莱尔游乐场。"[2] 普鲁斯特又提到，圣伯夫不敢到重罪法庭为波德莱尔的
《恶之花》作证，并对波德莱尔要进入法兰西学士院发表奇谈怪论："在
人们面前出现的是一位彬彬有礼、毕恭毕敬、堪为表率的候选人，一个
可爱的小伙子，谈吐高雅，在形式上完全是古典的。"[3] 应该说，圣伯夫
没有料到波德莱尔以如此规矩的面目出现，外省学究无法激赏巴黎浪荡
子的趣味。他确实没到场为波德莱尔作证，但当《恶之花》被斥为有伤
风化的现实主义作品时，他为波德莱尔做了辩护。不能否认，圣伯夫把
波德莱尔当成了一个患世纪病的文学异端，没有明察波德莱尔作为现代
诗创始人的先锋角色。相反，福楼拜则是波德莱尔的同路人。他仔细阅
读了《恶之花》，称赞它使浪漫主义恢复了青春，构思巧妙，思想敏锐，
色彩精准："大作我最喜欢之处，是艺术至上。还有，您以一种哀愁和超
然态度，颂扬肉体而不爱，我深有同感。"[4] 与福楼拜一样，波德莱尔也
是斯宾诺莎主义者，他把现实主义理解为某种"实证主义"："我想按照

---

① Sainte - Beuve, *Mes Poisons*, in *Critique de Sainte - Beuve*, Textes choisis et présentés par Gisèle Corbière - Gille, Paris：Nouvelle Edition Debresse, 1973, pp. 445 -446.

② 普鲁斯特：《驳圣伯夫》，王道乾译，百花文艺出版社1992年版，第99页。

③ A. Prassoloff et J. - L. Diaz (dir.) *Sainte - Beuve. Pour la Critique*, *op. cit.*, p. 356.

④ 福楼拜：《福楼拜文学书简》，第112页。

事物的本来面目或可能会有的面目来表现事物，并且同时假定我不存在。没有人的宇宙。"① 他的宇宙是巴黎这个大都市，"大城市的宗教沉醉。——泛神论。我是所有的人，所有的人是我。"②

诗人通过精神直观，在其内心重构自然。人同时是宇宙之镜和自身之境：

> 由于贯注于万物间的相互确定关系，每一个原子都是宇宙之镜。但是人是我们所熟知的第一个不单单为一个外在智慧作宇宙之镜，也因其返回自身的行为而成为自身之镜的存在。由此，力量、充盈、全面，宇宙便如此在一个人类精神中映照出了自己，而这种镜照本身又以此在人类精神中显现，这种清澈之观就确立了人的艺术天才的程度，让他具备了在世界中塑造一个世界的能力。③

这种镜像不是单纯地反映，而是进行象征构造，"万物之间通过一种不间断的象征化而相互勾连，这是语言最初形成的基础，它应该在语言的重生中，也即诗歌中得以创生"。④ 象征化即神秘化。波德莱尔强调，诗是自主的现实，"语言创造了'第二现实'"。⑤ 诗是语言艺术。艺术无须借助说教："道德不作为目的进入艺术，它介入其中，并与之混合，如同融入生活本身之中。诗人因其丰富而饱满的天性而成为不自愿的道德家。"⑥ 读者应该在作品的内在逻辑中而不是在作者的说教中寻找道德启示。这是典型浪漫派的有机观念："一篇作品的道德，不在于对象或者与被叙述者的关系，而在于处理的精神。这个精神若是充满了充溢的人性，这篇作品就是道德的。这篇作品若只是彼此分离的力量和艺术的作品，

---

① 转引自郭宏安《论〈恶之花〉》，商务印书馆 2019 年版，第 209 页。
② 波德莱尔：《巴黎的忧郁》，郭宏安译，商务印书馆 2018 年版，第 145 页。
③ 菲利普·拉库 – 拉巴特、让 – 吕克·南希：《文学的绝对》，第 167 页。
④ 菲利普·拉库 – 拉巴特、让 – 吕克·南希：《文学的绝对》，第 295 页。
⑤ 郭宏安：《论〈恶之花〉》，第 192 页。
⑥ 波德莱尔：《浪漫派的艺术》，第 144 页。

就是不道德的"。① 技艺本身就是道德。

　　萨特的《波德莱尔》依旧遵循其存在主义—马克思主义的思路，将波德莱尔视为自在存在与自为存在的综合者，他的波德莱尔批评和福楼拜批评如同互相反射的镜子，布尔迪厄依据习性对抗萨特的主体间性，从创造与批评方面将波德莱尔视为创造的作者。

一　自在存在与自为存在的综合者

　　萨特晚年认同波德莱尔的"批评是形而上学"："它应该是作者的方法、规则、技巧的展示，同时，技巧也为我揭示了一种形而上学。"② 然而他在《波德莱尔》（1947）中几乎没有论及诗人的制作技艺，这部著作早于《家庭的白痴》，更多地以作家书信为依据，更受制于意识哲学。他对波德莱尔进行存在的精神分析，描述诗人如何将自在与自为融合，在历史境况中选择做一个"受诅咒的诗人"。在波德莱尔身上，萨特的自由哲学发挥到了极致，如莱里斯所说："他勾勒的是一个自由的历险记，不过因为这是基于另一个自由对这个自由的了解而作出的，其中必定有猜测的成分。"③ 这种猜测同萨特对福楼拜的想象是一回事，也是他的意识投射的结果。萨特自视为一个自由主体，亦赋予诗人以无限自由："他是自由的，他在自己身上和自身之外都找不到任何阻力来反抗他的自由。"④ 波德莱尔六岁时父亲去世，他与母亲相依为命。萨特对波德莱尔的恋母情结感同身受。萨特两岁时父亲去世，母亲成了他的一切，母亲在他 11 岁时改嫁被他视为背叛。像对福楼拜那样，萨特也为波德莱尔寻找了一个"裂痕时刻"：1828 年 11 月，他的母亲改嫁欧比克将军，他被寄养在别人家里。他仿佛失去了存在理由，孤独的宿命让他获得了反思意识："波德莱尔的原初态度是个俯身观看者的态度。俯向自身，如同那喀索斯。在他身上，没有任何直接意识不为一道犀利的目光所穿透。他看着自己看见了什么；他看是为了看见自己在看；他观看的是他对树和房子

---

① 菲利普·拉库–拉巴特、让–吕克·南希：《文学的绝对》，第 167 页。
② 波伏瓦：《与让–保罗·萨特的谈话》，《告别的仪式》，第 259 页。
③ 萨特：《波德莱尔》，《原序》，第 3 页。
④ 萨特：《波德莱尔》，第 22 页。

的意识，物件对于他只有透过他的意识才能呈现，显得更苍白、更小、不那么感人，就像他透过观剧镜看到它们似的。"① 反思意识意味着二重性："如果他在起源上就是清醒的，这不是为了精确地了解自己的错误，而是为了分身为二。如果他要分身为二，这是为了在这一对伴侣身上最终实现自我占有自我。因此他要使自己变本加厉地清醒：以前他仅是自己的见证人，他将努力变成自己的刽子手：自我惩罚者。"② 这就是说，波德莱尔为了观看自己，选择把自己当成他者，萨特甚至认为受害者和刽子手的关系是性关系，把波德莱尔视为自虐狂。如同福楼拜的作家意识不可还原，波德莱尔的意识无来由，无目的，"它不可能在自身之外找到借口、辩护或存在理由，既然任何东西在未经它意识到之前对它来说都不可能存在，既然任何东西除了它愿意赋予的意义之外，没有别的意义"。③ 意识创造了价值体系："他看得很清楚，随着意识，某一原先不存在的东西在从世界上涌现：这便是意义；因此意识在所有层面上进行持续的创造。此一源自虚无的生产对波德莱尔来说便是精神的特征，他如此重视这一生产，以致有一股创造激情从头至尾贯穿他萎靡不振的静观生涯。"④ 一般的功利对波德莱尔失去了意义，他意识到自己深刻的无用性，对行动感到恶心，但他不是一个寂静主义者，"只为他选择了清醒，只为他不由自主地选择了无所为而为、被遗弃和意识的可怕的自由"。⑤ 确实，波德莱尔说过："我总是觉得做一个有用的人是某种很丑恶的事。"⑥ 如同对福楼拜一样，萨特强调波德莱尔用无为的创造而不是行动来界定人性。波德莱尔的诗歌和浪荡作风都由于其无所为而为性和无害性属于传统的善的范围，"他禁止自己去创造善，他的诗好比是善的创造的取代物"。⑦ 这就是说作家通过其作品而非行动创造善，作品本身具有

---

① 萨特：《波德莱尔》，第 6 页。
② 萨特：《波德莱尔》，第 9 页。
③ 萨特：《波德莱尔》，第 12 页。
④ 萨特：《波德莱尔》，第 24 页。
⑤ 萨特：《波德莱尔》，第 24 页。
⑥ 波德莱尔：《巴黎的忧郁》，第 177 页。
⑦ 萨特：《波德莱尔》，第 46 页。

伦理功能，但萨特常常忘记诗歌是制作技艺而非意识的客观化，如伊格尔顿所说："艺术形式本身就是道德或者意识形态意义的母体。"①

萨特像圣伯夫一样看到波德莱尔屈从于公共评判和法定秩序，但强调他要求一个判他有罪的法官，一个将他客观化的大他者（母亲、继父或上帝）的目光。从存在的精神分析角度，萨特认为，诗人从未摧毁家庭观念，从未脱离童年阶段：他选择当撒旦——不听话的孩子的象征，在父亲的注视下，在善的框架中作恶，标新立异以期得到承认，他没有承担完全的自由，而是在社会世界的框架内创造自己。波德莱尔既在外又在内，将别人的目光引入自身，把握自己像把握别人一样，在自我注视的瞬间，他逃离所有目光，获得了自由，"因为这个自由现在只是一个目光而已"。② 萨特将自由等同目光，每一个意识都将另一个意识客观化，通过对另一个意识的注视剥夺其自由。自我注视足以摆脱他者目光的异化。这就是说，波德莱尔除了通过自我惩罚性的清醒，在自己眼中变成物，还在别人眼中成为物，也就是自在存在，但同时这个物不是偶然被给予的，而是自我创造的，也就是自为存在，他兼为自为存在和自在存在并在两者之间摇摆不定："他选择了拥有一个永远被撕裂的意识，一个内疚的意识……不应该把此种自由选择等同于被精神分析专家打入无意识中的那种说不明白的化学反应。"③ 萨特承认波德莱尔的选择是不由自主的，又说他的选择不是无意识的，而是他的意识，他的主要谋划，"这个原初选择在其原初就是自欺的……自欺里仍有一些诚心"。④ 萨特把自欺视为前反思的，而把精神分析的无意识贬为低级的生物本能。如同福楼拜 1844 年在主教桥的顿悟，原初选择决定了诗人的处境，一切都在他25 岁时确定了，后来他不过将其选择复杂化并加深其矛盾。波德莱尔精心策划了自己的一生：黑人女子，债务，梅毒，家庭监护，以及在巴黎文学圈中辉煌而可怜的孤立："他将选择从死亡的观点看待生命，就像他英年早逝，把他突然凝固了似的……在每一刻，他虽然活着，却已在坟

---

① 伊格尔顿：《文学事件》，阴志科译，河南大学出版社 2017 年版，第 52 页。
② 萨特：《波德莱尔》，第 59 页。
③ 萨特：《波德莱尔》，第 55—56 页。
④ 萨特：《波德莱尔》，第 56 页。

墓里面了",① "与其说他在演进，不如说他在解体",② 他的才思只剩下回忆，与萨特对福楼拜在第二帝国覆灭之后的描述如出一辙。萨特断定："人对他自己所作的自由选择，与所谓的命运绝对等同。"③ 总之，与福楼拜一样，波德莱尔是反抗者而非革命者，"革命者想改变世界，他为趋向未来，趋向他发明的一个价值体系而超越这个世界；反抗者却留意原封不动维持他深受其害的种种滥用职权的行为，以便他能起来反抗它们"。④ 萨特把黑格尔的"理性狡计"用在波德莱尔身上，强调波德莱尔的被动反抗是有意选择的。

萨特如何解释波德莱尔的介入？波德莱尔通过反自然建立人类理性。在萨特看来，反自然（antiphysis）"指的是建立一种与自然世界的种种谬误、不公正和盲目机制直接对抗的人类秩序"。⑤ 萨特援引马克思主义，指出马克思将劳动引入康德的"目的之城邦"之后，人不仅将理性光明还通过工业劳动将人的秩序施加于世界。他将波德莱尔置于从圣西门到马拉美和于斯曼的反自然主义洪流，指出诗人对工人不感兴趣，但劳动吸引他，劳动就像一个印在物质里的思想，物是凝固的思想，他在物里面照出自己的形象。萨特用劳动观念解释波德莱尔的诗歌创造，引用波德莱尔的一封信证明诗人更信任苦工而非灵感："作为纯粹的文学劳工，我们应该做到精确，我们应该始终找到那个绝对的表达方法。"⑥ 萨特所说的劳动其实是象征劳动，指的是形式加工。萨特几乎没引用波德莱尔的作品，便认为波德莱尔作为大城市的居民，厌恶自然风景，拒绝自己的自然本性，喜爱理性化的几何形人造物，崇尚光明的、冰冷的、透明的、不育的无生命世界。然而波德莱尔的诗学没有放弃对大自然的感觉，而扩大了自然的范围，除了大自然，他还认为艺术家及其作品都是广义的自然，批评就是探索这个自然的奥秘，"我喜欢在外部的可见的自然中

---

① 萨特：《波德莱尔》，第 123 页。
② 萨特：《波德莱尔》，第 125 页。
③ 萨特：《波德莱尔》，第 149 页。
④ 萨特：《波德莱尔》，第 32 页。
⑤ 萨特：《波德莱尔》，第 74 页。
⑥ 萨特：《波德莱尔》，第 81 页。

寻找例子和比喻来说明精神上的享受和印象"。① 不可否认，波德莱尔的
《恶之花》中有加工过的矿物："一切都是黄金、钢、钻石和光明/像无用
的星球永远辉煌灿烂/不育的女人显出冰冷的威严"（《她的衣衫起伏波
动，有珠光色》），"你的眼睛丝毫不露/甜蜜或苦涩/如两件冰冷的饰物/
混合金与铁"（《舞蛇》），"你挺立在里面，可惊叹的雕像/用我精炼的诗
句，纯的金属网/巧妙地饰以水晶韵脚的星光/雕一轮银的月亮做你的脚
凳"（《给一位圣母》），"我像画家恃才傲物/面对着自己的画稿/品味大
理石、水、金属/组成的醉人的色调"（《巴黎的梦》）。这些闪闪发光的
人造物是诗人的语言炼金术的结晶。他的诗并非局限于物质的人造世界。
诗人同样在回忆中致敬逝去的和梦想的美好自然："圣洁的青春/如蓝天、
飞鸟、鲜花"（《我爱回忆那没有遮掩的岁月》），"周围是蓝天、海浪、
色彩的壮丽"（《从前的生活》），"你像雷雨的黄昏把芳香播散"（《献给
美的颂歌》），"一座慵懒的岛，大自然奉献出/奇特的树木，美味可口的
果品/身材修长和四肢强健的男人/还有目光坦白得惊人的女子"（《异域
的芳香》）。诗人还描绘了五光十色的巴黎风俗画，尤其是人的风景。诗
人静观本雅明所说的"19世纪首都"的风光。《风景》是一曲城市牧歌，
第一段是诗人视野中钟楼和工场的杂然并置："为了贞洁地作我的牧歌，
我愿/躺在天堂身旁，如占星家一般/并以钟楼为邻，边做梦便谛听/风儿
送来的庄严的赞美钟声/两首托着下巴，从我的顶楼上/我眺望着歌唱和
闲谈的工场/烟囱和钟楼，这些城市的桅杆/还有那让人梦想永恒的苍
天"；第二段是诗人对四季更迭的美好梦想：春天、夏天和秋天，然后是
冬天，"那时我将梦见泛青的地平线/花园，在白石池中呜咽的喷泉/亲
吻，早晚都啁啾鸣唱的鸟雀/以及牧歌当中最天真的一切/暴乱徒然地在
我的窗前怒吼/不会让我从我的书桌上抬头"。诗人也在闲荡中捕捉芸芸
众生的生活场景：《七个老头子》《小老太婆》《盲人》《给一位过路的女
子》《骷髅农夫》《薄暮冥冥》《赌博》《醉酒的拾破烂者》《醉酒的凶
手》《醉酒的孤独者》《寡妇》《卖艺老人》《穷人的眼睛》《射击场与公
墓》……他感叹巴黎的生活中到处都是诗意的和令人惊奇的素材，上演

① 波德莱尔：《浪漫派的艺术》，第157页。

着现代生活的英雄主义："上流社会的生活，成千上万飘忽不定的人——罪犯和妓女——在一座大城市的地下往来穿梭，蔚为壮观……我们只要睁开眼睛，就能看到我们的英雄气概。"[①] 他怀着欣悦的心情写道："奇妙的事物像空气一样包围着我们，滋润着我们，但是我们看不见。"[②] 在人类自由的喧嚣之中，巴黎生活的任何成分都有存在价值，象征永恒的高耸的钟楼与"向着苍穹喷吐着浓烟的工业的方尖碑"、高级与低级、辉煌与苦难谱写了巴黎城市交响曲，构成了永恒的美和惊人的和谐。波德莱尔吁请艺术家处理现代主题，呼唤观看、理解、创造艺术的新方式。他强调，美从历史角度是双重构成，"构成美的一种成分是永恒的、不变的，其多少难以确定；另一种成分是相对的、暂时的，可以说它是时代、风尚、道德、情欲，或是其中一种，或是兼容并蓄"[③]。伊夫·瓦岱指出，波德莱尔第一个使现代性成为具有普遍意义的含义，现代性的价值"首先是一种新的时间意识，一种新的感受和思考时间价值的方式"[④]。应该把现代性与现代主义区别开来。现代性体现了艺术家的瞬时意识，即任何现时都有同等价值，而现代主义不仅是摆脱过去的革新意愿，还是拥护现代事物的参与与介入意识，与现代事物的积极关系，这种关系涉及审美的、价值观的选择和对未来的赌注。[⑤] 波德莱尔反对现代主义的进化论，拥抱现代性的不确定的开放性，主张从流行因素中提取可能的诗意，使之汇入永恒。因而孔帕农称波德莱尔为"反现代派"，它指的是一种反动，一种对现代主义、对现代世界、对进步信仰的抗拒。它意味着怀疑，暧昧，怀旧，而不是一种纯粹的拒绝。[⑥] 反现代派不是保守派、学院派、反动派，而是那些违心的、不由自主的现代派，真正的现代派。波德莱尔以矛盾修辞法谈论"进步"："这盏昏暗的信号灯是现代诡异的发

---

① 波德莱尔：《美学珍玩》，第 169 页。
② 波德莱尔：《美学珍玩》，第 170 页。
③ 波德莱尔：《美学珍玩》，第 359 页。
④ 伊夫·瓦岱：《文学与现代性》，田庆生译，北京大学出版社 2001 年版，第 43 页。
⑤ 伊夫·瓦岱：《文学与现代性》，第 81 页。
⑥ Antoine Compagnon, *Les antimodernes*, Paris：Gallimard, 2005, p. 9.

明……在一切认识对象上投下了黑影。"① 他看不到进步信念的社会基础，"相信进步是一种懒人的理论，只有在个人身上而且通过个人本身才能有进步（真正的，就是说道德的）。但是世界是由只能集体地、群体地思想的人组成的"。② 精英主义的诗人在群众中讲话无异于在旷野中呼喊，他只能无为："一个浪荡子什么也不做。您能想象一个浪荡子向人民讲话吗？他只有嘲笑他们。只有贵族的政府才是讲理的、稳固的。建立在民主基础上的王朝或共和国同样是荒唐的、软弱的。"③ 由此，萨特指责波德莱尔与福楼拜一样不介入政治，对1848年革命没表现出任何真诚的兴趣，"社会事件在他身上滑过，不触及他"。④ 其实，波德莱尔并非对这场革命无动于衷，他认为1848年人们沉浸在乌托邦梦想中，⑤ 但"所有的革命都以屠杀无辜者为必然的结果"。⑥ 但浪荡子们"都具有同一种反对和造反的特点，都代表着人类骄傲中所包含的最优秀成分，代表着今日之人所罕有的那种反对和清除平庸的需要"。⑦ 萨特没有看错，福楼拜和波德莱尔都有贵族的精英意识。

　　萨特认为浪荡作风是波德莱尔的反抗手段，但这种反抗缺乏力度，因为执政阶级更喜爱浪荡子而非革命者，可以容忍为艺术而艺术的过激言行，而非"雨果、乔治·桑和皮埃尔·勒鲁的介入文学"。⑧ 他忽略了《恶之花》诉讼案对诗人身心造成的创伤。如同对福楼拜，萨特将波德莱尔的浪荡作风归因于作家的阶级地位：作家脱离了出身的资产阶级，以培育纯粹的思想和艺术为业，不愿失去自身的优越寄生地位，他们大多数人满足于象征性地脱离本阶级的行动，也就是表现寄生阶级的面貌，将自身置于生产性活动之外。在作家选择的想象共同体中，所有成员

① 波德莱尔：《美学珍玩》，第235页。
② 波德莱尔：《美学珍玩》，第179页。
③ 波德莱尔：《美学珍玩》，第182页。
④ 波德莱尔：《美学珍玩》，第125页。
⑤ 波德莱尔：《巴黎的忧郁》，第177页。
⑥ 波德莱尔：《巴黎的忧郁》，第215页。
⑦ 波德莱尔：《美学珍玩》，第386页。
⑧ 萨特：《波德莱尔》，第99—100页。

"一个挨着一个，好比公墓里的死者"，① 他们不承担义务，不投入共同行动。波德莱尔和福楼拜都选择进入这个团体，这个封闭的文化贵族阶级，这种法外体制。萨特认为波德莱尔区别于福楼拜之处在于他在艺术家群体内还要选出精英，因而选择了浪荡作风。这就是说，浪荡作风是"按照福楼拜、戈蒂耶和为艺术而艺术的理论家们构造的艺术家社团的模式设计的二度社团。它向这个模式借用了无所为而为性、机械连带性和寄生性等理念。但是它抬高了加入这个协会的条件。艺术家的主要特征被夸大，被推向极致"。② 布尔迪厄文化生产场中纯粹生产的一极大致是这个为艺术而艺术的二度社团，但萨特突出波德莱尔的行为艺术，把资产者福楼拜与浪荡子波德莱尔分开，建立了一种不大牢靠的递进的层级关系：浪荡子是诗人的寄生者，而诗人是压迫阶级的寄生者。萨特由波德莱尔认为职业艺术家急功近利，推导出他将艺术家视为纯粹的打扮仪式，将对美的崇拜变成对转瞬即逝的优雅的爱，将创造激情变成无动于衷。也就是说，诗人通过外形的讲究，奇装异服的挑衅，举止的优雅对抗他者的目光，迫使别人接受他。的确波德莱尔说过："浪荡子应该不断地追求崇高；他应该在一面镜子面前生活和睡觉。"③ 他将自我反思推向了极端。萨特借镜像强调波德莱尔通过穿衣打扮，在镜子中观照他构造的自我形象，实现自为与自在的综合："镜子中映出的这个人，这是他的自为存在正在变成自在存在，他的自在存在正在变成自为存在。"④ 萨特将浪荡子的表象等同于表演，将波德莱尔视作既是创造者又是造物的天才演员，"很难区别他强加给自己的张力和他为自己表演的喜剧"。⑤ 浪荡作风是游戏，但不是放任自流，诗人的心理变化是无休止地施加于自身的劳作，他在善与恶的极端紧张状态中，使自己保持高度的可塑状态，一种战斗立场。⑥ 由此，萨特赋予表象更多的表演意义，认为波德莱尔比福楼

① 萨特：《波德莱尔》，第 106 页。
② 萨特：《波德莱尔》，第 109 页。
③ 波德莱尔：《巴黎的忧郁》，第 175 页。
④ 萨特：《波德莱尔》，第 118 页。
⑤ 萨特：《波德莱尔》，第 145 页。
⑥ 萨特：《波德莱尔》，第 101 页。

拜的立场更加激进和先锋。黑格尔认为美是理性的感性显现，萨特简单地得出《恶之花》是浪荡子作风，"读者会在这本书里，在焦虑和悔恨底下，在神经的颤动底下，找到甜蜜的，却又比最折磨人的痛苦更难以忍受的东西：冷漠"。① 由此，波德莱尔通过诗歌符号将其分裂的自在和自为融为一体：

> 这就是波德莱尔的努力的终点：把自己等同于整个世界，从而在其永恒的"差异性"中把握他自己，实现他的他性。这个以其无边无际的整体性包围他的世界一经减轻、挖空、装满了象征和符号，便成为他自己；这个那喀索斯想拥抱和观照的是他自己。美本身也不是包含在一个画框、一种诗体、一首乐曲的狭窄界限之内的一种诉诸感官的完善。美首先是暗示，即它是此类古怪的、锻炼而成的实在，自为存在和自在存在在其中融成一片，自在存在把自为存在客观化和固体化，自为存在减轻了自在存在的重量。②

对萨特而言，诗中的香气、光线、乐曲等都是思想的晶体，构成诗人的象征和符号。他固守着语言作为观念表达工具的陈旧观念，对波德莱尔诗歌进行反映论解释："他生产的那个客体不过是他自己的一个形象而已，它提供自在存在和自为存在的一种综合的表象。"③ 从这种"物我合一"出发，他把诗歌创造的动力理解为诗人为了实现存在的纯粹自由："诗的创造诱惑他，首先是因为它允许他毫无危险地行使自己的自由。"④ 他关注波德莱尔的自由意识而非诗艺。依据黑格尔的辩证法，波德莱尔的诗体现为其原初选择主题的无数变种：

> 我们看到，自我否定"进入"自我肯定如同在黑格尔的辩证法里自杀变成延续生命的一种手段，痛苦，有名的波德莱尔式的痛苦，

---

① 萨特：《波德莱尔》，第 56 页。
② 萨特：《波德莱尔》，第 138 页。
③ 萨特：《波德莱尔》，第 148 页。
④ 萨特：《波德莱尔》，第 147 页。

具有与快感相同的隐秘结构，诗的创造与不育性结亲，所有这些暂时的形式，所有这些日常态度相互融合，出现，消失，当人们以为远离它们时又重新出现；它们不过是在用不同的调性重复一个巨大的原始主题时予以变化而已。①

　　萨特将自己厌恶自然、喜欢人工的理性观念，将自我否定的意识，投射到波德莱尔身上，将波德莱尔当成存在与虚无主题的另一变奏。巴特像萨特一样看到浪荡子的精英意识，把浪荡子视为一种"身体技艺"，认为浪荡子依据一种绝对逻辑追求外形优雅，他的本质不是社会的，而是形而上学的，因为他看重的不是高等阶级与低等阶级的对立，而是个别与平庸的对立，而个别就是不可比拟的他本人——那喀索斯，而且，他的本质完全体现在微不足道的细节中，由他本人制造出来的特殊风格效果中。因此，浪荡作风同时是苦行哲学的伦理和技术，技术是伦理的保障，身体行动是思想的演绎，浪荡子不断推陈出新，显示自身的卓越。② 巴特单纯强调浪荡子个人的区分意识，他和萨特都没有考虑浪荡子存在的社会条件。波德莱尔出身于法官家庭，童年生活优裕，他的继父欧比克将军和母亲反对他的文学抱负，由于他大肆挥霍财产，对他实行强制性财产监护，使他陷入极端的贫困。他自称部分地在闲暇中长大，无财产的闲暇给他带来债务和侮辱，但有利于他的敏感性、沉思、浪荡和业余爱好。③ 波德莱尔对浪荡子下定义："浪荡作风。什么是高级的人？不是专家。是闲散的、有修养的人。富有并热爱工作。"④ 他要求纯粹的艺术创造自由，不是为了否定而否定和无所为而为。他把艺术当成高尚的精神活动，通过悲观主义宣扬高贵、心灵的纯洁、对美的热爱。他对人类的诋毁和恨世的、撒旦的情结，来自他对人类普遍的愚蠢的痛恨，他贬低人类的同时也贬低自己，表明了他对人类的兄弟情谊。波德莱尔

---

　　① 萨特：《波德莱尔》，第 148 页。

　　② Cf. Roland Barthes, Le dandysme et la mode, in *Livres*, *textes*, *entretiens*（1962 – 1967），*Œuvres complètes*, *op. cit.*, pp. 28 – 29.

　　③ 波德莱尔：《巴黎的忧郁》，第 198—199 页。

　　④ 波德莱尔：《巴黎的忧郁》，第 188 页。

继承了第一代浪漫派的弥赛亚精神，显露了大写诗人的余威。

二　创造的作者

布尔迪厄像对福楼拜那样，把结构的传记方法用于波德莱尔。按照他的分析，波德莱尔像福楼拜一样主张现实主义的形式主义，表达了兼具美学先锋主义和伦理先锋主义的立场。

作为与福楼拜比肩的文学场立法者，波德莱尔成为布尔迪厄眼里创造的作者（auctor auctorum）的典型，他不仅创造了诗歌艺术的法则，还创造了文艺批评的法则。波德莱尔与当时的学院批评和小报评论家决裂，用应和理论代替了一些模糊不清的概念，揭露了教条主义批评家的贫乏和无知。尤其是他反对艺术批评家在高级的作品构思阶段和从属的创造阶段之间的学院区分，主张在某种程度上服从于作品，怀着自由创造力的全新意图，竭力揭示画家的深意。[①] 确实波德莱尔看到某些文人"几乎是享受作者的痛苦。因为这些冥思苦想的、写得用力且痛苦的作品中包含着产生作品的意志的永远鲜活的趣味"。[②] 这类读者实行创造性的阅读，这些作品可以说是巴特所说的"可写的作品"。弗里德里希·施莱格尔说过类似的话："只有当人们能够重构一部作品，一个思想的发展过程和构造时，人们才可以说理解了这部作品、这个思想。"[③] 但波德莱尔不止于玄想，进一步提出了"重构"的实证方法。布尔迪厄引用波德莱尔的这段话："比如面对一件奇特的中国产品，批评家、观赏者应该在自己身上实现一种近乎神秘的转变，而且通过一种作用于想像的意志现象，学会亲身体会产生这朵奇葩的环境。"[④] 这就是说，波德莱尔主张读者和批评家要亲身经历作者的生活环境，如果他们在作品的原产地经过或长或短的适应过程，就会与作品产生共鸣，一个新的观念世界就会出现在他身上，逐渐影响他，帮他不带偏见地理解作品的意义。这几乎是布尔迪厄"采取作者的观点"的雏形了，由此他把波德莱尔置于"作者"阅读的起

---

① 布尔迪厄：《艺术的法则》，第24页。
② 波德莱尔：《浪漫派的艺术》，第68页。
③ 菲利普·拉库－拉巴特、让－吕克·南希：《文学的绝对》，第358页。
④ 转引自布尔迪厄《帕斯卡尔式的沉思》，第93页。

点:"波德莱尔,杰出的作者(auctor),明确提出了一种阅读原则,这种阅读原则应该激励我们总要或多或少成为的读者(lectore)进行一种对读者社会地位的反思批判,并将对'学院眼光'的批判变成一切阅读尤其是作者阅读的一个前提。"① 这种阅读反对采取现象学投射的心灵同化形式,承认作者的文学世界与我们现在的文学世界之间的历史和文化距离、读者与作者之间的距离,通过对作品的社会历史诗学分析理解和阐释作品。由此,布尔迪厄提倡"作者"阅读,以反对"读者"阅读。"作者"阅读是一种再创造的、非学院的阅读,致力于揭示作品的作法,并强调对读者社会地位的反思批判,而"读者"阅读是一种僵化的、学院的阅读,满足于分析作品的成果。典型的"读者"阅读仅仅满足于搜求谨慎细致的考据以及罗列次要的和微不足道的论争,不进行必要的历史重构,结果反而导致了非历史化。学院评论通过循规蹈矩的重复把文本及其作者非现实化、僵尸化。布尔迪厄从把握作品生成的历史原则出发,提倡一种创造的理解:"理解,也是理解言外之意并领会字里行间的含义,以实践的方式(也就是说,往往以无意识的方式)操作语言组合和替代物,生产者最初也是这样无意识地操作的。"② 这就是说,心心相印的理解多半是无意识的,基于位置之间或多或少的同源性和习性的相似性。布尔迪厄提出,要想做到同作者感同身受,就要处在作者的地位上,而且要取得建构这个地位的手段。

布尔迪厄将受波德莱尔启发的作者阅读用于波德莱尔,说明波德莱尔的资本和习性与文学场如何共同促成波德莱尔的写作实践。

首先,布尔迪厄考察文学场与权力场的关系。在第二帝国时代,作家与统治者之间的关系呈现新的特点,以往的贵族知识团体消失了,作家摆脱了臣仆的地位,但陷入一种结构上的从属地位。一方面,市场通过报纸或出版业直接干预文学活动;另一方面,国家通过沙龙与上流社会资助部分作家。沙龙中既有保守文人,也有精英作家。他们在权贵的羽翼下保全自身,不受报纸的直接控制,但无法摆脱当权者的思想观念。

---

① 转引自布尔迪厄《帕斯卡尔式的沉思》,第94页。

② Pierre Bourdieu, *L'ontologie politique de Martin Heidegger*, *op. cit.*, p. 110.

报纸制造了大众的口味、放荡不羁的文人，催生了一个前所未有的艺术家群体，包括处境悲惨的无产阶级知识分子，也包括家境没落的资产阶级。这个群体产生了自己的市场，对革命的异端予以一种社会认同，有力地推动了艺术场和文学场的自主化。作为现代生活的描绘者，波德莱尔敏锐地看到并亲身经历经济和社会变化对文学艺术生活的影响，他宁可过放荡不羁的贫困生活，也不迎合资产阶级的趣味。由此，诗人堕落、受排斥和诅咒既是外部必然的作用，也是迫使他写作的内在必然的作用。他是诺瓦利斯所说的典型"浪漫人"："谁一旦爱上了绝对之物并无法舍弃，他就只有一条出路：始终自相矛盾并包容对立的极端。但矛盾律的消失是不可避免的，于是他只有这样的选择：要么愿意为此承担痛苦，要么愿意通过认可此必然性而将其升华为自由行动。"①

　　其次，布尔迪厄考察波德莱尔在文学场中所处的位置以及他的特殊选择。我们可以比较瓦莱里的方法与布尔迪厄的方法。瓦莱里把波德莱尔独特的诗歌态度，主要归于爱伦·坡的影响，"写作哲学、关于人为的理论、对现代的理解和斥责、独特和某种怪异的重要性、贵族态度、神秘主义倾向、高雅和精确的品味、政治本身"；② 次之归于以圣伯夫、福楼拜、勒孔特·德·李勒、戈蒂耶、帕纳斯诗派为代表的反浪漫主义效应，总之"对一种更坚实的内容以及对一种更巧妙和更纯粹的形式的渴望"。③ 波德莱尔通过与浪漫主义和帕纳斯派对立选择自己的诗歌立场。在他的杰作中，体现了肉体与精神的化合，庄严、热烈与苦涩、永恒与亲密、意志与和谐的结合。④ 应该说，瓦莱里的评论很有洞察力。布尔迪厄则把这一切纳入文学空间中并突出了诗人的内心冲突。文学空间为波德莱尔提供了客观的艺术可能性。当时自主的"纯"诗与面向外部世界的诗构成主要对立。前者对政治和道德态度或抒情的内心体验漠不关心，后者歌唱自然，带有唯灵论色彩和说教意义。歌唱工业和进步、反对形式崇拜和绘画效果的"现代派"诗歌与前者形成次要对立。波德莱尔同

---

① 诺瓦利斯：《夜颂》，林克译，四川人民出版社 2018 年版，第 128 页。

② 瓦莱里：《文艺杂谈》，第 177 页。

③ 瓦莱里：《文艺杂谈》，第 170 页。

④ 瓦莱里：《文艺杂谈》，第 180 页。

时与两个极端对立，但又要调和无法调和的因素，即从社会方面不可调和的截然对立的属性和设想。他加入对纯形式的崇拜，拒绝像"现代派"诗歌那样服从外部功能和官方标准，同时他摈弃纯形式的社会退隐，主张诗歌发挥诅咒、批判现实和抒发现代情感的作用。他摆脱了帕纳斯新学院主义的华丽和造作，以简约手法克服了浪漫主义的陈词滥调和现实主义的平庸。他欲消除形式与内容的区分，以通感和象征手法，通过语言游戏强化一种感觉神秘主义，将精神和作为象征宝库的宇宙融为一体。他通过诗歌技艺传达伦理态度和社会批判，将现代文明的丑恶、罪恶和病态通过节奏和韵律化为艺术上美的永恒花朵："一切创造出来的形式，包括人创造的形式，都是不朽的。因为形式独立于物质，而不是分子构成形式。"[1] 艺术表现的"恶"引起资产者的道德愤怒。在布尔迪厄看来——波德莱尔采用矛盾修辞法（"我是伤口和刀子！/我是耳光和脸颊！/我是四肢和车轮，/以及受害者和刽子手"——《自惩者》）不只是为了挑衅和炫耀性地制造丑闻，还为了体会紧张的悖论感，凸显"自我修养（而不是萨特所说的自我崇拜），也就是感觉能力和认知能力的增强和凝聚"。[2] 由此，波德莱尔在一个高度紧张的地点创造了前所未有的、几乎不可调和的美学先锋主义－伦理先锋主义位置。[3] 通过好像故意炫耀的悖谬，他把诗歌问题、生存问题、生活艺术问题一体化为绝对的投入对象，他的美学由此既是理论的又是实践的：他不仅创造艺术，谈论艺术，而且践行艺术，竟至成为艺术神圣祭坛的牺牲："成为艺术家，这句话的含义不是别的，只是把自己献祭给尘世的神性。"[4] 他炼狱般的体验与福楼拜的隐逸态度形成了鲜明对照，他有意追求挑战和决裂，宁愿永不被回收。作为资产阶级继承人，他拒绝了资产阶级生活，不是为了接受文学工业的束缚或为政治事业服务。他选择了最极端的先锋派立场，无条件地服从于文人共和国的新法则，将一种伟大气概带入了文学场。

无疑，波德莱尔纯粹美学的建立离不开一种新的社会人的创造条件。

---

① 波德莱尔：《巴黎的忧郁》，第 207 页。

② 布尔迪厄：《艺术的法则》，第 35 页。

③ 参见布尔迪厄《帕斯卡尔式的沉思》，第 98 页。

④ 菲利普·拉库－拉巴特、让－吕克·南希：《文学的绝对》，第 176—177 页。

波德莱尔作为先锋派作家的生成以他的习性与资本为前提。经济保证、贵族配置和象征资本是先锋派艺术长期投入并获得成功的必要条件。波德莱尔本人也心知肚明："诗是进益最多的艺术之一，不过，这是一种获利甚晚的投资，可它的利息很高。"[1] 与福楼拜不同，波德莱尔与家庭矛盾重重，他整个一生都打上了被排斥的烙印。他通过挥霍抛弃曾经抛弃他的家庭，萨特将波德莱尔童年因母亲再婚受到的精神创伤视为诗人的"原初谋划"，布尔迪厄则强调波德莱尔与母亲决裂的社会经济因素对诗人习性的影响："这种同时是被迫的和主动承担的决裂，特别是与他母亲的决裂，无疑是与社会世界的一种悲剧关系的根源，受排斥者被迫在一次永久的决裂之中并通过这次决裂排斥曾经排斥他的东西。"[2] 他作为浪荡子羡慕福楼拜式的资产者生活："最有创造性、最令人吃惊、构思最古怪的艺术家往往是些生活平静、井然有序的人，他们中的许多人具有很高的家庭美德。难道你们没有经常注意到，克制的天才艺术家最像完美的资产者吗？"[3] 并非萨特的自由选择，而是社会决定的必然选择主宰着波德莱尔在文学场中的位置及其配置（习性），造成他作为先锋派诗人的存在。

第八节　马拉美

萨特在关于《家庭的白痴》的访谈录中，称他关于马拉美的研究著作不如《家庭的白痴》那么有系统性，更接近《圣热奈》，但与前者的关系也是明显的，他需要参考马拉美和象征主义理解福楼拜。[4] 可见在福楼拜之前，萨特就选择了与他在创作上对立的作家——马拉美。《马拉美——光明及其暗面》（*Mallarmé. La lucidité et sa face d' ombre*, 1986）包括一部未竟之作和一篇文章。未竟之作大致与《伦理笔记》（1947—1948）写于同一时代（1952），曾以《马拉美的介入》为题发表于《斜

---

① 波德莱尔：《浪漫派的艺术》，第 21 页。
② 布尔迪厄：《艺术的法则》，第 73 页。
③ 波德莱尔：《美学珍玩》，第 226—227 页。
④ 萨特：《萨特文学论文集》，第 339 页。

线》（1979）杂志，出版时没有修订，文章也写于 1952 年，1953 年收入格诺主编的《著名作家》第三卷，1966 年作为诗歌丛书《马拉美》的序言再次发表，后来收入《境况Ⅳ》。1960 年萨特接受玛德莱娜·夏普萨尔访谈时说："我跟您谈他（马拉美）就是向您说明，纯粹的文学是一个梦想。如果文学不是一切，它丝毫不值得费力气。我想借'介入'说的就是这个。如果您将它简化为天真，简化为歌曲，它立刻枯萎。如果每个写出的句子不在人和社会的所有层次上回响，那就毫无意义。一个时代的文学是通过其文学领会的时代。"① 这句话表明他对马拉美、波德莱尔和福楼拜的"介入"文学观念是一致的，他从未放弃通过词语开天辟地、安身立命的自由哲学。在马拉美问题上，布尔迪厄没有与萨特针锋相对，只提出了对马拉美的生成结构分析的纲要。

萨特通过存在主义－马克思主义，导演了一幕宇宙喜剧，一幕无上帝的神曲，一幕超越人间的戏剧，揭示马拉美通过写作创造反神论的诗歌和宇宙的大写真理。

萨特首先阐明马拉美为首的 1865 年象征派产生的社会历史条件。

第一，科学进步导致了"上帝之死"。1848 年革命后，资产阶级分析精神彻底瓦解了君主制的伟大综合，唯科学主义是作家无神论和绝望的原因。大写的诗歌失去了两个传统主题：人与上帝。1848 年前的第一批浪漫派中有无神论者，但对他们而言，上帝并没有死，只是不存在了。对他们的后继者而言，上帝死了，他们的诗悬在半空，词语丧失了形而上学的意义，返回自身。诗歌行为本身无法将人类提高到物质之上，人要脱离大写的自然只能通过类似上帝的创造。缺乏神圣保证的诗人感觉自己的天职受到了质疑，福楼拜第一个在信仰与怀疑之间犹豫不决。圣言消失的直接后果是大写的诗歌变成了技术。个人的癖好取代神圣的谵妄，灵感不自然地通过酒精焕发，一首好诗不过是一次运气，可计算的可能性的组合，诗人通过滑稽的号角反射大写自然的声音。诗人不再与读者交流，只向读者传达自己的冷漠。他们既非信徒也非无神论者，他

① Jean – Paul Sartre, Entretien avec Madeleine Chapsal, *Situations IX*, in *Mallarmé. La lucidité et sa face d' ombre*, Paris：Gallimard, 1986, p. 11.

们是上帝的孤儿，在尘世茫然无措，憎恨自身的偶然。他们既没有 19 世纪 30 年代天神的崇高，也没有波德莱尔骄傲的苦涩。他们像前者一样呼唤大写的纯美，大写的理想；但绝对不过是梦想，唯独大写的物质是大写的真理。总之，诗人们永久地选择了其诗歌主题：非存在。作为献身教会的俗人，他们感到天地之间上演的悲剧包含了人祭，他们是被选中的牺牲；他们逆来顺受，把整个生活都变成了哀悼。他们真正哀悼的是上帝。资产阶级不关心他们的绝望，民众阶级不读他们。为了追求诗歌效果，他们当自己的戏剧演员，设想了一个绝对见证，幻想一种绝对意识将失败读作了胜利，好像"在第二帝国的普遍喜剧中，一个导演为他们分配了感化人的无神论者角色：他们有意识地在其作品和生活中，扮演无上帝的人的苦难"。[1] 萨特强调，为了创造，诗人仅仅在物质上刻上人类印记是不够的，应该在独特的意识闪光中同时产生物质和理念。

第二，资产阶级统治引起诗人的贵族主义反抗。在第二帝国的专制统治之下，报纸进行自我审查，资产阶级隐身于议会王朝、专制制度或纳税制的伪民主，工人阶级麻木不仁，诗人成为沉默的回声，诗歌选择说话为了言之无物。诗人需要秩序和自由的保障，看不起无知的大众，不得不接受第二帝国的庇护。出身资产阶级的他们试图通过诗歌区别于资产阶级：

> 诗歌发现自己有了一个新使命：它将对抗大写的真理，重建一种虚幻的贵族身份；面对科学的公共真理，它将确立一种不可交流的秩序；它将把美用作一个挑选原则：表面上所有人都能理解，实际上，只有几个享有特权的人才能理解，它仅通过存在便导致不可还原的区分，并将引起社会中的一个断层。几个非常罕见的爱好者凌越人类畜生之上，与艺术家会合，组成一个贫困而神秘的骑士阶层。[2]

---

[1] Jean – Paul Sartre, *Mallarmé. La lucidité et sa face d'ombre*, op. cit., p. 66.

[2] Jean – Paul Sartre, *Mallarmé. La lucidité et sa face d'ombre*, op. cit., p. 36.

　　这种否定的贵族建立在真正贵族的废墟上，他们在工商业社会中将其漫长的忧郁梦幻和古老疯狂托付给贵族的亡灵，通过言语对整个大写的存在进行根本质疑。他们没有意识到贵族与消费社会紧密相连，贵族的盛宴超出了他们的消费能力，他们便通过系统地否定现实来代替快乐的挥霍。他们意识到了这种否定是不可能的，但一意孤行，陷入寂静主义，甘愿当活死人。他们喜欢大写的衰落神话胜过大写的进步神话。从帕纳斯派到象征主义的诗人代表了有产阶级赋予自身的否定形象。但他们咒骂的资产阶级并不存在，他们的目标要么是店铺，要么是官僚。他们将资产阶级观念变成永恒的，他们的高贵孤独不过是资产阶级分离主义的反映："他们并不孤独，但他们装作孤独，以便他们的阶级将他们当成普遍孤独的榜样。"① 他们的奇特幻想、高贵精神是资产阶级道德的升华。诗人通过净化资产阶级，把自己变成了纯粹的。诗人厌恶自然，因为自然使人相似，他们通过严格的苦行和对人工的崇拜来证明，最好的人是超自然的人。然而，他们越努力区别于资产阶级，就越接近资产阶级，他们像资产阶级一样无法将特权建基于自身的存在，只有通过克己和禁忌也就是通过否定与民众阶级区分开来。由此萨特求助于反映论："世纪末的诗歌自以为是逝去的侯爵凝视自己的镜子，但它不由自主地反射的，是大工商业家族的形象。"② 诗人以最独特的感情表达对资产阶级的憎恶，因为他们憎恶自己。他们试图对宇宙进行虚构的和根本的破坏，宣泄仇恨又不受连累，将他们对制度的蔑视扩展到整个人类：既然人类可憎，这样的制度是人类应得的。他们的抗议是真诚的，但他们为了否定而否定，不愿意介入社会行动。在萨特看来，1865 年的诗歌理念分散在许多个别的和卑微的精神中，与其说它是思想，不如说它是物质，有物质的惰性和外在性。他总结了时代的客观精神主题：超自然的爱，乱伦的色情，对失败和非存在的偏好，绝望的理想主义，善恶二元论，故作风雅，虚无主义，认为它们比个人感性的历史更深刻地表达社会历史境况。为了实现对这种被动客观性的超越，诗人应该将它内在化，变成

---

①　Jean – Paul Sartre, *Mallarmé. La lucidité et sa face d'ombre*, *op. cit.*, p. 54.

②　Jean – Paul Sartre, *Mallarmé. La lucidité et sa face d'ombre*, *op. cit.*, p. 57.

个人密码，在最大的矛盾中体验其悖论甚至为之献身。于是诗人中最伟大最纯粹的人——马拉美——出现了，对他而言，荣耀的主要方式就是看到自己客观地出现在书中。

在黑格尔的和马克思的总体化的时代背景下，萨特为马拉美描绘了一幅否定的肖像。诗人出身于公务员家庭，在图尔农中学教英文。上级对他教学不满意，学生们戏弄他。他注定遭受大写诗人的厄运："好像图尔农城通过微小的迫害被委任，向他表明他被选中了，它将一项荆冠即厄运戴在了他的头上，有点虚弱的 1865 年诗人以厄运代替压迫浪漫主义男高音的大诅咒。"[1] 他有象征派诗人的共性，身上保留着些许的"这种精致的、异域的、奇特的、总是怀旧的灵魂"，但巴黎诗人的游戏态度对他是无法承受之轻，他献身于否定诗歌："似乎第二帝国的否定诗歌选择了这个极端主义者，在他身上实现其庄严的自杀。"[2] 由此，萨特将马拉美的诗歌行动视为客观精神的实现，试图通过集体历史与个人历史、"唯物辩证法"与精神分析的综合来解释马拉美的诗歌"介入"。

首先，萨特反对莫隆对马拉美的精神分析解读。在他看来，诗人通过他的劳动，通过 30 年的思考，将客观精神的诗歌主题据为己有。这些主题不由自主地泄露出他的秘密，但丝毫不是他的原始本能或其性欲的隐秘历史。从意识与无意识的关系角度来看，萨特认为这些在光明中被裁剪、打磨、腐蚀的主题，无法照亮一个陌异的黑暗世界；它们揭示的秘诀更多意味着"正大光明的秘密，明亮的阴暗面"。萨特将无意识归入意识："其实在意识中心存在着一种无意识：这不是某种黑暗的强大力量，我们知道意识是彻底的意识；这是内在化的目的：马拉美被我们今天所知道而当时他不知道的东西影响和摧残到了内心。"[3] 接下来萨特从马拉美的个人意识过渡到集体意识，甚至阶级意识：马拉美的诗《骰子一掷永远取消不了偶然》的失败完全表现了意识到自身必然衰落的有产阶级的恐惧及其对上帝之死的不安、当代观念学者的"颓废主义"和心

---

① Jean – Paul Sartre, *Mallarmé. La lucidité et sa face d'ombre*, op. cit. , p. 71.

② Jean – Paul Sartre, *Mallarmé. La lucidité et sa face d'ombre*, op. cit. , p. 83.

③ Jean – Paul Sartre, *Mallarmé. La lucidité et sa face d'ombre*, op. cit. , p. 89.

怀仇恨的人的赌气及其失败意愿。萨特部分赞同莫隆对这首诗的解读，即这种失败是"对父亲的批判和自我批判，同时也是欲望的实现，因为无论如何大海和死亡胜利"。① 但他认为这首诗是多元决定的。确实，"大海是母亲的最常见表现"，但不能因此把这首诗说成是俄狄浦斯情结的，应该说这是一个眷恋往昔的深刻主题。不是大海而是水进入了马拉美的镜子功能：死水，静静的江、湖、或喷水池，可能的冻冰或融化，"水在最后几年中，代表了物质的无限混乱和大写偶然的主宰，无上帝的人的不幸这个时代的集体主题"。② 萨特认为精神分析揭示的关系（原因与结果，手段与目的，禁令与违犯禁令，性本能与死亡本能，力比多与审查，等等）建立在一种纯粹毗连的或单纯临近的本体联系基础上，这种偶然的联系实际上是对一切关系的否定。因为精神分析学家从根本上忽视了某些主要结构，"这些结构赋予日常经验以意义、方向和范围，本身就是存在者与存在的一种综合关系（在世的存在）的特定化"。③ 也就是说，萨特依据其整体的方法论，认为精神分析学家所说的经验关系实际上来自与整体的原始关系并且是整体的特定化。

从个体历史来看，萨特认为马拉美出生后与整体的关系就是他对母亲的爱。他为马拉美找到了原始谋划的时刻：六岁时母亲去世，外部世界突现。孩子对抗每时每刻的真相，维持着让死者复活的绝望意愿，这种在他心底的撕裂，这种高度活跃的空虚，构成他唯一的存在理由："从六岁起，孩子将在世的存在当成一种放逐，而且他的生活向一种不可救药的失败经验敞开。"④ 从此一个空隙将他与实在分开，乌有对他总是比感官享乐离他更近。母亲死后他只剩一个经验的和世俗的自我，他父亲（公务员）的自我。他一下子认清了自己的宿命，但他通过两点否定了他的父亲：一是母亲带来类似死亡的纯洁，二是他认为继承了她的疯狂想象。孩子以作诗的名义，以应从作品中诞生的他本人的名义，拒绝父亲的生命馈赠，要成为自己的父亲。公务员的命定选择使马拉美替思想正

---

① Jean – Paul Sartre, *Mallarmé. La lucidité et sa face d'ombre*, op. cit., pp. 89 – 90.

② Jean – Paul Sartre, *Mallarmé. La lucidité et sa face d'ombre*, op. cit., p. 91.

③ Jean – Paul Sartre, *Mallarmé. La lucidité et sa face d'ombre*, op. cit., p. 93.

④ Jean – Paul Sartre, *Mallarmé. La lucidité et sa face d'ombre*, op. cit., p. 102.

统的人反映了资产阶级道德的安稳形象，而对命运的反抗导致他宣扬激进的虚无主义。从集体历史来看，萨特认为马拉美与同代知识分子处于共同的思想状况：不指责社会，而怨恨大写的存在；认为废除宇宙比触动法定秩序危险更小；将真实留给科学并为美寻找新的领地；对消失的贵族充满眷恋，以旧制度的名义蔑视资产阶级。既然人是不可能的，那么应该将这种不可能性推至自我毁灭的程度。在死亡的光照下，卑微的英语教师克服了自杀的念头，发现了他作为人和诗人的本质。作为大写的人，他承载着大写的诗歌和人类的救赎使命："在马拉美身上，大写的人无法实现，如果他不先创造作品；对《赫罗迪亚德》而言，如果它的创作者不把它整个创造出来，那么人类的作品就无法逃避偶然。总之，工人在做任何工之前，都应该首先按照他的作品的理念产生自己"。① 这就是说，马拉美通过大写的作品将自己创造为大写的人。我们知道，《赫罗迪亚德》是马拉美的未完成诗体悲剧，同名主人公是一个犹太公主，她只爱一面镜子，在镜中欣赏自己的形象，对人间的欢乐无动于衷。马拉美把赫罗迪亚德当成理想美的象征，暗示为了达到艺术完美，艺术家应该拒绝尘世的享乐。萨特认为赫罗迪亚德是诗人的镜子，"赤裸裸地"呈现了他。不如说，马拉美是萨特的镜子：

　　我发现，纯文学中的给予者能够变成他自己的给予物，也就是成为纯粹的对象。偶然的事件把我变成了人，慷慨大度又把我变成了书，我能够把我的书信，我的意识浇铸成青铜字模；我能够用永不磨灭的碑文来取代我生活中的喧闹，以某种风格来取代我的肉体，以永恒来取代萎靡不振地向前流逝的时间；我能够对圣灵显示为言语的精华；我能够变成人类难以摆脱的顽念，最后，我还能成为我之外，他人之外，而且不在一切之内的什么别的东西。②

萨特认为马拉美在绝望中提出一整套形而上学，一种分析的和模糊

① Jean-Paul Sartre, *Mallarmé. La lucidité et sa face d'ombre*, op. cit., p. 134.
② 萨特：《词语》，第138—139页。

的斯宾诺莎式唯物主义。人通过偶然来到世界上，徒劳地对抗偶然，他的每个行动都在破坏命定性。这种对自身的逆转，就是人类的努力。历史运动是徒劳的生成的螺旋。马拉美从单纯否定转向否定之否定，"螺旋重新在自身扭转：软弱的人歌唱他的软弱，马拉美将他的个人失败转化为大写诗歌的不可能性；然后通过一种新的逆转，他将大写诗歌的失败变成失败的诗歌"。① 萨特把马拉美等同于黑格尔，称他的泛逻辑主义是泛悲剧主义（pantragisme）的另一面。也就是说，马拉美的诗在很多意义上展开，最低级的意义以暗示的方式引入最高级的意义。每个意义随着逐渐升高，都在普遍性上胜过前一个意义，这就是马拉美的逻辑主义：他是圣言的一个冰冷工匠。但一个在诗中实现死亡的诗人，不可能是一个纯粹的"形式主义者"，因为"否定是一种行动。一切行动都应该进入时间并在一种特定内容上展开"。② 他的厌恶，他的流放，他的软弱，他的绝望和他的自杀都表现在诗中，他以个人历险影射了人类历险："批判直觉——如果我们可以这样组词——向大写诗歌揭示了其固有的不可能性，诗的'美学'主题与成为人的不可能性的人类主题混合在一起。"③ 作为一个偶然的和遗传的产物，马拉美被他前面的一连串诗人指定为引爆人类矛盾的预言家，但"马拉美没有炸掉世界：他悬置了世界。他选择彬彬有礼的恐怖主义；对物，对人，对他自己，他总是保持着一种令人不易觉察的距离"。④ 萨特断言，"他被选中了。大写诗歌在他身上认出了自己并通过它激发他写的诗毁灭自身。他系统地重走从盲目的物质到现代人的道路，系统地重构他的感性，仅仅为了在一切意外中净化他的感性，而且这种感性在他自身最纯粹的部分，永久上演失败和死亡的神圣戏剧"。⑤ 这还不够，为了终结，一切都要消失。因此，"诗是人的自杀和大写诗歌的自杀，存在应该通过死亡闭合，盈满的时刻应该契合消失

① Jean‐Paul Sartre, *Mallarmé. La lucidité et sa face d'ombre*, op. cit. , p. 144.

② Jean‐Paul Sartre, *Mallarmé. La lucidité et sa face d'ombre*, op. cit. , p. 147.

③ Jean‐Paul Sartre, *Mallarmé. La lucidité et sa face d'ombre*, op. cit. , pp. 162‐163.

④ Jean‐Paul Sartre, *Mallarmé. La lucidité et sa face d'ombre*, op. cit. , p. 151.

⑤ Jean‐Paul Sartre, *Mallarmé. La lucidité et sa face d'ombre*, op. cit. , p. 163.

的时刻。于是真理从这些诗中生成，这就是虚无"。① 这就是马拉美诗歌创造的否定逻辑。萨特将马拉美当成意识哲学的悲剧主体。

　　马拉美或不幸的意识：为了所有人的目的，在他身上互相对抗的是独特与普遍、原因与结果、理念与物质、决定论与自主、时间与永恒、存在与应在。某个人将暧昧地从两个不调和的人物身上出生，因为被起哄的教师将是新的普罗米修斯，一个本体论戏剧的主人公；取代上帝的将是这个受辱的公务员，他从未因为注定的失败而沮丧，这个怨恨的人将无畏地无虚荣地接受世纪的加冕，整个大写的历史将为了达到他而产生。这个软弱的人将他的眼睛和思想借给大写的诗歌和人类，让它们能够达到并看到自身，将他的手借给它们，让它们享有最后一次机会并掷出骰子。这个总是阴郁的、总是出神的梦幻者不怕这样写："我是……精神空间通过我曾所是而具有的观看自身、发展自身的禀赋。"②

　　萨特强调，马拉美悖论般地服从诗歌的要求，从世界中抽出一个诗歌对象，他被诗歌生成了。推动马拉美写诗的并非印象的汹涌，也不是感情的狂热，而是一种秩序。马拉美，纯物质的造物，意欲产生一种高于物质的秩序。这就是说，马拉美通过自我消除的迂回道路采取了诗学和政治的介入行动。大写的诗歌产生于偶然，与偶然对抗，通过破坏自身消除偶然，但偶然在开始处，"骰子一掷永远取消不了它"。对马拉美而言，他的诗歌破坏语言和世界是不够的，还要成为被死亡的偶然阻止的一部绝无仅有的和不可能的作品的徒劳草稿。

　　萨特得出结论说，因马拉美而诞生了一种新人，反思的和批判的、悲剧的新人。这个人为失败而存在与海德格尔为死而存在没有根本区别，他在降生和堕落的戏剧中自我投射，自我集聚，自我超越并将自身整体化，同时他自我消除并自我夸耀，总之他通过对自身不可能性的意识让

---

① Jean – Paul Sartre, *Mallarmé. La lucidité et sa face d'ombre*, op. cit., pp. 163 – 164.

② Jean – Paul Sartre, *Mallarmé. La lucidité et sa face d'ombre*, op. cit., p. 136.

自己存在。马拉美，英雄，预言家，巫师和悲剧演员，女人气的、谨慎的、不爱女人的小男人，预告了 20 世纪。萨特认为他比尼采更深刻地体会了上帝之死；早在加缪之前，他感受到自杀是人为自己提出的根本问题。他不断追问：人可能在决定论中找到一条出路吗？人可以逆转实践并通过将宇宙和本人还原为客观性重新找到主体性？他将从前作为哲学原则的政治箴言用于艺术："做且通过做成为自己。"① 他创造了诗歌技术，获得了词语的最大利益。但最感人的，似乎是他丰富地拥有的并卑微地体会的形而上学的焦虑。他像帕斯卡尔一样坚信人类被矛盾分裂，从未相信人类能够成为一种概念的对象。人们不思考人类现实，而是经历它，因为它是悖论，无综合的冲突。大写的人是被逼向上帝宝座但没有登基的存在物。因此人是悲剧。马拉美体验了这出闪闪发光的、欺骗性的悲剧，全身心投入大写的诗歌对自身的批判毁灭中；他也对自我进行批评的反思：如果物质产生思想，也许对物质的明晰思想避开了决定论。② 有一天他收到几幅画，很喜欢，他特别中意一个微笑的忧伤的老巫师，他说："因为，他知道他的艺术是一种欺骗。但他似乎在说：这也许是真理。"③ 萨特把艺术当成有意的欺骗，把作家的写作当成戏剧表演。萨特将马拉美塑造为通过大写的诗歌实现自我并创造历史的存在主义英雄。

总之，萨特对马拉美的传记批评依旧是马克思主义－存在主义的版本，带着深刻的笛卡尔和黑格尔理性哲学的烙印。这也是他本人的某种写照："我一手抚摸着我的坟墓，另一手又扶着我的摇篮，我感到自己的一生是短暂的，光辉灿烂的，就像立刻被黑暗所遮盖的一次闪电。"④ 他借助马拉美阐述了人是不可能的道理，他像马拉美一样肩负这表现不可能的使命，将这种不可能变成其最内在的可能、其使命的目的和获得荣耀的手段。⑤ 他对诗的分析依旧是现象学的，"人在写诗之前听到诗在自

---

① Jean – Paul Sartre, *Mallarmé. La lucidité et sa face d'ombre*, op. cit., p. 167.

② Jean – Paul Sartre, *Mallarmé. La lucidité et sa face d'ombre*, op. cit., pp. 167 – 168.

③ Jean – Paul Sartre, *Mallarmé. La lucidité et sa face d'ombre*, op. cit., p. 168.

④ 萨特：《词语》，第 174—175 页。

⑤ 萨特：《词语》，第 180 页。

身歌唱"。① 他遵循布朗肖的死亡观点,认为大写的诗歌是"这种语言,它的全部力量都在于不存在,它的整个荣耀都在于通过自身的不在,暗示一切的不在"。② 他看到了诗人的语言游戏,但他又回到了本体论,"诗是存在中钻的一个孔,对一种不在的固定和限制,这种不在逐渐从暗示到暗示,发现自己成了世界。通过诗,在世界的一个点上,世界的整个不在实现了;在诗的内部,化学技术溶化了词语及其意义"。③ 诗成了存在的物化。萨特再次落入了将语言等同于物质的窠臼,他离语言学近在咫尺,终究还是失之交臂。他拒绝语言学方法,把马拉美的诗看作语言的孤独游戏,对读者表现为惰性行为,偶然的并置,并置恰恰排除了偶然。词语被简化为物、自然现象:诗的自杀导致语言的破坏。读者找不到作者的主体性,独自面对玄奥地密闭的客体,看到它却无法进入它。

贝尼舒基本遵循萨特的思路,将马拉美作为诗人的大写存在升华为大写的书的创作者。他把马拉美视为最后的浪漫派,与波德莱尔一脉相承,由于极端的幻灭感否定语言的交流功能,将独白及其表达——谜语视为诗歌的命运和职能,孤独对他是交流的不可能性和必要的(命定的和不可避免的)晦涩,但诗人的话语作为至高的交流仍是神圣的。④ 贝尼舒论证说,马拉美在《骰子》中否定偶然,几乎取消偶然。他把大写的书作为世界的总体表象,希望通过取消偶然,把握整体(不是一个有限的物或一个时刻)的必然和绝对的特征。如何通过一种整体的语言包含一个无限的宇宙?马拉美说:"纯粹的作品要求诗人表达的消失,诗人让位于词语的创造。"⑤ 这就意味着诗人的非个性化,他准备在大地上只承受"必要的发展,以便宇宙在我身上寻回其一致性",⑥ 这就是他的综合,他计划的大写作品的最终阶段。这就是说,在诗人与宇宙的关系中,我

① Jean – Paul Sartre, *Mallarmé. La lucidité et sa face d'ombre*, op. cit. , p. 152.

② Jean – Paul Sartre, *Mallarmé. La lucidité et sa face d'ombre*, op. cit. , p. 157.

③ Jean – Paul Sartre, *Mallarmé. La lucidité et sa face d'ombre*, op. cit. , p. 162.

④ Cf. Paul Bénichou, *Selon Mallarmé*, Paris:Gallimard, p. 493.

⑤ Stéphane Mallarmé, *Crise de vers*, in Paul Bénichou, *Selon Mallarmé*, op. cit. , p. 65.

⑥ Stéphane Mallarmé, Lettre à Cazalis, du 14 ou 17 mai 1867, in Paul Bénichou, *Selon Mallarmé*, op. cit. , p. 65.

之曾是消失在宇宙中，我对宇宙的一致性是必不可少的，诗人牺牲自我以等同于世界，诗人和宇宙都以上帝的名义说话，抑或诗人以宇宙的名义，宇宙以诗人的名义说话，所以对诗人而言，这既是堕落又是升华。因此，"偶然的摧毁与自我的弃绝只是表面上的。这种虚假的矛盾实际上宣告了大写诗人的新加冕"。① 但马拉美不是宇宙的回声，他通过大写的书加入宇宙的和声："颂歌，和谐与欢乐，基于整体之间关系的某种闪亮情形中的纯粹整体。人负责神圣地观看，因为有意识的、清晰的关系，在他眼前只有通过纸页的相似性，才得以表达。"② 终究是人制作了书，他消失于无论是语言还是印刷术都无法测度的整体中。贝尼舒最后得出，大写的书是乌托邦，不是诗歌永恒的仿真，因此马拉美的全书（Livre to-tal）是宇宙必然的书写表象。全书不是马拉美的独创，犹太教、基督教、伊斯兰教都自称拥有唯一的书，神圣的书。③ 总之，马拉美幻想一本现代的大写的书，包含天上地下的全部人类历史，承担宗教的传统角色，建立对理念（Idéal）、美（Beauté）和人类未来（Avenir humain）的崇拜。④ 马拉美试图对抗人们对词语和诗句的意义的遗忘，拯救诗歌的咒语魔力，这是他的晦涩计划的目标。他要克服一本全书的生产危机，比波德莱尔或帕纳斯派更接近浪漫主义的原始抱负，但他认为这种抱负无法实现，寄希望于未来或"永远不"，同时宣告了对一种希望的哀悼与其理论上的存续。⑤ 如同萨特，巴特从现象学的形式主义出发，把马拉美的诗歌视为语言革命，"导致句法混乱，语言解体，最终是写作的沉默"。⑥ 马拉美尤其通过客观化的终极行为——谋杀，完成了文学对象的构造。他破坏语言，把文学变成死尸，仿佛写作中的哈姆雷特，明确表达了大写历史的脆弱时刻，"文学语言只有在更好地歌唱其必然死亡才能维持"。⑦ 由此，

---

① Paul Bénichou, *Selon Mallarmé, op. cit.*, p. 66.

② Stéphane Mallarmée, *Le Livre, instrument spirituel*, in Paul Bénichou, *Selon Mallarmé, op. cit.*, p. 67.

③ Cf. Paul Bénichou, *Selon Mallarmé, op. cit.*, p. 60.

④ Cf. Paul Bénichou, *Selon Mallarmé, op. cit.*, p. 493.

⑤ Cf. Paul Bénichou, *Selon Mallarmé, op. cit.*, pp. 501 – 502.

⑥ 巴尔特:《写作的零度》, 第 5 页。

⑦ 巴尔特:《写作的零度》, 第 47 页。

巴特将马拉美塑造为布朗肖式的浪漫英雄，称颂他使文学语言向死而生，为一个语言的和政治的乌托邦提供了可能。马拉美的"改变语言"的政治含义不亚于马克思的"改变世界"。① 福柯同意巴特所说的马拉美对语言的"谋杀"，认为"什么是文学"离不开马拉美的作品出现这个事件。② 马拉美把所有可能的话语封闭在词的脆弱限度内，封闭在墨水在纸上画出的黑线内，不断消失于语言中，变成了大写的书（Livre）的纯仪式的执行者。③ 福柯承认马拉美发现了"处于无能状态的词"，④ 但认为话语在书中自行组合，不承认主体的存在。贝尼舒则在对马拉美诗歌的形式分析中指出，诗人主要采用亚历山大体的十四行诗形式，通过奇特的意象和隐喻、罕见的句式、半遮半掩的起承转合、差不多合乎语法的错误表达、省略和暗示遮盖其诗歌的意义，凸显与日常语言的区别，他在任何时刻都掌控其理性并确保其话语的严密性。⑤ 这就是说，马拉美的诗歌形式革命没有激进到萨特、巴特和福柯认为的使语言分崩离析的程度，为内行读者保留着辨读的可能。但他说马拉美能够通过理性控制语言，仍旧囿于古典主义的机械论，与萨特的语言学观念没有什么区别。

郎西埃提炼出马拉美的"诗政治"："诗，在其自身的物质结构中，但也在它呈现的存在方式（游戏，歌唱，戏剧……）中，以及在它投入的诗空间中，与为政治定义的地点和角色分布发生关系。"⑥ 他从法的角度思考诗的结构与共同体结构之间的关系。他将诗与政治视为两种空间化方式，前者基于诗人的法则（或民主的法则），后者基于共和国（或共同体）的哲学法则。在他看来，马拉美有意将其时代的自由诗危机置于法国大革命一百周年的社会历史背景中，诗的危机是理念危机的征象，与社会危机密不可分。朗西埃不同意萨特、巴特、福柯的词语/交流、词

① 巴尔特：《写作的零度》，第 188 页。

② Michel Foucault, *La grande étrangère. A propos de la littérature*, op. cit., pp. 75–76.

③ 福柯：《词与物》，第 398—399 页。

④ 福柯：《词与物》，第 392 页。

⑤ Paul Bénichou, *Selon Mallarmé*, op. cit., p. 19.

⑥ Jacques Rancière, La rime et le conflit, in Bertrand Marchal et Jean–Luc Steinmetz (dir.), *Mallarmé ou l'obscurité lumineuse*, Paris: Hermann, 2014, p. 116.

语/沉默的区分。他强调马拉美不只是将诗歌语言与普通语言区分开来，他的基本语言不是精英语言，而是理念语言，韵脚乃诗的理念，理念自证的配合系统："理念就是用我们宝库中的金子将任何 X 变成方程式或韵脚的能力。"① 这种理念是构建模仿的模仿，韵脚之韵脚，如同柏拉图善的理念是理念之理念。马拉美的模仿是非表象的模仿，纯粹的模仿，由此，他的诗趋向音乐，音乐作为即刻可解的理念，作为典型的反表象艺术，以一种纯粹的理念环境代替表象的镜子游戏。他甚至促使两种模仿结合，将诗歌模仿变成政治模仿，使戏剧与弥撒一体化，表演变成共同体呈现其传说的地点，即共同体自我颂扬并自我崇拜的圣事地点。然而马拉美无限地推迟其平等论的柏拉图主义，维持着冲突与对抗，理念写作在《骰子》的页面上变成了沉没的轮船和天上星座的图形。② 总之，马拉美通过诗歌—音乐的制造构建了某种"理想国"，为诗歌和音乐恢复名誉，以民主代替王政，将诗人变成了真正的立法者，颠覆了柏拉图哲学王的地位。由此，朗西埃从马拉美的诗中读出了无产阶级和民主思想，但他对诗歌产生的社会历史背景语焉不详。孔帕农则将马拉美置于第三共和国的社会历史中予以考察：他作为"第三教授共和国"的成员，经历了德雷福斯事件，布朗基主义，巴拿马运河事件等重大历史事件。但他仅就巴拿马事件写了一篇专栏文章，后来以《金子》为题收入《离题话》，完全隐去撰文的初衷，他以另一种金子对抗金钱统治："作家的天赋在于仅以他说出的词语积聚灿烂的光明。"③ 孔帕农强调，这并非意味着马拉美脱离了公共领域，他的个人状况完全反映了第三文人共和国的矛盾和普遍的思想混乱。时人对机会主义的议会制度的不满导致反犹主义和无政府主义的极端。马拉美不赞同无政府主义者的直接行动，却在词语上与无政府主义玩危险的游戏。他赞扬左拉的英雄行为，却未对为

---

① Jacques Rancière, La rime et le conflit, in Bertrand Marchal et Jean - Luc Steinmetz (dir.), *Mallarmé ou l'obscurité lumineuse, op. cit.*, p. 123.

② Jacques Rancière, La rime et le conflit, in Bertrand Marchal et Jean - Luc Steinmetz (dir.), *Mallarmé ou l'obscurité lumineuse, op. cit.*, pp. 137 – 141.

③ Antoine Compagnon, La place des Fêtes, in Bertrand Marchal et Jean - Luc Steinmetz (dir.), *Mallarmé ou l'obscurité lumineuse, op. cit.*, p. 57.

德雷福斯平反和反犹主义公开表态。他以王位空缺期（interrègne）这个词暗示第三共和国、艺术、诗歌都在经历一种危机或空缺，缺的是一顶王冠："政治、宗教和诗歌都不可避免地扭结在王位空缺期这个词体现的制度批判中。"① 由此，很难将马拉美归入左派或右派，无论萨特的贵族马拉美，还是朗西埃的民主主义者马拉美，抑或克里斯蒂瓦的革命者马拉美都没有足够的说服力。② 马拉美反对普选制，对民主疑虑重重，呼唤对文学艺术有利的贵族制度的回归，尤其是文化贵族的到来。他呼唤的不是专制主义，而是国家节日，后者比代议制更好地团结现代民众并为民主空间赋予形式，人民在节日中将自身变成演出，人民见证自身变成真理。马拉美也不是无政府主义者，他需要国家，呼唤以剧场、图书馆、基金会为基础的国家宗教，意图构建一种民主宗教的乌托邦。马拉美对经典的崇尚不亚于萨特对图书馆的崇拜，这正是第三共和国的学校教育计划基础，于勒·费里的免费义务教育学校就是为了培养普选制的公民并组织民主共同体。③ 孔帕农言之有据。马拉美把社会视为工厂，自己是罢工工人，提出诗人没必要介入"王位空缺期"："它既过于落伍，又过于超前，因此诗人除了为未来或永远不能到来的未来进行神秘的创作之外没有其他事情可做。"④ 他将"王位空缺期"视作过渡期，可以说是继承了波德莱尔的现代性观念。他试图建立一种说出语言的神圣权力的新诗学：一方面，他声称诗歌是一个自身封闭的世界，其意义来自词语的共鸣；另一方面，他认为，"一切都归结为大写的美学和大写的政治经济学"。⑤ 如莫利诺所说："马拉美的纯诗同时是有最高的形而上学抱负的

---

① Antoine Compagnon, La place des Fêtes, in Bertrand Marchal et Jean – Luc Steinmetz（dir.）, *Mallarmé ou l'obscurité lumineuse*, *op. cit.*, p. 72.

② Antoine Compagnon, La place des Fêtes, in Bertrand Marchal et Jean – Luc Steinmetz（dir.）, *Mallarmé ou l'obscurité lumineuse*, *op. cit.*, pp. 74 – 75.

③ Antoine Compagnon, La place des Fêtes, in Bertrand Marchal et Jean – Luc Steinmetz（dir.）, *Mallarmé ou l'obscurité lumineuse*, *op. cit.*, pp. 76 – 78, pp. 83 – 84. 萨特在与波伏瓦的一次谈话中说，很长一段时间里，他"期待自己是存在于少数图书馆的作家，像马拉美那样的人"。波伏瓦：《告别的仪式》，第 416 页。

④ 转引自伊夫·瓦岱《文学与现代性》，第 56 页。

⑤ Stéphane Mallarmé, *Igitur. Divagations. Un coup de dés*, éd. Yves Bonnefoy, Paris：Gallimard, 1976, p. 369.

诗，成为一种担负新宗教的大写的书，显示出纯粹形式的探索与政治、道德和哲学范畴的要求并存，这是诗歌现代性的一大悖论。"① 诗歌如何传达观念？在马拉美看来，诗句在纸上的排列是某种精确的精神演出中的理念解析，在《骰子》一诗中，"一切都简略地通过假设发生；避免叙述。还要补充一点，那些想要朗读的人，从这种通过抽离、延伸、逃避实现的对思想的不加修饰的运用中，或从思想的命运本身中，得出一种乐谱"。② 瓦莱里解释说，马拉美的头脑"在自己的颠峰状态体会到了一种统治词语世界的直觉，就像那些最伟大的思想家的直觉，后者通过对形式的分析和组合构造，超越了观念世界"。③ 按照高概的说法，诗人"说谓"（prédication）而非"说论"（assertion），这是声音建筑的表意方式：一种配置（disposition）或力量作用于诗人身体，激励他或阻止他在世界上行动。④ 同样，读者通过诗句与作者进行某种感官和智力的交流，而不是直接在诗人的乐谱中抽出诗歌理性。莫利诺将本体论视为诗歌的特定介入，马拉美的本体论体现在其诗歌由存在和物（《骰子》中的轮船、主人、浪花和星座）而非形象或主题构成，但不叙述情节和行动，而赞颂静止的存在物，物的能量通过否定运动消耗。⑤ 但任何诗人都有其本体论，那么马拉美的本体论有何不同？

布尔迪厄基于文学场理论，提出了对马拉美的解读纲要。这就是，首先说明马拉美所在的位置空间与其配置空间之间的联系。诗人拥有诗歌体裁的先天社会特权，从浪漫派和象征派积累的象征资本中获益，具备纯粹艺术家的表象。然后重构诗歌运动的历史，即可能形式和形象空间的客观概貌。他指出，1865 年进入文学场的诗人处在不断净化和升华

① Jean Molino, *Ce que nous appelons littérature... Pour une théorie de l'œuvre de langage*, op. cit., p. 76.

② Stéphane Mallarmé, *Œuvres complètes*, édition présentée, établie et annotée par Bertrand Marchal, Paris: Gallimard, 1991, p. 391.

③ 瓦莱里：《文艺杂谈》，第 206 页。

④ 高概：《现象学的力量》，《话语符号学》，王东亮编译，北京大学出版社 1997 年版，第 98—99 页。

⑤ Jean Molino, *Ce que nous appelons littérature... Pour une théorie de l'œuvre de langage*, op. cit., pp. 300–301.

的诗歌运动中，这场运动19世纪30年代以泰奥菲尔·戈蒂耶和《〈莫班小姐〉的序言》开始，被波德莱尔、帕纳斯诗派延续，到马拉美时接近尾声。继承浪漫派诗歌丰厚遗产的革新者产生了对其革命任务的实践认识，比如要打破十四行诗、亚历山大体、散文诗等形式，类比、比喻等修辞格，以及抒情性和心理感受。布尔迪厄描述了文学场中魏尔兰和马拉美之间关系的演变。他们都是帕纳斯诗派迷失的孩子。马拉美及其象征派，魏尔兰及其颓废派，最初因共同反对其长辈帕纳斯派、反对自然主义而在客观上联合，随着他们确立自身的地位，逐渐疏远并表现出风格或主题的对立。魏尔兰真诚简洁的趣味与马拉美"诗之谜"的晦涩形成鲜明对比。瓦莱里从诗歌形式角度指出："魏尔伦和兰波在感情和感觉方面发展了波德莱尔，马拉美则在诗的完美和纯粹方面延续了他。"[1] 布尔迪厄补充道，象征派出身于更优越的环境（中产阶级或大资产阶级和贵族阶级）并拥有重要的学校教育资本，颓废派通常出身于手工业者家庭并且不具备学校教育资本，两派的对立相当于右岸与左岸、沙龙与咖啡馆、悲观的激进主义与谨慎的改良主义、玄奥美学与明晰美学之间的对立。作品的对立基于生活风格的对立，并在象征上表达和加剧了生活风格的对立。但这并不意味着在他们诗歌的内容中可以直接得出其社会出身，并把他们当成阶级的代言人。在一个趋向于"纯诗"的可能性空间中，马拉美的诗歌通过反对自然主义小说，趋向于与自然主义、唯科学主义和实证主义对立的派别而确立自身的存在。布尔迪厄强调，理解马拉美某首诗的象征意义，仅仅指出它否认社会现实和逃到失乐园中的功能不够的，因为许多其他表现形式也有相同功能，而要说明马拉美的家庭和个人轨迹如何决定其社会职位，以及诗人从事"可恶的教师工作"的下降社会轨迹与悲观主义或反教学法的语言晦涩运用有什么关系，即他如何通过形式化与社会现实决裂，还要解释这一系列特定因素的产物如何符合没落贵族阶级和充满危机感的资产阶级的模糊期待，特别是他们对往昔奢华的眷恋——他们怀着18世纪趣味逃到神秘主义和非理性主

---

① 瓦莱里：《文艺杂谈》，第183页。

义之中。①

　　布尔迪厄赞同马拉美对文学信仰的深刻洞察。在他看来，马拉美清醒地意识到了游戏逻辑，对游戏及其赌注价值的集体信仰。集体信仰是莫斯的概念，集体信仰是被集体生产和维护的"集体无知"，它产生类似魔法的作用，让人不知不觉受骗。在文学上，集体信仰是文学机制运行的条件和产物。这不是萨特所说的有意识的欺骗。马拉美以相当隐晦的方式，一方面揭示了文学是建立在集体信仰上的虚构这个客观真理，另一方面对抗所有客观化形式挽救文学乐趣。② 马拉美承认并接受美是虚构的，反对诗人的超凡魅力和预言权威，通过真正的反思批判，摧毁了诗学神圣性和自我神秘化的神话，他也反对把美当成永恒本质和纯粹拜物教的柏拉图主义信仰，把"骰子一掷永远取消不了偶然"当成新诗学理论的公设，即诗歌不是掌控一切的纯粹理性，如柏拉图设想的："周密地思考所发生的事，就好比掷骰子，骰子落下知道掷出的点数以后要决定下一步怎么办，在这种情况下按理性的指示去办是最好的办法。"③ 诗歌是绝对存在和语言相遇的唯一地点。但语言与理念、能指与所指的分裂导致语言面对绝对的主观失败和绝对面对语言的客观失败，因此思想无法挣脱语言与时间的偶然，正是向语言的绝对转化的失败造就了一首成功的诗。④ 马拉美预见性地揭示出文学机制是类似宗教机制的幻想机制，正是语言的无意识机制产生了神化、神圣的生产过程。⑤ 萨特、贝尼舒无视这一点。布尔迪厄指出，马拉美投身言语花炮制造术的怀疑论者游戏，无法肯定文学和作家的存在及他本人"事业"的意义，他生产词语的光芒，只是为了他的快乐：我享受文学，所以文学存在。⑥ 布尔迪厄不赞同马拉美的笛卡尔式的回答，即马拉美以享乐证明文学存在，拒绝"公开

---

　　① 布尔迪厄：《艺术的法则》，第 173—174 页。

　　② 布尔迪厄：《艺术的法则》，第 249 页。

　　③ 柏拉图：《国家篇》，第 627 页。

　　④ 胡戈·弗里德里希：《现代诗歌的结构：19 世纪中期至 20 世纪中期的抒情诗》，第 94、118 页。

　　⑤ Cf. Bertrand Marchal, La Musique et les Lettres de Mallarmé, ou le discours inintelligible, in Bertrand Marchal et Jean - Luc Steinmetz, *Mallarmé ou l'obscurité lumineuse*, *op. cit.*, p. 287.

　　⑥ 布尔迪厄：《艺术的法则》，第 250 页。

对虚构进而对文学机制进行大逆不道的解析"，以否定方式宣告基本的虚
无。因为他的信仰革命是不彻底的，他怀着一种精英主义，对"文学机
制"采取保密态度或只以最隐秘的形式揭示它，认定只有几个高贵的创
始人才能洞悉其奥秘。

第九节　修辞学与形式化

作为福柯所说的"第二写作"，批评离不开形式化（mise en forme），
形式化不是单纯地抛弃修辞学，而是强调写作技艺的革新与超越。萨特
认为作家"介入"不是通过语言而是通过意识，句子的和谐与美不知不
觉中将人们引向信仰，承袭了修辞学的装饰观念："如果读者去审视词句
本身，他就丢失了意义，只剩下令人生厌的为使句子均衡而花的心思。"①
所以他说在《家庭的白痴》中不愿修饰文体，把时间浪费在打磨词句上：
"风格是福楼拜的事；假如人们用精致的文体去写关于一个毕生以寻找风
格为务的作家的事情，这等于发疯。"② 托多罗夫考察了修辞格之所以是
从属的、附加的和装饰性的原因：昆体良将修辞格定义为词语故意偏离
正途（规范）或把一般表达方式变为诗意的或演说的用法，这种带有贬
义的定义统治了整个西方传统。③ 由于假设了一个普遍的、绝对的理想的
存在，修辞学试图"建立一个在任何时代、对任何语言都适用的关于表
达手段的体系"。④ 到了浪漫主义的世俗化时代，规范变成了失范，句子
之间如同人之间是平等的，理想的句子和句法丧失了存在理由。巴特在
1964—1965 年法兰西学院的《旧修辞学》讲座中指出：亚里士多德建立
修辞学与诗学的对立之后，修辞学逐渐被诗学合并，沦为刻板的文学规
则和现实的藻饰，变成现成的、外在的、空洞的架构，以分类学的狂热
控制着话语结构和网络，承载着学者训练、思想训练、语言训练的共识，
将意识形态合法化，他主张以全新的、革命性语言实践——"写作符号

---

① 萨特：《萨特文学论文集》，第 83 页。
② 萨特：《萨特文学论文集》，第 323 页。
③ 茨维坦·托多罗夫：《象征理论》，第 78 页。
④ 茨维坦·托多罗夫：《象征理论》，第 147 页。

学"取代旧修辞学。① 为了反驳萨特陈旧的语言观，反对"叙述的技师"与"内容的专家"的分裂，巴特一时将法国古典文学弃如敝屣，认为法国古典文学的语言是透明性、无沉积的流通性，一种普遍精神和一种无深度、无责任的装饰性记号的观念聚集，自福楼拜以来的文学语言则是自足的、深刻的和隐秘的，整个文学都成了语言问题。② 由此他揭示了法定语言模式自动实施的思想操控。然而古典文学不是透明的，巴特对"古典的"和"古典主义的"使用亦不确定，它们对破坏语言承担责任或充当制度时是贬义的，而当它们帮助打开现代视阈时是褒义的。③ 他怀着矛盾心绪，幻想着修辞学的威力与词语的喷涌融为一体。瓦莱里指出，修辞学代表了一种渴望不含杂质的精神享受的古典理想，符合对人和艺术的明晰理念，风格纯粹是对言语进行操作的结果，对形式的关注无非是对表达方式经过重新思考的重组。④ 他强调修辞学是实践技艺。类似地，海登·怀特主张修辞学与其说是言语、语言和陈述的艺术，不如说是它们的技艺。作为话语的科学概论，修辞学不仅适用于文学－艺术话语，也适用于非艺术和实用的话语，比如政治、法律、哲学和历史，文学创作和一般写作都要使用比喻表达法和组合的转义策略。修辞学作为具有明确社会价值的知识，能洞悉政治权力与语言、言语和话语掌控之间的关系，构成有效统治的必要基础。⑤ 综上所述，可以说修辞学既是语言实践也是它的知识。

《家庭的白痴》显示出萨特的修辞观念滞后于他的写作实践。萨特的写作技艺包含着他的无意识诗学、伦理学和政治学，比如他通过描述福楼拜对科学与信仰的矛盾态度，传达了他的辩证思想："换句话说，科学与信仰对居斯塔夫而言，是一对组合。只有信仰存在，求知才能保持其活力，智者才能幻想一种关于世界的整体认识：信仰赋予他的探索一种

---

① 巴尔特：《符号学历险》，李幼蒸译，中央编译出版社 2008 年版，第 22—98 页。
② 巴尔特：《写作的零度》，第 5 页。
③ 蒂费娜·萨莫瓦约：《罗兰·巴特传》，怀宇译，华东师范大学出版社 2018 年版，第 357 页。
④ 瓦莱里：《文艺杂谈》，第 174—174 页。
⑤ 海登·怀特：《19 世纪修辞学抑制》，《叙事的虚构性》，第 369、374 页。

意义，信仰是整体的和宇宙的，要摧毁它才能以一种理性的专制主义取
代它。但信仰的狂热诋毁者不明白的是，综合思想来自信仰并与它一起
消亡，这样他们只能把永远无法集中的微知识的非理性的零散抓在自己
手中，由此证明理性的非理性。"① 尽管萨特把自己归入笛卡尔的谱系，
却无意中说出了理性的非理性的专制主义。托多洛夫指出，萨特可能无
意识地改变了人们对批评写作甚至人类所有知识的认识，他通过叙述作
品和分析风格，在实践中而不是在理论中发现了，在认识人及其作品的
过程中，研究"形式"与研究本身是不可分割的，他的充满隐喻的文笔
同样是需要而不是装饰。② 福柯在夏尔、布朗肖、蓬热的作品中看到了真
正的批评行为，托多洛夫把萨特、布朗肖、巴特定义为批评家－作家，
认为他们的批评本身已成为一种文学形式，一种写作批评。③ 显然巴特不
满足于批评家—作家的存在，他已区分了作家与写家。他强调，为作家
定义的不是体裁实践，而是写作技艺，也就是编码的多元性和不确定性，
社会学家或历史学家若放弃雨果式的反衬手法，不运用隐喻，就是写
家。④ 他明确地说，新批评不在于方法的统一性，而在于它远离科学或制
度的托词，成为彻底的写作行为。⑤ 大学批评指责巴特的写作缺乏明晰，
他反驳说批评需要"行话"（jargons），需要隐喻化的智慧话语。⑥ 由此，
巴特将作家的语言实验凌驾于批评的科学性之上。德里达认为好的文学
批评包含一种文学性，一种语言的创造性经验，但他强调文学批评是推
理性的，比它所讨论的文学文本更加形而上学。⑦ 他将文学文本当作风格
练习和解构批评操作的材料，将文学批评上升为哲学话语。

　　布尔迪厄与写作的关系呈现悖论的特征。他强调文学写作与科学写
作有根本区别，修辞学不是科学。他心中理想的修辞策略并不完全是有

① Jean – Paul Sartre, *L'Idiot de la famille*, op. cit., 1971/1988, pp. 554 – 555.
② 托多洛夫：《批评的批评》，第53—54页。
③ 参见托多洛夫《批评的批评》，第41页。
④ 参见巴尔特《〈快报〉与罗兰·巴尔特携行致远》，《声音的种子》，第110、112页。
⑤ Cf. Roland Barthes, *Critique et vérité*, in *Œuvres complètes*, Paris, Editions du Seuil, 2002, tome Ⅱ, p. 782.
⑥ 巴特：《批评与真实》，第25页。
⑦ 参见德里达《文学行动》，第18、20页。

意识的，思想者与其说是修辞策略的主体不如说是客体，他在习性的实践模式指引下，像一个通灵者一样被社会空间穿越，社会空间与精神空间密不可分并通过他互相联系。① 他以形式化代替修辞学。作为一个职业社会学家，布尔迪厄认为随笔主义与上流社会趣味和业余主义相连，他与巴特的随笔主义划清界限。但他像巴特、德里达一样提倡批评语言的"陌生化"，反对所谓表述的明晰。斯达尔夫人曾将法国作家与德国作家进行对比，提出明晰/深刻的二元对立。在她看来，明晰是法国作家的首要长处，因为法国人阅读是为了抓住谈话时足以自我炫耀的东西，思想的优雅、言语的机智因其明晰性更容易被理解。她欣赏德国人的晦涩，他们在孤独中孕育的抽象深邃的哲学和新鲜强劲的思想。② 但她主要批评明晰的肤浅和冒充高雅。而布尔迪厄尤其指出美文的流畅和明晰是统治话语的同谋：

> 首先是因为虚假的明晰往往是占统治地位的话语的做法，那些认为既然一切如此那就理所当然的人的话语。保守主义话语总是以良知的名义立足。良知说的是简单而清晰的明证话语。接下来，因为生产一种关于社会世界的简化的和简单化的话语，必然会为对这个世界的危险操纵提供武器。我坚信，同时出于科学的理由和政治的理由，应该接受话语能够且应该尽可能地像它讨论的（本身或多或少复杂的）问题要求的那样复杂。此外，涉及到像社会事物这样充斥了激情、感情、利益的对象，最"清晰的"、也就是最简单的话语，最有可能被错误理解，因为这些话语作为投射检验发挥作用，每个人都将其偏见、前见、幻觉带到这些投射检验中。如果人们承认，为了让人理解，应该致力于这样运用词语，以至于他们所说的正是他们想说的，人们就会看到，说清楚的最好方式就是以复杂的方式说，是既传达人们所说的，又传达人们与他们所说的事物的关

---

① Cf. Pierre Bourdieu, *L'ontologie politique de Martin Heidegger*, op. cit., p. 119.

② 德·斯太尔夫人：《德国的文学与艺术》，丁世中译，人民文学出版社 2016 年版，第 3 页。

系，避免不由自主地说出多于并有别于人们以为说的。[1]

　　布尔迪厄强调，社会学写作同时具有认识论的和革命的意义，因为"社会学家的词语有助于制造社会事物……社会世界是关于词语的斗争地点，词语的重心——有时它们的暴力——来自词语在很大程度上制造事物，而且改变词语，以及更普遍地，改变表象，已经是改变事物了。这就是为什么科学地认识现实几乎总是从针对词语的一种斗争开始"。[2] 他相信话语的述行力量，词语的斗争就是事物的斗争，语言承载着社会无意识："我们的关于社会世界的不言明的哲学都积淀在其中，都凝聚在其中。"[3] 为了与普通语言所传达的常识对抗，社会学语言必须"打破词语的自动主义，这不是为了人为地创造一种让外行敬而远之的高雅区别；这是为了与被纳入自发话语的社会哲学决裂。以一个词替换另一个词，往往是为了实现一种（很可能不被觉察的）决定性的认识论转变"。[4] 这种词语置换不是修辞的润色而是认识论的质变。布尔迪厄通过借鉴希腊语和拉丁语，激活了习性、精神气质、滞后性、素养等概念，与日常语言决裂。他代表了法国哲学书写的日耳曼化，他为了说理不怕冗长拖沓，效法康德的"一种炫耀般的非美学风格"，[5] "康德写得非常差，这是与上流社会话语决裂并表明一种科学性即独立于文学的理论性的手段"。[6]

　　科学写作一定要放弃美学追求吗？历史学家布洛克认为每门科学都有自己特定的语言美学，历史学写作"摈弃传奇和修辞的诱惑"，[7] 历史学独特的美学愉悦体现在以耳朵和手指的感知为指导，需要手工操作的分寸感。[8] 这就是说，写作不是简单地堆砌辞藻。萨特树立了榜样。布尔

---

① Pierre Bourdieu, *Choses dites*, *op. cit.*, pp. 67–68.

② Pierre Bourdieu, *Choses dites*, *op. cit.*, p. 69.

③ Pierre Bourdieu, *Sociologie générale. Cours au collège de France 1983–1986*, *op. cit.*, p. 864.

④ Pierre Bourdieu, *Questions de sociologie*, Paris: Minuit, 2002, p. 37.

⑤ 布尔迪厄：《区分》，第 790 页。

⑥ Pierre Bourdieu, *Sociologie générale. Cours au collège de France 1983–1986*, *op. cit.*, p. 879.

⑦ 参见马克·布洛克《历史学家的技艺》，黄艳红译，中国人民大学出版社 2011 年版，第 37 页。

⑧ 参见马克·布洛克《历史学家的技艺》，第 47 页。

迪厄肯定萨特不惮将错误推向极端的逻辑力量,① 赞赏萨特兼具学院的谨慎与艺术的大胆、博学与灵感、概念的沉重与写作的优雅。他实行类似的僭越，为社会学写作争取地位。他看到了社会学家与作家在写作上的共同点："我们像作家那样阐明通常不被觉察的或未表达的一般的或特定的经验。"② 他指出人种学家和社会学家描绘的线性生活史相当不自然，这种万能的机械装置写法悖论般地造成陌生化效果。为了传达日常生活经验的复杂性、事物的不透明性和多义性，他求助于复调的文学语言："弗吉尼亚·伍尔夫、福克纳、乔伊斯或克洛德·西蒙的最形式化的探索，都比线性叙述更多'现实主义'（如果这个词有意义），在人类学上更真实，更接近时间体验的真理。"③ 他将福楼拜的"好好写平庸"树立为社会学写作的样板。福楼拜通过节制的写作方式处理日常生活中最琐碎的现实使他深受启发，"我发现福楼拜的方法构成了对叙述观点、叙述者与其对象关系的非凡控制手段"。④ 他引用奥尔巴赫对《包法利夫人》中著名段落的评述，指出福楼拜通过叙述策略同时呈现了作为境况中客体的爱玛和爱玛的世界观，同时提供了两者又没有把它们混同，胜过乔伊斯的主观主义（内心独白）描写与新小说的客观主义（激进物化）描写。⑤ 他借鉴莱奥·施皮策总结的普鲁斯特风格：第一，复杂的事情只能以复杂的方式言说。第二，应该传达出世界的全部复杂性，即现实不只是复杂的，还是结构化的、等级化的，应该使用笨重地连接的句子，拉丁语句子。第三，普鲁斯特不只再现这种复杂的、被构建的现实，同时发表他关于这种现实的观点，说出他对描写对象的立场。普鲁斯特还通过插入语、各种间接引语表达了作者与被描写物和说话人的关系，与他的作品保持了反思的距离。⑥ 布尔迪厄力求像福楼拜一样从本体论上提升

---

① Pierre Bourdieu, *Sociologie générale. Cours au collège de France 1981 – 1983*, op. cit., p. 267.

② Pierre Bourdieu, *Choses dites*, op. cit., p. 178.

③ Pierre Bourdieu et Loïc Wacquant, *Réponses*, op. cit., p. 178.

④ Jean – Pierre Martin (dir.), *Bourdieu et la littérature*, op. cit., p. 274.

⑤ Pierre Bourdieu, *Sociologie générale. Cours au collège de France 1981 – 1983*, op. cit., pp. 244 – 247.

⑥ Pierre Bourdieu, *Choses dites*, op. cit., pp. 66 – 67.

无法进入合法话语的平庸现实，用普鲁斯特的句法达到关于对象的尽可能客观的陈述，揭示出真实的复杂性和社会现实的关系特征。他像普鲁斯特一样喜欢用长句和插入句。他的语言让人想起《追忆似水年华》中贝戈特的语言："正因为贝戈特将思想精确地应用于他所喜爱的现实，因此他的语言才具有某种实在的、营养过于丰富的东西，从而使那些只期望他谈论'形式的永恒洪流'和'美的神秘战栗'的人大失所望……其实，我们所说的清晰思想只是混乱程度跟我们相同的思想罢了。"① 他的过于密实的思想是布鲁克纳式乐句，也是诗句。如弗里德里希·施莱格尔说的那样："每一首好的诗里，一切都必须是意图，一切又都必须是直觉。"② 他的句子本身就是曲折的辩证思想运动，体现他缜密的逻辑和思辨的力量，甚至因其复杂、晦涩、沉重而受到诟病。伊格尔顿对阿多诺写作风格的描述也适用于布尔迪厄："他的文本中的每一个句子都因此而被迫超负荷；每一个短语都成为辩证法的奇迹和杰作，在思想即将消失在它自身矛盾中的那一瞬间把它固定下来。"③ 詹金斯（Richard Jenkins）在评论布尔迪厄《学术人》时，指责他的文风带有法国式的晦涩，傲慢地让他好好学习写作，甚至没看到他的风格来自德国思辨传统。④ 福柯指出，科学写作不是实证主义语言观念设想的镜子式的单纯反射：科学语言若被除掉偶然的和不确切的东西，就成了不过是具有"确切的反思、细致的复制和毫无雾气的镜子"。⑤ 反之对布尔迪厄而言，科学写作不是有意制造含混和不确定，社会学写作正是由于运用严谨的科学语言才不可能是优雅而明快的："与文学探索不同，对严格性的寻求几乎总是导致通过牺牲优美的措辞换取一种更令人不快、更沉重但更精确、更节制的表达方式，而优美措辞的力量和明晰则源于它的简化或篡改。因此风格的难度往往来自所有细微差别，所有语气的缓和、所有提示，更不用说

---

① 普鲁斯特：《在少女们身旁》，第 106 页。

② 菲利普·拉库 - 拉巴特、让 - 吕克·南希：《文学的绝对》，第 46 页。

③ 伊格尔顿：《美学意识形态》，第 326 页。

④ 参见布尔迪厄、华康德《实践与反思》，李猛、李康译，中央编译出版社 1998 年版，第 223—224 页。

⑤ 福柯：《词与物》，第 387 页。

定义和原则的强调了，这些强调是必要的，以便话语本身就带有所有反对挪用和侵占的防卫机制。"① 一旦文本完成了，作者就隐退了，不可能与读者进行直接的交流，只能任其阐释。这就是利科所说的文本与对话之间的区别，读者在书写中缺席，作者在阅读中缺席："文本在读者和作者之间制造了双重的遮蔽；正是通过这种方式，文本取代了把一方的声音与另一方的听觉直接连接在一起的对话的关系。"② 布尔迪厄则认为，即便在讲课这样的对话情形中，"任何说话者，即使试图通过超话语的策略控制其话语的接受条件，在实践中也无法完全控制它产生的东西"。③他在句法和修辞上精雕细刻，防止他的观点被断章取义："我的著作充满使读者无法歪曲、无法简化的指示。"④ 他梦想着社会学话语的乌托邦："我常常梦想着一种阐述语言，它如同一种音乐语言，既表达一种天真的经验（信徒们在海德格尔的文本读到的），又表达言外之意。"⑤ 朗西埃也有类似的表述："语言可以被放置在两条特定的轴线上：信息的横轴传播给特定的读者，让他们看到客体；而在纵轴上，语言首先通过表现其自身的来源去言说，在其特有的深度中阐述沉积的力量。语言只有当这个世界的规则在它身上被映照时才有自足的能力。"⑥ 这就是说，语言的自在同时是在世的存在，此在的差异导致不同的释读。悖论在于，布尔迪厄既要词符合物，又要自我反思，既要文本是复调的，又要主宰对其文本的理解。但文字符号的多义性，使得作家无法彻底控制其文本的意义。如莫热（Gérard Mauger）所说："布尔迪厄的风格因此像是一种受控意图的产物，就是要还原他努力弄清的一种现实的复杂性，同时确定一种陈述的有效性条件并尽力回应可能的批评且消除可能的不理解。"⑦ 这种笔法使得读者无法简化或挪用他的思想，却构成了理解障碍，无法对

---

① Pierre Bourdieu, *Questions de sociologie*, *op. cit.*, p. 38.

② 利科：《从文本到行动》，夏小燕译，华东师范大学出版社 2015 年版，第 149 页。

③ Pierre Bourdieu, *Sociologie générale. Cours au collège de France 1983 – 1986*, *op. cit.*, p. 15.

④ Pierre Bourdieu, *Choses dites*, *op. cit.*, p. 67.

⑤ Pierre Bourdieu, *Sociologie générale. Cours au collège de France 1981 – 1983*, *op. cit.*, p. 105.

⑥ 朗西埃：《沉默的言语——论文学的矛盾》，第 38 页。

⑦ Marie – Anne Lescourret, *Pierre Bourdieu. Vers une économie du bonheur*, *op. cit.*, p. 379.

普通读者发挥观念力，产生动员作用。布尔迪厄晚年在"Liber/行动理由"丛书中出版的回应现实热点的小册子，明晰清澈，无疑符合萨特的第二种介入文学（宣传文学）观念。

第十节　从"咖啡馆"哲学到"文人共和国"

萨特对福楼拜、波德莱尔和马拉美的传记批评深深打上了存在主义哲学的烙印，他坚信人能通过自身的否定力量获得相对于整个社会乃至宇宙的自由，他本人不断地通过自我否定实现自我创造，他在《词语》中说："我变成了一个叛徒，直到今天我依然是个叛徒。"① 他承认福楼拜、波德莱尔和马拉美的文学介入：大写的诗人依据一种内在的和骄傲的信念，承载着超越并废黜资产阶级精神价值的重任。尽管他们放弃了预言和人道主义说教，但继续以普遍的名义说话。因此，萨特的"介入文学"思想不是一成不变的，他晚年明言，政治不如写作重要，政治文学是文学的附属品，既是一个老去作家的分内事，又是他辉煌的顶峰。② 显然他把第二种"介入文学"看成为他加冕的次要文学。萨特坚信作家生活的方式是可以自由选择的："如兰波一样开始生活，如歌德一样在30岁左右重过循规蹈矩的日子，如左拉一样在50岁时投身公共论战。这以后你可以选择奈瓦尔，拜伦或雪莱的死法。当然我们不需要在同样猛烈的程度上实现每一情节，只消指示踪迹，犹如高明的裁缝指示流行款色但不亦步亦趋。"③ 他没有按部就班地执行这个计划，但他选择延续左拉的知识分子志业。

左拉为德雷福斯辩护的《我控诉》是知识分子形成的重大事件。布尔迪厄强调，左拉的行动代表了一种新干预形式，"趋向于使构成知识分子身份的每个维度即'纯粹'与'行动'最大化"。④ 他依靠"为艺术而艺术"的作家在文学场中反抗政治积累的特定权威，而不是凭借政治武

---

① 萨特：《词语》，第 170 页。
② 参见西蒙娜·德·波伏瓦《与让－保罗·萨特的谈话》，第 457 页。
③ 萨特：《萨特文学论文集》，第 191 页。
④ 布尔迪厄：《艺术的法则》，第 323 页。

器，在德雷福斯案件之际介入政治场中，在权力场中推行文学场的独立价值。正是纯粹艺术家推动了作为思想自由象征的知识分子的诞生。知识分子不是变成政客的文人（如基佐或拉马丁），他在一个（独立于宗教、政治、经济权力的）自主的知识世界中获得特定权威，依其根本价值如伦理纯洁、特殊才能等赋予的特权，才能干预政治。知识分子以自由地选择脱离世俗权力和特权为荣耀。知识分子的身份越纯粹，越自主，干预就越有效。

布尔迪厄通过文学场理论重新思考知识分子的政治介入问题。文学场继承了"文人共和国"的精神内涵。贝尔（Bayle）独自创办著名的文学批评报《文人共和国消息》（1684），指明自由是"文人共和国"的灵魂："在文人共和国中实施统治的是自由。这个共和国是一个极端自由之邦。这里人们只承认真实和理性的支配；在它们的庇护下，人们无论对谁都无恶意地发动战争。"① "文人共和国"不是贝尔第一个提出来的。按照瓦盖的观点，这个词最早出现于文艺复兴时代，是学者和文人们对四分五裂的、战乱频仍的世界的回应，他们用拉丁文写作，试图通过交流与合作，超越政治的、宗教的界限，推动知识的进步，实现普遍性的理想。这个词一般指学者、文人、知识，同时也特指国际学者共同体。艾拉斯谟、贝尔、培根、莱布尼茨、伏尔泰都是这个共和国中的杰出公民。这个概念约等于后来的"科学共同体"和"知识分子"。② 布尔迪厄认为"科学共同体"把科学世界描述成无私交换的理想主义群体，忽略了科学世界作为一个"合法垄断"科学财产的竞争空间的运行基础以及学者之间的互相斗争与冲突。③ 布尔迪厄肯定贝尔的"文人共和国"包含文学环境的某些规范性特征，比如所有人反对所有人的斗争，场的封闭性等，也就是说，贝尔凭直觉发现了文学场的基本属性，但没有把文学场与政治场分开。④ 因此，"文人共和国"是一个自发的观念，无力对文

---

① 转引自布尔迪厄《艺术的法则》，第246页。

② Cf. Françoise Waquet, Qu'est - ce que la République des Lettres? Essai de sémantique historique, in *Bibliothèque de l'école des Chartres*, 1989, tome 47, Numéro 1, pp. 473 - 502.

③ Cf. P. Bourdieu, *Science de la science et réflexivité*, *op. cit.*, pp. 92 - 93.

④ 布尔迪厄：《艺术的法则》，第175页。

学世界的功能进行精确分析，无法对作品的生产和流通进行系统阐释。他要用文学场取代文人共和国，或者不如说他试图将文化生产场打造为现代"文人共和国"。谁是"文人共和国"的立法者？

柏拉图开启了诗与政治关系的探索，认为哲学家是理想国的真正立法者，包括荷马在内的诗人都是美德影像的模仿者，除了知道模仿一无所知，而模仿与真理隔着两层，完全无法把握真相。诗人不受理性制约，通过神赋灵感生产诗，听众们只知道通过语词认识事物，被诗人激发、培育灵魂的低劣成分，导致理性的毁灭。① 他承认诗歌的教化作用，主要反对渎神的和不道德的诗篇。按照陈中梅的观点，柏拉图对诗的责难源于他认为语言不能精确地反映事物的实质和事物之间的内在联系，诗人和诡辩学家很难准确地使用语言，只有辩证学家在最大限度上实现语言的价值，柏拉图并非无条件地将所有诗人逐出理想国，甚至承认哲学和最好的诗是一致的。② 不管怎么说，柏拉图基本承认哲学家相对于诗人在认识论上的优越地位。布尔迪厄指出从柏拉图、列宁到阿尔都塞的"哲学王"神话：哲学家真正认识世界，实现了与日常世界观念的科学断裂，在某种程度上理应治理世界。③ 但萨特通过大胆的僭越行动将哲学与文学的利益兼收并蓄。萨特在高师时便立志兼治小说和哲学："我想成为斯宾诺莎和斯丹达尔。"④ 布尔迪厄指出，萨特打破文学和哲学之间的传统界限，将哲学主题戏剧化和通俗化，赋予现象学文学效果；同时，他将全部哲学技艺和象征资本转移到小说和戏剧中，使文学具有存在主义的深度；最终，他通过文学批评将自己的形式革新合法化。萨特的区分策略使其竞争者表现为不合格的知识分子：梅洛－庞蒂只是哲学家，加缪不是专业哲学家，布朗肖是批评家，巴塔耶是随笔作家。阿隆没有在左派一边干预政治，根本是不正宗的。唯独萨特——作家思想家、形而上学家小说家和哲学家艺术家，具备丰厚的智识资本，将到那时为止一直分

---

① 参见柏拉图《国家篇》，《柏拉图文集》第二卷，第 621、623、628 页。
② 亚里士多德：《引言》、《柏拉图的诗学思想》，参见《诗学》，第 268—269 页。
③ P. Bourdieu, *Sociologie générale. Cours au collège de France 1983–1986*, volume 2, p. 996.
④ 转引自德尼斯·贝尔多勒《萨特传》，第 126 页。

裂的知识权力和社会权力集于一身，最有资格介入政治斗争。① 由此萨特是干预知识分子的典型，他"创造和代表了全能知识分子的形象"。②

萨特重拾启蒙哲学家的宣传和鼓动角色，但他的政治介入毁誉不一。19 世纪作家和思想家对文学与政治的关系非常警觉。圣伯夫明确反对启蒙思想将文艺政治化："18 世纪的艺术被错误地从它们的终极目的上引开，把自己降低到哲学的代言人和战斗武器的地位。"③ 托克维尔认为政治采取文学形式导致大革命的暴力。法兰西民族对国家事务毫无治理经验，痛感制度缺陷，于是这个世界上最有文学修养、最爱才智的民族将作家推举为法国的首要政治力量，导致文学成为最高的政治论坛。

> 作家们不仅向进行这场革命的人民提供了思想，还把自己的情绪气质赋予人民。全体国民接受了他们的长期教育，没有任何别的启蒙老师，对实践茫然无知，因此，在阅读时，就染上了作家们的本能、性情、好恶乃至癖性，以至当国民终于行动起来时，全部文学习惯都被搬到政治中去。因为在作家身上引为美德的东西，在政治家身上有时却是罪恶，那些常使人写出优美著作的事物，却能导致庞大的革命。④

托克维尔指出法国大革命的一个奇怪特征："这场革命是由民族中最有教养的阶级准备，由最没有教养、最粗野的阶级进行的。"⑤ 他强调若要理解大革命后法国人的行为，仅仅认清旧制度的利弊是不够的，还要"深入到我们民族的性格中"。⑥ 无视教养（文化习性）的动员聚集的无非是乌合之众。萨特的第二种"介入文学"不考虑主体间性的实现条件，

---

① 布尔迪厄：《艺术的法则》，第 186—187 页。
② 布尔迪厄：《艺术的法则》，第 323 页。
③ 圣伯夫：《文学肖像》，马俊杰译，北京时代华文书局 2015 年版，第 26 页。
④ 托克维尔：《旧制度与大革命》，冯棠译，桂裕芳、张芝联校，商务印书馆 1992 年版，第 181—182 页。
⑤ 托克维尔：《旧制度与大革命》，第 237—238 页。
⑥ 托克维尔：《旧制度与大革命》，第 241 页。

作为动员工具很难发挥实际效用，"自在阶级"与"自为阶级"的区分暴露出其启蒙思想的脆弱哲学根基。列维－斯特劳斯反对萨特把哲学变成"从事意识形态交易的咖啡馆"。① 按照波伏瓦在《回忆录》中的描述，1932 年，在柏林法兰西学院从事研究的雷蒙·阿隆回到巴黎，与萨特和她在蒙帕纳斯的"灯嘴"酒吧相聚，点了这家酒吧的特色杏黄鸡尾酒，阿隆指着自己的酒杯说："你看，小伙伴，你如果是现象学家，你就可以谈论这种鸡尾酒，这就是哲学啊！"萨特激动得（几乎）脸色发白。他正在进行某种探索，希望将触手可及的东西的描述变成哲学，而现象学正好满足了他的要求：超越唯心论和唯实论的对立，同时肯定意识至高无上和世界如它向人呈现那样存在。② 萨特的现象学对象不是鸡尾酒，而是咖啡馆侍者。咖啡馆是波伏瓦和萨特的存在主义哲学实验场。波伏瓦回忆说，他们住的旅馆冬天潮湿冰冷，需要花神咖啡馆的火炉取暖，嘈杂的环境并不影响他们的工作，"就是从那时起，我们养成了在那里消遣娱乐的习惯。不仅因为那里的条件相对舒适一些，还因为那时是我们的querencias"。③ 萨特在咖啡馆写作的传说被除魔了。从战俘营获释后，萨特认识到第一要务是建立抵抗团体，他脱离粗劣肮脏的群体生活，竟然感到不适："第一次得到自由返回巴黎时，我惊讶地看到人们坐在咖啡馆里与我保持着距离。在我看来，这是一段丢失的空间。"④ 萨特在穹顶咖啡馆、三个火枪手咖啡馆和花神咖啡馆继续写作在战俘营已经开始的《存在与虚无》，创立日常生活哲学。他给侍者大笔小费，"一方面和侍者保持一定距离，另一方面帮助他们改善生活"，⑤ 然而他与咖啡馆侍者的关系不睦。他观察咖啡馆侍者的姿态，步子的轻快，托盘子的灵巧，态度的殷勤，得出他的整个行为是一种游戏："他表演，他自娱。"萨特认

① 贝多莱：《列维－斯特劳斯传》，第 183 页。

② 西蒙娜·德·波伏瓦：《岁月的力量》（一），《波伏瓦回忆录》，第二卷，黄荭、罗国林译，作家出版社 2012 年版，第 102 页。

③ 西蒙娜·德·波伏瓦《岁月的力量》（二），《波伏瓦回忆录》，第二卷，黄荭译，作家出版社 2012 年版，第 153 页。Querencias，西班牙语，意为"小憩休整"。

④ 参见西蒙娜·德·波伏瓦《与让－保罗·萨特的谈话》，《告别的仪式》，第 473 页。

⑤ 参见西蒙娜·德·波伏瓦《与让－保罗·萨特的谈话》，《告别的仪式》，第 418—419 页。

为，咖啡馆侍者以牺牲自由为代价，认认真真扮演规定的角色。萨特的角色游戏直接启发了戈夫曼的拟剧论。萨特推断，咖啡馆侍者认为规定的角色是存在的，这个角色有意义，世界是由一系列事先规定好的面具组成的，他不接受偶然性和厌恶的体验，社会在他眼里是一台运转良好的机器，他是这台机器上的一颗螺丝钉。他对萨特而言不只是一个表象，还是一个可由哲学家扮演的表象。

> 我徒劳地完成咖啡馆侍者的功能，我只能通过中立的方式成为他，就像演员成为哈姆雷特一样，机械地做着代表我的状况的典型动作并通过这些被当成"类同代理物"的动作把自己看成想像中的咖啡馆侍者。我想要实现的，是咖啡馆侍者的一种自在，好像我无权将这些动作的价值和急迫性赋予我的职业义务和权利，好像我无法自由选择是在每天早晨五点起床还是冒着被解雇的危险躺在床上。好像由于我支持这个角色的存在，我无法从各个方面超越它，我无法把自己变成一个我的状况之外在。但无疑，在某种意义上我是咖啡馆侍者——否则我也不能自称是外交官或记者？①

在布尔迪厄看来，萨特的绝对思想家抱负来自笛卡尔的理性观念，萨特承认法国人中唯有笛卡尔深刻地影响了他："我把自己归入笛卡尔的系统。"② 但若无社会性的自由，萨特的本体论自由无法存在。布尔迪厄认为主体是社会化的主体，是行动者，也可以说是习性。这种观点受到梅洛－庞蒂的影响。梅洛－庞蒂反对萨特的"自为"与"自在"的二元对立模式，他认为人的存在不是由人的意识决定的，也不是由人的主体性决定的，萨特夸大了主体意识的能动作用，梅洛－庞蒂主张回到最原始的存在论，以"身体存在的现象学"阐明人与存在的关系：身体是存在于世界上的标志，身体的空间性是身体的实现方式，世界并不是被身体认识的，而是被感知的，知觉是行为的前提。布尔迪厄将梅洛－庞蒂

---

① 参见萨特《存在与虚无》，第92—94页，有改动。
② 萨特：《词语》，第210页。

的身体－精神一元论化为习性概念："习性概念的一个功能，就是强调社会世界的结构变成了身体，当身体按照社会结构构造时，就有一种从身体到身体的关系，超概念、超正题、超意识的交流关系，这种关系是一种幸福、明证的幸福、自然而然的幸福的经验的形式。"[1] 身体有生物特性，但不可避免地受到外部影响，也就是物质文化生活条件的限制，由此，身体是一个社会化过程，个人的独特性是通过社会关系形成的。人通过身体学习，最严肃的社会命令首先是面向身体的。这种学习过程是实践模仿，没有达到意识和表达的层面。身体学到的东西并不是人们的所有，比如知识，而是人们的所是。身体向世界敞开，暴露给世界，介入世界并参与世界，承受感觉、情感，也面对可直接看到和感受的东西，象征权力直接地、不受任何限制地作用于身体。被统治者的习性是内化为身体法则的社会身体法则，解放的觉悟无法终止身体的惰性。在阶级社会里，一个特定行动者的身体带有由社会规定的属性，包括性别属性和体貌属性。咖啡馆侍者必须在五点钟起床，在开门前打扫店堂，把大咖啡壶摆好。这是他的自在，一种迫不得已的生存状况。咖啡馆侍者受制于其制度化的职位，他的身体顺应他的职能，也就是被纳入他的身体中的历史和传统。他的制服代表了他的习性，他不是通过模仿咖啡馆侍者学做咖啡馆侍者。他不是扮演角色的演员，他无法与自己的角色保持距离，他就是自己职能的体现，咖啡馆侍者就是他的社会命运。哲学家则有权不考虑日常生活的急迫性，他不受时间限制，他可以从容不迫地起床，吃早餐，在书房里阅读或到咖啡馆写作。所以，在布尔迪厄看来，自为的哲学家试图通过扮演咖啡馆侍者的角色体会他的自在，纯属徒劳。萨特的现象学描述无法解释关于现实的经验，阻碍实践理解和对实践本身的理解。布尔迪厄批评萨特"将一种知识分子意识投射到一种咖啡馆侍者的实践或这种实践的想象类同代理物中，产生一种社会幻想，即兼具咖啡馆侍者之身和哲学家之首的怪物"。[2] 也就是说，萨特忘记了，他需要具有躺在床上却不被解雇的自由，才能思考那个为早起准备开张而

---

[1]　Pierre Bourdieu, *Sociologie générale. Cours au collège de France 1983 – 1986*, op. cit. , p. 829.

[2]　布尔迪厄：《帕斯卡尔式的沉思》，第 182 页。

放弃躺在床上的自由的人："现象学家悬置了一切，除了悬置他们的悬置之所以可能的社会条件，也就是他们自身作为社会主体的可能性的社会条件。"①

咖啡馆侍者无法享有哲学家的自由和闲暇。柏拉图颂扬哲学王的生活方式："一种人士在自由和闲暇中培养出来的，如你所说，是哲学家。如果他在做某些琐事时显得愚蠢或无能，比如不会铺床、不会烹调、不会说奉承话，那么可以得到原谅。另一种人做起这些伺候人的事来非常能干，但就是没有学会像一名贵族那样穿衣，或者掌握正确的说话语调，可以用来颂扬诸神和人的真正的幸福生活。"② 通过社会分析，布尔迪厄强调，闲暇是文化艺术生产的必要条件，是"纯粹"思想存在的首要的和决定性的社会条件。柏拉图学园和学校在闲暇中开展学习的娱乐，包括体育运动、游戏、创作和欣赏艺术作品，以及其他无动机的思辨活动，这就是"严肃地游戏"，严肃对待游戏的赌注，严肃思考为日常生活所累的人不知道的问题："闲暇支持的'自由'而'纯粹'的配置，意味着不但要（主动或被动地）无视发生在实践世界里的事情，更确切地说，无视发生在城邦和政治范畴内的事情，而且还要无视单纯地生活在这个世界上是什么。这种配置同样而且尤其意味着以或高或低的胜利姿态，无视这种不知和促使这种不知成为可能的经济和社会条件。"③ 只有具备必要的经济资本乃至文化资本、社会资本或象征资本，才能拥有无关利害的自由配置和贵族习性。经院人脱离了急迫的生存需求，倾向于忘记社会经济必要条件，把世界理解为一种表象，一种演出。也就是说，"现象学家犯了个案普遍化的错误：他们无意中将他们的生活经验普遍化"。④其实，像咖啡馆侍者一样，萨特也无法扮演哲学家的角色，他无法与他的知识分子特性即经院幻想保持距离，无法产生咖啡馆侍者的生存体验。如布尔迪厄所说，自为（"知识分子"）与自在（"资产者"或民众）的

① Pierre Bourdieu, *Sociologie générale. Cours au collège de France 1983 - 1986*, *op. cit.*, p. 274.

② 柏拉图：《泰阿泰德篇》，《柏拉图全集》，第二卷，王晓朝译，人民出版社 2003 年版，第 698 页。

③ 布尔迪厄：《帕斯卡尔式的沉思》，第 8 页。

④ Pierre Bourdieu, *Sociologie générale. Cours au collège de France 1983 - 1986*, *op. cit.*, p. 473.

对立始终出现在萨特的作品中：知识分子与其存在分离，无法像资产者或民众那样如其所是。萨特试图把自在与自为的融合纳入人类状况的普遍性中，调和资产者的心满意足与知识分子的批判焦虑，梦想成为福楼拜所说的特权知识阶级："像资产者那样生活并像半神半人一样思想。"①正是这种心态的投射使萨特产生了全能知识分子的抱负，他要为社会科学和历史科学提供哲学依据，通过写作和行动拯救自己和别人："一个完整的人，他由一切人所构成，又顶得上一切人，而且任何人都可以与他相提并论。"② 但他没有提及这种主体间性实现的条件。所以在布尔迪厄看来，个人自由和集体解放无法靠萨特的理智化"觉悟"自动实现。因为历史进程是不透明的，人类行动是习性与社会空间（尤其是场）之间的无数相遇之非偶然的、但不受理性控制的产物，习性有在场中现实化的潜能，但受到场的结构的限制。③ 建立培育习性的自由文化制度至关重要。萨特的不切实际的唯意志论只会产生幼稚无效的反抗运动。布尔迪厄强调理性产生的经济和社会条件，主张将实践逻辑与理论逻辑之间的差距纳入理论，实行理性的现实主义政治（Realpolitik），捍卫理性实现的社会条件和思想活动的制度基础，防止理性变成非理性主义、启蒙的蒙昧主义、普遍性的帝国主义。④ 只有克服权力与知识之间的传统矛盾，政治与理论、广场的人的政治思虑与有闲暇的学院哲学家的纯粹的、无关利害的思虑之间的柏拉图式的陈旧对立，⑤ 才能实现在柏拉图的理想国中——"任何一个公民的幸福或痛苦都可以说是整个国家的幸福或痛苦，在这个国家里应该有福同享，有难同当。"⑥

　　布尔迪厄通过社会结构分析完善了萨特的观点，把知识分子和艺术家明确视为统治阶级的被统治阶层。他们在世俗上处于被统治地位，与被统治阶级有着结构上的同源性，可以利用象征自主权，对社会现实和

---

① 布尔迪厄：《艺术的法则》，第 189 页。

② 萨特：《词语》，第 183 页。

③ 参见布尔迪厄《帕斯卡尔式的沉思》，第 133 页。

④ 参见布尔迪厄《帕斯卡尔式的沉思》，第 52、83—86、76—77 页。

⑤ Pierre Bourdieu, *Sociologie générale. Cours au collège de France 1983 – 1986*, op. cit. , p. 767.

⑥ 柏拉图：《国家篇》，《柏拉图文集》，第二卷，第 446 页。

"资产阶级艺术"赋予社会现实的合法表象进行象征质疑，揭露资产阶级意识形态的空虚、虚假和荒谬。如同萨特，布尔迪厄认为统治阶层与文化生产者的关系是悖论性的：他们对自己的文化生产者提供的产品不满意，嫌他们追求世俗权力和利益，毫无形而上的超越感，只好祈求知识分子和艺术家给他们灵魂慰藉和终极意义，不得不承认他们的精神荣誉感和普遍价值："作家和艺术家注定是末世论希望的承载者，由于这些希望支持他们'在尘世中的苦行'和他们的'使命'感，它们是真正的知识分子鸦片。"①

文学场的自主性不仅意味着文学艺术表达自由，还代表思想自由，这种珍贵的、脆弱的历史成果，如布尔迪厄所担忧的，时刻受到政治经济干预的威胁，世界因而退回到最黑暗的蒙昧状态。从 20 世纪 80 年代末开始，他感到参与政治的急迫性，开始像萨特那样用行动承担义务。萨特创办《现代》杂志，将最活跃的知识分子聚集于麾下；他也组建了自己的研究团队，拥有自己的社会科学阵地《社会科学研究杂志》和知识分子思想论坛 Liber 书评杂志。他晚年承认："对我而言，如同对所有当时与哲学与某种关系的人而言，萨特本人无论在知识范围上，还是在政治领域中，都散发着一种让人难免产生矛盾心绪的魅力。"② 他看到新经济秩序对全体创造知识分子的自由权的巨大威胁，文艺资助新形式造成学者和艺术家的精神与物质依附，经济权力通过新闻界控制文化生产，产生直接满足商业需求的产品和生产者，"记者型哲学家""商业思想家""国务思想家"越来越侵入社会思想领域，文化生产场有向非自主倒退的危险。③ 为了场的概念超越地域性和时间性，为了自主永久化，布尔迪厄呼吁建立真正的知识分子国际，采取有效的政治行动，反抗"社会控制的所有方式，市场方式，时尚方式，国家方式，政治方式，报纸方式"。④ 布尔迪厄终究无法摆脱萨特的全能知识分子的诱惑及其启蒙理

① 布尔迪厄：《艺术的法则》，第 501 页。
② 布尔迪厄：《自我分析纲要》，第 11—12 页。
③ 布尔迪厄、汉斯·哈克《自由交流》，桂裕芳译，生活·读书·新知三联书店 1996 年版，第 15、18、29 页。
④ 布尔迪厄：《艺术的法则》，第 327 页。

想，但与萨特天真的救世的唯意志论不同，他意图将社会世界改造为基于场的自主原则的理性乌托邦。场的逻辑指导行动的逻辑，人只有通过行动才能获得尊严。如何能不赞同萨特呢？"唯一容许人有生活的就是靠行动"。①

———————————

① 萨特：《萨特哲学论文集》，第 125 页。

第 五 章

艺术的法则

> 科学的力量一方面剥夺了人的欢乐，使人变得更冷酷、更呆板、更克欲，也许，科学正因为这力量才广为人知，人们发现它是个伟大的痛苦制造者；但另一方面，人们也发现科学的反作用力，这力量是无可估量的，它必将照亮欢乐的新世界！
>
> ——尼采

布尔迪厄的文艺社会学不是其社会学的一个分支，而是其社会学理论在文学艺术上的应用。布尔迪厄主张方法论的一致性，反对研究对象和学科的社会划分。关于社会现象的总体社会学也适用于文学艺术。从趣味的社会分析开始，通过对萨特介入文学的批判，对形式主义美学、反映论、诠释学、接受美学等的思考，布尔迪厄试图构建关于文学艺术的生产和接受的总体理论。他提出了几个根本问题：首先，文学自主是否意味着文学文本的阅读必定是文学的？其次，文艺社会学是否会取消创造者的独特性，是否会导致相对主义、价值平均化？最后，科学分析是否破坏了作品和阅读的独特性，尤其是审美愉快？从这些问题出发，布尔迪厄通过对19世纪文学艺术场的实证研究揭示了文艺生产和接受的社会条件。《艺术的法则》致力于"作品科学"，从社会历史诗学角度确立文学艺术领域的法则，《马奈》着重"实践美学"，以"配置主义理论"完善了文艺作品生产和接受的生成结构理论。

第一节　作品科学

与萨特的介入文学观念相反，形式主义美学认为文学艺术的特性是无动机、无功能或形式高于功能、无关利害。在布尔迪厄看来，形式主义美学的弊病是忽略了艺术场形成过程中的社会和经济条件问题。形式主义美学把关于艺术作品的经验变成普遍的本质，脱离了作品和作品评价的历史性，将个别情况加以普遍化，将个别经验转化为一切艺术认识的超历史标准，导致对艺术家能力的神奇信仰和文本阐释上的"自恋主义"。布尔迪厄主张以科学精神解剖人的精神及其产物——艺术作品，阐明作为艺术秩序和精神秩序基础的集体信仰，实行三重客观化："只有让作者和所研究的作品（与此同时还有客观化的实行者）服从这样一种不曲意逢迎的客观化，并抛弃将分析者与被分析者相连因而限制分析范围的所有自恋主义痕迹，我们才能建立起文化作品及其作者的一种科学。"[1]这就是说，为了达到对作家和作品的科学认识，必须对作者、作品和研究者都实行客观化。研究者应该以严格的方式构建研究对象，同时对自身进行反思，避免将自我投射到作家身上和作品中。在布尔迪厄看来，关于文学艺术作品的经验是历史制度的两个方面——文化习性和文学艺术场互相协调的结果，在两者的互动中，作品作为有意义和价值的象征物产生，并被具有美学配置能力的公众所领会。对作品的理解以文化习性为装备，深入特定的社会历史空间之中，重建作品的发生公式。由此，革新思考和体验精神生活的定式，不意味着颠覆文化价值标准，而是提出了更高要求：分析者具备创造者的技艺。

布尔迪厄将西方传统的文艺作品的研究行为和研究成果的阐述概括为内部分析与外部分析的对立。他要采取生成结构主义方法，超越传统的二元对立，创建一种整体的文学科学："为什么我们不能有一种统一的科学，能同时兼顾形式问题、体裁、文本分析、前文本、风格和文学生

---

[1]　布尔迪厄:《艺术的法则》，第 233 页。

产的社会条件呢?"① 布尔迪厄不是第一个提倡文学科学的人,他是第一个提出系统的"作品科学"的人。

一 文学科学的谱系

"文学科学"始于法国 19 世纪,在古今之争、文学与科学之争、学科之争的社会历史过程中萌生、发展和完善。

历史学家昂贝尔(Jean – Jacques Ampère,1800 – 1864)最早提出"文学科学",把文学的哲学、文学的历史视为文学科学的两个组成部分。但他认为,文学科学不能取代评论,应该为评论充当先导,评论的首要义务是区分出在历史上占一定地位的作品,并确定它们各自的归属。他在《论法国文学史》一书中明确提出为文学作品分类:"必须按产品的相似性而不是以随意而勉强的比较来给产品分类,只有这样,才能把文学提高到科学方法和科学范畴的水平上。因此,应该把全部艺术珍品按属于同一血缘家族、属于同一整体、属于同一原因引起的后果、属于精神或社会的同一运动带来的结果分门别类。"② 他尝试进行广泛的调查,力求根据所有大作家的作品来确定"同血缘家族"。昂贝尔的"文学科学"以自然史的观察、描述与分类为依据,提倡文学的历史与哲学研究,对圣伯夫产生了很大影响。1830 年圣伯夫与昂贝尔会面时,自谦"有些方面"甘拜下风,感谢昂贝尔让他摆脱了生平轶事批评。他进一步指出,文学科学通过精密细致的观察,可以找到适合每个人、每种情感、每种观点的最确切名称。他明确以布封和居维叶为圭臬,宣称做精神的"博物学家",为每个人物、每种观点、每种感情找到恰如其分的名称,采集不同的作家作"标本",把作家分成"精神家族":"就像植物有植物学,动物有动物学,存在着精神的自然志,精神上的自然家族的(差不多被描述的)方法。"③ 1834 年,圣伯夫评论夏多布里昂的《墓中回忆录》时主张寻找精神法则:"让精神世界像现在的天空和物理的空间一样吧。物

---

① Jean – Pierre Martin (dir.), *Bourdieu et la littérature*, *op. cit.*, p. 288.

② Cité par Roger Fayolle, *La critique*, Paris: Armand Collin, 1978, p. 102.

③ Sainte – Beuve, *Port – Royal*, Textes présenté et annoté par Maxime Leroy, Paris: Gallimard, 1952, tome I, p. 310.

理学家、天文学家、航海家每时每刻都在观察和记录天空、纬度和星辰。这些不断增加的记录互相连贯，它们在总体上有助于发现或检验这些法则。在精神的世界和社会中也如法炮制吧。"① 但这种法则根本不是严格意义上的科学法则，毫无纯粹理性的还原论或决定论倾向。圣伯夫努力将社会科学的成果化为己有，他以作家身份通过报纸批评步入文坛，处在学院制度的边缘，相对于历史、哲学和文学教授的"大学批评"确立自己的批评地位。他肯定哲学史创始人库赞（Victor Cousin, 1792 – 1867）的"文献学批评"（critique philologique）的创新之处在于从大量事实中得出作家精神的普遍特征，但弊病在于对文献的迷信取代了作品考察，"我需要考据，但需要的是被判断左右和由趣味组成的考据"。② 他同时反对哲理派和想象学派的历史学家，认为梯也尔（Louis Adolphe Thiers, 1797 – 1877）从历史事件中总结出"普遍观念"（对秩序的追求和对自由的向往），没有看到历史有非理性的原因；米什莱（Jules Michelet, 1798 – 1874）将档案的激情与典型化的历史叙事相结合，以文学想象破坏历史真实。在教授撰写的文学史中，圣伯夫不赞同拉阿尔普、吉拉尔丹（Saint – Marc Girardin, 1801 – 1873）、尼扎尔（Désiré Nisard, 1806 – 1888）厚古薄今的教条主义，反对维尔曼将文学史等同于社会史，主张批评通过个体寻找文学和社会之间更精细的联系。他摒弃一切形式的教条，坚持怀疑而同情的历史观点。

　　圣伯夫以感觉论实证主义为方法论，撰写了其批评代表作《波尔 – 罗雅尔修道院》（Port – Royal, 1840 – 1859）。他在这部文学的、宗教的、道德的和政治的历史著作中，致力于环境（波尔 – 罗雅尔修道院宗教改革的时代和形势）和系谱（两个创始流派：阿尔诺派和圣西朗派）研究，修道院的群体肖像描绘。他阅读了冉森派神学著作，波尔 – 罗雅尔修道院的敌人和友人的叙述，信徒们的回忆录、讣告、悼文，图书馆的无数未刊资料，做了相当于冉森派口述史的访谈。考据工作是解释的预备阶段，接下来是对材料去伪存真，梳理有意义的特征和典型的细节，清除

---

① Sainte – Beuve, *Mes Poisons*, *op. cit.*, p. 121.
② Sainte – Beuve, *Mes Poisons*, *op. cit.*, , p. 127.

神学的、哲学的甚至历史的先见，阐明一个人的心灵特性或一个事实的意义，使人物和事件复活。他以米涅（Auguste Mignet, 1796－1884）的方式撰写系统的历史，像基佐那样陈述理论、总结观念、分析思想，像巴朗特（Baron de Barante, 1782－1866）一样描述生动的场景，展示戏剧或诗歌事件，尤其以心理学家的才能和对人类复杂性的感悟，创造了令泰纳和勒南赞赏的心理史模式，一种微妙的崭新的历史模式，思想史或宗教史的模式。① 圣伯夫自谦（自夸）："我不是历史学家，但我有历史学家的禀赋。"② 他强调波尔－罗雅尔修道院的卓越不在于其名人及其语法或语言著作，而在于修道院群体严肃而适度的理性精神。③ 他描绘的肖像兼具个人的和集体的心理特征。他依据"（大致勾勒的）精神的自然家族方法"，④ 通过趣味把典型的冉森派作家帕斯卡尔、拉辛与跟修道院关系不大的布瓦洛、塞维涅夫人、博叙埃、拉封丹、莫里哀和蒙田等进行对比和判断，对"古今之争"表达综合的超越观点："路易十四世纪一方面模仿古人，另一方面是它自己，它的辉煌的创新正体现在这种适当的混合中。"⑤ 他的文学题外话体现了文学史研究的"关系"方法：在一个社会中，朋友与敌人、散文与诗歌、神圣与世俗密切相关，人的思想或生活无论多么孤绝，都离不开丰富的、意想不到的关系。幽居、祈祷和苦行挡不住俗世。⑥ 他分析文学与基督教、趣味与道德的关系，以近乎社会学的手法描绘帕斯卡尔的肖像，将他置于伟大时代的历史情境中，去掉其百科全书派的预告者、拜伦或勒内式的浪漫主义者、新教徒或天主教徒的标签，认定他绝非蒙田式的怀疑论者，也非笛卡尔式的理性主义者，而是真诚的信徒和护教者，同时是某种社会批评家和政治观察家。他指出帕斯卡尔的主导精神形式（forme maîtresse de l'esprit）："真理是他

---

① Cf. Gustave Michaut, *Sainte - Beuve avant les 《 Lundis 》. Essai sur la formation de son esprit et de sa méthode critique*, Genève: Slatkine Reprints, 1968, pp. 404 –407.

② Sainte - Beuve, *Mes Poisons*, op. cit. , p. 121.

③ Sainte - Beuve, *Port - Royal*, op. cit. , pp. 103 –104.

④ Sainte - Beuve, *Port - Royal*, op. cit. , pp. 129 –130.

⑤ Sainte - Beuve, *Port - Royal*, op. cit. , p. 104.

⑥ Sainte - Beuve, *Port - Royal*, op. cit. , p. 67.

的精神的唯一目的；除了他的认识，什么都无法令他满足。"① 这种精神形式就是他寻找的"内部的普遍方法"，作家的普遍创造机制、技艺，而不是理性规则："我们在人类观点的历史上遇到也许只会让伏尔泰发笑或让蒙田摇头的事件；到处寻觅法则，难道有时不会有强制和生造法则的危险吗？"② 如同福楼拜，他以客观的态度进行分析、判断，采取平面的写作方式，不像米什莱那样追求逼真效果。因此勃兰兑斯责备他关注特定的细节而非整体："他把金子藏在黑暗的角落里……他不能把黄金塑造成形象。"③ 他的金子是碎屑，他不造金字塔。这本书体现了圣伯夫作为调查者、观察者的实证科学精神："一个人只照原样看待人和事，并且按照看到的样子表现他们，以科学仆人的身份描写他周围的人类构造的千变万化和千姿百态。"④ "唯有真实"是他描绘肖像的宗旨，他揭穿过于神圣的圣人、上帝派来的伟人、文学超人的神话。他赞同文学批评采用科学方法，研究和考察作品的条件和天才的不同形式，清除无用的和含糊的概念，但反对以科学公式解释文学，以及泰纳实证主义解剖的、抽象的概念："亚里士多德与荷马不同，博物馆的一个陈列室并不是一个春天早晨。"⑤ 圣伯夫责备泰纳的批评缺乏个性，只提留在对外部条件的考察上，找不到"天才的火花""诗人的精髓"，看不到诗人是"个人独特的单子"。⑥

　　泰纳是文学批评决定论的真正推动者，他确信自然科学与精神科学在方法上的一致性，试图找出一条普遍适用的因果律。他融合孔德的实证论和达尔文的进化论，提出了种族、环境、时代三要素决定文学创作的理论。这个理论可以追溯到孟德斯鸠的地理环境决定论和斯达尔夫人

① Sainte – Beuve, *Port – Royal*, *op. cit.*, p. 874.

② Sainte – Beuve, J. – J. Ampère, *Portraits contemporains*, *Œuvres*, t. II, Paris：Gallimard, p. 96.

③ 勃兰兑斯：《法国的浪漫派》，《十九世纪文学主流》，李宗杰译，人民文学出版社 1997 年版，第 351 页。

④ Sainte – Beuve, *Critique de Sainte – Beuve*, Textes choisis et présentés par Gisèle Corbière – Gille, Paris：Nouvelle Edition Debresse, 1973, p. 271.

⑤ 圣勃夫：《圣勃夫文学批评文选》，范希衡译，南京大学出版社 2016 年版，第 1154 页。

⑥ Sainte – Beuve, *Nouveaux Lundis*, *op. cit.*, t. III, p. 80.

的社会制度论。泰纳认为文学艺术既受到社会环境的影响，又从属于民族天性的作用；既把艺术家看作自然人，又把人看作历史的人。他深受黑格尔的历史观影响，赞同精神或精神变化是历史动力这个观点，他相信"一切巨变都有其心灵的根源"，"心理状态乃是社会状态的原因"。①但泰纳没有深入地分析种族、环境与时代的内在关联及依存程度，满足于简单的罗列和类比，关注社会生活的表象和细枝末节。他提出了系统化的文学社会学理论，但他只阐述比较普遍、比较模糊、比较抽象的文学现象，对文学作品浅尝辄止，缺少圣伯夫的灵活性和分寸感。朗松比较圣伯夫和泰纳："圣伯夫是一位老师，他只要求我们一般地承诺爱好真实。泰纳却是一个派别的首领：要么入伙，要么走人。泰纳是一座小教堂的预言家。他的方法是一套清规戒律，一个词、一个仪式都不能更改。"②

在第三共和国，历史学和社会学的唯科学主义思想统治着整个知识场。文学因与修辞学和批评同化而名声扫地，与历史和社会学相比，文学不过是"寄生的附属""困扰""装饰"。③ 德雷福斯事件（1894）之后，马西斯（Henri Massis，1886－1970）和塔尔德（Alfred de Tarde，1843－1904）在极右派莫拉斯（Charles Maurras，1868－1952）和法兰西行动（Action française）运动的支持下，发表《新索邦精神》（1911）和《今日年轻人》（1913），抨击德国文化在巴黎大学的传播，反对泰纳和勒南的"唯科学主义"，反对涂尔干（Emile Durkheim，1858－1917）、塞尼奥博斯（Charles Seignobos，1854－1942）、朗松等代表的"新索邦派"，表达民族主义情绪和对国家世俗化措施的不满。如布尔迪厄所说，这场斗争是知识场内部左派与右派、无神论者与天主教徒、理性主义与非理性主义、（受德国影响的）社会科学与（法国的）古典人文科学对立的再现。④ 朗松批判同侪布吕纳介（Ferdinand Brunetière，1849－1906）和法盖（Emile Faguet，1847－1916）的印象主义和教条主义及其反德雷福斯

---

① 韦勒克：《近代文学批评史》，杨自伍译，上海译文出版社1997年版，第43页。

② Gustave Lanson, *Histoire de la littérature française*, Paris：Hachette, 1951, p. 1039.

③ Antoine Compagnon, *La troisième république des lettres. De Flaubert à Proust*, *op. cit.*, p. 58.

④ 布尔迪厄：《艺术的法则》，第93页。

的立场，要求以"真正的现代人文学科"——文学史——代替"修辞学和不良人文学科"，使修辞具有实用的、精确的和逻辑的风格。① 郎松勾勒出从维尔曼（文学是社会的表现）、圣伯夫（个人是社会事实与文学运动的中介）、泰纳（种族、环境、时代三要素）、布吕纳介（体裁进化论）到他本人的文学批评的线性发展史。他强调文学史的主要任务在于"认识文学作品，加以对比，从共性中区分出个性，从传统中区分出独创。依照体裁、流派和运动把作品加以分类，最后确定它与我国的文化、道德和社会之间的关系，以及它与欧洲的文学和文明之间的关系"。② 他本着历史精神和科学批判精神，谴责修辞和文学的精英主义，推崇考据的民主和集体主义。1898 年，民众大学建立，朗松负责授课准备工作，进一步思考文化与民主的关系，主张文学采取科学形式以适应现代社会，在式微的宗教和未来的科学之间充当临时的伦理学。由此朗松的战斗的文学史与拉维斯、奥拉尔和塞纽博斯的法国史和公民教育，构成了祖国的福音书。③ 1904 年，朗松应涂尔干之邀在高等社会研究院作了"文学史与社会学"演讲，他在未付诸实施的《法国文学生活的外省历史研究计划》中，主张在确立批评版本之后进行文学史的综合，描绘法国的文学历史，国家的文学生活图景，文化历史与读者大众和写作名流的活动的历史。④ 朗松强调，"书不只是符号，也是公众精神的因素"，"作家的力量体现为公众观点的连续结晶"。⑤ 涂尔干在《社会分工论》中通过社会团结调和自由主义与集体主义，主张集体研究活动，朗松亦要求文学史的生产合作。⑥ 圣伯夫对波尔－罗雅尔修道院的群体研究无疑帮助他确立了文学研究的历史方法："文学的历史研究致力于发现存在于文学形式

---

① Antoine Compagnon, *La troisième république des lettres. De Flaubert à Proust*, *op. cit.*, p. 90.

② 转引自郭宏安等《二十世纪西方文论研究》，中国社会科学出版社 1997 年版，第 10 页。

③ Antoine Compagnon, *La troisième république des lettres. De Flaubert à Proust*, *op. cit.*, p. 112.

④ Antoine Compagnon, *La troisième république des lettres. De Flaubert à Proust*, *op. cit.*, pp. 52 – 54.

⑤ Gisèle Sapiro, *La sociologie de la littérature*, Paris: La decouverte, p. 15.

⑥ Antoine Compagnon, *La troisième république des lettres. De Flaubert à Proust*, *op. cit.*, p. 148.

中的人类生活。"① 年鉴历史学派与文学史竞争并借鉴其方法。吕西安·
费伏尔（Lucien Febvre，1878－1956）实现了朗松的计划，写出了一部文
学的社会史——《十六世纪的无信仰问题——拉伯雷的宗教》（1942）：
"仔细研究拉伯雷的小说和思想，可以通过作品，了解见证作品的诞生、
使作品诞生的 16 世纪的全部演变。"② 他以研究集体心理为宗旨，关注 16
世纪的感性模式。

　　如孔帕农所说，由于朗松学派的实证主义在文学研究和教学中占主
导地位，缺乏语言学和语言哲学的指导，诠释学传统薄弱，"理论的魔
鬼"在法国姗姗来迟。除了瓦莱里的《诗学》和波朗（Jean Paulhan）的
《塔尔博辞章》（Les fleurs de Tarbes，1941），法国不存在类似俄国形式主
义的东西，直至托多罗夫介绍俄国形式主义的文集《文学理论》1966 年
出版、韦勒克和沃伦的《文学理论》（1949）1971 年翻译出版。③ 法国文
学形式主义理论的开创者是巴特和热奈特。1966 年热奈特出版了文集
《修辞格》，主张放弃心理的或社会的决定论，仿效语言学和人类学建立
文学批评的结构主义方法，即关于文学形式的科学理论。他感兴趣的不
是古典时代的修辞学和诗学意义上的形式和体裁研究，而是探索话语的
无限可能性，写成的作品或完成的形式不过是特例，还存在其他可预见
或可推导的组合，这就意味着要"暂时中止、系统地悬置"大写的历
史。④ 巴特 1963 年 4 月发表了《论拉辛》，批判传统的考据批评专注于历
史的、传记材料的细枝末节，通过作品、作家或流派、文献学的历史对
文学的"科学"研究，不过以其严格性和客观性掩盖了偏见，把寻求因
果关系的意识形态带入科学主义的话语中，并不具有真正的科学性。新
批评方法，比如对拉辛的精神分析的、存在主义的、现象学的、社会学

---

① Antoine Compagnon, *La troisième république des lettres. De Flaubert à Proust*, op. cit., pp. 82 –
83.

② 吕西安·费弗尔：《十六世纪的无信仰问题——拉伯雷的宗教》，阎素伟译，商务印书
馆 2012 年版，第 41 页。

③ 孔帕尼翁：《理论的幽灵——文学与常识》，吴泓缈、汪捷宇译，南京大学出版社 2011
年版，第 2—3 页。

④ Gérard Genette, *Figures III*, Paris：Editions du Seuil, 1972, pp. 11 –13.

等的批评同样牵涉批评家的主观性，无法达到对拉辛内在自我的认识：
"对拉辛的任何阅读，无论使自身如何中立，都是一种投射检验。"① 总
之，无论大学批评还是新批评都属于意识形态批评，不存在自在的文学
批评，批评有其阐释维度。历史与作品属于截然不同的两个领域："一
方，是世界及其丰富的政治的、社会的、经济的、意识形态的事实；另
一方，是表面上孤立的、总是模糊的作品，因为它同时包含很多意义。"②
两个领域很难重合和通约，"形式在抗拒，或更糟地，形式不按相同的节
奏变化"。③ 对文学的技术、规则、惯例和集体心态的研究属于文学史范
畴，无法找到拉辛自我的真相，置身拉辛的自我迫使"最谨慎的批评家
本身表现为一个彻底主体的、彻底历史的存在"。④ 由此，巴特通过诠释
学反对实证主义的科学"真理"，对朗松文学史的生平作品（vieuvre）或
人与作品之间的关系提出了质疑。1964 年，巴特出版《文艺批评文集》，
这一次他将大学批评与阐释批评（代表人物包括萨特、巴什拉、戈德曼、
布莱、斯塔罗宾斯基、吉拉尔、里夏尔）明确对立，指出实证主义批评
悖论地服从非历史的决定论哲学，拒绝对作品的内在分析（现象学批评、
主题批评、结构分析），固守文学的传统信念（天才论），"即作家的写作
仅仅是为了自我表达，即文学的存在就在于对感觉和激情的'翻译'"。⑤
他强调，"批评并非向着过去时真实性或对'另一个'真实性的'致
敬'，它是对我们时代理解力的建构"。⑥ 也就是说，历史时代错误对理解
力无关紧要，这对雷蒙·皮卡尔的语文学或编年史的文学史打击是致命
的。在《巴特传》作者萨摩瓦约看来，这就是为什么皮卡尔没有在《论
拉辛》之后立即回应而是等到《文艺批评文集》出版后，才在 1965 年 3

---

① Roland Barthes, *Sur Racine*, in *Livres*, *textes*, *entretiens*（1962 – 1967）, *Œuvres complètes*,
tome Ⅱ, Paris: Seuil, 2002, p. 189.

② Roland Barthes, *Sur Racine*, op. cit. , p. 177.

③ Roland Barthes, *Sur Racine*, op. cit. , p. 177.

④ Roland Barthes, *Sur Racine*, op. cit. , p. 194.

⑤ 巴尔特：《文艺批评文集》，第 297 页。

⑥ 巴尔特：《文艺批评文集》，第 310 页。

月 14 日的《世界报》上发表《新批评还是新骗局?》予以反驳。① 皮卡尔指出：巴特对拉辛胡乱解释，文本不过是他写作的借口，尽管《论拉辛》"不乏某种诗性的魅力"，但属于一种"教条的幻想"。他以批评行话赢得科学权威。② 他还在《人文科学》杂志发表《拉辛与新批评》，批评巴特对精神分析的误用。很明显，学院派批评家无法忍受巴特染指他们一直垄断的古典作家拉辛，奋起捍卫自己的批评立场。1966 年，巴特出版《批评与真实》，声明他并不针对皮卡尔，而是传统的传记批评方法，要求批评寄生于一种更广阔的意识形态，借助语言学把考据批评与新批评方法结合起来。只有话语语言学（linguistique du discours）才是真正的文学科学，这种文学科学无法告诉我们作品的确切意义，文学科学的模式是语言学类型的："假如我们承认作品是由书写所构成（而由此得出结论），某种文学科学是可能成立的。文学科学……不可能是一种有关内容的科学（只有最严谨的历史科学才可能这样），而是一种关于内容的状况的科学，也就是形式的科学。"③ 最后他从结构语言学转向写作乌托邦，不再以结构主义分析文学，反而把结构主义变成文学，声称文学已经是并一直是科学（文学与科学一样，有其方法、研究程序、调查规则、实验假说、道德规范等），科学变成文学也是顺理成章的，"文学的作用是主动地向科学制度再现它所拒斥的东西，也即，语言的主权"。④ 他希望以写作取消科学与文学的对立，打破科学话语的权威，推翻科学强加的神学形象，拒斥内容与推理的过度"真理"传播的父权恐怖，为研究打开整个语言空间，采用逻辑颠覆、代码混合、滑移、对话、戏仿，通过作家的"谦卑"反对学者的自信。⑤ 由此，巴特以写作对文学与科学、主观与客观的界限进行了最激烈的质疑，通过文学—科学—文学的否定

---

① 蒂费娜·萨莫瓦约：《罗兰·巴特传》，怀宇译，华东师范大学出版社 2018 年版，第360 页。

② Raymond Picard, *Nouvelle Critique ou nouvelle imposture*, Paris：Pauvert, 1965, p. 52, p. 76.

③ 巴特：《批评与真实》：温晋仪译，上海人民出版社 1999 年版，第 55 页。

④ Roland Barthes, De la science à la littérature, in *Œuvres complètes*, tome Ⅱ, *op. cit.*, p. 1263, p. 1269.

⑤ Roland Barthes, De la science à la littérature, art. cité, p. 1263, p. 1268.

之否定的螺旋运动要求作家的至上地位。福柯将圣伯夫以降的批评简化
为规则和趣味，像巴特一样主张文学分析采用精神分析的、语言的、形
式主题的方法，但他从认识论专家的立场出发，强调"批评正在实证性
或科学范畴内提出自身的依据问题"。① 在某种程度上，福柯无视"新批
评"是依据断裂与延续的辩证法超越旧批评的结果，并呼唤着对自身的
超越。

　　1984 年，布尔迪厄在《学术人》中对巴特与皮卡尔之争进行了评判。
他将皮卡尔与巴特置于 1968 年前后的大学场中，指出他们的争论内容是
他们占据的位置、文学研究与社会科学、索邦与高等研究院等之间对立
的理性化表述。按照他的分析，无论新批评的捍卫者还是诋毁者都把所
有似乎反对大学机构（Establishement universitaire）的批评（存在主义、
现象学、马克思主义、结构主义、精神分析等）视为新批评。在这次古
今之争中，一方是现代主义阵营，包括接近社会科学和哲学的作家或批
评家，即大学机构的边缘人物；另一方是经典原教旨主义阵营，包括大
多毕业于巴黎高师的古典文学教授或保守主义记者。大学教授自视文学
文本的合法评论的垄断者，满足于烦琐考据和解释作品，恪守"客观性"
"趣味""明晰""良知"。萨摩瓦约不同意布尔迪厄的观点，她认为两者
并非截然对立，处在教育体制边缘的巴特也属于学院派，而皮卡尔并非
拘泥于实证主义批评的学究，他的著作《让·拉辛的职业生涯》与其说
是巴特理解的生平批评，不如说借鉴了社会学批评方法，他对巴特的批
评也不乏道理，因此两派之争算不上"古今之争"。② 事实上巴特的批评
不是针对皮卡尔本人，而针对陈旧的拉辛生平研究，他不同意皮卡尔的
不存在大学批评的说法，因为大学批评来自大学体制，巴特本人以新批
评的名义与大学批评划清了界限。③ 这就是说，巴特自认为是体制外的批
评家。在布尔迪厄看来，巴特作为现代主义诠释家，将科学武器用于文
本甚至歪曲文本的意义；作为创造者，巴特对作品进行创造的诠释，一

① Roland Barthes, De la science à la littérature, art. cité, p. 1263, p. 108.
② 蒂费娜·萨莫瓦约:《罗兰·巴特传》，第 361—362 页。
③ 巴尔特:《以"新批评"的名义》，《声音的种子》，第 41—42 页。

边揭露索邦的朗松主义蒙昧，一边要求断然的主观主义权利。① 巴特通过将"阅读"规则确定为"语言学规则而非语文学规则"，将尖端研究者的科学想象与先锋派作家的僭越自由结合在一起，消除了圣伯夫与普鲁斯特、② 高师与沙龙、科学的严格与文人的业余主义的对立，"好像在科学时代，改革非要通过随笔主义之恶向科学之善致敬来实现"。③ 布尔迪厄无法容忍巴特借道科学主义捍卫作家的创造批评的绝对自由。他认为19世纪末新索邦的继承者，即大学批评的实践者受到修辞与科学要求的双重影响，轮不到巴特这个文人和随笔家来反对新索邦的科学主义、实证主义、理性主义，他不过梦想调和科学的严格与作家批评的上流社会式优雅罢了。④ 典型的"学术人"（Homo academicus）和理性主义者布尔迪厄反对非科学的业余主义，也反对学究的抱守残缺。他要将考据批评与新批评综合为生成结构批评。

布尔迪厄属于实证主义的科学谱系，他将圣伯夫、波德莱尔的批评家技艺化为己有，沿着朗松开辟的文学社会史道路，吸收了语言学、符号学的成果，批判地接受涂尔干、韦伯和马克思的社会历史理论遗产，融合现象学与结构主义，建立一种社会历史诗学——作品科学。他的作品科学的构想受到福楼拜的启发："人什么时候会以应用在物理学上研究材料的不偏不倚对待人的灵魂，人就向前迈了一大步。这是人类对自身有所超越的惟一方式。"⑤ 如法国社会学家平托指出的，1975年《社会科学研究杂志》的创刊对布尔迪厄的文学社会学至关重要。这份杂志试图推行一种新的社会学观念，对研究对象和方法的等级提出质疑。由此，社会学公开要求一种智识权威，以全新的目光接触传统的文学圣地。文艺社会学、知识分子社会学证明了社会学尚未被开发的潜能，致力于提

---

① Cf. Pierre Bourdieu, *Homo academicus*, Paris: Minuit, 1984, p. 154.

② 关于圣伯夫与普鲁斯特的关系，参见笔者《从圣伯夫出发——普鲁斯特驳圣伯夫之考证》，《外国文学评论》2008年第1期。

③ Pierre Bourdieu, *Homo academicus*, *op. cit.*, p. 155.

④ Pierre Bourdieu, *Homo academicus*, *op. cit.*, p. 155.

⑤ 布尔迪厄：《艺术的法则》，第148页。

出对所有文化作品都有效的一种分析纲要。① 布尔迪厄在该杂志上差不多同时发表了关于福楼拜和海德格尔的分析，把这两位大师的话语客观化，以他们为例分析文学场和哲学场的合法形式化法则。但文学科学从实证主义到语言学的发展过程，显示出对文学的理性认识的所有困难和波折。文学经验不可言喻的观念由来已久。作家是天才理论的最顽固的维护者。在布尔迪厄看来，艺术与生活、独特与平凡、文学与科学的对立，在很大程度上是学校教育灌输的："文学场、艺术场和哲学场被所有通常从少年时代起就被迫完成文化崇拜的神圣仪式的人（社会学家也不例外）的崇拜保护起来，它们用客观和主观的强大障碍反对科学客观化。"② 文学科学要避免逻辑思维或主观诠释的取舍。如韦勒克所说，文学作品兼具一般性和特殊性，把科学方法用于文学，仅限于搜集事实或建立高度概括的法则，就会落入概念化的僵硬，而否认文学研究是一门科学，强调对文学作品的理解具有个人色彩，就堕入了十足的主观性。③ 以文学随笔进行创造批评，无非是对原作的意译，无论怎样充满灵感，都是自我的投射。对文学进行理性认识并不是简单地把自然科学的方法挪用到文学上，但统计学、图表、坐标图等在定量研究上很有帮助。人文科学如哲学、历史、精神分析、语言学、社会学的方法是文学研究的必要工具。狄尔泰曾以"解释"和"理解"这两种认识范畴的对比说明自然科学方法和历史学方法的不同，科学家致力于解释事物的本质，历史学家则致力于理解事件的意义。布尔迪厄则要把"理解"和"解释"都纳入他的文学科学中。他强调文学写作与科学分析的区别，文学的任务是将一个结构和一个故事的复杂性转化为一个感性形象和一种个人经历的具体独特性，这个独特性发挥隐喻和换喻的作用，而科学分析的任务则是揭示和表现这种独特性。④ 所以，他反对以本地的方式，也就是以文学的方式从事文学研究。这就是说，分析家对文学作品的阅读不是文学的，他不像作家（或传记作家）那样以文学方式处理感觉材料，而是以理性系统

① Cf. Louis Pinto, *Pierre Bourdieu et la théorie du monde social*, op. cit., pp. 95 – 96.
② 布尔迪厄：《艺术的法则》，第 156 页。
③ 韦勒克和沃伦：《文学理论》，第 7 页。
④ 参见布尔迪厄《艺术的法则》，第 21 页。

解释感觉材料。阅读文本需要情感投入，但对文本产生的社会世界，不能停留在感性认识上。为了重建作者和文本产生的社会环境，社会学家必须"与'喜爱漂亮的场景和动听的声音的人'即作家对抗：他追求的'现实'不能任人约简为现实在其中显露的感觉经验的直接材料；他不力求让人看到或感觉到，而是构造能够解释感性材料的心智关系系统"。①科学分析力图揭示艺术作品的信息公式、发生原则、存在理由，证明作家如何通过对抗社会决定性成为创造主体，打破唯心主义的圣徒传记神话（对重构的一致性的追溯式记叙）。但科学分析不会消灭创造者，不会简化或破坏作品，反而会强化文学经验，把对作品的感性之爱与心智之爱融为一体，为艺术经验和审美愉快提供最有力的辩护和最丰富的材料。总之，科学分析意味着理解和解释文学经验的能力，不但不会威胁文学经验的自由和独特性，而且提供了审美自由的真正可能性。②

　　如何分析创造过程？布尔迪厄提出了科学分析的步骤：首先消除"创造者"的独特性，在文学场（空间）中建立阐明独特性的关系，然后通过空间的重建活动找回这种独特性。作者像一个点一样被包含在这个空间中。认识这个点，就能通过与一个被构造位置的心理认同，理解这个位置及其占据者的独特性，理解文学场、支持它的信仰、在场中起作用的语言游戏、在场中产生的物质的或象征的利益和赌注的社会生成。③科学分析不意图揭示作品的终极真理，而是揭示作者创作的进行状况，不把作品视为固定的成果，而视为行动的相对清晰但不透明的客观化痕迹④，需要通过一系列问题和假设激活的东西。科学分析可表述为布尔迪厄的社会学公式：［（习性）（资本）］＋场＝实践。鉴于习性和资本都是在时间中累积的，场是一个动态的结构系统，所以这种分析既是生成的，又是结构的。对文艺实践而言，文学家或艺术家的创作，既取决于文学

---

① 参见布尔迪厄《艺术的法则》，第4页。
② 参见布尔迪厄《艺术的法则》，第5页。
③ 参见布尔迪厄《艺术的法则》，第4—5页。
④ 类似地，莫利诺认为文本由三个存在层次构成：中性层次的墨迹、接受策略和生产策略。分析文本就是研究三个维度的互相作用。Cf. Jean Molino, *Ce que nous appelons littérature ... Pour une théorie de l'œuvre de langage, op. cit.*, p. 185.

艺术场中一个位置带有的习性和积累的资本，也取决于创作时刻场中法定地呈现给他的可能性。行动者通过习性感受到场的结构作用，决定如何采取行动。通过生成结构理论，布尔迪厄试图揭示文学形式化的社会内涵，克服本地的文学理论、形式主义美学、反映论、诠释理论和接受美学的局限，努力把文学生产者与文学作品、创作过程与完成的作品、读者参与与作者意志、历史与结构、主体与客体合并为一个科学阐释范式，为文学研究提供总体的社会分析方法。

二 生成结构理论

布尔迪厄像福楼拜那样，努力调和不相容的对立面，超越内部分析与外部分析的取舍。他首先描述批评史的轮廓，指出内部阅读与外部阅读的对立把思想束缚在虚假的困境中。内部阅读是形式的或形式主义的阅读，只关注作品，外部阅读在作品的环境和背景（比如经济和社会因素）中寻找解释原则。布尔迪厄清点了几种内部阅读理论，指出了它们自我封闭的和完全自足的特征。比如，美国新批评派和芝加哥批评家把诗当成自足的"逻辑结构"或"局部结构"，在诗的相互关系和结构中寻找原因，根本不考虑外部因素（作者传记、读者接受等）。韦勒克和沃伦试图从文学语言中抽出本质并确定审美经验的必要条件。俄国形式主义建立了文学（或诗学）语言与日常语言之间的基本对立：普通语言是"实用的""可参照的"，与外部世界联系；文学语言突出陈述本身，远离日常话语，关注"形式的"结构甚于外部参照对象。它只考虑作品系统，即"文本之间建立的关系网络"，抽象地确定这个系统与其他"系统"的关系，在"文学系统"中寻找作品的动因。法国形式主义者（如热奈特）将文学作品看作一个自我参照的相互关系系统，这个系统只由特定文学惯例和"代码"游戏构成。结构符号学家把文学对象看成一个有自身法则的自主实体，它的"文学性"或"诗性"来自语言美学功能占主导的技术和手法，比如诗的语音、词法、句法甚至语义层面之间的平行、对立和等价。形式主义理论家虽承认"文学系统"不是索绪尔语言学的一个平衡和谐的结构，而是表现为对立面的一种不稳定平衡，仍旧相信这个系统的内在发展。在布尔迪厄看来，内部阅读理论的封闭特征是由其理论传统决定的。一是象征形式的新康德主义，如埃利亚代的比较神话学或荣格的心理分析或巴什拉的心理分析，它认定存在着普遍的人类学结构，把文学看作一种不同于科学的普遍认识形式："内部的和形式的阅读重新抓住以不同形式特别是诗的形式呈现的文学理性、'文学性'的普遍形式，就是说反历史的建构性结构"①；二是结构主义，它把文化作品（语言、神话、艺术作品等）看作历史产物，试图通过形式分析发现这些历史产物的特定结构，却不参照作品及其作者产生的经济或社会条件，文本的形式分析消除了文本的背景和时间。结构主义和新康德主义之间的区别体现在"结构主义传统可以说是诠释的：它对成果比对作法更感兴趣；它对作为已确立神话、既定叙述的神话系统比对卡西尔所说的神话–制造行为也就是神话构造、建构、生产行为更感兴趣"。② 总之，布尔迪厄认为这些本质分析都是反发生学的，忽略了文化作品的历史性。类似的，针对文学形式与社会功能的关系，巴特参照雅各布逊的六种语言功能之一的诗学功能，指出许多作品部分地服从文学信息或完全屈从于社会参照功能，因此需要衡量不同作品的文学特定性程度。③ 他主张弄清作家的表达事实如何与社会背景产生关系，但未提出文学特定性的社会历史条件问题。曾在法国大力倡导俄国形式主义的托多罗夫后来对结构主义进行了深刻的反思，他承认结构分析作为工具有助于更好地理解作品的意义，但不应该把结构主义当作目的，应该把文学从形式主义的贫乏中解放出来，让文学向包括所有人类知识的那些理念的大讨论开放，拓宽文学批评的视野。④ 形式主义和结构主义的出现无疑符合当时反极权主义、反意识形态和反宏大话语的需要，但它们的代数分析无力直面复杂的历史现实，构成了另一种固化的意识形态。

布尔迪厄强调生成结构主义与"文学发生学"批评的差异。他认为后者并非真正意义上的"发生"研究，热奈特所说的"前文本"，也就是

①　布尔迪厄：《艺术的法则》，第 166 页。

②　Pierre Bourdieu, *Sociologie générale. Cours au collège de France* 1983 – 1986, *op. cit.*, p. 789.

③　Robert Escarpit, *Le littéraire et le social. Eléments pour une sociologie de la littérature*, Paris：Flammarion, 1970, p. 66.

④　托多罗夫：《濒危的文学》，栾栋译，华东师范大学出版社 2016 年版，第 53、125 页。

作者的草稿、草图、计划，不是发生原则。批评家按时间顺序整理作家的草稿，单纯记录作家在写作过程中犹豫、反复的迹象，无法解释作家的最终选择和文本的生成。通过分析手稿揭示作品生产机制，注重材料考据，貌似"科学"，实际上回到了传统的实证主义文学史编纂学。他主张批评家探寻文本生成之生成以及作家的习性生成，习性是创造劳动的前提。朗松的弟子吕德莱（Gusatave Rudler）提出生成研究旨在确定作家的精神机制和创作手法。他区分了外部批评与内部批评两个概念，前者通过收集作家及其朋友的见证，分析他们的信件，了解作家如何处理他借鉴来的材料，确定其才能的实质和发展方向；后者通过从初稿及其修订中辨别出稳定的发展方向，了解作家的意识走向和无意识走向："如果一个作家制作材料的时序或逻辑顺序始终朝着一个方向发展，或者朝着几个相同的方向发展而定期发生变化，那么我们就抓住了这个作家精神方面的习惯或必然性或规律。"① 吕德莱关注作家创造的精神机制及其无意识层面，与圣伯夫一脉相承。但吕德莱的理论带有 20 世纪 20 年代英国经验主义和批评心理主义的印迹，他并没有将批评方法付诸实施。② 布尔迪厄后来与文本发生学理论家比亚齐对话时承认，手稿研究和前文本分析对于评估作家的写作策略大有裨益，但条件是它要与文本生产中起作用的社会意义相联系。社会决定论是第一位的。他认为真正的"发生学"应该强调变化，也就是一系列社会可能性条件，这些条件可能是心理的，历史的，风格的，但不能等同于前文本。归根结底，"只有关于一个文本的连续版本的分析力求重建写作劳动的逻辑时，才会体现它的全部解释力量，而写作劳动被理解为在场和它呈现的可能性空间的结构限制之下实现的探索"。③ 他批评那些唯文本是从的批评家是受虐狂，不接收来自社会空间的明确信息。为了研究风格，要牢记社会空间的结构。④

---

① 转引自塔迪埃《20 世纪的文学批评》，史忠义译，河南大学出版社 2009 年版，第 235 页。

② Cf. Daniel Bergez et Pierre Barbéris（dir.），*Introduction aux méthodes critiques pour l'analyse littéraire*，*op. cit.*，pp. 43 – 44.

③ 布尔迪厄：《艺术的法则》，第 59 页。

④ Jean – Pierre Martin（dir.），*Bourdieu et la littérature*，*op. cit.*，p. 285.

在外部阅读方面，布尔迪厄指出，马克思主义分析，尤其是卢卡契和戈尔德曼的分析，把文艺作品视为社会世界的简单反映或"象征表现"，把作品与作品被认定表现的作者或集团的社会特征直接联系起来。他借鉴了巴赫金的"折射"论，创立了文学场理论。巴赫金反对简单的反映论，认为文学结构像所有意识形态结构一样，折射着正在形成的社会经济生活，文学在自己的内容中也反映和折射着其他意识形态领域（伦理、认识、政治学说、宗教等）的反映和折射，文学在自己的内容中反映着包含它本身的整个意识形态的视野，因此文学具有独立的、独特的意识形态，并非其他意识形态的简单附庸和传播者。[①] 他强调，马克思主义文论家应该看到，艺术作品用特殊语言表达社会生活，对其他意识形态语言的研究，不如使用第一手文献，而非它们在艺术作品结构中的折射。[②] 布尔迪厄指出反映论仅以作品完成的社会功能来定义作品，过分强调作品的可理解性及其社会利益。外部分析忘记了行动者和产生他们的制度。由此，作品变成自主的，作者无关紧要，文学场的特定逻辑和历史被搁置了。我们知道，马克思主义社会学的不同流派尽管有种种差异，但都把伟大的主题（文学或哲学作品）纳入社会结构的生成中，提倡总体化而非原子化的生成结构方法。卢卡契意欲在文学作品中寻找一种能表现社会问题的本质，戈尔德曼则不认为文学作品内容是集体意识内容的直接反映，他的方法是类比性的，不是决定论的。他提出理解与解释的发生学结构主义方法："首先它以统一的方式来设想一切人类现象，其次它既是理解性的，又是解释性的，因为阐明一个有意义的结构是一个理解的过程，而纳入一个更广泛的结构，对前者来说是一个解释的过程。"[③] 他认为作品世界的结构与社会集团的精神结构是同源的，文学创作的真正主体是社会集团，而不是个人："个别的创作者往往由于他的出身或社会地位，至少是由于他作品的客观意义而属于集团，并且在

---

① 巴赫金：《文艺学中的形式方法》，《巴赫金全集》，第二卷，河北教育出版社 2009 年版，第 123—127 页。

② 巴赫金：《文艺学中的形式方法》，第 128 页。

③ 戈尔德曼：《论小说的社会学》，吴岳添译，中国社会科学出版社 1988 年版，第 240 页。

其中占据一个也许不是决定的、但毕竟是特殊的位置。"① 作家按照其所属集团的意图创作作品，能够不自觉地说明所表现的集团不一定意识到的真理和价值。由此作家成为一个社会集团的代言人。悖论的是："作家的创造力愈低、愈是满足于不加个人经验的描绘和叙述，作品中对社会现实和集体意识的再现也就愈直接。"② 他勉强承认，符合某个社会集团的心理结构的作品，极罕见地由一个与这个集团很少联系的个人构思出来。③ 由此，理解作品就是理解某个社会集团的世界观，解释作品就是在整个社会学结构中论证这种世界观的功能。布尔迪厄承认作品反映作者的世界观，但对这个集团的身份提出了质疑。如果这个集团是创作者出身的集团，很可能不是其受众的集团，如果这个集团是特定的接受者（出资人、受献词者）集团，并不能说明他们是作品生产的动力或目的，最多是一个偶然原因。雅克·里纳尔按照戈尔德曼的方法，在罗伯-格里耶的小说《嫉妒》中寻找作品结构与社会结构的同源性，在嫉妒的情感关系中得出殖民世界观和资产阶级三角关系的结构，他通过形式分析提取合理意义，"十分轻松地从作品的顽念结构过渡到五十年代的社会结构"。④ 他得出结论：作为拒绝资产阶级价值观念的特定思想表现，新小说呈现了意识形态的雏形，"这种意识形态，如同生产方面的技术统治阶层或团体一样，具有这样一种功能，它可以超越由社会主义思想象征着的阶级对抗，同时也能超越同传统的小说和右翼政治思想息息相关的个人主义"。⑤ 这就是说，文学的意识形态来自某种思想观念，而非阶级意识与个人主义的非此即彼。布尔迪厄也看到作品结构与社会结构的同源性，但他强调只有通过场的中介作用，文学艺术等作品才能折射作者的世界观："这类产品的理解和解释，不应该到总体上的社会世界中寻找，如某种马克思主义传统所做的，像卢卡奇或戈德曼那样，而应该到这个

① 戈尔德曼：《论小说的社会学》，第 4 页。
② 戈尔德曼：《论小说的社会学》，第 235 页。
③ 戈尔德曼：《论小说的社会学》，第 14 页。
④ 里纳尔：《小说的政治阅读》，杨令飞、吴延晖译，湖南文艺出版社 2000 年版，第 33 页。
⑤ 里纳尔：《小说的政治阅读》，第 37 页。

社会世界的相对自主的生产者空间，到文学场、艺术场以及在这个特定状况中的学院场这些社会小空间中寻找。"①

在布尔迪厄发表文学社会学系统理论之前，法国文学理论家也试图突破形式主义的封闭语言系统，将现实、历史和社会重新引入文本，同时避免落入反映论的还原模式。1966年，从保加利亚到法国留学的克里斯蒂瓦将巴赫金的对话理论介绍给结构主义统治下的法国学术界。我们知道，巴赫金在《陀思妥耶夫斯基诗学问题》中分析了陀思妥耶夫斯基如何创造由同时共存的众多意识构成的复调小说，"以艺术的形式提出了不同意识的社会分类"。② 由此，复调艺术形式（主题的多声部性和不协调性）是看待世界的方式。在他看来，自信而冷静的作者的独白意识将他人和世界客体化、物化，无法捕捉资本主义社会生活的多元性和矛盾性，复调小说的对话意识反对把持话语权的独白原则，发挥政治和社会方面的反叛和解放作用。因为复调小说是几个意识相互作用而形成的总体，一个意识不会凌驾于另一个意识之上，但也无法脱离另一个意识而单独存在，"处于他（陀思妥耶夫斯基）作品的中心地位的，已不是一个能领会和判断事物的'我'对世界所抱的态度，而是许多个能领会和判断事物的'我'之间的相互关系问题"。③ 我们可以说，巴赫金以"我们思"代替了笛卡尔的"我思"。对巴赫金而言，主体间的对话是语言的真正生命所在，语言无法不受具体的历史语境影响，无法封闭在语言系统和脱离对话交际的文本中。如托多罗夫指出的，巴赫金把言语即文本中所包含的个人陈述放在历史的、社会的和文化的环境中来研究，与意识形态和形式主义保持同等的距离。④ 通过引进巴赫金，克里斯蒂瓦为结构主义带来了新向度——主体和历史维度，她以文本理论完善巴赫金的对话理论，强调文本对话性而非主体对话性，以互文性（intertextualité）代替了巴赫金的主体间性（intersubjectivité）："每个文本的构建都有如用引

---

① Pierre Bourdieu, *Manet. Une révolution symbolique*, *op. cit.*, p. 175.
② 巴赫金：《陀思妥耶夫斯基诗学问题》，第65页。
③ 巴赫金：《陀思妥耶夫斯基诗学问题》，第45页。
④ 塔迪耶：《20世纪的文学批评》，第208页。

言拼成的马赛克，每个文本都是对另一文本的吸纳与转化。"① 也就是说，文本是在作者 – 读者、文本 – 外文本（语境）的对话关系中生产出来的。文本解读历史并置身历史之中。文本既导向它所来自的表意体系（语言和具体的言语），也导向它作为话语而参与的社会进程，由此文本不是庸俗社会学和唯美主义的文学客体，也不可约简为语言学的形式规则体系，"它是一种复杂的实践，其行迹需要由某种贯穿语言的独特表意行为的理论来捕捉"。② 把文本视为实践表明克里斯蒂瓦将互文性纳入弗洛伊德（主体外在于语言及自身）和拉康（主体在语言中构成）的精神分析的综合体系。也就是说，她把符号性引入巴赫金设想的包括作者、读者和外文本的文本空间中，为这个空间增添了无意识的内容。文本是一个符号系统，作为文本中介的语言是思想的实践行为，包括语言表层和前语言的深层，符号的意义在文本的书写过程中形成。写作者不仅有面向读者的对话意识，自身也分为彼此对话的无意识和有意识两个层面。换句话说，言说主体（sujet de l'énonciation）③ 包含互相对话的符号性（le sémiotique，身体能量，心理印记，无意识空间）与象征性（le symbolique，意义领域，立场领域），他制造的任何意义都是两者共同作用的产物。④ 由此，言说主体是超出"我思"的一个多声部构造，"我"不仅感知到自身外的他者，也感知到自身上的他者（异质性），"我"是拉康所说的分裂的或异化的主体。最终克里斯蒂瓦确立了符义分析（sémanalyse）："符义分析以异质性为核心精神，指文本生产过程（符号意义的生成过程）中主体欲动与话语规约的相互作用。"⑤ 巴特借鉴了克里斯蒂瓦的互文理论，将文本的动态过程推向极端，修正他的"作者死了"：主体通过文本的永久生产过程即陈述活动存在，"但这是一个裂变

---

① Julia Kristeva, *Sèméiôtik. Recherches pour une sémanalyse*, Paris：Editions du Seuil, 1969, p. 146.

② 克里斯蒂瓦：《文本与文本科学》，史忠义等主编《风格研究·文本理论》，河南大学出版社 2009 年版，第 317 页。

③ 克里斯蒂瓦把巴赫金的作者称作言说主体，主人公称作陈述主体（sujet de l'énoncé）。

④ 克里斯蒂娃：《主体·互文·精神分析》，祝克懿、黄蓓编译，生活·读书·新知三联书店 2016 年版，第 23—24 页。

⑤ 克里斯蒂娃：《主体·互文·精神分析》，第 260 页。

的、不停移动且被其潜意识之在场－缺席所解体的主体"①，主体可能是作者主体，也可能是读者主体，所以文本不会由作者的个人行为终结，而是永无完形，处于无限互动之中。类似地，法国符号学家高概（Jean‐Claude Coquet）从结构主义转向话语符号学（la sémiotique du discours），他把话语产生的中心称作述体（instance énonçante），可以指身体或说话的人，因此表意不是纯智力的行为。他与克里斯蒂瓦的区别在于他强调话语述体的时间顺序：非主体（身体）先于主体。身体联系着世界和感官经验，以绝对此在（hic absolu）方式，首先以行动的功能中心出现，随即是"我能"，然后是"我知"，最后是自我身份的肯定。② 这就是说，身体的"我能"先于"我思"，但只有理性的人才能表述身体的行动和感觉，尽管表述方式并不完美。社会批评（sociocritique）派也以文本反对外部分析的简单还原法，其代表人物之一齐马（Pierre Zima）认为，卢卡契和戈尔德曼受黑格尔的影响，认定艺术以诉诸感官而不是认识的方式来表现普遍思想，所以他们在文学作品中寻找概念的对等物，把文本简化为意识形态的所指体系，忽视了文本的语言结构。齐马把社会批评等同于文本社会学："小说是在语言上对社会和经济问题作出反应的一套语义、句法和叙述的结构：因此语言是文本和社会之间的中间阶段，社会本身也可以看成是一种词语和非词语的符号体系。"③ 另一位代表人物杜歇（Claude Duchet）提出"区间文本"（co‐texte）的概念——这是文本（作品内部的关系游戏）与现实或外文本（作品涉及的经验空间）之间的一个区域，在这个区域中，文本通过观念加工某种社会材料并与社会和历史相通。社会批评与传统文学社会学的差别在于，它对社会分析的承认是以外部消失在文本中为前提的。社会批评"尤其关注文学前材料和文本材料中可以鉴别出的具有矛盾冲突的微型复调空间以及社会在文本中的记述方式"。④ 这就是说，社会批评虽然试图以语言或观念为中

① 巴特：《文本理论》，史忠义译，载史忠义等主编《风格研究·文本理论》，第307页。
② 高概：《话语符号学》，第21、99页。
③ 齐马：《社会学批评概论》，吴岳添译，广西师范大学出版社1993年版，第124页。
④ 昂热诺、贝西埃、佛克马、库什纳：《问题与观点——20世纪文学理论综论》，史忠义、田庆生译，百花文艺出版社2000年版，第184页。

介融合文本结构与社会结构，仍致力于辨认作品的意识形态维度及其社会表象，考察文本与社会的关系好像两者可以截然分开。

布尔迪厄也意图摆脱本质分析和反映论的"简化"，但他与上述理论派别不同的是，他不以语言为中介，而以场为中介，主张到文学生产场的整个结构和历史中，并通过生产场，到社会世界的整个结构和历史中，寻找作品产生的根源。他重新阐释了互文性概念："作品的空间时刻作为一个占位的场出现，占位只能从相互关系上被理解为区别的差距系统。"①这就是说，一部作品不是孤立地存在的，而是与场中其他作品构成一个关系系统，并相对于其他作品取得意义。但作品并不是作为单纯客体互动，他用"占位"代替文本指涉文学或艺术作品、政治行为和话语、宣言或论战等，强调作品之间的作用是通过作者实现的，互文性离不开行动者的习性、策略和制度。由此，布尔迪厄通过场解决内部分析与外部分析的对立。作品的形式特征和价值来自场的结构和历史，场的相对自主越大，从社会世界的产物直接过渡到场中作品的可能性越小，场中发生的事很难从社会状况中直接推导出来。场的特定逻辑是场的整个历史在制度和机制中的表现，外部力量作为社会决定性（如战争或瘟疫等重大历史事件）被这种逻辑转化之后才能发挥作用，或在作品生产的时刻对场造成影响，或通过生产者的习性起作用，或导致读者趣味的变化。只有对场的自主化过程进行社会历史考察，才能说明作品相对于"社会背景"的自由，如果单纯考虑当时的社会条件，反而会除掉真正的"社会背景"。这个悖论表明，相对于历史的自由之根源离不开历史。鉴于文学场与权力场或社会场是同源性的，大部分文学策略是多元决定的，很多"选择"都是双重行为，既是美学的又是政治的，既是内部的又是外部的。最"纯粹的"艺术或科学作品，终归要完成"不纯粹的"的社会功能，比如区分和社会歧视的功能，或否定社会世界的功能，但这个功能处于纯粹的形式范畴内的自由和决裂中。这样作家就能利用一个集团或一种制度提供的资源，以生产或多或少独立于这个集团或这种制度的利益或价值。

---

① 布尔迪厄：《艺术的法则》，第 176 页。

　　从学术传统来看，内部分析与外部分析的对立通常被描述为结构与历史之间无法调和的矛盾。布尔迪厄要解决的就是这个矛盾。作品形式的稳定是暂时的，而变化是永久的。在布尔迪厄看来，作品的变化原则存在于场中，更确切地说，存在于行动者（或制度）之间的斗争之中："统治者与觊觎者、正统派与异端之间的斗争赌注以及他们为促进自己的利益而运用的策略的内容本身，依赖于已经实现的占位的空间，这个空间作为问题体系运行，倾向于确定可能占位的空间并左右解决方法的寻求，并由此左右生产的发展。"① 行动者（或制度）依其利益及其在场中的特定资本分布状况，采取维护或颠覆策略。作品的产生是两派斗争的结果：一派由于在场中（暂时）占据统治位置，趋向于保守，也就是维护常规和常规化，维护法定的象征秩序，另一派则倾向于以回到纯粹的本原为借口，实行异端式的决裂，批判法定形式，颠覆现行模式。但场的自主性无论有多大，保持和颠覆策略的成功总是依赖外部力量的支持。总有部分异端生产者的颠覆意愿与部分（内部和外部的）公众的期待达成默契，引起生产者位置空间中力量关系的变化，最终导致作品空间发生根本变化（文学或艺术革命）。文艺革命成功后，整个位置空间和相应的可能性空间，乃至整个问题体系，也随之变化。新群体带来了差别，可能占位的空间就发生了变化，原来占统治地位的产品则被降级或经典化。由此，布尔迪厄提出结构与历史的辩证法："只有对结构的认识才能提供对一些过程的真正认识的工具，这些过程导向一种新的结构状况，并由此也包含了对这种新结构的理解的条件。"②

三　阐释理论的重建

　　作品科学考察作品的生产，同时考察作品与读者的关系。马克思主义社会学派对卢卡契、戈尔德曼等人的遗产进行了反思，指出他们默认批评家和有教养的读者规定的作家等级，把目光对准巴尔扎克、帕斯卡尔、拉辛、司各特、罗伯-格里耶等著名作家，忽视了无名作家，所以

---

① 布尔迪厄：《艺术的法则》，第209页。
② 布尔迪厄：《艺术的法则》，第177页。

他们的研究没有反映出作家与公众之间的关系，没有揭示出他们的交流过程，没有把文学生产与阅读结合起来。① 与专注于阅读的文学社会学不同，布尔迪厄把生产和接受一道考察："艺术作品生产的科学，也就是作为自身市场的一个相对自主的生产场和一种以自身为目的并承认形式绝对高于功能的生产之逐步出现的科学，由此是纯粹审美配置出现的科学，纯粹审美配置能够在如此被生产的作品中（以及潜在地，在世界的一切事物中）赋予形式相对于功能的特权。"② 也就是说，作品科学既要考察作为审美对象的作品生产的条件，又要考察作品要求的审美配置生产和持续再生产的条件。布尔迪厄试图重建阐释理论：

　　理解，就是重新抓住一种必要性，一种存在理由，与此同时在一个特殊作者的特殊状况中，重构一个发生公式，对这个公式的认识，有助于以另一种方式，再生产作品本身的生产，体会作品的必然性，这种必然性是在一切情感同化的经验之外实现的：当解释者在自身活动的指引下，意识到行动者的实践的必然性，必然的重构与参与的理解之间的差距才会如此明显，因为行动者在知识场或社会空间中占据的位置与解释者的位置相距甚远，这些位置最终能够作为完全"反情感同化"的东西出现在他面前。③

　　这就是说，理解是通过把握作家和作品的社会必要条件，重构作者的创造公式，而不是将读者的"我"与创造者的"我"直接认同。由于时间与空间的差距，读者无法化身于作者，体会作者的独特经验。所以，移情作用和情感投射都无法导致真正的理解，只有真正的理解才可能导致情感的共鸣。以社会历史距离为前提，布尔迪厄通过与各种诠释学和意识批评的对话重建阐释学。

　　传统诠释学的创始人施莱尔马赫主张通过科学的诠释手法重建文本

① Robert Escarpit（dir.），*Le littéraire et le social. Eléments pour une sociologie de la littérature*, *op. cit.*, pp. 45 – 50.
② 布尔迪厄：《艺术的法则》，第 271 页。
③ 布尔迪厄：《艺术的法则》，第 285 页。

的历史环境，认识作品隐秘的意义，也就是作者写作时的本意。他的继承者狄尔泰到胡塞尔现象学中寻求理论依据。胡塞尔认为经验是不可靠的，应该在纯粹意识中把握事物的本质。狄尔泰把这种理论用于阐释作品，主张解释者排除自己经验的主观成分，消除自我，直达作者本意。类似地，意识批评家布莱主张把自己借给别人，"这另一个人在我心中思想、感觉、痛苦、骚动"。① 显然，他们都不考虑作品产生的历史条件和读者感受，只关注表现在作品中的作者意识。但批评家如何穿越时空领会作者意图，除了通过灵感、直觉？不难看出，这种以作者为中心的诠释理论带有非理性的神秘色彩，源于浪漫主义的天才创造者观念。以伽达默尔为代表的现象学诠释学则以历史距离为由，走向另一个极端，放弃了作者与读者的同一性和唯一的理解，明确反对科学阐释，认为科学无法阐释哲学经验、艺术经验和历史经验："艺术品与我们打交道时带有亲近性同时却以谜一般的方式成为对熟悉的破坏和毁坏。"② 他把诠释看成作品与读者的对话，强调读者对意义的创造作用。在海德格尔影响下，他把诠释学从认识论转移到了存在论的范畴，认为存在的历史性决定了理解的历史性，历史距离产生了新的理解可能性。这样，阅读成了"再创造"，成了"自我向他人的投射"。在布尔迪厄看来，伽达默尔的诠释学理论，是以海德格尔的哲学观念阅读哲学文本，把对哲学文本的充分理解当成执行存在于作品中的一个行动计划。这个计划有一种超历史的有效性，执行是将基于时间性的存在者现实化，把他变成现在的和历史的。由于忽视了作品的历史背景，这种现实化不可避免地会发生时代错误和视域混乱，在文本阐释上陷入自给自足的"自恋主义"，甚至取消主体和客体的区别，把读者变为作者。布尔迪厄把这种诠释学理论视为经院认识论中心主义的产物，因为它把被纳入读者身份和学校教育闲暇中的前提普遍化，把一切理解，甚至实践的理解看成解释，也就是自觉的辨读行为。闲暇是这种阅读形式的可能性条件，阅读在闲暇时并重复进行，目的是提取一种有意的和合理的意义。所以，这种阅读脱离了作品

---

① 布莱：《批评意识》，第 260 页。

② 伽达默尔：《哲学解释学》，夏镇平、宋建平译，上海译文出版社 1994 年版，第 104 页。

和作品评价的历史性，把作品变成了综合化和经典化了的成果（opus operatum），忽略了作品的产生过程尤其是作法（modus operandi）："这就使得好像回想的、综合的、非时间化的阅读得出的读者逻辑，曾经是作者的创造过程的原则。"① 受诠释学影响的接受美学理论和读者反应理论所说的"隐含的读者""大读者""全知全能的读者"，就是有闲暇有教养的读者。对这些读者的个别经验进行现象学分析，把他们的经验当作一切艺术认识的超历史标准，就是忽视了这些读者及其阅读经验产生的社会条件。马舍雷对布尔迪厄的经院理性批判提出了质疑，不同意成果与作法之间的人为划分，好像读者只与成果相关，作者把作品内容一劳永逸地放入仓库，读者只需要原封不动地取出。读者（最典型的读者是教授）不是被动地接受，为了得到符合经院式阅读的文本，不得不对作品进行删节处理，所以文本与作品及其作法仍有社会联系，因为作法的条件超出了纯粹文学和文本的范围。若想不人为地从成果得出作法，布尔迪厄可否提供一种可行的阅读方式，可以自由地和不受限制地在实践上而不只是在理论上重建作品内容？布尔迪厄对《情感教育》的阅读并不是实践的阅读法，而是一种理论的阅读法。② 由此马舍雷强调，读者从来不是透明的接收器，只会机械地重复作者，他不可避免地有主体性，甚至参与文本的制作。布尔迪厄并不否认这一点。关键在于马舍雷没有把布尔迪厄的"作法"理解为一种实践模式。无疑，马舍雷把理论与实践完全对立，把实践理解为纯粹经验的，无法把握的，布尔迪厄主张实践理性，他反对从成果中得出作法，就是反对唯智主义对作品进行纯粹的理论概括，把作品当成提取意义的仓库。实践理解不认定作品有终极意义，强调无意识的创作过程与接受过程。作法是无意识的习性，而不是有意识的规则，若要摆脱不可言喻的状态，就必须通过陈述被客观化，以理论的方式呈现。读者也通过习性在阅读中参与文本的重建。

　　法国诠释学是在结构主义背景下产生的。孔帕农指出：对结构主义者和后结构主义者而言，问题不是对意图的过分警觉，而是他们困在索

---

① 布尔迪厄：《帕斯卡尔式的沉思》，第54页。

② Jean‑Pierre Martin（dir.），*Bourdieu et la littérature*, *op. cit.*, pp. 129－131, p. 137.

绪尔的语言牢笼中，坚持意义由语言系统决定，与意图无关。[1] 巴特、热奈特、福柯、德里达等都对作者和作品概念提出了质疑，认为文本具有多义性和无限阐释的可能性，有多少读者，就有多少意义，文本的意义在接受的万花筒中消解了。在孔帕农看来，这种推崇读者及其无限评论自由的"作者之死"在某种程度上偷换了概念："人们把社会学意义上拥有生平的、在历史经典中占有一席之地的作者与作为阐释标准的作者意图混为一谈。"[2] 他认为作者意图不是深思熟虑的构思，不是事先考虑好的，也不是有意识的。[3] 这就是说，创造的作者没死，创造者的理性意图死了。他的作者意图类似于布尔迪厄的习性。利科试图调和结构主义与诠释学，反对"我思传统以及通过直接直觉认识自己的主体性意图"，把结构思想视为诠释学的客观阶段，即对自身和存在的理解的客观阶段。他认为在历史距离中让人们彼此交流的东西，是既不属于作者、也不属于读者的"文本之物"，主张通过将文本化为己有来实现对自身和存在的哲学理解："诠释，就是揭示那种在文本面前展开的在世。"[4] 文化作品超越创作的心理－社会条件，"只有通过被沉淀在文化作品里的人类符号的大迂回我们才能理解我们自己"。[5] 一切理解都离不开传统的历史性和阐释的历史性，所以异化的间隔（distanciation aliénante）是诠释的条件，它"不仅仅是理解必须征服的东西，它也规定着理解的条件"。[6] 化为己有意味着将真正地让陌生的东西成为自己的，战胜文化上的距离，实现文本诠释与自身诠释的结合："在理解自己中完成对文本的理解，这种完成描述了反思哲学——在不同的场合我称之为具体反思——的特征。"[7] 我们看到，由于不探究社会历史条件，利科的反思哲学与布尔迪厄所说的"反思社会学"相距甚远。在《力量与意义》中，德里达以尼采和海

---

[1] 孔帕尼翁：《理论的幽灵》，第74页。
[2] 孔帕尼翁：《理论的幽灵》，第44—45页。
[3] 孔帕尼翁：《理论的幽灵》，第83页。
[4] 利科：《从文本到行动》，第120页。
[5] 利科：《从文本到行动》，第122页。
[6] 利科：《从文本到行动》，第117页。
[7] 利科：《从文本到行动》，第164页。

德格尔的名义批判结构主义和文学形式主义的技术主义。在德里达眼中，结构主义把作品理解为有限象征的严格组合，文学形式主义单纯地迷恋纯粹形式，是缺乏创造力的表现。德里达把结构概念过度等同于固定的形象和中心的欲望，他以游戏概念消除了结构概念的稳定性，在《书写与差异》中致力于摧毁逻格斯。① 德里达认为，西方传统哲学认为声音是精确的、确实的和直接的，而书写是口语的替代物，具有多义性、模糊性、歧义性，不利于意义的统一性和标准化。语音中心主义导致的逻各斯中心主义是一切社会等级制度和暴力统治的理论基础。② 必须摆脱传统符号论的"表达主义"，突出语言符号本身在书写过程中的"延异"（差异的差异），打破稳定的、静态的、封闭的文本体系，使之成为一个活跃的、动态的、开放的体系。德里达强调书写不是简单地与语音对立，更不仅是语音的增补。作者（讲话者）死后，书写作为一种可能性仍能产生意义，书写甚至指那些非语言或非论述的东西，除了西方传统的书写模式，尤其包括非文字、非西方、前语言乃至非人类独有的书写模式。③ 由此，他赋予书写推翻文学的和社会的等级的颠覆功能。他借助书写发起了诠释学的革命，不再通过重建文本的历史和社会条件恢复作品的"真理"，而是从文本本身出发，由阅读者和阐释者凭借自己的历史经验，赋予文本新生命。所以德里达认为阐释比原作更重要，创造力比创造物更重要，只有阐释和再阐释才能激活作品的意义："只有创作而没有诠释，就将使创作限于'现时的'历史阶段和暂时结构中；创作只有靠诠释，才能维持并不断更新其生命，也才能使创作自身跳出个人生命的有

---

①　马尔蒂：《文学形式主义与哲学：巨大的误会》，《中国文学批评》2016 年第 2 期。

②　在陈中梅看来，德里达将语音中心主义视为"逻各斯中心主义"的特殊表述，经不起学术史考证。从公元前 5 世纪以来，logos 在古希腊语中除了指"理性话语"，还有一个主要含义：与口头诵说的古旧神话形成鲜明可信度对比的"书面论证"，因此"书写"对希腊理性主义的形成起到了巨大的推动作用。参见陈中梅《秘 – 逻模式与西方文化基本结构的形成及其展开态势研究续篇——从怀特海教授关于宗教与科学的一段论述谈起》，载陈思和、王德威主编《文学·2019 秋冬卷》，复旦大学出版社 2021 年版，第 197 页。

③　参见尼古拉斯·罗伊尔《导读德里达》，严子杰译，重庆大学出版社 2015 年版，第 63 页。

限圈子而纳入到整个人类不断延续和不断更新的创造活动中去。"① 他寻求无限的阐释自由，不考虑作家及其作品产生的社会条件，把文本变成具有多重象征意义的符号游戏。与法国诠释学派过从甚密的艾柯提出了有节制的"开放作品"概念，指出作品不应被认为是静止的、不变的现实，而应被看作无限开放的一个整体。作品有无限多的角度，每个角度不只是一个部分或碎片，而是包含了整个作品，从特定的方向揭示了整个作品。无论作品是根据明确的还是不明确的理论创作的，都对潜在的阅读"开放"，作品以内在结构的生命力引导阐释者对作品给予有效的具体的补充，不同阐释的基础既在于阐释者本人的复杂性，也在于作品本身的复杂性。② 但是开放不是无限的，与引导阅读和选择的场相联系："这个场使符号与接受之间的关系成为交流的关系，而不是使之成为荒谬的对话，那样的话，符号就不是符号而是噪声，接受就不是接受而是唯我论的谵语。"③ 艾柯试图通过场在诠释学与结构之间进行某种中和。没有场的限制，阐释就成了他所说的过度诠释。这个场类似于布尔迪厄的场。

在布尔迪厄看来，只有在场中才能找到"创造者"及其创造力的根源。艺术作品的意义和价值问题，如同审美判断的特定性问题，必须到场的历史中，也就是特定审美配置的运行条件中寻找答案。特定审美配置相对自主的场中相辅相成，场在投入游戏的意义上，生产其幻象（illusio）的特定形式，行动者参与到游戏之中，他们对游戏的赞同、对游戏和赌注价值的信仰是游戏进行的根源，艺术作品是信仰相同的一系列行动者共同作用的产物。因此，"艺术作品价值的生产者不是艺术家，而是作为信仰空间的生产场，信仰空间通过生产对艺术家创造力的信仰，来生产作为偶像的艺术作品的价值"。④ 艺术作品被艺术家创造之后，还要被认识和被认可，也就是被具有审美配置的鉴赏者当成艺术作品，才能作为有价值的象征物存在。在高度自主的艺术场中，一些"天真的人"

---

① 高宣扬：《当代法国思想五十年》，中国台湾五南图书出版公司2003年版，第426页。
② 艾柯：《开放的作品》，刘儒庭译，中信出版社2015年版，第24—25页。
③ 艾柯：《开放的作品》，第134页。
④ 布尔迪厄：《艺术的法则》，第205页。

并不熟知场的历史和游戏逻辑，却被奉为艺术家，场的作用表现得最明显。布尔迪厄把画家卢梭和杜尚进行了比较。卢梭未曾受过基本的美学训练，他的绘画主题与手法表现了民众或小资产阶级"美学"的特点。他是一个修修补补的抄袭者，对其同代人有意的戏仿一无所知："他进入游戏但不了解游戏规则，他变成了一种画家—物。他是借助别人并且为了别人的画家，但他确实不是他的所作所为的主体，他不是行动者。"①戏仿是文艺理论的一个重要概念。按照哈钦的定义，"戏仿是一种间接的而又双声的话语，但它无论如何也不是寄生性的。通过改变或重塑从前的文本，它指的是戏仿和被戏仿文本在有区别的情况下互相依存。在这个意义上戏仿其实与其说是一种攻击性的、不如说是一种和解的修辞策略，更多地以另一方为基础而不是攻击它，但仍保持着批判的距离"。②戏仿是被许可的违犯。现代西方文论主张削弱戏仿的滑稽性，突出其互文性。除了"漫画化"，戏仿还包括重复、仿作、转述、引语等，戏仿者的态度可以是致敬、中立或颠覆，或兼而有之。应该说，卢梭这样白手起家的"天真艺术家"毫无戏仿意识，他完全是由艺术场创造的。他受惠于他没有意识到的美学革命。这种革命是目光的革命，这种目光是由艺术场生产的，他的作品只有在这种目光面前才表现为绘画，批评家和艺术家只有以这种目光看待他，把他置于艺术可能性的空间中，才会承认这个置身于绘画史之外的"画家"。杜尚是卢梭的典型对立面，他熟谙学院派绘画传统，不断打破惯例，企图通过永久革命超越所有过去和现在的艺术。他厌倦了纯粹视觉的艺术，试图创立观念艺术。但他的创造是有意识的和有准备的，他生产的与其说是艺术品，不如说是作为艺术家的生产者。他制造的成品《泉》（小便池）以挑衅般的自由，证明了创造者的观念力。杜尚与卢梭的差异就体现在这种自由上，他借此显示与自己作品的距离。他不仅完全掌控了游戏规则，还巧妙地操纵游戏提供的所有可能性，他假装回到单纯的良知，戳穿热情的批评家对他的作品

---

① Pierre Bourdieu, *Sociologie générale. Cours au collège de France 1983 – 1986*, op. cit. , p. 841.

② Linda Hutcheon, *A theory of parody. The teaching of twentieth – century art forms*, New York: Methuen, 1985, 2000, p. xiv.

过分烦琐的阐释，要么通过讽刺或幽默，使一部有意多义的作品更加模棱两可。① 可见，卢梭完全是艺术场的产物，甚至是艺术场的玩物，杜尚则是高度自觉的创造者，体现了习性的策略维度。他们之所以都被后人当作画家，就是由于艺术场的特定逻辑的作用。因此，场的概念打破了"创造"的超凡魅力观念，揭穿了"创造者"及其创造魔力的真相。

布尔迪厄的作品科学不仅考虑作品的直接物质生产者（艺术家等），还考虑全体行动者和制度，一方面是批评家、艺术史学家、商人、收藏家、学士院、沙龙、评审委员会，他（它）们通过生产对艺术作品价值的信仰，加入艺术品的生产；另一方面是主管艺术的政治和行政机构等，它们能够影响艺术市场，促进生产者的生产和消费者的生产。传统艺术史致力于对单个艺术家生产的社会条件的分析，尤其把注意力放在艺术家的社会出身及其所受教育上，它接受艺术"创造"的传统解释模式，即把艺术家当成艺术作品及其价值的绝对生产者，即使它关注接受者和参与者，也未看到他们对作品和创造者的价值创造的作用。可是，文学艺术生产者首先是在生产场中被批评家、出版家、商人创造和发现的。出版家或商人可以组织作品的传播并使之合理化，他们作为中间人和屏障，帮助生产者保持个性和"无关利害"的表象，使他们避免与市场接触，摆脱与作品经营相关的不体面任务。由于对游戏（幻象）及其赌注的神圣价值的集体信仰，所有加入艺术场的行动者进行信用交换，于是，在艺术家之间，艺术家与赞助人或收藏家之间，艺术家与批评家之间，形成了互相认可的循环。作为神圣的和被认可的物品，艺术产品是一个巨大的象征炼金术工厂的产品。艺术生产场也发生了变化，作品记录、保存和分析制度建立起来，业余和职业鉴赏家增多，作品和艺术家的流通加强，阐释者与艺术作品之间的新关系产生了。所以艺术家越来越依靠评论和评论家的介入，评论家通过他们对艺术和艺术劳动的思考直接促进作品的生产。关于作品的话语不只用于促进理解和评价，还用来推动作品及其意义和价值的产生："这种话语和它帮助传播的文化生产的表象，以作为偶像的'创造者'的社会创造条件的身份，构成了这个特殊

---

① 布尔迪厄：《艺术的法则》，第223页。

生产过程的完整定义。"① 正是共谋关系将这些有教养的人与文化游戏连在一起，把这个游戏变成客观存在。由此，布尔迪厄对马克思的艺术生产观点提出了质疑。马克思把艺术家视为艺术产品的唯一负责人，认为艺术作品的商业价值与其生产成本无法类比。他指出："宗教、家庭、国家、法、道德、科学、艺术，等等，都不过是生产的一些特殊的方式，并且受生产的普遍规律的支配。"② 在布尔迪厄看来，马克思把艺术生产等同于一般物质生产，把艺术家视为艺术产品的唯一生产者，显然未看到全体行动者和制度的作用，尤其是艺术场的特定信仰。其实，艺术作品的价值既包括物理或化学的物质成分即技术工人的劳动，也包括特有的象征成分即艺术家的劳动，前者的比例比后者低得多。象征生产劳动无法还原为艺术家的物质生产行为。艺术作品与一般产品的区别在于信仰的作用："艺术作品与象征收益微乎其微的产品相反，它以宗教财产或服务、各种护身符或圣体的形式，只接受一个作为集体无知（méconnaissance）的集体信仰的价值，这种集体无知是由集体生产和再生产的。"③ 那么，很自然地，从简单的产品（如工具或衣服）到神圣的艺术品，若无制造物的价值生产劳动，物质生产劳动便毫无意义。比如"宫廷披风"只有通过宫廷才能体现自身的价值，宫廷再生产构成宫廷生活的行动者和制度的系统，行动者和制度负责生产和再生产宫廷的习性和服饰，同时满足并生产对宫廷披风的"欲望"。但宫廷服装随着宫廷和相关习性的消失而消失，没落贵族沦落为马克思所说的"欧洲的舞蹈教师"。由此，布尔迪厄为马克思的唯物主义补充了象征的维度。

四 《情感教育》的阅读

布尔迪厄借助对福楼拜的小说《情感教育》的研究，将他的作品科学理论付诸实践。布尔迪厄把福楼拜视为一个不自觉的社会学家，认定作家在《情感教育》中提供了对小说进行社会分析的所有必要手段，仿

---

① 布尔迪厄：《艺术的法则》，第 206 页。

② 马克思：《1844 年经济学哲学手稿》，中共中央编译局编译，人民出版社 2014 年版，第 78 页。

③ 布尔迪厄：《艺术的法则》，第 141 页。

佛作家以文学写作的形式执行了社会学家的分析步骤。

（一）社会空间的构建

按照布尔迪厄的分析，福楼拜构建了第二帝国的社会空间。

首先，福楼拜通过描述招待会、晚会和朋友聚会这类社交网络，标出了不同的社会位置，构建了《情感教育》的社会空间。小说主角外省青年弗雷德里克·莫罗，刚刚通过中学毕业会考，到巴黎读法学院，前途无量。但他致命的弱点是犹豫不决，他时而对资产阶级飞黄腾达的目标表现出朦胧的愿望，时而心血来潮地热爱艺术。弗雷德里克是一个不确定的或更确切地说决定在客观和主观上不确定的存在。他本可以靠年金自由自在地生活，却因为他的投资的变化受制于人，甚至在情感上也是如此。投资的变化导致他的选择：他把自己举荐给有钱有势的唐布罗斯，又千方百计地接近阿尔努太太——他眼里理想女人的化身。他的全部生活围绕着小说中确立的权力场的两极展开：一极是大资产阶级唐布罗斯代表的政治和经济权力，政治和爱情野心的最高目标。他们享用最稀罕的菜肴、美酒，最漂亮的银餐具。沙龙充塞着艺术品。男人和女人保持惯常的严肃和端庄。另一极以画商阿尔努为标志，他是艺术空间中金钱和商业的代表。他通过无私、信任、慷慨和友情的把戏欺骗艺术家，只给他们作为"名誉"的象征利益，而把他们劳动产生的物质利益据为己有。对艺术家，他表现为资产者，对资产者，他又表现为艺术家。罗莎奈特的沙龙所代表的"半上流社会"介于"上流社会"与阿尔努掌控的放荡不羁文人中间，会集了来自两个对立空间的人。这个寻欢作乐的环境，兼有前者的奢华与后者的自由，无须强装的禁欲主义和道德面具。这就是弗雷德里克活动的空间。

接下来，福楼拜通过讲述几个少年的故事建立了类似社会学实验的条件。这几个少年首先集中在共同的大学生位置上，接着就被抛入这个空间中。他们类似于一个引力场中的若干粒子，他们的轨迹将由场的引力和他们自身的惯性来决定。这个引力场就是布尔迪厄所说的权力场："权力场是行动者或机构之间的力量关系空间，这些行动者或机构的共同点是拥有必要的资本，以在不同场中占据统治位置。"① 更确切地说，"权力场是牛顿意义上的真正环境，社会力量即引力或排斥力在这个场中起作用，这些力量以心理动机的形式诸如爱情或野心，找到其现象学表现"。② 也就是说，这个场充满了相互作用（竞争关系或冲突关系），最强烈的相互作用是福楼拜最为关注的情感关系。进入场的人会受到场中力量的影响，由此他们的惯性一方面"存在于他们从其出身和轨迹得来的配置中，这些配置意味着在一种存在方式中延续的趋向，因而意味着一种可能的轨迹；另一方面，这种惯性存在于他们继承的资本中，这种资本有助于确定场分配给他们的可能性和不可能性"。③ 行动者通过习性和资本加入权力场的游戏，资本构成了游戏的王牌、游戏的方式和游戏的结果。

在布尔迪厄看来，人存在的目的就是占有表现为各种资本的财产，人与财产之间的关系是相互占有。参加游戏的人能否取得或保住权力，首先取决于他们拥有财产也就是王牌的多少；其次取决于他们支配财产的态度也就是他们成功的愿望是否强烈："只有当财产控制继承人，尤其通过暂时领受财产的人和应该保证延续财产的人，'死人（也就是财产）抓住了活人（也就是一个准备并善于继承的物主）'时，财产（及由此而来的整个社会结构）持续存在的倾向才能实现。"④ 关于遗产，巴尔扎克的典型人物葛朗台说过一句精辟的话，老女仆拿侬来问他客人来了吃什么，他说去田庄上打几只乌鸦。"可是，老爷，乌鸦是吃死人的。""人还吃死人呢，要不遗产是什么。"这是马克思说的"死人抓住活人"的典型例子。这群少年拥有的资本和成功愿望则不尽相同：贵族出身的西齐富有、高贵、交际甚广、优雅，但不怎么聪明而且没什么野心；小资产阶级出身的德洛里耶聪明并具有强烈的成功愿望，但他贫穷，没有关系也不漂亮；富裕农民出身的马尔蒂侬比较富有，比较漂亮，比较聪明且急欲成功；同属贵族出身的弗雷德里克，相对富有，有魅力、聪明，什么

---

① 布尔迪厄：《艺术的法则》，第 192 页。
② 布尔迪厄：《艺术的法则》，第 6 页。
③ 布尔迪厄：《艺术的法则》，第 7 页。
④ 布尔迪厄：《艺术的法则》，第 8 页。

也不缺，除了成功的愿望。对他们而言，要取得社会成功，就要严肃地参与被社会认可的游戏，要严肃对待被社会指定为严肃的所有人和事。对游戏的信仰，对游戏的价值及其赌注的信仰，表现在严肃中。萨特在《家庭的白痴》中写福楼拜为庸人的愚蠢而眩晕："愚蠢，被动的综合，是盈满，是存在。也是秩序……在通过仪式的一体化和傻瓜的社会成功之间，有那么大差别吗？为了飞黄腾达，需要好好地玩游戏，如此而已。为了交往，应该严肃对待自己。"① 弗雷德里克则缺乏严肃。他拒绝过循规蹈矩的生活，拒绝两种属性，即一个"身份"和一个有年金陪嫁的配偶。他在沙龙里总要避开男人们无聊的谈话，逃到女人们身边。他对法学院的课程感到厌烦，热衷于写小说，作曲，绘画，逛美术馆，看戏。而马尔蒂侬严肃地进入了弗雷德里克仅仅在扮演的角色，他总以他的"严肃"打动"严肃的人"，他想方设法增加财产，利用他继承来的资本（财富和关系，漂亮和聪明），当上了参议员，达到了客观上的最高轨迹。西齐只是保住了财产，回到了"他祖先的城堡"中。弗雷德里克想继承而又不受制于财产，他甚至通过财产延长他的不确定状态。由于无法确定自身，他通过双重游戏或策略暂时留在资产阶级空间内。他在艺术与商业、狂热的爱情与合理的爱情之间难以抉择。在感情上他三心二意，对阿尔努太太的爱得不到回应，先转向富有的继承人罗克小姐，后又通过对时间的巧妙分配和谎言，谋求上流社会贵妇唐布罗斯夫人的理性爱情和半上流社会女子罗莎奈特的轻浮爱情，结果一无所获。同样，他在政治上也模棱两可，在保守主义与革命之间犹豫不决，最终在竞选中失败，无法保住和占据统治地位，跌至单身小资产者的窘境。所以，对艺术与金钱、纯粹爱情与唯利是图的爱情不可调和的体验是弗雷德里克情感教育的内容。弗雷德里克与德洛里耶之间的关系显示了继承人与只继承了占有欲望的人之间的对立，也就是资产者和小资产者之间的对立。小资产者企图被认同并获得地位，资产阶级继承人可以挥霍他的遗产或拒绝接受遗产，他的洒脱似乎变成了对觊觎者野心的暗中谴责，德洛里耶对弗雷德里克的奢侈充满怨恨，他一厢情愿地为弗雷德里克谋划未来，

① Jean - Paul Sartre, *L'Idiot de la famille*, *op. cit.*, 1971/1988, p. 625.

甚至要取而代之，欲借他的财产取得自己的社会成功，发达一时，终究落魄。小资产阶级的另一个代表是于索内。他既没有物质财产（年金），又没有被认可的智力财产，沦为放荡不羁的文人。总之，由于这些少年带入权力场中的资本和习性完全不同，他们最终的成就（实践）也迥然有别。

布尔迪厄指出，福楼拜还勾勒出社会空间的一个重要区域即文学场，它围绕纯粹艺术与资产阶级艺术建立起来，资产阶级艺术表现为两种形式，一种是主要的商业艺术，以资产阶级戏剧为代表，与唐布罗斯夫人的形象相关，另一种是次要的商业艺术，以通俗喜剧、夜总会或消遣小说为主，由罗莎奈特代表。放荡不羁的文人组成了一个前所未有的艺术家群体，产生了自己的市场，对异端表现出某种社会认同，促进了自主的文学场的形成。在这个反经济的经济世界里，世俗成功（金钱、荣誉、女人等）与艺术价值是互相冲突的。

不难看出，布尔迪厄把《情感教育》变成其社会分析的典型文本，把福楼拜变成了自己理论的代言人，这部小说成为［（习性）（资本）］＋场＝实践的例证。他甚至认为，社会学家的观点与作家的观点是一致的，社会学不是被引进到作品中的，而是本来就存在于作品中的，形式化的解读障碍一扫除，社会分析便呈现出来。显然，社会分析不是作家福楼拜自己做出的，而是社会学家布尔迪厄替他做出的。美国社会学家伊斯特伍德认为布尔迪厄把社会生活简化为权力关系，对"权力"概念的使用像福柯一样空泛，对《情感教育》进行了歪曲的解读，"把它主要当成19世纪巴黎'文学场'的一种社会分析"。① 但布尔迪厄是否止步于社会分析？布尔迪厄的理论与传统的还原论文学社会学有什么分别？

（二）内部分析与外部分析的统一

布尔迪厄分析《情感教育》时列出了这部小说的四种经典阅读方式。概括而言，杜梅尼尔（R. Dumesnil）把小说当成时代和永恒人性的反映，蒂博代在小说中看到女性形象的三种象征和人类愚昧的对立表现，杜山

---

① Jonathan Eastwood, Bourdieu, Flaubert, and the sociology of Literature, in *Sociological Theory*, 25：2 June 2007, pp. 149－150.

(J. – L. Duchin) 指出施莱格尔夫人是阿尔努夫人的原型，萨特在弗雷德里克身上看到了福楼拜的女性化。[①] 这四种阅读大致可归结为反映论、寓意分析、传记分析和精神分析。布尔迪厄没有直接评判这些阅读，他通过文学场理论提出自己的阅读对它们做出了回应与反驳、质疑与补充。

布尔迪厄首先将福楼拜的创作置于历史构造的文学场中。福楼拜要写的作品必定与从前的作品处在互文关系中。新来者只有掌握构成现行问题体系的全部成果，并在这个差距系统里产生一个新占位，才能合法地进入场中。所以，分析者要化身为刚入场的福楼拜，发现他在一个尚未被其先锋行为改变的文学空间里能做的事情。透过分析者的目光，我们看到，这个世界里有各种参照物，如资产阶级戏剧或良知小说的贫乏浪漫主义，尚弗勒里的现实主义，戈蒂耶的纯诗，拉马丁的感伤浪漫主义，勒孔特·德·李勒的形式主义，米什莱的《罗马史》，以及圣－伊莱尔、拉马克、达尔文、居维叶的物种起源论和进化论。福楼拜利用了这个可能性空间里的所有资源。从小说主题上看，《情感教育》与米尔热的《放荡不羁的生活场景》，尚弗勒里的《玛丽叶特》，巴尔扎克的《一个外省大人物在巴黎》《浪荡王孙》《幽谷百合》有契合之处，都是青年入世之初在巴黎的沉浮。福楼拜在《情感教育》中让德洛里耶对弗雷德里克说："想一想《人间喜剧》中的拉斯蒂涅吧。"[②] 弗雷德里克与拉斯蒂涅在文学可能性空间中互相对立，而这个空间同时存在于评论家和作家的脑子里。但福楼拜没有被互文性之网缚住，他与模仿者的区别表现在他对可能性空间的支配能力上。他把弗雷德里克塑造为巴尔扎克的人物拉斯蒂涅的反衬。弗雷德里克身上有拉斯蒂涅的影子（后者也曾经是感伤的青年，看到了人生的真面目："服从吗？受不了；反抗吗？做不到；斗争吗？没有把握。"[③]），但他一事无成，拉斯蒂涅则最终飞黄腾达。布尔迪厄指出，福楼拜对巴尔扎克的参照表明了尊敬与距离。《情感教育》以1848年革命为背景，福楼拜认为自己创作了"一部伟大的、完满的、

---

① 布尔迪厄：《艺术的法则》，第42—44页。
② 福楼拜：《情感教育》，第16页。
③ 巴尔扎克：《高老头》，第251页。

巴尔扎克式的、描写巴黎的小说，这部小说是它的时代所要求的，是它的时代的艺术所规定的"。① 福楼拜的革新体现在他对主题的处理方式和在小说形式的探索上。他从自然科学和历史科学中汲取知识和方法，努力以科学目光的中立代替社会艺术的说教，把古代语言学者的冷静和帕纳斯诗派的雅致融为一体。所以，福楼拜不愿被当成所谓的现实主义小说家，他反对现实主义对美学价值与道德（或社会）价值的混同，他要通过形式化在美学上创造一切。《情感教育》采用的自由间接引语②模糊了作家的态度，比粗俗琐碎的现实主义描绘更真实，引起了读者的不安和愤怒。与巴赫金解读的陀思妥耶夫斯基类似，福楼拜"要寻求的，首先是具有充分价值、似乎不受作者制约的主人公语言。这种主人公语言所要表现的，不是主人公的性格（或其典型性），也不是他在某些具体生活环境中的立场，而是主人公在世界中采取的最终的思想立场，是主人公对世界的看法"。③ 在起义者与国民自卫军的街垒战中，"倒下去的伤兵，横卧的死尸，好像不是真地受了伤，真的死了。他（弗雷德里克）觉得在看一出戏。"④ 福楼拜打破了伦理学与美学的关联，显示出唯美主义的中立主义。作家致路易丝·科莱的信提供了佐证："诗人，画家，雕刻家，音乐家，却为形式绞尽脑汁；通过语句、轮廓、色彩、韵律，证明我们的存在，觉得这才是世上最美的事！"⑤ 可以说，作家以康德式"无关利害"的审美判断悬置了道德判断：对内心的浪漫主义和人道的浪漫主义的绝望，对自我和民众的情感教育的浪漫主义的绝望。

　　《情感教育》是一代人的史诗，不是个人自传。1864 年，福楼拜在写给友人的信中说："我想描绘我们这代人的精神史。'情感的历史'或许更真实些。这是一本关于爱情的书，关于激情的书，但只能是现在才存

---

① 米歇尔·雷蒙：《法国现代小说史》，第 131 页。

② 按照托比亚的说法："自由间接引语建立了一个不稳定的中间区域，这样叙述者有可能同时在话语的两个层次上运作。"André Topia, Contrepoints joycien, *Poétique*, n° 27, 1976, p. 352.

③ 巴赫金：《陀思妥耶夫斯基诗学问题》，第 75 页。

④ 福楼拜：《情感教育》，第 273 页。

⑤ 福楼拜：《福楼拜文学书简》，第 28—29 页。

在的激情，也就是说无生气的激情。"① 福楼拜避免像卢梭那样袒露个人
的灵魂。福楼拜与其人物有很多可比之处。像弗雷德里克一样，福楼拜
是一个不确定的存在。他逃避社会决定性，不谋求固定的资产者位置
（固定身份和配偶），也拒绝知识分子特有的标志，比如加入文学团体或
为报刊写作。他也像弗雷德里克一样，对现实持幻灭的态度，逃到想象
的世界里。他无法认真对待现实，这个令人恐惧的现实压迫着他。他通
过写作体验在日常生活中无法连续或同时占据的所有社会位置："我曾经
是尼罗河上的船夫，布匿战争时代罗马的'拉皮条者'，然后是苏布尔的
希腊修辞学家，我在那儿受尽跳蚤的折磨。我在十字军东征时死去，因
为在叙利亚的河岸上吃了太多的葡萄。我曾经是海盗和僧侣，江湖骗子
和马车夫。也许是东方的皇帝?"② 布尔迪厄像萨特一样认为，福楼拜通
过写作破坏了社会存在的决定性，意味着脱离群体的限制和关系网的束
缚，抵抗事物的客观性、不透明性和永久性。但布尔迪厄反对萨特把人
物视为作家的变形，因为福楼拜没有像弗雷德里克那样纯粹沉湎于幻想，
而是把后者无用的激情变成了文学构想，通过写他的故事成了作家，表
明他与自身及其对施莱辛格夫人的爱完全保持距离。也就是说，福楼拜
克服了弗雷德里克消极的不确定性，以"创造者"的积极不确定性取而
代之。布尔迪厄强调福楼拜通过形式化（戏仿，有意模糊的引文，直接
引语、间接引语和自由间接引语的巧妙连接，代表假定的"仿佛"一词，
未完成过去时和简单过去时与现在时的对照，令人遐想的空白，常见的
连词省略等），在小说中实现了对自我的客观化、对自我的社会分析。③
福楼拜将反思性引入了小说："弗雷德里克被自己的话陶醉了，竟然相信
了这些话。"④ 这部小说不是居斯塔夫在弗雷德里克身上的主观投射，福
楼拜毫无弗雷德里克的犹疑，他主动拒绝文学场中一个固定位置的所有
决定性，并充分利用局限性中包含的自由。但弗雷德里克某种程度上也

① Gustave Flaubert, Lettre à Mlle Leroyer de Chantepie, 6 octobre 1864, *Correspondance*, Paris: Gallimard, t. III, 1991, p. 409.
② Gustave Flaubert, Lettre à George Sand, 29 septembre 1866, *Correspondance, op. cit.*, p. 536.
③ 参见布尔迪厄《艺术的法则》，第28—29页。
④ 福楼拜：《情感教育》，第399页。

代表了福楼拜被保留的可能性，作家的政治、伦理、审美态度通过他描写的人物传达出来。在布尔迪厄看来，弗雷德里克是延期的资产者和临时的知识分子，他在一段时间内表现出知识分子的姿态。弗雷德里克追求的不确定的普遍存在，与作家职业的社会定义，与永恒"创造者"、无根无系的艺术家形象是一致的。福楼拜通过弗雷德里克这个他极有可能成为的另一个自我，表达了关于社会世界的唯心主义观念，即超越的观念和至高无上的观者的绝对观点。与萨特在弗雷德里克身上看到了福楼拜的女性化和同性恋倾向不同，布尔迪厄看到的是社会差别带来的习性差别，即资产阶级的优雅与民众阶级的粗俗之间的差别，前者通常被视为带有女人气，后者则被视为具有男子气概。

　　按照布尔迪厄的总结，福楼拜在《情感教育》中描述了文学空间中与他对立的位置及其占据者（文学场），并通过与他相连的所有位置构成的整个关系系统，描述了社会空间（权力场），作品通过形式化折射了作家的世界观。由于文学场与权力场是同源性的，福楼拜的文学策略不是纯粹文学的，他的"选择"也是双重行为，既是美学的又是政治的，既是内部的又是外部的。由此，"《情感教育》以一种极为精确的方式重建了社会世界的结构乃至精神结构，精神结构受到社会结构的影响，是作品的发生原则"。① 福楼拜成了社会学家布尔迪厄的替身。在杜布瓦（Jacques Dubois）看来，布尔迪厄以自己的阐释工具，对《情感教育》进行了细读，激活了小说文本并扩展了其内涵，揭示了其潜在逻辑。小说以幻灭的语调描述的失败与失望随着岁月淡化了，布尔迪厄的分析紧贴文本，复活了福楼拜天才的社会意识。他的社会学评论几乎是《情感教育》含英咀华的重写。② 应该说，布尔迪厄对《情感教育》的社会分析是一种"作者批评"，是通过社会历史诗学对《情感教育》的重新制作。布尔迪厄没有将福楼拜当成投射对象，他的社会学阅读通过消除文学魔力来重建文本暗含的社会现实，揭示深层的社会结构和心理结构。他强调福楼拜与作品保持客观化的距离，《情感教育》不是作家所属的资

① 布尔迪厄：《艺术的法则》，第 29 页。

② Jean‑Pierre Martin（dir.），*Pierre Bourdieu et la littérature*，*op. cit.*，pp. 88 – 89.

产阶级世界观的直接反映，作家舍弃了独白的神学位置，"但他如同一个斯宾诺莎学派的上帝，在创世的时候既是内在的，又是外延的，这就是福楼拜的观点。"①福楼拜的反思小说成为布尔迪厄的反思社会学"导引"：社会学家与小说家不同，不应扮演斯宾诺莎式的上帝角色，即通过直觉的"第三认识"反对信念认识和理性认识，② 而应反思人文科学专家的认识论无意识和社会主体的无意识的社会历史条件。

布尔迪厄对《情感教育》的阅读将作品与作者、内部分析与外部分析、作者与读者结为一体，从作品中既读出了社会构成，也读出了风格构成，为多层次阅读开辟了道路。但他的阅读旨在提供启发性的研究纲要，不奢望盖棺定论并穷尽福楼拜问题。③

五 小说社会学释例

布尔迪厄不否认小说也可代理社会学的角色。如艾柯所说，艺术不限于认识世界，还产生对世界的补充和一些自主的形式，艺术形式即便不被视为科学认识的替代物，也应该被视为认识论的隐喻："在每一个世纪，艺术形式构成的方式都反映了——以明喻和隐喻的方式对形象这一概念进行解读——当时的科学或者文化看待现实的方式。"④ 巴赫金看到文学相对于其他社会科学的认识论优越性。他认为，文学的伦理的、认识的内容，并非来自固定的意识形态系统，而是直接来自对时代精神和其他意识形态的形成过程的认识。由此，文学经常以一种不发达的、未经论证的主观形式，预见哲学的和伦理学的意识形态要素："文学善于深入到形成和构成它们的社会实验室本身中去。"⑤ 哲学家布弗雷斯将文学

---

① 布尔迪厄：《艺术的法则》，第 68 页。对斯宾诺莎而言，宇宙不只是物质，也是精神。"神学不是否定而是吸收自然科学。作为神的自然包括人的本性，具有尊严的知识，既是关于外在事物的又是关于我们的知识。"参见罗斯《斯宾诺莎》，谭鑫田、傅有德译，广西师范大学出版社 2018 年版，第 33 页。

② Pierre Bourdieu, *Sociologie générale. Cours au collège de France 1981 - 1983*, op. cit. , p. 87.

③ Jean - Pierre Martin (dir.), *Pierre Bourdieu et la littérature*, op. cit. , pp. 286 - 287.

④ 艾柯：《开放的作品》，第 16—17 页。

⑤ 巴赫金：《文艺学中的形式方法》，第 124 页。

视为一种"实践认识"方式。① 同样地，布尔迪厄承认唯独文学具备感性和细致的分析，他从赫拉巴尔、伯恩哈德、马拉美、帕斯卡尔、福楼拜、波德莱尔、福克纳、莫泊桑、克劳斯、李贽、伍尔夫的作品中寻找社会学研究的方法："作家们教给我们很多：就我而言，他们帮我摆脱包含在关于科学劳动的科学主义的或实证主义的表象中的限制或前提。"② 罗伯-格里耶使布尔迪厄看到新小说在时间观念上的先进性以及对信念经验的质疑："新小说，在某种程度上，可被读作对生活历史的不可能性的一种思考。经常出现的情况是，艺术场和文学场走在科学场前面：他们对科学场以为自然而然的东西提出疑问。当文学场不断地对叙述、'叙事性'、连续或线性话语的观念提出提问，社会学家或人种学家继续毫不怀疑地写出连续话语、叙述。"③ 小说家率先对总体化的小说提出质疑，也对总体的或统一的生活本身提出质疑，宣扬一种荒诞的、无意义、无一致性的生活哲学。为什么要以目的论的、单向的线性叙述统摄断续的、零散的、没头没尾的、充满喧哗与骚动的生活？布尔迪厄借此抛出社会正义论问题："难道在采用这种简单叙述技法的简单事实中没有一种结构强制作用？"④ 通过对几部小说的简要社会学分析，布尔迪厄阐明其社会学概念：形式化也是一种伦理的和政治的立场。

（一）《埃米莉的玫瑰》

在《艺术的法则》中，布尔迪厄通过阐释福克纳的短篇小说《埃米莉的玫瑰》，提出了一种关于阅读的行为理论。他没有分析形式和情节，而是从福克纳的小说写作与阅读的前提和手段的社会性质入手，考察了习性如何成为一切预想和前提的原则。在福克纳不露痕迹的安排下，埃米莉依照人们对贵族的信念和常识，欺骗药铺老板和她的同乡，毒死了她的情人，40 年来一直在房间里保存着他的尸体，她死后才真相大白。读者读到小说的最后一页，才发现自己错了。福克纳依靠贵族观念，比如小说中明确提出的"是贵族就得行为高尚"，表现一个骄傲的老妇人

---

① Gisèle Sapiro, *La sociologie de la littérature*, op. cit., p. 63.

② Pierre Bourdieu, *Choses dites*, op. cit., p. 179.

③ Pierre Bourdieu, *Sociologie générale. Cours au collège de France 1983 – 1986*, op. cit., p. 835.

④ Pierre Bourdieu, *Sociologie générale. Cours au collège de France 1983 – 1986*, op. cit., p. 837.

（没落贵族的象征）的所作所为，激发属于这个社会本质的所有预想。他暗中打破了"阅读契约"，将读者不知不觉中引向虚假的迹象和线索，但读者并不是天真无辜的，他们的认识和感觉被习性控制，他们既是骗局的受害者又是同谋。因此，布尔迪厄强调，《埃米莉的玫瑰》是一部反思的小说，反思的创作需要反思的阅读，反思的阅读发现的不只是迷惑人的假象，还有读者的自欺，但自欺不是萨特所说的有意识的。文学表达与科学表达一样，依赖传统规则、社会构建的前提和分类模式，但它并非自然而然地显现，而是隐匿在偶然的和特殊的事件中，只有经过科学分析才能显示出来。

在布尔迪厄看来，福克纳的小说是探索时间的真正机器，福克纳通过故事结构和叙述手段促使社会学家思考对生活和生活叙述的时间的经验，提出一种关于时间经验的理论。萨特把福克纳《喧哗与骚动》的时间哲学表述为："人毕生与时间作斗争，时间像酸一样腐蚀人，把他与自己割裂开，使人不能实现他作为人的属性。"[①] 他认为福克纳没有看到时间的未来才陷入绝望。既然时间是从外部强加给意识的，那么"首先是意识，然后才取得时间属性"。[②] 布尔迪厄反对萨特以意识哲学解释福克纳的时间观念，指出时间化既不是一种胡塞尔的先验意识的构成活动，也不是海德格尔的此在的活动，而是"与其他习性协调的一种习性的时间化，习性是时间存在、所有预想和前提的社会构成原则，我们通过这些原则在实践中构建对世界的意识，也就是世界的意义，但同时，密不可分地，构建面对世界的将来的方向"。[③] 习性建立了人们与世界和时间的实践关系。

（二）《到灯塔去》

在《男性统治》中，布尔迪厄通过对卡比利亚社会的人种学调查，揭示了男性和女性无意识中存在的男性中心观念的永久性。他把卡比利亚社会视为一个保存完好的地中海无意识标本。男性统治不仅体现在性

---

① 萨特：《萨特文学论文集》，第 28 页。
② 萨特：《萨特文学论文集》，第 28 页。
③ 布尔迪厄：《艺术的法则》，第 314 页。

关系中（男性的主动与女性的被动之间的基本区分），还体现在劳动的性别分工上，比如女人从事繁重的、低贱的任务（捡橄榄、树枝），而男人干荣耀的、引人注目的活计（耕地、收割、打仗）；体现在空间结构的位置中，广场、市场、咖啡馆等属于男人，家庭属于女人；体现在时间结构上，在劳动日、农历年或生命循环中，中断的时刻属于男人，孕育的时刻属于女人。他将在卡比利亚考察到的仪式与现代地中海社会的人种学研究进行对比，根据男女之间的基础对立，如高与低、热与冷、积极与消极、强与弱、进入与被进入等之间的对立，阐释了社会生活和象征生活的条件，展示了社会及其象征资本（荣誉）如何投射到这种对立上。他得出结论，男性中心宇宙论从卡比尔社会一直延续到现代地中海社会，隐含在现代人的认识结构和社会结构中。因此，对一个按照男性中心原则构成的社会的客观分析，就被布尔迪厄看成对现代人无意识的考古学，一种真正的社会分析的工具。布尔迪厄认为，男性中心无意识存在于每个人身上，无论是男人还是女人。对男性统治秩序的服从，来自集体历史和个体历史置于身体的结构——认识、评价和行动模式（习性）与这种结构适用的世界客观结构之间的协调一致。被统治者在思考自身以及与统治者的关系时，不知不觉使用与统治者相同的认识、评价和行动模式。女人按照占统治地位的意识形态，从男人的视角出发，评判自己，甚至贬低自己，成了统治她们的男人的同谋。所以，男人对女人除了实施身体暴力，还有象征暴力。象征暴力并不意味着身体暴力的对立面，也不是纯粹精神的、没有实际效果的暴力，而是以习性形式存在于男女无意识之中的看不见的暴力，通过纯粹的象征途径实现，包括交流、认识、不知情、认可乃至情感。男性主宰全部社会秩序，拥有全部正式权力，女人只能通过婚姻争取半正式权力，也就是说只有把正式权力交给男人才能完全行使这种权力。半正式权力通过代理人来行使，并为正式权力服务。这也是男性统治的脆弱和间隙。如马克思所说：统治者总是被他们的统治所统治。男性统治者也被他们的统治所统治："统治者，在进入男性角色的统治者这一特定状况中，进入了一种异化，这种异化是他的特权的条件。"① 按照布尔迪厄的解读,卡比利亚的男性中心观念几乎原样出现在伍尔夫的《到灯塔去》中。一方面,"按照伍尔夫的哲学,男人是这种大孩子,他介入所有被社会指定为严肃的游戏中,他认真对待所有的游戏"。② 另一方面,"女人有不落入陷阱的特权,但当游戏是有盛誉的、严肃的并带来权力时,这种特权就是一种被剥夺,一种残缺"。③ 在他看来,伍尔夫的《一个人的房间》《三个几尼》这类理论化文本在传播关于性别、金钱和权力的陈词滥调,而她的小说《到灯塔去》却以一种无比的洞察力展示了存在于一切社会秩序和身体秩序之中最隐秘的男性中心意识。

拉姆齐夫妇的六岁儿子詹姆斯一心想着第二天到灯塔去,拉姆齐先生总是以述行的权威话语让他儿子的欢乐烟消云散:"天气不会好起来的",母亲则有条件地赞同欲望和快乐的法则:"是的,当然,如果明天天气好的话,但你们必须一大早起床。"父亲无条件地赞同世界的秩序,母亲乐意相信纯粹的偶然,他们的对立相当于卡比利亚文化中男性代表的暴力、中断、谋杀与女性代表的温情、连续与孕育的对立。然而这位毫不留情地击碎儿子幻想的父亲,在吟诗中上演战争场景时不幸被人撞见:"他哆嗦,他颤抖。他所有的虚荣心,他对自己辉煌的才华所有的骄傲自满,他像闪电雷鸣一般的磅礴气势,他像一只兀鹰一般带领他的队伍穿越死亡的幽谷之时那种勇猛的气概,已经被粉碎了,被摧毁了。"④ 他窘迫异常,寻求妻子的安慰。她充满活力,生机勃勃,"而那个缺乏生命力的不幸的男性,投身到这股甘美肥沃的生命的泉水和露珠中去,就像一只光秃秃的黄铜的鸟嘴,拼命地吮吸。他需要同情。他要得到保证,确信他处于生活的中心;确信他是人们所需要的人物;不仅仅是在这儿是如此,而且在全世界都是如此"。⑤ 无疑,他有卓越的头脑,他在学术字母表中达到了 Q 的位置,向 R 进军:"在 Q 以后有一连串字母,凡胎

---

① Pierre Bourdieu, *Sociologie générale. Cours au collège de France 1983 – 1986*, op. cit., p. 928.

② Pierre Bourdieu, *Sociologie générale. Cours au collège de France 1983 – 1986*, op. cit., p. 932.

③ Pierre Bourdieu, *Sociologie générale. Cours au collège de France 1983 – 1986*, op. cit., p. 924.

④ 伍尔夫:《到灯塔去》,瞿世镜译,上海译文出版社 1997 年版,第 233 页。

⑤ 伍尔夫:《到灯塔去》,第 240—241 页。

肉眼是几乎看不见的，但它在远处闪烁着红光。在整整一代人中，只有一个人能够一度到达 Z。"① 在布尔迪厄看来，实际上，拉姆齐先生作为哲学家参与的社会游戏与儿童游戏没什么不同："游戏幻象允许人们在一个更加现实化的程度上，以更低的花费，再生产日常存在的学术幻象及其至关重要的赌注和狂热的投资——一切激发拉姆齐先生和他的弟子们讨论的东西。"② 布尔迪厄明确指出："借助伍尔夫，我意欲阐述的中心主题是社会世界提供游戏，这些游戏只能由那些倾向于在其中投入的人开展。因此在某种程度上被社会化、被构造的一个习性与一个某种程度上在客观上被构建的游戏之间的关系中，产生了幻象，即非常严肃的幻想——这总是悖论，也就是对某个不在其中的人很虚幻，但对某个在其中的人则是非常严肃的、不可克服的、无法超越的。"③拉姆齐先生的抱负对他而言是生死攸关的名誉问题，对他人可能毫无意义。然而存在着社会游戏的性别劳动分工，男性在游戏中占据统治地位。重要的社会游戏只有同时被男女两性当成男性的才能运转，这些游戏是男人的陷阱，女人虽然退出游戏，但承认游戏并渴望间接进入其中。④ 社会世界提供游戏，为了统治的需要，男人必须全身心投入到游戏之中。女人不是中立的，由于与男人的情感关系，她间接加入游戏，处于外在的、从属的地位。这种地位赋予拉姆齐夫人清醒意识和洞察力："她单纯的心灵，使她的思想自然而然地飞扑到事实真相之上，像石块的下坠一样干脆，像飞鸟的降落一般准确。"⑤ 为了成就典型的学术人——哲学家拉姆齐先生，拉姆齐夫人操劳物质生活：照料子女，计算日常开支，考虑所有微末琐事，还要充当他的保护人，为他提供心灵疏导。然而她对丈夫求助于自己非常不安，生怕他纡尊降贵，她自认丝毫比不上他对世界的贡献，他在两人中处于绝对的优越地位。

———————————

① 伍尔夫：《到灯塔去》，第 237 页。

② 布尔迪厄：《男性统治》，第 110 页。

③ Pierre Bourdieu, *Sociologie générale. Cours au collège de France 1983 – 1986*, op. cit., p. 923.

④ Pierre Bourdieu, *Sociologie générale. Cours au collège de France 1983 – 1986*, op. cit., pp. 929 – 930.

⑤ 伍尔夫：《到灯塔去》，第 232 页。

　　男性统治的超历史稳定性是如何实现的？在布尔迪厄看来，通过家庭、教会、学校这些制度系统，男性中心世界观"把统治关系纳入一种生物学的自然中，将这种关系合法化，但这种生物学的自然本身也是一种自然化了的社会构造"。① 这就是说，男性统治不是天经地义、自然而然的，而是历史构造的产物。性别划分既以客观化的状态存在于事物中，又以被归并的状态存在于身体中，也就是行动者的习性中。对男性统治秩序的服从来自作为认识和评价模式的习性（配置），"因为配置使得被统治者以统治者的观点看待统治者和他们自身"，② 不知不觉地参与了对自身的统治。

　　（三）《审判》

　　在法兰西学院讲稿中，布尔迪厄提出卡夫卡的文学对科学的贡献："好文学具备科学意图的话语没有的功能，那就是把一个问题戏剧化。"③ 更确切地说："文学能够产生冷静的分析无法产生的一种主要作用：它可以把一个模式戏剧化。"④《审判》就是这样的杰作，卡夫卡提出了一个戏剧化的、悲怆的社会学问题。布尔迪厄把《审判》用作对法国当代知识分子地位排名的社会分析。卡夫卡生活在一个反犹主义社会中，作为一个有修养的犹太人，他产生了与法国知识分子类似的紧张体验：面对把他们视为常人的官僚权力，他们生出不可还原之感。布尔迪厄认为社会学阅读和神学阅读都适用于《审判》，提出社会世界的"审判模式"："我们可以把《审判》读作一个过程的描写，按照这个过程，社会行动者在某种程度上为了解其身份而斗争：这是对最高法庭的寻求。"⑤ 这个最高法庭是上帝，按照涂尔干的说法，也是其化身——社会。布尔迪厄将它扩展到国家，国家垄断了合法的权力资源，在真理和价值方面有最终的发言权，构成一个中心视角："一方面是观相主义；另一方面是与之对

① 布尔迪厄:《男性统治》，第29页。

② 布尔迪厄:《男性统治》，第60页。

③ Pierre Bourdieu, *Sociologie générale. Cours au collège de France 1983 – 1986*, op. cit. , p. 90.

④ Pierre Bourdieu, *Sociologie générale. Cours au collège de France 1983 – 1986*, op. cit. , p. 181.

⑤ Pierre Bourdieu, *Sociologie générale. Cours au collège de France 1983 – 1986*, op. cit. , p. 89.

立的绝对主义，没有什么观点可以针对它，甚至所有观点都通过它来衡量。"① 卡夫卡构建了为了身份的象征斗争的模式，或者说是作为斗争场所的社会世界的模式。具体而言，卡夫卡提出了关于某个社会的理想型观念，在这个社会里，最根本的就是要知道"我是什么"甚或"我是谁"，以及谁有权力说"我是谁"。对自己作家身份的疑虑是卡夫卡一生的困扰。他与文学圈子的关系带有某种悲剧性，对他是否被认可为作家进行某种类似神学的追问。

布尔迪厄指出，作家职业一方面有高度的不确定性和风险，另一方面需要高投入，让人极度焦虑："卡夫卡效应是这种与游戏之未来的悲怆关系，这种与未来关系的悲怆结构，这种完全特定的时间结构。"② 一个人越是被游戏牵涉，就越是焦虑地等待游戏结果，就越强烈地充满紧张和期待。在我的期待和我的主观机会与客观机会的关系中，游戏对我实施权力，同时，那些对游戏有权的人对我实施权力，因为他们对客观机会有权力，比如可以改变游戏规则，让人产生投入或不投入的意愿："权力能够对社会世界的客观倾向、由客观可能性衡量的客观倾向并由此对主观愿望或希望施加作用。"③ 期待是体验权力以及时间与权力之间联系的特殊形式之一，强者可能以拖延、推迟或加速、突袭对别人施加权力，弱者可能由于焦虑和无能而受制于人。期待意味着服从，极度的渴望把一个人悬置在他所期待的决定面前。在时间被中止的空间里，行动者每时每刻都置身于对可能性的焦虑中。《审判》就是这样的社会空间。K.让人看到了权力与时间的联系。K.遭到诽谤，他请了一个律师，从此进入了游戏，进入了时间，进入了等待，进入了焦虑。这个游戏具有高度的不可预见性，法庭成为随意性的典型场所，以完全模糊、偶然的形式运行。律师也操纵 K.的希望和期待，用模糊的希望哄骗他，以不确定的威胁折磨他。所以，在这里，不确定性和投入都达到了极点。这种不确定性是权力的最根本形式。哪里有权力，哪里就有与时间的游戏，但受

① Pierre Bourdieu, *Sur l'Etat. Cours au collège de France 1989 - 1992*, *op. cit.*, p. 115.
② Pierre Bourdieu, *Sociologie générale. Cours au collège de France 1983 - 1986*, *op. cit.*, p. 227.
③ 布尔迪厄：《帕斯卡尔式的沉思》，第 268 页。

害者必须要投入到游戏中，游戏才能进行。象征权力能够操纵期待与希望，尤其通过对未来的述行暗示，如预言、预测或预见，把游戏引入希望与机遇之间的配合中。正统观念为了维持象征秩序，竭力消除所有未来的可能性，让人以为游戏业已完成，甚至通过伪装成证明的述行话语，宣告历史的终结，试图中断时间或历史。但反抗正统的异端同样能够通过象征力量开创未来，一方面可通过颠覆的话语或行动，证明违反最严格的界限、突破头脑的固化思维是可能的；另一方面可通过强化超越客观机遇的渴望，抓住改变力量关系的真正机遇。总之，象征行动即使无法改变客观机遇，可能改变人们与客观机遇的关系："象征力量通过动员，使暗中被认为不可设想甚至不可能实现因而被排除的行动变得可设想，这样就能真正改变结构。"①

六　诗与思

对布尔迪厄而言，文学作品是社会学家思想的延伸，具有思想模式的价值。难道不会如某些人所担心的那样，文学作品有被工具化的危险，从而丧失其独特性和自主性？在伊芙琳·平托看来，布尔迪厄把文学工具当成乐器来演奏，他精确地辨认出作家以感性方式传达的存在乐谱的无尽微妙。② 科学与诗学的共鸣让他洞察人类生活的奥义。

林纳德对布尔迪厄的"作品科学"提出质疑。在他看来，布尔迪厄力图证明其社会学概念在文学领域的有效性、优越性和可操作性："布尔迪厄对文学的态度牵涉到整个认识理论，他为了社会学而对文学采取了斗争的姿态，因为在他眼里理性认识在城邦中占有绝对的优越性。"③ 林纳德反对建立文学科学，认为在人类知识体系中，文学与科学应当并置，如同秘索思之于逻各斯。不可否认，布尔迪厄文学社会学的科学抱负和理性主义是非常明显的，但这不是为了以科学压制文学，而是为了完善

---

①　Pierre Bourdieu, *Sociologie générale. Cours au collège de France 1983 – 1986*, *op. cit.*, p. 309.

②　Eveline Pinto (dir.), *Penser l'art et la culture avec les sciences sociales. En l'honneur de Pierre Bourdieu*, *op. cit.*, p. 45.

③　Jacques Leenhardt, *Les Règles de l'art* de P. Bourdieu, in *French Cultural Studies*, 4 (1993), p. 267.

文学分析的手段。文学社会学的科学性体现在分析模式的有效性而非自然科学的公式化。无论自然科学还是人文科学都无法免除意图和价值也就是象征性，人文科学是以象征性为研究对象的。但对认识主体的反思可以控制想象力，缩小纯主观的范围，纠正理解和解释的谬误。[①] 波切蒂为文学社会学的低等种姓地位鸣不平："哲学家们对文学的兴趣总是受欢迎的，文学社会学无论多么严格，多么细致，多么重考据，解释力多么强，都是徒劳，随便某个文人都有权事先把它的分析当作庸俗的、简单化的和还原论的予以拒绝。"[②] 柏格森、萨特、巴什拉、德勒兹、福柯、德里达论述文学、研究哲学的方式拓印自尼采。布尔迪厄则有意压制文学风格："我清除了很多东西……一切属于哲学和文学的东西。"[③] 他追求的智性愉悦隐含着审美愉悦。埃尔诺在布尔迪厄的社会话语中找到了实践的"身体证据"和写作材料，向他学习"疏离写作"或"平面写作"，一种介于个人的和非个人之间的写作方法。[④] 如玛塞（Marielle Macé）所说："在风格问题上，我觉得在他身上认出了个人诠释的东西，甚至是个人实践的、积极的东西：这种分离的、独特的甚至卓越的欲望，与对限制的理解作对。"[⑤] 圣伯夫谈到过帕斯卡尔与蒙田的较量："蒙田……对他而言，在某些时刻，是幼小的拉塞达埃蒙的狐狸，藏在袍子下的狐狸；帕斯卡尔经常被它抓住、噬咬、吞吃。他徒然地踩踏它，丢弃它：狡猾的狐狸总是回来。"[⑥] 这是平等的致意。对布尔迪厄而言，文学就是这只狡猾的狐狸。

1995 年，布尔迪厄在《罗曼文学史笔记》上发表了《阿波利奈尔

① 贡布里希：《敬献集——西方文化传统的解释者》，杨思梁、徐一维译，广西美术出版社 2016 年版，第 23—31 页。

② Anna Boschetti, Sciences sociales et littérature, in Jacques Bouveresse et Daniel Roche (dir.), *La liberté par la connaissance*, *Pierre Bourdieu (1930 - 2002)*, Paris: Odile Jacob, 2004, p. 246.

③ Pierre Bourdieu, *Images d'Algérie*, *une affinité élective*, op. cit., p. 42.

④ Jean-Pierre Martin (dir.), *Bourdieu et la littérature*, op. cit., pp. 26 - 27.

⑤ Pierre Bourdieu, *Images d'Algérie*, *une affinité élective*, op. cit., p. 76.

⑥ 圣伯夫：《蒙田》，刘晖译，《阿尔卑斯文集》，第 3 辑，河北教育出版社 2013 年版。

〈病秋〉》诗评。①

病秋（译文）

生病的和可爱的秋天
你将死去，当暴风雨掠过玫瑰园
当果园
落雪时

可怜的秋天
在银装素裹和丰收中
死于冰雪和成熟的果实
兀鹰
在天际俯看
从未爱过的
绿发的天真的矮水妖

在遥远的边界
鹿鸣呦呦

我多么爱这个季节哦我多么爱你的喧闹
果实落下，无人采撷
风与树林哭泣
它们所有的眼泪在秋天零落

落叶
被践踏

---

① Pierre Bourdieu, Apollinaire, Automne malade, *Cahiers d'Histoire des Littératures Romanes*, 3–4 (19), 1995, pp. 330–333.

　　火车

　　在奔驰

　　生命

　　在流逝

　　布尔迪厄没有对《病秋》（*Automne malade*）进行社会学分析，而是进行了个人化的诗意阐释：秋天被人爱，是因为病了，因为濒临死亡。他指出，诗人通过风与玫瑰、雪与果园、冬天与春天、死亡与青春的对照，完成了从将来时到先将来时的转换，谈论仿佛已逝的未来，为秋天敲响了丧钟。他以印象批评的散漫笔法，在秋风中听到德彪西的西风（《西风看到了什么》），从玫瑰凋零联想到龙沙的哀歌。龙沙哀叹情人的美如昙花一现——"花朵在这祈祷的时刻采摘/明天就会落在地下/时光没有消逝，但我们消逝了。"但布尔迪厄读出阿波利奈尔乐观的宿命论，这就是秋天的哲学教诲："死于银装素裹和丰收中。"于是，在世纪末的忧郁中，"对照变成了综合：致死的雪和果实的丰收在一种繁盛的衰败的致命之美中和解了"。盘旋的兀鹰窥伺着猎物，命运和死亡的悲惨胁迫着。对死亡和爱情的歌唱，宣告死亡的歌唱，如鹿鸣呦呦，德彪西的围猎号角萦回。终结的时刻来临了，死亡攫住了不育的海妖。然而诗人以第一人称宣告他爱秋天，爱黄昏和老年的颓丧——"诗人在秋天中爱的是秋天的死亡，如同他在爱情中爱的是爱情的死亡；他对爱情的爱是一种对死亡的爱。"诗人体验到了这命定之爱，还有寻回的时光的欢愉，这是对命定之爱的爱。阿波利奈尔的诗，像德彪西的《雪上的脚印》《雾》《落叶》《叹息》或《号角悲吹》，透纳的火车（几乎无法分辨它冲破了浓雾还是淹没其中），印象派绘画，要抓住不可捕捉的表象，如塞纳河一样无尽流淌的转瞬即逝的东西。诗人像叔本华一样将时间当成所有不幸之源，同时表达了对时间和命运的欣然赞同，承认时间的根本虚空和人作为天地间过客的短暂。这首诗以渐弱音的方式，在三个韵脚中结束，从有到无，从存在到不存在，与雨果的《神灵》（les Djinns）异曲同工："一切流逝/一切经过/空间/抹去/声音。"布尔迪厄的短评围绕《病秋》编织一张互文之网，音乐、绘画和诗歌构成若隐若现的经纬，绣上波德莱尔、雨果、普鲁斯特的纹饰。布尔迪厄把习性叫作命定之爱（amor fati），但他在这里没有使用一个社会学概念。在热罗姆·大卫德看来，布尔迪厄借诗歌表达社会学无法传达的知天命态度，以命定之爱来解释这首诗的诗学－哲学智慧。他以文学弥补社会学的缺失，终究是文学而非社会学教人面对死亡。① 布尔迪厄与文学的关系是悖论性的。无疑，"大凡一切既是好的同时又是伟大的，就是悖论的"。②

　　科学史学家塞尔反对科学的意识形态霸权，主张科学无意识的存在，以及实验与经验、诗歌与定理、科学与艺术的融合。弗里德里希·施莱格尔说："现代诗的全部历史，便是对简短的哲学文本所作的无休止的评注：一切艺术都应成为科学，一切科学都应成为艺术；诗和哲学应该结合起来。"③ 诺瓦利斯说："作一个诗人不是别的，而是最高层次的思想、最高程度的感受力……诗人与思想家之间的分隔只是表面现象"，④ 甚或，"认识是为了达到非认识的手段（参照直觉）"。⑤ 按照陈中梅的观点，秘索思和逻格斯构成了西方文化的元概念框架，两者互相包容，互相渗透，互相牵制，彼此独立，保持一定程度上的紧张关系："秘索思中可以容纳一定量度的逻格斯，逻格斯中亦可容纳适当量度的秘索思。"⑥ 孔德在其最后一部著作《主观综合》中确立了同时适用于哲学和诗歌的规则，期待他的哲学思想被赋予诗歌形式甚至合并两者。布尔迪厄信奉对艺术的理智之爱，期待达到柏拉图诗与思合一的境界，如同斯宾诺莎对神的理智之爱意味着思维与情感的合一。他承认："在这种关于文化乐趣和社会学警觉的观点中有某种斯多噶主义的东西。"⑦ 斯多噶主义教导说：人不能控

---

① Jean – Pierre Martin（dir.），*Bourdieu et la littérature*, *op. cit.*, pp. 171 – 172.

② 菲利普·拉库－拉巴特、让－吕克·南希：《文学的绝对》，第 50 页。

③ 菲利普·拉库－拉巴特、让－吕克·南希：《文学的绝对》，第 58 页。

④ 舍费尔：《现代艺术》，第 136 页。

⑤ 诺瓦利斯：《夜颂》，第 233 页。

⑥ 陈中梅：《muthos 词源考》，陈思和、王德威主编《文学·秋冬卷》，上海文艺出版社 2013 年版，第 305 页。陈中梅通过对 muthos 的词源考证，廓清了秘索思的指涉范围。在对《荷马史诗》的认识论研究基础上，他提出秘索思和逻格斯这对元概念构成了既互相对立又互相补充的西方文化的二元结构。类型上与秘索思/逻格斯对应的，包括非基质性的成对普通概念，如神话/哲学，宗教/科学，信仰/理性，情感/理智，启示/思辨，神秘主义/理性主义等。

⑦ Jean – Pierre Martin（dir.），*Bourdieu et la littérature*, *op. cit.*, p. 268.

制第一次活动，但能控制第二次。社会学目光教人正确地爱，达到帕斯卡尔的理性的"几何精神"和"敏感精神"的完美结合。

第二节 配置主义理论

2013 年，布尔迪厄的遗作《马奈·象征革命》出版，这是一部艺术社会学巨著，包括布尔迪厄 1998—1999 年和 1999—2000 年法兰西学院讲稿《马奈作用》和《一种配置主义美学的基础》，以及一部未完成手稿《异端马奈》。手稿写作始于 20 世纪 80 年代，2002 年布尔迪厄去世时未完成，他的妻子玛丽－克莱尔·布尔迪厄参与了资料收集和构思。遗著编者尊重社会学家的讲课思路和手稿的未完成特征，仅予以分段、加小标题和相关注释。书中还收录了克里斯托弗·夏尔的评论《无限的作品》，帕斯卡勒·卡萨诺瓦的后记《自由艺术家的自画像》。

布尔迪厄透露《艺术的法则》的写作目的："这本书的力量恰恰体现在这个方面：为了反对知识分隔的习见，我努力兼并传统上分开的三个范畴的成果：关于文学、绘画和哲学的科学或话语。"[①] 他既已提出文艺社会学总体理论，为什么还要专门论述马奈？这就涉及文艺理论中的老问题——文学与绘画的关系。布尔迪厄通过描述文学场和艺术场的分化过程，强调文学和绘画属于不同的表达方式：

> 画家们要求得到如人们后来所说的"图像"的特有表象相对于言语陈述的自主，他们为了图画性，放弃了文学性，也就是说放弃了"主题""细枝末节"，一切可能唤起一种再现或表现意图的东西，简而言之，也就是唤起一种言说意图的东西，他们认为图画应该遵循自身的法则，特别是图画的和独立于被表现物的法则；同样，作家们为了文学性，驱除图画性和如画描绘（比如戈蒂耶和帕纳斯诗派的图画性）——求助于不传达任何意义的音乐，以反对意义和意图，尤其在马拉美的带动下，排斥"报导语言"的粗劣话语，即

---

① Jean – Pierre Martin（dir.），*Bourdieu et la littérature*，*op. cit.*，p. 267.

简单地指向一个对象的纯粹指示话语。①

　　无论文学模仿绘画的写实，还是绘画被翻译成阐释类型的表达，都会令两者丧失独立和尊严。布尔迪厄遵照不同场的特性，把文学场的生成与结构（《艺术的法则》）与艺术场的生成与结构（关于马奈的手稿和课程）分开论述。法国的文学写作常常采用艺术评论的方式，法国很多作家或哲学家（狄德罗，波德莱尔，左拉，马拉美，阿波利奈尔，普鲁斯特，克洛代尔，瓦莱里，马尔罗，梅洛－庞蒂，萨特，福柯等）都将修辞才能和阐释灵感倾注于艺术作品和艺术家的阅读，显示了最纯粹的文人直觉和审美趣味。但布尔迪厄认为他们中很多人曲解或挪用作品或艺术家，哪怕他们承认作品的自主性和不可还原性，因为他们的阐释总是无视"做"和艺术实践。布尔迪厄要通过配置"实践"打破大作家"空论"大艺术家的文学传统。在夏尔看来，布尔迪厄之所以将艺术场和马奈的分析与文学场和福楼拜的分析分开处理，是为了反对作家或理论家谈论绘画或艺术时采取"阅读"的错误比喻。所以布尔迪厄不得不与从前的做法决裂，同时又要表明社会学作为总体理论能解释不同场的特性，然而两种抱负很难协调，这无疑也是马奈论著未竟的部分原因。② 说布尔迪厄与从前决裂并不恰当。他的"作者阅读"既适用于文字符号，也适用于绘画符号。如克里斯蒂瓦所说，文学文本既包含意义的"象征生成"，它是语言的，有文字符号，有语法；也包含意义的"符号生成"，它是前语言的，有冲动，有情感。③ 按照海然热的观点，语言不是知识，而是实践。语言的逻辑虽然存在，但不同于传统的形式逻辑："语言位于内容和关系之间的沟通活动的核心，同时在非理性和理性之间维持着脆弱的平衡。"④ 与不纯粹的文学实践相比，绘画则是"无理论的纯粹实践"，即一个独特的习性与艺术场之间在一个特定时刻的互动。互动不通

---

　　① 布尔迪厄：《艺术的法则》，第 103—104 页。

　　② Cf. Pierre Bourdieu, *Manet. Une révolution symbolique*, *op. cit.*, pp. 532 – 533.

　　③ 克里斯蒂娃：《主体·互文·精神分析》，第 114 页。

　　④ 海然热：《语言人——论语言学对人文科学的贡献》，张组建译，北京大学出版社 2012 年版，第 151—152 页。

过书面语言，而通过层出不穷的新眼光和新作法。新眼光和新作法与其他当代或经典作品处在明确的或暗中的视觉或实践关系中。所以，无论反对经院视角还是学院视角，多半无意识的"配置主义美学"是统领文学作品和艺术作品的生产和接受的有效工具。马奈手稿未完成源于布尔迪厄的修改癖、突然离世和作品"未完成"理念。

布尔迪厄在讲稿和手稿中，寻找马奈（1832—1883）作品评价变化的原由：马奈如何从一个被放逐的画家变成死后被认可的画家。曾经的惊世骇俗之作《草地上的午餐》如今成了蛋糕盒上的招贴画："来自这场革命的关于世界的表象由此变得显而易见——如此显而易见，乃至马奈的作品引起的丑闻本身已经让人吃惊，若不是引起丑闻的话。"① 何以如此？象征革命的成功更新了人们的目光。若要理解和解释这场象征革命，在布尔迪厄看来，必须把已平常化的象征革命非平常化（débanalisation），重建丑闻的历史情境："只有配备了对生产空间和接受空间的一种'历史—社会分析'的批评，才是真正根本的和完善的批评。"②

具体而言，他的研究分三步走：首先，他从马奈绘画产生的社会作用入手，"将艺术作品的作用当成艺术作品的分析仪"，③ 实施一种读者反应批评。然后，他试图说明："这种反应美学或作用美学，应该是一种配置美学，而非意图美学。"④ 最终，这种配置主义理论要从两个方面予以使用，即生产者方面和接受者方面。生产者使用配置，并不意味着他不知道他做什么，而只是他不是全都知道。接受者也使用或多或少一致的阐释模式，但当这些模式受挫时，当期待受挫时，这些模式就通过丑闻之感表达。⑤ 也就是说，他把配置即实践的生成模式视为作者和读者行动的根源，强调配置和模式的无意识特征。他通过对马奈所处的艺术场的具体实证研究，尤其通过马奈与标志性人物的关系，构建了配置主义理论。应该说，"配置主义理论"强化了艺术作品的生产方式和艺术家的实

① Pierre Bourdieu, *Manet. Une révolution symbolique*, op. cit., p. 14.

② Pierre Bourdieu, *Manet. Une révolution symbolique*, op. cit., p. 28.

③ Pierre Bourdieu, *Manet. Une révolution symbolique*, op. cit., p. 45.

④ Pierre Bourdieu, *Manet. Une révolution symbolique*, op. cit., p. 76.

⑤ Pierre Bourdieu, *Manet. Une révolution symbolique*, op. cit., p. 78.

践模式，完善了布尔迪厄在《艺术的法则》中提出的"作品科学"，体现了将文艺作品的生产和接受理论一体化的总体社会学观念，更新了艺术社会学的问题体系。

一　马奈—左拉—马拉美

为了理解马奈的象征革命，布尔迪厄从重构马奈时代的批评空间及其变化入手，实行一种批评之批评，分析批评话语在话语空间中的位置，以及话语生产者在话语生产者空间中的位置，说明批评家如何从反对艺术革命发展到逐渐归附艺术革命："我的工作的目标之一是展示和揭示这一点，即与批评的反思关系是理解马奈的话语、关于马奈的话语和马奈及其同代人的作品的绝对条件。"① 这种批评实际上是逆向地探究马奈"作用的原因"："关注艺术作品的作用，尤其到批评家、到马奈时代的批评家那里寻找其作用，就是试图重新把握马奈与其同代人共有的这些生产和接受的实践模式：这些实践模式，这种技艺，这种实践艺术是作品的产生和对作品的即刻理解的根源。"② 一部作品并不是对所有人产生同样的作用。不同的社会作用包含着对作品的揭示，也就是说在作品中包含着这种作用的原因。早在《艺术之爱》中，他就强调："作品的认识工具的历史是作品的生产工具的历史的必不可少的补充，因为一切作品在某种程度上都被制作了两次，也就是被创造者，也被观看者，或者不如说，被观看者所属的社会。"③ 社会符码与作品要求的符码之间的差距在断裂时代比在古典时代更大。分析艺术作品的作用，就能把握艺术家、批评家和公众部分地共有的不言明的和无意识的东西，也就是时代共识或历史先验性，即范畴系统，构成世界意义的认识和评价模式。由此，布尔迪厄通过作用美学引出配置理论，旨在重建艺术生产理论与艺术接受理论之间的联系。一方面，他阐述马奈与马拉美和左拉的关系，说明马奈不知不觉中在作品中放入了什么，乃至产生如此爆炸性的效果；另

---

① Pierre Bourdieu, *Manet. Une révolution symbolique*, op. cit., p. 28.

② Pierre Bourdieu, *Manet. Une révolution symbolique*, op. cit., p. 560.

③ Pierre Bourdieu (dir.), *L'amour de l'art. Les musées d'art européens et leur public*, op. cit., p. 76.

一方面，他考察批评家与画家的实践模式是否契合的问题，以提出自己对马奈的理解原则。

布尔迪厄充分意识到马奈象征革命的复杂性：新异端与旧制度的冲突不可避免的，但马奈与学院艺术并没有彻底地决裂。在马奈进入艺术场的第二帝国时代，国家控制学院和沙龙，学院艺术占据统治地位。学院艺术是国家建立和认可的制度艺术，由大卫领导的罗马画派代表，通过反对 18 世纪所谓"有伤风化的"贵族艺术为自身定义，符合大革命和帝国的新贵阶层的趣味。学院美学在构图上要求遵守透视法，规定画面朝一个统一原则会聚，每个形象都帮助"普遍观念的表达"。它以戏剧诗的标准（比如逼真和行动统一律）评判绘画的品质，要求绘画表现高贵的感情，高尚的心灵，将绘画主题严格等级化，历史绘画、古代或圣经题材的绘画处在至尊地位，其次是风俗画、肖像画、静物画、风景画。绘画分为草稿与完稿两个阶段，草稿是印象阶段，是个人的、私密的，完稿是创作阶段，属于反思和智力劳动，以考据的、历史的研究为基础。完稿代表了伦理学和美学的完善。发表草稿则意味着伦理过失，不完善，放任。学院绘画看重执行的完善性而非作品的独特性："这种冰冷的完美，装配得完美无缺的部件，这些过分熟练、过分出色的绘画，由于无个性而微不足道。"[1] 它缺乏"从生命中涌出、无法用作模仿典型之物"。[2] 学院绘画对美的程式化定义把画家变成绘画计划的执行者，他的作品是为了读的，不是为了看的。画家通过象征符码传达的内容是历史，观看者到作品中寻找的也是历史。这种绘画修辞学要求博学的历史文化修养而非艺术史知识。马奈的老师库图尔（Thomas Couture）是学院绘画（la peinture pompier）大师。他笃信一种僵硬的理想的完美，反对粗俗的现实主义。他草稿中的生动、清新、大胆、即兴之笔，在完稿中消失殆尽，淹没在构图中。完稿产生了崇高的和理想化的效果，但也产生了陌生化和冷淡，非个人化和普遍化。历史对象悖论般地非现实化和非历史化了。他的《没落的罗马人》只能引起无欲的快乐，博学的辨读，好像

---

① Pierre Bourdieu, *Manet. Une révolution symbolique*, *op. cit.*, p. 192.

② 菲利普·拉库 – 拉巴特、让 – 吕克·南希：《文学的绝对》，第 85 页。

形式通过陌生化消除了物质。① 从根本上，学院美学是一种清洁的美学，否认欢乐、欲望、性，不张扬，不过分，体现了最终让画家退隐的审慎趣味。学院（体制）是推行死气沉沉的标准化产品的理想场所。它不顾作品产生的历史条件的变化，通过学校教育复制原初的创造手法。学生首先临摹印刷品或素描作品，然后复制三维作品，通常是仿古雕塑的石膏临摹制品，最后依真人模特绘制素描，模特按照古典风格来摆姿势，这些素描形成了一个独特类别——裸体画习作（académies），表达了艺术作品背后的理念。②

马奈意欲摆脱学院绘画的桎梏，观察和描绘现代生活。1863 年，他的《草地上的午餐》在落选者沙龙展出。巨幅画面上，一个裸体女子坐在草地上两个衣冠楚楚的男子身边，她的目光，借用波德莱尔的诗句，"坦白得惊人"，与男子之间无任何交流。画面深处，一个女子在洗浴，不符合透视法。前景中，裸体女子的衣物散落在地上，篮子打翻了，再加上一只瓶子，构成了一幅静物。画面色调均匀，无凸起，人物平面化，像扑克牌上的人物。人们感到诧异：这个女主角在画中做什么？透过她有点挑衅的目光，她想对观看者说什么？这幅画代表马奈最早的象征决裂，成为其现代绘画的起点。此后他日臻成熟，画出《奥林匹亚》《处决马克西米里安》《铁路》《爱神酒吧》等巅峰之作。

《草地上的午餐》引起了丑闻。在当时的批评家中，有人沉默，因为找不到合适的言语表达道德愤怒；有人责备马奈有伤风化（裸体女子未经学院式的净化），将他归入手法和对象都粗俗不堪的现实主义画派，把他等同于他厌恶的库尔贝；有人揭露画面不和谐，缺乏意义，手法笨拙，说他不懂构图，不懂透视法；有人把他贬为单纯的抄袭者。无疑，最受谴责的是这幅画的构图特征和性特征。批评家看不到马奈的形式练习和色彩、色块游戏，只看到与大学生厮混的裸体女人。如杜雷所说："在

---

① 在杜雷看来，库图尔甚至没有进行历史研究，无法传达出活生生的历史感，罗马人的没落在他笔下不过体现为他们身体的衰弱，他们是一群穿古装的现代模特。Cf. Théodore Duret, *Histoire d'Edouard Manet et de son œuvre*, CreateSpace Independant Publishing Plaform, 2016, pp. 14 – 15.

② 参见克里斯托弗·劳埃德编著《隐秘的杰作：走进印象派与后印象派》，尹晨译，华中科技大学出版社 2020 年版，第 11、14 页。

1865 年，人们没有能力判断作品并看到艺术家放置其中的东西。"① 马奈的伦理学 – 美学革命对共识也对良知发起了公开挑战："一个人只有通过做某件事、公布它，而且自然而然地，通过他这样引起的反应，才会深刻地了解它的意义。"② 公众的反应显示了埋藏得最深的无意识。

布尔迪厄通过阐明马奈批评家们的关系来构建批评场。批评家应该具备的能力包括两方面：一是技术，即绘画知识；二是文学能力。先于艺术场自主化的文学场当时统治着艺术场和批评场。艺术批评在文学场和初生的艺术场的交叉点上介入生产。当时既有文学写作能力又有绘画和艺术史知识的专业批评家凤毛麟角，文人们同时从事文学批评和艺术批评。作家和画家在各自场争取自主的过程中一度是互帮互学的盟友：作家通过"为艺术而艺术"，以专家的特定解释能力和文学场内与"资产阶级"秩序决裂的传统，帮助先锋派画家完成伦理的和美学的转变并彻底完成象征革命，将象征财产的新经济的必要条件变成明确原则；画家则为作家提供了纯粹艺术家的模式，以纯粹绘画帮助作家实现"主题中立"，摆脱文学的政治和道德说教功能。③ 作家的艺术批评虽然可以帮助画家反思自身的实践和艺术构想，但作家们往往满足于复述绘画呈现的故事，在绘画中只看到主题。他们以文字描述代替专业批评，不参照绘画本身的历史。画家为了将绘画革命进行到底，强调绘画与文学的区别——"这可能是有史以来艺术家自第一次完全掌控趣味。"④ 他们崇尚一种新美学，"把绘画作品（和任何艺术作品）变成一种内在地多义、因而不可约简为所有评论和所有注解的现实"。⑤ 这就是说，绘画无意诉诸特定话语（反对诗画），欲向无限的诠释自由敞开。总之，绘画的自主意味着既独立于伦理或政治功能（学院或社会主义运动要求绘画的功能），也独立于文学的统治模式。⑥

---

① Théodore Duret, *Histoire d'Edouard Manet et de son œuvre*, op. cit., p. 45.

② Jean – Pierre Martin (dir.), *Bourdieu et la littérature*, op. cit., p. 270.

③ 参见布尔迪厄《艺术的法则》，第 101—102 页。

④ 克莱门特·格林伯格：《自制美学——关于艺术与趣味的观察》，第 131 页。

⑤ 布尔迪厄：《艺术的法则》，第 103 页。

⑥ Pierre Bourdieu, *Sociologie générale. Cours au collège de France 1983 – 1986*, op. cit., p. 486.

　　当时在文学场中占统治地位的批评家是富有的、声名卓著的官方批
评家——雨果、圣伯夫和泰纳的朋友德·圣维克多（Paul de Saint - Vic-
tor）、德·里斯（Clément de Ris）、曼茨（Paul Mantz）、夏思诺（Ernest
Chesneau）和戈蒂耶。通晓艺术史的批评家是波德莱尔、托雷－布尔热
（Thoré - Bürger）、龚古尔兄弟、卡斯塔纳利（Castagnary）、夏思诺等。
最早支持马奈的是先锋派作家，如波德莱尔、左拉、马拉美等。波德莱
尔对新事物有着惊人的嗅觉，他在尚未成名的马奈画室流连，捍卫马奈
最受诋毁的作品，赞美他的《瓦朗斯的罗拉》："但人们看到在瓦朗斯的
罗拉身上，闪耀着玫瑰黑珠宝的奇异魅力。"① 他看到了马奈绘画的挑衅
性和陌生化，他在给尚弗勒里的信中写道："如同一个人跌到雪里，马奈
把公众观点捅了个窟窿。"② 他称赞马奈有"一种对真实、现代的真实的
坚决的兴趣"。③ 马奈的绘画无疑符合他的为艺术而艺术的观点："艺术愈
是远离教诲，就愈是朝着纯粹的、无所为的美上升。"④ 他和左拉都大力
赞颂马奈另一幅惊世骇俗的作品《奥林匹亚》。在他们影响下，托雷－布
尔热对马奈的评价发生了变化，感染了重要的现实主义理论家卡斯塔纳
利和艺术史家曼茨，他们肯定马奈的技法革新和对现实生活的描绘。这
些保守批评家的转变比马奈最早的无条件支持者更有影响力。通过反对
肤浅的公众趣味及其赞同者，保守批评家为更彻底的艺术决裂开辟了道
路。放荡不羁的艺术家像马奈一样是共和主义者，基于政治原因无条件
地支持马奈，但他们出身低微，没文化修养，赞同一切变化和混乱，误
以为马奈跟他们一样反学院，反社会秩序。建立在能力基础上的象征革
命对他们不利，他们看到马奈稍有成功迹象，就谴责他背叛最初的价值。
随着马奈越来越得到认可，新的艺术场按照特定的美学原则建立起来，
从政治位置到美学位置的直接过渡越来越行不通了，左派批评与反学院
主义、右派批评与保守党之间无法完全对应。⑤ 也就是说在文学先锋与政

---

① Théodore Duret, *Histoire d'Edouard Manet et de son œuvre*, op. cit. , p. 24.

② Emile Zola, Préface, *Pour Manet*, Paris：Editions Complexe, 1989, p. 18.

③ 波德莱尔：《美学珍玩》，第 411 页。

④ 波德莱尔：《美学珍玩》，第 257 页。

⑤ Pierre Bourdieu, *Manet. Une révolution symbolique*, op. cit. , pp. 438 - 439.

治先锋之间存在着一种交错配列关系。波德莱尔说过："我们在巴黎就看到了君主政体支持下的浪漫派的演进，而自由派和共和派则顽固地坚持所谓古典主义文学的陈规。"[1] 同样，萨特也指出："社会革命需要一种美学的保守主义，而美学革命则需要——不管艺术家本人如何——一种社会的保守主义。"[2]

　　通过对左拉和马拉美的马奈批评的分析，布尔迪厄构建了批评场的一种对立情形。左拉和马拉美都是马奈的捍卫者，但他们对马奈的理解不同。左拉起初旗帜鲜明地反对学士院和沙龙对马奈的排斥，把马奈等同于德雷福斯，为他伸张正义，还以艺术自主的名义，反对普鲁东把绘画当成说教工具："他想要的是一个绘画上的道德家，这个道德家用画笔或扫帚说教对他似乎不大重要。"[3] 左拉敏锐地看到了马奈绘画的技术革命和美学革命，他在《19 世纪杂志》上发表的文章《一种新绘画手法：爱德华·马奈（1867）》中说：《草地上的午餐》的主题对马奈而言不过是绘画的借口，在公众眼里则是一切，裸体不是他们设想的淫秽，而是出于构图的目的。应该好好看画中优美的风景，广阔的前景，轻盈的背景，结实的肉体，柔软的布料，女子优雅的轮廓，他称赞马奈以特有的罕见才能，精确简洁地描绘了自然的一隅。[4] 由此，左拉一方面认为艺术家相对于道德和社会是完全自由的，另一方面认为画家通过描绘外部现实表达自己的观点与性情："艺术作品是透过性情瞥见的创造一隅。"[5] 按照布尔迪厄的说法，"他以前所未有的激进姿态承认艺术家对个人印象和主体反应的权利：'纯绘画'，摆脱了表征某种事物的义务，是艺术家的特殊感受力和他的观点的独创性的一种表达方式，左拉并非由于马奈的客观现实主义才钦佩马奈的作品，而是因为画家的特殊人格体现在作品中"。[6] 左拉不仅把马奈绘画视为其个性的图像表现，还把马奈当成一个

①　波德莱尔：《美学珍玩》，第 462 页。
②　萨特：《萨特文学论文集》，第 304 页。
③　Emile Zola, *Pour Manet*, *op. cit.*, p. 53.
④　Emile Zola, *Pour Manet*, *op. cit.*, p. 120.
⑤　Emile Zola, *Pour Manet*, *op. cit.*, p. 45.
⑥　布尔迪厄：《艺术的法则》，第 105 页。

横空出世的人物，认定他与传统断然决裂："他可能拒绝了已知的一切技巧，过去的一切经验，他可能想从开端也就是对物的精确观察入手把握艺术。"① 在勒杜克 - 阿迪讷看来，左拉即使看到马奈借鉴以往的大师并化为己有（他对马奈《西班牙歌手》的评论涉及画中的西班牙笔法），"他也只进行作品的内在批评；他更多注重作品的形式而非生成"。② 而且左拉很难理解马奈如何与大师的作品对话，这种对话如何构成马奈绘画的现代性、如何对艺术家的创新和性情的表达毫发无损。③ 由此，左拉看不到马奈的进步，好像他从一开始就定型了："他无法形成自己的技艺：他依然是一个热情的小学生，总是清楚地看到在自然中发生的事情，但没有把握能够彻底地并最终地传达他的印象。这就是为什么，当他开始上路时，人们永远不知道他如何到达终点，也不知道他是否到达了终点。他随机应变。当他成功地绘出一幅画，这幅画就是独一无二的：完全真实而且异乎寻常地出色；但他有时会迷路。总之，十五年以来，人们没见过比他更主观的画家。"④ 左拉虽然赞赏马奈的不断创新，但由于找不到他的明确意图，仍无法理解他。左拉对马奈失望了。当然，布尔迪厄也对左拉失望了。他惋惜自然主义理论家左拉无法摆脱他对社会世界和艺术创作的总体化的、系统化的、科学主义的观点："奇怪的是，左拉在某种程度上，没有利用他作为代言人的解放，画家的解放。这种美学毕竟经由他之口说出。"⑤ 左拉一心要在绘画中读出文学思想，在作品中找到人。左拉在小说《杰作》中影射马奈，描写绘画革命的发起者朗蒂埃因无法完成一幅伟大的杰作而自杀。画家狂热地修改，只以草稿遗世。小说中的作家自诩"从一滴水里窥看全人类"，把画家的失败归咎于他无法合乎逻辑地绘画，"没能证明他是他自己理论的成功实践者"。⑥ 如勒杜

---

① Emile Zola, *Pour Manet*, op. cit., p. 72.

② Emile Zola, *Pour Manet*, op. cit., p. 21.

③ Emile Zola, *Pour Manet*, op. cit., p. 19.

④ Emile Zola, *Pour Manet*, op. cit., pp. 170 – 171.

⑤ 布尔迪厄根据历史考证得出，左拉的美学来自他与马奈的谈话内容，而马奈在那个时代有超过一般画家的阐述能力。参见 Pierre Bourdieu, *Sociologie générale. Cours au collège de France 1983 – 1986*, op. cit., p. 527。

⑥ 参见左拉《杰作》，冷杉等译，金城出版社 2014 年版，第 339—340 页。

克－阿迪讷所说："与试图吸收绘画的波德莱尔不同，左拉向绘画要求证实和证明。绘画运动，对他而言，就是他自己的小说创作运动。合宜的是阐明'自然'，'生活'，无论是在绘画中，还是在文本中。"[1] 左拉责备马奈和印象派画家远离自然法则且只能产生草稿，是因为他没有看到绘画与文学、图画与文本、画家与文人的差别，无法理解画家远远超越了文本的模仿原则；因为左拉在创立自然主义美学理论的过程中，奋力地甚至有点过度地将自然主义、印象主义和现代性同化了。[2] 总之，左拉没有看到马奈的新表象方式的反话语特征，以及绘画相对于文学的自主性。

与左拉不同，马拉美始终站在马奈一边，充当其美学的代言人和阐释者。在布尔迪厄看来，他不仅在精神上支持马奈，更重要的是将他的革命意图表述出来："人们无法理解反学院艺术的革命，如果人们看不到画家找到了他们的发言人，那些为了他们做了这项我称之为规范化、明确化、正题化的工作的人，这项工作使得到那时为止处于实践范围的东西变成正题的、有意识的、明确的。"[3] 布尔迪厄称赞马拉美敏锐地把握了现代绘画史的一个重要属性，即现代绘画的革命是信仰革命，感觉、感知的革命，更确切地，认识范畴的革命。马奈质疑的正是认识结构与客观结构、思想范畴与事物范畴之间的基本关系，即关于世界的信念经验，也就是对法定秩序的默认。布尔迪厄进而补充道，艺术场的再生产条件就是信仰的再生产条件，这种信仰既是对交换产品（作品）的价值，也是对产品生产者（艺术家）的价值，以及对评估产品价值的生产者（批评家）的价值的信仰。批评家在信仰产生的过程中扮演了决定性的角色。信仰使简单的制造产品变成艺术作品，赋予艺术作品象征的和经济的价值。马奈促使"异端"信仰出现，这种对新艺术价值的信仰，与学院垄断的信仰对立。无疑，异端总是通过与传统的决裂开始。马拉美试图描绘马奈如何完成象征决裂，如何继续进行美学革命。与左拉不同，

---

① Emile Zola, *Pour Manet*, *op. cit.*, p. 28.

② Emile Zola, *Pour Manet*, *op. cit.*, pp. 153 – 154.

③ Pierre Bourdieu, *Sociologie générale. Cours au collège de France 1983 – 1986*, *op. cit.*, p. 630.

他认为马奈的决裂是连续之中的决裂。他指出，马奈"打倒大师"其实是到过去寻找大师，即委拉斯贵支和弗拉芒画派："回归北方和南方的老一辈大师传统的那些绘画代表了马奈的最初手法。"① 这不是简单地模仿一种类型或模式，而是将主体行动的准则化为己有，"对主体生产或构造的运动本身进行再生产和重复"。② 普鲁斯特精辟地断言：作家为了保持个性，不受外在影响，有意无意让自己头脑空白，其实是天真的诡辩。为了成为自己，就要把大师的思想化为己有："一个人要意识到自身特有的东西，除了努力在自己身上重新创造在大师身上感受到的东西，没有什么更好的方法。在这种极度的努力中，我们展示的是与他的思想相伴而生的我们自己的思想。"③ 他强调不能一味模仿大师的手法，在学习过程中首先有意模仿，将巴尔扎克、福楼拜的节奏内化，然后才能实现无意识的再创造。他没有遵守他们的语句切分法和空白，而以另一种繁盛的句法制作了他的时间节律。瓦莱里论及波德莱尔对爱伦·坡的吸收："在一个人看来不折不扣地为他而做的东西，他会不由自主地将它看作由他所做的，也只有这样的东西他能将其据为己有。"④ 马奈受到大师的滋养，但最终挣脱了他们的束缚。马拉美觉察到马奈学成了：

　　　马奈常说的一句名言就是，人们画一幅风景和一幅肖像，不该用相同的方式、相同的方法和相同的技巧，画两幅风景和两幅肖像更不该这样了。的确，手会保留某些已获的操作秘密，但眼睛应该忘记看到的一切并重新学习，从它直视的东西开始。它应该与记忆决裂，只看到仿佛第一次呈现给目光的东西，而手应该变成一个非个人的抽象器官，只受意愿指使，忘记从前的所有灵巧。至于艺术家，他的个人感情，他的特殊趣味此刻都被吸收、忽略或移开，以享有个人的自主。这样一种结果无法一下子得到。为了达到这个结

---

① Pierre Bourdieu, *Manet. Une révolution symbolique*, *op. cit.*, p. 296.

② 菲利普·拉库－拉巴特、让－吕克·南希：《文学的绝对》，第149页。

③ Marcel Proust, Pastiches et Mélanges, in *Contre Sainte – Beuve*, Paris：Gallimard, 1971, p. 140.

④ 瓦莱里：《文艺杂谈》，第178页。

果，大师得经历许多阶段，然后才获得自身的这种分离并吸收这种艺术转变。①

　　马拉美的意思是，创造先要为了自然而消除自我、消除个性，要学会忘记，放弃个人情感，特殊趣味和个性。这当然不是普鲁斯特批评的无知状态，而是以手艺代替陈规。布尔迪厄引用马拉美的这段话用意很深，马拉美的"手"可解释为实践意识："绘画行为完全是一种与形式、模式的实践关系，丝毫不是与一种来源的概念关系。换句话说，应该以本领、眼光、眼力、实践意识、技巧、制作的说法代替概念、理论、纲要、源头、问题等的说法。"② 波德莱尔也谈到德拉克洛瓦如何习得他的手艺："他从少年时代起就把全部时间用于锻炼他的手、记忆力和眼睛，以便为他的想象力准备更可靠的武器。"③ 布尔迪厄强调，马奈在古代的或当代的整个传统中，通过复杂的、不懈的引用—模仿，寻找创作秘诀："马奈的好处在于他为一种整体方法论的风格练习提供了材料。"④ 从最形式主义的到最物质主义的，他都练习过。在实践中，他知道了画什么，怎么画。他受到各种尝试的诱惑，但终能保持自己的特色："他有多种令人钦佩的方式做自己，但他总是马奈。"⑤ 他像波德莱尔称赞的德拉克洛瓦那样，"不断地改善天赋，细心地砥砺，从中提取新的效果，把自己的本性推向极端"。⑥ 他获得了一种看事物的新目光，一种描绘事物的新手法。按照马拉美的说法，他通过外光法的透明的和中性的颜色革新了色彩，通过日本绘画的取景（découpage）恢复了绘画的二维空间。光线赋予所有事物的是色调和价值的差别，而不是光和影的差别。⑦

　　通过左拉和马拉美的对比，布尔迪厄意欲强调意图与实践意识的对

① Pierre Bourdieu, *Manet. Une révolution symbolique*, op. cit., p. 303.

② Pierre Bourdieu, *Manet. Une révolution symbolique*, op. cit., p. 109.

③ 波德莱尔：《美学珍玩》，第 297 页。

④ Pierre Bourdieu, *Manet. Une révolution symbolique*, op. cit., p. 346.

⑤ Pierre Bourdieu, *Manet. Une révolution symbolique*, op. cit., p. 462.

⑥ 波德莱尔：《美学珍玩》，第 427 页。

⑦ Pierre Bourdieu, *Manet. Une révolution symbolique*, op. cit., p. 323.

立。左拉把意图理解为预先构思，代表了经院式评论者的僵硬形式，意图观念使左拉只看到马奈创作的偶然，缺乏训练，没有方法，肤浅，未实现"伟大现代风格"的本质。同样，意图观念也使艺术史学家一心寻找马奈的绘画来源。显然，肖像主题容易辨认，笔法则很难识别，因为它在明确的来源和参照之外。马奈的意图则带有实践逻辑的不一致性。那么，在无法确定作者意图的情况下，艺术作品的理解如何实现？布尔迪厄回答："我想这大部分是从无意识到无意识的交流：发生了许多事情，因为艺术家用了许多他不知道他用的东西，而接受者用他不知道他有的识别工具，接受了他不知道他接受的东西。但这种无意识并不是弗洛伊德的无意识，而是一种社会无意识，历史无意识。"① "大部分"一词至关重要，表明包含着有意识的部分。这种无意识就是实践意识，配置，习性，既是创造力，又是鉴赏力，即审美配置。左拉和马拉美对马奈的评价差别跟他们与马奈的审美配置契合度有关。马拉美与马奈生活条件相似，文化程度相当，马拉美比马奈小 10 岁，出身比马奈低微，当过中学英文教师。马拉美与帕纳斯诗派的关系虽然不似马奈与沙龙的关系那样紧张，但也与他们不和。所以马拉美与马奈处于同源位置，在各自场中都是异端，处于边缘，称得上利害一致。马奈与马拉美比跟左拉更亲近，习性使然。直至马奈去世，马拉美差不多每天晚上都在马奈的画室度过，他们住在塞纳河右岸的同一个街区。马奈为马拉美和左拉画过肖像，抓住了两个人的习性：马拉美是放松的，随便的，漫不经心的，与观看者疏离，体现了资产阶级的习性；左拉则好像在摆姿势，僵直的，挺着胸，体现出小资产阶级的习性。左拉出身小资产阶级，有文学能力，但不具备他们的艺术史修养，审美配置与他们迥异。可见，配置概念有助于对误解的理解和对理解的理解。对于马奈的《西班牙歌手》，画家们的实践理解很能说明问题，他们面面相觑，好像被马奈这种介于现实主义和浪漫主义的新奇画法惊呆了，一下子领悟了他绘画的秘密："画家们懂得对绘画采取一种观点，即一种实践的理解；他们由其技艺而有一种实践表象，这种技艺是不同的但在结构上是同源的；他们理解一种技艺，

---

① Pierre Bourdieu, *Manet. Une révolution symbolique*, op. cit., p. 500.

因为他们把它当作技艺来理解而且他们说不出来。"① 也就是说，存在着从身体到身体的理解。这就是布尔迪厄配置主义理论的理想状况。

二 马奈—库尔贝—莫奈

布尔迪厄试图以配置理论整合艺术作品生产与接受理论，将《区分——判断力的社会批判》中提出的实践公式［（习性）（资本）］＋场＝实践，修正为：（配置＋资本）× 场＝实践，把配置（习性）和资本分开后相加，它们与场的关系由＋变成了×，强化它们与场的互动关系。这就意味着，读者应化身为作者，"置身于做的时刻，无概念、无明确的和特定的意图的行动的时刻"。② 但实践批评不是投射批评，"我试图重建绘画行为，而不是满足于一个诠释的读者的观点"③，而是通过社会分析，考察艺术家的习性和他所在的艺术场产生的社会条件，对其绘画行为进行现实主义重构。

马奈一生都显示出既服从又反叛的分裂习性：他出入巴黎上流社会，追求资产阶级成功；他又是坚定的共和主义者，在美学上对资产阶级发出挑战。这是由于他从家庭和社会环境获得的习性与从绘画职业训练获得的习性存在着分歧。马奈出身于大资产阶级，他的父亲是塞纳省第一法院的法官，他的母亲出身于贵族，拥有大量地产和房产。父亲去世后，他和弟弟卖掉一部分地产，得到了丰厚的年金，足以保证体面的生活并摆脱市场的制约。他还用年金资助莫奈。他对资产阶级家庭非常顺从，家人全力支持他的事业。他在最资产阶级化的罗兰中学获得了必要的文化资本，足以藐视学院权威："进入名校的优势之一就是获得相对于学校的自由。"④ 随后他在气氛自由的学院派画室学习，他的老师库图尔把教学重点放在"技艺"而非书本文化上。他与老师形成了一种不寻常的平等竞争关系，培养了自信心和独立精神。与出身低微、远离巴黎的巴比松画派的画家不同，马奈去卢浮宫临摹，吸收绘画史的营养，积累雄厚

---

① Pierre Bourdieu, *Manet. Une révolution symbolique*, op. cit., p. 123.

② Pierre Bourdieu, *Manet. Une révolution symbolique*, op. cit., p. 746.

③ Pierre Bourdieu, *Manet. Une révolution symbolique*, op. cit., p. 117.

④ Pierre Bourdieu, *Manet. Une révolution symbolique*, op. cit., p. 466.

的技艺资本。在传记作家杜雷笔下，"马奈是一个巴黎人，非常强烈地体现了巴黎人的感情和习惯。他只能生活在巴黎，此外，他只能以某种方式生活在巴黎"。① 他保持着艺术创造与社交的微妙平衡："天生就有的习惯和性格特征在他身上持续了一生，连同他的艺术家性情。他基本上是上流社会的人，彬彬有礼，举止非常优雅，乐于社交，喜欢出入沙龙，在那里，他的活力和机智令他卓然不群并颇受赞赏。"② 左拉见证了马奈的风雅："他喜欢上流社会，他在晚会香气袭人的和闪闪发光的优雅中发现了隐秘的享乐。他被吸引到那里，无疑出于对大块的和生动的颜色的喜爱；但在他内心深处，也有一种高贵的和优雅的天生需要，我保证在他的作品中找到这种需要。"③ 马奈一家与巴黎老派资产阶级家族联系密切，他在资产阶级沙龙、卢浮宫和咖啡馆结识先锋派和保守派作家、艺术家、批评家、激进派和共和派，积累了丰厚的社会资本和象征资本，即社会关系和象征资源。这些资本足以使他抗拒学院批评，并为颠覆创造条件。他对资产阶级和学院秩序都怀有矛盾心绪。他很难放弃资产阶级的认可形式，他倾向于与制度达成妥协（如同德加和塞尚），他一辈子都寄希望于沙龙，拒绝参加他的印象派朋友组织的展览，拒绝落到他头上的革命领导者角色。马奈的大资产阶级派头对保守批评家颇具亲和力。他与资产阶级和统治者的关系并不紧张，像福楼拜那样，他没有怨恨，同时他也与放荡不羁的艺术家过从甚密。但他的绘画既与学院主义或资产阶级艺术对立，也与放荡不羁艺术对立。马奈悖论般地显示出优雅的革命者形象。身体素养（hexis）与革命行动之间的反差是马奈习性的主要特点。但马奈的高贵出身与革命属性并不矛盾，因为学院画家大多出身低微，更倾向于归附和服从系统，缺乏成为异端的习性与资本。布尔迪厄辛辣地指出："有一种绝对异乎寻常的禁闭，来自自我再生产的学院空间，把人弄残废，使他们愉快地接受自身的残废。"④ 通过对马奈习性的分析，布尔迪厄颠覆了受诅咒艺术家无根无系、贫困落魄的刻板形象。

① Théodore Duret, *Histoire d'Edouard Manet et de son œuvre*, op. cit., pp. 167 – 168.
② Théodore Duret, *Histoire d'Edouard Manet et de son œuvre*, op. cit., p. 8.
③ Emile Zola, *Pour Manet*, op. cit., p. 93.
④ Pierre Bourdieu, *Manet. Une révolution symbolique*, op. cit., p. 286.

马拉美只看到马奈作为异端的英勇决裂，忽视了社会条件的作用。

马奈以这样的习性和资本跻身一个绘画世界，推动相对自主的艺术场产生并制造革命，同时他也被艺术场创造出来。学院绘画的正统地位经由浪漫派画家（笔法和色彩）、风景画家（光线）、现实主义画家（库尔贝的雄浑笔法、刺眼的构图、透视法的操控）零敲碎打的破坏，已经开始动摇。在布尔迪厄看来，这些破坏是局部的革命，在形式上仍旧是学院派的。唯独马奈给学院制度致命一击，他对其"绘画"定义权提出了根本质疑，他努力解决将一个三维世界表现在二维平面上的问题，强调绘画的独特性。马奈的革命拒绝了所有片面的革命，同时把这种革命强加给反对他的学院制度。如马尔库塞所说，这是一种从法定结构内部进行的否定，通过间断性保存连续性，先锋派艺术为使艺术真理再次获得可交流性而斗争。[1] 艾柯同样描述了先锋派的悖论行为：进行形式革新的先锋派艺术家拒绝一个即将瓦解的形式系统，但没有完全否定它，而是在这个系统内改造这个系统，由此，他采用一种由混乱的方案构成的新语法，同时接受他所生活的危机世界。尽管他受到这个世界的伤害，他创造了唯一与这个世界保持有意义的关系的艺术。[2] 格林伯格则认为西方绘画的团结性多于革命性，"现代派艺术可以视作把很多早期绘画大师没有明说的东西说明白了"。[3] 他认为"革命"被政治污名化了，应该用"变化"取而代之。布尔迪厄承认马奈绘画的先锋性以绘画技法的量变为根基，但强调这种技法引起绘画观念的质变，因此，他坚持把马奈的颠覆行为称作"象征革命"。在他看来，马奈通过现代绘画提出的问题，是通过研究古典的传统成果找到答案的，他不是自修者，需要被同行哪怕是一小部分同行承认，而不是仅仅得到公众、收藏家或记者的好评。正因为他始终寻求学院制度的认可，他才极大促进了艺术场的自主并促使绘画的独特性得到确认。在艺术家与批评家的充满冲突的合作中，开始形成一个艺术场，这个场围绕两极组成，一极是由马奈代表的异端角色

① 参见马尔库塞《单向度的人》，第54页。
② 艾柯：《开放的作品》，第217—218页。
③ 克莱门特·格林伯格：《自制美学——关于艺术与趣味的观察》，第138页。

和他周围的批评家和画家，另一极是学院派，还有一些中间位置。

　　马奈如何在绘画场中获得新占位？依布尔迪厄的艺术场理论，在形式的可能性空间中，形式是斗争工具也是斗争赌注，形式作为挑战，只对那个依其习性接受挑战的人存在。马奈接受了挑战，而不是一般的"影响"或"竞争"。画家绘画时，头脑中有过去和现在的其他画家，也有看画的公众。马奈通过临摹熟习并超越裸体画、历史画、风景画、肖像画、风俗画的题材及其手法。他抛弃学院派的陈腐、浪漫主义的夸张、现实主义的简陋、折中主义的取巧、印象派的单纯，以委拉斯贵支对抗库图尔，以外国人对抗法国人，以死者对抗生者，以古人对抗今人。像福楼拜"好好写平庸"一样，马奈"好好画平庸"，力求把形式的雅致与对象的琐屑完美地融合。他吞噬并消化绘画史上包含着最美妙的质地、最和谐的色彩和最细腻的笔触的作品，通过简化、复杂化或变形与它们区别，他甚至融合对立的和不相容的传统（如漫画家杜米埃，西班牙和威尼斯大师，荷兰画家哈尔斯，日本木刻，当代摄影和版画），构造自身。他的每一笔都是被构造的，也是建构的。

　　布尔迪厄将马奈与库尔贝和莫奈的伦理配置和技术配置进行对比，突出马奈绘画的先锋地位。有意思的是，左拉也把马奈和库尔贝相提并论："马奈在卢浮宫有指定的位置，如同库尔贝，如同任何一个有创新的和强烈的性情的艺术家。当然，在库尔贝和马奈之间没有丝毫相似之处，这些艺术家，如果他们是合乎逻辑的，应该彼此否定。正是因为他们没有任何相似之处，他们每个人才能过着一种特定的生活。我并不想把他们进行对比，只是遵循我的看法，不以一种绝对的理想衡量艺术家，只接受独一无二的个性，表现在真实和力量中的个性。"[1] 由此可见，左拉把库尔贝和马奈当成具有绝对创新性和否定性的个人。他反对普鲁东把个性当成一种普遍的情感，主张艺术天才论（"天才不是教的，他朝令他愉悦的方向成长"[2]），但他没有考虑艺术空间和社会空间对艺术家的作用。按照布尔迪厄的观点，马奈和库尔贝处在相同的艺术文化中，相同

---

①　Emile Zola, *Pour Manet*, *op. cit.*, p. 77.

②　Emile Zola, *Pour Manet*, *op. cit.*, p. 61.

的参照空间中。他们都对大众娱乐感兴趣。但他们的习性不同。依夏皮罗的说法，库尔贝是外省农民，社会主义者，他完全自学绘画，凭技艺即兴发挥，通过对民众的同情和强大的直觉力量，理解世间万物。[①] 布尔迪厄看到，库尔贝主要进行了题材革命，将被学院传统拒斥的对象，劳动者、风景和乡村生活引入绘画中，采用了适合民众形象的主题和手段。尽管他也通过笔法（笔触或刀法，厚涂）和透视法反对学院传统，他的形式革新不是根本的。马奈则是巴黎资产阶级浪荡子、林荫大道的漫步者和现代生活的描绘者，他致力于形式探索，拒绝社会艺术。他寻找色彩的和谐、笔触的美和力量，而不是重建空间的深度。在《塞纳河畔的少女》中，库尔贝描绘衣服、头巾散乱地抛在地上，给人色情的暗示，但他的笔法和构图非常学院化。在《画室》中，库尔贝以一个正在画画的小男孩影射傅立叶的教育观点。这幅画的副标题是"决定我七年艺术和道德生活阶段的真实寓意画"，库尔贝读过傅立叶和普鲁东的许多著作，他通过这幅画把傅立叶的概念变成图像，阐明他的思想。所以库尔贝仍未脱离学院绘画的文学叙事。马奈与库尔贝在绘画主题上相近，但通过手法与他拉开距离。他放弃了明暗对比和凹凸感以及技法的现实主义。他的绘画语言简洁，无空间深度，色调均匀，文学叙述缺失："人物摆在那儿，无存在理由，无主题。"[②] 在《草地上的午餐》中，马奈让模特摆出古典的姿态，但他通过服装和画面处理，赋予她现代内涵。可以说他对拿破仑三世宫廷中流行的古典裸体画进行了戏仿。他在模特旁边画了艺术上并不协调的一小幅静物：一个篮子、奶油圆球蛋糕、桃子、樱桃和无花果。樱桃和无花果不属于同一季节，起装饰作用，证明绘画是在画室里完成的。画面一角还有一只青蛙。处于完整构图的考虑，他在画面背景上以华托般的轻盈笔触画了一个弯腰的女人，与近景的人物形成对比，并构成一个完美的半圆结构。布尔迪厄强调，马奈绘画时没有明确意图，只有一个模糊模式，他在现代背景下处理一个古典主题。

---

　　① 夏皮罗：《现代艺术，19 与 20 世纪》，沈语冰等译，江苏凤凰美术出版社 2015 年版，第 72 页。

　　② Pierre Bourdieu, *Manet. Une révolution symbolique*, op. cit., p. 62.

画面本身的不和谐颠覆了学院规定的能指与所指关系，尤其是学院绘画关于女性裸体的委婉修辞，将库尔贝的伦理违犯推向极致。马奈没有像库尔贝那样把艺术革命和政治革命分开，他完成了既是艺术的又是政治的革命，他不是从政治意图出发，而是把政治意图纳入艺术范畴之中。

马奈与印象派的关系很微妙。印象派避开现代生活和劳动场景，展现牧歌般的乡村场景。如克拉克所说，印象主义的魅力和局限源于它是令人愉悦的绘画，由此印象派"失去了人类精神最深奥的直觉"。① 马奈不赞同这种无视美学和伦理困境的世界观，拒绝与印象派一起展览，不完全认同莫奈。在布尔迪厄看来，马奈不该被推举为印象派领袖，他是印象派革命的同路人，他对光线有了革命性的发现："他不单描绘纯粹的颜色，对世界的本来面目的印象，如人们所说的。不，他表现光线，如同给世界以生命。"② 莫奈与马奈的习性差别很大，他出身小资产阶级，家境不富裕，一度穷困潦倒，没受过正规教育，不熟悉艺术史，几乎不受前辈大师的影响，只从实际创作中获取经验。他着力捕捉现实的瞬间印象，追求画面的纯粹的和谐。正如文杜里所说："他坚持只将重点集中于光与色彩的描绘，因此恣意地舍弃（或几乎没有意识到）学院和社会的观点，甚至比马奈过去所做的更加彻底。"③ 马奈则强调构图，反对偶然的自然布局。他采用日本式的线性模式，或构建蒙德里安式的水平和垂直栅格，将空间分割为若干平面，使一切都服从于构图，不怕扭曲。他的《草地上的午餐》在画室完成，却造成露天的假象。光线生硬，粗暴，从正面来，裸体模特的目光让人紧张、困惑、不安。他通过对古典绘画的参照和戏仿，嘲弄当时的趣味和禁忌，并通过在画面上并置所有题材对绘画进行反思。莫奈的《草地上的午餐》是向马奈致敬之作，其准备工作是通过户外写生完成的。这是典型的风俗画，描绘一群人悠闲地在林中草地上野餐，有自然的效果、明亮的色彩、甜美的氛围。莫奈在画布上涂抹他的感受，他满足于静观，不判断。很自然地，同为自学

---

① 肯尼思·克拉克：《风景入画》，吕澎译，译林出版社 2020 年版，第 187 页。

② Pierre Bourdieu, *Manet. Une révolution symbolique, op. cit.* , p. 310.

③ 巴托勒纳：《莫奈》，黎茂全译，北京时代华文书局 2015 年版，第 152 页。

者的库尔贝对莫奈的画极为赞赏，对马奈的画则持保留态度。

从马奈最早的捍卫者开始，对马奈的形式阅读一统天下，他的绘画被视为纯粹美学的、形式的游戏。政治上激进的左拉在《草地上的午餐》中也只看到了"一些生动的对比和一些大胆明快的色快"。[①] 20 世纪哲学家巴塔耶、福柯、艺术史学家弗莱德都认为马奈的绘画"表现其所是"。在巴塔耶看来，马奈使绘画成为摆脱话语功能的自主艺术，它无意义，无表现性："在画中，一切为了美的冷漠。"[②] 弗莱德从画家与观看者关系的角度，指出马奈打破了古典绘画无视观看者在场的自在状态，以表面的戏剧性吸引观看者的目光，却不为他提供真正的戏剧性。[③] 福柯在《马奈的绘画》中，通过分析马奈处理空间、处理光线的方式以及观看者的位置，指出马奈"发明了物－画，实物－绘画，而这正是人们最终可以摆脱表象本身，用油画纯粹的特性以及其本身的物质特性，发挥空间作用的基本条件"。[④] 布尔迪厄肯定他们的成果，强调绘画是莫斯所说的"一个社会总体事实"（un fait social total），通过建立社会历史框架，考察马奈引起的冲突和丑闻的批评空间，与福柯保持距离，"福柯通过最纯粹的文人直觉传统和审美交流进行的充满灵感的阅读所缺乏的正是这个"。[⑤] 他也与艺术史的形式主义观点决裂，不同意把艺术史视为从个别艺术家到个别艺术家的纯粹风格变化。确实，从马奈开始，绘画开始转向抽象，形式特征逐渐加强，理解越来越基于艺术作品的纯粹美学维度。但形式分析被布尔迪厄巧妙地派上了相反用场："形式主义美学可能比任何其他人类产物都更好地提出了社会可能性条件问题：为了产生一种不直接参照周围社会世界的艺术，需要满足什么社会可能性条件？"[⑥] 形式主义美学让人思考社会可能性的特定条件，即作为艺术场的社会空间的出现，艺术场以反思的和自主的方式运行，也就是通过自身的运行逻辑，

---

① 夏皮罗：《现代艺术，19 与 20 世纪》，第 25 页。

② 福柯：《马奈的绘画》，谢强、马月译，湖南教育出版社 2009 年版，第 62、67 页。

③ 福柯：《马奈的绘画》，第 76—77 页。

④ 福柯：《马奈的绘画》，第 42 页。

⑤ Pierre Bourdieu, *Manet. Une révolution symbolique*, op. cit., p. 533.

⑥ Pierre Bourdieu, *Manet. Une révolution symbolique*, op. cit., p. 155.

产生对绘画的作用限度的反思。

　　形式主义美学忘记了场不是完全自主的。艺术场无法脱离国家、资助、经济危机、周围环境等的影响。布尔迪厄欲以社会历史研究补充艺术史的欠缺。为了理解一幅画，不仅需要寓意画像解释学的历史文化分析，还需要特定艺术范畴内真实或假定的参照物，政治文化范畴和国家范畴，以及从前艺术史忽略的艺术制度和教育制度等重要因素。娜塔莉·恩尼克指出，布尔迪厄的研究更新了艺术社会学的问题体系。她按照历时性把 20 世纪艺术社会学分为三种研究趋向："艺术与社会""社会中的艺术""作为社会的艺术"；艺术社会学从二战前与二战后的形而上争论（艺术还是社会、作品的内在价值或趣味的相对性）转向 20 世纪六七十年代的具体研究，也就是通过互动、行动者、制度等，考察艺术生产的社会条件。[1] 布尔迪厄看到，马奈绘画的社会条件研究取得了重要成果，如美国社会学家怀特夫妇对法国绘画界制度变化的分析，英国艺术史家克拉克对经济结构和社会结构变化作用的考察，法国社会学家布庸对艺术家协会作用的阐述等。但他认为这些解释单独或过分强调变化过程的一个特征，应该将这些局部的解释整合在一起，构建学院制度危机的解释因素系统。如前所述，学院制度通过金科玉律和画家训练支配画家实践，沙龙垄断了展览特权，严重影响了法国艺术发展：要么在沙龙展览，要么死。从学院的分化到艺术场的确立是一个从量变到质变的漫长过程。学院制度的危机可以追溯到"七月王朝"，国家推行取悦上升资产阶级的自由的和折中的艺术政治，促进了表现轶事历史、风俗场景、风景的绘画作品的产生。折中主义画家草稿与完稿之间的不彻底（demi‑mesures），破坏了体裁等级，不知不觉地侵蚀了学院主义。在折中派推动下，1831 年的沙龙接纳了风景画家，1879 年和 1881 年沙龙重组并于 1881 年颁给马奈一枚奖章。应该说，浪漫主义画家、风景画家、折中派和现实主义者共同导致了系统的危机。实际上，按照劳埃德的考察，19 世纪末德加、梵高和塞尚将素描绘画艺术推向顶峰，素描不再是绘画成品的准备，而是具有展览价值的自由作品，油画和素描的审美差异缩

---

①　Nathalie Heinich, *La sociologie de l'art*, Paris：La Découverte, 2001, 2004, pp. 14 –15.

小了，两者的风格和实践方式不再分开，而是可以互换。① 由此，在布尔迪厄看来，绘画艺术领域体现出涂尔干所说的"失范"："失范，在 19 世纪绘画的状况中，表明证明或认可的统治地点的缺失，也就是学院的崩溃，因为学院是能说出谁是画家、绘画是什么的地点。"② 艺术场的规则等待破旧立新。马奈对艺术场的形成功不可没，他以丑闻的形式清算了学院制度，动摇了学院制度的根基。1863 年的落选者沙龙，1874 年的印象派展览和 1884 年的独立者沙龙这几个反展览是这个过程的重要标志，导致艺术生产关系的真正革命，改变了服从最高仲裁的画家的头脑，固守纯粹文学批评传统的批评家的头脑，参观沙龙的公众的头脑。对艺术和艺术家的看法，艺术家与公众的关系，批评的功能，都发生了质变，如布尔迪厄所说："一个场的构成，从真正意义上来说，就是失范的制度化。"③ 这种世界观的真正转变，与外部世界是互相影响的循环因果关系。由此，布尔迪厄总结出象征革命产生的外部因素：1. 技术变革促进新艺术形式出现，石版画提高了人们对艺术的兴趣，金属颜料管、现成的画布减轻了画家的技术劳动。2. 画家人数大增，破坏了学院垄断的信仰网络，消除了画家对评委会及其评判的合法性的信仰、对国家直接或间接干涉评委会的有效性和合法性的信仰，公众对学院标签价值的信仰，打破了学院体制的禁闭，威胁了学院制度对生产者培养的垄断权。于是，制度外的和反制度的自由艺术和文学环境得到发展，为先锋派画家提供市场和认可。3. 对适合在资产阶级客厅摆放的、尺寸小的、悦目的作品如静物、风景的需求增多。伯格认为，对资产阶级而言，绘画与财产的关系，与其说是开向世界的想象之窗，不如说是"嵌在墙上用以收藏景观的保险箱"。④ 但想象和财产无疑同等重要，资产阶级需要艺术装饰生活，希望在绘画中找到闲适的生活体验，他们对绘画同时倾注了金钱的和情感的投入。巴克森德尔提出了金钱和体验模式互相交织的意图模式（patterns of intention）："画家或消费者的任何选择都会反映在作

---

① 克里斯托弗·劳埃德：《隐秘的杰作：走进印象派与后印象派》，第 31 页。

② Pierre Bourdieu, *Sociologie générale. Cours au collège de France 1983 – 1986*, op. cit., p. 752.

③ Pierre Bourdieu, *Manet. Une révolution symbolique*, op. cit., p. 594.

④ 约翰·伯格：《观看之道》，第 156 页。

为整体的市场上。这是一种交易模式，主要是精神商品的交易模式。"①
重要的是把艺术作品纳入象征产品而非简单的物质产品交换，反对经济
还原论。

克拉克的《现代生活的画像》为布尔迪厄与反映论对话提供了机会。
"现代生活的画家"的提法并不新鲜，早在克拉克之前，波德莱尔和马拉美
就指出马奈是现代生活的画家。布尔迪厄承认克拉克的书与《马奈·象征
革命》意图相似，即通过马奈丑闻及其作用，将马奈的革命与社会总体变
化联系在一起来理解这场革命，但它不过是马克思主义、拉康主义、德波
尔、符号学、些许美国笔法和女性主义的混合物。② 克拉克指出，奥斯曼大
力改造的巴黎（大街、大商店、大景观）在马奈的绘画中不存在，马奈没
有对巴黎采取全景视角，是因为奥斯曼大道通向的未来不是马奈及其人物
的未来：他表现巴黎的小街或城郊，城乡交界的无人地带，他把城市看成
孤独、不幸、异化的人的偶然集合："马奈用妓女来呈现奥斯曼所建造的城
市的真实面目。"③ 由此，他将马奈视为上升的新阶级成员，获胜的资本
主义异化景观的受害者。布尔迪厄认为，克拉克的唯物主义将作品过于
直接地与社会背景相连，从经济和社会基础转到绘画形式和象征形式，
与卢卡契和戈尔德曼的分析一脉相承，在总体的社会世界中寻找作品产
生的原因，把作品看成社会阶级和阶级冲突的反映，犯了认识论短路的
错误。外部因素不是马奈革命的直接原因，只是革命成功的有利条件。
马克思美学观念的经济基础与上层建筑之间的对立不适合描述千变万化
的复杂社会的辩证法，这个从建筑而来的比喻把文化进程描述为单向的
（由低向高，而非相反），导致还原主义和初级唯物主义，尤其忽视了文
化进程的自主性。他创造的"习性×场"这个模式的每一项包含了其自
身变化的原则。习性包含了历史，因此是动态的，与反射、反映、反应
对立。场是动态的：包含紧张、矛盾、冲突。这一切时时刻刻都在运动，

---

① 露西·苏特：《为什么是艺术摄影》，毛卫东译，人民邮电出版社 2020 年版，第 15 页。

② Pierre Bourdieu, *Manet. Une révolution symbolique*, *op. cit.*, p. 387.

③ 克拉克：《现代生活的画像：马奈及其追随者艺术中的巴黎》，沈语冰等译，江苏美术
出版社 2013 年版，第 114 页。

但不是随便（偶然）地，也不是朝随便什么方向运动。[1]

　　为了避免从政治直接跨越到美学，必须引入艺术场的概念。如同文学场，艺术场在艺术作品与社会世界之间充当一个重要的中项，它的自主性体现在能折射政治事件或经济危机并按自身的规则加以转译，从而超越内部分析与外部分析的对立。布尔迪厄将福楼拜和波德莱尔视为文学场的立法者，将马奈视为艺术场的立法者，反思的现实主义的形式主义的理想型。马奈的象征革命是既针对内容又针对形式的革命，以反对无内容的形式和无形式的内容。倾向于伦理革新的库尔贝和侧重于形式革新的莫奈，主观上和客观上都没有这种双重性。对于马奈来说，古典透视法、凸起、明暗这些风格因素代表了非现实化的观念，表达文学和伦理价值，因为学院构图将绘画视作宏大叙事，戏剧表现，使所有造型需要服从于叙述，不适应现代绘画的世界观。马奈表现低级的主题，尤其是以客观的、冷静的方式处理主题，不让主题有什么意义。马奈强调人物的动作要自然，反对学院艺术的修辞雄辩和夸张动作。他努力避开内在性的和主体性的暗示。为了破除学院构图的现实主义幻术，他到过去的作品中寻找与三维决裂的工具，以解决二维表象问题。他将形式简化并平面化，让光线从正面来，除去半色，将凸起降到最低，将真实空间中处于不同层次如远景、近景的形象和物体混杂在绘画中，把世界表象为不连续的，随意切割的，人物是偶然的，分散的，像在照片里一样，面孔是拜占庭壁画式的，正面的，直视的。[2] 但马奈的形式美学也是一种伦理学，与世界观、精神气质和实践价值系统密不可分。他与世界的形式关系也是关于世界的政治观念。[3] 也就是说，马奈把政治主题按照形式原则构建出来，他的眼光是美学－政治的。

　　按照布尔迪厄的解读，《草地上的午餐》体现了古典、高贵与当代、琐碎之间的碰撞，也就是好与坏、伟大与卑微的碰撞。马奈有两种僭越

---

① Pierre Bourdieu, *Manet. Une révolution symbolique*, *op. cit.*, pp. 577 – 578.
② 拜占庭艺术通过正面律表现绝对的权威、超人的伟大、神秘的尊严，正面构图使人物具有形式主义的教会仪式和宫廷仪式以及遵守专制和禁欲原则的生活秩序的特征。参见阿诺尔德·豪泽尔《艺术社会史》，黄燎宇译，商务印书馆 2015 年版，第 78 页。
③ Pierre Bourdieu, *Manet. Une révolution symbolique*, *op. cit.*, p. 507.

行为，即"美学神圣之僭越"和"性伦理神圣之僭越"。首先，他打破了
题材的界限，颠覆了法定等级，尤其是高级艺术与低级艺术之间的对立。
他用高贵的历史绘画的尺寸描绘低等题材的风景、风俗。他采用低级而
肤浅的乡村游乐节日主题，描绘丑陋的、毫无优雅和魅力的人物。其次，
他在构图上放弃了立体感、凸起甚至透视法，比如背景中的女人比规定
比例大得多。人物随意放置，导致轶事和叙事的消除和意义的消解。形
式构造是自足的，它不讲故事，不说教。在裸体处理方面，他放弃了学
院派的委婉修辞。由此，伦理违犯强化了美学违犯。这幅画的主题参照
了提香的《乡村音乐会》，中心人物的布局参照了拉斐尔的《帕里斯的判
决》，但这是以戏仿的形式实现的，学院绘画不再是一种参照，它变成了
一个被客观化的对象："《草地上的午餐》产生了某种类似挑衅的东西，
它是对反思性的一种反思挑战。"① 也就是说，他画了一幅关于绘画的绘
画，在他的绘画中对绘画提出了质疑。马奈接受了摄影的非中心化、平
均化、民主化的影响，抛弃了大卫的理想化表达方式的全部修辞，以及
文艺复兴时期的艺术家从古代雕塑艺术中学来的高度符号化的姿态和动
作，颠覆了绘画的旧秩序。马奈的绘画之所以引起丑闻，是因为它被视
为象征能力的滥用，表象能力的非法使用。更进一步，"这是一种挑衅：
对虚无、社会虚无、落选的一种本体论升华"。② 通过这幅画，马奈打破
了最重要的区分原则，在一个社会中将意义与无意义分开的原则。不再
是被表象物而是事物的表象本身，被提升到神圣的范畴："在他以表象的
神圣代替神圣的表象的意愿中，他似乎受到一种欲望的鼓动，想要断然
地颠覆或无视存在物与相应风格水平的等级，也就是事物的秩序，提升
微不足道的事物，而这是以一种贵族的冷漠实现的，这种冷漠使得他拒
绝对现实的一切形式的文学或政治颂扬（像德拉克洛瓦那样），以及一切
种类的说教，尤其是社会说教（像库尔贝那样，他的画带有一种社会启
示，像普鲁东希望的那样）。"③ 由此，马奈确立了画家的自主性和权威，

---

① Pierre Bourdieu, *Manet. Une révolution symbolique*, op. cit., p. 64.

② Pierre Bourdieu, *Sociologie générale. Cours au collège de France 1983 – 1986*, op. cit., p. 762.

③ Pierre Bourdieu, *Manet. Une révolution symbolique*, op. cit., pp. 719 – 720.

描绘了"人民真正的美"，"人民"包括所有不是贵族的人，既是资产阶级也是民众阶级。他在这幅画中集合美学上低级的所有标志（风俗场景，风景，对肖像的戏仿）和淫秽的情形，表现资产阶级与民众的对立和男女对立：由构图体现的田园诗（牧羊人、牧羊女）的乡野纯洁与女工模特所代表的城市腐败对立。身份可疑的女工与大学生厮混，以其赤裸的身体威胁崇尚委婉的象征秩序和唯恐她破坏社会再生产的社会秩序。所以马奈的象征革命是审美的和伦理的双重革命，他使绘画不仅获得了新对象即现代性的所有符号，也获得了相对于文学表述的自主性。重要的是，马奈通过绘画技术的革新实现了本体论提升："他强制规定了一种真正的目光的非等级化，但这种非等级化不是有意寻求的，而是一种平均透视法的副作用，这种透视法赋予绘画的所有成分以同等的视觉价值。"①在马奈那里，有一种对无意义的上演，对意义的漠视是通过纯粹的风格手段实现的，女性裸体、现代装束的男子、浴女、静物和风景，仅仅是存在着。这种对任何信息的甚至是纯粹情感的信息的逃避，与主题的表面戏剧性形成强烈的反差。物、男人、女人等得到了相同的艺术处理，相同的艺术尊重，不像古典绘画那样造金字塔。布尔迪厄对福楼拜的观点的评价与此呼应："正如马奈后来所做的，福楼拜放弃了从一个固定的和中心的观点出发获取的统一视角，以有利于人们可称作一个'聚合空间'的东西，潘诺夫斯基提出了'聚合空间'，由此意指一个由并列的片段组成且无特殊观点的空间。"② 这种平等的泛神论观念是一种非常民主的观念："这个忘我并将自身托于客体的箴言，意味着将自身奉献给客体和对客体的认可，对客体的绝对承认，最终达到一种泛神论——只能这么说——一种宇宙的泛神论。"③ 这是一种斯宾诺莎式的世界观，"这种最实证的科学、最热切的道德倾向和最崇高的宗教情感的整体性融合"。④艺术革命正是通过改变世界的表象方式改变世界的。

马奈的冷漠是波德莱尔所说的浪荡子派头（dandysme），他有观看但

---

① Pierre Bourdieu, *Manet. Une révolution symbolique*, op. cit., p. 722.

② 布尔迪厄：《艺术的法则》，第 68 页。

③ Pierre Bourdieu, *Manet. Une révolution symbolique*, op. cit., pp. 309 – 310.

④ 参见罗斯《斯宾诺莎》，第 258 页。

不投入的冷静目光；也是福楼拜的疏离，他不动声色地转述人物的话语。他们都信奉唯美主义，把一切都看成演出，以中立的目光理解一切现实，以客观主义的冷静描绘现代生活，日常存在的庸常和丑恶：马奈的《死去的斗牛士》、波德莱尔的腐尸、福楼拜的爱玛之死。所以，马奈不是某个阶级的代言人，他是一个革命的浪荡子，如波德莱尔所说："浪荡子的美的特性尤其在于冷漠的神气，这是一股让人猜得出的潜在的火，它不能也不愿反射出光芒。"① 福楼拜、马奈和波德莱尔都是冷漠地耽于声色。他们痛恨现实主义幻术和道德说教，以精湛的手法，从现代的平庸中提炼出最崇高的美学效果。对布尔迪厄而言，这三个人物如同祭坛的三联画，互相呼应，互相补充，构成了比亚齐所说的艺术家典型："实际上，福楼拜在这里扮演了一个示范性的行动者角色（他或多或少可以与在紧急境况下当替身的波德莱尔或马奈互换）。"②

　　布尔迪厄承认，"场越自主，人们就越为游戏而游戏，作品就越成了关于超话语的超话语"。③ 形式越优先，社会历史分析越难操作。确如恩尼克所说，作品分析的合理性也受到相关作品的自主化程度限制。当代艺术受艺术世界的限制远远超过社会世界的限制。④ 也就是说，"艺术创作的技术、感知、感官操作已更加专业化，这使得社会学家为环境和作品建立联系也愈加困难"。⑤ 由此，她主张社会学家避免规范问题，即论证艺术作品的独创性和特殊性及其表达社会整体趋势的能力，而以多元的、描述性的、相对主义的社会学取而代之。同样，在夏皮罗看来，当代绘画更多指向艺术家而非外在世界，艺术家的心智状态或感受力被绝对化，被视为先于和高于对象的东西。⑥ 于是，反思性的艺术趋向哲学，形式与社会的关联越来越隐蔽。这似乎应验了黑格尔的艺术终

---

① 波德莱尔：《美学珍玩》，第 388 页。

② Jean – Pierre Martin (dir.), *Bourdieu et la littérature*, op. cit. , p. 248.

③ Pierre Bourdieu, *Sociologie générale. Cours au collège de France 1983 – 1986*, op. cit. , p. 297.

④ Cf. Nathalie Heinich, *La sociologie de l'art*, op. cit. , p. 95.

⑤ 海因里希：《艺术为社会学带来什么》，何蓓译，华东师范大学出版社 2016 年版，第 32 页。

⑥ 参见夏皮罗《现代艺术，19 与 20 世纪》，第 232 页。

结观点，我们再也无法生活在从前的艺术世界里，无法扎根于海德格尔的大地上，无法在艺术中得到直接的快乐："艺术的终结似乎也是现代文明社会中的知性（与哲学理性不一样）的、抽象反思的霸权造成的。"①知性话语无法达到综合个体与普遍、思想与感性的实体性，而艺术恰恰需要这种综合。这也许是布尔迪厄艺术社会学遇到的一个挑战。

三　实践美学

通过配置主义理论，布尔迪厄提出了实践的生成美学："我提倡的是一种生成美学，这些美学建立在一种对实践的现实主义观念上，建立在一种本领（savoir-faire）理论上。"② 实践美学拒绝唯智主义观念，也就是事先的意图，事先的计划，反对萨特的"谋划"，萨特宣称："作家到处遇到的只有他的知识，他的意志，他的谋划，总而言之他只遇到他自己。"③ 布尔迪厄以习性来反对唯智主义行动哲学和自发主义行动哲学，将习性、资本与场合成的实践哲学公式用于理解和解释艺术创造。他将创造者比喻为面对钢琴的作曲家："当每个人，艺术家，作家，科学家，开始工作时，就像一个面对钢琴的作曲家，钢琴为创造提供了风格上的——和手法上的——表面上无限的可能性，但与此同时也规定了被纳入它的结构（比如规定某种音域的键盘范围）中的局限和限制，这种结构本身也是由钢琴的制造决定的；而局限与限制也表现在艺术家的配置之中，艺术家的配置本身也依赖工具的可能性，即使这些配置体现了工具的可能性并使这种可能性或多或少全面地存在。"④ 钢琴代表场的可能性空间，作曲家代表创造者，他借助习性在必然与自由之间游戏，达到创造的化境。技术习性是通过学习而来的第二天性，实践掌握，"博学的无知"（la docte ignorance），处于实践状态的知识，无法达到话语层面的知识。学游泳，就要跳进水里。通过投入（plongeon）和沉浸（immersion）的比喻，布尔迪厄指出"马奈提供了

---

① 舍费尔：《现代艺术——18 世纪至今艺术的美学和哲学》，第 249 页。
② Pierre Bourdieu, *Manet. Une révolution symbolique*, op. cit., p. 103.
③ 萨特：《萨特文学论文集》，第 97 页。
④ 布尔迪厄：《帕斯卡尔式的沉思》，第 133 页。

与意图—执行或规则—执行或规则—运用的模式相反的一种行动哲学"。①
单单跳到水里还不够，还要有技艺。

据陈中梅考证，在古希腊人那里，Tekhnē 既指技术和技艺，也指工
艺和艺术。任何受人控制的有目的的生成、维系、改良和促进活动都是
包含 tekhnē 的活动。Tekhnē 是理性和归纳的产物，不仅是具某种性质和
功用的行动，而且是指导行动的知识本身。柏拉图认为 tekhnē 和 epistēmē
（系统知识，科学知识）高于经验并有两个对立面：无知和灵感，但作为
经验总结的 tekhnē 有局限性，而经过理论抽象的 epistēmē 是可靠的知识。
亚里士多德从动能（dunamis）的角度思考 tekhnē。就产品而言，制作的
动力来自制作者，其驱动因素是受理性制约的动能：技能（tekhnē）、潜
能、思考。Tekhnē 强调人的活动和制作过程的直接性。它不是天生的，
是通过实践和学习获得的能力，具有相对的稳定性，与素养（hexis）有
某种相似之处，指不易发生变动的常态或习惯。亚里士多德将 tekhnē 定
义为在理性原则指导下进行制作或生产的 hexis。他还将 tekhnē 视为从经
验中总结出来的具有一般指导意义的规则，通向 epistēmē 和智慧（sophi-
a）的认识深化过程中的必经阶段。但关于生产或制作的知识（tekhnē）
明显低于关于原则或原理的知识（epistēmē），因为前者制约人的制作和
生产，后者制约人的哲学思考。亚里士多德的功绩在于明确区分了"做"
或"行动"和"制作"，把技艺分为两类：一类与人的行动有关（从事
农业或医术等），另一类与人的制作有关，制作则分为生产生活必需品的
技艺和提供消遣的技艺（模仿艺术）。由此，经由亚里士多德阐释的
tekhnē 同时获得了物理学、伦理学和认识论的价值。② 在《诗学》中，亚
里士多德摆脱了柏拉图关于诗的迷狂说，但不否定灵感和天赋，强调诗
是可以学习和研究的制作技艺，政治和诗评应有不同的标准，但他以诗
的"自我完善"为由，除去了诗的历史性，没有将诗的研究上升为形而
上学研究，没有从理论上阐述艺术模仿对自我和客观世界的认识功能。③

---

① Pierre Bourdieu, *Manet. Une révolution symbolique*, *op. cit.*, p. 295.

② 陈中梅：《Tekhnē》，亚里士多德：《诗学》，陈中梅译注，商务印书馆 2016 年版，第
234—241 页。

③ 陈中梅：《柏拉图的诗学思想》，《诗学》，第 7—8、286 页。

亚里士多德的诗艺只包含技艺（tekhnē）的规则、素养、制作，无关做或行动，无关城邦生活艺术（politikē），缺乏与社会实践相关的认识论价值。由此诗艺局限于消遣技艺，诗人沦为工匠，诗艺成为单纯的制造术，"规则"占了素养的上风，与柏拉图的教化思想结合，导致为政治或意识形态服务的艺术工具论或"为艺术而艺术"的反拨。

　　17 世纪，古典批评家布瓦洛参照亚里士多德的《诗学》、贺拉斯的《诗艺》、昆体良《演说术原理》中的修辞学和朗吉努斯的《论崇高》，制定路易十四王朝的文艺大法——《诗的艺术》（1674），确立古典主义的官方美学，意欲"替阿波罗立法制定国经邦"。① 他把文学体裁分为等级，将史诗、悲剧和喜剧尊为最高体裁，为每种体裁明确指定规则并提供样板，主张按照公众的欣赏趣味来表现自然和真实。他要求诗人首先要遵循理性，模仿自然，模仿古人杰作，遵守三一律和适度原则，不能僭越体裁等级。他赞同亚里士多德的有机论："必需用精湛技巧求得段落的匀称/把不同的各部门构成统一和完整。"② 贺拉斯的"寓教于乐""要写作成功，判断力是开端和源泉"③ 是布瓦洛的诗学信条，使他很难与审美感性协调一致。由此，布瓦洛既崇尚理性，谴责危害风化的作家，又崇尚技艺，承认对恶的模仿能带来审美愉悦，无法解决意图与形式、理性规则与审美愉悦的悖论。一方面，技艺是理性意图的执行："戏剧则要与精确的理性相合"，④ "你写作之前先要构思清楚"。⑤ 另一方面，技艺化腐朽为神奇："绝对没有一条蛇或一个狰狞怪物/经艺术摹拟出来而不供人悦目：一支精细的画笔引人入胜的妙计/能将最惨的对象变成有趣的东西"，"最不正当的爱情经过雅洁的描写/也不会在人心里引起欲念的奸邪"。⑥《诗的艺术》是以诗体写成的创作经验大全，讽刺诗人布瓦洛亲身体会到艺术不是道德箴言的理智性陈述，他常常违背狭隘的理性，为

---

① 布瓦洛：《诗的艺术》，第 83 页。
② 布瓦洛：《诗的艺术》，第 14 页。
③ 贺拉斯：《诗艺》，杨周翰译，上海人民出版社 2016 年版，第 449、451 页。
④ 布瓦洛：《诗的艺术》，第 39 页。
⑤ 布瓦洛：《诗的艺术》，第 13 页。
⑥ 布瓦洛：《诗的艺术》，第 63 页。

高乃依、拉辛、莫里哀违背规则辩护，赞扬他们达到最美最强烈的崇高境界。事实上这个世纪的伟大作家们在实践中往往遵从比一切成文法都更高的规则。布瓦洛对诗人如何从模仿实现创造并无高明见解。朗松认为无技艺则无杰作，布瓦洛的贡献在于总结出古典技艺（technique）的基本程式——作诗法、风格法、结构法，向有天赋的诗人传授技艺（métier），他将布瓦洛视为自己的代言人，称赞他将"实证主义的理性主义"和美的形式追求融为一体，提出愉悦、美和真密不可分的原则，"最符合我们的精神品质和永久需要的文学理论"。① 这就是说，技艺具有审美的、伦理的和政治的内容。但朗松只看到技艺的理性规则，把从材料到创造的过程视为单纯的智力组合，理念的执行，指出福楼拜吸收了布瓦洛非个人的完美艺术，"只有通过艺术，智力和意志才抓住它们的对象"。② 他强调书与其说是一种创造力量，不如说是一种组织力量，将作家视作扮演协调角色的指挥家。③ 朗松选择了布瓦洛诗学的机械论维度。

　　如阿瑟·丹托所说，古典理论的荣耀在于摆正了艺术与现实的关系，但它把再现局限在模仿范围内，艺术再现论排除了非模仿性的再现性作品。④ 模仿是里亚士多德诗学的中心。诗画一致说是以亚里士多德的"再现诗学"（情节是对行动的模仿）为前提的，但两者的相似并不体现在诗与画都运用某种语言，或绘画的色彩与诗歌的词语有相似性，而体现在两者都在讲述一个故事，这个故事为普遍的、基本的准则提供选题和布局。⑤ 莱辛在《拉奥孔》中反对法国古典主义的诗画一致说，即诗中有画的明晰和静美，画中有诗的寓意和崇高。他对诗（文学）与画（造型艺术）进行了区分，划定了诗画界限，一般而言，前者存在于时间，后者存在于空间，前者表现动作，后者表现物体：

---

① Gustve Lanson, *Histoire de la litterature française*, *op. cit.*, pp. 502, 504.

② Gustve Lanson, *Histoire de la litterature française*, *op. cit.*, p. 1083.

③ Gisèle Sapiro, *La sociologie de la littérature*, *op. cit.*, p. 15.

④ 阿瑟·丹托：《寻常物的嬗变———一种关于艺术的哲学》，陈岸瑛译，江苏人民出版社2012年版，第100页。

⑤ 郎西埃：《沉默的言语》，第7页。

　　既然绘画用来摹仿的媒介符号和诗所用的确实完全不同，这就是说，绘画用空间中的形体和颜色而诗却用在时间中发出的声音；既然符号无可争辩地应该和符号所代表的事物互相协调，那么，在空间中并列的符号就只宜于表现那些全体或部分本来也是在空间中并列的事物，而在时间中先后承续的符号也只宜于表现那些全体或部分本来也是在时间中先后承续的事物。①

　　这就是说，画与诗的区别在于画描绘物体静态而诗叙述人物动态。但这种划分不是绝对的。莱辛承认，一切物体不仅在空间中存在，也在时间中存在。画与诗都是时空艺术。在一定条件下，画可以通过物体暗示动作情节，诗可以通过动作描绘物体。从符号角度，他进一步提出，画运用色彩线条这样的"自然符号"，诗运用语言这样的"人为符号"，但诗与画同时包含并运用两种符号。画要体现静穆的理想美，较高级的绘画只用存在于空间中的自然符号，历史画与寓意画为传达意图叙述动作而用人为符号，不是高级绘画，而是绘画中的散文；诗要传达真实的表情，较高级的诗只用存在于时间中的自然符号，诗应通过语调、词句、音节、修辞比喻等把人为符号提高到自然符号，区分于散文。② 尽管莱辛试图区分画与诗的界限，但他讨论的基本是雕塑与诗的界限。他将古希腊雕塑的理想性与抽象性当作绘画的标准，反对绘画表达个性。他固守亚里士多德的诗学，把戏剧诗当作最高体裁，反对描绘诗和抒情诗。朱光潜指出，莱辛的文艺观点与社会历史背景密切相关，一方面，他作为启蒙思想家反对法国古典主义戏剧和拉丁悲剧，反对寓意画和历史画，认为文学比造型艺术有更广阔的发展前景，文学的主要形式是描述人物动作情节由冲突而发展的戏剧，因而他通过《汉堡剧评》开展市民剧运动，替德意志民族文学指出新发展方向。另一方面，他批判温克尔曼的静穆理想和苏黎世派宣扬的描绘体诗，因为他们脱离社会现实，或陶醉于理想化的古希腊社会，或以阴郁的感伤情调沉溺于对大自然的静观和

---

　　① 莱辛：《拉奥孔》，朱光潜译，商务印书馆2016年版，第90页。
　　② 莱辛：《拉奥孔》，第224—225页。

幻想，而莱辛要求爽朗生动的气氛和奋发激扬的情感，参与社会变革和实践的人生观和艺术观，但他对文学体裁和社会变革缺乏历史意识，基本限于文学体裁的内部分析和界定，未能完全摆脱法国古典主义的桎梏。① 总之，莱辛的文学观抛弃了贺拉斯"诗如画"（ut picture poesis）的陈旧人文主义观念，他的绘画观则遵从温克尔曼的"高贵的单纯，静穆的伟大"，依旧是狭隘的。按照韦勒克的说法，温克尔曼对古代艺术有一种超过单纯好古的人文主义的感受性和洞察力，一方面他试图通过静穆的美的理想将新古典主义柏拉图化，另一方面他有一种强烈的感官主义和一种新兴的历史主义。② 不难想象，这种新鲜的历史感性对莱辛有强烈的吸引力。难怪贡布里希直言，莱辛设法把新古典主义的节制理念限制在视觉艺术中，把激情的权力留给诗歌，以免温克尔曼的造型艺术理论传染诗歌，阻碍德国市民文学的建立。③

托多罗夫则对莱辛进行符号学解读，认为莱辛虽然维护模仿说，把绘画和诗歌都当成有理据的（逻辑的）符号，但分出两者的差别：绘画模仿运用"自然符号"，语言符号是无理据的（任意的），诗歌隐喻是借助无理据符号构成的有理据符号。莱辛改变了模仿理论的方向，不再认为这是符号与外部世界的关系，而是符号内部能指与所指的关系，通过把模仿引向理据性，他宣告了诗歌语言的浪漫主义学说。④ 由此，托多罗夫借助俄国形式主义将莱辛的理论与索绪尔的符号学相联系，试图重建现代"修辞学"。不可否认，莱辛的诗画之分推动浪漫诗的一统天下，艺术作品倾向于被理解为世界的图解（或意象）而非世界的图像。托多罗夫通过总结歌德和洪堡的阐述建立了寓意与象征的对立：象征是生产活动而非作品，实现了对立面（精神与物质、一般与特殊、生与死等）的融合，表达不可言传的内容，经由无意识产生，引起无限的阐释活动，而寓意是理性的表达，已完成的作品，供人冷静地欣赏。他借助语言学阐释这种对立，"在寓意里，能指层即刻就被穿透以便理解所指的东西，

---

① 莱辛：《拉奥孔》，第 236—246 页。

② 雷纳·韦勒克：《近代文学批评史》，第 201 页。

③ 参见贡布里希《敬献集》，第 46—48 页。

④ 茨维坦·托多罗夫：《象征理论》，第 185、188 页。

而在象征里，能指层保持它自身的价值，保持它的不透明性"。① 巴特也认为，"象征并不等于形象，它就是意义的多元性本身"。② 无疑，纯粹的寓意与纯粹的象征是两种理想型。文学作品在表象与象征之间来回摇摆。③ 浪漫主义美学以象征的名义动摇了古典主义美学的理性统治。但寓意理论依旧统治着绘画生产和接受方式。艾柯指出，寓意理论意味着严格限定的自由，创作者的理性所规定的表达方式是单义的，文艺复兴时代的透视法是一种关于世界的数学模型，目的是使观赏者以唯一正确的方式观看形象并在内心与作者取得一致。④ 透视法观看者与画家处在相同位置上，通过同一个取景框看世界，自视为世界的中心，艺术表象是客观的、固定的。相应地，布尔迪厄认为，潘诺夫斯基的寓意画像解释学针对源自圣经文化的寓意或神话主题，要求画家拥有共同的宗教信仰和美学训练，适用于单一文化背景，在共同文化背景消失后不再有效。⑤ 通过智力辨识活动理解象征作品，无异于通过来源与影响概念进行阐释，都认为实践经由明确的和有意识的意图。学院绘画也是某种寓意画，要求观看者读出理性意图。

马奈的象征革命矛头直指学院绘画的理性主义。马奈时代的批评家把颠覆的意图，挑衅的意图，无能的意图塞给马奈。左拉在马奈的绘画中读不出意图。布尔迪厄将学院艺术视为意图美学的范本："意指的绝对必要在学院绘画中是中心，并主导着线条优先于色彩（线条即明晰，可读性），它与意指高贵的事物的绝对必要结合，这就是学院绘画。"⑥ 学院美学把一种既合法的又可传达的符号规定为作品的构思和接受的官方语言，要求作品明确地传达超越形式和色彩的意义。因此，学院绘画从本质上是修辞的，担当历史陈述功能，要求观看者把作品读作历史事件意义上的历史，而不是绘画特有的风格和手法的连续性的历史。画家鲜有

---

① 茨维坦·托多罗夫：《象征理论》，第 256 页。

② 巴特：《批评与真实》，第 50 页。

③ Gisèle Sapiro, *La Sociologie de la littérature*, op. cit., p. 64.

④ 艾柯：《开放的作品》，第 5—6 页。

⑤ Pierre Bourdieu, *Manet. Une révolution symbolique*, op. cit., p. 109.

⑥ Pierre Bourdieu, *Sociologie générale. Cours au collège de France 1983 – 1986*, op. cit., p. 535.

创造自由，只能文学内容上而不是绘画形式上进行探索，把绘画当成古典作品、圣经作品或历史作品的插图。① 由此，学院美学将作品的制作规则及其构思建立在理性基础上，从成果中得出制造法则，"以成果代替作法，也就是以做完的事、'现成的'，代替'正在进行的'"。② 由于追求精湛技艺，学院绘画把生成阶段与执行阶段截然分开，所有劳动痕迹，乃至画面的物质痕迹，所有特殊手艺的表现，都被这种自我毁灭的完成消除了。格林伯格也认为学院艺术是理念艺术，由于墨守成规，学院艺术品的生产更多是一个手工制作而非创作问题。③ 但学院艺术不一定是坏艺术，而是安全的艺术，给人惊奇不足，缺乏灵感和冒险精神，也能满足人们的某种期待。④ 与格林伯格固守纯粹美学分析不同，布尔迪厄强调学院艺术理念也是政治伦理观念："学院艺术整个是为了传达意义，为了道德上合法的、等级化的意义建立的，技艺服从于明确地编码的规则，而规则是通过并为了由学院定义的全部过去作品之传授而从事后得出的。"⑤ 学院画家从先于执行的意图出发，在艺术上恪守规则，尤其是定义合法对象和处理它们的合法方式的规则。通过学院艺术，国家规定了关于世界的绘画表象的合法观念和区分原则，也就是支配合法图像生产的艺术标准，维护着绘画的旧秩序和社会世界的旧秩序。⑥ 艺术批评先锋波德莱尔对学院风景画的摹古予以绝妙讽刺："狗是根据某种历史上的狗的图样进行加工的，一个历史的牧童不能有别的狗，否则就是不体面。任何一棵不道德的书竟敢独自并且随意地生长，都要被砍倒；任何有癞蛤蟆或蝌蚪的池塘都要被无情地填死。"⑦ 他将学院再生产的陈旧艺术手法贬为"调汁、古色涂料、透明的淡色、薄涂、浇汁、杂烩的艺术"。⑧ 布尔迪厄高度评价波德莱尔艺术评论的革命力量："他的描述使学院艺术

① Pierre Bourdieu, *Manet. Une révolution symbolique*, op. cit., p. 561.
② Pierre Bourdieu, *Manet. Une révolution symbolique*, op. cit., p. 115.
③ 克莱门特·格林伯格：《自制美学——关于艺术与趣味的考察》，第145、147页。
④ 克莱门特·格林伯格：《自制美学——关于艺术与趣味的考察》，第130、153页。
⑤ Pierre Bourdieu, *Manet. Une révolution symbolique*, op. cit., p. 575.
⑥ Pierre Bourdieu, *Manet. Une révolution symbolique*, op. cit., p. 115.
⑦ 波德莱尔：《美学珍玩》，第153页。
⑧ 波德莱尔：《美学珍玩》，第275页。

的整个'技巧'方面信誉扫地、声名狼藉。"① 浪漫派、印象派、立体派、抽象派等打破了绘画表象的中心论、一元论，呼唤着艺术实践理论的诞生。

海德格尔强调艺术实践的非理性，将技艺分为作为座驾（Gestell，限制人们观看和思考事物方式的固定框架）的技艺与作为生产（Poiesis）的技艺，前者指现代技术，只能理解订造和控制的确定性关系，后者指艺术，面向存在的敞开，不仅是一个固有观念的实现，而且是在与实践的材料、方法、工具和想法打交道的过程中出现的。因此艺术而非艺术家成了艺术作品的本源，艺术甚至成了艺术家的本源："为了能使艺术出现，艺术家必须保持敞开于所有艺术的分裂性的混乱，而不是试图掌握它。"② 可以说，"生产的技艺"是布尔迪厄的习性。悖论的是，海德格尔对梵高《农鞋》的解释是不以任何绘画特征为基础的主观描述，他不从艺术史角度谈论作品，在他对梵高的分析中找不到绘画。这种诠释话语无视梵高的制作技艺，作家凌驾于画家之上。如夏尔指出的，"艺术与文学之间的这种包办婚姻，实际上源自从文艺复兴时代开始文人向画家或雕塑家实施的象征统治，它是目前为止关于艺术的话语、美学理论产生的根源，并构成了布尔迪厄设想的作品科学的主要障碍"。③

布尔迪厄强调，理解一部作品意味着抛弃唯智主义观念，不把作品视作仅供阅读、解读和阐释的话语、逻各斯中心主义的和学院的高谈阔论。艺术创造活动是按照实践逻辑进行的被构造的/建构的行为，分析者应该使用一种无理论也无概念的第一实践认识理论，建立一种解释格式、一种能够阐明实践和作品的模式，也就是一个理论或概念替代物。④ 这种"第一实践认识理论"就是科学习性，学者的技艺。布尔迪厄指出，进入实验室与进入画室差不多，学者和画家都要学习一系列模式和技术。但科学实践与实践的实践（艺术实践）的差别在于，学者需要在实践状态下掌握形式化的和公式化的知识，工具的作用对学者很重要，最后这些

① Pierre Bourdieu, *Sociologie générale. Cours au collège de France 1983 – 1986*, op. cit. , p. 719.

② 波尔特：《海德格尔眼中的艺术》，章辉译，重庆大学出版社 2016 年版，第 145 页。

③ Pierre Bourdieu, *Manet. Une révolution symbolique*, op. cit. , p. 532.

④ 布尔迪厄：《艺术的法则》，第 300 页。

理论知识以"技能""手法""眼光"的方式融入科学实践。① 他把亚里士多德的实践与制作、行动（做）与技艺（作法）统合于习性（实践模式），以习性取代意图。理解的过程是重做的过程，如吉尔松所说："理解一个事物意味着什么……就是理解它是什么。"② 理解一个画家，就是以科学习性为装备，重建他的绘画作法，重建习性这个配置系统，"这个系统在实践中以实践状态起作用，不必然经由意识"。③《草地上的午餐》的作者是马奈，但按照社会学家的观点，绘画者不是西方传统意义的主体，而是艺术场中的一个习性，一种新画法就是在这个习性与艺术场之间的关系中产生的。要做的事并不属于意图。画家有一种实践意图，但这种意图绝非有意识的、事先想好的意图，它面对艺术场提供的客观可能性，产生实践问题，寻找实践的解决方法。艺术生产对自身不是透明的，"在做的范畴内，知识就是能力"。④ 艺术场是形式斗争的场所，每个新来者都要相对于形式如题材（裸体、历史、风景、肖像、风俗等）或手法（学院派、现实主义、印象主义等）确定自身，画家与过去和现在的画家或批评家组成的艺术场构成实践关系。布尔迪厄分析了马奈的《奥林匹亚》《老音乐家》《杜伊勒里花园音乐会》《旗帜招展的莫涅街》《与鹦鹉在一起的女人》《马克西米里安的处决》《阳台》《肉店前排队》《铁路》《歌剧院假面舞会》《桥》《阿尔让特伊》《在船上》《在温室》《爱神酒吧》，说明马奈如何通过吸收学院艺术习得绘画技艺。布尔迪厄没有全盘否定学院艺术，"学院艺术是一种学校艺术，无疑代表了学术人的典型产品的历史精华"。⑤ 学院绘画技巧是可化用的艺术资源，画家职业的特性要求占有"一种传统，'透明的淡色，调汁，杂烩等'，某种传承方式"。⑥ 马奈起初不知道（或模模糊糊知道）他的绘画将要表达什么。他通过仿作和临摹逐渐领悟和掌握其艺术的内在法则。换句话说，

---

① Pierre Bourdieu, *Science de la science et réflexivité*, op. cit., p. 82.

② Etienne Gilson, *Introduction aux arts du Beau*, Paris: Vrin, 1963, p. 241.

③ Pierre Bourdieu, *Manet. Une révolution symbolique*, op. cit., pp. 82 – 83.

④ Etienne Gilson, *Introduction aux arts du Beau*, op. cit., p. 81.

⑤ Pierre Bourdieu, *Manet. Une révolution symbolique*, op. cit., p. 52.

⑥ Pierre Bourdieu, *Sociologie générale. Cours au collège de France 1983 – 1986*, op. cit., p. 719.

他获得并无意识地运用实践模式："他的手中和眼里有一整套实践模式，既是认识的又是行动的实践模式，促使他提出实践问题，为他的实践问题找到实践的解决方法，但不必通过概念。一个实践模式产生并非引用的参照。"① 他逐渐摆脱了模仿，获得了自主。②

　　布尔迪厄重视实践模式（作法）胜过作品明显受到瓦莱里"诗是诗的执行"的启示。瓦莱里批判诗学的法制和纪律观念，重申做（poïen）的重要性。他主张将感觉学（Esthésique）与诗学（Poétique）或制作（Poïétique）结合在一起构成美学，其对象包括艺术、文学研究，偶然、思考和模仿的作用；文化和环境的作用；对技巧、手法、工具、材料、方式等的研究和分析。③ 这是探究艺术作品的生成过程、建立精神作品的"科学"的尝试。莫利诺从人类学角度指出，从审美起源来看，人在自身和外部艺术对象中生产包含感情和价值判断的形式和节奏，形成模式，模式既是对象构造的规则，也是组成对象的因素。象征艺术形式的特定要素包括：内在于模式的形式和节奏；意义关系尤其是相对于世界的表象关系；生产者与接受者的感情；价值判断。④ 认识维度是内在于象征性质的，感情的存在不排斥理性认识。莫利纳归纳出文艺理论界通常理解艺术创造的两种对立模式——技术制造与心理生成，技术制造来自古典的、巴洛克的或形式主义的意图观念，把作品视为制造物；心理生成则来自有机生成的、无意识的浪漫主义模式，把作品当成动植物的生长过程。⑤ 为了超越有意识的决定与无意识的生产之间的对立，他主张对艺术创造进行"制作分析"（analyse poïétique），将意图、意义、质料整合于

---

① Pierre Bourdieu, *Manet. Une révolution symbolique*, *op. cit.*, p. 296.

② Pierre Bourdieu, *Manet. Une révolution symbolique*, *op. cit.*, p. 532.

③ 瓦莱里：《文艺杂谈》，第 273、307—308 页。

④ Jean Molino, *Ce que nous appelons littérature ... Pour une théorie de l'œuvre de langage*, *op. cit.*, p. 85.

⑤ 按照韦勒克的观点，"有机的"观念最早出现在亚里士多德《诗学》第八章，新古典主义的"统一寓于多样"和新柏拉图主义的"内在形式"是类似表述。唯独赫尔德、歌德、谢林和施莱格尔兄弟从有机比喻中得出结论并在他们的批评中始终运用了这个比喻。有机说观念发展为"一件艺术作品代表一种张力与均衡的规律"的思想。参见雷纳·韦勒克《近代文学批评史》，第 3 页。

生产活动的动态过程："制作分析首先感兴趣的是最终目的为生产而非意指的行为、决定、策略、举措。"① 分析旨在提出象征形态模式，这个模式是一个混杂的实体，构型与关系的纽结，概念的、形象的和情感的数据的集合。② 这个模式类似于习性，但缺乏习性的社会历史维度。

艺术作品是涂尔干所说的"无理论的纯粹实践"的产物。文学家为布尔迪厄的实践美学提供了证词。巴尔扎克写作并不遵循最初的提纲，不在一开始就把整部作品固定下来，他脑子里有一个包含无数题目的混乱作坊，他的体系并非有意为之。他采集具有相同激情但却发生在数人身上的事件，拼凑在一起，在总结自己的写作纲领之前，"尚未将自己那个系统的胜利公式公之于众之前，已经将那个世界的戏剧性与诗意表达出来了"。③ 蓬热在一则题名"要学游泳就得向鱼学"的备忘录中，声称从未明确意识到自己的写作原则："它真的不像一则公理或一条准则：就像阴暗千日之后阳光灿烂，或者不如说（因为与天然相比，它更接近于人为的技巧，而且更确切地说，接近于一种进步的人为技巧）像那一直用煤油灯照明的房子里突然出现了电灯泡的光芒……但是第二天人们又会忘记电线已经架好，又重新费劲地给煤油灯加油，换灯芯，重新被玻璃灯罩烫了手指，灯火微弱。"④ 福柯声称，促使他写作的不是发现或确信某种关系，而是一种感觉，他在马德里博物馆看到《宫娥》，念念不忘，有一天忽然想到要描写这幅画，某种语言色彩、某种节奏、某种分析形式让他产生一种印象，某种话语呼之欲出，来传达"我们与古典的表象哲学和古典的秩序、摹仿思想的距离"。⑤ 他开始写作《词与物》。偶然积累的材料不知不觉变成研究对象。仿佛他在弃园拾到一块废料，或一个 17 世纪或 18 世纪的雕刻家摩挲无从斧凿的大理石，陷入冥想，等

---

① Jean Molino, *Ce que nous appelons littérature … Pour une théorie de l' œuvre de langage*, op. cit. , p. 191.

② Jean Molino, *Ce que nous appelons littérature … Pour une théorie de l' œuvre de langage*, op. cit. , p. 210.

③ 巴尔扎克：《人间喜剧〈附录〉》，第 256 页。

④ 蓬热：《采取事物的立场》，徐爽译，上海人民出版社 2009 年版，第 98 页。

⑤ Michel Foucault, *Le beau danger. Entretien avec Claude Bonnefoy*, op. cit. , pp. 67 – 68.

待作品脱颖而出。

"行家"的能力是一个缓慢的熟练过程的产物，也是一种"艺术"，一种思想艺术或一种生活艺术，无法仅通过规则获得，更要通过传统师徒关系或优越文化环境涵养而成。行家往往无法明确说出判断原则。真正的行家有能力像艺术家一样生产作品并从其生产标准本身判断作品。[①]艺术爱好者需要忘我地投入到作品中，将未被意识到的或未被提出的作品的构造原则内在化。马奈画《奥林匹亚》时，身体里，眼中，手中，有提香的《乌尔比诺的维纳斯》，有传统积累的观点、形式和主题仓库，表现和姿态的仓库。他不是抄袭者，他以自己的眼光、自己的手法重构了这幅画。如瓦莱里所说，创造者"在他的工作中，精神不停地在同一者与他者之间游移；凭借对第三者的判断的特殊感知、修正着最内在的自我所创造的东西。"[②] 按照拉康的观点，说话的主体或绘画的画家，之所以能够通过独特的文字或图像的选择及组合来表达独特的存在，因为他借用了人类集体智慧宝库中的语言艺术和意义表达方式。[③]《草地上的午餐》中有戏仿成分，但在布尔迪厄看来，这不意味着马奈有戏仿意图。马奈的习性是分裂的，他处于激烈的内心冲突，既要忠实于古代大师，又要忠于现代人，所以他在乡村风景中放入了一个女工的裸体，制造了古典场景的现代等同物，这是他身上的历史无意识发挥了作用。无意识是欲望的表达方式，也是创造力，"它是为了要不断地表达而作出的努力，是为终究要回到意识当中所做出的努力。从中人们看到那种不断寻求创造新的生命力所具备的形态和力量"。[④] 在《爱神酒吧》[⑤] 中，马奈

① Jean Molino, *Le singe musicien. Essui de sémiologie et d'anthropologie*, *op. cit.* , pp. 366 – 367.

② 瓦莱里：《文艺杂谈》，第 311 页。

③ 莱文：《拉康眼中的艺术》，郭立秋译，重庆大学出版社 2016 年版，第 39 页。

④ 贝尔曼·诺埃尔：《文学文本的精神分析——弗洛伊德影响下的文学批评解析导论》，第 43 页。

⑤ 波德莱尔在散文诗《穷人的眼睛》中描写的咖啡馆可以充当马奈这幅画的生动注解："咖啡馆闪闪发光。汽灯展示出开始时的所有的热情，竭尽全力照着白得晃眼的四壁，一片反光的镜子，镶金的护条和突饰，狗拖拽着的胖脸蛋的侍从们，朝停在手上的鹰隼大笑的太太们，头上顶着水果、点心和野味的仙女们和女神们，伸着胳膊奉献盛满奶茶的小双耳杯或装着双色尖碑一样的冰淇淋的赫柏们和加尼米德们；所有的故事和所有的神话都来为大吃大喝服务。"参见波德莱尔《巴黎的忧郁》，第 69—70 页。

也使用无意识的生成结构，即由社会产生的生成模式（高/低，资产阶级/民众，资产阶级妇女/妓女）。这种生成结构体现在象征机制中，画中的镜子起到象征的、实践的、颠覆的作用。正面是高贵的、庄重的拜占庭妇女画像，背面则是弯腰与顾客密谈的形象，分裂不言而喻。马奈通过模糊现实与幻想的界限，把对同一现实的两种不同的甚至互相矛盾的表象结合在这幅画中（妇女分裂为贞女/妓女，资产阶级女子/民众女子）。

艺术家是对形式有感受力并能通过形式传达感受力的人。他通过形式化这种实践回想，激发接受者的"历史无意识"，产生一种诱惑或丑闻作用。但作品不以明确艺术意图为公众服务，公众通过自身的认识模式领会并评判作品。因此布尔迪厄强调，通过作品实现的是从无意识到无意识的交流，审美活动多半不是现象学家所说的"意识交流"："与艺术作品的交流大部分是在无意识层面上进行的，无意识既可理解为一切不言明的和留给实践范畴的东西，也可理解为精神分析意义上一切被压抑的东西。"① 存在着超乎个人的审美作用，恰恰因为审美配置和伦理配置是社会构造的，后天获得的，集体的。配置论超越了康德的范畴先验性，荣格的集体无意识，弗洛伊德生物学和心理学的无意识，强调无意识的社会历史性，同时保留了主体的创造性和原始经验的直觉性："艺术作品总是也包含着由于某种并非如祝圣者所愿的过度而是由于欠缺而变得不可言喻的东西，某种可以说是像音乐的节奏或颜色的风格那样从身体到身体也就是说在言语和概念之外传递的东西。"②

布尔迪厄反对艺术作品的神秘主义诠释。他无法忍受不经过基本的证伪就对作品进行无止境的诠释，这是最省力、最懒惰的方法："以作品无限多义性的名义制造源自灵感的元话语，不受限制，不受制裁，无需历史文化，无需证明，这是无比容易的；只要做出智慧的样子且说：'这令我想到……'"③ 这最终导致绝对的怀疑主义和根本的相对主义。为

---

① Pierre Bourdieu, *Manet. Une révolution symbolique*, op. cit., p. 51.
② 布尔迪厄:《区分》，第 134 页。
③ Pierre Bourdieu, *Manet. Une révolution symbolique*, op. cit., p. 114.

何会有过度诠释？在布尔迪厄看来，形式探索是实践的，无概念的，以象征机制为装备，汲取了集体历史无意识的资源，也就是从艺术实践历史或从一个社会或一个阶级的文化传统借鉴而来的一整套模式，以产生历史地多元决定的作品。艺术家与其习性而非意图发生实践碰撞，所以作品才会包含比艺术家想要放置的东西更多的东西。在马奈的作品中，有习性，有技能，有他的位置，有他的知识："这种通过习性、职业和位置的多元决定造成了意义的过剩，作品的多义性。"[1] 作品意义的象征超重毫无神秘可言，所有人类行为都包含比行动者有意识赋予的更多东西，因为这些行为的发生原则和情境的历史负荷过重。这一切使得我们所做所说的意义过剩。绘画负载了过多的意义，在现代状况中，尤其负载过多，它负载了积累起来的全部历史。由于这种象征超载，艺术作品才能产生不一定属于作者意图的作用。对文本亦然。按照诺埃尔的说法，"文本是一个神奇的镜子，我从中没有看到（为意识所禁止的）自己的形象，我看到的是包含着我的思想及其他许多人思想的文本的形象"。[2]诺瓦利斯说："我们永远不会完全相互理解，但是我们将会并能够远远超过相互理解。"[3] 历史无意识为阐释学提供了有益的启示。布尔迪厄主张对历史无意识进行社会分析，"努力重建无意识形式的历史性"。[4]这就是要对创造主体进行社会历史研究，把艺术与其社会可能性条件相连，建立艺术科学，而不是"艺术教"。

最终，福楼拜的"无意识诗学"、波德莱尔的"作者批评"与马奈的"配置美学"构成了互相补充的和谐统一体，构成布尔迪厄实践美学的三大支柱。

> 艺术作品的真正主题无非是体会世界、也就是体会艺术家本人的特定艺术手法，他的手法和风格，即他支配他的艺术的不可磨灭

---

[1] Pierre Bourdieu, *Manet. Une révolution symbolique*, op. cit., p. 683.

[2] 贝尔曼·诺埃尔：《文学文本的精神分析——弗洛伊德影响下的文学批评解析导论》，第95页。

[3] 诺瓦利斯：《夜颂》，第121页。

[4] Pierre Bourdieu, *Manet. Une révolution symbolique*, op. cit., p. 71.

的印迹。波德莱尔和福楼拜在写作领域，马奈在绘画领域，以主观和客观的异乎寻常的困难的代价，将对艺术目光的无限能力的有意识肯定，推向极端的结果：通过表明自己不仅能把这种无限能力用于尚弗勒里和库尔贝的现实主义所希望的低级和普通对象，而且还能用于微不足道的对象，"创造者"能够肯定他的几乎神圣的转化能力并提出形式相对于主题的自主，同时把他的基本规则分配给有教养的认识。①

艺术家让我们看到的不是原样的世界，而是他观看世界的目光，这种目光点石成金，能将其对象变成艺术作品，并使之被有教养的认识把握和体会。布尔迪厄强调，象征革命受益于艺术家制造轰动的才能，他们能将推理的和实证的冰冷分析化为感性，推翻人们的认知。② 因此象征革命就其颠覆精神结构、引发头脑风暴而言，乃是典型的革命，起到不亚于政治革命的作用。③ 这三个范例代表了布尔迪厄美学政治的理想型——真正的"介入艺术"。

四　自画像

通过阐释马奈的象征革命，布尔迪厄革新了革命的含义。他反复说明，马奈依靠古代的或当代的整个传统，通过回到本源（利用绘画史）和归并其对立面（尤其是学院绘画），创造了全新的绘画语言。马奈的戏仿是在延续中决裂的典范。马奈汇总了浪漫派、现实主义、印象派等一系列片面的革命，最终完成了象征革命。由此，布尔迪厄对革命者进行了新的阐释："革命者是一个延续者—汇总者。"④ 革命并非从无到有，革命不是彻底的决裂。马奈的革命在延续中决裂，在决裂中延续。

布尔迪厄对马奈两幅绘画的评论意味深长。

---

① 布尔迪厄：《艺术的法则》，第282—283页。
② 布尔迪厄、哈克：《自由交流》，第22页。
③ Pierre Bourdieu, *Choses dites*, *op. cit.*, p. 177.
④ Pierre Bourdieu, *Manet. Une révolution symbolique*, *op. cit.*, p. 614.

《杜伊勒里花园音乐会》：画中出现了第二帝国的一些重要人物，戈蒂耶、波德莱尔和马奈本人。作为上流社会生活和巴黎生活乐趣的画家，马奈通过所有艺术手段表现出不动声色的观察者的高傲距离：摄影式的随意取景和构图的表面无序，以白、灰、黑为主色调的朴素，流畅的、迅速的笔触。他在画中着力表现优雅的人物，再现他与资产阶级空间的关系：他处于画布的边缘，一个既在里面又在外面的位置，这个优雅的浪荡子既是巴黎上流社会的一个成员，又是一个疏远的证人，戴手套的手中有一样东西，可能是手杖，也可能是艺术家的画笔，他一心一意地描绘巴黎生活场景（在这种模糊暧昧面前，在这种不确定性面前，怎能不想到弗雷德里克和福楼拜?)。①

《草地上的午餐》：对文艺复兴时代杰作的影射，标志着对无可置疑的贵族属性的熟悉和归属，也标志着跻身伟大艺术的序列甚至与过去最伟大的大师竞争的抱负；影射也显示了一种距离，将自由阐释与模型区分开来，将现代世界及其娱乐、服饰、生活艺术、野餐、游泳、散步，与学院绘画想要人为地永久保存的消失了的世界分开。总之，这是一种矛盾心绪的暧昧印记，这种矛盾心绪确定了预言般的计划。②

布尔迪厄在马奈的画中看到了马奈本人的形象：一个出身高贵的革命浪荡子，一个与资产阶级和学院若即若离的伟大画家，一个介入的证人。马奈分裂的习性使他占据不可能的位置，调和不相容的对立，永远

① Pierre Bourdieu, *Manet. Une révolution symbolique*, op. cit., p. 670. 波德莱尔作为"一个真正的巴黎人"，喜欢巴黎万民沸腾的节日气氛，以及观看公园音乐会的不同阶层："我永远不能不看聚集在公共音乐会的场地周围的贱民，假使不是出于普遍的同情，至少也是出于好奇。乐队穿过夜晚送来了欢乐、胜利或富于快感的乐曲。长裙拖地，闪闪发光；人们目光交错；游手好闲者，因什么也不做而疲倦了，摇摆着身子，装作懒洋洋地欣赏音乐。这里只有富足和幸福；一切都洋溢着、诱发着放纵自己的无忧和快乐；除了那个穷人，她倚在外边的栏杆上，正在免费地从风中捕捉着断断续续的歌曲，观望着里边的辉煌热烈。"（《寡妇》）参见《巴黎的忧郁》，第35、33页。"她在聆听音乐，铜管声阵阵/士兵们有时拥进我们的花园/在人们感到振奋的金色黄昏/把些许英气注入市民的心田"（《小老太婆》），参见《恶之花》。

② Pierre Bourdieu, *Manet. Une révolution symbolique*, op. cit., p. 732.

处在紧张的冲突中："艺术革命是由折中的和难以归类的人承担的。"① 我们在马奈的形象中看到了布尔迪厄的影子。他可以模仿福楼拜说："马奈，就是我。"福楼拜和马奈都以精湛的手法使现代的平庸具有了波德莱尔颂扬的英雄气概。布尔迪厄也把原本平庸的社会学提升为一门高贵的学科。他一向对理论创新持怀疑态度。革命对他，如同对马奈，表现为连续中的决裂，决裂中的延续，大师们的理论"像人们呼吸的空气一样到处存在但又无处可寻"。② 他改造、扩展、重新阐释他们的理论，以高超的技艺把它们整合到自己的理论中，构建自己的体系。社会科学的伟大成果都进入他的头脑，化作他的习性，帮他超越理论与实践、主体与客体、内部与外部的对立，更新社会理论的认识范畴。他像马奈那样显示出与大师竞争的抱负，最终进入大师的行列。如他所说："伟大的变革者是大师：变革意味着对人们努力改变的东西的一种掌握。"③ 如同马奈在艺术场中，他在学术场中不断僭越神圣的界限，发起了社会学的象征革命，像马奈那样受惠于学院，作为典型的学术人，最终对学院发起反击。所以他才有资格说："象征革命者应该完全被一个体系占有，最终占有这个体系，以他拥有的对体系的支配权对体系反戈一击。"④ 他们都发起了"旨在制造一个场并同时在这个场中进行革命的革命"，⑤ 都成为场的立法者。场中的革命导向社会革命："场是包含特定的力量关系的相对自主的社会空间，改变这些力量关系会引起世界观的非常深刻的变化。若这个场的主要功能是生产世界观、关于这个世界的被客观化的观点、被客观化的观念意义上的一种'理论'（对绘画而言如此，但对词语、关于社会世界的话语也是这种如此），改变场中的力量关系代表了一种文化革命，一种理论革命。"⑥ 他们都密切关注社会现实，一个以纯粹绘画的

---

① Pierre Bourdieu, *Manet. Une révolution symbolique*, op. cit., p. 67.

② 布尔迪厄：《艺术的法则》，第 220 页。波德莱尔说："奇妙的事物像空气一样包围着我们，滋润着我们，但是我们看不见。"波德莱尔：《美学珍玩》，第 170 页。布尔迪厄之于马奈，如同波德莱尔之于德拉克洛瓦，他们都把自己的书写对象当成"第二个自我"。

③ Pierre Bourdieu, *Sociologie générale. Cours au collège de France 1983–1986*, op. cit., p. 144.

④ Pierre Bourdieu, *Manet. Une révolution symbolique*, op. cit., p. 377.

⑤ Pierre Bourdieu, *Manet. Une révolution symbolique*, op. cit., p. 169.

⑥ Pierre Bourdieu, *Sociologie générale. Cours au collège de France 1983–1986*, op. cit., p. 747.

形式，一个以科学社会学的形式，全都拒斥夸张、感伤和天真。他在《自我分析纲要》中"把最客观的分析用来为最主观的服务"。① 但《马奈·象征革命》更像是自传，布尔迪厄好似巴特那种倒错的作者，"他写作只为了有朝一日有权利写自己的自传"。② 卡萨诺瓦有理由看到，"整个课程和整本书都以谈论马奈为借口，以新方式画了一幅自画像，讲述自己，与此同时，实行一种革命中的革命，对革命了学院艺术的绘画观看艺术进行了革命"。③ 布尔迪厄化身为马奈，揭示马奈的永久革命的习性，如卡萨诺瓦所说："习性与正在形成的艺术场有关，而不是与完成的作品有关。如同他本人的无限的作品，在他自己的革命习性而非完成的作品中更容易理解一样。"④ 他重视作法而非作品，不愿意盖棺论定，抹去学术乃至生命过程的印记。他的未竟之作（草稿）从很多方面来看都有马奈式的笔触，色彩，厚度。未完成，不雕琢，即兴，重复。从琐碎的现实跳到哲学讨论。布尔迪厄的手艺炉火纯青。《恶之花》的出版商布莱－马拉西斯 1874 年为马奈选择了 Manet et manebit（Il reste et restera，他存在并永存）的藏书章。⑤ 布尔迪厄关于马奈和艺术象征革命的无限作品会引起人们的无限思考和无限讨论——为了尼采所说的快乐知识。无限探索真理的永久革命意愿使布尔迪厄对完成的作品充满了怀疑："我的工作是一种永久的重复，一种没完没了的重复。在完成的、最终的甚或'终极'的作品中有某种骗人的东西。"⑥ 这是他对《杰作》中的画家朗蒂耶的肯定吗？朗蒂耶为未竟的作品献出了生命。还是他热爱的布鲁克纳的影响？布鲁克纳对他的交响曲谱进行不断的、病态的修改。不存在无瑕疵的完美，布尔迪厄承认，"一切研究都包含着一部分不确定性和弱

---

① 布尔迪厄：《自我分析纲要》，第 3 页。

② 巴尔特：《小说的准备》，第 313 页。

③ Pierre Bourdieu, *Manet. Une révolution symbolique*, op. cit., p. 737.

④ Pierre Bourdieu, *Manet. Une révolution symbolique*, op. cit., p. 740.

⑤ Pierre Bourdieu, *Manet. Une révolution symbolique*, op. cit., p. 544.

⑥ Pierre Bourdieu et Yvette Delsaut, Entretien sur l'esprit de la recherche, in Yvette Delsaut et Marie - Christine Rivière (dir.), *Bibliographie des travaux de Pierre Bourdieu*, Pantin: Le Temps des Cerises, 2002, p. 193.

点"。① 研究是不断地摸索、犹疑的过程。然而死亡阻止了他,《马奈·象征革命》以布鲁克纳《第九交响曲》未完成的完成方式,构成了他最完美的遗言:"我采用布鲁克纳交响曲式的结尾,再也无法结束,但真地结束了。"②(他们都终年 72 岁。)

---

① Pierre Bourdieu, *Sociologie générale. Cours au collège de France 1983 – 1986*, op. cit. , p. 14.

② Pierre Bourdieu, *Manet. Une révolution symbolique*, op. cit. , p. 419.

附录一

布尔迪厄在《法兰西学院
年报》上的讲义概要

1998—1999

今年我们试图理解，从马奈的典型个案来看，一种象征革命如何实行，而且它如何能够成功并推行，以场的逻辑代替体制的逻辑，也就是以为了合法性而斗争的失范（anomie）代替国家对规范（nomos）的垄断。社会结构和认识结构的一致是关于世界的经验及其自然而然的正统表象的基础，引起丑闻的作品《草地上的午餐》与一种建立在上述一致基础上的象征秩序决裂，这部作品起到了无意识的分析仪的作用：它迫使暗中的和被压抑的东西表达出来（尤其通过批评界的失望反应，有教养的公众在关于世界和性别的表象方面的认识模式和深刻信仰体现在这种反应中）。因此我们可以按照批评界的反应，清点一下那些只对那些掌握了马奈所违犯的分类系统的观看者才能那样表现的一系列无礼和不当，比如（过大的）尺寸与主题（风俗场景）不和谐，或古典参照（乔尔乔内，拉斐尔，华托）与当代的、庸俗的、琐碎的主题之间不和谐，等等。对这种象征违犯作用的系统分析，有助于重新把握艺术家、批评家和公众所共有的东西，也就是象征革命质疑并随之消除的历史无意识（或先验性）——这正是它的定义。这种关注无意识的分类模式的作用美学（esthétique de l'effet）与一种艺术实践的配置主义美学（esthétique disposi-tionnaliste）密不可分，并与读者（lector）的经院幻想所支持的意愿主义观念决裂，读者的经院幻想是（尤其被贡布里希批判的）寻找肖像"来源"的基础：为了努力重构艺术家依其配置（而非清楚明确的意愿）为自己提出的而且他在实践中通过其配置努力解决的问题，应该依据最初的作品，尤其是三幅画《受惊的水仙女》《草地上的午餐》《奥林匹亚》。审美的对象本身并不是成果（opus operatum），呈现在观看者眼前的完善的作品，而是艺术家在实践中运用的超乎话语的作法（modus operandi），手法，通过实践获得的实践风格（尤其通过总是经由戏仿实现的临摹，不忠实的或颠覆的服从，如同在《草地上的午餐》中那样）。这一切都反对"创造"和"创造者"的神秘，这种神秘到意识和理性之外寻找作品的晦暗和神秘的原则，这种原则未明言，但不意味着深不可测，就在身体和眼睛里，表现为手法、技巧、技艺、眼光，总之表现为对形式、价值的协调、构造模式等的一种瞬间掌握。因此重要的是要采用作者的观点，如福楼拜所说的，置身于做的时刻，无概念、无明确和特定意图的行动的时刻，这种行动在一个习性与一个艺术空间之间的关系中产生，而且这并不是通过一种旨在复活艺术家的原始经验的神秘"融合"企图，而是通过一种历史活动，这种历史活动旨在建立艺术家的习性和他面对的艺术世界产生的社会条件，艺术世界使得对绘制《草地上的午餐》的行为的现实主义重构成为可能。

在作为"总体社会事实"的批评活动中，凝聚和集中了所有结构和艺术家以及他所面对的艺术世界的历史，所以批评活动让人想到作为机构的学院制度的危机，国家通过学院制度行使它垄断的对艺术世界的象征暴力，将美学法则强加于艺术家、批评家和公众。这就使得人们只有摆脱仅针对美学变化的分析［比如像格林伯格（Greenberg）那样］，走向对艺术和教育制度的分析，才能理解马奈发动的象征革命，因为马奈对这些制度提出了根本的和彻底的质疑，迫使人们重新思考到那时为止一直自然而然的东西（比如画框的问题或展览作品的方式）。

"官方"艺术是一种制度艺术。因此我们可以从学院制度的特点中推导出它的形式属性，学院制度把持着画家及其作品评价的垄断权。这种学校的和教授的艺术，无疑代表了学术人（homo academicus）的典型产物的历史精华，它首先是一种执行艺术，它首先从它应该显示的技术精湛和历史博学的角度被评价，它注定要像贡布里希所说的那样犯下"画得太好的错误",或列文森(Levenson)谈到中国绘画时所说的"执行的表现主义"。对批评界对马奈的某些责备的考察证实了这种分析,这些责备逼真地描绘了"学院眼光"的前提和要求。

对于一种建立在事实上的数量限制(numerus clausus)基础上的学院秩序而言,主要的考验来自数量的作用。数量过多的生产者,通过他们的行动,他们对革命尝试的支持,尤其通过异端展览的组织,打破了学院垄断所依赖的互相强化的信仰网络。危机是信仰的危机。一个场逐渐围绕学院一极(学院通过其他国家尤其是英国没法比的特定影响,促使它引起的反应具有特别的力量)与艺术学徒和作家学徒组成的一极形成。以数量的形态学作用为起点的过程发展到制度的一个关键阶段的建立,而制度能够支持与制度的关键决裂尤其是这种决裂的成功的制度化。艺术家空间不再作为由一个机构控制的等级化机器起作用,它逐渐成了为未来艺术合法性的垄断而竞争的场。

1999—2000

延续去年的课程,我们首先致力于构建学院制度危机的解释因素系统,将不同的局部解释整合在一起,这些解释专门或过分强调变化过程的一个特征。尤其依据怀特夫妇的经典分析(H. C. et C. A. White, *Canvases and careers:Institutional Change in the French Painting World*),我们考察了形态学因素和技术因素的角色;我们分析了经济结构和社会结构的变化的作用,包括巴黎空间中和城市人生活中发生的变化(依据并反对克拉克),或更特定的变化如艺术家协会的创立(参见布庸);最终,我们努力揭示这些形态学的、经济的和社会的变化如何创造了应该在马拉美的启发下理解为一种象征革命的东西的有利条件。

这场革命有时仅仅被归结为异端的颠覆能力,但这场革命采取了一种集体转变的形式,在这种转变中,批评通过其对艺术活动产品的价值生产的决定性贡献,扮演了一个决定的角色。因此我们分析了艺术批评场(它相对于文学场逐步获得自主)的逐步出现,以及位置与针对作品的立场之间建立的关系,从对马奈的作品最反感的作者到最早转变的人对作品都有各自的立场,他们促使打破信仰的一致性并逐渐推广艺术新观念。对一个艺术场出现的社会条件的强调丝毫不会导致消除革命艺术家的角色，应该通过他的社会构成的独特性，也就是通过他继承的配置理解他（他既是极具颠覆性的，又是贵族气的，既反对现实主义者的民众主义，也反对官方画家的保守主义），通过他的特有王牌尤其是他的经济资本理解他，经济资本使他有可能在无市场的情况下"矢志不渝"，通过他在其空间中的特定文化资本理解他，他的特别的文学友情无疑得自这个空间，还要通过他的社会资本理解他——我们描述了他的社会资本的生成，社会资本激励他克服失败并生存下来（与左拉的《杰作》的主角不同）。

于是我们可以接近作品了，作品在其出现的运动中被视为一系列挑战和拒绝，这些挑战和拒绝只能参照可能性空间来理解，可能性空间每时每刻都呈现给画家。我们将传统寓意画像解释追求的风格或主题暗示不再当成单纯的参照而当成场中有区别的立场，这样我们可以在作品的进展中，理解这一系列拒绝，这些拒绝同时是向浪漫派画家、风景画家、库尔贝、风俗绘画的商业折中主义甚至"印象派"的挑战。并由此领会马奈美学原则的生成：对幻术的拒绝致使一切都服从于寻求一个尽可能平面的和狭窄的空间（光线从正面来，消除过渡色调以减弱凸起并拉平形状，处于不同平面的面孔和实物共存于一个画面上，等等），服从于通过构造水平和垂直的栏杆强化的构图。但是，一种纯粹形式主义的阅读阻止人们看到这一点，即形式寻求本身即使并非总是一种政治立场，至少是一种关于社会世界的特殊观念，人们只有将这种观念与场中同一时刻呈现的观念的空间相联系才能理解它。

仅举一个这种双重性的例子，《铁路》（1873）无疑是平面化构图和对第三维的系统破坏的最完美案例：栏杆封闭了空间，以其水平线和垂直线实现构图；女人和孩子朝相反的方向看，而且表面上没有任何联系，尤其是情感联系，女人朝观看者的方向投以平淡的目光，观看者因此成了不认识的、陌生的过客；孩子朝车站的方向看，但她的目光被机车的烟雾阻隔了；女人看到了观看者无法看到的一种场景。但这种只关注形式的阅读忽略了这个事实，即栏杆通过标示资产阶级闲游者的环境与铁路工人的区别，切分了社会空间（而莫奈把我们置于圣拉扎尔车站的中心）；还有马奈与传统"母性"的陈规决裂，"驱逐了可亲的、耐心的和聚精会神的母亲"，"描绘了一个女人和她的孩子，尽管她们在身体上接近，心灵上离得很远"［尤妮丝·利普顿（Eunice Lipton）］。"形式主义"观念与"现实主义"并不互相排斥；它们应该共同解释一种社会构成的伦理 – 美学配置与一个场之间的实践关系的产物，这个场在这种配置面前表现为一个可能性空间。

作为美学空间的普罗旺斯

——法国文艺理论的"南方"源流考

　　普罗旺斯如今成了一个想象之城，意味着灿烂的阳光，趣味高雅的闲暇，明亮的色彩，神秘的香气。典型普罗旺斯的生活方式，就是夏天的早晨，在露台上喝第一杯咖啡。普罗旺斯成了一个新神话，消费社会的阿卡迪亚，高雅的休闲胜地。普罗旺斯处在怎样优越的地理位置，何以成为这样的文化符号？不妨首先对普罗旺斯稍作历史考据。普罗旺斯位于法国南方，大致包括罗纳河口、瓦尔省和上普罗旺斯－阿尔卑斯省。历史上，这个地区最早被利古里亚人占领，公元前5世纪发展壮大为希腊人建立的马赛滨海帝国，后来被罗马人征服，成为罗马的行省，Provencia Romana。Provence（普罗旺斯）一词由此而来。罗马帝国灭亡后，这个地区被蛮族入侵，537年归入法兰克王国，此后又遭撒拉逊人洗劫，被几个王国瓜分，直到1481年，才归属法国，现在为普罗旺斯－阿尔卑斯－蓝色海岸大区。我们在这里所说的南方不仅包括以普罗旺斯为代表的法国南方，还延伸至广义上的地中海沿岸。南方不仅是一个地理空间，还是一个美学空间。我们将要说明，关于这个空间的表象，如何从文学艺术过渡到生活艺术，以及这种表象如何介入文艺场中争夺占统治地位的美学定义的斗争。

一　广告人的推销

　　普罗旺斯一直存在着。它之所以忽然成为时髦话题，主要归功于英国广告人彼得·梅尔。

　　梅尔堪称普罗旺斯的推销员。他在《普罗旺斯的一年》《永远的普罗旺斯》《重返普罗旺斯》① 中，细腻地描绘客居普罗旺斯的风物和日常生活。他渴望逃离英伦的阴冷、潮湿、喧嚣、拥挤，"在英国漫长灰暗的冬日，雾气弥漫的夏季，我们不时谈论，怀着无限向往，瞧着乡下农场和葡萄园图片，梦想早晨在斜身入窗的阳光中醒来"。于是，他在吕贝隆山区的一个中世纪村子买下了一座农舍，开始改造房屋，设计花园，种植草木，还要修建一个法国滚球场。在他笔下，乡村生活的每一天都新鲜有趣。他给葡萄园锄草，为樱桃树剪枝，为沙地翻土，"每件事都慢慢进行"。他在花园的游泳池里游泳，倒一杯酒，躺在阳光下。他在街头与村民谈话，玩滚球游戏，去集市采购，泡咖啡馆。他也偶尔骑车或坐驿马车在山中旅行，观赏沿途的风景，在树林里野餐，去小餐馆享受乡野味道，品尝新酿葡萄酒、初榨橄榄油、松露蘑菇。芦笋＋奶油＋本地面包＋山谷里的葡萄酒＝一顿质朴而奢华的晚餐。茴香酒是普罗旺斯的精华，喝这种酒要讲究气氛、方式和地点："一定得在天气炎热、阳光灿烂、想象力丰富、幻想时光永驻的普罗旺斯。"苦艾酒则符合画家梵高和诗人魏尔兰的气质。普罗旺斯的一年四季是色彩、味道、声音的应和。春天：山中野花，鸟声和蛙鸣，斑斓的集市，广阔的薰衣草田。夏天：烈日，蝉鸣，暴晒过的石板的余温。秋天：和暖的阳光，熟甜瓜的滋味。冬天：湛蓝的天空，米斯特拉尔朔风，荒芜的田野，清新透明的空气，淡淡的木柴香味儿，寂静的山谷中树枝被雪压断的声音。在这里，季节悄悄地更替，日子在恬淡中远去，时间也仿佛停止了。对作者而言——"时间已经不具备任何重要性，因而瞬间便有了独特的滋味。"因为，"瞬间——组成日常生活的听觉、视觉和嗅觉——界定了普罗旺斯的特色、历史以及风景"。作者差不多达到了完美的自然状态："凭着庭院中树影的位置，大致可以估算时间，至于今日何日，不大记得了，我快要变成安分守己、无欲无求的园中蔬菜了。"普罗旺斯成了文明的"野蛮人"的

---

　　① 参见彼得·梅尔《普罗旺斯的一年》，王春译；《永远的普罗旺斯》，林佳鸣译；《重返普罗旺斯》，何江译；陕西师范大学出版社 2004 年版。

应许之地。引子是极简的："借着南方的魅力：一点点的放荡，轻松自在与几许阳光，它吸引了习惯于寒冬及灰蒙蒙天空的北方人。"这句陈词滥调足以引出普罗旺斯表象的考古学。在梅尔的描述中，我们看到，首先，南方与北方的对照。南方不是孤立的，南方总是凭借与北方的对立显出卓越。南方阳光明媚，温暖宜人，北方雾气弥漫，寒冷昏暗，南方生活轻松自在，北方生活沉重乏味。其次，作者对时间的漠然，以及使这种生活成为可能的闲暇。最后，艺术与生活艺术的交织，生活艺术因对艺术的参照变得更加高贵。然而，南北对立与一种美学意识形态密不可分。

二　南方刻板印象的理论溯源

梅尔描述的普罗旺斯代表了关于法国南方的一种刻板印象。其实，南北对照的理论，最早出现在孟德斯鸠的《论法的精神》中。当然，这里的南北不再局限于现在的法国境内，而是扩大至南欧和北欧。孟德斯鸠在谈到法与气候性质的关系时，指出由于气候炎热，南方人对愉悦和痛苦感觉敏锐，所以情欲强烈，恶习和美德无常，风尚不定，相反，由于气候寒冷，北方人感官迟钝，追求精神生活，恶习少而美德多。他得出结论，"不同气候下的不同需求，促成了不同的生活方式，不同的生活方式导致不同的法律"。[①] 由此，孟德斯鸠把气候视为人的性情、法律和道德的直接原因。在布尔迪厄看来，孟德斯鸠出于对科学和科学进步的信仰，试图参照笛卡尔的二元模式，建立一种历史事实的科学，如同物理学那样把握"来自物性的必要关系"。[②] 然而他的思想是科学外表下的神话思维："气候理论其实是'科学'神话的一种显著范式，一种建立在信仰（或偏见）基础上的话语，这种话语觊觎科学，因而通过两种互相掺杂的一致性原则共存：一种是公开的、有科学外表的一致性，这种一致性通过多种外在的科学性符号表现出来；另一种是暗中的、原则上神

---

① 孟德斯鸠：《论法的精神》，上册，张雁深译，商务印书馆1997年版，第235页。

② Pierre Bourdieu, Le nord et le midi : contribution à une analyse de l'effet Montesquieu, in *Actes de la recherche en sciences sociales*, 35, novembre 1980, art. cité, p. 22.

秘的一致性。"① 之所以会产生这种"科学神话"，原因在于《论法的精神》的作者受到一种非常特定的象征强制作用，"这种象征强制作用是人们通过将科学表象附加给社会幻觉的投射或偏见的前构造而产生出来的，这种科学表象通过一种更完善或仅仅是更权威的科学的方法或手段的转移而获得"。②这就是说，作家本人的社会无意识实际上与常识契合，因为他的无意识引起的社会幻觉是由同样来自社会无意识的一种语言和文化担保和认可的。③ 孟德斯鸠以科学思想方式表达了一种社会无意识，推动了南北划分的类型学之形成。斯达尔夫人深受地理环境决定论的影响，在《论文学》（1800）和《论德国》（1813）中将欧洲文学分为南方文学和北方文学。南方文学指古希腊罗马文学、意大利文学、西班牙文学和路易十四时代的法国文学，崇尚古典，情调欢快，深受《荷马史诗》的影响；北方文学指英国、德国、北欧的作品，崇尚想象，气质忧郁。南北文学的对立主要体现为古典主义诗歌与浪漫主义诗歌的对立。她称赞浪漫主义诗歌感情高尚，哲理深刻，而批评古典主义诗歌僵硬呆板，矫揉造作。她将这种对立归因于地理环境，南方气候温暖，人们亲近自然，兴趣浮泛。北方天气阴沉，气候严寒，人们缺少日常生活的乐趣，耽于想象和沉思。同样，波德莱尔也将浪漫主义与自然主义的对立等同于南北对立："浪漫主义是北方的儿子，而北方是色彩家，梦幻和仙境是雾霭的孩子……相反，南方是自然主义的，那里的自然是如此美丽和明亮，人心满意足，创造不出什么比他之所见更美的东西：这里，艺术是露天的。"④ 泰纳在《艺术哲学》中以"种族－时代－环境"理论深化了这种南北对立的观点：法国南方人和意大利人，动作轻灵，头脑敏锐，表情丰富，言辞动听，优雅大方，日耳曼人则动作笨重，感觉迟钝，安静持重，锲而不舍。泰纳认为，这种对立是不同的自然环境造成的，拉丁民

---

①　Pierre Bourdieu, Le nord et le midi：contribution à une analyse de l'effet Montesquieu, art. cité, p. 21.

②　布尔迪厄：《言语意味着什么》，第187页。

③　布尔迪厄：《言语意味着什么》，第186页。

④　波德莱尔：《波德莱尔美学论文选》，郭宏安译，人民文学出版社1987年版，第218—219页。

族生活在阳光灿烂的地中海沿岸，经常在露天活动，日耳曼民族生活在阴雨连绵、浓雾密布的低湿平原上，他们的气质是在富足的生活与饱含水汽的自然界中形成的。拉丁人要求舒适的生活和新鲜的感官享乐，他们在形式上和语言上讲究和谐，他们多是修辞家，享乐主义者，交际家，很快走上过分精致的路，拉丁文明，包括古希腊和罗马的衰落时代，12世纪的普罗旺斯，16世纪的意大利，17世纪的西班牙，18世纪的法兰西，逐渐腐化乃至灭亡。而日耳曼人轻快感，重理智，喜欢内容超过形式，富于忍耐和牺牲精神，责任感和自尊心很强，善于做枯燥乏味的基础工作，长于渊博的考据和哲理的探讨。同样地，泰纳认为"拉丁民族的文学是古典的，多多少少追随希腊的诗歌，罗马的雄辩，意大利的文艺复兴，路易十四的风格；讲究纯净，高尚，裁剪，修饰，布局，比例"，[1] 主要写君王举止，宫廷礼节，而日耳曼文学则是浪漫的，是现实生活的表现，"包括一切残酷、下贱和平凡的细节，一切崇高而又野蛮的本能，一切人性的特征"。[2] 由此，南方与北方的对立、古典主义与浪漫主义的对立之间的同源性得以确立，南方成为过时的和陈旧的文学象征——古典主义。

然而，南北斗争的态势并没有一劳永逸地固定下来。美学斗争采取了回到本源之纯粹性的形式。1854年，普罗旺斯诗人米斯特拉尔（Frédéric Mistral, 1830–1914）发起了用已废弃的奥克语写作的运动。他深受拉丁文化影响，决心像荷马一样歌唱他的家乡和风俗，他还将希腊语和拉丁语的组合词加入普罗旺斯语中，通过诗歌创作复兴古老的奥克语。1904年，他因（题献给拉马丁的）家庭史诗《米蕾雅》（1859），获得了诺贝尔文学奖，普罗旺斯语诗歌的合法性得到了世界的承认，乡土价值摆脱了地方性，变成了普遍价值。米斯特拉尔成为美学斗争的赌注，既被浪漫派诗歌的鼻祖拉马丁誉为"荷马式的史诗诗人"，也被反浪漫派的作家莫拉斯（Charles Maurras, 1868–1952）视为古希腊文化和拉丁文化的化身，他憎恨的雨果的反面。1891年，象征派诗人莫雷阿斯发起了

---

① 泰纳：《艺术哲学》，傅雷译，人民文学出版社1983年版，第157页。

② 泰纳：《艺术哲学》，第157页。

一场新古典主义的诗歌运动，称为罗曼派。罗曼派否定浪漫主义（及其余绪象征主义）的幽暗、晦涩、颓废、死亡，意欲复兴以法国七星诗社诗人和古典作家为代表的古代人文主义的清晰透明，提倡一种地中海的美。罗曼派让莫拉斯看到了法国文学回归古希腊罗马文明本原的希望。然而大多数南方诗人对新古典主义的严峻敬而远之，他们无法把写诗视为高级修辞练习，他们的气质，他们对拉丁抄本的爱好，使他们的作品趋向感性的自然而非抽象的智性。[①] 1897 年，自然主义诗歌派的发起人勒布隆（Maurice Le Blond）主张回归自然，寻找健康神圣的情感。蛰居法国西南部小山村的诗人雅姆（Francis Jammes）也在诗中回应道："一切事物若是自然的，就是值得描绘的"，"我厌倦了博学而复杂的生活"，"我只需要水和面包，以及有时一只可怜的蝉那干涩的喊叫"。纪德曾在北非、南欧旅行，迷失在橘花的香气、沙漠的热风、茴香酒和苦艾酒的味道中，于是在《地粮》（1897）中感叹："一切事物，都异乎寻常地自然。"[②] 并提出感觉崇拜的理论，吁请过分文明的人摆脱重负，调动起全部感官，随时准备愉快地接受丰富可感的世界。他的《背德者》中的主人公努力要消除与早年教育相关的一切表现："知识的积淀在我们精神上的覆盖层，如同涂的脂粉一样裂开，有的地方露出鲜肉，露出遮在里面的真正的人。"[③] 1902 年，格雷格（Fernand Gregh）创立《人道主义》杂志，希望诗歌回到雨果和拉马丁的浪漫主义传统。他责备帕斯纳斯派和象征派诗人局限于艺术观念，看不到全面的人，他主张为生活而美："在为美而美的流派之后，在为梦想而美的流派之后，应该是建立为生活而美的流派的时候了。"[④] 所有回归自然的呼声，作为卢梭回归人的自然状态和大自然的变奏，传达了某种神秘的和非理性的倾向。

我们看到，普罗旺斯为中心的南方成了一个美学空间，凭借南北对立的理论，各个流派都在为争夺文学合法性定义而斗争，试图推行理性

---

① 雷蒙：《从波德莱尔到超现实主义》，第 85 页。

② 纪德：《纪德读本》，李玉民编选，人民文学出版社 2012 年版，第 339 页。

③ 纪德：《纪德读本》，第 30—31 页。

④ Patrick Berthier et Michel Jarrety, *Histoire de la France littéraire*, Tome 3, Paris：Presses Universitaires de France, 2006, p. 287.

或非理性的美学观念。斗争呈现为复杂的钟摆运动：浪漫派贬低南方的希腊罗马古典主义和法国古典主义，褒扬北方，为新生的浪漫主义合法化辩护。罗曼派则通过回到南方的希腊罗马本原，肃清浪漫主义的颓废倾向，为自己正名。人道派则要回归浪漫派诗歌的抒情传统，为生活而美，纪德等感觉崇拜者则试图摆脱理性的束缚，强调感官的和单纯的享乐。但是，浪漫主义→新古典主义→新浪漫主义的更迭并不是简单的循环，而是浸透了时代精神的有选择的再生。新古典主义（罗曼派）和新浪漫主义（人道派）都已从旧壳中蜕变出来，都要求达到人性与自然的和谐统一，彻底消除异化。美不再局限于文学艺术中，而是进入了日常生活。我们看到，为生活而美的存在论与普罗旺斯所代表的南方表象和本真性密切相关。

三　普罗旺斯的"自然"表象与本真性

　　普罗旺斯的表象与本真性经历了一个形成、确立、受质疑、复活与被批判的过程，这个过程仍旧是各种美学观念斗争的过程。普罗旺斯的表象首先来自作家描绘的自然景物和风俗。浪漫派开始关注南方的自然景色：山谷里的罗马教堂、桥梁、废墟、城防、碉楼、松树、溪流。依斯丹达尔在《旅人札记》中的描绘，白色村屋散布在灰绿色的橄榄树丛中，普罗旺斯的山都是枯瘠的，光秃秃的，或者尽是叶片晶亮的黄杨。普罗旺斯的语言优雅动听，歌声温馨、快活、新颖而独特。马赛人像意大利和西班牙人一样热情活泼，做事冲动，不像北方人深思熟虑，喜欢模仿巴黎的高雅举止，本地美女的头部轮廓让人想起希腊雕像。罗马水渠高踞在一片深沉的孤寂中，"像一曲崇高的音乐"，"对于一个具有艺术天赋的旅行者来说，他的目光向四外展望，这里既无人家，又无庄稼作物，这一片荒原上出产的东西，就是百里香、野熏衣草、刺柏，它们在令人目眩的宁静天空底下散发出孤单寂寞的芬芳。我的心灵完全留给了自己，但注意力又重新被引向眼前的一切"。① 对作家而言，自然是一个供休憩、自省、寻求个人无限性的场所，也是一面镜子，供他在读出被

---

① 司汤达：《旅人札记》，徐知免译，百花文艺出版社 2003 年版，第 255 页。

美化的自我。泰纳明确提出了南北对立的观点，但他对普罗旺斯的风景描述相当朴素节制：法国南部"给眼睛的印象只是一个灰灰黄黄的棋盘"，普罗旺斯的风景，"不过是一幅素描，单用白纸、木炭和像彩色铅笔一般清淡的颜色，就能整个儿表现出来"。① 他们都有南北对照的意识，但他们笔下的景物尚未凸现普罗旺斯的本真性。

普罗旺斯诗人米斯特拉尔对南方表象的构造至关重要。普罗旺斯本是农牧地区，在第二帝国时期，拿破仑三世发展工业，修建铁路和海港，马赛、土伦等城市吸引了阿尔卑斯山区的劳动力，小手工作坊关闭，乡村人口减少。背井离乡的人思念故土。如鲍桑葵在《美学史》中所说的，人向往自然是因为感到与自然分开了。米斯特拉尔生活在农民中间，直接感受乡野民风，他用最有表现力的词语描绘本土趣味。他的诗称得上普罗旺斯民间生活的风俗画：节日，露天晚会，法兰多尔舞，收橄榄，飞短流长，爱情传说，情敌争斗，田间劳作，乡村巫婆，牧马人，收割者，卡马尔格，阿尔勒，罗纳河……在家庭史诗《米蕾雅》中，他第一个描绘了长着芳香松树的土地和玫瑰色的山峦，南方第一次出现了火热的太阳和欢快的蝉鸣："阳光让克罗的卵石跳动"，"我们歌唱的时候，少女们合唱副歌，这时一只蝉也唱出了夏天的歌，所有的蝉都齐声歌唱"。他受到普罗旺斯的口语和谚语的滋养，写出新鲜的比喻："他像从云端落下的惊恐的鸟儿一样目瞪口呆"，"米蕾雅就像复活节的晴朗天空一样美"，"利口酒像一条金线那样流入杯中"，"旺图山在群山中升起，就像一个老牧人看守他的羊群一样"，"卸下牲口的马车在不远处投下它的巨轮的影子。不时地，在沼泽地里，传来铃铛的声音，睡梦中的猫头鹰在夜莺的歌唱中加入它的呻吟"。在《卡朗达尔》和《罗纳河的诗》中，他描绘了灰橄榄树和黑柏树，阳光下的白房子，令人窒息的麦田，夜晚沉睡的树林，雾气笼罩的蓝色山峦，希腊人轮廓的少女，在雄鸡的叫声中醒来的村庄，干旱的土地，布满石头的平原，玫瑰色黄昏中的紫色废墟，嗡嗡叫的蜜蜂，隐藏在橄榄树山谷里的农舍。我们可以看到，米斯特拉尔诗中包含日后组成普罗旺斯自然表象的所有元素。

----

① 泰纳：《艺术哲学》，第 177 页。

作家都德加入了南方表象的建构，他在《磨坊书简》① 中描述了充满南方色彩的客居生活，把普罗旺斯的宁静、明媚、清新与巴黎的喧闹、昏暗、污浊进行对比。都德在序言中开宗明义：他在罗讷河山谷的普罗旺斯中心区买了一座废弃的风力磨坊，"坐落在罗纳河的山谷里，位于普罗旺斯的中心区，在丛生着杉树和终年常绿的橡树的山岗上"。这里有充足的阳光，苍翠的松林，温柔的群山，万籁俱寂，"只是偶尔传来一声笛音，薰衣草丛中的一声鸟语，或者大路上骡子的一声铃响"。冬天，"整个小山岗在寒气中战栗着"，"夜是晴朗的，繁星在寒气中更显得晶亮"，"就在写诗的时刻，霜给我送来白色的闪光，明朗的天空中，成三角形的雁群从亨利·海涅的故乡飞来，向卡玛尔格飞去"。夏天，"没有一丝云，没有一丝风，除了热气的颤动和无数知了的尖叫声，什么也没有"。他"执一根香桃木棍，带一本蒙田文选，披一件雨衣"去邻村拜访米斯特拉尔，诗人毫无巴黎沙龙的时髦趣味，"风雅脱俗像一个希腊牧人"，为作家朗诵新诗——《卡朗达尔》，这部普罗旺斯的"荷马史诗"写尽山海之间的普罗旺斯的历史、心灵、传说和风景。当地古风盎然，充满野趣：赶着羊群归来的牧人，驿车上的争吵，磨坊主的风车空转的秘密，牧童纯洁的初恋，教皇的母骡，三个善良的、贪恋美食并受到药酒诱惑的神父，拜访一对老夫妻的戏剧场面，还有美食："烤肉叉子的叮当声，炒锅里的爆炸声，都可以听见；从一股温热的蒸汽上面，散发出一阵阵煎炒肉类和烹调蔬菜的混合气味。"都德不止于"诗意地栖居"，还以人种学家的他者目光考察当地风物，描绘了卡马尔克的粗犷民风，狩猎场景宛如尼德兰画派的静物："被猎取的飞禽摊成一堆，赭红色的、金黄色的、绿色的、银白色的，全部血迹斑斑。"他的人种志研究延伸到整个地中海：科西嘉金黄色的橘子和穷困的鼓手，海岛上迷迭香和野苦艾的气味与灯塔看守人的传奇，阿尔及利亚的橘树和崖柏沁人心脾的清香与犹太人诉讼案，带有摩尔式拱廊的农庄和捕杀遮天蔽日的蝗虫的骇人场景。他的《阿莱城的姑娘》与梅里美的《卡门》属于同一个精神家族，都被比才改编为轻歌剧和管弦乐作品。卡门为了自由为了爱情无惧死亡，淳

---

① 参见都德《磨房书简》，龚灿光译，生活·读书·新知三联书店1992年版。

朴的农民让为了美丽放荡的阿莱城姑娘自杀殉情："有的人为了爱情，竟然不在乎别人的轻蔑！"都德要为南方的"轻盈"正名，歌颂南方的生命本能。南方主义者尼采曾在《都灵通信》中谈到歌剧《卡门》，说梅里美的小说"具有热带的特征，尤其是空气的干燥和景物的澄澈"，而比才的音乐是优美的、轻盈的、明朗的，充满"这种南方的、褐色的、燃烧的情感"，[①] 把法国歌剧视为瓦格纳歌剧的病态浪漫主义的解毒剂。无疑，都德强化了关于南方的刻板印象。然而，悖论地，作家的一个"我""饱餐阳光，静听松涛"，"另一个我"却沉浸在对巴黎的乡愁，在一个回乡休假士兵的鼓声中，"我似乎看见我的整个巴黎正在整个松树林子里若隐若现"。

普罗旺斯的表象远非同质性的。出生在普罗旺斯的作家马塞尔·帕纽埃尔（Marcel Pagnol, 1895－1974）打破了普罗旺斯田园诗般的理想表象。他在小说《山中水源》揭示了现实主义与理想主义、实用的农民与牧歌式的城市人之间的冲突。收税员让·德·弗洛莱特（Jean de Flor-ette）一家继承了遗产，在普罗旺斯小山村定居下来。他妻子看到农庄破破烂烂的墙面，动情地说："太美了！"他说："古老的普罗旺斯就是这样。这些老墙可能就是某个罗马农民建造的呢。"他沉醉在大自然、香气馥郁的山峦、古老的岩石、蝉声、微风、蓝天中，激动地说："这些巨大的荆棘，这些橄榄树，这些乔木般的迷迭香，这就是古老的普罗旺斯，左拉的天堂！"他要种植本真（cultiver l'authentique），靠自己土地上出产的东西为生：吃自己园中种植的蔬菜和自己养的母鸡下的蛋。邻居于格兰（Ugolin）不解何为"本真"，他的叔父巴拜（Papet）讥讽地解释道："一个城里的词。应该是一种长在书上的植物吧。"然而本真的种植者终究未能逃过邻居的算计和迫害，最终惨死在他热爱的乡土上，天真的情感破灭。

这里，我们看到作家对存在主义关键词的影射。"本真"来自海德格尔的《存在与时间》："但因为此在已丧失于常人之中，它就首先得找到

---

①　尼采：《悲剧的诞生》，周国平译，生活·读书·新知三联书店1986年版，第284—285页。

自己。而要找到自己，它就得在它可能的本真状态中被'显示'给它自己。"① 对海德格尔而言，要找到本真，就得脱离常人，就要回到劳动世界，回到日常生活，吃天然的食物，穿本地的衣服。无疑，梅尔主张的也是这种本真的生存状态。如卢卡奇所说，物化使得人失去了做人的本质，他越占有文化和文明，就越不成其为人，自然由此成为一个容器，"所有一切反对不断增长的机械化、丧失灵魂、物化的内在倾向都汇聚在这个容器中……这时自然就意味着真正的人的存在，意味着人的真正的、摆脱了社会的错误的令人机械化的形式的本质：人作为自身完美的总体，他内在地克服了或正在克服着理论和实践、理性和感性、形式和内容的分裂；对他来说，他要赋予自己以形式，这种倾向并不意味着是一种抽象的、把具体内容扔在一边的理性；对他来说，自由和必然是同一的"。②然而，克服物化的自由是由必然即物质条件提供的。在布尔迪厄看来，对自然世界的认知丝毫不是自然的，一个人与自然世界的关系取决于他的社会地位，也就是回归自然的社会物质条件："社会物化空间的不同区域的价值是由空间中行动者分布与财产分布之间的关系确定的。"③ 只有经济资本和文化资本充裕的散步者和闲居者的目光才能产生纯粹的风景，也就是作为装饰的风景，无农夫的风景，无耕者的农田，无目的的合目的性，也就是艺术作品。这种生活艺术离不开布尔迪厄所说的经院思想方式的前提——"闲暇"："闲暇即自由的、摆脱世界上紧要之事束缚的时间，闲暇使一种与世界之间的自由的、摆脱这些紧要之事的关系成为可能。"④ 柏拉图在《泰阿泰德篇》中区分了两类人：一类人是哲学家，他们在自由与闲暇中长大，"自幼不知道去市场、法庭、议事厅，或其他公共场所的路"，"观察天象，测量大地，到处寻求作为一个整体的事物的真正本质，从来不会屈尊思考身边的俗事"；⑤ 另一类人由于缺乏闲暇

---

① 海德格尔：《存在与时间》，陈嘉映等译，生活·读书·新知三联书店 1999 年版，第308 页。
② 卢卡奇：《历史与阶级意识》，第 211 页。
③ Pierre Bourdieu (dir.), *La misère du monde, op. cit.*, pp. 252-253.
④ 布尔迪厄：《帕斯卡尔式的沉思》，第 1 页。
⑤ 柏拉图：《泰阿泰德篇》，《柏拉图全集》，第 696—697 页。

而成为粗野无知的人。两类人之间的对立就是自由与奴役、正义与邪恶的对立。海德格尔不仅有"思考整个大地"的闲暇，还要把哲学融入本真的生活中，在《我们为什么要留在外省？》中，他描绘了对理想化了的农民世界的美妙体验："在一个冬天的深夜，一场暴风雪包围了木屋，覆盖了一切，于是哲学的伟大时刻到来了。它的问题变得简单而根本。哲学工作无法作为脱离本源的事业来完成。夜晚，我停下工作，跟农民坐在壁炉边的长椅上或火炉边，大多数时候，我们根本不说话。我们沉默，我们吸烟斗。我的工作内在地属于黑森林和它的人们，这种归属建立在百年来不可替代地扎根于阿勒马尼克－施瓦本地区基础上。"① 在布尔迪厄看来，海德格尔的本真存在论就是由小圈子的秘传贵族主义与施泰纳（Rudolf Steiner）人类学运动的生态神秘主义合成的一种无上帝的神学理论。② 第一次世界大战后的德国，百业凋敝，经济衰退，为那一代德国知识分子和有教养的资产阶级带来了创伤体验。对布尔什维克革命的恐惧，对德国主权和领土分割的痛惜，对科技进步的异化作用的担忧，深刻地影响了他们的世界观。斯宾格勒和荣格的思想风行一时。他们揭露对自然的声音充耳不闻的智力和理性主义的专制，主张回到文化和内心，也就是与资产阶级追求舒适和利益的物质主义和庸俗决裂。斯宾格勒通过对自然概念的神奇操纵，利用对乡村自然的怀恋和对城市文明的不适感，把回归自然等同于回归自然法，恢复父权制的神奇关系，鼓吹所谓普遍存在于天性中的差别和冲动。荣格在《论反叛者》一书中，明确提出了受科技、舒适生活奴役的工人与反叛者的对立，也就是只有统计学意义的普通人与独一无二的诗人之间的对立。诗人是自由王国的首领，他的领地是森林，森林代表了回归乡土、本源、神话、神圣，回归天真的人的智慧，回到崇尚危险和死亡的原始力量。③ 总之，这种主张回归的时间哲学把线性的、进步的、进步主义的时间与保守革命的完美象征的循环时间对立起来。"异化"是当时的关键词，但不是马克思意义上的，而是

---

① Martin Heidegger, Warum Bleiben wir in der provinz?, cité par Pierre Bourdieu, *L'ontologie politique de Martin Heidegger*, op. cit. , p. 62.

② Pierre Bourdieu, *L'ontologie politique de Martin Heidegger*, op. cit. , p. 63.

③ Pierre Bourdieu, *L'ontologie politique de Martin Heidegger*, op. cit. , pp. 29 – 30.

"绝根"意义上的，绝根与扎根于乡土、人民和自然（比如在森林中漫步或爬山）对立。海德格尔暗中拾取了斯宾格勒的许多主题，他在"技术"和劳动问题的思考上则受益于荣格的思想，他在1933年任大学校长期间的一次讲话中说："'劳动者'，不像马克思所想的那样，只是剥削的对象。劳动者的身份不是进行普遍的阶级斗争的被剥夺者的阶级。"① 但是，海德格尔的精神贵族主义无法脱离马克思所说的土地所有者："土地所有者炫耀他的财产的贵族渊源，夸示封建时代留下的纪念物（怀旧），标榜他的回忆的诗意、他的耽于幻想的气质、他的政治上的重要性，等等。"② 海德格尔当然没有这样露骨地标榜自己。在布尔迪厄看来，他巧妙地把政治问题转化为哲学问题，把"保守主义革命"的内容升华，把一切异化都归结为本体论的异化，"通过对一切革命超越的一种激进的、但虚假的超越，把经济异化和关于经济异化的话语同时平庸化和非现实化了"。③ 真正的劳动者——农民无法逃脱真正的异化。萨特的一段话可以构成对这种本真生活的反讽："当小说家在这个世界里安顿几个农民时，这些农民与山峦空灵的阴影与溪流的银色涟漪很不协调；农民在用铲子翻动忙于工作的土地，人们却让我们看到这些土地穿着星期天的盛装。这些误入休息日的世界中的劳动者很像让·埃菲尔画的法兰西学士院院士：普吕沃在一幅漫画中引进这个院士的形象，让他说话表示道歉：'我走错了画面。'要不然就是人们把这些劳动者也变成物了——变成物和心态。"④ 田园牧歌走调了。在布尔迪厄看来，"在一个等级化的社会中，没有什么空间不被等级化，不表现等级和社会距离——这是以被自然化作用（或多或少）扭曲尤其是掩盖的形式，自然化作用是社会现实持久地铭刻在自然世界中导致的：历史逻辑产生的差别可能因此好像来源于事物的本质"。⑤ 社会世界造就了自然世界，却显示出自然而然的表象。农民绝非保守主义传统塑造成的所谓"本真"存在的样板，他们不断地遭受城市

---

① Pierre Bourdieu, *L'ontologie politique de Martin Heidegger*, op. cit., p. 43.

② 马克思：《1844年经济学哲学手稿》，第65页。

③ Pierre Bourdieu, *L'ontologie politique de Martin Heidegger*, op. cit., p. 80.

④ 萨特：《萨特文学论文集》，第237—238页。

⑤ Pierre Bourdieu (dir.), *La misère du monde*, op. cit., p. 251.

资产阶级的经济和象征统治，只好为城里人也为他们自己扮演令人尊敬的农民角色，以方言谈论他的土地、房屋和牲畜；海德格尔式的农民角色，"从生态学角度思考，懂得从容不迫和沉默寡言，并以其不知从哪里来的深刻智慧让别墅里的人惊诧"；善良的野蛮人角色，有惊人的找蘑菇或张网罟的本领。① 法国 20 世纪六七十年代，小资产阶级从旅行转向乡居，引起了对自然的新崇拜，在布尔迪厄看来，"这种新崇拜与统治阶层的最'古老'层次的'古老法国'生活风格有一种深刻的联系"。② 拥有一座城堡，一幢乡村别墅，不只关乎钱。占有"自然"、飞鸟、花草、风景，意味着一种文化，是出身世家的人的特权。他们有闲暇，有不被生活所迫的自由，文化就是从闲暇中产生的。他们的文化优越性体现在能够占有贵族或农人的生活风格，尤其是他们对时间的漠然和对传统的固守。布尔迪厄不无谐谑地描述：他们能拿出一罐"自制的小酸黄瓜""祖母的小酸黄瓜"，在古玩店发现"18 世纪法国乡绅的小画"，或在旧货店找到"迷人的家具"，③ 以此炫耀耗费的时间和卓越能力。无疑，这是因为他们从属于一个文化资本和文化修养丰厚的古老群体，这个群体为最有区分价值的属性提供担保。这些属性无不与贵族和大资产阶级相关。在这里，我们看到勒菲弗谈到的空间与时间的特殊关系："通过空间，被生产和再生产出来的，是一种社会时间。"④ 这时间意味着昂贵的费用。波德里亚强调，这种闲暇并非对时间的自由支配，"其基本规定性就是区别于劳动时间的束缚"。⑤ 而且，这种时间并不是白白浪费掉的，"这种时间在经济上是非生产性的，但却是一种价值生产时间——区分的价值、身份地位的价值、名誉的价值"。⑥ 由此，我们可以说，这种回归自然的倾向，体现了资产阶级的区分意图，以及他们在生活艺术上的特权。梅尔的普罗旺斯生活，并不像他描述的那么自然，属于一种高雅的闲暇

---

① Pierre Bourdieu (dir.)，*La misère du monde*, *op. cit.*，pp. 257 – 258.
② 布尔迪厄：《区分——判断力的社会批判》，第 439 页。
③ 布尔迪厄：《区分——判断力的社会批判》，第 440 页。
④ 勒菲弗：《空间与政治》，李春译，上海人民出版社 2008 年版，第 110 页。
⑤ 波德里亚：《消费社会》，第 178 页。
⑥ 波德里亚：《消费社会》，第 176 页。

文化。

更确切地说，审美化的生活艺术掩盖了后工业的消费社会。普罗旺斯不是纯粹的审美空间，也是一个消费空间。资产阶级为了空间的消费（海滩、阳光、空气等）而离开了消费的空间，也就是资本主义财富聚集的地方（大都市）。自然的馈赠，空气、阳光、水，变成了商品。如勒费弗所说，自然也变成了买卖对象，它们的使用价值变成了交换价值，"为了让其'价值'更高，空间被人为地稀有化了；它被片段化、碎片化了，以便整体地和部分地用来出售。它是分隔的场所"。① 自然成了区分社会等级的手段。梅尔的宁静生活没过太久，《时尚》杂志便开始报道吕贝隆山区，促销普罗旺斯，房屋中介激增，房价飞涨，小山村充斥着豪宅、按摩浴缸、慢跑者、鸡尾酒会，甚至有了直升机降落坪。这就是稀缺与普及的辩证法，由于南方生活观念通货膨胀，南方生活方式的区分价值在逐渐降低。

四　普罗旺斯表象的社会学分析

对作为审美空间和消费空间的普罗旺斯而言，最显著的特征是艺术进入了日常生活，作家和艺术家描绘的生活变成了现实生活的样板。一种关于普罗旺斯的独特美学形成了，在斯丹达尔、米斯特拉尔、都德、梅尔的作品中，出现了普罗旺斯生活的典型要素，农舍，阳光，米斯特拉尔朔风，薰衣草，蝉鸣，瓷砖，百叶窗，橄榄油，茴香酒……这些风景、民居和物产如何构成了普罗旺斯的表象？法国社会学家让－路易·法比亚尼对所谓普罗旺斯趣味进行了社会学分析。他依据人种志调查，从表面上微不足道之物如蝉、瓷砖、窗户等入手，考察地区的历史，夏尔·莫拉斯在马尔蒂格的故居，梅尔描绘的新有闲阶层的生活方式，试图在艺术和美的经典定义之外，重新审视美学关系和趣味判断问题。

艺术和美如何定义？布尔迪厄在《区分——判断力的社会批判》中指出，按照潘诺夫斯基的说法，艺术作品是要求按照一种审美意图（要求从审美上被体验）被认识的东西，一切物品，无论是自然的还是人工

---

① 勒菲弗：《空间与政治》，第 107 页。

的，都可以按照一种审美意图被认识，似乎是审美意图"造就"了艺术作品。作为被加工物的艺术品与自然物对立，艺术品要求人们按照一种特有的审美意图也就是通过它的形式而不是它的功能认识它。但是，潘诺夫斯基本人也注意到，几乎不可能科学地确定一件被加工物何时变成一件艺术作品，也就说形式何时战胜了功能。由此，技术产品的世界与审美产品的世界之间的分界线依靠产品生产者的"意图"。布尔迪厄承认这种意图的存在。但他强调，同时要考虑欣赏者的意图及其获得条件。审美意图不是先验的和经院式的：

> 事实上，这种"意图"本身也是社会规则和惯例的产物，社会规则和惯例致力于确定简单的技术产品与艺术品之间总是不确定的和在历史上多变的差别……但是，对作品的领会和评价既依靠欣赏者的意图，这种意图本身与在某个特定历史时期支配与艺术作品的关系的习惯性规则有关，同时依靠欣赏者遵守这些规则的天赋进而依靠欣赏者的艺术训练。为了摆脱这种疑难，只要看到把艺术作品当成艺术作品的"纯粹"认识的理想是艺术特有的合法性原则的明确化和系统化的产物就够了，而这些合法性原则与一个相对自主的艺术场同时形成。①

这就是说，艺术品与寻常物有何区别以及如何以审美方式接触被社会指定为艺术的物品，是艺术的合法性原则规定的。而且，把寻常物视为美的能力并非人人都有，只属于一些受过训练的有修养的创造者和鉴赏家。与此同时，布尔迪厄将艺术中的鉴赏力扩大到日常生活中的趣味，认为不同的阶级有不同的趣味，趣味取决于行动者的经济资本和文化资本的配比。趣味支配着人们与物世界的关系，物被人划分等级，能够为人划分等级并显示人的趣味。趣味被等级化了并有高下之分。

关于艺术的定义，法比亚尼进行了新的思考。通过对普罗旺斯美学关系的人种学调查，他看到美学关系的新特征：美学材料逐渐丧失了等

---

① 布尔迪厄：《区分——判断力的社会批判》，第43—44页。

级化，艺术的定义几乎成了一种同语反复：一切被当成艺术的均为艺术，也就是说，"不可能提出以对一种物品或实践的选择或对一种特定的技艺、技能的认可为依据的艺术与非艺术的区分标准"。① 所以，审美经验的"混乱"和"真理标准"的混杂不可避免，不存在关于普罗旺斯的唯一审美评价标准和等级原则。于是，审美标准不再是绝对的和普遍的，而变成片面的和相对的。他试图分析一种在艺术世界之外出现的审美经验。在普罗旺斯，普通物品越来越表现出审美要求，这是不以物品的生产者的意图为转移的。比如，大量生产的彩釉陶蝉，可用作门楣上、窗台上和墙上的装饰，也是廉价的旅游纪念品。蝉在成为普罗旺斯的标志之前已经歌唱了无数个夏天。蝉有双重的象征意义。在用普罗旺斯语写作的作家眼里，一方面，它最有地域性，代表了土地、花园、乡村、日常劳动和欢乐的空间，另一方面，它又是希腊神话中无须劳作只要无忧歌唱的人的化身。它变成了一个知识空间的符号，因为它既接近诗歌女神又接近普罗旺斯农民，集南方诗歌的高贵出身和平民特征于一身，表现了文学活动的神圣性和植根乡土的必要性，暗中否定作为语言文学中心的巴黎。所以，蝉无法被归入某个阶级的审美趣味。蝉的形象的可塑性和多义性对审美对象的等级化提出了质疑，使得美与丑、稀有与平常这类美学问题失去了效用。通过对蝉的社会学考察，法比亚尼揭示了审美参照和描述的多面性，显示了普罗旺斯多种审美关系共存的状况。他不否认布尔迪厄在《区分——判断力的社会批判》中提出的观点，即审美关系可还原为力量关系、统治关系和区分法则。但他认为布尔迪厄的理论过分重视良好表现的法定标准，取消了行动者对良好趣味持不同标准的可能性。这种趣味理论以社会关系的僵化为前提，无法分析趣味的变化，满足于社会位置与审美配置之间的对应，导致物本身的美学维度让位于其区分的社会属性。正因为如此，"美学的特点无法仅仅通过主体及其判断力体现，也无法单单通过显示其确定属性的对象体现，甚至无法通过从一个更有当代性的视角出发的两者之间的相互联系体现。调查

---

① Jean‐Louis Fabiani, *Beautés du Sud. La Provenceà l'épreuve des jugements de goût*, Paris: L'Harmattan, 2005, p. 9.

空间扩大到审美行为在其中展开的一整套生活风格和社会关系之中：这样'审美'关系的主要的和稳定的特点就受到了质疑"。① 由此，他要"努力推动关于美学配置的一种实践人种学，这些美学配置从未构成多少间接的位置表达，而是构成互动过程的表达，对这种互动过程的调查的目标是把握不一定被规范化的逻辑"。②

　　在这种背景下，法比亚尼重点研究与生活艺术相关的新审美形式是如何构建的。这就涉及家庭生活的审美化问题。作为其调查对象的《南方》杂志曾用九年时间（1993—2001）介绍普罗旺斯房屋的翻修、装饰。这些快要变成废墟的房屋常常被比喻为"睡美人"，等待设计师或新房主使他们复活。一个南方迷恋者惊诧地看到，他买的农舍居然无梁无椽，屋瓦破碎，楼梯歪斜，只剩屋顶。建筑师、设计师和室内装饰师把类型、形象、颜色、气味和味道在普罗旺斯这个空间里进行重组，这些元素的象征参照游戏已经超出了本地范围。他们去掉老房子不宜居的功能，将农舍改造为易居的别墅。这个审美化的空间只保留了少数几项生产活动，比如酿葡萄酒、养山羊和做奶酪，但这些活动已经丧失原来的生产意义，变成了具有休闲色彩的"合法"农业生产，制造传统的橄榄油、葡萄酒、茴香酒等。百叶窗和瓷砖属于传统的室内装饰。从材质和功能来看，本地的百叶窗（遮光）和瓷砖（吸光）代表了阴影，让房间显得阴暗而寒冷，所以，房屋改造者们甚至不惜破坏普罗旺斯的本真表象，去掉部分瓷砖或把窗户加大，制造房屋不曾有过的色彩和光线。大部分改造过的房屋光线充足，室内和室外的界限被打破，好像米斯特拉朔风吹不进来一样。因为房主希望不分季节地过户外生活，整日沐浴在阳光下，倾听身体的吁求，从事带有娱乐、节日色彩的低调社交活动。这种生活方式并不属于普罗旺斯传统，而是一种审美创造力的产物。所以，他们通过自身的生活艺术也参与了南方表象和本真性的建构。艺术家改造房屋的目的不是恢复历史风貌或表达地域身份，而是展示潜在的专业设计能力，同时为自己招揽顾客。比如设计师雅克·格朗日计划让他的屋内充满阳

---

① Jean‐Louis Fabiani, *Beautés du Sud*, *op. cit.*, p. 13.

② Jean‐Louis Fabiani, *Beautés du Sud*, *op. cit.*, p. 20.

光，房子"周围的空间一望无际；阳光让人想起梵高，色彩让人想起毕加索；邻居羊群的响铃让人想起阿尔封斯·都德"。① 设计师发挥创造自由，以绘画和文学为参照构建美学空间，把生活艺术和艺术史融合在家庭美学中。改造后的房屋风格杂糅，混搭的物品未表现出自然的、原始的或历史的特点，而是属于人工的和时序混乱的世界。正如勒费弗所说的："将空间中那些被分割出来的功能性分区统一起来，并由此让它们同时具有均质性和破碎性特征的，是唯美主义。"② 在这里，风格的统一不构成美学评价的法定标准，相反，杂交和混合成了规则。一对来自英国北部的中学教师夫妇则尽量不对房屋做什么改动，只添了一个小露台。门、窗、百叶窗、饭桌、椅子都是原有的，力求保留农舍的朴素和简洁。在他们眼里，普罗旺斯与其是法国的，不如说是地中海的，类似于西西里或那不勒斯。室内装饰体现的普罗旺斯形象与艺术史密不可分，但与地区风俗无关。比如厨房里的桌子，好像来自塞尚的绘画，窗台上摆放的鹅卵石受马蒂斯绘画的启发。在这里，绘画的参照作用大大超过了装饰艺术，生活艺术的主题和享乐的形式退居次要地位。他们接待来自英国的客人之前，不断强调房屋的简陋——"显然，不像彼得·梅尔描述的！"他们出身工人阶级，对吕贝隆的富人趣味很不以为然，与当地的劳动者也没什么关联，所以他们的家庭美学既没有普罗旺斯新贵的炫耀特征，也不体现地区历史的真实性。

从上述实例可知，无论资产者还是普通教师的室内装饰，都与当地的所谓本真性无多少瓜葛，而与艺术作品（绘画或文学）形成了互文关系，普罗旺斯表象从来不是孤立存在的，这正符合布尔迪厄的观点："博学的影射和类比无限地推向其他类比，它们像神话或仪式系统的基本对立一样，从来无法通过阐明它们产生关联的基础来为自己提供依据，于是这种游戏在作品周围编织了一个紧密的互相呼应和互相加强的人工经验网络，这个网络制造了艺术静观的魅力：它就是普鲁斯特所说的'偶像崇拜'的根源，这种偶像崇拜致使人们认为'女演员的衣褶或上流社

---

① Jean‐Louis Fabiani, *Beautés du Sud*, *op. cit.*, p. 32.

② 勒菲弗：《空间与政治》，第 34 页。

会妇女的衣裙'之所以漂亮，不是因为布料漂亮而是因为它是莫罗描绘的或巴尔扎克描写的布料。"[①] 于是，类比作为循环思想方式，像无限反射的镜子一样，进入艺术和奢侈品的领域里，似乎与普罗旺斯本地没什么关联了。

是否存在着真正的普罗旺斯？在法比亚尼看来，社会学家的任务不是发掘古老的传统，而是说明某些物如何经过某个重构过程变成普罗旺斯的"真正"标志，而传统如何变成某种"本真美学"的保证。通过调查，他发现，有的瓷砖厂生产薰衣草田、橄榄枝图案的瓷砖，声称要恢复这个独一无二的地区的本真性和生活艺术。而有的瓷砖销售者认为这种刺眼的红色和黄色传统瓷砖是伪普罗旺斯风格。这样，在普罗旺斯本真性上就产生了分歧。实际上，直到19世纪中叶，瓷砖一直是法国南方非常普通的铺地材料，并不构成真正的地区标志，不过是那时尚存的房屋装饰的过时形式。富有的外来移民（北方人和外国人）来到普罗旺斯之后，许多生产者开始应他们的要求生产所谓普罗旺斯风格的产品，创造了这个地区从未存在过的传统。所以，在法比亚尼看来，在这里，正是生产者与消费者之间的互动造成了瓷砖的本真属性。正如布尔迪厄所强调的，产品的内在属性并不能保证它具有区分功能，无论是蝉还是瓷砖。这种产品并不是这个地区本身的文化标志，它之所以贴上普罗旺斯本地的高雅标签，在很大程度上由于它代表了多半来自北方的一个有闲有产阶层的生活方式，这个阶层是在与普罗旺斯传统的互动中制造了普罗旺斯的本真性。

法比亚尼通过对普罗旺斯的审美趣味调查，试图对布尔迪厄的区分理论进行修正，强调审美判断的相对性、暂时性，以及审美主体之间的互动，弱化审美的阶级性。然而法比亚尼选取的样本恰恰体现了审美趣味的区分作用和等级关系，以及审美的社会必然。普罗旺斯的"本真性"不是由本地人决定的，而是由经济资本和文化资本富有的外来者强加的并被他们合法化，所以无法否认这个过程中存在着权力关系，而且正是权力关系而不是主体之间的互动决定了审美趣味。在格林伯格看来，中

---

① 布尔迪厄：《区分——判断力的社会批判》，第87页。

等文化的扩张威胁了高雅文化，杜尚以来的先锋派艺术导致审美体验和艺术体验之间不再有严格的分界线，作为物的艺术不只是作品艺术，也可以是一个现象，一个行为，一个时刻，艺术无所不在，趣味判断无足轻重，劣质艺术由此证明自己的劣质无关紧要。但这种普遍艺术是不经意的、短暂的、自我的艺术，其价值低于"艺术的艺术"，劣质艺术或劣质审美体验表现在没有产生足够高的、强烈的或广泛的超越性认知状态。① 克林伯格的精英主义论断并不掩饰对民主艺术和多元主义的否定。反之，关系美学强调艺术作品的运行空间完全是互动空间，由所有对话建立的开放空间，艺术作品作为某种共活性（convivialité）和会见的机器，直接变成了社会中介，专注于即时的当下的人际关系，不再渴望成为永恒的古典纪念碑并起示范作用，而是日常生活的微型乌托邦和拟仿策略的游戏。② 类似的，格罗瑙提出美学标准的相对化，社会交往中的美学标准越多，就越丰富越宽容，美学愉悦在社会交往中的作用就越明显，现代社会就越有美感。现代社会中文化和艺术的丰富性导致集体性的、典范的、独立的美学领域转变为日常社会生活的一部分，康德的共通感在最多样化的生活方式和交往形式中产生和传播。③ 这种互动论美学与法比亚尼的泛美学论一样，都把审美关系几乎完全等同于社会主体的互动关系，取消了布尔迪厄艺术场的中介作用。不可否认，相对自主的艺术场并没有消失，何为艺术以及谁是艺术家仍旧是斗争赌注。宣称一切都是艺术，认可即兴艺术、初级艺术、伪先锋艺术当然容易，但这种简单化的艺术平等也是某种新乌托邦，但肯定不是马克思的人人享有艺术的理想境界。

有意思的是，法比亚尼提出一个问题：如何使"夏尔·莫拉斯普罗旺斯正确"（戏仿政治正确）？莫拉斯少年时代离开家乡马蒂尔格到巴黎，通过这种简单的空间转换，他将普罗旺斯变成了象征的宝库，把马蒂尔

---

① 克莱门特·格林伯格：《自制美学——关于艺术与趣味的考察》，第 174、218、224 页。

② 尼古拉斯·伯瑞奥德：《关系美学》，黄建宏译，金城出版社 2013 年版，第 29、31、52、66 页。

③ 尤卡·格罗瑙：《趣味社会学》，向建华译，南京大学出版社 2002 年版，第 203—204 页。

格变成了失去的天堂。他对文学和政治中心巴黎更为依恋，尽管他写了《马蒂尔格的三十个美景》，家乡不过是一种纪念和一个概念，如同他的理论本源希腊。他在天堂路农舍修建了一所象征的花园，种植地中海地区的树木（大多原生于希腊，而非普罗旺斯特有），修建了哲学家之路和普罗旺斯名人纪念墙，还从巴黎搬回了他的图书馆，想把他的住所变成《法兰西行动》的圣地。作为罗曼派的理论家，莫拉斯意欲通过批判浪漫主义文学重建民族主义，将古典主义、男性气概和南方黏合在一起，既要建立一个强大的君主制国家，又要地方分权，加强个人与其地区、族群、家庭、职业的联系。作为作家、文学理论家、民族主义者和"普罗旺斯之子"的莫拉斯，最终赞同《慕尼黑协定》并归附维希政府，第二次世界大战后因通敌被判终身监禁。他的家乡并不以他为荣，共产党领导的市政府颂扬抵抗运动和劳工形象，在官方纪念中自然不愿提他，马蒂尔格的城市规划好像故意避开普罗旺斯特征，拒绝南方城市的刻板形象。所以，他的政治不正确与普罗旺斯不正确是一样的。

但普罗旺斯正确也可能导向政治正确。加缪在普罗旺斯的卢尔马兰（Lourmarin）买了一所房子，他死后就葬在那里，墓畔植了一棵苦艾。他在《笔记：1935—1959》中写道："在吕贝隆上空的第一颗星星，巨大的沉静，柏树梢在我的疲惫深处颤动。庄严而肃穆的地方——尽管美得令人震惊。"[1] 加缪对普罗旺斯的热爱，源于他对阿尔及利亚和希腊的眷恋，对地中海文明的礼赞：同样的阳光，大海，原野，寂静，土地的芬芳，火热的石头，蝉的吟咏，橄榄树的山谷。如萨特所说："他的推理方式、明晰的思想、尖锐的论述风格以及郑重其事的、明朗而又悲哀的忧郁，所有这一切都说明了一种古典的气质，地中海人的气质。"[2] 法国总统萨科奇曾提议把他的骨灰迁到先贤祠，试图把他变成一个无与伦比的地中海文化的象征。最终，他的家人拒绝了这种政治回收。加缪曾在《蒂巴萨的婚礼》中说："我们不寻求什么教训，也不寻求人们向伟人们所要求的那种苦涩的哲学。阳光之外，亲吻之外，原野的香气之外，一切对我

---

① 加缪：《笔记：1935—1959》，郭宏安译，译林出版社 2021 年版，第 295 页。
② 萨特：《萨特文学论文集》，第 33 页。

们来说都微不足道。"① 对他来说，在米斯特拉风的呼啸中，在柏树的阴影下安息，也许比跟伟人们比邻而居更自在。

五 永恒的南方

普罗旺斯之美若只停留在自身的狭隘地域性上，可能退化为用奥克语写作的米斯特拉尔定式。当今的普罗旺斯诗人拒绝的正是这种轻浮的雄辩（l'éloquence facile）。他们要以特殊的南方写作超越地域性，达到普遍性，就像他们的前辈南方游吟诗人那样。12 世纪初，法国南方的骑士抒情诗诞生于普罗旺斯的阳光下，这就是普罗旺斯抒情诗，有牧歌、黎明歌、辩论诗、情歌、夜歌、怨歌等，诗人们用奥克语歌唱高雅的宫廷爱情和骑士们的战功。从 1150 年到 1210 年大约是南方游吟诗人的黄金时代。他们四处漫游，放荡不羁，歌颂爱情，春天，美好的生活，如在《布兰诗歌》中："阳光照耀万物/温暖而纯洁/四月归来/向世间展现她的容颜/人们的心中/充满了爱的渴望/淘气的爱神/统帅所有的快乐/。"20 世纪初以来，也出现了一个法国南方诗人群体。在这个三山两海之间的独特地区，如若埃·布斯凯（Joë Bousquet）诗句描述的："人们的话语必须与风搏斗并高声歌唱。"② 从游吟诗人到让·吉奥诺，大部分的伟大诗人曾经或正在这里生活，瓦雷里，阿尔托，布托尔，蓬热，勒韦尔迪（Reverdy），夏尔等，但他们不都出生在这里，雅各泰出生在瑞士，诺尔热（Norge）出生在比利时，查拉出生在罗马尼亚，让·塞纳克（Jean Sénac）出生在阿尔及利亚。南方扩展到地中海范围内，包括北非的和古希腊罗马的地域。对诗人而言，南方不仅是地理上的，也是心灵上的。让·卡里耶尔说得很好："在所有南方诗人身上都存在着这个宝贵的原罪（chute），在普遍性的启示下阐释一段短暂的历史，这个南方不只是地理上的，这种原罪与其说是历史的，不如说是形而上的。它代表了我们内心地理的最炙热的方面，柏树，秘密的坟墓，代表我们的探索和渴望的

---

① 加缪：《局外人·鼠疫》，郭宏安等译，漓江出版社 1992 年版，第 117 页。

② Tristan Cabral（dir.），*La lumière et l'exil. Anthologie des poètes du Sud de 1914 à nos jours*, Préface de Jean Carrière, Le Temps Parallèle Editions, 1985.

干燥的山峦。"① 在这个意义上，存在着一种南方的写作。这个南方类似福克纳笔下深邃的南方（Deep South），是诗歌的土地，复数的土地，喧嚣的和神秘的土地，人存在的土地。诗人从这个特殊的地域，走向永恒的和绝对的领地。

因此，所谓南方诗人不是局限在南方（哪怕是广义的南方）的本地诗人，而是世界公民。他们作为诗人生活在大地上，就要通过诗来命名并不断创造普遍性。这不是让人离乡或扼杀人的抽象普遍性，而是一个让人归乡的具体的普遍性。特里斯当·卡布拉尔提出了诗人尤其是南方诗人的神圣使命："无论诗人生在何处，都居住在一片土地上和一种语言中。诗永远是人们对抗不可忍受的生存的最终手段。诗人的武器是神奇的：梦想，激情，自由。他追问事物的存在和神秘，为了从中找到诺言和火焰。诗人是每个人身上不可还原的部分。南方的诗人说出了诗歌的深刻真理，真理不是表达，而是'存在'。无诗人的地区寒冷而死。"②形而上的炙热的南方将永生。

苏亚雷斯（André Suarès）的《激情》（Passions）收集了南方树木的香气："法国被废墟覆盖，尤其是南方。树木的孤独，向上的路，在幸福的树木，橄榄树，松树，橡树之间，总是更窄。薰衣草，风轮菜，迷迭香，一切都是香气。"罗贝尔·萨巴蒂耶（Robert Sabatier）的《夏天的停靠站》（Une escale dans l' été）传达普罗旺斯的自然与人的和谐，诗与存在的关系："我们走在这新生的常绿矮灌木丛中/在百里香、迷迭香和薰衣草中间/我们采摘大捧的锦葵/我们将要用松树作诗/为了让它们轻盈的影子把我们蒙蔽//在这里死亡无法听到我们的声音/因为一切都在一曲自然的歌中消融/钟，蜜蜂，蝉/与风组成了大合唱/唯有我们的沉默会发出声音//。"让·多尔代尔（Jean Tortel）的《开放的城市》（Les Villes Ouvertes）捕捉普罗旺斯的历史与现在构成的永恒："大地充满了香气/ 葡萄的香气或橘子的香气/ 随季节而定//在我的房子上我画了生命之树/环

---

① Tristan Cabral（dir.），*La lumière et l'exil. Anthologie des poètes du Sud de 1914à nos jours*, Préface de Jean Carrière, *op. cit.*

② Tristan Cabral（dir.），*La lumière et l'exil. Anthologie des poètes du Sud de 1914à nos jours*, *op. cit.*

绕着拍动的翅膀//我不知道是不是应该等着/在梧桐树中出现/带箭的骑士/或应该考虑什么可能是/以前很美的东西//另一座山谷里的人围成圆圈/为了沉醉把成熟的果子抛入火中/然后他们起身跳舞/唱歌整夜不停//。"勒内·夏尔的《穿越》（Traversée）铭刻在吕贝隆的土地上："在延伸到远方的路上/再也没有出现一匹马/沟壑送来一对夫妇/然后是草地，从低矮的树枝中/出现了一个屋顶，把它向他们奉送/在欧石楠的粉红色花朵下/不要悲伤地哭泣/莺，鸢，貂，捕鼠狗/以及阴郁的法兰多尔舞/在野地聚集/黑麦划开界限/把蕨类与呼喊分开/放走可忽略的过去//"。

　　南方诗人没有回避普罗旺斯的典型表象：风，蝉，薰衣草，松树，骑士，法兰多尔舞……但是，它们已经不再是地区的象征符号，而是变成了诗人思考存在的工具。夏尔表达了对南方的态度："在又不在你的家"（Epouse et n'épouse pas ta maison）。诗人从南方特性中提炼出普遍性，帮助人们找到存在的本真，反抗世界的物质主义。所以，卡里耶尔有理由说："扎根于南方的红土地或灰石头的诗人要说的就是，我们在天堂的中心，却无限地与它分离：这是一段残酷的、但无比珍贵的距离，我们作为人的存在和我们的自由，反抗地上的所有腐败的或堕落的王国。"①

---

　　① Tristan Cabral（dir.），*La lumière et l'exil. Anthologie des poètes du Sud de 1914 à nos jours*, *op. cit.*

主要参考书目

法文

Barrère, Jean – Bertrand. *L'idée de goût, de Pascal à Valéry*. Paris：Klincksieck, 1972.

Baudelaire, Charles. *Les Fleurs du Mal*. Texte présenté, établi et annoté par Claude Pichois. Paris：Gallimard, 1972 et 1996.

Bénichou, Paul. *L'école du désenchantement. Sainte – Beuve, Nodier, Musset, Nerval, Gautier*. Paris：Gallimard, 1992.

Bergez, Daniel (dir.), *Courants critiques et analyse littéraire*. Paris：Armand Collin, 2005, 2016.

Bertrand, Jean – Pierre et Durand, Pascal. *La modernité romantique. De Lamartineà Nerval*. Paris – Bruxelles：Les impressions nouvelles, 2006.

Bonnewitz, Patrice. *Pierre Bourdieu. Vie. œuvres. concepts*. Paris：Ellipses Editions Marketing S. A., 2002.

Bonnewitz, Patrice. *Premières leçons sur la sociologie de Pierre Bourdieu*. Paris：Presses Universitaires de France, 2002.

Bourdieu, Pierre (dir.), *Un art moyen. Essai sur les usages sociaux de la photographie*. Paris：Minuit, 1965.

Bourdieu, Pierre et Darbel, Alain. *L'amour de l'art. Les Musées d'art européens et leur public*. Paris：Minuit, 1969.

Bourdieu, Pierre. *Le sens pratique*. Paris：Minuit, 1980.

Bourdieu, Pierre. *Leçon sur la leçon*. Paris：Minuit, 1982.

Bourdieu, Pierre. *Homo academicus*. Paris：Minuit, 1984.

Bourdieu, Pierre. *Choses dites*. Paris: Minuit, 1987.

Bourdieu, Pierre. *Ontologie politique de Martin Heidegger*. Paris: Minuit, 1988.

Bourdieu, Pierre. *Les Règles de l'art. Genèse et structure du champ littéraire*. Paris: Seuil, 1992.

Bourdieu, Pierre. *La misère du monde*. Paris: Seuil, 1993.

Bourdieu, Pierre. *Raisons pratiques. Sur la théorie de l'action*. Paris: Seuil, 1994.

Bourdieu, Pierre. *Science de la science et réflexivité*. Paris: Raisons d'agir, 2001.

Bourdieu, Pierre. *Le bal des célibataires*. Paris: Seuil, 2002.

Bourdieu, Pierre. *Images d'Algérie. Une affinité élective*. Arles: Actes Sud/Sindbad/Camera Austria, 2003.

Bourdieu, Pierre. *Esquisse pour une auto – analyse*. Paris: Raisons d'agir, 2004.

Bourdieu, Pierre. Chamboredon, Jean – Claude. Passeron, Jean – Claude. *Le métier de sociologue*. Berlin / New York: Mouton de Gruyter, 2005.

Bourdieu, Pierre. *Manet. Une révolution symbolique*. Paris: Edition Raisons d'agir/Editions du Seuil, 2013.

Bourdieu, Pierre. *Sociologie générale*, volume 1, Cours au collège du France (1981 – 1983). Paris: Edition Raisons d'agir/Editions du Seuil, 2015.

Bourdieu, Pierre. *Sociologie générale*, volume 2, Cours au collège du France (1983 – 1986). Paris: Edition Raisons d'agir/ Editions du Seuil, 2016.

Brix, Michel. *L'Attila du roman. Flaubert et les origines de la modernité littéraire*. Paris: Honoré Champion, 2010.

Champagne, Patrick et Christin, Olivier. *Mouvements d'une pensée. Pierre Bourdieu*. Paris: Bordas, 2004.

Chauviré, Christiane et Fontaine, Olivier. *Le vocabulaire de Bourdieu*. Paris: Ellipses Editions Marketing S. A., 2003.

Delsaut, Yvette et Rivière, Marie – Christine (dir.), *Bibliographie des travaux de Pierre Bourdieu, suivi d'un entretien sur l'esprit de la recherche*. Pantin: Le Temps des Cerises, 2002,

Derrida, Jacques. *La vérité en peinture*. Paris: Flammarion, 1978.

Dubois, Jacques. *Les romanciers du reel. De Balzac à Simenon*. Paris: Editions du Seuil, 2000.

Duret, Théodore. *Histoire d'Edouard Manet et de son œuvre*. CreateSpace Independant Publishing Platform, 2016.

Encrevé, Pierre et Lagrave, Rose – Marie (dir.), *Travailler avec Bourdieu*. Paris: Flammarion, 2003.

Escarpit, Robert (dir.), *La littérature et le social*. Paris: Flammarion, 1970.

Foucault, Michel. *Le beau danger. Entretien avec Claude Bonnefoy*. Paris: Editions de l'Ecole des hautes études en sciences sociales, 2011.

Foucault, Michel. *La grande étrangère. A propos de la littérature*. Paris: Editions de l'Ecole des hautes études en sciences sociales, 2013.

Heinich, Nathalie. *La sociologie de l'art*. Paris: La Découverte, 2001, 2004.

Lahire, Bernard (dir.), *Le travail sociologique de Pierre Bourdieu, dettes et critiques*. Paris: La Découverte, 1999.

Lescourret, Marie – Anne. *Pierre Bourdieu. Vers une économie du bonheur*. Paris: Flammarion, 2008.

Louis, Edouard (dir.), *Pierre Bourdieu. L'insoumission en héritage*, Paris: Presses Universitaires de France, 2013.

Marchal, Bertrand et Steinmetz, Jean – Luc (dir.), *Mallarmée ou l'obscurité lumineuse*. Paris: Hermann, 2014.

Martin, Jean – Pierre (dir.), *Bourdieu et la littérature*. Paris: Cécile Defaut, 2010.

Mauger, Gérard (textes rassemblés par). *Rencontres avec Pierre Bourdieu*. Paris: Croquant, 2005.

Molino, Jean. *Ce que nous appelons littérature . . . Pour une théorie de l'œuvre de langage*. Textes réunis par Ramagnino, Nicole et Guillemin, Alain. Paris: L'Harmattan, 2018.

Mounier, Pierre. *Pierre Bourdieu. Une introduction*. Paris: La Découverte, 2001.

Pinto, Eveline (dir.), *Penser l'art et la culture avec les sciences sociales. En l'honneur de Pierre Bourdieu*. Paris: Publications de la Sorbonne, 2002.

Pinto, Louis. *Pierre Bourdieu et la théorie du monde social*. Paris: Albin Michel

S. A. , 1998 et septembre 2002.

Pinto, Louis. Sapiro, Gisèle et Champagne, Patrick（dir.）, *Pierre Bourdieu. Sociologue*. Paris：Fayard, 2004.

Proust, Marcel. *Contre Sainte – Beuve*, Paris：Gallimard, 1971.

Sainte – Beuve, Charles – Augustin. *Panorama de la littérature francaise*. Textes présentés, choisis et annotés par Michel Brix. Paris：Librairie générale française, 2004.

Sapiro, Gisèle. *La sociologie de la littérature*. Paris：La Decouverte, 2014.

Sartre, Jean – Paul, *L'idiot de la famille. Gustave Flaubert de 1821à 1857*. Nouvelle édition revue et complétée. Paris：Gallimard, 1971, 1972 et 1988.

Sartre, Jean – Paul. *Mallarmé. La lucidité et sa face d'ombre*, Paris：Gallimard, 1986.

Tadié, Jean – Yves（dir.）, *La littérature française*, I, II. Paris：Gallimard, 2007.

Zola, Emile. *Pour Manet*. Préface de Leduc – Adine, Jean – Pierre. Paris：Complexe, 1989.

Héran, François. La seconde nature de l'habitus：Tradition philosophique et sens commun dans le language sociologique. *Revue française de sociologie*, Vol. 28, No. 3（Jul. – Sep. , 1987）, pp. 385 – 416.

中文

［法］阿尔都塞、巴里巴尔：《读〈资本论〉》，李其庆、冯文光译，中央编译出版社 2001 年版。

［法］雷蒙·阿隆：《想象的马克思主义：从一个神圣家族到另一个神圣家族》，姜志辉译，上海译文出版社 2012 年版。

［法］雷蒙·阿隆、［美］丹尼尔·贝尔主编：《托克维尔与民主精神》，陆象淦、金烨译，社会科学文献出版社 2008 年版。

［意］艾柯：《开放的作品》，刘儒庭译，中信出版社 2015 年版。

［德］诺贝特·埃利亚斯：《文明的进程：文明的社会起源和心理起源的研究》，

第一卷：《西方国家世俗上层行为的变化》，王佩莉译，生活·读书·新知三联书店 1998 年版。

第二卷：《社会变迁 文明论纲》，袁志英译，生活·读书·新知三联书店 1999 年版。

［加拿大］昂热诺、［法］贝西埃、［荷］佛克马、［加拿大］库什纳：《问题与观点——20 世纪文学理论综论》，史忠义、田庆生译，百花文艺出版社 2000 年版。

［德］埃里希·奥尔巴赫：《摹仿论》，吴麟绥、周新建、高艳婷译，商务印书馆 2014 年版。

［法］巴尔特：《符号学原理》，王东亮等译，生活·读书·新知三联书店 1999 年版。

［法］巴尔特：《写作的零度》，李幼蒸译，中国人民大学出版社 2008 年版。

［法］巴尔特：《中性》，张祖建译，中国人民大学出版社 2010 年版。

［法］巴尔特：《文艺批评文集》，怀宇译，中国人民大学出版社 2010 年版。

［法］巴尔特：《明室》，赵克非译，中国人民大学出版社 2011 年版。

［法］巴尔特：《声音的种子》，怀宇译，中国人民大学出版社 2019 年版。

［法］巴尔扎克：《巴尔扎克全集》，人民文学出版社 1999 年版。

——第 1 卷：《〈人间喜剧〉序言》，丁世中译；《猫打球商店》，郑永惠译；《苏镇舞会》，郑永惠译；《莫代斯特·米尼翁》，袁树仁译。

——第 5 卷：《高老头》傅雷译，《禁治产》，傅雷译。

——第 6 卷：《欧也妮·葛朗台》，傅雷译。

——第 8 卷：《古物陈列室》，郑永惠译。

——第 9 卷：《幻灭》，傅雷译。

——第 10 卷：《行会头子费居拉斯》，袁树仁译；《朗热公爵夫人》，袁树仁译。

——第 13 卷：《贝姨》，傅雷译。

——第 11 卷：《法西诺·卡纳》，沈怀洁译。

——第 17 卷：《舒昂党人》，罗芃译。

——第 24 卷：《风雅生活论》，罗芃译；《〈人间喜剧〉附录》，袁树仁译;《〈驴皮记〉初版序言》，袁树仁译。

［俄］巴赫金：《陀思妥耶夫斯基诗学问题》，白春仁、顾亚铃译，生活·读书·新知三联书店 1988 年版。

［俄］巴赫金：《长篇小说的时间形式和时空体形式——历史诗学概述》，《巴赫金全集》，第 3 卷，白春仁译，河北教育出版社 2009 年版。

［新西兰］乔弗里·巴钦：《热切的渴望——摄影概念的诞生》，毛卫东译，中国民族摄影艺术出版社 2016 年版。

［新西兰］乔弗里·巴钦：《更多疯狂的念头——历史、摄影、书写》，毛卫东译，中国民族摄影艺术出版社 2017 年版。

［法］巴特：《批评与真实》，温晋仪译，上海人民出版社 1999 年版。

［意］西莫娜·巴托勒纳：《莫奈》，黎茂全译，北京时代华文书局 2015 年版。

［法］德尼·贝多莱：《列维–斯特劳斯传》，于秀英译，中国人民大学出版社 2008 年版。

［法］德尼斯·贝尔多勒：《萨特传》，龙云译，人民文学出版社 2013 年版。

［美］霍华德·S. 贝克尔：《艺术界》，卢文超译，译林出版社 2014 年版。

［德］本雅明：《迎向灵光消逝的年代》，许绮玲、林志明译，广西师范大学出版社 2008 年版。

［法］波德莱尔：《美学珍玩》，郭宏安译，上海译文出版社 2009 年版。

［法］波德莱尔：《浪漫派的艺术》，郭宏安译，上海译文出版社 2009 年版。

［法］波德莱尔：《恶之花》，郭宏安译，商务印书馆 2018 年版。

［法］波德莱尔：《巴黎的忧郁》，郭宏安译，商务印书馆 2018 年版。

［法］波德里亚：《消费社会》，刘成富、全志钢译，南京大学出版社 2000 年版。

［澳］芭芭拉·波尔特：《海德格尔眼中的艺术》，章辉译，重庆大学出版社 2016 年版。

［法］西蒙娜·德·波伏瓦：《告别的仪式》，孙凯译，上海译文出版社

2019 年版。

［美］马克·波斯特：《战后法国的存在主义马克思主义：从萨特到阿尔都塞》，张金鹏、陈硕译，南京大学出版社 2015 年版。

［法］吕克·博尔坦斯基、夏娃·希亚佩洛：《资本主义的新精神》，高铦译，译林出版社 2012 年版。

［英］约翰·伯格：《观看之道》，戴行钺译，广西师范大学出版社 2015 年版。

［古希腊］柏拉图：《柏拉图全集》，第二卷，王晓朝译，人民出版社 2003 年版。

［法］布迪厄、华康德：《实践与反思》，李猛、李康译，中央编译出版社 1998 年版。

［法］布尔迪厄：《文化资本与社会炼金术——布尔迪厄访谈录》，包亚明译，上海人民出版社 1997 年版。

［法］布尔迪厄：《实践感》，蒋梓骅译，南京大学出版社 2003 年版。

［法］布尔迪厄：《国家精英》，杨亚平译，商务印书馆 2004 年版。

［法］布尔迪厄：《言语意味着什么》，褚思真、刘晖译，商务印书馆 2005 年版。

［法］布尔迪厄：《帕斯卡尔式的沉思》，刘晖译，生活·读书·新知三联书店 2009 年版。

［法］布尔迪厄：《艺术的法则》，刘晖译，中央编译出版社 2011 年版。

［法］布尔迪厄：《男性统治》，刘晖译，中国人民大学出版社 2012 年版。

［法］布尔迪厄：《自我分析纲要》，刘晖译，中国人民大学出版社 2012 年版。

［法］布尔迪厄：《区分——判断力的社会批判》，刘晖译，商务印书馆 2015 年版。

［法］布尔迪厄主编：《世界的苦难》，张组建译，中国人民大学出版社 2017 年版。

［法］布尔迪厄、汉斯·哈克：《自由交流》，桂裕芳译，生活·读书·新知三联书店 1996 年版。

［法］布尔迪厄、帕斯隆：《继承人》，邢克超译，商务印书馆 2002 年版。

［法］布尔迪厄、帕斯隆：《再生产》，邢克超译，商务印书馆 2002 年版。

［法］布尔迪厄、夏蒂埃：《社会学家与历史学家——布尔迪厄与夏蒂埃对话录》，马胜利译，北京大学出版社 2012 年版。

［法］布莱：《批评意识》，郭宏安译，百花洲文艺出版社 1993 年版。

［法］布朗肖：《文学空间》，顾嘉琛译，商务印书馆 2003 年版。

［法］马克·布洛克：《历史学家的技艺》，黄艳红译，中国人民大学出版社 2011 年版。

［法］布希亚：《物体系》，林志明译，上海人民出版社 2001 年版。

［法］布瓦洛：《诗的艺术》，任典译，人民文学出版社 2009 年版。

［美］阿瑟·丹托：《寻常物的嬗变——一种关于艺术的哲学》，陈岸瑛译，江苏人民出版社 2012 年版。

［法］德里达：《文学行动》，赵兴国等译，中国社会科学出版社 1998 年版。

［法］德里达：《书写与差异》，张宁译，生活·读书·新知三联书店 2001 年版。

［法］狄德罗：《狄德罗美学论文选》，张冠尧、桂裕芳等译，人民文学出版社 2008 年版。

邓晓芒：《西方美学史纲》，商务印书馆 2018 年版。

［法］罗杰·法约尔：《法国文学评论史》，怀宇译，四川文艺出版社 1992 年版。

［美］凡勃伦：《有闲阶级论》，蔡受百译，商务印书馆 1964 年版。

［法］福柯：《词与物：人文科学考古学》，莫伟民译，上海三联书店 2001 年版。

［法］福柯：《马奈的绘画》，谢强、马月译，湖南教育出版社 2009 年版。

［法］福柯：《这不是一只烟斗》，邢克超译，漓江出版社 2012 年版。

［法］福柯：《什么是批判/自我的文化》，潘培庆译，重庆大学出版社 2017 年版。

［德］胡戈·弗里德里希：《现代诗歌的结构：19 世纪中期至 20 世纪中期的抒情诗》，李双志译，译林出版社 2010 年版。

［法］福楼拜：《福楼拜小说全集》，刘方等译，人民文学出版社 2002

年版。

［法］福楼拜：《情感教育》，王文融译，人民文学出版社 2003 年版。

［法］福楼拜：《福楼拜文学书简》，丁世中译，北京燕山出版社 2012 年版。

［巴西］威廉·弗卢塞尔：《摄影哲学的思考》，毛卫东、丁君君译，中国民族摄影艺术出版社 2017 年版。

［法］安德烈·冈特尔和［法］米歇尔·普瓦维尔（主编）《世界摄影艺术史》，赵欣、王帅译，中国摄影出版社 2016 年版。

［法］高概：《话语符号学》，王东亮编译，北京大学出版社 1997 年版。

［法］高宣扬：《当代法国思想五十年》，中国台湾五南图书出版公司 2003 年版。

［法］戈尔德曼：《论小说的社会学》，吴岳添译，中国社会科学出版社 1988 年版。

［美］克莱门特·格林伯格：《自制美学——关于艺术与趣味的考察》，陈毅平译，重庆大学出版社 2017 年版。

［芬］尤卡·格罗瑙：《趣味社会学》，向建华译，南京大学出版社 2002 年版。

郭宏安：《论〈恶之花〉》，商务印书馆 2019 年版。

［德］海德格尔：《物的追问》，赵卫国译，上海译文出版社 2016 年版。

［法］克洛德·海然热：《语言人——论语言学对人文科学的贡献》，张组建译，北京大学出版社 2012 年版。

［法］娜塔莉·海因里希：《艺术为社会学带来什么》，何蒨译，华东师范大学出版社 2016 年版。

［匈］阿诺尔德·豪泽尔：《艺术社会史》，黄燎宇译，商务印书馆 2015 年版。

韩石山：《李健吾传》，山西人民出版社 2006 年版。

［美］海登·怀特：《叙事的虚构性：有关历史、文学和理论的论文（1957—2007）》，［美］罗伯特·多兰编，马丽莉、马云、孙晶姝译，南京大学出版社 2019 年版。

［德］霍克海默、［德］阿道尔诺：《启蒙辩证法》，渠敬东、曹卫东译，

上海人民出版社 2003 年版。

［德］伽达默尔：《哲学解释学》，夏镇平、宋建平译，上海译文出版社 1994 年版。

［美］乔纳森·卡勒：《结构主义诗学》，盛宁译，中国人民大学出版社 2018 年版。

［法］帕斯卡尔·卡萨诺瓦：《文学世界共和国》，罗国祥等译，北京大学 出版社 2015 年版。

［德］康德：《判断力批判》，邓晓芒译，杨祖陶校，人民出版社 2002 年版。

［法］康吉莱姆：《正常与病态》，李春译，西北大学出版社 2015 年版。

［英］肯尼思·克拉克：《风景入画》，吕澎译，译林出版社 2020 年版。

［英］T. J. 克拉克：《现代生活的画像：马奈及其追随者艺术中的巴黎》， 沈语冰等译，江苏美术出版社 2013 年版。

［法］克里斯蒂娃：《主体·互文·精神分析》，祝克懿、黄蓓编译，生 活·读书·新知三联书店 2016 年版。

［法］安托万·孔帕尼翁：《理论的幽灵——文学与常识》，吴泓缈、汪捷 宇译，南京大学出版社 2011 年版。

［法］菲利普·拉库 - 拉巴特、让 - 吕克·南希：《文学的绝对》，张小 鲁、李伯杰等译，译林出版社 2012 年版。

［法］米歇尔·莱蒙：《法国现代小说史》，徐知免、杨剑译，上海译文出 版社 1995 年版。

［美］史蒂夫·Z. 莱文：《拉康眼中的艺术》，郭立秋译，重庆大学出版 社 2016 年版。

［法］雅克·朗西埃：《词语的肉身：书写的政治》，朱康等译，西北大学 出版社 2015 年版。

［法］雅克·朗西埃：《沉默的言语——论文学的矛盾》，臧小佳译，华东 师范大学出版社 2016 年版。

［英］克里斯托弗·劳埃德编著：《隐秘的杰作：走进印象派与后印象 派》，尹晨译，华中科技大学出版社 2020 年版。

［法］勒热讷：《自传契约》，杨国政译，生活·读书·新知三联书店

2001 年版。

［美］马尔科姆·理查兹：《德里达眼里的艺术》，陈思译，重庆大学出版社 2016 年版。

李健吾：《李健吾文集》，山西北岳文艺出版社 2016 年版，第 7 卷，第 10 卷。

［法］利科：《从文本到行动》，夏小燕译，华东师范大学出版社 2015 年版。

［法］雅克·里纳尔：《小说的政治阅读》，杨令飞、吴延晖译，湖南文艺出版社 2000 年版。

［法］列斐伏尔：《日常生活批判》，《从现代性到现代主义》，第 3 卷，叶齐茂、倪晓晖译，社会科学文献出版社 2018 年版。

［法］贝尔纳－亨利·列维：《萨特的世纪》，严素伟译，商务印书馆 2005 年版。

［法］列维－斯特劳斯：《忧郁的热带》，王志明译，生活·读书·新知三联书店 2000 年版。

［匈］卢卡奇：《历史与阶级意识》，杜章智、任立、燕宏远译，商务印书馆 1992 年版。

［匈］卢卡奇：《小说理论》，燕宏远、李怀涛译，商务艺术馆 2013 年版。

［法］罗伯－格里耶：《快照集·为了一种新小说》，余中先译，湖南美术出版社 2001 年版。

［英］罗斯：《斯宾诺莎》，谭鑫田、傅有德译，广西师范大学出版社 2018 年版。

［美］马尔库塞：《单向度的人》，刘继译，上海世纪出版集团 2008 年版。

［德］马克思：《1844 年经济学哲学手稿》，中共中央编译局编译，人民出版社 2014 年版。

《马克思恩格斯选集》，第 1 卷，中央编译局编译，人民出版社 1995 年版。

［法］皮埃尔·马舍雷：《文学在思考什么?》，张璐、张新木译，译林出版社 2011 年版。

［法］梅洛－庞蒂：《眼与心》，杨大春译，商务印书馆 2007 年版。

［美］W. J. T. 米歇尔：《图像学》，陈永国译，北京大学出版社 2020 年版。

［法］安德烈·莫洛亚：《巴尔扎克传》，艾珉、俞芷倩译，浙江文艺出版社 1998 年版。

［法］贝尔曼·诺埃尔：《文学文本的精神分析——弗洛伊德影响下的文学批评解析导论》，李书红译，天津人民出版社 2004 年版。

［法］帕斯卡尔：《思想录》，何兆武译，商务印书馆 1997 年版。

［法］蓬热：《采取事物的立场》，徐爽译，上海人民出版社 2009 年版。

［法］普鲁斯特：《追忆似水年华》，译林出版社 1990 年版。

——第 1 卷：《在斯万家那边》，李恒基译。

——第 2 卷：《在少女们身旁》，袁树仁、桂裕芳译。

——第 3 卷：《盖尔芒特家那边》，潘丽珍、许渊冲译。

——第 4 卷：《索多姆和戈摩尔》，许钧、杨松河译。

——第 5 卷：《女囚》，周克希、张小鲁、张寅德译。

——第 6 卷：《女逃亡者》，刘方、陆秉慧译。

——第 7 卷：《重现的时光》，徐和瑾、周国强译。

［奥地利］齐马：《社会学批评概论》，吴岳添译，广西师范大学出版社 1993 年版。

［法］蒂费娜·萨莫瓦约：《罗兰·巴特传》，怀宇译，华东师范大学出版社 2018 年版。

［法］萨特：《词语》，潘培庆译，生活·读书·新知三联书店 1992 年版。

［法］萨特：《萨特文学论文集》，施康强等译，安徽文艺出版社 1998 年版。

［法］萨特：《萨特哲学论文集》，徐和瑾等译，安徽文艺出版社 1998 年版。

［法］萨特：《辩证理性批判》，林骧华、徐和瑾、陈伟丰译，安徽文艺出版社 1998 年版。

［法］萨特：《波德莱尔》，施康强译，北京燕山出版社 2006 年版。

［法］萨特：《存在与虚无》，陈宣良等译，生活·读书·新知三联书店 2007 年版。

［美］苏珊·桑塔格：《论摄影》，黄灿然译，上海译文出版社 2012 年版。

［法］舍费尔：《现代艺术——18 世纪至今艺术的美学和哲学》，生安锋、宋丽丽译，商务印书馆 2012 年版。

［法］圣伯夫：《文学肖像》，马俊杰译，北京时代华文书局 2015 年版。

［法］圣勃夫：《圣勃夫文学批评文选》，范希衡译，南京大学出版社 2016 年版。

［荷］斯宾诺莎：《伦理学》，贺麟译，商务印书馆 1991 年版。

［美］戴维·斯沃茨：《文化与权力·布尔迪厄的社会学》，陶东风译，上海译文出版社 2006 年版。

［英］露西·苏特：《为什么是艺术摄影》，毛卫东译，人民邮电出版社 2020 年版。

［法］托多洛夫：《批评的批评》，王东亮、王晨阳译，生活·读书·新知三联书店 1998 年版。

［法］托多罗夫：《象征理论》，王国卿译，商务印书馆 2004 年版。

［法］托克维尔：《旧制度与大革命》，冯棠译，桂裕芳、张芝联校，商务印书馆 1992 年版。

［法］伊夫·瓦岱：《文学与现代性》，田庆生译，北京大学出版社 2001 年版。

［法］瓦莱里：《文艺杂谈》，段映虹译，百花文艺出版社 2002 年版。

［美］韦勒克：《近代文学批评史》，第一卷，杨岂深、杨自伍译，上海译文出版社 1997 年版。

［美］韦勒克、沃伦：《文学理论》，刘象愚等译，文化艺术出版社 2010 年版。

［英］威廉斯：《政治与文学》，樊柯等译，河南大学出版社 2010 年版。

［英］威廉斯：《漫长的革命》，倪伟译，上海人民出版社 2013 年版。

［英］伍尔夫：《到灯塔去》，瞿世镜译，上海译文出版社 1997 年版。

［德］席勒：《审美教育书简》，冯至、范大灿译，上海人民出版社 2003 年版。

［德］西美尔：《金钱、性别、现代生活风格》，顾仁明译，学林出版社 2000 年版。

［德］西美尔：《时尚的哲学》，费勇、吴蓉译，文化艺术出版社 2001 年版。

［德］席美尔：《货币哲学》，朱桂琴译，光明日报出版社 2009 年版。

［美］夏皮罗：《现代艺术，19 与 20 世纪》，沈语冰等译，江苏凤凰美术出版社 2015 年版。

［英］休谟：《休谟论说文集·论道德与文学》，马万利等译，浙江大学出版社 2011 年版。

［古希腊］亚里士多德：《诗学》，陈中梅译注，商务印书馆 2016 年版。

杨祖陶、邓晓芒：《康德三大批判精粹》，人民出版社 2001 年版。

［英］伊格尔顿：《美学意识形态》，王杰、付德根、麦永雄译，中央编译出版社 2013 年版。

［英］伊格尔顿：《文学事件》，阴志科译，河南大学出版社 2017 年版。

［法］左拉：《杰作》，冷杉等译，金城出版社 2014 年版。

［法］马尔蒂：《文学形式主义与哲学》，刘晖译，《中国文学批评》2016 年第 2 期。

陈中梅：《muthos 词源考》，陈思和、王德威主编《文学·秋冬卷》，上海文艺出版社 2013 年版。

陈中梅：《秘－逻模式与西方文化基本结构的形成及其展开态势研究续篇——从怀特海教授关于宗教与科学的一段论述谈起》，陈思和、王德威主编《文学·2019 秋冬卷》，复旦大学出版社 2021 年版。

后 记

莱辛说:"我不觉得自己身上有生机勃勃的、靠自我力量喷发的那种丰富、新鲜、纯洁的水柱。我必须用压力机和管子把它从我身上泵出来。假如不是学会了一点谦逊地借助别人的珍宝,靠近别人的火堆来暖自己的身子,运用人造的镜片提高自己的视力,我一定会非常贫乏、寒冷和目光短浅。"笔者感同身受,借此格言表明压榨成果相当微末,述多于作。

我刚上大学时加入"学海社"哲学组,第二年读书社解散。1997年,我通过导师郭宏安先生,应中央编译出版社之约,翻译布尔迪厄的《艺术的法则》,从此进入布尔迪厄理论翻译与研究之门。布尔迪厄赞同帕斯卡尔"真正的哲学嘲弄哲学",力图以社会学超越哲学。我自诩与哲学重逢,这是命运对我的奖赏。导师吴岳添先生翻译了戈尔德曼的《论小说的社会学》,齐马的《社会学批评概论》,伽洛蒂的《论无边的现实主义》,激发了我对文学社会学的兴趣,他向我引荐他在法国进修时的老师——社会学家雅克·林纳德(Jacques Leenhardt,《小说的政治阅读》的作者,中文译名亦为:雅克·里纳尔),一个热情博学的左派知识分子。从2003年起,我拜访过林纳德先生好几次,他为我介绍了法国文学社会学的研究状况,推荐了参考书,让我参加了他在高等社会科学研究院的研修班。2012年6—8月受法国人文之家基金会合作研究员项目资助,我在法国高等社会科学院欧洲社会学中心从事"布尔迪厄的文学社会学"研究,与布尔迪厄曾主持的欧洲社会学中心的研究员交流学习,得到德·圣马丹(Monique de Saint - Martin)教授、平托(Louis Pinto)

教授、萨皮罗（Gisèle Sapiro）教授的热情指导。我常回忆起法国人文之家的居里安（Annie Curien）女士和齐福乐（Jean – Claude Thivolle）先生对我的学术和人生的深刻启迪和无私帮助，感念他们的深厚友情。本书在写作过程中深受陈中梅先生提出的西方文化的元概念框架——秘索思和逻格斯的启发。在此对他们表示诚挚的感谢。

感谢我父母的理解和支持。我父亲从青年时代起，每天记日记，查阅了很多资料，完成了他的回忆录《我所经历的事》，他的"双城记"（从双城到骊城）差不多以年鉴方式记录了他的心灵史，以及大历史。他在面山的屋前种一小块园子。

萨特说："做且通过做成为自己。"

感谢好友卫群、志清兄、苏玲姐、Lily 姐、香筠、由权、柯玲、刘倩、李芳对我的学术帮助和精神支持。感谢陈众议先生对本书出版的大力推动。

感谢责任编辑张林先生对本书的精心审读和宝贵意见。

刘晖

2022 年 1 月 17 日于北京通州